日本語レファレンスブック

熟語・語源・ことわざ・方言

日外アソシエーツ

Reference Books
of
Japanese Language

Compiled by
Nichigai Associates, Inc.

©2017 by Nichigai Associates, Inc.
Printed in Japan

本書はディジタルデータでご利用いただくことができます。詳細はお問い合わせください。

●編集担当● 松本 裕加
装 丁：赤田 麻衣子

刊行にあたって

　熟語、語源、ことわざ、方言、文法、表記など日本語について調査する際の基本となる参考図書には、事典・辞書はもちろん書誌や索引など多様な種類があるが、それらの中から目当てのものを探すのは難しい。本書は、日本語に関する参考図書を素早く探し出すことを目的とした図書目録である。

　小社では、参考図書を分野別に収録した"レファレンスブック"シリーズを2010年以降継続刊行している。これまでに、『福祉・介護』、『「食」と農業』、『動植物・ペット・園芸』、『児童書』、『環境・エネルギー問題』、『学校・教育問題』、『美術・文化財』、『歴史・考古』、『文学・詩歌・小説』、『図書館・読書・出版』『事故・災害』『児童・青少年』『音楽・芸能』『科学への入門』『スポーツ・運動科学』を刊行。本書はそれらに続くタイトルで、2,424点の参考図書を収録した。全体を、国語・日本語論、音声・音韻、文字・表記、語源、語彙、文法、文体・修辞・表現、方言、言語生活・コミュニケーションに分け、それぞれを参考図書のテーマに沿ってわかりやすく分類している。さらに書誌・事典・辞典・ハンドブック・年鑑など形式ごとに分けて収録した。また、できる限り内容解説あるいは目次のデータを付記し、どのような調べ方ができるのかわかるようにした。巻末の索引では、書名、著編者名、主題（キーワード）から検索することができる。

　インターネットでの検索で、必要最低限のことがらをすぐに得られるようになった昨今だが、専門の年鑑や統計、事典に掲載されている詳細な情報が、より高い信頼性を持っていることは言うまでもない。本書が、日本語に関する参考図書を調べるツールとして、既刊と同様にレファレンスの現場で大いに利用されることを願っている。

　　2017年8月

　　　　　　　　　　　　　　　　　　　　日外アソシエーツ

凡　　例

1．本書の内容

　　本書は、日本語に関する書誌、事典、辞典、ハンドブック、年鑑など参考図書の目録である。収録した図書には、できる限り内容解説あるいは目次を付記し、どのような参考図書なのかがわかるようにした。

2．収録の対象

(1) 1990年（平成2年）から2016年（平成28年）に日本国内で刊行された、日本語に関する参考図書 2,424 点を収録した。

(2) 但し、学校教育（国語科）、外国人向け日本語学習、翻訳・通訳、文学、漢字情報処理に関する参考図書は原則本書では割愛した。

(3) また、専門性の高い用語集（法律・医療など）、分野を絞った難読語辞典・語源辞典（地名・人名など）は対象外とした。

3．見出し

(1) 全体を「国語・日本語論」「音声・音韻」「文字・表記」「語源」「語彙」「文法」「文体・修辞・表現」「方言」「言語生活・コミュニケーション」に大別し、大見出しを立てた。

(2) 上記の区分の下に、各参考図書の主題によって分類し、75の中見出し・小見出しを立てた。

(3) 同一主題の下では、参考図書の形式別に分類し「書誌」「年表」「事典」「辞典」「索引」「ハンドブック」「図鑑・図集」「年鑑・白書」の小見出しを立てた。

4．図書の排列

　　同一主題・同一形式の下では、書名の五十音順に排列した。

5．図書の記述

記述の内容および記載の順序は以下の通りである。

書名／副書名／巻次／各巻書名／版表示／著者表示／出版地（東京以外を表示）／出版者／出版年月／ページ数または冊数／大きさ／叢書名／叢書番号／注記／定価（刊行時）／ISBN（Ⓘで表示）／NDC（Ⓝで表示）／目次／内容

6．索　引

(1) 書名索引

各参考図書を書名の五十音順に排列し、所在を掲載ページで示した。

(2) 著編者名索引

各参考図書の著者・編者を姓の五十音順、名の五十音順に排列し、その下に書名と掲載ページを示した。機関・団体名は全体を姓とみなして排列した。

(3) 事項名索引

本文の各見出しに関するテーマなどを五十音順に排列し、その見出しと掲載ページを示した。

7．典拠・参考資料

各図書の書誌事項は、データベース「bookplus」およびJAPAN/MARCに拠った。内容解説はできるだけ原物を参照して作成した。

目　次

国語・日本語論

国語・日本語論一般 …………………… 1
国語史 ……………………………………… 35
　中世語 …………………………………… 35

音声・音韻

音声学 ……………………………………… 37
発音・アクセント ………………………… 37

文字・表記

書体・くずし字 …………………………… 39
漢字 ………………………………………… 42
　漢字史 …………………………………… 58
　人名漢字 ………………………………… 59
　字体・異体字 …………………………… 60
　当用漢字・常用漢字 …………………… 60
　当て字 …………………………………… 62
漢語 ………………………………………… 63
仮名 ………………………………………… 64
国語表記 …………………………………… 66
　訓点 ……………………………………… 67

語源

語源一般 …………………………………… 69

語彙

各種の語彙 ………………………………… 74
故事成語・熟語・ことわざ ……………… 77
慣用表現 …………………………………… 102
類語・同義語 ……………………………… 106

同音語 ……………………………………… 111
反対語 ……………………………………… 112
古語・雅語 ………………………………… 113
外来語・カタカナ語・略語 ……………… 122
新語・流行語 ……………………………… 137
　明治〜昭和戦前 ………………………… 141
時事用語・現代用語 ……………………… 145
名数語・数詞・単位 ……………………… 171
俗語・卑語 ………………………………… 173
隠語・職業語 ……………………………… 174
児童語 ……………………………………… 179
擬音語・擬態語 …………………………… 179
死語・廃語 ………………………………… 180
祝詞 ………………………………………… 180
仏教語 ……………………………………… 181
季節・自然の語彙 ………………………… 183

文法

文法一般 …………………………………… 186
文法史・古典文法 ………………………… 187
品詞 ………………………………………… 187
敬語 ………………………………………… 188

文体・修辞・表現

文体 ………………………………………… 190
修辞 ………………………………………… 190
　比喩 ……………………………………… 191
表現 ………………………………………… 191

方言

方言一般 …………………………………… 193
北海道 ……………………………………… 198

東北地方	199
関東地方	201
北陸地方	203
中部地方	204
近畿地方	206
中国地方	208
四国地方	208
九州地方	209
沖縄地方・琉球語	211
アイヌ語	212

言語生活・コミュニケーション

表現術一般	213
国語常識・知識	214
難読語・難読漢字	216
誤用・誤読・使い分け	219
名言・格言	222
スピーチ・あいさつ	224
会話術	228
作文技法・文章術	229
用字・用語・用例	232
手紙・はがき作法	243
公用文作法	249
論文作法	250
ビジネス文書・ビジネスメール	250
標語・コピー	254
ことば遊び	255
しゃれ・地口	255
言葉クイズ・パズル	255
回文	255

書名索引	257
著編者名索引	291
事項名索引	349

国語・日本語論

国語・日本語論一般

<書 誌>

「日本語」の本 全情報 45-92　日外アソシエーツ編　日外アソシエーツ, 紀伊國屋書店〔発売〕　1993.1　820p　21cm　24800円　ⓒ4-8169-1162-6　Ⓝ810.31

内容 日本語・日本語教育・国語生活に関する図書目録。1945年から1992年前半までに国内で刊行された13000冊を収録、360の分類順に排列する。巻末に書名索引を付す。

「日本語」の本 全情報 92／97　日外アソシエーツ編　日外アソシエーツ, 紀伊國屋書店〔発売〕　1998.3　653p　21cm　20000円　ⓒ4-8169-1479-X　Ⓝ810.31

目次 国語学・日本語論, 国語教育・日本語教育, 音声・音韻, 文字・表記, 語源・語彙, 文法, 文体・修辞・表現, 方言, 言語生活・コミュニケーション, 日本語情報処理, 就職試験用図書

内容 1992年7月から1997年6月までの5年間に国内で刊行された「日本語」に関する図書6512点を分類別に収録した図書目録。排列は分類ごとに書名の五十音順、巻末には書名索引、事項名索引が付く。

「日本語」の本 全情報 1997-2002　日外アソシエーツ編　日外アソシエーツ, 紀伊國屋書店〔発売〕　2003.6　800p　21cm　20000円　ⓒ4-8169-1788-8　Ⓝ810.31

目次 国語学・日本語論, 国語教育・日本語教育, 音声・音韻, 文字・表記, 語源・語彙, 文法, 文体・修辞・表現, 方言, 言語生活・コミュニケーション, 日本語情報処理, 就職試験用図書

内容 1997年7月から2002年12月までの5年間に国内で刊行された「日本語」に関する図書をテーマ別に分類。国語教育, 文字, 語彙, 文法, 方言, 会話術, 作文法など幅広い分野の図書を収録。巻末に便利な「書名索引」「事項名索引」付き。

「日本語」の本 全情報 2003-2007　日外アソシエーツ編　日外アソシエーツ, 紀伊國屋書店〔発売〕　2008.4　834p　22cm　20000円　ⓒ978-4-8169-2102-5　Ⓝ810.31

目次 国語学・日本語論, 国語教育・日本語教育, 音声・音韻, 文字・表記, 語源・語彙, 文法, 文体・修辞・表現, 方言, 言語生活・コミュニケーション, 日本語情報処理, 就職試験用図書

内容 最近5年間の図書7289点を収録。2003年1月から2007年12月までの5年間に国内で刊行された「日本語」に関する図書をテーマ別に分類。国語教育, 文字, 語彙, 文法, 方言, 会話術, 作文法など幅広い分野の図書を収録。巻末に便利な「書名索引」「事項名索引」付き。

<事 典>

研究社 日本語教育事典　近藤安月子, 小森和子編　研究社　2012.8　483p　21cm　〈文献あり 索引あり〉　3200円　ⓒ978-4-7674-9109-7　Ⓝ810.7

目次 言語学, 音声学・音韻論, 第二言語習得, 学習者心理, 読解, 社会言語学・語用論, 談話分析・会話分析, 待遇表現・ポライトネス, 日本語教育文法, 表記・語彙, 外国語教授法・コースデザイン, 教育工学・教材教具, 日本語教育政策. 日本語教育史, 日本語史, コーパス, 統計, テスティング・評価

内容 日本語教育に関わる最先端の知見を結集し検索にも学習にも最適の用語事典。

ことばのおもしろ事典　中島平三編集　朝倉書店　2016.4　316p　26cm　〈索引あり〉　7400円　ⓒ978-4-254-51047-8　Ⓝ801

目次 第1部 ことばを身近に感じる (日本のことわざの真髄は, いろはカルタ！―ことわざ, おやじギャグって知っていますか？―ことば遊び, 臨場感を醸し出す魔法のことば！―オノマトペ：音韻論／形態論／音象徴 ほか), 第2部 ことばの基礎を知る (ママは昔パパだったのか？-五十音図の秘密―音韻論, 「むっつ」と「みっつ」の関係とは？-数詞の謎―音韻論, アンガールズはun-Englishか？―形態論／派生 ほか), 第3部 ことばの広がりを探る (動物は正直者かだまし屋か？-動物のコミュニケーションの多様性―動物行動学, われわれ人類はいつことばを持ったのだろうか？―進化言語学, 7000もの言語！そんなのありか!?―そう, 何でもあります！―世界の言語 ほか)

「ことばの科学」雑学事典　見て・知って・

国語・日本語論一般

推理する「ことば」の不思議　城生佰太郎著　日本実業出版社　1994.12　209p　19cm　1500円　Ⓘ4-534-02253-0　Ⓝ804

(目次)1章 身近なことばを科学する，2章 音をことばにするとこうなった!，3章 切っても切れないことばとリズム，4章 体とことばの不思議な関係，5章 ことばで覗く心の世界，6章 日本のことばと外国のことばの気になる関係，7章 ことばの揺れを研究すると…，8章 日本人にも外国語が話せる理由，だけど上手に話せないしくみ，9章 たかが言葉，されどコトバ，10章 ことばの世界のハイテクノロジー

昭和社会資料事典　第1巻　日本図書センター　2002.1　852p　27cm　〈複製〉　Ⓘ4-8205-7983-5　Ⓝ031

(内容)「現代語大辞典」(一新社・白星社 昭和7年刊)を複刻。

新版日本語教育事典　日本語教育学会編　大修館書店　2005.10　1146p　21cm　9000円　Ⓘ4-469-01276-9　Ⓝ810.7

(目次)音声・音韻，文法，語彙・意味，ことばと運用，文字・表記，ことばと社会，言語・言語教育研究の方法，言語習得・教授法，教育・学習メディア，国内の日本語教育，海外の日本語教育

(内容)日本語教育についての基本事項を網羅した百科。新版では，学習者にとって何が必要か，そしてそれに応じた教育をどのように行うことができるのかという疑問に応えるべく，問題を具体的に提示し，その問題に取り組む視点と考え方の筋道をわかりやすく説明した。1001項目を収録。

何でもわかることばの知識百科　三省堂　1995.3　736p,90p　19cm　2500円　Ⓘ4-385-15066-4　Ⓝ810.36

(目次)第1部 日本語の知識，第2部 用字の常識，第3部 用語の常識，第4部 表現のテクニック，第5部 社会人の言語教養

(内容)日本語全般の知識をまとめた事典。日本語の知識，用字の常識，用語の常識，表現のテクニック，社会人の言語教養の5部構成。難読語・同音異義語，修辞法，故事成句・ことわざ，略語など広い分野の知識をまとめている。巻末に常用漢字音訓一覧，JIS漢字コード表などを付す。

日本語解釈活用事典　渡辺富美雄，村石昭三，加藤彰彦編著　ぎょうせい　1993.7　640,11p　21cm　3200円　Ⓘ4-324-03707-8　Ⓝ810.36

(目次)1 語句・語彙，2 語の構成，3 古語・和語，4 漢字・漢語，5 仮名，6 ローマ字，7 外来語，8 用字・用語，9 地名・人名，10 法令公用文，11 話し合い，12 言葉遣い，13 敬語，14 音声・音韻，15 方言と俚言，16 文の種類，17 修辞法，18 文・文章の構成，19 文法，20 文論・文体，21 マスコミと言葉，22 符号・記号，23 日本語の特質

日本語学キーワード事典　小池清治，小林賢次，細川英雄，犬飼隆編　朝倉書店　1997.7　521p　21cm　15000円　Ⓘ4-254-51022-5　Ⓝ810.33

(目次)1 総記，2 音声・音韻，3 文字・表記，4 語彙，5 文法，6 表現，7 談話・文章，8 敬語，9 方言，10 言語生活，11 言語政策，12 国語教育，13 日本語教育

日本語学キーワード事典　新装版　小池清治，小林賢次，細川英雄，犬飼隆編　朝倉書店　2007.1　521p　26cm　17000円　Ⓘ978-4-254-51031-7　Ⓝ810.33

(内容)私たちが日常生活においてコミュニケーションに用いる言葉を「自然言語」という。これに対して，「主語」「述語」「名詞」「助詞」「母音」「子音」「音節」などのような，自然言語を説明するための言葉がある。このような説明のための言葉を「メタ言語」という。本書で「キーワード」として取り上げたものは，固有名詞を除くと，すべて「メタ言語＝メタ日本語」である。従来，この種の事典・辞典は『言語学事典』『国語学辞典』『文法事典』『文法辞典』などと称されてきた。これらは一種の術語・用語の解説書であった。これに対して，本書は，これらの術語・用語は言語の説明のための言語であるというはっきりとした認識のもとに編集，執筆されている。記載事項は，1 見出項目(キーワード)，2 英語解説，3 解説文，4 参考文献，5 執筆担当者名の5項目である。

日本語学研究事典　飛田良文，遠藤好英，加藤正信，佐藤武義，蜂谷清人ほか編　明治書院　2007.1　1337p　26cm　28000円　Ⓘ978-4-625-60306-8　Ⓝ810.1

(目次)事項編(理論・一般，日本語史，現代語・方言)，資料編(上代，中古，中世，近世，近代，中国辞書)

(内容)"事項編"と"資料編"とに分け，項目ごとに定義・研究史・研究の現状と課題・参考文献を収録。総項目数は1500以上。最近の「メール言語」「手話」「ディベート」まで網羅。関連外国語の項も充実。

日本語事典　野村雅昭編，小池清治編　東京堂出版　1992.9　288p　20cm　2330円　Ⓘ4-490-10327-1

(内容)総記，音声・音韻，文字・表記，語彙，文法，文章・文体，敬語，方言，言語生活の9分野に分類し，各基礎項目についてわかりやすく解

説した初学者向けの事典。

日本語大事典　上・下巻（2分冊）　佐藤武義, 前田富祺編集代表　朝倉書店　2014.11　2456p　27cm　〈他言語標題：AN ENCYCLOPEDIA OF JAPANESE LANGUAGE AND LINGUISTICS　編集委員：工藤真由美ほか〉　81000円　①978-4-254-51034-8　Ⓝ810.33

目次 上巻：あ〜そ，下巻：た〜を

内容 現在の日本語をとりまく環境の変化を敏感にとらえ，孤立した日本語，あるいは等質的な日本語というとらえ方ではなく，可能な限りグローバルで複合的な視点に基づいた新しい日本語学の事典。言語学の関連用語や人物，資料，研究文献なども広く取り入れた約3500項目をわかりやすく丁寧に解説。読者対象は，大学学部生・大学院生，日本語学の研究者，中学・高校の日本語学関連の教師，日本語教育・国語教育関係の人々，日本語学に関心を持つ一般読者などである。

日本語百科大事典　縮刷版　金田一春彦，林大，柴田武編　大修館書店　1995.5　1505p　26cm　9270円　①4-469-01244-0　Ⓝ810

目次 第1部 日本語と日本人，第2部 ことばの構造，第3部 ことばの意味と成立ち，第4部 ことばの諸相，第5部 言語行動，第6部 ことばの接触，第7部 ことばの管理と処理

内容 日本語の成り立ち，仕組み，言葉の意味，名付け，敬語，言葉遊び，方言，マスコミの言語，言葉の機械処理，日本語教育，国語政策など，日本語に関するすべての情報を分野別に22章に分けて解説したもの。巻末に参考文献のほか，主要季語一覧や常用漢字表等の資料がある。事項索引，語句索引，人名・書名索引付き。1988年初版の縮刷版にあたる。

みんなの日本語事典　言葉の疑問・不思議に答える　中山緑朗，飯田晴巳，陳力衛，木村義之，木村一編　明治書院　2009.6　507p　21cm　〈索引あり〉　3800円　①978-4-625-38402-8　Ⓝ810

目次 1章 続々生まれる新しい表現，2章 文法の不思議に迫る，3章 敬語は恐くない，4章 さまざまな発音，5章 生き続ける方言，6章 多彩な文字・表記，7章 単語・慣用句の奥深さ，8章 外国人のとまどう日本語，9章 日本語をより深く知る，付録

内容 現代の日本語表現に関わる210の項目を質疑応答で解説する事典。9章に分類掲載し，各項目には用例や参考文献を掲載する。敬語，文法，表現などの分野で新しい日本語が胎動している事情や背景などを，過去の日本語を振り返りながら，現代日本語の用例や図表を数多く示すことで，新たな日本語の変化を説明する。巻末付録に「21世紀の新語・流行語」などの資料を掲載する。

＜辞　典＞

岩波国語辞典　第5版　西尾実ほか編　岩波書店　1994.11　1295,53p　19cm　2400円　①4-00-080040-X

内容 現代語を中心に62000語を収録した小型国語辞典。第5版の改訂にあたり，現代語中心の方針から古語の項目を削除しているが，この場合の現代語とは明治後半以後の言葉として位置付けている。付録として，語構成概説，品詞概説，活用表，仮名遣い対照表，人名用漢字一覧，学年別漢字配当表，漢字の読み方の手引きの各資料がある。

岩波国語辞典　第5版 デスク版　西尾実ほか編　岩波書店　1994.11　1295,53p　22cm　3600円　①4-00-080041-8　Ⓝ813.1

内容 語の意味・用法の基本を懇切に説明。1200語を新加収録。表現に役立つ豊富な用例。関連語も表示した最新版。学習に実務に最適。

岩波国語辞典　第6版　西尾実，岩淵悦太郎，水谷静夫編　岩波書店　2000.11　1339,53p　19cm　2800円　①4-00-080043-4　Ⓝ813.1

内容 63000語を収録する国語辞典。定着した新語のほか，時代の変化とともに正確な意味理解がむずかしくなっている語を意識的に採録する。主要漢字約2300字について，音訓・字義・熟語例を挙げて造語成分としての漢字の働きを解説。漢字の当て方，送り仮名，語の使い分け，文法的な注記や用法上の留意点なども掲載する。巻末に「漢字の読み方の手引」を付載。

岩波国語辞典　第6版 デスク版　西尾実，岩淵悦太郎，水谷静夫編　岩波書店　2000.11　1339,53p　22cm　3800円　①4-00-080044-2　Ⓝ813.1

内容 現代の言語生活に欠かせない語を厳選，63000語を収録。定着した新語のほか，時代の変化とともに正確な意味理解がむずかしくなっている語を意識的に採録。主要漢字2300余を選んで大きく掲げ，音訓・字義・熟語例を挙げて，造語成分としての漢字の働きを解説。漢字の当て方，送り仮名，語の使い分け，文法的な注記や用法上の留意点など，表記・語法を明示。語義の理解を助け，正しい用法を示す適切な用例を掲示。読めない語も引ける「漢字の読み方の手引」を掲載。

岩波国語辞典　第7版　西尾実，岩淵悦太郎，水谷静夫編　岩波書店　2009.11　1654,54p

19cm　3000円　Ⓘ978-4-00-080046-4　Ⓝ813.1

Ⓒ現代語を中心に65000語を収録した最新第7版。地デジ、パンデミックなど新たに2600語、オノマトペ（擬音語・擬態語）の大幅増補。

岩波国語辞典　第7版（新版）　西尾実，岩淵悦太郎，水谷静夫編　岩波書店　2011.11　1658,54p　19cm　3000円　Ⓘ978-4-00-080047-1　Ⓝ813.1

Ⓒ2010年11月改定の「常用漢字表」（内閣告示）に即して内容を全面的に見直し、言葉の意味の変遷、類義語との違い、用法上の注意などを細やかに解説。名詞・副詞などの実際の使い方が一目でわかるように新しい語類表示を採用。「さくさく、ざくざく、ざっくり」「ふわふわ、ふわっと、ふわり、ふんわり」…微妙な違いがすっきりわかる。大きな活字で読みやすさ抜群。

岩波日本語使い方考え方辞典　北原保雄監修　岩波書店　2003.5　520,23p　19cm　3000円　Ⓘ4-00-080206-2　Ⓝ810.33

Ⓒ日本語に関して日頃抱く疑問の中から、漢字や仮名の表記、記号の使い方、語形や字形の微妙な違いなどの迷いやすい点を整理した実用辞典。豊富な例を挙げた説明で、言葉の捉え方が誰にでもわかります。小・中・高の先生も必携。

インフォワード国語辞典　ベネッセコーポレーション編　ベネッセコーポレーション　1999.11　931,182p　16cm　〈他言語標題：Info word Japanese dictionary〉　1800円　Ⓘ4-8288-0446-3　Ⓝ813.1

Ⓒ最新のデータベースを基に7万語を収録。国語辞典＋ABC略語部＋漢字部からなる便利な3部構成の実用性抜群の新辞典。

美しい日本語の辞典　小学館辞典編集部編　小学館　2006.4　478p　18cm　2000円　Ⓘ4-09-504172-2　Ⓝ814

Ⓜ後世に残したい日本語　自然を友として（雨の名前，風の名前，雲の名前，雪の名前，空の名前），擬音語・擬態語

Ⓒ日本人として知っておきたい懐かしい日本語2100語を収録。適宜、著名な文学作品や歌舞伎、落語などの用例を添えた。「雨の名前」「風の名前」「雲の名前」「雪の名前」「空の名前」など自然と深い関わりのある美しい日本語を、和歌・俳句などの実例とともに収録。日本語を特色づけていることば「擬音語・擬態語」を「あいまい」「すべる」「笑う」など、様子・状態別に分類して示した。

右脳を刺激する日本語小辞典　城生佰太郎，佐久間まゆみ著　東京書籍　1996.11　319p　

19cm　2000円　Ⓘ4-487-73232-8　Ⓝ814.3

Ⓜ1　身体，2　衣食，3　住居・輸送，4　産業・経済，5　社会生活，6　精神活動，7　表現・伝達，8　生物・事物，9　現象，10　時間と空間，11　順序・質・量，12　存在と関係

Ⓒ語の意味の正確なとらえ方と用法とを新しい発想で分析。語の使用例を文型化し、発音記号も示した外国人にも活用便利な新しい「ことばの小辞典」。

旺文社エポック英和・国語辞典　旺文社編　旺文社　1993.8　736,606p　16cm　2500円　Ⓘ4-01-075044-8　Ⓝ833

Ⓒ英和58000語・国語52000語を収録した英和・国語の合本辞典。意味と漢字の確認は「国語」で、英単語の意味・スペルは「英和」で調べられるよう構成する。

旺文社エポック英和・国語辞典　革装　旺文社編　旺文社　1993.8　736,606p　18cm　〈書名は奥付による　背の書名：Obunsha's epoch English-Japanese dictionary, Japanese dictionary〉　3500円　Ⓘ4-01-075045-6　Ⓝ833

Ⓒ意味と漢字の確認は「国語」で、英単語の意味・スペルは「英和」で、調べたいことがすぐ引ける。「英和」と「国語」が1冊に。社会人・大学生・高校生必須の英和58,000語・国語52,000語を収録。

旺文社国語辞典　改訂新版　松村明ほか編　旺文社　1991　1407p　18cm　〈1986年刊の重版〉　2100円　Ⓘ4-01-077506-8　Ⓝ813.1

Ⓒ学習・生活に十分役立つ77,000語を収録。「改定現代仮名遣い」に完全準拠。和歌・俳句・固有名詞も豊富に採録。独特な語源・用法・語法・注意・参考欄。囲み記事で故事やことばの使い分けを詳述。付録に読みのすぐわかる難読語一覧つき。カラー口絵に国語年表（4頁）その他を新設。

旺文社国語辞典　第8版　松村明ほか編　旺文社　1992.10　1471p　19cm　2300円　Ⓘ4-01-077702-8　Ⓝ813.1

Ⓒ現代生活に必要な8万語を収録。また、和歌・俳句・固有名詞や慣用句・四字熟語も豊富に採録した、引きやすく、見やすく、わかりやすい国語辞典。

旺文社国語辞典　第8版　革装版　松村明ほか編　旺文社　1992.11　1471p　19cm　3900円　Ⓘ4-01-077705-2　Ⓝ813.1

Ⓒ現代生活に必要な8万語を収録。また、和歌・俳句・固有名詞や慣用句・四字熟語も豊富に採録した、引きやすく、見やすく、わかりやすい国語辞典。

旺文社国語辞典 第8版〔机上版〕 松村明, 山口明穂, 和田利政編 旺文社 1993.9 1471p 21cm 4500円 Ⓣ4-01-077706-0 Ⓝ813.1

㊤内容 現代生活に必要な8万語を収録した国語辞典。百科語・固有名詞、和歌・俳句も掲載。一字漢字解説は字義・筆順、人名・難読欄つきで示す。最新の国語表記の基準・具体例を示す。同音語の「使い分け」、「類語」「表現」「敬語」欄を掲載。

旺文社国語辞典 第9版 松村明, 山口明穂, 和田利政編 旺文社 1998.9 1535p 19cm 2700円 Ⓣ4-01-077711-7 Ⓝ813.1

㊤内容 現代の日本語を中心とし、主要な外国語、百科語、古語、固有名詞(人名・地名・作品名など)、慣用句、ことわざ、故事成語、和歌(百人一首)・著名な短歌・俳句、および2500余の一字の漢字など、約81500項目を収録した国語辞典。

旺文社国語辞典 第9版 CD-ROM付 松村明, 山口明穂, 和田利政編 旺文社 1998.9 1535p 19cm 〈付属資料：CD-ROM1〉 3700円 Ⓣ4-01-077712-5 Ⓝ813.1

㊤内容 現代の日本語を中心とし、主要な外国語、百科語、古語、固有名詞(人名・地名・作品名など)、慣用句、ことわざ、故事成語、和歌(百人一首)・著名な短歌・俳句、および2500余の一字の漢字など、約81500項目を収録した国語辞典。CD-ROM付き。

旺文社国語辞典 第9版 大活字版 松村明, 山口明穂, 和田利政編 旺文社 2000.2 1535p 27cm 4500円 Ⓣ4-01-072117-0 Ⓝ813.1

㊤内容 約81500語を収録した国語辞典。1998年刊「旺文社国語辞典」第9版を底本とした大活字版。

旺文社国語辞典 第10版 松村明, 山口明種, 和田利政編 旺文社 2005.10 1631p 19cm 2900円 Ⓣ4-01-077715-X Ⓝ813.1

㊤内容 類書中最多の82000語を収録した国語辞典。地球温暖化、ニート、ブログなど時代を映す新語を増補したほか新人名用漢字を全面採用。付録に「アルファベット略語・略号集」を新設。

旺文社国語辞典 第10版 小型版 松村明, 山口明穂, 和田利政編 旺文社 2005.10 1631p 16cm 2700円 Ⓣ4-01-077716-8 Ⓝ813.1

㊤内容 類書中最多の82000語を収録した小型版国語辞典。地球温暖化、ニート、ブログなど時代を映す新語を増補したほか新人名用漢字を全面採用。付録に「アルファベット略語・略号集」を新設。

旺文社国語辞典 第10版 重版 松村明, 山口明穂, 和田利政編 旺文社 2011 1631p 19cm 〈編集委員：青木一男ほか 年表あり〉 2900円 Ⓣ978-4-01-077719-0 Ⓝ813.1

㊤内容 収録語数82,000語。ことばの世界が広がる表現・語源・使い分け欄。和歌・俳句・故事成語・固有名詞も豊富に掲載。付録に「アルファベット略語・略号集」。「新常用漢字一覧」冊子つき。

旺文社国語辞典 第11版 山口明穂, 和田利政, 池田和臣編 旺文社 2013.10 1695p 19cm 〈年表あり 索引あり〉 3000円 Ⓣ978-4-01-077721-3 Ⓝ813.1

㊤内容 充実の収録語数83,500語。的確さとわかりやすさを追求した国語辞典、王道の1冊。

旺文社国語辞典 第11版 小型版 山口明穂, 和田利政, 池田和臣編 旺文社 2013.11 1695p 16cm 〈年表あり 索引あり〉 2800円 Ⓣ978-4-01-077722-0 Ⓝ813.1

㊤内容 充実の収録語数83,500語。的確さとわかりやすさを追求した国語辞典、王道の1冊。

旺文社詳解国語辞典 重版 山口明穂, 秋本守英編 旺文社 1998.6 1103p 19cm 2000円 Ⓣ4-01-072114-6 Ⓝ813.1

㊤内容 文章表現に使われる44000語を収録した国語辞典。常用漢字音訓一覧、送り仮名の付け方、品詞概説などの付録がある。

旺文社標準国語辞典 新訂版 旺文社編, 古田東朔監修 旺文社 1991.11 1087p 18cm 2000円 Ⓣ4-01-077601-3 Ⓝ813.1

㊤内容 学習本位、日常生活にも役立つ43000語を収録、やさしくわかりやすい解説で、用例も豊富に例示。新しい国語教科書掲載の重要語・慣用句を多数もりこんだ新訂版。

旺文社標準国語辞典 第7版 古田東朔監修 旺文社 2011.11 1247p 19cm 2400円 Ⓣ978-4-01-077607-0 Ⓝ813.1

㊤内容 「伝統的な言語文化」に配慮し、古語のほか和歌・俳句も収録。筆順つきで常用漢字2,136字を掲載。新語約2,200を増補！固有名詞も含めた約47,000語を厳選。慣用表現、ことばの要点、敬語、使い分け・比較など図表も増強。アルファベット略語集を付録に新設。中学生から一般まで。

大きな活字の三省堂国語辞典 第4版〔大字版〕 見坊豪紀, 金田一京助, 金田一春彦, 柴田武, 飛田良文編 三省堂 1992.4 1356p 26cm 3800円 Ⓣ4-385-13179-1 Ⓝ813.1

㊤内容 細かい文字が読みにくい、目を大切にし

国語・日本語論一般　　　　国語・日本語論

たい…活字の大きい辞典を望む声にこたえた読みやすい現代語辞典。

大きな活字の三省堂国語辞典　第5版 大字版　見坊豪紀，金田一京助，金田一春彦，柴田武，市川孝，飛田良文編　三省堂　2001.5　1484p　26cm　4000円　Ⓟ4-385-13180-5　Ⓝ813.1
〔内容〕7万6000語を収録する国語辞典。漢字で書くか、かなで書くかの目安も表示。付録として「漢字・難読語一覧」などがある。2色刷。

大きな活字の三省堂国語辞典　第6版 2色刷　見坊豪紀，金田一京助，金田一春彦，柴田武，市川孝，飛田良文編　三省堂　2008.3　1615p　26cm　4500円　Ⓟ978-4-385-13177-1　Ⓝ813.1
〔内容〕4000語を追加し、総収録項目80000語。ほかの辞書にはない新語・新用法を多数収録。漢字で書くか、かなで書くかの書き表し方が分かる。ことばの使用場面を明示した〔古風〕と〔雅〕のマークを新設。「敬語の指針」（2007年文化審議会答申）に対応した「尊敬語」「謙譲語」「丁重語」「丁寧語」「美化語」の解説。

大きな活字の三省堂国語辞典　第7版　見坊豪紀，市川孝，飛田良文，山崎誠，飯間浩明，塩田雄大編　三省堂　2014.4　1745p　26cm　5000円　Ⓟ978-4-385-13170-2　Ⓝ813.1
〔内容〕「要するにそれは何か」が分かる、簡潔でやさしい説明。新語を中心とした約4,000語を追加。約82,000項目収録。話しことばに"話"を表示、日本語学習者の利用にも配慮し、基本語の語釈を充実。知らないと困る社会常識語（約3,200語）を新たに選定。新「常用漢字表」・新「人名用漢字表」に対応。

大きな活字の新明解国語辞典　第5版 大字版　金田一京助，山田忠雄，柴田武，酒井憲二，倉持保男，山田明雄編　三省堂　1997.12　1557p　26cm　4200円　Ⓟ4-385-13114-7　Ⓝ813.1
〔内容〕親見出し6万2千、子見出し9千、その他外国地名とも併せて7万5千語を収録した最新の国語辞典。巻頭に漢字索引が付いている。大きな活字を採用した大字版。

大きな活字の新明解国語辞典　第6版　山田忠雄編集主幹，柴田武，酒井憲二，倉持保男，山田明雄編　三省堂　2005.5　1651p　26cm　4500円　Ⓟ4-385-13115-5　Ⓝ813.1
〔内容〕新項目1500語を加え76500語を収録。普通版の約1.5倍の大きさで解説も漢字もルーペ無しでラクラク読める国語辞典。

大きな活字の新明解国語辞典　第7版 大字版　山田忠雄，柴田武，酒井憲二，倉持保男，山田明雄，上野善道，井島正博，笹原宏之編　三省堂　2012.3　1679p　26cm　4700円　Ⓟ978-4-385-13116-0　Ⓝ813.1
〔内容〕新項目1,000語を加え、収録語数7万7千5百。「文法」欄を新設し、日本語を外からとらえる観点に立って文法事項について詳しく解説。「運用」欄では、待遇表現や使用場面によって帯びる意味など、運用面での諸相を簡潔に示す。形容詞項目を全面的に見直し、使用者の感性と合致させられるような語釈を示す。便利な「アクセント」表示と「かぞえ方」欄、豊富な漢字「表記」欄。

大きな字で読む常用辞典 国語・カタカナ語　三省堂編修所編　三省堂　2016.8　378, 378p　22cm　〈「三省堂ポケット国語辞典」（2001年刊）と「三省堂ポケットカタカナ語辞典」（2000年刊）の改題、字の大きな拡大版とし、合本〉　2400円　Ⓟ978-4-385-13876-3　Ⓝ813.1
〔内容〕読みやすさ抜群！1冊で2つの辞典。「国語」約33,000項目を収録。対義語、同音語、季語の情報もプラス。「カタカナ語」基本的で重要なカタカナ語を中心に採録。わかりやすく簡潔な解説。

大きな字の現代実用国語辞典　学研辞典編集部編　学習研究社　2001.11　389p　18cm　780円　Ⓟ4-05-301161-2　Ⓝ813.1
〔内容〕日常生活に必要な32000語を収録する国語辞典。同音漢字の使い分けを多数掲載。付録として「カタカナ語＆アルファベット略語」がある。

大きな字の現代実用国語辞典　第2版〔オリーブ版〕　学研辞典編集部編　学習研究社　2005.4　405p　18cm　800円　Ⓟ4-05-301827-7　Ⓝ813.1
〔内容〕日常生活に必要な32500語収録。同音漢字の使い分けを多数掲載。巻末付録にカタカナ語＆アルファベット略語。

大きな字の現代実用国語辞典　第2版〔キャメル版〕　学研辞典編集部編　学習研究社　2005.4　405p　18cm　800円　Ⓟ4-05-301826-9　Ⓝ813.1
〔内容〕日常生活に必要な32500語収録。同音漢字の使い分けを多数掲載。巻末付録にカタカナ語＆アルファベット略語。

大きな字の現代実用国語辞典　第3版　学研辞典編集部編　学研教育出版，学研マーケティング〔発売〕　2015.3　403p　18cm　〈初版：学研 2001年刊〉　900円　Ⓟ978-4-05-304233-0　Ⓝ813.1
〔内容〕日常生活に役立つ32500語収録。同音漢

字の使い分けを多数掲載。巻末に「常用漢字一覧」改定常用漢字表対応「カタカナ語&アルファベット略語」。

大きな字の現代実用国語辞典 第3版 ローラアシュレイ版 学研辞典編集部編 学研教育出版, 学研マーケティング〔発売〕 2015.8 403p 18cm 〈初版：学研 2001年刊〉 1050円 ⓘ978-4-05-304235-4 Ⓝ813.1

内容 日常生活に役立つ32500語収録。便利な"ペンホルダー&しおりのひも"付き。

大きな字の常用国語辞典 改訂新版 石井庄司編 学習研究社 2000.3 801,10p 22cm 2200円 ⓘ4-05-300694-5 Ⓝ813.1

内容 大きめの文字を使用した常用国語事典。現代生活の必須用語約33000語のほか、常用漢字、人名用漢字その他日常使用する漢字を漢字項目として掲載。また各語句に漢字を中心にペン字を掲げ、模範的な崩し方を紹介。巻末に付録として手紙の書き方、常用漢字・人名漢字一覧表、時刻・方位・干支、物の数え方、欧文略語集、使い分けの索引を付す。

大きな字の常用国語辞典 改訂新版 特製版 石井庄司編 学習研究社 2000.12 801,10p 22cm 2800円 ⓘ4-05-300973-1 Ⓝ813.1

内容 この辞典は、一般の社会人が実務や日常の場で、特に文書・手紙などを作成する場で使用できるように編集したものである。現代生活の必須語約33000を厳選して収録した。そのほか、常用漢字・人名用漢字、その他の日常よく用いられる漢字など約3000を、漢字項目（漢字母）として収録している。

大きな字の常用国語辞典 改訂第3版 石井庄司編 学習研究社 2006.3 828p 22cm 2300円 ⓘ4-05-301988-5 Ⓝ813.1

内容 現代生活の必須語約33500語を厳選して収録した国語辞典。そのほか、常用漢字・人名用漢字、その他の日常よく用いられる漢字など約3300を、2004年に追加された新人名用漢字をすべて収録。

大きな字の常用国語辞典 改訂第3版 特製版 石井庄司編 学習研究社 2006.5 828p 22×12cm 2800円 ⓘ4-05-301989-3 Ⓝ813.1

内容 現代生活の必須語約33500語を厳選して収録したほか、常用漢字・人名用漢字、日常よく使われる漢字など3300を漢字項目として収録。

大きな字の常用国語辞典 改訂第4版 石井庄司編 学研教育出版, 学研マーケティング〔発売〕 2013.8 828p 22cm〈改訂第3版：学研 2006年刊 索引あり〉 2300円 ⓘ978-4-05-303872-2 Ⓝ813.1

内容「改定常用漢字表」対応。常用漢字・人名用漢字を全収録。33500語収録。

学研 現代新国語辞典 金田一春彦編 学習研究社 1994.4 1495p 19cm 2600円 ⓘ4-05-104239-1 Ⓝ813.1

内容 現代人の言語生活に必要な約65000語を収録した国語辞典。編集方針は、発展的・比喩的な意味の幅広い採録、多義語や副詞・助動詞などの基本語への詳しい解説、豊富な用例収録など。付録に、常用漢字・現代仮名遣い・送り仮名の付け方などの資料がある。

学研 現代新国語辞典 机上版 金田一春彦編 学習研究社 1994.4 1495p 22cm 3800円 ⓘ4-05-300104-8 Ⓝ813.1

内容 現代人の言語生活に必要十分な約65000語を収録。ていねいで分かりやすい語釈。発展的・比喩的な意味も幅広く採録。故事ことわざ・四字熟語・慣用句も重視。表現に大いに役立つ、的確で豊富な用例。常用漢字・現代仮名遣い・送り仮名の付け方など、現代表記に徹底注解を加えた、充実した付録。

学研 現代新国語辞典 改訂新版 金田一春彦編 学習研究社 1997.11 1495p 19cm 2600円 ⓘ4-05-300444-6 Ⓝ813.1

内容 現代語を中心に約65000語を収録した最新版の国語辞典。会話・文章表現をより充実させ、様々なコラムや囲み記事で注意点や使い分けなどを解説。

学研 現代新国語辞典 改訂第3版 金田一春彦編 学習研究社 2002.4 1587p 19cm 2600円 ⓘ4-05-301102-7 Ⓝ813.1

内容 高校生から社会人までを対象とした国語辞典。現代語を中心に外来語・文語や慣用表現・故事成語など約67000項目を収録。新語・カタカナ語は2000語を追補。類義語との違い・用法上の留意点・正しい表記法等を明示した語義や用法を記載。付録は品詞活用表、人名用漢字、ローマ字の綴り方、主要季語一覧、アルファベット略語集など。巻頭に囲み記事の索引がある。

学研 現代新国語辞典 改訂第3版〔デスク版〕 金田一春彦編 学習研究社 2002.10 1587p 21cm 3000円 ⓘ4-05-301335-6 Ⓝ813.1

内容 現代語を中心に外来語・文語や慣用表現・故事成語など約67000項目を収録する辞典。新語・カタカナ語は2000語を追補。類義語との違い・用法上の留意点・正しい表記法等を明示した語義や用法を記載。囲み記事により類語と表現、使い分けについて言及。付録は品詞活用表、人名用漢字、ローマ字の綴り方、主要季語一覧、アルファベット略語集など。巻頭に囲み

記事の索引がある。高校生から社会人までを対象とする。

学研 現代新国語辞典 改訂第4版 金田一春彦, 金田一秀穂編 学習研究社 2008.1 12, 1683p 19cm 2900円 Ⓣ978-4-05-302053-6 Ⓝ813.1

⦅目次⦆本文, 付録（文法編, 表記編, 漢字編, その他）

⦅内容⦆時事用語・カタカナ語・専門用語をも含む75000語収録。日本人の生活に根ざしたことわざ・慣用句を3200語収録。現代日本語に即した分かりやすい語釈。大増補した豊富な用例で言葉の理解を助ける。語彙力・表現力が身につくコラム「類語と表現」は解説付きでより詳しく。類書中最多! 最新情報を多数収録したアルファベット略語集。

学研 現代新国語辞典 改訂第4版 小型版 金田一春彦, 金田一秀穂編 学習研究社 2009.1 12,1683p 17cm 2700円 Ⓣ978-4-05-302824-2 Ⓝ813.1

⦅目次⦆本文, 付録（文法編, 表記編, 漢字編, その他）

⦅内容⦆携帯に便利、ハンディーな小型版。時事用語・カタカナ語・専門用語をも含む75000語収録。現代日本語に即した分かりやすい語釈。豊富な用例で言葉の理解を助ける。

学研 現代新国語辞典 改訂第5版 金田一春彦, 金田一秀穂編 学研教育出版, 学研マーケティング〔発売〕 2012.12 1709p 19cm 〈他言語標題：Gakken Japanese Dictionary 改訂第4版の出版者：学研〉 3000円 Ⓣ978-4-05-303610-0 Ⓝ813.1

⦅内容⦆新しく変化する日本語と、古く美しい日本語で、現代を表す国語辞典。

学研 現代新国語辞典 改訂第5版 小型版 金田一春彦, 金田一秀穂編 学研教育出版, 学研マーケティング〔発売〕 2012.12 1709p 17cm 〈他言語標題：Gakken Japanese Dictionary 改訂第4版の出版者：学研〉 2800円 Ⓣ978-4-05-303611-7 Ⓝ813.1

⦅内容⦆新しく変化する日本語と、古く美しい日本語で、現代を表す国語辞典。

学研 現代標準国語辞典 林義雄, 林史典, 金子守編 学習研究社 2001.4 1112,32p 19cm 2200円 Ⓣ4-05-300936-7 Ⓝ813.1

⦅内容⦆中学生から一般まで使える国語辞典。「自己責任」「介護保険」「抗菌」「バリアフリー」「デジタルデバイド」「NPO」など新語を含む約4万6000語を収録。付録として、ABC略語集などがある。

学研 現代標準国語辞典 改訂第2版 林史典, 林義雄, 金子守編 学研教育出版, 学研マーケティング〔発売〕 2011.12 1258, 46p 19cm 2500円 Ⓣ978-4-05-303530-1 Ⓝ813.1

⦅内容⦆中学生から一般まで使える国語辞典。「新学習指導要領」＆「改定常用漢字表」対応。図版が豊富＆見やすい紙面。「スマートフォン」「循環型社会」「線量」など話題の言葉を含む約5万語収録。全常用漢字2136字を、筆順つきで解説。読み方・書き方・用法などの注意点が細やか。巻末に古語小辞典、ABC略語集つき。

学研 現代標準国語辞典 改訂第3版 林史典, 林義雄, 金子守編 学研プラス 2016.12 1552,40p 19cm 2600円 Ⓣ978-4-05-304479-2 Ⓝ813.1

⦅内容⦆大きな見出しで、ことばが引きやすい。品詞のマークがくわしく、わかりやすい。常用漢字すべてを筆順つきで掲載。巻末に「古語小辞典」「アルファベット略語集」。中学の国語教科書から採集した語（明け初める・値千金・異常気象・減災・サスティナビリティー・プロジェクションマッピングなど）を追加。中学生向け。

角川必携国語辞典 大野晋, 田中章夫編 角川書店 1995.10 1504p 19cm 2600円 Ⓣ4-04-013200-9 Ⓝ813.1

⦅内容⦆日常よく使われる語、および高等学校までの学習に必要な基本用語を中心に、外来語、専門語、新語、略語、故事成語、ことわざ、人名、地名、作品名等も収録した国語辞典。常用漢字・人名用漢字2229字の漢字項目を含め、5万2000語を収録する。高校生向け。

角川モバイル 日本語辞典 角川書店編 角川書店 2000.3 894p 16cm 1800円 Ⓣ4-04-013510-5 Ⓝ813.1

⦅内容⦆約35000語を収録した日本語辞典。五十音順の排列。語義解説のほかに似た言葉の使い分け333項目と表現類語の解説130、図表22点を併載しそれぞれ巻頭に目次を掲載。巻末にアルファベットの略語集を収録。

逆引き広辞苑 岩波書店辞典編集部編 岩波書店 1992.11 1149p 21cm 3800円 Ⓣ4-00-080106-6 Ⓝ814

⦅内容⦆この辞典は、『広辞苑第4版』に収録された項目の見出し仮名と表記形とを、見出し仮名の綴りを逆に読んだ場合の50音順に排列したものである。

逆引き広辞苑 〔机上版〕 岩波書店辞典編集部編 岩波書店 1992.11 1149p 26cm 6000円 Ⓣ4-00-080107-4 Ⓝ814

⦅内容⦆この辞典は、『広辞苑第4版』に収録され

国語・日本語論　　　　　　　　　　　　国語・日本語論一般

た項目の見出し仮名と表記形とを、見出し仮名の綴りを逆に読んだ場合の50音順に排列したものである。

言海　大槻文彦著　筑摩書房　2004.4　1349p　15cm　〈ちくま学芸文庫〉〈肖像あり〉　2200円　Ⓘ4-480-08854-7　Ⓝ813.1
〈内容〉近代的なスタイルの国語辞典の第1号『言海』は、「読める辞書」としても絶大なる人気を誇ってきた。語釈には「堂々めぐり」がほとんどなく、意味の本質に迫るキリッとした名文づくし。とりわけ動物・植物・鉱物などの語釈がシブい。ユーモアすら漂う。明治時代の俗語もまじり、方言などの注記もある。用例も豊富で、古典のアンソロジーのような一面も。巻頭の「語法指南」は日本最初の近代的な文法書として愛用された。明治のことばの辞典として、また古語辞典としても役に立つ。国語辞典として使うための詳しい解説つき。縮刷版(明治37年)の内容をそのままの大きさで覆製。

研究社 日本語コロケーション辞典　姫野昌子監修　研究社　2012.12　1295p　20cm　〈他言語標題：KENKYUSHA'S DICTIONARY OF JAPANESE COLLOCATIONS　「日本語表現活用事典」(2004年刊)の増補改訂版　編集委員：柏崎雅世ほか　文献あり〉　5600円　Ⓘ978-4-7674-9110-3　Ⓝ813.4
〈内容〉日本語の正しいコロケーション(語と語のつながり)が分かる。動詞、形容詞、形容動詞を核にした引きやすい見出し語。4万5000を超える生きた例文、慣用句、合成語(複合語)。口語的な表現や新聞・報道の時事的な例文も豊富に収録。学習者の便を考え、漢字にはルビ(ふりがな)を多用した。『研究社日本語表現活用辞典』(2004)の大幅改訂版。

研究社 日本語表現活用辞典　姫野昌子監修　研究社　2004.6　721p　19cm　4700円　Ⓘ4-7674-9051-0　Ⓝ815.5
〈内容〉本書は、一般の国語辞典ではなかなか引くことができない「語と語のつながり」に着眼した画期的な日本語辞典である。動詞、形容動詞を核にした編纂もその特徴の一つで、2万5000を越える生きた例文は、「正しい日本語」を用いるための貴重な"お手本"となる。学習者の便を考え、漢字には振り仮名を多用した。丁寧に採集した豊富な慣用句、複合語も特徴。

現代国語辞典　改訂新版　松枝茂夫, 古田東朔監修　日本文芸社　1998.2　897p　20×14cm　〈付属資料：別冊 全国郵便番号簿1〉　1900円　Ⓘ4-537-01793-7　Ⓝ813.1
〈内容〉現代用語5万2千語を厳選して収録した国語辞典。すべての語に英訳があり和英辞典としても使えるほか、用例や誤用例なども多く収録。付録に全国郵便番号簿が付く。

現代国語辞典 実用版　改訂新版　松枝茂夫, 古田東朔監修　日本文芸社　1998.2　897p　18cm　〈付属資料：別冊 全国郵便番号簿1〉　1400円　Ⓘ4-537-01761-9　Ⓝ813.1
〈内容〉現代用語5万2千語を厳選して収録した国語辞典。すべての語に英訳があり和英辞典としても使えるほか、用例や誤用例なども多く収録。付録に全国郵便番号簿が付く。

現代国語辞典 実用版　改訂版　松枝茂夫, 古田東朔監修　日本文芸社　2002.2　897p　19cm　1100円　Ⓘ4-537-20108-8　Ⓝ813.1
〈内容〉事務・学習を始め、現代の日常生活に必要なことば約5万2千語を解説する国語辞典。現代日常語、外国語・外来語、専門語、常用漢字を網羅。新音訓・新送り仮名付記のほか、すべての見出し語には英訳を示す。付録は常用漢字ペン字三体表、手紙ものしり小事典、アルファベット略語集など実用的な内容。中学生から一般社会人までを利用者として想定している。平成7年刊の改訂版。

現代国語辞典 和英併用　松枝茂夫, 古田東朔監修　日本文芸社　2002.2　897p　19cm　1400円　Ⓘ4-537-20109-6　Ⓝ813.1
〈内容〉現代の日常生活に必要なことば約5万2000語を解説する国語辞典。現代日常語、外国語・外来語、専門語、常用漢字を網羅。新音訓・新送り仮名付記のほか、すべての見出し語には英訳を示す。付録は常用漢字ペン字三体表、手紙ものしり小事典、アルファベット略語集など実用的な内容。中学生から一般社会人までを利用者として想定している。

現代国語例解辞典　第2版　林巨樹監修, 尚学図書編　小学館　1993.1　1510p　19cm　2500円　Ⓘ4-09-501042-8　Ⓝ813.1
〈内容〉収録6万5千語。時代の動きをとりこんだ新項目1000、類義語の違いが分る表組み、最新資料によるアクセント、漢字表にJISの文字コードをつけ、ワープロ・パソコン時代のニーズに応えるなど、時代に合う画期的な国語辞典。

現代国語例解辞典　第2版 2色刷　林巨樹監修, 小学館辞典編集部編　小学館　1997.1　1510p　19cm　2621円　Ⓘ4-09-501032-0　Ⓝ813.1
〈目次〉本文, 助詞・助動詞解説, 漢字表
〈内容〉1985年刊の前版に新聞・雑誌などで定着した語1000以上を加えた第2版。アクセント欄の再検討や漢字表へのJISコードの追加、類語や表記、慣用句の使い分け等が一目でわかる表組をさらに充実させた。

日本語 レファレンスブック　9

現代国語例解辞典 第3版 2色刷 林巨樹監修, 小学館辞典編集部編 小学館 2001.1 1559p 19cm 2800円 ①4-09-501033-9 Ⓝ813.1

[内容]学習・実務用の国語辞典。67000語を収録。語義解説のほか、類語の使い分けを示す類語対比表、複合語・慣用表現・成句などをまとめた語例表など1100点以上の表を交えて言葉の使い方を示す。付録として、擬音語・擬態語集成、2800字を解説する五十音引漢字表、132色巻頭口絵、助詞・助動詞解説、敬語表現の要点、旧国名とその通称、旧国名・都道府県名対照地図、手紙の書き方、動詞・形容詞・形容動詞・助動詞活用表、十干・十二支・時刻・方位・方角などを収録した、1997年刊に次ぐ第3版。

現代国語例解辞典 第4版 林巨樹, 松井栄一監修, 小学館辞典編集部編 小学館 2006.1 1651p 19cm〈付属資料：別冊1〉 2900円 ①4-09-501034-7 Ⓝ813.1

[内容]最新の時事用語・カタカナ語を含む約69000語を収録。時代を反映した身近でわかりやすい解説と豊富な用例。言葉の正しい用法がわかる類語対比表・語例表など表組が1100点。表現力の向上に役立つ「結びつきの強い語」「和語の漢字熟語例」欄を新設。語源、数え方、季語など、言葉に関する知識が満載。主要全国紙で頻出の四字熟語、上位300語を完全網羅。敬語表現の要点、助詞・助動詞解説など、多彩な付録。

現代国語例解辞典 第5版 林巨樹, 松井栄一監修, 小学館辞典編集部編集 小学館 2016.11 1685p 19cm〈索引あり〉 2900円 ①978-4-09-501035-9 Ⓝ813.1

[内容]1億語を超える国立国語研究所の日本語コーパスを全面的に活用!! だから、生きた日本語の"現在"がわかる!! 読むだけで楽しい、ひと目でわかるグラフつきのコラムが255。最新の時事用語、カタカナ語など日常生活に必須の言葉が7万1000。コーパスを活用した見出しや表記欄。大好評の類語対比表も1000。

現代実用国語辞典 学研辞典編集部編 学習研究社 2000.4 381p 15cm 620円 ①4-05-300864-6 Ⓝ813.1

[内容]32000語を収録した国語辞典。現代仮名遣いによる読みの五十音順に排列。語義と季語・用例・対義語のほか参照事項を併載。カタカナ語＆アルファベット略語がある。

現代実用国語辞典 パステル版 学研辞典編集部編 学習研究社 2000.8 381p 16cm 620円 ①4-05-300952-9 Ⓝ813.1

[内容]本辞典は、日本語使用の際の不便や疑問を即座に解消する目的で作りました。日常よく使われる言葉を精選し、大きな見出しで示しました。言葉の意味は主要なものに絞り、適宜用例や反対語も付しました。俳句の季語として使われる言葉には、季節を示しました。また、同音類義語はわかりやすいように、黒の網版で示してあります。携帯に便利な本書を常に座右に置いていただき、役立てていただければ幸いに存じます。

現代実用国語辞典 クリーム版 学研辞典編集部編 学習研究社 2001.6 381p 15cm 620円 ①4-05-301160-4 Ⓝ813.1

[内容]日常生活に必要な32000語を収録する国語辞典。同音漢字の使い分けを多数掲載。

現代実用国語辞典 第2版 学研辞典編集部編 学習研究社 2003.4 405p 18cm 630円 ①4-05-301336-4 Ⓝ813.1

[内容]日常よく使われる用語32500語を収録。季語も充実。本文は五十音順に排列。巻末に常用漢字一覧（五十音順）、カタカナ語（五十音順）、アルファベット略語（アルファベット順）を収載。第2版。

現代実用国語辞典 第2版 クリーム版 学研辞典編集部編 学習研究社 2003.4 405p 18cm 630円 ①4-05-301338-0 Ⓝ816.07

[内容]『現代実用国語辞典』の表紙色ちがい版。日常生活に必要な32500語収録。季語も充実。常用漢字一覧つき。

現代実用国語辞典 第2版 パステル版 学研辞典編集部編 学習研究社 2003.4 405p 18cm 630円 ①4-05-301337-2 Ⓝ816.07

[内容]『現代実用国語辞典』の表紙色ちがい版。日常生活に必要な32500語収録。季語も充実。常用漢字一覧つき。

現代実用国語辞典 第3版 ネイビー版 学研辞典編集部編 学研教育出版, 学研マーケティング〔発売〕 2015.3 403p 16cm〈初版：学研 2000年刊〉 800円 ①978-4-05-304231-6 Ⓝ813.1

[内容]日常生活に役立つ32500語収録。同音漢字の使い分けを多数掲載。巻末に「常用漢字一覧」改定常用漢字表対応「カタカナ語＆アルファベット略語」。

現代実用国語辞典 第3版 レッド版 学研辞典編集部編 学研教育出版, 学研マーケティング〔発売〕 2015.3 403p 16cm〈初版：学研 2000年刊〉 800円 ①978-4-05-304232-3 Ⓝ813.1

[内容]日常生活に役立つ32500語収録。同音漢字の使い分けを多数掲載。巻末に「常用漢字一覧」改定常用漢字表対応「カタカナ語＆アルファベット略語」。

現代実用国語辞典 第3版 ローラアシュレイ版 学研辞典編集部編 学研教育出版, 学研マーケティング〔発売〕 2015.8 403p 16cm 〈初版：学研 2000年刊〉 950円 ⓘ978-4-05-304234-7 Ⓝ813.1
⒩日常生活に役立つ32500語収録。便利な"ペンホルダー＆しおりのひも"付き。

現代実用辞典 第2版 講談社辞典局編 講談社 1992.11 996p 19cm 1200円 ⓘ4-06-123283-5 Ⓝ813.1
⒩国語・漢和・百科・和英・ペン字・手紙などの諸辞典の機能を兼ねた情報化時代の万能辞典。

広辞苑 第4版 新村出編 岩波書店 1991.11 2858p 21cm 6500円 ⓘ4-00-080101-5 Ⓝ813.1
⒩この辞典は、国語辞典であるとともに、学術専門語ならびに百科万般にわたる事項・用語を含む中辞典として編修したものである。ことばの定義を簡明に与えることを主眼としたが、語源・語誌の解説にも留意した。収載項目はすべて約22万である。国語項目は、現代語はもとより、古代・中世・近世にわたってわが国の古典にあらわれる古語を広く収集し、その重要なものを収録した。漢語・外来語のほか、民俗語・方言・隠語・慣用句・俚諺の類についても、その採録に意を用いた。

広辞苑 第4版 革装 新村出編 岩波書店 1992.11 2858p 23cm 12000円 ⓘ4-00-080103-1 Ⓝ813.1
⒩この辞典は、国語辞典であるとともに、学術専門語ならびに百科万般にわたる事項・用語を含む中辞典として編修したものである。ことばの定義を簡明に与えることを主眼としたが、語源・語誌の解説にも留意した。収載項目はすべて約22万である。

広辞苑 第4版 机上版 新村出編 岩波書店 1992.11 2858p 27cm 11000円 ⓘ4-00-080102-3 Ⓝ813.1
⒩この辞典は、国語辞典であるとともに、学術専門語ならびに百科万般にわたる事項・用語を含む中辞典として編修したものである。ことばの定義を簡明に与えることを主眼としたが、語源・語誌の解説にも留意した。収載項目はすべて約22万である。国語項目は、現代語はもとより、古代・中世・近世にわたってわが国の古典にあらわれる古語を広く収集し、その重要なものを網羅した。漢語・外来語のほか、民俗語・方言・隠語・慣用句・俚諺の類についても、その採録に意を用いた。

広辞苑 第4版 机上版, 総革装 新村出編 岩波書店 1993.2 2858p 26cm 18500円 ⓘ4-00-080105-8 Ⓝ813.1
⒩この辞典は、国語辞典であるとともに、学術専門語ならびに百科万般にわたる事項・用語を含む中辞典として編修したものである。ことばの定義を簡明に与えることを主眼としたが、語源・語誌の解説にも留意した。収載項目はすべて約22万である。

広辞苑 第5版 新村出編 岩波書店 1998.11 2988p 21cm 7300円 ⓘ4-00-080111-2 Ⓝ813.1
⒩学術専門語ならびに百科全般にわたる事項・用語を収載した国語辞典。第4版収載の約22万項目を言葉の意味の移り変りに即して解説を書き改めたほか、約1万項目を新収録し、約23万項目を収載した。排列は五十音順。付録として、日本文法解説、活用表（動詞・助動詞・形容詞）、仮名遣いについて、送り仮名について、漢字・難読語一覧、人名用漢字一覧、外来語の表記、ローマ字のつづり方、アルファベット略語、西暦・和暦対照表がある。第5版。

広辞苑 第5版 革装 新村出編 岩波書店 1999.10 2988p 23cm 〈付属資料：1枚〉 11000円 ⓘ4-00-080113-9 Ⓝ813.1
⒩第一線の専門家が全項目を見直し、全面大改訂した第5版。現代語と百科項目を中心に1万項目を新収載し、総項目数は23万に。21世紀に必携の国語＋百科事典の決定版。総革装版。

広辞苑 第5版 机上版 新村出編 岩波書店 1998.11 2988p 27cm 11000円 ⓘ4-00-080112-0 Ⓝ813.1
⒩第一線の専門家が全項目を見直し、全面大改訂した第5版。現代語と百科項目を中心に1万項目を新収載し、総項目数は23万に。21世紀に必携の国語＋百科事典の決定版。大型版。

広辞苑 第6版 新村出編 岩波書店 2008.1 2冊（別冊付録とも） 23cm ⓘ978-4-00-080121-8 Ⓝ813.1
⒩国語辞典であるとともに、学術専門語ならびに百科全般にわたる事項・用語を含む中辞典として編修した大型国語辞典。1998年の第5版以来10年ぶりの第6版。1万項目を新たに収載し、総項目数は24万に。別冊付録として「漢字・難読語一覧」「アルファベット略語」が付く。

広辞苑 第6版 机上版 新村出編 岩波書店 2008.1 3冊＋付録1冊（セット） 27cm ⓘ978-4-00-080122-5 Ⓝ813.1
⒩第5版から10年ぶりの改訂、24項目を収載した日本語大辞典。文字の大きな机上版。

広辞苑 第6版 総革装 新村出編 岩波書店 2009.1 3458p 23×16cm 〈付属資料：別

国語・日本語論一般　　　　　国語・日本語論

冊1〉　15000円　Ⓘ978-4-00-080123-2　Ⓝ813.1

内容 第5版から10年ぶりの改訂、24項目を収載した日本語大辞典。総革装版。

広辞苑　第6版 机上版、総革装　新村出編　岩波書店　2009.1　2冊（セット）　26cm　〈付属資料：別冊1〉　25000円　Ⓘ978-4-00-080124-9　Ⓝ813.1

目次 あ〜そ、た〜ん、付録

内容 第5版から10年ぶりの改訂、24項目を収載した日本語大辞典。総革装版の机上版。3分冊構成。

講談社カラーパックス 英和・国語辞典　2色刷　講談社辞典局編　講談社　1998.6　952p　16cm　3200円　Ⓘ4-06-265305-2　Ⓝ833.3

内容 収録語数57500語、成句類総数11200語を収録した英和辞典（1995年刊）と、国語辞典として必要と思われる日本語約61000語、実際的な英語表現47000例を収録した国語辞典（1998年刊）を合本したポケット辞典。

講談社カラーパックス 国語・漢字辞典　二色刷　講談社辞典局編　講談社　1998.6　678,50p　16cm　3200円　Ⓘ4-06-265309-5　Ⓝ813.1

内容 現代語の辞典として必要と思われる日本語約61000語、実際的な英語表現47000例を収録した国語辞典（1998年4月刊）と、旧字・異体字を含め約8500字を収録した漢字辞典（1998年5月刊）を合本したポケット辞典。

講談社カラーパックス 国語辞典　講談社辞典局編　講談社　1998.5　952p　16cm　1800円　Ⓘ4-06-125038-8　Ⓝ813.1

内容 現代語61000語を収録した小型国語辞典。英語表現も47000語を収録し、和英辞典的な機能を付けた。巻末には約800語収録のアルファベット略語集付き。

講談社カラーパックス 国語辞典　特製版 2色刷　講談社辞典局編　講談社　1998.9　952p　20cm　〈他言語標題：The Kodansha color pax dictionary〉　1900円　Ⓘ4-06-265315-X　Ⓝ813.1

内容 現代語61000語を収録した小型国語辞典。英語表現も47000語を収録し、和英辞典的な機能を付けた。巻末には約800語収録のアルファベット略語集付き。

講談社カラーパックス 国語辞典　中型版　講談社辞典局編　講談社　1998.9　951p　20cm　2300円　Ⓘ4-06-265308-7　Ⓝ813.1

内容 現代生活に欠かせない61000語を収録した国語辞典。実際の英語表現47000例を採録。巻末に800語を収録したアルファベット略語集付き。

講談社カラー版 日本語大辞典　梅棹忠夫ほか監修　講談社　1990.9　2302p　27cm　7300円　Ⓘ4-06-121057-2　Ⓝ813.1

内容 「ことば」と「用語・事項名」を収める。「ことば」の項目は現代語に重点が置かれているが、必要な古語も収められている。JISコード付き漢字項目が立てられており、漢和辞典としての機能も持つ。「用語・事項名」の項目は、あらゆる分野の専門用語から、人名・地名・作品名などの固有名詞に及ぶ。総計175,000語を収載し、約100,000語には対応する英語が示されている。国語辞典としては初めてカラー図版が多用されている。付録として、漢字音訓一覧、言葉の使い方、言葉の資料便覧、アルファベット略語集を付す。背革装、総革装もある。

講談社カラー版 日本語大辞典　背革装　梅棹忠夫ほか監修　講談社　1990.11　2302p　27cm　12000円　Ⓘ4-06-123273-8　Ⓝ813.1

内容 この辞典は、日常身近に接する「ことば」と「用語・事項名」の17万5000余語を、引きやすく、読みやすく解説したものです。「ことば」の項目は、現代語を重視して、日常生活にまた中学・高校の学習に、必要十分な内容を収めました。「用語・事項名」の項目は、あらゆる分野の専門用語から、人名・地名・作品名などの固有名詞にまでおよんでいます。

講談社カラー版 日本語大辞典　総革装　梅棹忠夫ほか監修　講談社　1990.11　2302p　27cm　17000円　Ⓘ4-06-123274-6　Ⓝ813.1

内容 この辞典は、日常身近に接する「ことば」と「用語・事項名」の17万5000余語を、引きやすく、読みやすく解説したものです。「ことば」の項目は、現代語を重視して、日常生活にまた中学・高校の学習に、必要十分な内容を収めました。「用語・事項名」の項目は、あらゆる分野の専門用語から、人名・地名・作品名などの固有名詞にまでおよんでいます。

講談社カラー版 日本語大辞典　第2版　梅棹忠夫ほか監修　講談社　1995.7　2542,97p　26cm　7800円　Ⓘ4-06-125002-7　Ⓝ813.1

内容 現代語を中心に20万語を収録する国語辞典。各種分野の専門用語や人名・地名・作品名等の固有名詞も収録する。主な漢字にはJIS区点コードを明記、古語を除く12万語にはその意味を英語で付記する。カラー写真・図版6500点を収録し、図鑑としての機能も持つ。ほかに、特集として手紙・はがきの文例、スピーチ例、敬語の使い方等の紹介、350色の色名辞典、3600語収録のアルファベット略語集等がある。

国語・日本語論　　　　　　　　　　　　　国語・日本語論一般

講談社カラー版 日本語大辞典　第2版 電子ブック付　梅棹忠夫ほか監修　講談社　1995.7　2542p　26cm　〈付属資料：電子ブック〉　12800円　Ⓘ4-06-931474-1　Ⓝ813.1
⦅内容⦆現代語を中心に20万語を収録する国語辞典。各種分野の専門用語や人名・地名・作品名等の固有名詞も収録する。主な漢字にはJIS区点コードを記載、古語を除く12万語にはその意味を英語で付記する。カラー写真・図版6500点を収録し、図鑑としての機能も持つ。ほかに、特集として手紙・はがきの文例、スピーチ例、敬語の使い方等の紹介、350色の色名辞典、3600語収録のアルファベット略語集等がある。音声・グラフィックデータ収録の電子ブック付き。

講談社国語辞典　第2版　桐原徳重ほか編　講談社　1991.11　1414p　19cm　2300円　Ⓘ4-06-123137-5　Ⓝ813.1
⦅内容⦆8種のかっこ・記号と2種の書体を使い分けて、基準表記や慣用表記、教育漢字、送り仮名の許容などを明示。2,700をこえる漢字項目をたて、常用漢字は特に大きく詳しく解説。基本語の全面的な改訂に加え、6,000余語の新項目を増補。流行語・時事用語・外来語など、時代に即した言葉を豊富に採録。総頁は1,424、巻末付録には言葉と文字についての基礎知識、品詞の分類・活用表、書き表し方の基準、漢字音訓総覧、人名漢字一覧、また旧国名地図など107頁にわたって収載。

講談社国語辞典　第2版 デスク版　桐原徳重ほか編，阪倉篤義，林大監修　講談社　1992.1　1414p　22cm　4500円　Ⓘ4-06-123138-3　Ⓝ813.1
⦅内容⦆学習と社会生活に必要十分な言葉を厳選し、簡潔で要を得た語釈と豊富な用例で解説。活字が大きくて使いやすいデスク版。

講談社国語辞典　改訂新版　阪倉篤義，林大監修　講談社　1997.2　1416p　15cm　（講談社学術文庫）　1600円　Ⓘ4-06-159238-6　Ⓝ813.1
⦅内容⦆漢字辞典の機能を兼ね備え、用字・用語辞典の役も果たす文庫版国語辞典。学習、ビジネス、社会生活に、必要十分な約7万6000語を収録。

講談社国語辞典　第3版　阪倉篤義，林大監修　講談社　2004.11　1414p　19cm　2300円　Ⓘ4-06-265335-4　Ⓝ813.1
⦅内容⦆新語・カタカナ語を大幅増補した76000語を収録した国語辞典。漢字辞典としても役に立つ漢字音訓総覧7400字、新追加の人名漢字488字などを収録。巻末付録には「送り仮名の付け方」「敬語の使い方」「外来語の表記」などがある。

国語学大辞典　国語学会編　東京堂出版　1993.7　1253p　27cm　19570円　Ⓘ4-490-10133-3
⦅内容⦆国語学関係の事項を収録した事典。1600項目を五十音順に排列し、中項目主義で解説、各項目に参考文献を示す。巻末に60ページにわたる「国語年表」と140ページにわたる「国語学関係参考文献一覧」がある。参考文献は、国語学（単行本）、言語学（単行本）、国語教育（単行本）、講座・論文集・全集、影印本に分類掲載する。旧版は1955年刊、本版の初版は1981年。

国語辞典　阿部正路監修，加藤哲編　集文館　1999.3　351p　15cm　710円　Ⓘ4-7850-0215-8　Ⓝ813.1
⦅内容⦆常用漢字と現代送りがなが一目で解る表記法で、約2万3000語を収録した国語辞典。排列は見出し語の五十音順。

国語辞典　阿部正路監修，加藤哲編　集文館　2000.5　351p　15cm　830円　Ⓘ4-7850-0143-7　Ⓝ813.1
⦅内容⦆国語の表記辞典。見出し項目は常用漢字による正しい送りがなと常用漢字以外の漢字や常用漢字音訓表外の漢字に関しても、各項目は漢字による表記と漢字語義の解説を簡潔におこなう。五十音順による排列、約で約23000語を収録。

国語辞典　阿部正路監修，加藤哲編　集文館　2012.4　351p　15cm　830円　Ⓘ978-4-7850-0143-8　Ⓝ813.1
⦅内容⦆ハンディーで引きやすいことを目的とした辞典。精選した約2万3千語を収録。常用漢字と現代送りがなが一目で解る見やすい表記辞典。

国語小辞典　井浦芳信編　永岡書店　2011.1　607p　11×8cm　476円　Ⓘ978-4-522-42960-0　Ⓝ813.1
⦅内容⦆日常生活に役立つ手のひらサイズの小さな辞典。主要な古語から最新の現代語までを精選、「改定常用漢字表」にもとづき全面的改訂。

国語小辞典　新装版　井浦芳信編　永岡書店　〔2014.12〕　607p　11×8cm　476円　Ⓘ978-4-522-43314-0　Ⓝ813.1
⦅内容⦆「改定常用漢字表」にもとづいて全面的に改訂を行った。本書を使う人の身になって、学習・実務・教養・日常生活に本当に役立つという視点で見直し、増補と削除を行った。主要な古語から最新の現代語までを精選し、正確明解な語釈・解説を加え、外来語・時事語・新語・専門用語なども網羅。

国語総合新辞典　英訳つき 百科和英漢和兼用　三好行雄，J.B.ハリス監修，旺文社編　旺文社　1990.6　1527p　17cm　2600円

国語・日本語論一般　　　　　　　国語・日本語論

Ⓘ4-01-077815-6　Ⓝ813.1
(内容)1978年発行の『新総合国語辞典』に約2,000語を追加。それぞれの語義解説の後に英訳を付す。

国語総合新辞典　英訳つき　百科／和英　新装版　三好行雄，J.B.ハリス監修　旺文社　1998.4　1527p　19cm　2800円　Ⓘ4-01-071811-0　Ⓝ813.1
(内容)古語、固有名詞、社会科学用語、慣用句、ことわざなど、83000語を収録した国語辞典。排列は見出し語の五十音順、全解説文に英語訳が付いている。

国語大辞典　大活字版　新国語研究会編　金園社　1990.1　1036p　22cm　〈付・外国語訳〉　3800円　Ⓘ4-321-32101-8　Ⓝ813.1
(内容)現今のめまぐるしい社会生活等の変遷と推移に対応して、従来の国語辞典の中から、現在使われていない死語や廃語等を取り除き、かわって現行の各種教科書の必要語をはじめ、日夕発行される新聞・雑誌・単行本等の中の、日常語・新語をできるだけ多く採り入れ、収録語数は6万以上、図版700余。また、日本語のもつ国際性を考えて、各見出し語に外国語(主として英語)とその読み方を付記している。

国語中辞典　外国語訳付き　新国語研究会編　金園社　1992.2　1036p　19cm　2800円　Ⓘ4-321-12104-3　Ⓝ813.1
(内容)これまでの国語辞典の中から現在使われていない死語等を取り除き、かわって現行の各種教科書の必要語をはじめ、新聞・雑誌・単行本等の中の、日常語・新語を多く採り入れ、見出し語にその読み方を付記した現代にぴったりの国語辞典。

国語読み書き辞典　すぐ引ける　わかる　書ける　英訳とペン字つき　米津千之編著　有紀書房　1994.11　719p　19cm　1480円　Ⓘ4-638-00860-7　Ⓝ813.1
(内容)家庭や職場で必要な語を簡便にまとめた辞典。見出し語を五十音順に排列し、読み、語釈、英訳語、ペン字書体を記載する。他に、漢字の使い分け、国語表記の基本、特殊な読み方、手紙作法、敬語と敬称、歳時記、おもな祝祭日・記念日、物の数え方の資料を掲載する。

国語読み書き辞典　米津千之編著　有紀書房　2007.1　719p　26cm　〈your BOOKS 特選・暮しの本〉　3200円　Ⓘ4-638-09503-8　Ⓝ813.1
(目次)凡例，本文，付録(漢字の使い分け，国語表記の基本，特殊な読み方，手紙作法，敬語と敬称，歳時記，おもな祝祭日・記念日)

三省堂現代学習国語辞典　特製版　三省堂編

修所編　三省堂　2007.1　1364p　19cm　1500円　Ⓘ4-385-14013-8　Ⓝ813.1
(内容)学習語句・日常生活用語を中心に、新語、外来語、俗語、専門語、略語、慣用句、ことわざ、常用漢字(1945字)など57000語を収録した国語辞典。「用法」「比較」などの欄で、ことばの意味と用法をていねいに解説。筆順と音訓の配当学年を明示。漢字学習に役立つ「まちがえやすい漢字の例」を付録に収録。

三省堂現代国語辞典　第2版　市川孝，見坊豪紀，金田弘，進藤咲子，西尾寅弥編　三省堂　1992.11　1364p　19cm　2300円　Ⓘ4-385-14033-2　Ⓝ813.1
(内容)新語を含む2,500語を追加。類語・対語・関連語も一層充実。常用漢字のすべてに、筆順と音訓の新配当学年・段階を明示。季語表示を加えて、ことばの季節感をプラス。漢字学習に役立つ「まちがえやすい漢字の例」を新たに収録。

三省堂現代新国語辞典　市川孝ほか編　三省堂　1998.11　8,1412p　19cm　〈「三省堂現代国語辞典」を改題した改訂版〉　2500円　Ⓘ4-385-14034-0　Ⓝ813.1
(内容)新語・外来語はもちろん文学作品名・人名まで7万語収録。抜群に豊富な類語・対語・関連語、ことばの世界を広げる情報満載のコラムなど、日本語の学習と日常生活を強力にサポートする国語辞典。

三省堂現代新国語辞典　第2版　市川孝，見坊豪紀，金田弘，進藤咲子，西尾寅弥編　三省堂　2004.1　1444p　19cm　2700円　Ⓘ4-385-14035-9　Ⓝ813.1
(内容)新語・高校新国語教科書から1200語プラスして71000余語を収録した最新改訂国語辞典。

三省堂現代新国語辞典　第3版　市川孝，見坊豪紀，遠藤織枝，進藤咲子，西尾寅弥編　三省堂　2007.11　1424,53p　19×14cm　2700円　Ⓘ978-4-385-14060-5　Ⓝ813.1
(内容)生きのいい新語・カタカナ語のほか、現行の高校国語教科書から1000語を収集、7万2千語収録。群を抜いて豊富な類語・対語・関連語。とりわけ類語を大幅増補。類語どうしの意味・用法の違いを解説した比較欄を大幅に増強。

三省堂現代新国語辞典　第4版　市川孝，見坊豪紀，遠藤織枝，高崎みどり，小野正弘，飯間浩明編　三省堂　2011.2　1454,81p　19cm　〈索引あり〉　2700円　Ⓘ978-4-385-14061-2　Ⓝ813.1
(内容)全2136字を筆順と音訓ごとの学校割り振り段階付きで収録。追加字種・追加音訓に合わせて表記欄を見直し、大幅に増加した「異字同訓」の語の使い分け方もわかりやすく例解。

三省堂現代新国語辞典 第5版 小野正弘, 市川孝, 見坊豪紀, 飯間浩明, 中里理子, 鳴海伸一, 関口祐未編 三省堂 2015.1 1508,79p 19cm 〈索引あり〉 2800円 Ⓘ978-4-385-14062-9 Ⓝ813.1

㊙内容 現代文ほか各科目の教科書用語、教育関係の最新用語、独自に捕捉した日本語表現、生きたABC略語など3800項目を増補し、7万7千語を収録。生物の分類体系なども国語辞典として初めて更新。

三省堂国語辞典 第4版 見坊豪紀ほか編 三省堂 1992.2 1356p 17cm 2200円 Ⓘ4-385-13188-0 Ⓝ813.1

㊙内容 収録項目を大幅に増やして7万3千。大型辞典をしのぐ生きのよい現代語を満載。新語、外来語、日常生活用語、文学・評論用語などをいっそう充実。慣用句も大幅に追加。時代の流れとともに加わった新しいことばの意味をきめ細かく補ият。ことばを日常の生活と体験の感覚に即してとらえたわかりやすい解説。中学生から社会人まで「生涯学習の辞書」「生活の辞書」として最適。

三省堂国語辞典 第4版〔革装版〕 見坊豪紀, 金田一京助, 金田一春彦, 柴田武, 飛田良文編 三省堂 1992.2 1356p 19cm 3600円 Ⓘ4-385-13176-7 Ⓝ813.1

㊙内容 収録項目を大幅に増やして7万3千。大型辞典をしのぐ生きのよい現代語を満載。新語、外来語、日常生活用語、文学・評論用語などをいっそう充実。慣用句も大幅に追加。時代の流れとともに加わった新しいことばの意味をきめ細かく補充。「外来語の表記」(内閣告示)による最新表記。ことばを日常の生活と体験の感覚に即してとらえたわかりやすい解説。

三省堂国語辞典 第4版〔小型版〕 見坊豪紀, 金田一京助, 金田一春彦, 柴田武, 飛田良文編 三省堂 1992.3 1356p 17cm 1900円 Ⓘ4-385-13167-8 Ⓝ813.1

㊙内容 収録項目を大幅に増やして7万3千。大型辞典をしのぐ生きのよい現代語を満載。新語、外来語、日常生活用語、文学・評論用語などをいっそう充実。慣用句も大幅に追加。時代の流れとともに加わった新しいことばの意味をきめ細かく補充。「外来語の表記」(内閣告示)による最新表記。ことばを日常の生活と体験の感覚に即してとらえたわかりやすい解説。

三省堂国語辞典 第5版 見坊豪紀, 金田一京助, 金田一春彦, 柴田武, 市川孝, 飛田良文編 三省堂 2001.3 1484p 19cm 2500円 Ⓘ4-385-13189-9 Ⓝ813.1

㊙内容 中学生から社会人までが使える、7万6000語を収録する国語辞典。付録として、漢字・難読語一覧などがある。2色刷。

三省堂国語辞典 第5版 小型版 見坊豪紀, 金田一京助, 金田一春彦, 柴田武, 市川孝, 飛田良文編 三省堂 2001.3 18,1484p 2300円 Ⓘ4-385-13168-6 Ⓝ813.1

㊙内容 7万6000語を収録する、中学生から社会人向けの国語辞典。21世紀におくる新語・カタカナ語・日常語と、見落とされがちな擬声語・擬態語もていねいに採録。2色刷。

三省堂国語辞典 第6版 見坊豪紀, 金田一京助, 金田一春彦, 柴田武, 市川孝, 飛田良文編 三省堂 2008.1 1615p 18cm 2700円 Ⓘ978-4-385-13925-8 Ⓝ813.1

㊙内容 実際に採集された膨大な実例から編まれた手作りの辞書。4000語を追加し、総収録項目80000語。新語・カタカナ語をはじめ、実生活で使われていても見落とされてきたことば・用法を積極的に収録。

三省堂国語辞典 第6版 小型版 見坊豪紀, 金田一京助, 金田一春彦, 柴田武, 市川孝, 飛田良文編 三省堂 2008.1 1615p 16cm 2500円 Ⓘ978-4-385-13169-6 Ⓝ813.1

㊙内容 実際に採集された膨大な実例から編まれた手作りの辞書。4000語を追加し、総収録項目80000語。新語・カタカナ語をはじめ、実生活で使われていても見落とされてきたことば・用法を積極的に収録。

三省堂国語辞典 第7版 見坊豪紀, 市川孝, 飛田良文, 山崎誠, 飯間浩明, 塩田雄大編 三省堂 2014.1 1745p 19cm 2900円 Ⓘ978-4-385-13926-5 Ⓝ813.1

㊙内容 生きのよい現代語の辞典、全面改訂版。新聞、雑誌、書籍、放送、インターネットなどの実例を採集し、約4000語を追加。約82000項目を収録。

三省堂国語辞典 第7版 小型版 見坊豪紀, 市川孝, 飛田良文, 山崎誠, 飯間浩明, 塩田雄大編 三省堂 2014.1 1745p 16cm 2700円 Ⓘ978-4-385-13927-2 Ⓝ813.1

㊙内容 生きのよい現代語の辞典、全面改訂版。新聞、雑誌、書籍、放送、インターネットなどの実例を採集し、約4000語を追加。約82000項目を収録。

三省堂ポケット 国語辞典 三省堂編修所編 三省堂 2001.9 378p 15cm 800円 Ⓘ4-385-13871-0 Ⓝ813.1

㊙内容 文章を書くのに必要な情報をコンパクトにまとめた国語辞典。手紙文などによく使われる言葉や、動植物名を中心とした季語、四字熟語などを精選して掲載。

三省堂ポケット 国語辞典　中型版　三省堂編修所編　三省堂　2005.1　378p　19cm　1200円　Ⓣ4-385-13880-X　Ⓝ813.1

㊤語数3万3千語を収録した簡潔・明解な本格国語辞典。分かりやすい異字同訓、同音異義語の指示。手紙やビジネス文書作成に最適。

ジェム国語辞典　三省堂編修所編　三省堂　1994.4　935p　11×7cm　4000円　Ⓣ4-385-13650-5　Ⓝ813.1

㊤現代日常生活に必要な語として43000項目を収録した国語辞典。編集方針は、和語・漢語・外来語、手紙用語・文章語・慣用句・故事・ことわざなどの幅広い採録、用例・対語・語誌の明示など。

実用国語辞典　横組版　松村武夫監修　成美堂出版　1997.9　1118p　19cm　2200円　Ⓣ4-415-08563-6　Ⓝ813.1

㊤古語・現代語・カタカナ語・外来語・専門語を厳選して約4万2千語を収録した国語辞典。配列は五十音順で横組に構成。

実用国語辞典　ハンディ版　縦組版　松村武夫監修　成美堂出版　2000.5　1176p　15cm　1200円　Ⓣ4-415-01073-3　Ⓝ813.1

㊤古語・現代語に加え、新聞・テレビによく出る新語、カタカナ語・外来語など約42000語収録。使いやすい縦組み2段の紙面構成の、ハンディ版実用国語辞典。98年刊の縦組版。

実用国語辞典　ポケット版　横組版　松村武夫監修　成美堂出版　1998.4　1097p　15cm　1300円　Ⓣ4-415-08653-5　Ⓝ813.1

㊤古語、現代語、カタカナ語、外来語、専門語など4万2千語を収録した横2段組の国語辞典。

実用国語辞典　ポケット判（青）　高橋書店編集部編　高橋書店　2002.3　368p　16cm　600円　Ⓣ4-471-17225-5　Ⓝ813.1

㊤日常よく使われる漢字、漢字仮名交じりの言葉をコンパクトにまとめて解説するもの。四字熟語も含めた約3万3000語を収録。季語には該当する季節を表示。巻末では動植物名、カタカナ語、ローマ字略語を取り上げる。

実用国語辞典　ポケット判（赤）　高橋書店編集部編　高橋書店　2002.3　368p　16cm　600円　Ⓣ4-471-17226-3　Ⓝ813.1

㊤日常よく使われる漢字、漢字仮名交じりの言葉をまとめたコンパクトな辞典。約3万3000語を収録。見出し語の主要な意味、用例、関連語を極めて簡潔に示す。四字熟語も多数収録。季語には該当する季節を表示。巻末では動植物名、カタカナ語、ローマ字略語を取り上げる。

実用国語辞典　ポケット版　松村武夫監修　成美堂出版　2006.4　1176p　15cm　1200円　Ⓣ4-415-03193-5　Ⓝ813.1

㊤どこでも利用できるポケットサイズの決定版。引きやすい、読みやすい、わかりやすい解説。古語・現代語に加え、新聞・テレビによく出る新語、カタカナ語・外来語など新しい言葉を大幅に収録。パソコン時代に対応して文書作成に便利な辞典。簡潔、平易で漢字学習に役立つ、漢字多用の説明。

実用国語辞典　ポケット版　第2版　松村武夫監修　成美堂出版　2011.11　1255p　16cm　1300円　Ⓣ978-4-415-30928-6　Ⓝ813.1

㊤引きやすい、読みやすい、わかりやすい解説。新聞・テレビによく出る新語など大幅に収録。また言葉の使い方がよくわかる慣用句も充実。振りがな付きの漢字を多用した説明で漢字学習にも効果十分。

清水新国語辞典　山岸徳平編　清水書院　1990.10　1049p　15cm　1380円　Ⓣ4-389-30004-0　Ⓝ813.1

㊤常用漢字は大活字で示す、中学生から一般社会人までのための国語辞典。教育漢字は小学校の履修学年を示し、新指導要領に準拠している。歴史的仮名遣いも併記。解説文の難読字や誤読の恐れのある語には、振り仮名を付す。約6万語を収録。

集英社　国語辞典　森岡健二，徳川宗賢，川端善明，中村明，星野晃一編　集英社　1993.2　2085p　19cm　3200円　Ⓣ4-08-400010-8　Ⓝ813.1

㊤92000項目を収録した国語辞典。現代生活に対応するカタカナ語・ABC略語・社会語・新語・専門語・人名・地名・書名を幅広く採録。パソコン・ワープロ対応のJISコード付き漢字表（6355字）を収録。NHK編「日本語発音アクセント辞典」に準拠したアクセント表示。多数の図版・図表を収録。

集英社　国語辞典　横組版　森岡健二，徳川宗賢，川端善明，中村明，星野晃一編　集英社　1993.2　2064p　19cm　3200円　Ⓣ4-08-400011-6　Ⓝ813.1

㊤92000項目を収録した国語辞典。現代生活に対応するカタカナ語・ABC略語・社会語・新語・専門語・人名・地名・書名を幅広く採録。パソコン・ワープロ対応のJISコード付き漢字表（6355字）を収録。NHK編「日本語発音アクセント辞典」に準拠したアクセント表示。多数の図版・図表を収録。横組版。

集英社　国語辞典　机上版　森岡健二，徳川宗

賢，川端善明，中村明，星野晃一編　集英社　1993.2　2085p　21cm　4300円　Ⓣ4-08-400012-4　Ⓝ813.1

㊤92000項目を収録した国語辞典。現代生活に対応するカタカナ語・ABC略語・社会語・新語・専門語・人名・地名・書名を幅広く採録。パソコン・ワープロ対応のJISコード付き漢字表(6355字)を収録。NHK編「日本語発音アクセント辞典」に準拠したアクセント表示。多数の図版・図表を収録。机上版。

集英社 国語辞典　横組 机上版　森岡健二ほか編　集英社　1993.6　2064p　22cm　4300円　Ⓣ4-08-400013-2　Ⓝ813.1

㊤日常使われることばから、古語、新語、カタカナ語、ABC略語、社会語、専門語まで、類書最大の9万2千項目を収録。ビジネスから学習、受験まで、広範囲に対応する総合国語辞典の横組机上版。

集英社 国語辞典　第2版　森岡健二，徳川宗賢，川端善明，中村明，星野晃一編　集英社　2000.9　2116p　19cm　3500円　Ⓣ4-08-400015-9　Ⓝ813.1

㊤94000項目を収録した国語辞典。第2版ではパソコン・ワープロ対応のJISコード・句点コード付き漢字表(6335字)を掲載する。巻末に付録として日本語の品詞などの解説と活用表、アクセントと発音、常用漢字表・付表、人名用漢字一覧、学年別漢字配当表、現代仮名遣い・付表、送り仮名の付け方、ローマ字のつづり方、外来語の表記、助数詞一覧、仮名字体表、時刻と方位、西暦・元号対照表、度量衡換算表、ABC略語集、漢字表、図版・図表索引、表外漢字字体表を収録。大活字机上版、横組版、大活字机上版横組もある。

集英社 国語辞典　第2版，大活字机上版　森岡健二ほか編　集英社　2000.9　2116p　22cm　4300円　Ⓣ4-08-400006-X　Ⓝ813.1

㊤現代日本語から新時代に対応するカタカナ語・ABC略語まで94000の生きた日本語を追究。解説はわかりやすく、専門語には欧文を表示し、情報社会に対応。高等学校全教科の情報を網羅、古語・地名・人名・専門語・作品名・固有名詞等を多角的に採録。「NHK日本語発音アクセント辞典新版」に準拠して、すべてのことばにアクセントを表示し、正しい標準発音が誰にでもわかる。パソコン・ワープロ対応のJISコード・句点コード付き漢字表(6335字)で難読漢字も引きやすいように収録。編者書き下ろしの日本語の歴史・品詞・表現・方言など読み物ページも充実。

集英社 国語辞典　第2版，大活字机上版 横組　森岡健二ほか編　集英社　2000.9　2094p　22cm　4200円　Ⓣ4-08-400007-8　Ⓝ813.1

㊤現代日本語から新時代に対応するカタカナ語・ABC略語まで94,000の生きた日本語を追究。解説はわかりやすく、専門語には欧文を表示し、情報社会に対応。高等学校全教科の情報を網羅、古語・地名・人名・専門語・作品名・固有名詞等を多角的に採録。「NHK日本語発音アクセント辞典新版」に準拠したアクセント辞典新版」に準拠して、すべてのことばにアクセントを表示し、正しい標準発音が誰にでもわかる。パソコン・ワープロ対応のJISコード・句点コード付き漢字表(6355字)で難読漢字も引きやすいように収録。編者書き下ろしの日本語の歴史・品詞・表現・方言など読み物ページも充実。

集英社 国語辞典　第3版　森岡健二，徳川宗賢，川端善明，中村明，星野晃一編　集英社　2012.12　2145p　19cm　3500円　Ⓣ978-4-08-400018-7　Ⓝ813.1

㊤国語辞典＋漢字字典＋百科事典の3つの要素が1冊に！ 日常使われることばから、古語・新語・カタカナ語・ABC略語・人名・地名・専門語まで、類書中最多の9万5千項目収録・2160ページ。

集英社 ポケット国語辞典　徳川宗賢編　集英社　1996.5　870p　17cm　1800円　Ⓣ4-08-400014-0　Ⓝ813.1

㊤収録語数7万2000の小型国語辞典。常用漢字1945年については、字音ごとに漢字母項目として掲げる。ほかに1100語を収録した「ABC略語集」が巻末にある。—ポケットサイズでは最高水準の国語辞典。

15万例文・成句 現代国語用例辞典　林史典，鶴岡昭夫，教育社国語編集部編　(東村山)教育社　1992.2　1262p　21cm　3950円　Ⓣ4-315-51230-3　Ⓝ816.07

㊤言葉の使い方を例文で示す個性派の国語辞典。通常の言語表現に必要な語彙17500を採録。すべての例文に自然で平易な例文を使用。慣用句・ことわざ・四字熟語などの重要表現を積極的に採録。言葉に関心の高い人や中高の先生に最適。言語指導・表現指導にまたとない用例の宝庫。

小学館日本語新辞典　松井栄一編　小学館　2005.1　1879p　22cm　6000円　Ⓣ4-09-501171-8　Ⓝ813.1

㊤約63000語を収録。用例を数多く示し、類語の使い分けを詳しく説く。日常よく用いられる敬語表現や、文型パターン、発音・標準アクセントなども表示。日本語力をさらに高める国語辞典。

昭文 国語辞典　第35版　小久保崇明監修　昭

日本語 レファレンスブック　17

国語・日本語論一般　　　　国語・日本語論

文社　1997.4　317p　15cm　619円　Ⓘ4-398-40022-2　Ⓝ813.1
㊞携帯版の国語辞典。排列は、見出し語の現代かなづかいによる五十音順。

常用国語辞典　23版　中田武司編　高橋書店　1990.10　608p　18cm　1100円　Ⓘ4-471-17194-1　Ⓝ813.1
㊞現代社会の日常用語を必要かつ十分に収録。大形活字を採用、解説文とペン字のお手本つき。国際化時代に対応できる最新外来語を特集。冠婚葬祭の急所、ことわざ・格言集などの付録がある。

常用国語辞典　改訂新版　石井庄司編　学習研究社　2000.3　801,10p　18cm　1500円　Ⓘ4-05-300692-9　Ⓝ813.1
㊞一般の社会人が実務や日常の中で、特に文書・手紙などを作成する場で使用できるように編集した国語辞典。同訓語・同音語の解説を詳しく示す。約3万3000語を収録、そのほか常用漢字・人名用漢字その他日常で使用される漢字約3000を漢字項目として掲載。付録として手紙の書き方、漢字一覧表、時刻・方位・干支、ものの数え方、欧文略語集、「使い分け」の索引を収録。

常用国語辞典　改訂新版　グリーン版　石井庄司編　学習研究社　2001.4　801,10,4p　18cm　1500円　Ⓘ4-05-300989-8　Ⓝ813.1
㊞約3万3000語を収録する国語辞典。同訓語・同音語の書き分けの解説を掲載。漢字の筆順およびペン字崩し字を付す。付録として、「手紙の書き方」がある。

常用国語辞典　改訂第3版　石井庄司編　学習研究社　2006.3　828p　18cm　1600円　Ⓘ4-05-301986-9　Ⓝ813.1
㊞現代生活の必須語約3万3500語を厳選して収録した国語辞典。そのほか、常用漢字・人名用漢字、その他の日常よく用いられる漢字など約3300を、2004年に追加された新人名用漢字をすべて収録。

常用国語辞典　改訂第3版　パステル版　石井庄司編　学習研究社　2006.3　828p　18cm　1600円　Ⓘ4-05-301987-7　Ⓝ813.1
㊞誤記・誤読・誤用法の注を多数掲載。常用漢字・人名用漢字をすべて収録。

常用国語辞典　改訂第4版　石井庄司編　学研教育出版，学研マーケティング〔発売〕　2013.7　828p　18cm　〈初版：学研1982刊〉　1700円　Ⓘ978-4-05-303870-8　Ⓝ813.1
㊞「ペン字見本」と「筆順」で書くのに役立つ。「改定常用漢字表」対応。常用漢字・人名用漢字を全収録。33,500語収録。

常用国語辞典　改訂第4版　美装版　石井庄司編　学研教育出版，学研マーケティング〔発売〕　2013.7　828p　18cm　1700円　Ⓘ978-4-05-303891-3　Ⓝ813.1
㊞「ペン字見本」と「筆順」で書くのに役立つ。「改定常用漢字表」対応。常用漢字・人名用漢字を全収録。33,500語を収録。

辞林21　三省堂編修所編　三省堂　1993.7　2222,230,2p　21cm　5500円　Ⓘ4-385-14025-1　Ⓝ813.1
㊞15万項目を収録、本格ヨコ組で掲載した「現代日本語情報辞典」。

辞林21　総革装　三省堂編修所編、松村明ほか監修　三省堂　1993.7　2222,230,2p　21cm　8800円　Ⓘ4-385-14028-6　Ⓝ813.1
㊞「大辞林」のデータベースをもとに、国語辞典、百科事典、カタカナ語辞典、人名地名辞典、アルファベット略語辞典、そしてワープロ漢字のマルチ機能を持ち、紙面を横組で構成。15万項目をハンディサイズに収録した現代日本語情報辞典。総革装。

辞林21　机上版　三省堂編修所編、松村明ほか監修　三省堂　1993.11　2222,230,2p　25cm　8500円　Ⓘ4-385-14027-8　Ⓝ813.1
㊞1 言葉の変化に敏感な国語辞典、2 百科事典、3 カタカナ辞典、4 人名辞典、5 地名辞典、6 ビジネスに便利なABC略語5000項目収載のアルファベット略語辞典、7 JIS第1・第2水準漢字コードを部首別に検索するワープロ漢字典の7役をこなすマルチ辞典。

新解国語辞典　第2版　大石初太郎編　小学館　1999.1　1031p　19cm　2000円　Ⓘ4-09-501602-7　Ⓝ813.1
㊞約49000語を収録した国語辞典。付録として、品詞分類、語の活用、送り仮名の付け方、文化史年表、人名用漢字一覧、人名用漢字許容字体表、最新カタカナ語がある。

新国語例解辞典　外山映次，小学館国語辞典編集部編　小学館　1997.1　1075p　19cm　2136円　Ⓘ4-09-501611-6　Ⓝ813.1
㊞日常生活の基本的な用語を中心に、重要な人名・国名・作品名のほか、専門語・外来語・ことわざ・成句・慣用句・常用漢字などの見出し語約4万語を収録したほか、類義語・対義語などの関連語や、熟語なども5千語収録。そのほかに見出し語は三段階にわけ重要度がわかるようにしてある。

新修 広辞典　和英併用　第5版　宇野哲人編　集英社　1996.2　1039p　18cm　1300円

国語・日本語論一般

Ⓞ4-08-400002-7　Ⓝ813.1
㊝現代生活で使用されている言葉5万語を収録した辞典。見出し語には簡潔な語義解説のほか英訳・外来語の原つづり・ペン字表記を、4500の一字漢字には区点コードとJISコードを付す。解説の補足として500点の写真・図版も掲載。巻末付録として部首索引のほか人名用漢字一覧・手紙と用語の書き方・部首別ワープロ漢字索引等がある。

新修 広辞典 大活字版　第5版　宇野哲人編　集英社　2001.6　1031p　22×14cm　2200円　ⓄA-08-400008-6　Ⓝ813.1
㊝日常語はもちろん、マスコミに登場する新語、ビジネス用語、さらに、政治・経済・文化・工学・経営学・科学等の専門語にいたるまでの約5万語を収録する国語辞典。全項目にペン字と英語を付す。付録として、「手紙の用語と書き方」などがある。

新修 実用辞典 和英併用　第4版　宇野哲人編　集英社　1998.5　667p　18×10cm　1100円　ⓄA-08-400024-8　Ⓝ813.1
㊝語句の意味、英語の同意語、行書体のペン字が一度に引ける、国語辞典、和英辞典、習字手本の3冊分の機能をもつ辞典。28000語を収録。

新小辞林　第5版　三省堂編修所編　三省堂　1999.8　790,31p　18cm　1800円　ⓄA-385-13077-9　Ⓝ813.1
㊝現代人の社会生活に必要にして十分な語約55000語を収録した国語辞典。50音順配列。付録として、常用漢字音訓一覧、人名用漢字、送りがなの付け方がある。

新辞林　三省堂編修所編　三省堂　1999.7　2053,190p　21cm　4700円　ⓄA-385-14029-4　Ⓝ813.1
㊝15万項目を収録した現代日本語情報辞典。現代語・新語・外来語および技術用語・専門用語などの百科語を収める、国語・百科辞典として編集された。見出し語は、五十音順に配列。付録として、アルファベット略語辞典、部首別JIS漢字字典、記号コード一覧、博物館・美術館情報がある。

新選国語辞典　第7版　金田一京助、佐伯梅友、大石初太郎、野村雅昭編　小学館　1994.1　1427p　19cm　2300円　ⓄA-09-501405-9　Ⓝ813.1
㊝中・高生から一般向けの国語辞典。前版に比べ新しく1500余語を増補し、83000語を収録する。「外来語の表記」（内閣告示）にもとづく標準表記を示す。巻末付録に「漢字解説」がある。

新選国語辞典　第7版　デスク版　金田一京助ほか編　小学館　1994.1　1427p　22cm　3800円　ⓄA-09-501433-4　Ⓝ813.1
㊝収録語数は、類書中最高の83000語。中・高生から一般までひろく使える最新の国語辞典。

新選国語辞典　第7版　ワイド版　金田一京助ほか編　小学館　1994.1　1427p　19cm　2600円　ⓄA-09-501425-3　Ⓝ813.1
㊝収録語数は、類書中最高の83000語。中・高生から一般までひろく使える最新の国語辞典。

新選国語辞典　第7版　2色刷　金田一京助、佐伯梅友、大石初太郎、野村雅昭編　小学館　2000.1　1427p　17cm　2400円　ⓄA-09-501406-7　Ⓝ813.1
㊝83308語を収録した国語辞典。配列は五十音順。付録として、送り仮名の付け方、現代仮名遣い、外来語の表記、かなづかい対照表、漢字部首名称、ローマ字のつづり方、品詞分類、語の活用、くぎり符号の使い方、敬語の種類と使い方、季語一覧、方位時刻・十干十二支、二十四節季・月の異名・月齢表、日本の旧国名、文化史年表、漢字解説がある。ワイド版もある。

新選国語辞典　第7版　ワイド版　2色刷　金田一京助ほか編　小学館　2000.1　1427p　19cm　2700円　ⓄA-09-501426-1　Ⓝ813.1
㊝83308語を収録した国語辞典。配列は五十音順。付録として、送り仮名の付け方、現代仮名遣い、外来語の表記、かなづかい対照表―現代かなづかい・古典かなづかい、漢字部首名称、ローマ字のつづり方、品詞分類、語の活用、くぎり符号の使い方、敬語の種類と使い方、季語一覧、方位時刻・十干十二支、二十四節季・月の異名・月齢表、日本の旧国名、文化史年表、漢字解説がある。

新選国語辞典　第8版　横組版　金田一京助、佐伯梅友、大石初太郎、野村雅昭編　小学館　2002.1　1553p　17cm　2500円　ⓄA-09-501415-6　Ⓝ813.1
㊝中高生から社会人までを対象とする国語辞典。本文は横組みの2色刷。現代語、中高生の学習に必要な基本古語、旧版に3467項目を増補した86755項目を収録する。付録は送り仮名の付け方や文化史年表など。3462字を取り上げた漢字解説欄では人名用漢字一覧、難読語一覧、総画索引を収載する。

新選国語辞典　第8版　ワイド版　金田一京助、佐伯梅友、大石初太郎、野村雅昭編　小学館　2002.1　1491　19cm　2800円　ⓄA-09-501427-X　Ⓝ813.1
㊝中高生から社会人までを利用者層として想定した国語辞典。文字サイズを拡大したワイド版にあたる。旧版に3467項目を増補した86755

項目を収録。付録は送り仮名の付け方や文化史年表など。3462字を取り上げた漢字解説欄では人名用漢字一覧、難読語一覧、総画索引を収載する。2色刷。

新選国語辞典　第8版　ワイド版　横組版　金田一京助，佐伯梅友，大石初太郎，野村雅昭編　小学館　2002.1　1553p　19cm　2800円　Ⓘ4-09-501445-8　Ⓝ813.1

㊥中高生から社会人までを利用者層として想定した辞典。横組みで文字サイズを拡大したワイド版にあたる。旧版に3467項目を増補した86755項目を収録。付録は送り仮名の付け方や文化史年表など。3462字を取り上げた漢字解説欄では人名用漢字一覧、難読語一覧、総画索引を収載する。2色刷。

新選国語辞典　第9版　2色刷　金田一京助，佐伯梅友，大石初太郎，野村雅昭編　小学館　2011.1　1585p　17cm　〈年表あり〉　2600円　Ⓘ978-4-09-501408-1　Ⓝ813.1

㊥「常用漢字表」(2010年11月告示)完全準拠。類書中最大級の収録数90320語。

新選国語辞典　第9版　ワイド版　2色刷　金田一京助，佐伯梅友，大石初太郎，野村雅昭編，(版者者)木村義之編　小学館　2011.1　1585p　19cm　〈年表あり〉　2900円　Ⓘ978-4-09-501428-9　Ⓝ813.1

㊥「常用漢字表」(2010年11月告示)完全準拠。収録語数90320語。基本的なことばのアクセントを示し、話しことばのための辞典としても、その充実を図った。漢字の解説を、文字としての役割とことばをつくる要素としてのはたらきとの両面から充実させた。常用漢字表の改定に伴い、見出し語の標準的な表記を全面的に見直し完全準拠。新しく生まれたことばのほか造語成分約2000語を含む約3600語を増補した。

新潮現代国語辞典　第2版　山田俊雄，築島裕，白藤礼幸，奥田勲編　新潮社　2000.2　109p　19cm　2900円　Ⓘ4-10-730214-8　Ⓝ813.1

㊥約79000語を収録した国語辞典。排列は五十音順。文法の手引、人名用漢字・部首、当用漢字表、難読語集、常用漢字音訓表などを掲載した付録がある。

新潮国語辞典　現代語・古語　第2版　山田俊雄，築島裕，小林芳規，白藤礼幸編修　新潮社　1995.11　2328,116p　21cm　5000円　Ⓘ4-10-730212-1　Ⓝ813.1

㊥現代語辞典と古語辞典を兼ねた国語辞典。収録項目数14万500。見出し語のうち和語はひらがな表記、漢語はカタカナ表記で区別する。巻末に文法概説、国語関係の法令集、常用漢字

音訓表、官位相当表、季語一覧等の付録がある。

新明解 国語辞典　第4版〔机上版〕　金田一京助，柴田武，山田明雄，山田忠雄編　三省堂　1991.9　1431p　21cm　4500円　Ⓘ4-385-13155-4　Ⓝ813.1

㊥現在の言語生活に必須の語句1千余を増補し、項目数7万3千。今日の言語生活に必要な重要語を二段階に分けて表示した。国語辞典としてもっとも必要な語結合の型を、新聞・雑誌等の生きた資料から重点的に採録。活用度を飛躍的に高めた。高校全教科にわたっての重要語彙を採録。実態に即した通用アクセントを採用した、最新の"生きたアクセント"辞典。

新明解 国語辞典　第5版　金田一京助，山田忠雄，柴田武，酒井憲二，倉持保男，山田明雄編　三省堂　1997.11　1557p　19cm　2800円　Ⓘ4-385-13099-X　Ⓝ813.1

㊥昭和47年刊行の「新明解国語辞典」の最新第5版。収録語をさらに追加、7万3千語を収録、重要語3439語にはマークをつけて区別してある。巻頭に漢字索引が付く。

新明解 国語辞典　第5版　革装版　金田一京助，山田忠雄，柴田武，酒井憲二，倉持保男，山田明雄編　三省堂　1997.11　1557p　19cm　4300円　Ⓘ4-385-13129-5　Ⓝ813.1

㊥昭和47年刊行の「新明解国語辞典」の最新第5版。収録語をさらに追加、7万3千語を収録、重要語3439語にはマークをつけて区別してある。巻頭に漢字索引が付く。

新明解 国語辞典　第5版　特装版　金田一京助，山田忠雄，柴田武，酒井憲二，倉持保男，山田明雄編　三省堂　1997.11　1557p　19cm　2800円　Ⓘ4-385-13104-X　Ⓝ813.1

㊥昭和47年刊行の「新明解国語辞典」の最新第5版。収録語をさらに追加、7万3千語を収録、重要語3439語にはマークをつけて区別してある。巻頭に漢字索引が付く。

新明解 国語辞典　第5版　小型版　金田一京助，山田忠雄，柴田武，酒井憲二，倉持保男，山田明雄編　三省堂　1997.12　1557p　15cm　2600円　Ⓘ4-385-13143-0　Ⓝ813.1

㊥親見出し6万2千、子見出し9千、その他外国地名など併せて7万5千語を収録した最新の国語辞典。巻頭に漢字索引が付いている。

新明解 国語辞典　第6版　山田忠雄主幹，柴田武，酒井憲二，倉持保男，山田明雄編　三省堂　2005.1　1651p　19cm　2900円　Ⓘ4-385-13106-6　Ⓝ813.1

㊥シャープな語釈、実感あふれる用例に定評。収録項目数7万6500。「運用」欄を新設。副

新明解 国語辞典 第6版 革装 山田忠雄主幹, 柴田武, 酒井憲二, 倉持保男, 山田明雄編 三省堂 2005.1 1651p 19cm 4500円 ⓘ4-385-13133-3 Ⓝ813.1

内容 シャープな語釈、実感あふれる用例に定評。収録項目数7万6500。「運用」欄を新設。副詞項目を全面的に見直す。"基本構文の型"をさらに充実。生きたアクセント辞典。便利な「かぞえ方」欄、豊富な「表記」欄。巻頭に漢字索引。

新明解 国語辞典 第6版 特装版 山田忠雄主幹, 柴田武, 酒井憲二, 倉持保男, 山田明雄編 三省堂 2005.1 1651p 18cm 2900円 ⓘ4-385-13105-8 Ⓝ813.1

内容 シャープな語釈、実感あふれる用例に定評。収録項目数7万6500。「運用」欄を新設。副詞項目を全面的に見直す。"基本構文の型"をさらに充実。生きたアクセント辞典。便利な「かぞえ方」欄、豊富な「表記」欄。巻頭に漢字索引。

新明解 国語辞典 第6版 机上版 山田忠雄編集主幹, 柴田武, 酒井憲二, 倉持保男, 山田明雄編 三省堂 2005.2 1651p 21cm 4200円 ⓘ4-385-13156-2 Ⓝ813.1

内容 収録項目数をさらに増やして7万6500項目を収録した国語辞典。前版の文章作成に役立つ"基本構文の型"の表示をさらに充実し、主要動詞（約1000語）に加え、主要な形容詞および漢語のサ変動詞にも示した。用例は語結合の型を生の資料から重点的に求め、活用度を高めた。実態に即した通用アクセントを採用した、最新の"生きたアクセント辞典"。

新明解 国語辞典 第6版 小型版 山田忠雄, 柴田武, 酒井憲二, 倉持保男, 山田明雄編 三省堂 2005.2 1651p 15cm 2700円 ⓘ4-385-13144-9 Ⓝ813.1

内容 収録項目数をさらに増やして7万6500項目を収録した国語辞典。前版の文章作成に役立つ"基本構文の型"の表示をさらに充実し、主要動詞（約1000語）に加え、主要な形容詞および漢語のサ変動詞にも示した。用例は語結合の型を生の資料から重点的に求め、活用度を高めた。実態に即した通用アクセントを採用した、最新の"生きたアクセント辞典"。

新明解 国語辞典 第7版 山田忠雄, 柴田武, 酒井憲二, 倉持保男, 山田明雄, 上野善道, 井島正博, 笹原宏之編 三省堂 2012.1 1679p 19cm 3000円 ⓘ978-4-385-13107-8 Ⓝ813.1

内容 収録項目数7万7500。「文法」欄を新設。新「常用漢字表」に完全対応。

新明解 国語辞典 第7版 特装版 山田忠雄, 柴田武, 酒井憲二, 倉持保男, 山田明雄, 上野善道, 井島正博, 笹原宏之編 三省堂 2012.1 1679p 19cm 3000円 ⓘ978-4-385-13108-5 Ⓝ813.1

内容 収録項目数7万7500。「文法」欄を新設。新「常用漢字表」に完全対応。

新明解 国語辞典 第7版 革装 山田忠雄, 柴田武, 酒井憲二, 倉持保男, 山田明雄, 上野善道, 井島正博, 笹原宏之編 三省堂 2012.2 1679p 19cm 5000円 ⓘ978-4-385-13118-4 Ⓝ813.1

内容 収録項目数7万7500。「文法」欄を新設。判型・紙面を刷新し、いっそう見やすく。新「常用漢字表」に完全対応。形容詞項目を全面的に見直し。生きたアクセント辞典。便利な「かぞえ方」「運用」「表記」の各欄。さらに使いやすくなった巻頭の「漢字索引」。

新明解 国語辞典 第7版 机上版 山田忠雄, 柴田武, 酒井憲二, 倉持保男, 山田明雄, 上野善道, 井島正博, 笹原宏之編 三省堂 2012.2 1679p 22cm 4500円 ⓘ978-4-385-13154-2 Ⓝ813.1

内容 収録項目数7万7500。「文法」欄を新設。判型・紙面を刷新し、いっそう見やすく。新「常用漢字表」に完全対応。形容詞項目を全面的に見直し。生きたアクセント辞典。便利な「かぞえ方」「運用」「表記」の各欄。さらに使いやすくなった巻頭の「漢字索引」。

新明解 国語辞典 第7版 小型版 山田忠雄, 柴田武, 酒井憲二, 倉持保男, 山田明雄, 上野善道, 井島正博, 笹原宏之編 三省堂 2012.2 1679p 17cm 2800円 ⓘ978-4-385-13145-0 Ⓝ813.1

内容 収録項目数7万7500。「文法」欄を新設。判型・紙面を刷新し、いっそう見やすく。新「常用漢字表」に完全対応。形容詞項目を全面的に見直し。生きたアクセント辞典。便利な「かぞえ方」「運用」「表記」の各欄。さらに使いやすくなった巻頭の「漢字索引」。

新明解 百科語辞典 三省堂編修所編 三省堂 1991.9 1574p 19cm 3000円 ⓘ4-385-14021-9 Ⓝ031

内容 日本語の中に生きる百科語彙を収録し、簡潔に解説。ハンディな一冊にあらゆる分野の5万2000語を収録。日常生活に氾濫するカタカナ語、専門的用語を充実。自然やスポーツなどを特集した特別ページ、変わった趣向の小事典など楽しめるコーナーを特設。欄外にJIS漢字をすべて掲げ、区点コード・JISコードを付して

簡略なワープロ漢字字典機能をもたせた。

精選国語辞典　宮地裕，甲斐睦朗監修，山下杉雄，村上公雄，塩谷善之，大西匡輔編著　明治書院　1994.10　1512p　19cm　2400円　Ⓘ4-625-70005-1　Ⓝ813.1

〔内容〕高等学校の学習用を中心に言語生活における様々な疑問と関心に応えるための国語辞典。5万語を収録。読み間違えそうな読みからも引くことができる、類義語・対義語を示す、常用漢字には漢字・筆順・JISコードを示す、解説分にふりがなを付す、参考になる事柄を「ノート」として示す、など学習辞典としての特色をもつ。難読語索引、活用表・文化史年表などの付録がある。A5判のデスク版もある。

精選国語辞典　デスク版　宮地裕，甲斐睦朗監修，山下杉雄，村上公雄，塩谷善之，大西匡輔編著　明治書院　1994.10　1512p　21cm　3500円　Ⓘ4-625-70006-X　Ⓝ813.1

〔内容〕高等学校の学習用を中心に言語生活における様々な疑問と関心に応えるための国語辞典。5万語を収録。読み間違えそうな読みからも引くことができる、類義語・対義語を示す、常用漢字には漢字・筆順・JISコードを示す、解説分にふりがなを付す、参考になる事柄を「ノート」として示す、など学習辞典としての特色をもつ。難読語索引、活用表・文化史年表などの付録がある。一回り大きな判型のデスク版。

精選国語辞典　新訂版　宮地裕，甲斐睦朗監修，山下杉雄ほか編著　明治書院　1998.10　1512p　19cm　2500円　Ⓘ4-625-70007-8　Ⓝ813.1

〔内容〕約5万語を収録した国語辞典。中学校・高等学校の生徒、特に高校生の国語の学習に利すること、大学生から一般社会人の日常生活における、様々な疑問と関心に応えられることを目的として編集。付録として、日本文学史年表、文法要覧、難読語一覧表、部首名称一覧、漢字コード表がある。二色刷り。

絶滅危惧ことば辞典　古きよき日本語集　ことばの森編修室編　学研教育出版，学研マーケティング〔発売〕　2010.3　255p　18cm　950円　Ⓘ978-4-05-404156-1　Ⓝ814

〔目次〕第1章　郷愁をさそうことば（後世に語り継ぎたい古きよき日本語、昔の暮らしのなかにあったことば　ほか），第2章　知っておきたい熟語と故事成語（何をいっているのかわからない四字熟語、中国四〇〇〇年の故事成語　ほか），第3章　違いがわかる漢字（よく使うわりには読むのが難しい漢字、衣服と装いに関することば　ほか），第4章　ことばの上手な使い方（日本語ならではの成句・慣用句、正しく使いこなしたい決まり文句　ほか），第5章　覚えておきたい生活のことば（知っているようで知らない年中行事、日本の四季を彩ることば　ほか）

〔内容〕流行り廃りはあるけれど、忘れちゃいけないコトバがあります…。なつかしいことば、よみがえる情景、伝えたい心。

続　懐かしい日本の言葉ミニ辞典　NPO直伝塾プロデュースレッドブック　藤岡和賀夫著　宣伝会議　2004.9　219p　15cm　600円　Ⓘ4-88335-116-5　Ⓝ810.4

〔目次〕1 あいさつ、呼びかけ、受け答え，2 おじいちゃんの教え　おばあちゃんの知恵，3 前向き、ひたむき、表向き，4 かわいい、5 きれい、品がいい、色っぽい，6 おもろい，7 おふざけ、地口、お調子言葉，8 大人の常識語，9 学ある人の教養語，10 言い得て妙，11 名句、名言、名調子，12 大形、大袈裟、大時代

〔内容〕絶滅のおそれのある日本語360語を紹介。

大活字　現代国語辞典　ことばの林　三省堂編修所編　三省堂　2003.8　1161p　21cm　2800円　Ⓘ4-385-16043-0　Ⓝ813.1

〔内容〕目にやさしい、文字の大きい国語辞典。新語も豊富に収め、俗語・略語・慣用句・ことわざなど約5万語を収録。付録に、難読語索引・季語一覧が付く。

大辞泉　松村明監修，小学館『大辞泉』編集部編　小学館　1995.12　2912p　26cm　7400円　Ⓘ4-09-501211-0　Ⓝ813.1

〔内容〕国語＋百科22万余語、図版・図表6千余点の大国語辞典。現代語の解説を最重視。学習・教養のための古語、専門用語、人名、地名などを精選収録。ビジネス・マスコミで必要な用語も満載。オールカラーで読みやすい。

大辞泉　増補・新装版　松村明監修，小学館『大辞泉』編集部編　小学館　1998.11　2864,94p　24×19cm　7200円　Ⓘ4-09-501212-9　Ⓝ813.1

〔内容〕現代で用いられている語を中心に、古語、専門用語、地名・人名その他の固有名詞など、総項目数22万余語を収録した国語辞典。付録として、活用表、送り仮名の付け方、現代仮名遣い、ローマ字のつづり方、外来語の表記、人名用漢字一覧、漢字・難読語一覧、アルファベット略語一覧がある。

大辞泉　第2版　松村明監修，小学館大辞泉編集部編　小学館　2012.11　2冊　26cm　〈「上巻（あ－す）」「下巻（せ－ん）」に分冊刊行〉　Ⓘ978-4-09-501213-1　Ⓝ813.1

〔内容〕25万7000語を収録（毎年更新されて2015年には28万語を超える予定）。見出し語の前方一致・後方一致・部分一致検索のほか、本文内を検索する機能がつき便利。カラー画像約1万

点、地図を表示できる地名約9000語。また、百科・季語・ABC略号・カタカナ語・ことわざ慣用句・四字熟語などのジャンルごとに調べられる「読んで楽しむ辞典」です。

大辞典 平凡社 1994.8 26冊 29cm
339806円 Ⓘ4-582-11910-7

Ⓒ内容Ⓒ1936年刊「大辞典」の複刻版。現代人に必要な言葉を収録した総合大辞典として編集されたもので、古語から現代語までの70万語を26冊にわたって五十音順に収めた。第1巻巻頭の凡例に方言採録の出所（文献）一覧、第26巻巻末に顧問・執筆者・委員一覧、凡例、語法解説、漢字総画索引、頭字難字索引、完結の言葉、補遺がある。

大辞林 大型机上版 松村明編 三省堂
1990.9 2616,25p 31cm 15000円 Ⓘ4-385-14008-1 Ⓝ813.1

大辞林 第2版 松村明編 三省堂 1995.11 2784p 26cm 6800円 Ⓘ4-385-13900-8 Ⓝ813.1

Ⓒ内容Ⓒ現代語を中心に、古語や各分野の専門用語、および地名・人名・作品名等の固有名詞を収録する国語辞典。収録項目数23万3000。初版（1988年刊）に比べ2万5000項目が新たに追加された。図版類多数。巻頭に「色の名〈JIS慣用色名〉」「日本・世界地図」を掲載する。ほかに巻末付録としてアルファベット略語、漢字・難読語一覧、西暦・和暦対照表、活用表等がある。

大辞林 第2版〔机上版〕 松村明編 三省堂
1995.11 2784p 26cm 11000円 Ⓘ4-385-14009-X Ⓝ813.1

Ⓒ内容Ⓒ現代語を中心に、古語や各分野の専門用語、および地名・人名・作品名等の固有名詞を収録する国語辞典。収録項目数23万3000。初版（1988年刊）に比べ2万5000項目が新たに追加された。図版類多数。巻頭に「色の名〈JIS慣用色名〉」「日本・世界地図」を掲載する。ほかに巻末付録としてアルファベット略語、漢字・難読語一覧、西暦・和暦対照表、活用表等がある。

大辞林 第2版〔机上版〕 松村明，三省堂編修所編 三省堂 1998.4 3冊（セット） 26cm 10680円 Ⓘ4-385-13903-2 Ⓝ813.1

Ⓒ内容Ⓒ1994年刊行の「大辞林」机上版の第二版。新たに2万5千語を追加し、合計23万3千語を収録。扱いやすいように3分冊になっている。

大辞林 第2版 新装版 松村明編 三省堂
1999.10 2784,13,109p 26cm 6952円
Ⓘ4-385-13902-4 Ⓝ813.1

Ⓒ内容Ⓒ現代の言語生活に立脚し、現代語を中心に古語や百科語をも含めた総合的な国語辞典。収録した語は、日常用いる言葉、古典にあらわ

れる語、医学・生物学・物理学・法律・経済など各専門分野における用語、および地名・人名・作品名などの固有名詞など、約23万3000語。付録として、アルファベット略語、漢字・難読語一覧、人名用漢字、西暦・和暦対照表、和暦・西暦対照表、外来語の表記、ローマ字のつづり方、送り仮名の付け方、現代仮名遣い、主要助詞一覧、助動詞活用表、形容動詞活用表、動詞活用表などがある。

大辞林 第3版 松村明，三省堂編修所編 三省堂 2006.10 1冊 25cm 7300円 Ⓘ4-385-13905-9 Ⓝ813.1

Ⓒ内容Ⓒすべての時代、あらゆる分野の言葉に最新項目を加え、23万8千項目を収録。「現代語義優先方式」に基づいて解説し、新しい現代的語義も大幅に追加する。同音語や類義語の使い分け、誤用などの解説も充実。

大辞林 漢字引き・逆引き 三省堂編修所編 三省堂 1997.6 1401,21p 26cm 4000円 Ⓘ4-385-13901-6 Ⓝ813.1

Ⓒ内容Ⓒ『大辞林第二版』の見出し語を、漢字（親字約7千）で検索する辞典。漢字表記のある語は漢字で引けるように排列し、またカタカナ表記される語、ひらがなだけで書かれる語、慣用句・ことわざなどは、それぞれ逆引きで排列して収録。また、調べたい言葉の読みがわからない場合でも、漢字表記をもとに、『大辞林』に収録されている語ならば、必ず読みを見いだすことができる。さらに、ひらがな表記の語、カタカナ表記される語、慣用句・ことわざの見出しも、部立てを異にして収録。

ダイヤモンド国語辞典 改訂版 集文館編
集文館 1991.7 352p 10×7cm 490円
Ⓝ813.1

ダイヤモンド国語辞典 改訂新版 集文館編
集部編 集文館 1997.4 352p 10cm 480円
Ⓝ813.1

Ⓒ内容Ⓒ見出し語はすべて五十音順に排列。同音の見出し語については字数の少ないものから、同字数のものは常用漢字内のものを先に掲載。

高橋国語辞典 第27版 高野正巳編 高橋書店 1993.2 767p 17cm 1300円 Ⓘ4-471-17187-9

Ⓒ内容Ⓒ学習用語・日常用語を中心に4万余語を収録した国語辞典。理解を助けるためのイラスト・写真を多数掲載する。

超明解！国語辞典 今野真二著 文藝春秋
2015.3 248p 18cm （文春新書 1018）
800円 Ⓘ978-4-16-661018-1 Ⓝ813.1

Ⓒ目次Ⓒ第1章 すべては『言海』に始まる、第2章 辞書の「哲学」を読み比べる、第3章 見出し項

目に見る哲学，第4章 辞書は「鑑」になれるのか?，第5章 語釈の哲学，第6章 用例からみえる辞書の哲学，第7章 こんなところにも違いがある!，第8章『広辞苑』の哲学—バランスのよい中型辞書

⓭国語辞典には，「ことば」と「時代」に対する編者の哲学が色濃く現れる。ハンディな小型辞書7銘柄の「辞書の哲学」を徹底比較。保守的，それとも先進的? 個性あふれる辞書選びに役立つ，やや辛口の決定版辞書レポート。

ちょっと古風な日本語辞典 東郷吉男著
東京堂出版 1997.9 343p 19cm 2400円
①4-490-10467-7 Ⓝ813.1
⓭現代日本の話しことばや書きことばで使われるものから，ちょっと古風なもの1400語を選び，その由来や意味，使用法などを解説。

デイリーコンサイス 英和・国語辞典 三省堂編修所編 三省堂 1993.12 855p 16cm 2900円 ①4-385-12210-5 Ⓝ833
⓭英和+国語の合本辞典。英和編は5万7千語，国語編は7万語を収録する。国際化時代のキーワードを収録。

デイリーコンサイス 英和・国語辞典 〔中型版〕 三省堂編修所編 三省堂 1993.12 726,855p 19cm 3800円 ①4-385-12213-X Ⓝ833
⓭英和+国語の合本辞典。英和編は57000語，国語編は70000語を収録する。国際化時代のキーワードを収録。判型のやや大き中型版。

デイリーコンサイス 英和・国語辞典 第2版 三省堂 1995.9 662,855p 16cm 3000円 ①4-385-12211-3 Ⓝ833
⓭既刊の「デイリーコンサイス英和辞典」(5万7000語収録)と「デイリーコンサイス国語辞典」(7万語収録)の合本。

デイリーコンサイス 英和・国語辞典 第3版 三省堂編修所編 三省堂 1997.9 855p 16cm 2920円 ①4-385-12212-1 Ⓝ833
⓭第6版の英和辞典と第2版の国語辞典を合併した辞典。英和辞典は7万7千項目、国語辞典では7万項目、計14万7千項目を収録。

デイリーコンサイス 国語・ABC略語辞典 三省堂 1995.9 855,241p 16cm 2500円 ①4-385-12219-0 Ⓝ813.1
⓭既刊の「デイリーコンサイス国語辞典」と「デイリーコンサイスABC略語辞典」の合本。国語辞典は現在使われている日常語を中心に7万語を横組で収録、ABC略語辞典では、新聞・雑誌等で使われるアルファベット略語4500項目に訳語・解説を加える。

デイリーコンサイス 国語・英和辞典 三省堂編修所編 三省堂 2004.9 757p 16cm 3200円 ①4-385-12214-8 Ⓝ833.3
⓭豊富な新語やカタカナ語を7万2千語収録した国語辞典と日常語から専門語まで8万3千語収録した英和辞典が1冊になった。

デイリーコンサイス 国語・漢字辞典 三省堂 1995.9 855,664,61p 16cm 3000円 ①4-385-12216-4 Ⓝ813.1
⓭既刊の「デイリーコンサイス国語辞典」と「デイリーコンサイス漢字辞典」の合本。国語辞典は現在使われている日常語を中心に7万語を収録、漢字辞典は7000字を代表的な読みの五十音順に収録する。

デイリーコンサイス 国語・漢字辞典 革装版 三省堂 1995.10 855,664,61p 16cm 3900円 ①4-385-12231-8 Ⓝ813.1
⓭既刊の「デイリーコンサイス国語辞典」と「デイリーコンサイス漢字辞典」の合本。国語辞典は現在使われている日常語を中心に7万語を収録、漢字辞典は7千字を代表的な読みの五十音順に収録する。

デイリーコンサイス 国語・漢字辞典 中型版 三省堂 1995.10 855,664,61p 19cm 3800円 ①4-385-12234-2 Ⓝ813.1
⓭既刊の「デイリーコンサイス国語辞典」と「デイリーコンサイス漢字辞典」の合本。国語辞典は現在使われている日常語を中心に7万語を収録、漢字辞典は7千字を代表的な読みの五十音順に収録する。

デイリーコンサイス 国語・漢字辞典 第2版 三省堂編修所編 三省堂 2004.9 664,61p 16cm 3100円 ①4-385-12217-2 Ⓝ813.1
⓭見やすい「ヨコ組」紙面で豊富な新語・外来語など7万2千語、漢字7千字を収録した国語辞典。

デイリーコンサイス 国語辞典 佐竹秀雄, 三省堂編修所編 三省堂 1991.3 855p 17cm 1500円 ①4-385-14101-0 Ⓝ813.1
⓭外来語・新語を積極的に採録。ポイントをおさえた簡潔・明快な解説。語の結びつき、慣用的言いまわしを豊富に明示。標準表記と慣用的な表記を明示し、書くときに役立つ。コンパクトサイズに7万語。

デイリーコンサイス 国語辞典 革装 佐竹秀雄,三省堂編修所編 三省堂 1991.4 855p 16cm 2400円 ①4-385-14105-3 Ⓝ813.1
⓭外来語・新語を積極的に採録。ポイントをおさえた簡潔・明快な解説。語の結びつき、

デイリーコンサイス 国語辞典 中型版 佐竹秀雄,三省堂編修所編 三省堂 1991.5 855p 19cm 2000円 ①4-385-14107-X Ⓝ813.1

(内容)日本語の「現代」を満載、横書き紙面がフレッシュ。外来語・新語を積極的に採録。ポイントをおさえた簡潔・明快な解説。語の結びつき、慣用的言いまわしを豊富に明示。標準表記と慣用的な表記を明示し、書くときに役立つ。コンパクトサイズに7万語。

デイリーコンサイス 国語辞典 第2版 佐竹秀雄編 三省堂 1995.4 855p 16cm 1600円 ①4-385-14102-9 Ⓝ813.1

(内容)携帯に便利なサイズの国語辞典。日常よく目にする語を中心に約7万語を収録。この第2版では、最近一般に使われるようになった新語に重点を置いて増補した。欧文略語も掲載。革装版、中型版もある。

デイリーコンサイス 国語辞典 第2版 革装版 佐竹秀雄編 三省堂 1995.4 855p 16cm 2800円 ①4-385-14106-1 Ⓝ813.1

(内容)携帯に便利なサイズの国語辞典。日常よく目にする語を中心に約7万語を収録。この第2版では、最近一般に使われるようになった新語に重点を置いて増補した。欧文略語も掲載。並装版・中型版もある。

デイリーコンサイス 国語辞典 第2版 中型版 佐竹秀雄編 三省堂 1995.4 855p 18cm 2200円 ①4-385-14108-3 Ⓝ813.1

(内容)コンパクトでかつ見やすいサイズの国語辞典。日常よく目にする語を中心に約7万語を収録。この第2版では、最近一般に使われるようになった新語に重点を置いて増補した。欧文略語も掲載。携帯用サイズの並装版・革装版もある。

デイリーコンサイス 国語辞典 第2版 2色刷 佐竹秀雄,三省堂編修所編 三省堂 1997.11 855p 16cm 1800円 ①4-385-14109-6 Ⓝ813.1

(内容)新語・外来語を充実させ7万語を収録したヨコ組の国語辞典。

デイリーコンサイス 国語辞典 第2版 革装版 2色刷 佐竹秀雄,三省堂編修所編 三省堂 1998.8 855p 16cm 3000円 ①4-385-14119-3 Ⓝ813.1

(内容)7万語を収録したコンパクトな横組の国語辞典。

デイリーコンサイス 国語辞典 第3版 佐竹秀雄,三省堂編修所編 三省堂 2000.9 855p 15×8cm 1900円 ①4-385-14103-7 Ⓝ813.1

(内容)ハンディタイプの国語辞典。現代日本語7万語を収録。新語も豊富に採録しポイントを押さえた簡潔・明快な解説を収載。書くときに役立つ標準表記と参考表記、語の結びつき、慣習的言い回しも併載。

デイリーコンサイス 国語辞典 第3版 中型版 佐竹秀雄,三省堂編修所編 三省堂 2000.11 855p 19cm 2400円 ①4-385-14104-5 Ⓝ813.1

(内容)ハンディ国語辞典のトップセラー。見やすい中型版。ポケットに入る7万語。iモードに標準搭載。

デイリーコンサイス 国語辞典 第4版 佐竹秀雄,三省堂編修所編 三省堂 2004.7 886p 16cm 1900円 ①4-385-14122-3 Ⓝ813.1

(内容)現代日本語7万2千語を収録。最先端の新語・カタカナ語を大幅に増強。ポイントを押さえた簡潔・明快な解説。日本語の書き表し方も明示。慣用的な言い回しも豊富に収録。

デイリーコンサイス 国語辞典 第4版 革装版 佐竹秀雄,三省堂編修所編 三省堂 2004.8 886p 16cm 2800円 ①4-385-14124-X Ⓝ813.1

(内容)高密度・高性能。日本語の現在を満載。現代日本語7万2千語を収録。最先端の新語・カタカナ語を大幅に増強。ポイントを押さえた簡潔・明快な解説。日本語の書き表し方も明示。慣用的な言い回しも豊富に収録。

デイリーコンサイス 国語辞典 第4版 中型版 佐竹秀雄,三省堂編修所編 三省堂 2004.8 886p 19cm 2500円 ①4-385-14123-1 Ⓝ813.1

(内容)現代日本語7万2千語を収録した国語辞典。最先端の新語・カタカナ語を大幅に増強し、ポイントを押さえて簡潔・明快に解説。

デイリーコンサイス 国語辞典 第5版 佐竹秀雄,三省堂編修所編 三省堂 2009.6 918p 16cm 2000円 ①978-4-385-14142-8 Ⓝ813.1

(内容)ハンディ国語辞典のトップセラー。日本語の現在を満載した最新版。現代日本語73500語を収録。最先端の新語・カタカナ語を大幅に増強。

デイリーコンサイス 国語辞典 第5版 中型版 佐竹秀雄,三省堂編修所編 三省堂

2010.5　918p　19cm　2600円　ⓘ978-4-385-14143-5　Ⓝ813.1

(内容)現代日本語73500語を収録。最先端の新語・カタカナ語を大幅に増強。ポイントを押さえた簡潔・明快な解説。慣用的な言い回しも豊富に収録。

ど忘れ日常国語辞典　大字判　全教図著　教育図書　1997.5　573p　21cm　1700円　ⓘ4-87730-008-2　Ⓝ813.1

ど忘れ日常国語辞典 ペン字入　第13版　全教図〔著〕　教育図書　1999.5　573p　17cm　ⓘ4-905708-79-6　Ⓝ813.1

(内容)現代の常識語―新語・外来語・外国語の略語は、この1冊でOK。ワープロ時代でも自筆が大切―筆記体ペン字を掲載。引きやすく読みやすい機能的な2色刷。

懐かしい日本語辞典　佐藤勝, 小杉商一編著　東京堂出版　2008.1　311p　20cm　2600円　ⓘ978-4-490-10732-6　Ⓝ813.1

(目次)あいしく, あいにく, 敢う, あえず (敢えず), あがなう, 贖う, あきたらない, 飽きたりる, 飽き足る, あきらめる (明らめる) 〔ほか〕

(内容)鷗外・漱石の作品という近代文学の古典を、古典の香りのまま読むための辞典。森鷗外・夏目漱石の小説に使われた語句の中から現在で使われることの少なくなった語を約850語収録。五十音順に排列。語句の意味・用法・来歴などを用例を提示しながら解説する。巻末に索引を付す。

懐かしい日本の言葉ミニ辞典　NPO直伝塾プロデュース・レッドブック　藤岡和賀夫著　宣伝会議　2003.12　229p　15cm　600円　ⓘ4-88335-102-5　Ⓝ810.4

(目次)父母の口癖, お客様―あいさつ言葉, ご近所, 寄り合い, 仲間うち―くだけた場所でのくだけた言葉, きれいな響き, 言いまわし, 悪態, 軽蔑, 大人の常識語, 学ある人の教養語, 故事, ことわざ, 御の字, 小の字, 早口言葉, 語呂言葉, うまいたとえ, 随筆

(内容)絶滅のおそれのある日本語360語を紹介する辞典。見出し語句は連想順という独特な排列。巻末に見出し語句の五十音順索引を収録。付録として「年中行事」「いろは歌留多・東西」「漢数字入れクイズ」を収載。

日常生活の国語辞典　三省堂編修所編　三省堂　1992.9　417p　18cm　(三省堂実用 33)　1000円　ⓘ4-385-14189-4　Ⓝ813.1

(内容)日常生活の中の日本語の読み、書き、意味調べに強くなる辞典。実生活にすぐ役立つ日常語を精選して、2万6千項目収録。簡潔でわかりやすい解説。

日本語を使いこなす言葉の実用辞典　長嶋善郎, 山崎幸雄監修　小学館　2007.10　415p　21cm　2400円　ⓘ978-4-09-505131-4　Ⓝ813.1

(目次)第1部 日本語を使いこなそう (語彙力アップトレーニング, 自分の気持ちを伝えたい), 第2部 言葉の理解度チェック (知って役立つ言葉の雑学, その違い, その使い、使い分けに迷いやすい同音異義語集), 第3部 ちょっと待って、言葉の落とし穴 (口にして後悔, 読みまちがい, 意味をまちがえていませんか?, その言い方、正しいですか?, よくある書きまちがい・誤変換集)

(内容)語彙や表現の幅を広げる、言葉の意味の知識を深める、言葉の誤用を正す、などに役立つ便利な実用辞典。収録語数は4500。巻末に五十音引き索引を収録。

日本語学辞典　杉本つとむ, 岩淵匡編著　桜楓社　1991.2　267p　19cm　〈初心者向け参考文献書目：p240～244 日本語研究略年表：p248～259〉　1442円　ⓘ4-273-02395-4　Ⓝ810.33

(内容)国語学・言語学・日本語学・国語教育・日本語教育などの基本用語及び人名・書名1090項目について簡潔に解説。

日本語学辞典　〔新版〕　杉本つとむ, 岩淵匡編　桜楓社　1994.11　314p　19cm　1900円　ⓘ4-273-02794-1　Ⓝ810.33

(内容)国語学・言語学・国語教育・日本語教育などの基本用語・書名・人名を簡潔に解説する小項目辞典。1090項目を収録。事項・書名・人名の3部に分け、各部の中は五十音順に排列する。付録として国際音声字母表、異体字一覧、参考文献目録、全国主要図書館一覧、日本語研究略年表など25種の資料、索引を付す。1990年刊行の初版の改訂にあたり、日本語教育関係の項目を全面的に書き換えた、としている。

日本語逆引き辞典　北原保雄編　大修館書店　1990.11　691p　19cm　4940円　ⓘ4-469-02104-0　Ⓝ813

(内容)たとえば、「正 (せい)」で、「改正」「是正」「訂正」「補正」…と引ける。国語辞典では不可能な、末尾の要素を同じくする同類の語の検索が、簡単にできる。71000語を収録。新語や常用の複合語を多数収録して、現代日本語の語彙リストとしても使える。語義は省略している。

日本国語大辞典　第1巻 (あ～いろこ)　第2版　日本国語大辞典第二版編集委員会, 小学館国語辞典編集部編　小学館　2000.12　1421p　26cm　〈付 (32p)〉　15000円　ⓘ4-

09-521001-X　Ⓝ813.1

⟨内容⟩20世紀までの日本語を集大成すべく50万項目を収録、意味・用法と用例を示した日本最大の国語辞典。初版は1972～1976年に全20巻、のち縮刷版で全10巻が刊行された。1990年から第2版編集委員会が組織され、語彙と用例を増補したほか、用例には出典のほかに新たに成立年を示し、また近年の研究成果を反映した「語誌」欄を設けている。

日本国語大辞典　第2巻（いろさ～おもは）
　第2版　日本国語大辞典第二版編集委員会，小学館国語辞典編集部編　小学館　2001.2　1438p　26cm　15000円　Ⓕ4-09-521002-8　Ⓝ813.1

⟨内容⟩20世紀までの日本語を集大成すべく50万項目を収録、意味・用法と用例を示した日本最大の国語辞典。初版は1972～1976年に全20巻、のち縮刷版で全10巻が刊行された。1990年から第2版編集委員会が組織され、2000年に第1巻が刊行、本巻が第2回配本となる。第2版では語彙と用例を増補したほか、用例には出典のほかに新たに成立年を示し、また近年の研究成果を反映した「語誌」欄を設けている。

日本国語大辞典　第3巻（おもふ～きかき）
　第2版　日本国語大辞典第二版編集委員会，小学館国語辞典編集部編　小学館　2001.4　1469p　26cm　14000円　Ⓕ4-09-521003-6　Ⓝ813.1

⟨内容⟩50万項目を収録、意味・用法と用例を示した日本最大の国語辞典。1972～1976年に刊行された初版（全20巻）を継ぐ第2版にあたる。第2版では語彙と用例を増補したほか、用例には出典のほかに新たに成立年を示し、また近年の研究成果を反映した「語誌」欄を設けている。

日本国語大辞典　第4巻（きかく～けんう）
　第2版　日本国語大辞典第二版編集委員会，小学館国語辞典編集部編　小学館　2001.4　1453p　26cm　15000円　Ⓕ4-09-521004-4　Ⓝ813.1

⟨内容⟩20世紀までの日本語を集大成すべく50万項目を収録、意味・用法と用例を示した日本最大の国語辞典。初版は1972～1976年に全20巻、のち縮刷版で全10巻が刊行された。1990年から第2版編集委員会が組織され、語彙と用例を増補したほか、用例には出典のほかに新たに成立年を示し、また近年の研究成果を反映した「語誌」欄を設けている。

日本国語大辞典　第5巻（けんえ～さこい）
　第2版　日本国語大辞典第二版編集委員会，小学館国語辞典編集部編　小学館　2001.5　1469p　26cm　15000円　Ⓕ4-09-521005-2　Ⓝ813.1

⟨内容⟩50万項目を収録、意味・用法と用例を示した日本最大の国語辞典。1972～1976年に刊行された初版（全20巻）を継ぐ第2版にあたる。第2版では語彙と用例を増補したほか、用例には出典のほかに新たに成立年を示し、また近年の研究成果を反映した「語誌」欄を設けている。

日本国語大辞典　第6巻（さこう～しゅんひ）
　第2版　日本国語大辞典第二版編集委員会，小学館国語辞典編集部編　小学館　2001.6　1485p　26cm　15000円　Ⓕ4-09-521006-0　Ⓝ813.1

⟨内容⟩50万項目を収録、意味・用法と用例を示した日本最大の国語辞典。1972～1976年に刊行された初版（全20巻）を継ぐ第2版にあたる。第2版では語彙と用例を増補したほか、用例には出典のほかに新たに成立年を示し、また近年の研究成果を反映した「語誌」欄を設けている。

日本国語大辞典　第7巻（しゅんふ～せりお）
　第2版　日本国語大辞典第二版編集委員会，小学館国語辞典編集部編　小学館　2001.7　1453p　26cm　15000円　Ⓕ4-09-521007-9　Ⓝ813.1

⟨内容⟩50万項目を収録、意味・用法と用例を示した日本最大の国語辞典。1972～1976年に刊行された初版（全20巻）を継ぐ第2版にあたる。第2版では語彙と用例を増補したほか、用例には出典のほかに新たに成立年を示し、また近年の研究成果を反映した「語誌」欄を設けている。

日本国語大辞典　第8巻（せりか～ちゅうは）
　第2版　日本国語大辞典第二版編集委員会，小学館国語辞典編集部編　小学館　2001.8　1485p　26cm　15000円　Ⓕ4-09-521008-7　Ⓝ813.1

⟨内容⟩50万項目を収録、意味・用法と用例を示した日本最大の国語辞典。1972～1976年に刊行された初版（全20巻）を継ぐ第2版にあたる。第2版では語彙と用例を増補したほか、用例には出典のほかに新たに成立年を示し、また近年の研究成果を反映した「語誌」欄を設けている。

日本国語大辞典　第9巻（ちゅうひ～とん）
　第2版　日本国語大辞典第二版編集委員会，小学館国語辞典編集部編　小学館　2001.9　1485p　26×20cm　15000円　Ⓕ4-09-521009-5　Ⓝ813.1

⟨内容⟩20世紀までの日本語を集大成すべく50万項目を収録、意味・用法と用例を示した日本最大の国語辞典。初版は1972～1976年に全20巻、のち縮刷版で全10巻が刊行された。各項目の語釈の根拠となる用例を、上代の文献から現代の作家の作品に至るまで幅広く採集。その語の実例を古いものから新しいものまで順に示し、現

代的変遷が概観できる。第9巻では「ちゅうひ」～「とん」までを収録。

日本国語大辞典　第10巻(な～はわん)
　　第2版　日本国語大辞典第二版編集委員会，小学館国語辞典編集部編　小学館　2001.10　1469p　26cm　15000円　Ⓘ4-09-521010-9　Ⓝ813.1
　(内容)50万項目を収録、意味・用法と用例を示した日本最大の国語辞典。1972～1976年に刊行された初版(全20巻)を継ぐ第2版にあたる。第2版では語彙と用例を増補したほか、用例には出典のほかに新たに成立年を示し、また近年の研究成果を反映した「語誌」欄を設けている。

日本国語大辞典　第11巻(はん～ほうへ)
　　第2版　日本国語大辞典第二版編集委員会，小学館国語辞典編集部編　小学館　2001.11　1470p　26cm　15000円　Ⓘ4-09-521011-7　Ⓝ813.1
　(内容)50万項目を収録、意味・用法と用例を示した日本最大の国語辞典。1972～1976年に刊行された初版(全20巻)を継ぐ第2版にあたる。第2版では語彙と用例を増補したほか、用例には出典のほかに新たに成立年を示し、また近年の研究成果を反映した「語誌」欄を設けている。

日本国語大辞典　第12巻(ほうほ～もんけ)
　　第2版　日本国語大辞典第二版編集委員会，小学館国語辞典編集部編　小学館　2001.12　1421p　26cm　15000円　Ⓘ4-09-521012-5　Ⓝ813.1
　(内容)50万項目を収録、意味・用法と用例を示した日本最大の国語辞典。1972～1976年に刊行された初版(全20巻)を継ぐ第2版にあたる。第2版では語彙と用例を増補したほか、用例には出典のほかに新たに成立年を示し、また近年の研究成果を反映した「語誌」欄を設けている。

日本国語大辞典　第13巻　第2版　日本国語大辞典第二版編集委員会，小学館国語辞典編集部編　小学館　2002.1　1421p　26cm　15000円　Ⓘ4-09-521013-3　Ⓝ813.1
　(内容)20世紀までの日本語について集成する大部の国語辞典。初版は1972～1976年の刊行。2000年から刊行を開始した第2版では、語彙と用例を増補。全巻を合わせた総収録数は50万項目。第13巻は「もんこ～ん」を収録範囲とする。約100万を数える用例には出典のほかに新たに成立年を示す。また近年の研究成果を反映した「語誌」5000項目の引用文献3万点、方言10万語、標準アクセント25万語を収録。

日本国語大辞典　別巻　第2版　日本国語大辞典第二版編集委員会，小学館国語辞典編集部編　小学館　2002.12　1550p　26cm　15000円　Ⓘ4-09-521014-1　Ⓝ813.1
　(目次)「漢字索引」親字検索用索引(漢字部首索引，漢字総画索引，漢字代表音訓索引)，漢字索引，方言索引，出典一覧
　(内容)50万項目を収録、意味・用法と用例を示した日本最大の国語辞典。1972～1976年に刊行された初版(全20巻)を継ぐ第2版(全13巻)を自在に使いこなすための別巻。五十音順では引けない、読めない言葉を漢字から引く「漢字索引」、見出しからは引けない方言がどの項目にあるかもわかる「方言索引」、用例100万のうち約9割の典拠の書誌情報がわかる「出典一覧」を収録する。

日本国語大辞典　精選版　第1巻(あ～こ)
　　小学館国語辞典編集部編　小学館　2006.1　2178p　26cm　15000円　Ⓘ4-09-521021-4　Ⓝ813.1
　(内容)日本の頂点に立つ国語辞典を全3巻に凝縮。洗練と進化を遂げたデスクトップ辞典の決定版。

日本国語大辞典　精選版　第2巻(さ～の)
　　小学館国語辞典編集部編　小学館　2006.2　2158p　26cm　15000円　Ⓘ4-09-521022-2　Ⓝ813.1
　(内容)日本の頂点に立つ国語辞典を全3巻に凝縮。洗練と進化を遂げたデスクトップ辞典の決定版。

日本国語大辞典　精選版　第3巻(は～ん)
　　小学館国語辞典編集部編　小学館　2006.3　1416,709p　26cm　15000円　Ⓘ4-09-521023-0　Ⓝ813.1
　(内容)日本の頂点に立つ国語辞典を全3巻に凝縮。洗練と進化を遂げたデスクトップ辞典の決定版。

ハイブリッド新辞林　松村明，佐和隆光，養老孟司監修　三省堂　1998.7　2053,190p　21cm　〈付属資料，CD-ROM1〉　6300円　Ⓘ4-385-14026-X
　(内容)15万項目を収録した現代日本語情報辞典と、その全本文を収録したCD-ROMを、1セットにした辞書。巻末付録に、アルファベット略語辞典、部首別JIS漢字字典、記号コード一覧、博物館・美術館情報がある。1993年刊「辞林21」の改題改訂。

パーソナル現代国語・現代漢字辞典　金田一春彦監修　学習研究社　1998.12　956,794p　17cm　3200円　Ⓘ4-05-300364-4　Ⓝ813.1
　(内容)約7万3千語収録の「パーソナル現代国語辞典」、1万2157字収録の「パーソナル現代漢字辞典」を合本したポケットサイズの国語・漢字辞典。

パーソナル現代国語辞典　金田一春彦監修　学習研究社　1998.12　956p　17cm　1800円　Ⓣ4-05-300362-8　Ⓝ813.1

(内容)現代の社会生活で広く使われる言葉を中心に、JIS第1水準の漢字と人名用漢字（合計3006字）を加えた約73000語を収録したポケットサイズの国語辞典。動物・植物名一覧、欧文略語一覧、使い分け索引、略語・記号一覧付き。

パーソナル現代国語辞典　オレンジ版　金田一春彦監修　学習研究社　2001.1　956p　16cm　1400円　Ⓣ4-05-300986-3　Ⓝ813.1

(内容)7万3000語を収録する国語辞典。見出し語は五十音順に排列。巻末に、動物・植物名一覧、欧文略語一覧を付す。

早引き便利字典　米津千之編著　有紀書房　2006.11　494p　26cm　（your BOOKS 特選・暮しの本）　2600円　Ⓣ4-638-09501-1　Ⓝ813.1

(内容)現代日常生活に多く使われている語句を収録。本文は五十音順に排列。見出し語には読み仮名がついていて語釈は簡潔。巻頭・巻末に五十音索引を付す。付録として「同音・同訓異義語と一般用例」「難読物名・地名一覧」「反対語・対照語一覧」「慣用語句」「数え方・数詞」「漢字の部首と例字」「音訓別常用漢字」「付表（特殊な読み方をする常用漢字）」「手紙に使う時候のあいさつ」「二十四節気」「昔の時刻と方角の呼称」「年齢の異称・賀寿」を掲載。

ハンディ国語辞典　加藤哲編　集文館　1990.1　416p　19cm　〈別タイトル：Kokugo・辞典 Handy!〉　880円　Ⓣ4-7850-0161-5　Ⓝ813.1

ハンディ国語辞典　改訂新版　青版　加藤哲編　集文館　2006.5　416p　19cm　860円　Ⓣ4-7850-0262-X　Ⓝ813.1

(内容)語の意味をできるだけ簡略にし、他の同音の語やまぎらわしい語と区別できる程度にして、その分用例を豊富にし、日常の便を心掛けた辞典。

ハンディ国語辞典　改訂新版　赤版　加藤哲編　集文館　2006.5　416p　19cm　860円　Ⓣ4-7850-0261-1　Ⓝ813.1

(内容)語の意味をできるだけ簡略にし、他の同音の語やまぎらわしい語と区別できる程度にして、その分用例を豊富にし、日常の便を心掛けた辞典。

ハンディ国語辞典　改訂新版　緑版　加藤哲編　集文館　2006.5　416p　19cm　860円　Ⓣ4-7850-0263-8　Ⓝ813.1

(内容)語の意味をできるだけ簡略にし、他の同音の語やまぎらわしい語と区別できる程度にして、その分用例を豊富にし、日常の便を心掛けた辞典。

福武国語辞典　新デザイン版　第21刷　樺島忠夫，植垣節也，曽田文雄，佐竹秀雄編　ベネッセコーポレーション　1997.1　1447p　19cm　2381円　Ⓣ4-8288-0434-X　Ⓝ813.1

(内容)現代の生活の中で実際に使われるものや意味、用法が重要なものを中心に6万語を収録した国語辞典。ことばの表記のしかたや意味を調べるだけではなく文章を書くのにも役立つよう用例を多く示す。

ベネッセ新修国語辞典　中道真木男編　ベネッセコーポレーション　2006.2　1149,82p　19cm　2500円　Ⓣ4-8288-0463-3　Ⓝ813.1

(内容)学習や日常生活に必要で十分な約47000語を収録した国語辞典。

ベネッセ表現・読解国語辞典　沖森卓也，中村幸弘編　ベネッセコーポレーション　2003.5　1冊　19cm　2800円　Ⓣ4-8288-0455-2　Ⓝ813.1

(内容)高校生を対象にした、辞典部、漢字部、機能語部、敬語表現部の4部構成の辞典。収録項目数3万5000項目。図解を用いて、わかりやすく解説する。「辞典部」は約35000項目を収録、五十音順に排列。「漢字部」は3004字（常用漢字1945字・人名用漢字1185字を含む）を収録、音訓五十音順に排列。「機能語部」は文法的機能を示す語を収録。動詞活用表、形容詞・形容動詞活用表、助詞・助動詞一覧を掲載。索引として、接続語索引、文末表現索引を付す。「敬語表現部」は尊敬語、謙譲語、丁重語、美化語、あらたまり語を収録。用例・図解を用いてわかりやすく解説。項目別索引を収載。

ポケットプログレッシブ 国語・漢字辞典　2色刷　小学館辞典編集部編　小学館　1999.5　889,698,59p　16cm　3200円　Ⓣ4-09-506091-3　Ⓝ813.1

(内容)携帯に便利な本格派の国語・漢字両用辞典。国語7万余語と漢字7300余字を収録した横組の国語・漢字辞典。国語項目には新語・カタカナ語・アルファベット略語を多数収録。漢字は、JIS漢字を完全収録。難読語・難読地名・難読姓氏・故事成語なども豊富に掲載。見やすい2色刷り。

ポケットプログレッシブ 国語辞典　小学館辞典編集部編　小学館　1998.1　889p　16cm　1700円　Ⓣ4-09-506041-7　Ⓝ813.1

(内容)7万語を収録したポケット版の最新国語辞典。本文はヨコ組で、画数の複雑な漢字は拡大文字を使うなど見やすい作りになっている。

見やすい現代国語辞典　三省堂編修所編　三省堂　2010.9　1176p　19cm　2200円　Ⓘ978-4-385-16046-7　Ⓝ813.1
(内容)現代の社会生活に必要な約5万語を収録。カタカナ語・略語・慣用句・ことわざなどを豊富に採録。付録に、難読語一覧・季語一覧。一般社会人のための現代国語辞典。

みんなで国語辞典! これも、日本語　北原保雄監修、「もっと明鏡」委員会編　大修館書店　2006.12　196p　19cm　950円　Ⓘ4-469-22188-0　Ⓝ813.9
(目次)1 若者のことば―多分、来年は通じません, 2 学校のことば―学生の生態まるわかり, 3 ネット・メールのことば―全部わかるとヤバイかも?, 4 業界・専門用語―内緒話に使ってください, 5 オノマトペ系のことば―なぜか聞こえる、なぜか伝わる, 6 日常のことば―通のことば一冊に載せれるも夢じゃない?, 7 言葉さまざま作品集―(1) 辞書は創作／(2) 辞書は人生
(内容)本書は、『明鏡国語辞典 携帯版』の新装発刊を記念して、国語辞典に載せたい言葉や意味・例文を募集した"みんなで作ろう国語辞典。「もっと明鏡」キャンペーン"への応募作品の中から約1300語を選定して編集したものである。

みんなで国語辞典 2 あふれる新語　北原保雄編著、「もっと明鏡」委員会編　大修館書店　2009.5　229,12p　18cm　〈索引あり〉　800円　Ⓘ978-4-469-22202-9　Ⓝ813.9
(目次)第1章 恋の新語, 第2章 「～る」「～い」の新語, 第3章 叫びの新語・オノマトペの新語, 第4章 もじりの新語, 第5章 世相を映した新語, 第6章 なぞられた新語, 第7章 広がる新語
(内容)言葉は、増殖し、あふれて、その中に人々を飲み込んでいく。いまの、この瞬間も、「広がり」つづける新語の海。あふれる新語の暴力的な波の中をどのように泳ぎつづけていくべきか―。約1200語を収録。

みんなで国語辞典 3 辞書に載らない日本語　北原保雄編著、「もっと明鏡」委員会編集　大修館書店　2012.4　230,14p　18cm　〈索引あり〉　800円　Ⓘ978-4-469-22220-3　Ⓝ813.9
(目次)1 社会編, 2 学校編, 3 心と体編, 4 男と女編, 5 コミュニケーション編, 6 ファッション編, 付録「みんなで国語辞典」番外編 著名人が辞書に載せたい日本語
(内容)のべ16万人が参加した「みんなで国語辞典」シリーズ第3弾。中高生が「辞書に載せたい日本語」を集めた完全規格外の国語辞典。

明解 国語辞典　復刻版　金田一京助編　三省堂　1997.11　1冊　16cm　〈原本:昭和18年刊〉　3200円　Ⓘ4-385-13088-4　Ⓝ813.1
(内容)戦火はげしくなった昭和18年に新しい現代国語辞典として刊行された辞典の復刻版。その卓越した内容と時代背景の解説17ページを付す。

明鏡 国語辞典　北原保雄編　大修館書店　2002.12　1813p　19cm　3400円　Ⓘ4-469-02106-7　Ⓝ813.1
(内容)新語・カタカナ語・専門語を豊富に採録し、使用頻度の高い現代語を中心に約7万語を収録した国語辞典。用法と文型を踏まえてそれぞれの語の意味を記載する。基本的な用言や助詞・助動詞は詳説し、日常繁用される重要語は用例を多く載せる。漢字の使い分けや送り仮名、表記などを解説。書き誤りやすい漢字を大きく提出する。

明鏡 国語辞典　携帯版　北原保雄編　大修館書店　2003.12　1813p　19cm　2800円　Ⓘ4-469-02108-3　Ⓝ813.1
(内容)基本的な現代用語を中心に、コンピューター関連用語や経済用語など7万語を収録した国語辞典。

明鏡 国語辞典　第2版　北原保雄編　大修館書店　2010.12　1937p　18cm　〈付(95p):明鏡問題なことば索引〉　2900円　Ⓘ978-4-469-02117-2　Ⓝ813.1
(内容)明治・大正期の言葉から新語まで、4000語を大幅増補。3本立て! 別冊付録「明鏡問題なことば索引」。1100の誤用とその適切な表現をまとめた誤用索引。敬語の使い方と間違いを整理した敬語索引。しばしば問題になる言葉の使い方を集めた気になることば索引。新しい「常用漢字表」に完全対応。付録に「常用漢字一覧」を収録。「敬語の指針」に完全対応。敬語の5分類を導入。

明鏡 国語辞典　第2版 大型版　北原保雄編　大修館書店　2011.4　1937p　21cm　〈付(95p):明鏡問題なことば索引〉　4800円　Ⓘ978-4-469-02118-9　Ⓝ813.1
(内容)「確率」は「大きい・高い・多い」のいずれで言い表すのが適切か,「何円ですか」と値段を尋ねるのはおかしいのではないか,「おわびしたいと思います」と言われても謝られた気がしないのはなぜか…。初版刊行以来、読者から寄せられた「言葉に関する疑問」の数々に応え、言葉の適切な使い方を気をつけたい誤用を解説。ことばの間違いと敬語がわかる、別冊「明鏡問題なことば索引」付き。―新しい常用漢字表に完全対応。

ヨコ組 三省堂国語辞典　第4版　見坊豪紀, 金田一京助, 金田一春彦, 柴田武, 飛田良文

編　三省堂　1994.4　1323,20,87,7p　19cm　2500円　ⓘ4-385-13178-3　Ⓝ813.1

内容 73000語を収録した国語辞典。編集方針は、現代語の強化、新語、外来語、日常生活用語、文学・評論用語などの充実、慣用句の大幅追加、時代の流れとともに加わった新しいことばの意味の補訂など。現代語「ヨコ組」辞典。

ヨコ組 実用国語新辞典　新星出版社　1994.5　955p　22×14cm　2500円　ⓘ4-405-01076-5　Ⓝ813.1

内容 古典語・現代語・語義・カタカナ語まで46000語を収録した国語辞典。編集方針は、画数別JIS漢字（第1水準・第2水準）を巻末収録し、区点コード・16進コードおよび代表的な音訓を表示、一冊で国語辞典・和英辞典の役割りを兼ねることなど。

読み書き便利な 国語ポケット辞典　米津千之編著　有紀書房　1995.4　719p　15cm　890円　ⓘ4-638-00862-3　Ⓝ813.1

内容 国語の正しい読み方や書き方がわかるように作られたコンパクトな辞典。読みの五十音順に排列。見出し語と読み、語義、英訳とそのカタカナ読み、ペン字での表記を1行にまとめて示す。手紙の書き方・敬語と敬称・歳時記などを巻末付録として掲載。

読みやすい大きい活字の実用国語新辞典　井上宗雄、水口志計夫監修　新星出版社　1991.5　843p　22×15cm　2300円　ⓘ4-405-01045-5　Ⓝ813.1

内容 引きやすく読みやすいよう、大きな見出し活字を採用。一冊で、国語辞典・和英辞典・百科辞典の役割を兼ねる。古典語から現代語・外来語まで45000語を収録。日常生活・学習・ビジネスにおける正しい表記のための書。

読んだら忘れない大人の国語力辞典　話題の達人倶楽部編　青春出版社　2016.7　509p　21cm　〈文献あり　索引あり〉　1690円　ⓘ978-4-413-11182-9　Ⓝ810

目次 慣用句―ボキャブラリーが増えれば、他人と話すのが楽しくなる、日本語の誤用―たった一度の言葉の間違いで「評価」を下げるのはもったいない、カタカナ語―ビジネスから日常会話まで、スマートに使いこなしたいことば、ことわざ・故事成語―歴史あることばには、古の人々の知恵が詰まっている、四字熟語―四字熟語を自在に使えば、自分の言葉に自信が持てる、国語常識―教養ある大人はこのポイントを絶対に外さない、モノの数え方―覚えておきたい数え方、やってはいけない数え方、語源―ことばのルーツを知れば、語彙力が面白いほどアップする、大人の漢字力"基本編"―確実に読んで、書くようにしたい漢字、大人の漢字力"標準編"―日本語を使いこなすためには欠かせない漢字、大人の漢字力"ハイレベル編"―ここで教養が試される、ワンランク上の漢字

内容 本書には、漢字、四字熟語、慣用句、ことわざ、カタカナ語をはじめ、日本語の使い手として頭に入れておきたい、あらゆることばを収載した。

例解 新国語辞典　第3版　林四郎、野元菊雄、南不二男、国松昭編著　三省堂　1990.12　1022,39p　19cm　2000円　ⓘ4-385-13317-4　Ⓝ813.1

内容 新しい中学国語教科書のむずかしい語句も全収録。慣用句・新語も増やして4万6千項目収録。表現欄と用例の充実で、ことばの使い方が、一層よくわかる。たのしく読める囲み記事、古語の欄。常用漢字の索引を新設。中学生のための最も新しい国語辞典。

例解 新国語辞典　第4版　林四郎、野元菊雄、南不二男、国松昭編著　三省堂　1993.11　1078,47p　19cm　2200円　ⓘ4-385-13319-0　Ⓝ813.1

内容 新しい国語教科書のことばを調査してふつうの辞典にない項目も収録。一般項目2,000項目を追加。表現欄を強化、豊富な用例で、ことばの使いかたもよくわかる。類語・対語も一層充実。漢字項目の語例も大幅増。囲み記事でことばの用法がよくわかり、知識が広がる。各ページに人名・国名の一行情報を収録。

例解 新国語辞典　第5版　林四郎、野元菊雄、南不二男、国松昭編著　三省堂　1997.11　1108,49p　19cm　2300円　ⓘ4-385-13323-9　Ⓝ813.1

内容 最新の教科書に密着した中学生にぴったりの国語事典。ことばの意味と使いかたをわかりやすく解説、豊富な用例、慣用表現、ことばの知識が広がる囲み記事など学習に役立つ。

例解 新国語辞典　第6版　林四郎、野元菊雄、南不二男、国松昭編著　三省堂　2002.1　1256,4p　21cm　2500円　ⓘ4-385-13685-8　Ⓝ813.1

内容 中学生から大人の日常的な利用までを対象とした国語辞典。新学習指導要領準拠。各社の教科書から直接項目を選定。旧版より7000語増の約5万5000語を収録。重要語には印付き。常用漢字1945字はすべて見出し項目として収録。巻末付録は漢字の基礎知識、日中文化史年表、東アジア地図、十干十二支／時刻・方位、親族関係表など。五十音順の音訓索引、総画索引あり。

例解 新国語辞典　第7版　林四郎編修代表、相澤正夫、大島資生、篠崎晃一編修幹事　三省堂　2006.1　1273,40p　19cm　2500円

国語・日本語論一般　　　　　国語・日本語論

Ⓘ4-385-13686-6　Ⓝ813.1
(内容)新しい中学国語教科書に密着した全面改訂版。2千語ふやして収録項目数5万7千。新語が充実し、新しい語義・用法にも事細かに対応。ことばの使い方がわかる「表現」欄と用例、ことばの知識がひろがる「参考」欄と「囲み記事」。国語辞典で初の、方言と思わずに使っている「気づかない方言」、また、「和製英語」と本来の英語のちがいについての情報を付加。全ページ下に世界の国名と歴史人名のミニ事典付き。本文2色刷。

例解 新国語辞典　第8版　篠崎晃一，相沢正夫，大島資生編著，林四郎監修　三省堂　2012.1　1304,29p　19cm　2500円　Ⓘ978-4-385-13687-5　Ⓝ813.1
(内容)各社の教科書に出てくることばのほか、新語・新語義・慣用句・方言などを1千700項目ふやして、総収録項目数は5万8000。

例解 新国語辞典　第9版　林四郎監修，篠崎晃一，相沢正夫，大島資生編著　三省堂　2016.1　1320,29p　19cm　2600円　Ⓘ978-4-385-13688-2　Ⓝ813.1
(内容)最新の各科教科書から採録した語句のほか、新語・新語義など1千項目分を増補し、類書中最多の5万9千語を収録。

ローマ字で引く国語新辞典　復刻版　福原麟太郎，山岸徳平共編　研究社　2010.7　1751p　20cm　〈他言語標題：KENKYUSHA'S NEW DICTIONARY OF THE JAPANESE LANGUAGE　研究社辞書部昭和27年刊の複製〉　4000円　Ⓘ978-4-7674-3467-4　Ⓝ813.1
(内容)見出し語をローマ字にした「ローマ字で引く国語新辞典」の復刻。ヘボン式の綴り方の見出し語のあとに、日本語表記、品詞、意味などを記載。英語も併記し、語義の複眼的理解に役立つ。

忘れかけた日本語辞典　佐藤勝，小杉商一編　東京堂出版　2005.7　342p　19cm　2600円　Ⓘ4-490-10669-6　Ⓝ813.1
(内容)ちょっと古風で、忘れかけているが、表現上残しておきたい日本語およそ600を集め、近代小説に用例を求めて、ニュアンスの違いや使い方を示した懐しい日本語辞典。

笑える日本語辞典　辞書ではわからないニッポン　KAGAMI&Co.著　講談社　2016.8　190p　19cm　〈索引あり〉　1000円　Ⓘ978-4-06-220197-1　Ⓝ814
(目次)第1章 日本人と日本文化をざっくり知る用語集、第2章 決まり文句・紋切り型表現コレクション、第3章 なんとなく使っている言葉のマジ?な解釈、第4章 微妙な人間心理を伝えるあいまいな言葉たち、第5章 ビジネスの修羅場を生き抜くキーワード、第6章 ヘンな語源、笑える誤用、おかしな日本語集、第7章 あまりに基本的な言葉に潜む深い意味、第8章 いまどきの気分を伝えるウタカタの言の葉集、第9章 ことわざ、四字熟語のホンネを探る
(内容)日本語と日本文化に楽しくツッコむ辞典。にやりと笑える日本語の世界。

<ハンドブック>

社会人のための国語百科　増補版 カラー版　内田保男，石塚秀雄編者代表　大修館書店　2004.4　380p　26cm　2000円　Ⓘ4-469-22167-8　Ⓝ910.2
(目次)古典文学編(物語に見る生活，王朝のみやび ほか)，近代文学編(近代文学散歩，俸給と物価の推移 ほか)，漢文編(漢文の風景，漢字の歩みをたどる ほか)，言葉と表現編(原稿用紙の書き方，手紙文の書き方 ほか)，特集
(内容)古典文学作品の背景にある、当時の文化・風俗を、カラー図版で忠実に再現。今は失われてしまった、近代の町並みや建築を、当時の写真でリアルに復元。喪失と創造の時代—日本人の生活の大きな変換期であった昭和30年代を、貴重な写真と様々な物で構成。古代から現代まで、充実した作家・作品解説。ことわざ・四字熟語・いろはかるた・現代用語解説など、役に立つ情報を満載。

社会人のためのビジュアルカラー国語百科　大修館書店編集部編　大修館書店　2015.6　14,496p　26cm　〈索引あり〉　2200円　Ⓘ978-4-469-22242-5　Ⓝ910.2
(目次)特集 和の美と知恵，古典文学編(古典の舞台，古典の暮らし ほか)，近現代文学編(近代文学散歩，近代の生活 ほか)，漢文編(漢文の風景，漢字の歩みをたどる ほか)，言葉と表現編(話すこと・聞くこと，文章の表現 ほか)
(内容)この一冊にまるごと収録! いまこそ知りたい国語の常識。源氏物語から電子メールまで全750項目。カラー図版1800点。さまざまなシーンに役立つ情報満載!

すぐに役立つ 日本語活用ブック　三省堂編修所編　三省堂　2007.9　333p　19cm　1400円　Ⓘ978-4-385-36306-6　Ⓝ810
(目次)第1部 正しく豊かに使う日本語のルールとマナー(敬語の使い方，冠婚葬祭のあいさつ・マナー・知識，手紙とメールの書き方・電話のかけ方，間違えやすい言葉の使い方，日本語を正しく書き表すためのルール)，第2部 深く知りたい・身につけたい日本語の知識(暦の言葉・

時刻や方位を表す言葉，季節感を表す言葉，ものを数える言葉，日本の伝統的な事物の名前，星座・星の名前，度量衡一覧，元号一覧），第3部 正しく使う漢字の知識（漢字を書き間違えやすい言葉，読みが同じで意味の異なる言葉，いろいろな対義語，四字熟語ミニ辞典，熟読語）付録 自在に使う現代の日本語環境（ブログの基礎知識，定着しつつある現代カタカナ語ミニ辞典，ABC略語ミニ辞典，日本語を使うとき・調べるときに便利なサイト一覧）

(内容)すぐに役立つ情報満載。役に立つ場面別用例集。知って得する慣用句，対義語，難読語。使える「四字熟語ミニ辞典」「現代カタカナ語ミニ辞典」「ABC略語ミニ辞典」。知識が広がる「ブログの基礎知識」「便利なサイト一覧」。探しやすい略号付「50音主要索引」。

「日本語」の達人 あなたの「日本語」大丈夫？「日本語」を正しく使いこなすための本 改訂普及版 海苑社編集部編，末岡実監修 （さいたま）海苑社 2009.3（第7刷） 502p 19cm 1700円 Ⓒ978-4-86164-067-4 Ⓝ814

(目次)第1章 ことばの使い方，第2章 ことばの読み方，第3章 間違いやすい慣用句・ことわざ，第4章 語源，第5章 四字熟語，第6章 ちょっと難しい熟語，第7章 故事成語・慣用句

不明解日本語辞典 高橋秀実著 新潮社 2015.11 268p 20cm 〈文献あり〉 1400円 Ⓒ978-4-10-473805-2 Ⓝ810.49

(目次)あ，いま，うそ，えー，きく，ちょっと，ちがう，っていうか，なに，意見，リスク，社会，普通，適当，論理的，存在，才能，出世，景気，健康，秘密，信，つかれ，つまらない，スッキリ，すみません，すき，こころ，しあわせ，バカ，日本，私

(内容)「普通」って何？「ちょっと」って何？ 読めば読むほど，日本語がわからなくなる。小林秀雄賞作家によるユニークな辞典風エッセイ。

＜年鑑・白書＞

国語年鑑 1990年版 国立国語研究所編 大日本図書 1990.11 480p 22cm 8100円 Ⓒ4-7847-0090-0 Ⓝ810.59

(内容)過去1年間の国語関係の研究論文を収録。文献，名簿，資料の3部で構成。

国語年鑑 1991年版 国立国語研究所編 大日本図書 1991.12 488p 22cm 8493円 Ⓒ4-7847-0091-9 Ⓝ810.59

(内容)過去1年間の国語関係の研究論文を収録。文献，名簿，資料の3部で構成。

国語年鑑 1992年版 国立国語研究所編 秀英出版 1992.12 451p 22cm 7767円 Ⓒ4-7847-0092-7

(内容)過去1年間の国語関係の研究論文を収録。文献，名簿，資料の3部で構成。

国語年鑑 1993年版 国立国語研究所編 秀英出版 1993.12 481p 22cm 8253円 Ⓒ4-7847-0093-5 Ⓝ810.59

(内容)過去1年間の国語関係の研究論文を収録。文献，名簿，資料の3部で構成。

国語年鑑 1994年版 国立国語研究所編 秀英出版 1994.12 484p 22cm 7767円 Ⓒ4-7847-0094-3

(内容)国語関係の年間の動きを文献・名簿・資料に分けて収録する年鑑。文献は1993年1年間の図書・雑誌論文の目録情報を掲載，名簿は研究者2000人と学会・団体の1994年4月現在のデータを掲載，資料には平成5年祖文部省科学研究費等の交付状況，財団研究助成一覧，受賞一覧を掲載する。巻末に図書・雑誌論文の著編者名索引がある。

国語年鑑 1995年版 国立国語研究所編 秀英出版 1996.1 513p 22cm 7767円 Ⓒ4-7847-0095-51 Ⓝ810.59

(内容)過去1年間の国語関係の研究論文を収録。文献，名簿，資料の3部で構成。

国語年鑑 1996年版 国立国語研究所編 大日本図書 1997.1 502p 22cm 7600円 Ⓒ4-7847-0095-51 Ⓝ810.59

(内容)過去1年間の国語関係の研究論文を収録。文献，名簿，資料の3部で構成。

国語年鑑 1997年版 国立国語研究所編 大日本図書 1997.12 543p 21cm 7600円 Ⓒ4-477-00872-4 Ⓝ810.59

(目次)第1部 文献(刊行図書一覧，採録図書発行所一覧，雑誌論文一覧，採録雑誌発行所一覧)，第2部 名簿，第3部 資料

(内容)1996年1月1日から12月31日までの国語関係資料を文献，名簿，資料の3部に分けて編集した年鑑。文献は雑誌文献を分野別に掲載，名簿は内外の国語関係者2000人を収録，資料は「文部省科学研究費等の交付状況」その他を収録。

国語年鑑 1998年版 国立国語研究所編 大日本図書 1998.12 609p 21cm 7600円 Ⓒ4-477-00989-5 Ⓝ810.59

(目次)第1部 文献(刊行図書一覧，採録図書発行一覧，雑誌論文一覧，採録雑誌発行所一覧)，第2部 名簿(国語関係者名簿，各学会・関係諸団体一覧，学術団体・審議会等における関係者氏名)，第3部 資料(新しい時代に応じた国語施策

について(第21期国語審議会報告),平成9年度文部省科学研究費等の交付状況,受賞一覧(関係学会賞など),『国語年鑑』所収「資料」一覧)

(内容)1997年1月1日から12月31日までの国語関係資料を文献,名簿,資料の3部に分けて編集した年鑑。文献は刊行図書および雑誌論文を分野別に掲載,名簿は内外の国語関係者約2000名を収録,資料は「新しい時代に応じた国語施策について(第21期国語審議会報告)」「文部省科学研究費等の交付状況」その他を収録。刊行図書・雑誌論文を著編者名から検索できる索引付き。

国語年鑑 1999年版 国立国語研究所編
　大日本図書　1999.12　557p　21cm　7600円
　①4-477-01088-5　Ⓝ810.59

(目次)第1部 文献(刊行図書一覧,採録図書発行所一覧,雑誌論文一覧,採録雑誌発行所一覧),第2部 名簿(国語関係者名簿,各学会・関係諸団体一覧,学術団体・審議会等における関係者氏名),第3部 資料(平成10年度文部省科学研究費等の交付状況,受賞一覧(関係学会賞など),『国語年鑑』所収「資料」一覧),索引(刊行図書・雑誌論文著編者名)

(内容)1998年1月1日から12月31日までの国語関係資料を文献,名簿,資料の3部に分けて編集した年鑑。文献は刊行図書および雑誌論文を分野別に掲載,名簿は内外の国語関係者約2000名を収録,資料は「文部省科学研究費等の交付状況」その他を収録。刊行図書・雑誌論文を著編者名から検索できる索引付き。

国語年鑑 2000年版 国立国語研究所編
　大日本図書　2000.12　622p　21cm　7600円
　①4-477-01194-6　Ⓝ810.59

(目次)第1部 文献(刊行図書一覧,採録図書発行所一覧,雑誌論文一覧,採録雑誌発行所一覧),第2部 名簿(国語関係者名簿,各学会・関係諸団体一覧,学術団体・審議会等における関係者氏名),第3部 資料(平成11年度文部省科学研究費等の交付状況,受賞一覧(関係学会賞など),『国語年鑑』所収「資料」一覧),索引(刊行図書・雑誌論文著編者名)

(内容)1999年の国語関係の文献,名簿,資料を編集した年鑑。文献は刊行図書および雑誌論文を分野別に掲載,名簿は内外の国語関係者約2000名と関係団体を収録,資料は「文部省科学研究費等の交付状況」その他を収録。図書・論文の著編者名索引付き。

国語年鑑 2001年版 国立国語研究所編
　大日本図書　2001.12　607p　21cm　7600円
　①4-477-01475-9　Ⓝ810.59

(目次)第1部 文献(刊行図書一覧,採録図書発行所一覧,雑誌論文一覧,採録雑誌発行所一覧),第2部 名簿(国語関係者名簿,各学会・関係諸団体一覧,学術団体・審議会等における関係者氏名),第3部 資料(国語審議会答申,平成12年度文部省科学研究費等の交付状況,受賞一覧(関係学会賞など),『国語年鑑』所収「資料」一覧)

(内容)本年鑑は,2000年1月1日から12月31日までの国語関係資料に基づき「文献」「名簿」「資料」の3部に分けて編集した。巻末に「索引」を付けた。

国語年鑑 2002年版 国立国語研究所編
　大日本図書　2002.12　573p　21cm　7600円
　①4-477-01556-9　Ⓝ810.59

(目次)第1部 文献(刊行図書一覧,採録図書発行所一覧,雑誌論文一覧 ほか),第2部 名簿(国語関係者名簿,各学会・関係諸団体一覧,学術団体・審議会等における関係者氏名),第3部 資料(幼稚園教育要領,小学校学習指導要領,中学校学習指導要領 ほか)

(内容)2001年1月1日から12月31日までの国語関係資料を収録する年鑑。文献,名簿,資料の3部で構成する。第1部の文献では,分類別に排列し,直接原資料に基づいて書誌事項を記載,採録図書・雑誌の発行所一覧も掲載する。第2部の名簿は2002年5月末現在の国内外の国語関係者約2100名と学会・団体の一覧を掲載。第3部は学習指導要領,受領一覧などの2001年の各種資料を掲載する。巻末には,国語年鑑所収資料一覧,編著者名から本文中の図書・論文を引く索引がある。

国語年鑑 2003年版 国立国語研究所編
　大日本図書　2003.12　673p　21cm　〈付属資料:CD-ROM1〉　8000円　①4-477-01662-X　Ⓝ810.59

(目次)第1部 動向(刊行図書の動向,雑誌文献の動向 ほか),第2部 文献(刊行図書一覧,採録図書発行所一覧 ほか),第3部 名簿(国語関係者名簿,各学会・関係諸団体一覧 ほか),第4部 資料(第1回「外来語」言い換え提案,平成14年度文部科学省科学研究費等の交付状況 ほか)

(内容)本書は,2002年1月1日から12月31日までの国語関係資料に基づき,「動向」「文献」「名簿」「資料」の四部に分けて編集した。さらに「索引」を付した。また,本年版から付録CD-ROMを添付した。

国語年鑑 2004年版 国立国語研究所編
　大日本図書　2004.11　737p　21cm　〈付属資料:CD-ROM1〉　8000円　①4-477-01845-2　Ⓝ810.59

(目次)第1部 動向(刊行図書の動向,雑誌文献の動向 ほか),第2部 文献(刊行図書一覧,採録図書発行所一覧 ほか),第3部 名簿(国語関係者名簿,各学会・関係諸団体一覧 ほか),第4部 資料(これからの時代に求められる国語力につ

いて（文化審議会答申），第2回「外来語」言い換え提案 ほか）
〔内容〕2003年1月1日から12月31日までの国語関係資料に基づき，「動向」「文献」「名簿」「資料」の四部に分けて編集。巻末に刊行図書・雑誌文献著編者名索引，付録にCD-ROMが付く。

国語年鑑　2005年版　国立国語研究所編
大日本図書　2005.11　553p　21cm　〈付属資料：CD-ROM1〉　7700円　①4-477-01878-9　Ⓝ810.2
〔目次〕第1部 動向（刊行図書の動向，雑誌文献の動向，総合雑誌記事の傾向 ほか），第2部 文献（刊行図書一覧，採録図書発行所一覧，雑誌文献一覧 ほか），第3部 名簿（国語関係者名簿，各学会・関係諸団体一覧，学術団体・審議会等における関係者氏名）

国語年鑑　2006年版　国立国語研究所編
大日本図書　2006.11　665p　21cm　〈付属資料：CD-ROM1〉　7700円　①4-477-01903-3　Ⓝ810.2
〔目次〕第1部 動向（刊行図書の動向，雑誌文献の動向，総合雑誌記事の傾向，新聞記事に見る分野・話題の推移），第2部 文献（刊行図書一覧，採録図書発行所一覧，雑誌文献一覧，採録雑誌発行所一覧，総合雑誌／特集・連載・対談目録），第3部 名簿（国語関係者名簿，各学会・関係諸団体一覧，学術団体・審議会等における関係者氏名）
〔内容〕この年鑑は，2005年1月1日～12月31日までの国語関係資料に基づき，「動向」「文献」「名簿」の三部に分けて編集した。さらに「索引」を付した。また，付録CD-ROMを添付した。

国語年鑑　2007年版　国立国語研究所編
大日本図書　2007.12　672p　21cm　〈付属資料：CD1〉　7700円　①978-4-477-01927-7　Ⓝ810.2
〔目次〕第1部 動向（刊行図書の動向，雑誌文献の動向，総合雑誌記事の動向，新聞記事の動向），第2部 文献（刊行図書一覧，雑誌文献一覧，採録雑誌発行所一覧，総合雑誌／特集・連載・対談目録），第3部 名簿（国語関係者名簿，各学会・関係諸団体一覧，学術団体・審議会等における関係者氏名）

国語年鑑　2008年版　国立国語研究所編
大日本図書　2008.12　674p　21cm　〈付属資料：CD-ROM1〉　7700円　①978-4-477-01985-7　Ⓝ810.2
〔目次〕第1部 動向（刊行図書の動向，雑誌文献の動向，総合雑誌記事の傾向 ほか），第2部 文献（刊行図書一覧，採録図書発行所一覧，雑誌文献一覧 ほか），第3部 名簿（国語関係者名簿，各学会・関係諸団体一覧，学術団体・審議会等における関係者氏名），索引（刊行図書・雑誌文献著編者名）
〔内容〕2007年1月1日から12月31日までの国語関係資料に基づき，「動向」「文献」「名簿」の三部に分けて編集した。さらに「索引」を付した。

国語史

<ハンドブック>

資料 日本語史　沖森卓也編　桜楓社　1991.2　211p　21cm　2000円　①4-273-02424-1　Ⓝ810.2
〔目次〕資料編，解説編
〔内容〕日本語の歴史をビジュアルに解き明かす資料集。上代から現代に至るまでの各時代・各ジャンルでの代表的な文献資料200余点を時代順に図版で収録。簡潔な資料解説付。

◆中世語

<辞 典>

「鎌倉遺文」にみる中世のことば辞典　ことばの中世史研究会編　東京堂出版　2007.9　278p　21cm　5000円　①978-4-490-10729-6　Ⓝ810.24
〔目次〕1章 きまり，2章 人，3章 しきたり，4章 くらし，5章 負担，6章 闘い
〔内容〕現在使用されている言葉の，中世における使われ方を，鎌倉時代の古文書を収録する『鎌倉遺文』の用例で検証。およそ150の言葉を語義によって6分類し，中世での意味，用例の初出，語義の変化などを解説。解説中に表われる言葉を含め，500語収録の「中世のことば辞典」。語彙索引付き。

時代別国語大辞典　室町時代編3（さ～ち）　室町時代語辞典編修委員会編　三省堂　1994.3　1218p　27cm　45000円　①4-385-13600-9　Ⓝ813.1
〔内容〕室町時代の言語・文化の実相をはじめて解明した，総合的な言語辞典の第3巻。第1，2巻を承けて，さらに用例を精選。多彩な文献に多くを語らせることによって，"読む辞書"としての性格をいっそう鮮明にし，室町時代語の世界の豊饒な広がりと奥行とに迫る。

時代別国語大辞典　室町時代編4（つ～ふ）　室町時代語辞典編修委員会編　三省堂　2000.3　1052p　27cm　45000円　①4-385-

13603-3 Ⓝ813.1

(内容)室町時代から織豊時代に使われた語を対象とした古語辞典。室町時代特有の語だけでなく、この時代に使われた語全体を収録対象としている。全体は古代、平安、鎌倉、室町、江戸、近代の6期に分けた時代別国語辞典として1941年から企画され、1967年から室町時代編の第1刊を刊行、1994年以来6年ぶりの刊行にあたり、第4巻では「つ〜ふ」を収録する。

時代別国語大辞典 室町時代編5〔へ〜ん〕 室町時代語辞典編修委員会編 三省堂 2001.1 891p 27cm 40000円 ①4-385-13606-8 Ⓝ813.6

(内容)室町時代から織豊時代の約200年間に使われた語を対象とした古語辞典。室町時代特有の語だけでなく、この時代に使われた語全体を収録対象としている。全体は古代、平安、鎌倉、室町、江戸、近代の6期に分けた時代別国語辞典として1941年から企画され、1967年から室町時代編の第1刊を刊行、2000年の第4巻に続く最終巻の第5巻にあたる。第5巻では約10000項目を収録、全5巻合わせた載録語数は70000語を超え、謡曲・狂言、室町時代小説、記物語、連歌・歌謡、和漢古典の注釈書、芸能・医学・礼法などの書、キリシタン資料、さらには当時の古辞書など当時の文献資料1000余種に基づき、ことばの意味・用法を分析・解説する。

大東急記念文庫善本叢刊 中古中世篇 別巻2〔第1巻〕 伊呂波字類抄 築島裕, 島津忠夫, 井上宗雄, 長谷川強, 岡崎久司編〔橘忠兼著〕, 築島裕責任編集 大東急記念文庫, 汲古書院(製作発売) 2012.5 510p 23cm 〈複製〉 17000円 ①978-4-7629-3485-8 Ⓝ081.7

(内容)大東急記念文庫蔵の「伊呂波字類抄」第一冊(序・伊、呂、波)と、第二冊(仁、保、部、土、知)の原書半葉を縮小して一頁に影印し収録する。

大東急記念文庫善本叢刊 中古中世篇 別巻2〔第2巻〕 伊呂波字類抄 築島裕, 島津忠夫, 井上宗雄, 長谷川強, 岡崎久司編〔橘忠兼著〕, 築島裕責任編集 五島美術館大東急記念文庫, 汲古書院(発売) 2012.10 660p 23cm 〈複製〉 17000円 ①978-4-7629-3486-5 Ⓝ081.7

(内容)大東急記念文庫蔵の「伊呂波字類抄」第三冊(利、奴、留、遠、和、加)と、第四冊(与、太、礼、所、都)の原書半葉を縮小して一頁に影印し収録する。

大東急記念文庫善本叢刊 中古中世篇 別巻2〔第3巻〕 伊呂波字類抄 築島裕, 島津忠夫, 井上宗雄, 長谷川強, 岡崎久司編〔橘忠兼著〕, 築島裕責任編集 五島美術館大東急記念文庫, 汲古書院(発売) 2013.4 630p 23cm 〈複製〉 17000円 ①978-4-7629-3487-2 Ⓝ081.7

(内容)大東急記念文庫蔵の「伊呂波字類抄」第五冊(祢、奈、良、无、宇、為、能)と、第六冊(於、久、也、末)の原書半葉を縮小して一頁に影印し収録する。

大東急記念文庫善本叢刊 中古中世篇 別巻2〔第4巻〕 伊呂波字類抄 築島裕, 島津忠夫, 井上宗雄, 長谷川強, 岡崎久司編〔橘忠兼著〕, 築島裕責任編集 五島美術館大東急記念文庫, 汲古書院(発売) 2014.1 568p 23cm 〈複製〉 17000円 ①978-4-7629-3488-9 Ⓝ081.7

(内容)大東急記念文庫蔵の「伊呂波字類抄」第七冊(計、不、古、江、天)と、第八冊(安、左、幾)の原書半葉を縮小して一頁に影印し収録する。

大東急記念文庫善本叢刊 中古中世篇 別巻2〔第5巻〕 伊呂波字類抄 築島裕, 島津忠夫, 井上宗雄, 長谷川強, 岡崎久司編〔橘忠兼著〕, 築島裕責任編集 五島美術館大東急記念文庫, 汲古書院(発売) 2015.2 560,25p 23cm 〈複製〉 17000円 ①978-4-7629-3489-6 Ⓝ081.7

(内容)大東急記念文庫蔵の「伊呂波字類抄」第九冊(巻九 由女見志)と、第十冊(巻十 恵比毛世須)の原書半葉を縮小して一頁に影印し収録する。

音声・音韻

音声学

<事典>

音声学基本事典 城生佰太郎, 福盛貴弘, 斎藤純男編著 勉誠出版 2011.8 540p 22cm 〈他言語標題：Dictionary of Basic Phonetic Terms 索引あり〉 8000円
①978-4-585-28000-2 Ⓝ801.1

目次 1 音声学, 2 調音音声学, 3 音響音声学, 4 聴覚音声学, 5 音韻論, 6 アクセント・イントネーション, 7 プロソディー, 8 単音・分節音, 9 日本語の音声

内容 IT化の進む21世紀, 音声による直接的コミュニケーションはますます重要度を増している。音声学・音韻論の基本となる約100項目をとりあげ, 気鋭の執筆陣が平易かつ詳細に解説。

発音・アクセント

<辞典>

NHK日本語発音アクセント辞典 新版 NHK放送文化研究所編 日本放送出版協会 1998.4 226p 19cm 3800円 ①4-14-011112-7 Ⓝ811.14

内容 1985年刊行の『日本語発音アクセント辞典』の改訂版。今回, 新たに新語3500を追加し, 69000語を収録した共通語アクセント辞典。標準的な発音・アクセント, 及びそれらの書き表し方を示し五十音順に排列。

NHK日本語発音アクセント新辞典 NHK放送文化研究所編 NHK出版 2016.5 1484,255p 19cm 5000円 ①978-4-14-011345-5 Ⓝ811.14

目次 本編, 付録（解説編, 資料編）

内容 18年ぶりの大改訂。これぞ現代のアクセント辞典。本編収録語数75,000語。

新明解 日本語アクセント辞典 改訂新版 金田一春彦監修, 秋永一枝編 三省堂 2001.3 931,106p 19cm 3600円 ①4-385-13670-X Ⓝ811.14

内容 7万5000語を収録する, 日本語の発音・アクセント辞典。現代に生きて使われる話し言葉を中心に, 地名・人名などの固有名詞や新語, 雅語などの文章語, 漢語を収録。アクセント習得法則を掲載する。

新明解 日本語アクセント辞典 CD付き 秋永一枝編, 金田一春彦監修 三省堂 2010.9 931,110p,19cm＋CD2枚 12cm＋72p 19cm 〈付（72p）：アクセント習得法則〉 3800円 ①978-4-385-13671-4 Ⓝ811.14

内容 現代に生きて使われる話し言葉を中心に, 地名・人名などの固有名詞も加え, 約7万5千語を収録する。その標準的な発音とアクセントを示す。雅語などの文章語, 漢語も多く含み, 文学作品の朗読などに最適。多用する動詞・形容詞には, それぞれの活用形のアクセントを明示。長い間に変化が生じたアクセントには,（古は…）（新は…）（もと…）などの注記を付け, その移り変わりがたどれる。アクセント習得法則を巻末にまとめ, 本文のそれぞれの語に習得法則の番号を示す。（2001年刊にCDを添付）

新明解 日本語アクセント辞典 第2版 金田一春彦監修, 秋永一枝編 三省堂 2014.4 994,129p 19cm 4000円 ①978-4-385-13672-1 Ⓝ811.14

内容 現代に生きて使われる話し言葉を中心に, 地名・人名などの固有名詞や新語・外来語も加え, 約76,600語を収録する。その標準的な発音とアクセントを示す。アクセントの移り変わりがわかる。アクセントのしくみがわかる。実例の音声を聞くことができる。

全国アクセント辞典 28版 平山輝男編 東京堂出版 1993.10 950p 19cm 〈初版：1960年 折り込図1枚〉 7800円 ①4-490-10023-X Ⓝ811.14

内容 30年にわたり日本全土を踏査研究して10万語を収録し, 共通語の単語とそれを含んだ文や句, また複合語・動詞・形容詞などの活用形にもアクセントを示した画期的な辞典。収録語数は10万語。

<索引>

日本語アクセント史総合資料 索引篇 秋永一枝, 上野和昭, 坂本清恵, 佐藤栄作, 鈴木

発音・アクセント　　　　　音声・音韻

豊編　東京堂出版　1997.2　561p　30cm
21359円　①4-490-20306-3　Ⓝ811.14
(内容)各時代の文献の中から主なもの41種を選び、それらから自立語のアクセントデータ約3万5000を抽出し、見出し語の歴史的かなづかいの五十音順に排列したもの。同語形は、体言・動詞・形容詞・副詞・その他の順とし、また漢語は和語の後に排列。

文字・表記

書体・くずし字

<辞典>

大きな活字の楷行草 筆順・字体字典　江守賢治編　三省堂　2003.4　729,19p　26cm　3400円　ⓘ4-385-16008-2　Ⓝ811.2

〔目次〕第1 筆順と字体・書体などの知識，第2 楷・行・草（三体）筆順一覧，第3 楷・行・草（三体）一覧，第4 楷書の字体一覧，第5 許容される字形一覧，第6 美しく書くためのポイント

〔内容〕大好評の楷・行・草の筆順・字体字典の第二版、人名用漢字88字を追加。常用漢字を含む2914字に、ペン字による楷・行・草の筆順を収録。常用漢字を含む2620字に、毛筆による楷・行・草の三体を明示。書写体を含む「楷書の字体一覧」も収録。楷書・行書を美しく書くためのポイントを指導。冠婚葬祭などの表書き、苗字、都道府県名、手紙用語など、そのまま役にたつ付録多数。

楷・行・草 漢字筆順字典 常用・人名用二九七六字　岡田崇花編著　日貿出版社　2014.12　769,45p　21cm　〈索引あり〉　3200円　ⓘ978-4-8170-4075-6　Ⓝ728.4

〔内容〕日常生活で頻度高く使用する漢字を新改定の「常用漢字」と「人名用漢字」から2976字を選んで掲載。楷書・行書・草書の三書体をサインペンとペンで書き表し、さらに三体の筆順をペン書きで掲載。教育漢字の配当年と人名用漢字は数字と印で示し、索引は「音訓索引」「部首別索引」「教育漢字索引」を附した。

楷行草 筆順・字体字典 第2版　江守賢治編　三省堂　2002.12　729,19p　19cm　2200円　ⓘ4-385-15049-4　Ⓝ728.4

〔目次〕第1 筆順と字体・書体などの知識，第2 楷・行・草（三体）筆順一覧，第3 楷・行・草（三体）一覧，第4 楷書の字体一覧，第5 許容される字形一覧，第6 美しく書くためのポイント

〔内容〕手紙や文書、ペン字や書道のための漢字の字体字典。常用漢字・人名用漢字を中心に、日常よく使う漢字2622字と旧字体や特殊な漢字292字、計2914字を収録。基礎知識の解説、2914字のペン字による楷書・行書・草書の字体と筆順、2620字の毛筆による三字体、書写体を含む楷書の字体一覧、許容される字形一覧で構成する。ほかに応用編として表書きの書き方などの実用知識、付録として、ひらがな・カタカナ・ローマ字の筆順を掲載する。巻末に画数引き漢字索引を付す。

楷行草筆順字典　田中東竹，小川博章書，大修館書店編　大修館書店　2014.12　289,14p　21cm　〈奥付の版表示（誤植）：新版　索引あり〉　1600円　ⓘ978-4-469-01287-3　Ⓝ728.4

〔目次〕書体・筆順一覧（漢字の部，仮名の部），付録 日常生活の書（はがき・封筒の表書き、季節の挨拶，冠婚葬祭の表書き）

〔内容〕常用漢字・人名用漢字の楷書・行書・草書を完全収録！ 筆順が一目でわかる2色刷り。

画引き くずし字解読字典　くずし字研究会編　新典社　1994.5　123p　21cm　824円　ⓘ4-7879-0428-0　Ⓝ728.036

〔内容〕古文書解読のためのくずし字の字典。新典社版『仮名変体集』『実用変体がな』『画引きかな解読字典』の姉妹編にあたり、大学・短期大学における写本・版本・複製本等の講読・演習用の手引き書として編集されている。

活用自在 くずし字字典　くずし字字典編纂委員会編　柏書房　1998.6　547p　19cm　2200円　ⓘ4-7601-1654-0　Ⓝ728.4

〔目次〕漢字編，草仮名編，音訓索引

〔内容〕親字3730について、明朝活字体、楷書、行書、草書、篆書、隷書の6書体を掲載したくずし字字典。楷書、行書、草書はペン書き・毛筆書きの実例を示す。音訓索引付き。

かな交じり書のためのひらがな・カタカナ書体字典　矢島峰月編著　可成屋，木耳社〔発売〕　2008.7　339,3p　21cm　2400円　ⓘ978-4-8393-8787-7　Ⓝ728.5

〔目次〕かな交じり書への招待，ひらがな書体字典，カタカナ書体字典，ローマ字書体字典

〔内容〕篆・隷・楷・行・草書から雑体書まで、漢字のあらゆる書体・書風に調和可能な、ひらがな・カタカナ・ローマ字の書写例を満載。本格的な作品づくりはもちろん、文字遊びや商業デザインまで、さまざまな「かな交じり書」のための強力な助っ人の登場。

書体・くずし字　　　　　　　文字・表記

漢字くずし方辞典　〔新装版〕　児玉幸多編　東京堂出版　1993.3　539,63p　19cm　〈近藤出版社1982年刊の新装版〉　3500円　Ⓓ4-490-10334-4　Ⓝ728.036
[内容]早書きのためのくずし字、古文書を読むためのくずし字の勉強、他人に正確に自分の書いた文字を読んでもらうための正しいくずし方…本書は部首と画数によって引ける6000字あまりの字のいく通りものくずし方、変体仮名、熟語のくずし方などを収録する。

漢字くずし字字典　常用漢字・人名用漢字　川瀬真洞著　成美堂出版　1993.7　575p　21cm　2000円　Ⓓ4-415-07479-0　Ⓝ728.4
[内容]常用漢字1945字および人名用漢字284字の計2229字を収録した、くずし字字典。

漢字・くずし字早わかり辞典　読める書ける　亀田秋陽著　ティーケイシー出版、本の泉社〔発売〕　2004.11　623p　19cm　2095円　Ⓓ4-88023-882-1　Ⓝ811.2
[目次]常用漢字表前文，常用漢字について，常用漢字表，教育漢字について，教育漢字表，索引，人名漢字について，人名漢字表，許容旧字体について，許容旧字体表
[内容]思い出せない「漢字」やわからない「くずし字」が大きな見やすい文字で簡単にわかる。

漢字・くずし字早わかり辞典　読める書ける　亀田秋陽著　メトロポリタンプレス　2013.5　623p　19cm　1300円　Ⓓ978-4-904759-64-6　Ⓝ811.27
[内容]思い出せない「漢字」やわからない「くずし字」が大きな見やすい文字で簡単にわかります。

くずし字解読辞典　〔新装版 机上版〕　児玉幸多編　東京堂出版　1993.2　353,61p　21cm　3500円　Ⓓ4-490-10332-8　Ⓝ728.036
[内容]すべての"くずし字"を起筆順に五つの部首に分けて配列した。くずし字に慣れない人たちのために同字異形を数多く掲出した。成語・熟語・慣用句などの例を豊富にあげて文書解読に便した。ひらがなと変体がなを漢字同様に扱って該当箇所に挿入した。異体字・略体字・合成語句などもできるだけ掲げるようにした。付録に「カタカナ一覧」「扁旁くずし基準」「ひらがな・変体がなの解読」「くずし字による地名・人名便覧」等を収録した。巻末に「音訓索引」を付し同一文字の異同を知るよすがとした。

くずし字解読辞典　〔新装版 普及版〕　児玉幸多編　東京堂出版　1993.2　336,61p　19cm　2200円　Ⓓ4-490-10331-X　Ⓝ728.036
[内容]くずし字を起筆順に五つの部首に分けて排列構成した辞典。同字異形を数多く掲載し、文書解読の手がかりとなるよう、成語・熟語・慣用句などの例を多く収録する。ひらがなと変体がなは漢字同様に扱って該当箇所に挿入する。異体字・略体字・合成語句などもできるだけ掲げている。付録に「カタカナ一覧」「扁旁くずし基準」「ひらがな・変体がなの解読」「字例によるくずし字検索一覧」がある。巻末に「音訓索引」を付す。

くずし字辞典　波多野幸彦監修，東京手紙の会編　（京都）思文閣出版　2000.4　1359,93p　21cm　6000円　Ⓓ4-7842-1024-5　Ⓝ728.4
[内容]過去の日本人がかいた手紙の文字資料を中心としたくずし字の辞典。くずし字はおもに過去の自筆書状および一部刊本の史料集、中国の拓本や古法帖から1字ごとに採集、おおむね部首によって分類し、画数順に排列する。各字母ごとにはくずし方の程度によって並べる。また、掲載した文字にはすべて筆者名を併記。ほかに付録として書き止め、慣用・連綿、花押と収録人名の一部についての略伝を収録。索引は巻頭にくずし字例を併載した部首索引を掲げ、巻末に総画および音訓索引を付す。

くずし字まるわかり実用字典　赤冨士北祭著　可成屋，木耳社〔発売〕　2007.4　301p　21cm　2400円　Ⓓ978-4-8393-8773-0　Ⓝ728
[目次]美しいくずし字を書こう（くずし字に親しもう，美しいくずし字の十大原則，くずし字の学び方），常用漢字・人名用漢字，手紙の慣用句・文例（頭語と結語，頭語，時候の挨拶，前文（安否の挨拶），末文（終わりの挨拶）ほか）
[内容]手紙など日々の暮らしでよく使う慣用句・文例や、常用漢字・人名用漢字のくずし方がひと目でわかる今までにない字典が誕生。見やすく引きやすい表形式を採用、見たまま書き写せばたちどころに美しいくずし字が書ける。

くずし字用例辞典　机上版 新装版　児玉幸多編　東京堂出版　1993.6　1305,63p　22cm　13000円　Ⓓ4-490-10344-1　Ⓝ728.033
[内容]漢字6406字を部首別画数順に配列し、各字のくずし方を5通り以上示す。用例として書跡や古文書からその字を頭字とする用語・用文を収録。

くずし字用例辞典　〔普及版〕　児玉幸多編　東京堂出版　1993.3　1305,63p　19cm　5800円　Ⓓ4-490-10333-6　Ⓝ728.036
[内容]漢字6406字を部首別画数順に排列し、各字のくずし方を5通り以上示す辞典。用例として書跡や古文書からその字を頭字とする用語・用文を収録。

常用漢字行草辞典　〔新装版〕　児玉幸多編

文字・表記　　　　書体・くずし字

東京堂出版　1993.2　310,31p　26cm　3800円　Ⓘ4-490-10335-2　Ⓝ728.4
(内容)常用漢字と人名用漢字の計2111字について，各々八通りのくずし方を掲げた行草辞典。くずし字の細部の筆法や変化がよくわかり，くずし方を書いて覚える習字用テキストに最適。

書体字典　漢字　全改訂版　野ばら社　2012.12　1338,37p　23×18cm　〈索引あり〉　4600円　Ⓘ978-4-88986-270-6　Ⓝ728.4
(内容)古字・旧字体復活。日本と中国の名筆いっぱい。筆順表示，音訓読み，熟語例入，全3,443字収録。

書体小字典　赤井清美編　東京堂出版　1990.11　635p　21cm　3000円　Ⓘ4-490-10286-0　Ⓝ728.4
(内容)実用字を主眼に，3650字を精選し，総字数6万字を収める。特に繁用字を豊富に収録。排列は康熙字典の部首順。基本的な字形のもとに楷・行・草・篆・隷の順に記載する書体字典。音訓索引付き。

草書くずし字典　成瀬映山監修　二玄社　2000.1　317p　19cm　2000円　Ⓘ4-544-01244-9　Ⓝ728.4
(内容)見出し字3961字，草書字例数7095字を収録した草書字典。五十音順排列。総画索引，音訓索引付き。

必携 実用楷書字典　堀内湖洲著　日貿出版社　2007.5　271p　21cm　1600円　Ⓘ978-4-8170-4046-6
(目次)漢字，ひらがな，カタカナ，文字の表記法，楷書の歴史，永字八法，基本点画，部首別，文字の形，文字の並べ方，表書き，都道府県名，合併した新しい市町村名，表彰状，立て札看板，表札，写経
(内容)本書では，見にくい拓本による手本ではなく，穏健平明な書風の筆書きで文字を書き，初学者あるいは一般の方々が，日常の書き物の手本として利用できることに配慮した。文字は常用漢字・人名漢字・仮名などを主に，漢字の長い歴史の中で書かれ続けてきた美しい文字を手本として，約2900字を掲載した。さらに，楷書で文字を書くための基本点画・文字の形・文字の並べ方などの基礎知識や実際の書き方例として，慶弔の表書き・都道府県名・近年合併した新市町村名・賞状・写経などの実例を掲げて，便利な参考とした。

必携 実用楷書字典　美しく書くための模範手本集　新装版　堀内湖洲著　日貿出版社　2014.7　279p　21cm　1800円　Ⓘ978-4-8170-4079-1　Ⓝ728.4
(目次)漢字，ひらがな，カタカナ，文字の表記法，楷書の歴史，永字八法，基本点画，部首別，文字の形，文字の並べ方，表書き，都道府県名，合併した新しい市町村名，表彰状，立て札看板，表札，写経
(内容)本書では，見にくい拓本による手本ではなく，穏健平明な書風の筆書きで文字を書き，初学者あるいは一般の方々が，日常の書き物の手本として利用できることに配慮した。文字は常用漢字・人名漢字などを主に，漢字の長い歴史の中で書かれ続けてきた美しい文字を手本として，約2800字を掲載した。さらに楷書で文字を書くための基本点画・文字の形・文字の並べ方などの基礎知識や実際の書き方例として，慶弔の表書き・都道府県名・近年合併した新市町村名・名字・名前・手紙用語・「般若心経」などの実例を掲げて，便利な参考とした。

必携 実用行書字典　美しく書くための模範手本集　新装版　堀内湖洲著　日貿出版社　2014.7　270p　21cm　1800円　Ⓘ978-4-8170-4078-7　Ⓝ728.4
(目次)行書本編，行書の書き方，楷書と行書の違い，基本点画，行書の特徴，部首別，都道府県名，市町村名，名字，男性名前，女性名前，表書き，手紙用語，鑑賞編
(内容)本書では，見にくい拓本による手本ではなく，穏健平明な書風の筆書きで文字を書き，初学者あるいは一般の方々が，日常の書き物の手本として利用できることに配慮した。文字は常用漢字・人名漢字などを主に，漢字の長い歴史の中で書かれ続けてきた美しい文字を手本として，約2800字を掲載した。さらに行書で文字を書くための基本点画・文字の形・文字の並べ方などの基礎知識や実際の書き方例として，慶弔の表書き・都道府県名・近年合併した新市町村名・名字・名前・手紙用語などの実例を掲げて，便利な参考とした。

偏・旁くずし字典　二瀬西恵編　木耳社　1990.6　140p　19cm　（手帖シリーズ）　1000円　Ⓘ4-8393-2524-3　Ⓝ728.4

毛筆版 くずし字解読辞典 付・かなもじの解読　児玉幸多編　東京堂出版　1999.9　353,61p　21cm　3500円　Ⓘ4-490-10522-3　Ⓝ728.036
(内容)行書体の文字，いわゆる「くずし字」を起筆順に配列し，本来の文字（楷書体）を検索できるようにした辞典。すべての「くずし字」を起筆順に五つの部首に分けて配列。付録に「カタカナ一覧」「扁旁くずし基準」「ひらがな・変体がなの解読」「くずし字による地名・人名便覧」等を収録した。音訓索引付き。

日本語レファレンスブック　41

漢字

＜ハンドブック＞

漢字ハンドブック　楷・行・草　行書は三種で重点学習　浅倉竜雲著　日貿出版社　2010.3　280,44p　21cm　〈索引あり〉　1800円　Ⓘ978-4-8170-4059-6　Ⓝ728.4

〔目次〕本書の特徴　漢字を六種類で表現，筆文字を書く心構え，常用漢字，人名用漢字，ひらがなと参考実例

〔内容〕漢字のくずし方が学べる。活字・楷書・行書・草書など6種の字体を掲載。最も使う「行書」は楷行書・行書・草行書の3種を掲載。従来の常用漢字に加えて，新常用漢字追加候補の約200字も網羅。人名用漢字も網羅。日常よく使う表書きや手紙用語の実例も掲載。

漢　字

＜事　典＞

漢字キーワード事典　前田富祺，阿辻哲次編　朝倉書店　2009.5　530p　27cm　〈年表あり　索引あり〉　18000円　Ⓘ978-4-254-51028-7　Ⓝ811.2

〔内容〕漢字に関するキーワード約400項目を解説する事典。漢字の起源から電脳まで幅広いテーマから項目を選定。排列は五十音順。各項目の文末に参考文献を掲げる。巻頭に，総論，漢字と日本語，人名，書名，音韻，字体・書体，実用，書道，文物，国語政策，文字改革，印刷・電脳に分類した項目一覧が，巻末には索引が付く。

漢字百科王　社会漢字学習会編　自由国民社　1993.10　222p　19cm　（漢字征服王シリーズ 3）　1200円　Ⓘ4-426-74200-5　Ⓝ811.2

〔目次〕1 歴史用語百科，2 地名漢字百科，3 社会用語百科，4 文化文芸百科，5 芸能用語百科，6 とっておき漢字百科

〔内容〕漢字を手がかりにした，現代社会の時事文化事典。

漢字百科大事典　佐藤喜代治，遠藤好英，加藤正信，佐藤武義，飛田良文，前田富祺，村上雅孝編著　明治書院　1996.1　1730p　30cm　20000円　Ⓘ4-625-40064-3　Ⓝ811.2

〔目次〕事項編（漢字の形，漢字の音訓，漢字の借音，現代生活における漢字　ほか），資料編（漢字の形，漢字の音訓，漢字の借音，現代生活における漢字　ほか）

〔内容〕漢字・漢語に関する事項642を解説した事典。「事項編」と「資料編」から成り，それぞれ漢字の形，音訓，借音，現代生活における漢字，国字問題等に関する項目を収録する。巻頭に五十音順項目一覧（目次索引），巻末に五十音順の事項索引，書名索引，人名索引がある。一初の漢字と漢語の専門百科事典誕生。甲骨文字から字音・国字等，漢字に関する全てを網羅する。

図説 部首がわかる字源事典　新井重良著　木耳社　2007.3　182p　26cm　2000円　Ⓘ978-4-8393-1910-6　Ⓝ821.2

〔内容〕本書は，漢字の基本である214種の部首についての字源を，できるかぎりイラストにし，視覚化することにより，分かりやすく解説したものである。更にその部首に含まれる文字，或いは部首と同形を持つが，他の部首に含まれる文字などを比較解説することにより，その部首の理解がより深まるのではないかと考え，ただ同じ部首のグループのみでなく，広範な見方により字源を掘り下げたものである。

何でもわかる漢字の知識百科　阿辻哲次，一海知義，森博達編　三省堂　2002.6　783p　19cm　2600円　Ⓘ4-385-15047-8　Ⓝ811.2

〔目次〕百科編（漢字と漢語，漢字の起源はいつか，漢字の特徴，漢字の成り立ち，書体の知識，字体の知識），語彙編（漢字と字形，漢字の用法，漢字の意味，漢字の小百科）

〔内容〕漢字・漢語・漢詩文について多面的かつ総合的に分析したもの。中国と日本における漢字の生成や発展の歴史，さらには現状について2部構成で体系的に詳述。「なぜ漢字というのか」や「烏はなぜ鳥より一画少ないか」などのコラムあり。巻末に百科編索引と語彙編索引を付す。

＜辞　典＞

NHK漢字表記辞典　NHK放送文化研究所編　NHK出版　2011.3　62,618,65p　19cm　〈『NHK新用字用語辞典』第3版（日本放送出版協会2004年刊）の改定〉　1800円　Ⓘ978-4-14-011299-1　Ⓝ816.07

〔内容〕約3万5000語を収録。2200項目について用例・類義語などを追加・変更。新しい常用漢字表に完全対応。同音，同訓のことばの使い分けを充実。「漢数字と算用数字の使い分け」「読み方が難しい漢字への対応」などを明示。

応急字典　再版 ピンク表紙　リベラル社編（名古屋）リベラル社，星雲社〔発売〕　1997.3　198p　17cm　880円　Ⓘ4-7952-4280-1　Ⓝ813.1

〔内容〕熟語1万5000語を収録，携帯性と実用性を重視した漢字辞典。

応急字典　再版 赤表紙　リベラル社編　（名古屋）リベラル社，星雲社〔発売〕　1997.7　198p　17cm　880円　Ⓘ4-7952-4279-8

Ⓝ813.1

(内容)熟語1万5000語を収録、携帯性と実用性を重視した漢字辞典。

応急字典 再版 黒表紙 リベラル社編 （名古屋）リベラル社，星雲社〔発売〕 1997.7 198p 17cm 880円 Ⓣ4-7952-4277-1 Ⓝ813.1

(内容)熟語1万5000語を収録、携帯性と実用性を重視した漢字辞典。

旺文社漢字典 小和田顕ほか編 旺文社 1999.9 1461p 19cm 2600円 Ⓣ4-01-077571-8 Ⓝ813.2

(内容)見出し漢字9800余、熟語4万6000余を収録。パソコン・ワープロで役立つ漢字のJISコードを付与し、漢文学習上の重要事項を解説するなど、付録も充実した漢和辞典。有名漢詩100余を精選し解説。

旺文社漢字典 大活字版 小和田顕ほか編 旺文社 2000.2 1461p 27cm 4500円 Ⓣ4-01-072118-9 Ⓝ813.2

(内容)見出し漢字9800余、熟語4万6000余を収録した漢和辞典。見出し漢字にはJISコードを記載し、漢文学習上の重要事項を解説する。1999年刊『旺文社漢字典』を底本とした大活字版。

旺文社漢字典 第2版 小和田顯，遠藤哲夫，伊東倫厚，宇野茂彦，大島晃編 旺文社 2006.10 1477p 19cm 〈付属資料：別冊1〉 2800円 Ⓣ4-01-077597-1 Ⓝ813.2

(内容)大きな活字の音訓・総画索引。引きやすさで一歩リード。学習・実務に十分な親字1万余、熟語4万6千を収録。「新人名用漢字」完全対応。漢字のなりたちをより深く知るための、「部首解説」欄。漢文の読解力が高まる、詳しい「語法」欄。身近な故事成語を原文つきでわかりやすく解説した「故事」欄。最新のJISコード・ユニコードを表示。

旺文社漢字典 第3版 小和田顯，遠藤哲夫，伊東倫厚，宇野茂彦，大島晃編 旺文社 2014.10 190,1521p 19cm 〈外箱入 年表あり 索引あり〉 2900円 Ⓣ978-4-01-077723-7 Ⓝ813.2

(内容)各種索引が充実！故事成語・四字熟語・語法などの検索に便利。新規付録「人名・書名解説」「中国歴史地図」「中国年号一覧」など、漢文学習に役立つ資料が満載。学習に十分な親字1万余、熟語4万6千を収録。JISコード・ユニコードを表示。有名漢詩百余首を精選した別冊付録「名詩百選」付き。

旺文社漢和辞典 改訂新版 赤塚忠，阿部吉雄編 旺文社 1991 1343p 18cm 〈1986年刊の重版〉 2100円 Ⓣ4-01-077522-X

Ⓝ813.2

(内容)学習・生活に十分役立つ、親字9千字、熟語4万8000語収録。パソコン・ワープロ時代に対応させ、全JIS漢字収録。2種類のコード表示。

旺文社漢和辞典 第5版 赤塚忠ほか編 旺文社 1993.10 1311p 19cm 2400円 Ⓣ4-01-077703-6 Ⓝ813.2

(内容)学習直結、豊富な特長、役立つ内容で定評のある漢和辞典の改訂第5版。親字9千、熟語4万8千を収録。

旺文社標準漢和辞典 新訂版 遠藤哲夫，小和田顕監修，旺文社編 旺文社 1991.11 1055p 18cm 2000円 Ⓣ4-01-077602-1 Ⓝ813.2

(内容)親字5千、語句4万を収録。漢字のなりたちが学べる解字欄、要点を的確に解説した学習欄などをもうけ、2色刷りでわかりやすく解説。新学習指導要領にそった新訂版。

大きい活字の早引き漢字辞典 旺文社編 旺文社 1994 526p 18cm 1500円 Ⓣ4-01-077521-1 Ⓝ813.2

(内容)日常語を中心に5万語を収録。各語、ふりがなつきの大活字で字画の細部まで見やすく、引きたい語がすぐ見つけられます。手紙や書類作りに役だつ辞典です。

大きな活字の漢字辞典 〔新装版〕 三省堂編修所編 三省堂 1994.8 346p 18cm （三省堂実用） 1300円 Ⓣ4-385-14232-7 Ⓝ813.2

(内容)大きな活字で目にやさしい、画数の多い漢字にも強くなる辞典。手紙や文章を書くのに必要な漢字の熟語と漢字まじりの語を精選。五十音順配列。

大きな活字の漢字表記辞典 第2版 〔机上版〕 三省堂編修所編 三省堂 1991.8 793p 26cm 3300円 Ⓣ4-385-13421-9 Ⓝ816.07

(内容)漢字は16ポイントの大きな活字を採用。日常生活でよく目にする言葉5万3千語を収録。

大きな活字の漢字表記辞典 第3版 三省堂編修所編 三省堂 1997.7 856p 19cm 2200円 Ⓣ4-385-13443-X Ⓝ816.07

(目次)本文，明朝体活字と筆写の楷書，常用漢字音訓一覧，人名に使うことのできる漢字，新旧字体対照表，手紙の書き方

(内容)活字を大きくして見やすくした、中高年齢者層・視力の弱い人のための表記辞典。ことばの書き表し方が一目で分かるように、表記の問題にしぼって編修。適切な送り仮名を示し、常用漢字であるかどうかの別も示す。和語・漢語・外来語で、漢字で書き表すことのできるも

の、約5万5000語を収録。人名・地名などの固有名詞も、外国のものを含めて約900語を選んで収録。

大きな活字の漢字表記辞典 第3版 大型版〔机上版〕 三省堂編修所編 三省堂 1998.6 856p 26cm 4500円 Ⓘ4-385-13439-1 Ⓝ816.07
(内容)和語、漢語、外来語で、漢字で書き表すことのできるもの、約5万5千語を収録した漢字表記辞典。人名・地名などの固有名詞も約900種含む。常用漢字音訓一覧付き。

大きな活字の国語漢字辞典 滑川道夫監修 啓明研究会 1999.3(10刷) 596p 19cm〈「常用国語漢字辞典」拡大版〉 1748円 Ⓘ4-906284-07-8 Ⓝ813.2
(内容)見やすい大きな活字の常用辞典です。日常生活にこれだけは欲しい厳選の2万語。

大きな活字の三省堂漢和辞典 第4版 長沢規矩也編著 三省堂 1991.1 652,126p 26cm 3300円 Ⓘ4-385-13399-9 Ⓝ813.2
(内容)新字7,500字を収録。旧字体や略字・俗字・誤字も示している。教育漢字1,006字には標準字形と筆順を示す。新人名漢字を加えた「人名漢字読み方一覧表」、新工夫の総画索引などの付録がある。

大きな活字の三省堂五十音引き漢和辞典 沖森卓也, 三省堂編修所編 三省堂 2004.6 1206,29,37p 26cm 5000円 Ⓘ4-385-15951-3 Ⓝ813.2
(内容)現代における一般の日本語表記に用いられる漢字を対象とした漢和辞典。親字6300字、熟語3万語を収録。「音訓索引」「総画索引」が付く。

大きな活字の新明解現代漢和辞典 大字版 影山輝國、伊藤文生、山田俊雄、戸川芳郎編著 三省堂 2012.6 160,1613p 26cm〈年表あり〉 5500円 Ⓘ978-4-385-13757-5 Ⓝ813.2
(内容)新「常用漢字表」「人名用漢字」(2010年11月、改定・改正)に対応。漢字の日本独自の意味・用法が分かる。高校生から社会人までの、新しい漢和辞典。

大きな活字の全訳漢辞海 第2版 大字版 戸川芳郎監修, 佐藤進、濱口富士雄編 三省堂 2006.9 1729p 26cm 5600円 Ⓘ4-385-14052-9 Ⓝ821.2
(内容)親字1万2500百、熟語数8万。漢和辞典で初。豊富な漢文用例すべてに日本語訳と書き下し。最新の研究成果を取り入れた字「表外漢字字体表」「新JIS漢字」「新人名用漢字」に完全対応。JISコード、ユニコードを明示。最新の研究成果を取り入れた字

音情報、品詞別に配列した合理的な語義解説、深い理解を導く補足説明、漢文の句法が分かりやすく学べる「句法」欄。部首・音訓・総画索引に加え、検索に便利な「この部首の字」「他の部首の字」「句法一覧」を収録。

大きな活字の全訳漢辞海 第3版 大字版 佐藤進, 浜口富士雄編, 戸川芳郎監修 三省堂 2011.4 1743p 26cm〈年表あり〉 5600円 Ⓘ978-4-385-14053-7 Ⓝ813.2
(内容)漢和辞典で初! 圧倒的に豊富な漢文用例すべてに日本語訳と書き下し文。最新の研究成果を取り入れた精確な字音情報、品詞別に配列した合理的な語義解説、漢文の句法がわかりやすく学べる「句法」欄など、最先端の内容。センター試験対応の「漢文読解の基礎」、漢文訓読法の要点をまとめた「訓読のための日本語文法」など、漢文学習のための情報を重点増補。

大きな活字早わかり字典 BBC 〔20--〕 6,713p 21cm 2838円 Ⓘ978-4-906774-19-7 Ⓝ813.2
(内容)漢字が一目瞭然! 大きな活字でわかりやすく。文字が大きいから漢字が調べやすく、迷わず書ける! 振り仮名も大きく読みやすい! 四字熟語などの付録も充実。

大きな字の常用漢和辞典 改訂第3版 石井庄司編 学習研究社 2006.3 702p 22cm 2300円 Ⓘ4-05-301832-3 Ⓝ813.2
(内容)一般の社会人が文書・手紙を作成する場で、漢字の字形・読み・送り仮名・筆順や使い分けなどを確認するのに便利な漢和辞典。現代生活に用いられる漢字約8千字と、精選した熟語約1万語を収録。

大きな字の常用漢和辞典 改訂第4版 石井庄司編 学研教育出版, 学研マーケティング〔発売〕 2013.8 130,702p 22cm〈改訂第3版:学研2006年刊 索引あり〉 2300円 Ⓘ978-4-05-303873-9 Ⓝ813.2
(内容)「改定常用漢字表」対応。常用漢字・人名用漢字を全収録。親字8千字、熟語1万語を収録。

大きな文字の漢字熟語字典 成美堂出版編集部編 成美堂出版 1993.1 607p 16cm 1200円 Ⓘ4-415-07823-0 Ⓝ816.07
(内容)収録語数約5万余語の熟語辞典。日常よく使う言葉で、漢字で書き表すものを選定収録。常用漢字による表記とともに、旧来の表記でも書きうるかぎり収録する。

大きな文字の実用漢字辞典 改版 本の友社編集部編 本の友社 1998.12 665p 18cm 1500円 Ⓘ4-89439-173-2 Ⓝ816.07
(内容)大活字(16ポ)で約3万語を収録した漢字

文字・表記　　　　　　　　　　　　　　　漢字

辞典。配列は50音順。

学研 学習用例漢和辞典　改訂第2版　加納喜光編　学研教育出版，学研マーケティング〔発売〕　2015.1　168,1143p　19cm　〈初版のタイトル等：全訳用例漢和辞典（学研2003年刊）　索引あり〉　2000円　Ⓓ978-4-05-301829-8　Ⓝ813.2

㊤高校教科書に頻出の漢文用例を全文現代語訳。学習した内容を辞典と付属のノートに書き込み。書き込み式辞書！

学研 現代標準漢和辞典　藤堂明保，加納喜光編　学習研究社　2001.4　915p　19cm　2200円　Ⓓ4-05-300953-7　Ⓝ813.2

㊤中学生から一般まで使える漢和辞典。収録漢字はJIS第1・第2水準を全て含み，熟語約2万9000語を収録する。「故事成語」「漢数字の話」などのコラムを掲載。付録として、「漢字の知識」「熟語の知識」「漢文と漢詩」などがある。

学研 現代標準漢和辞典　改訂第2版　藤堂明保，加納喜光編　学研教育出版，学研マーケティング〔発売〕　2011.12　1047p　19cm　2500円　Ⓓ978-4-05-303529-5　Ⓝ813.2

㊤「新学習指導要領」＆「改定常用漢字表」対応。親字が7550字、熟語は25000語、写真は200点。なりたちは、最新の学説でよくわかる。コラムは、故事成語・漢文と書き下し文・漢詩と書き下し文・使い分け・漢数字の話。「改定常用漢字表」に対応、常用音訓は赤文字で強調。筆順は、最大10コマ表示。コラムに故事成語、漢文と口語訳、漢詩と口語訳収録。

学研 現代標準漢和辞典　改訂第3版　藤堂明保，加納喜光編　学研プラス　2016.12　1514p　19cm　2600円　Ⓓ978-4-05-304477-8　Ⓝ813.2

㊤充実した索引で、わからないことばをすぐに探せる。中学で学習する漢詩や漢文の書き下し文と口訳を収録。漢詩には鑑賞文と作者紹介つき。「異字同訓の使い分け例」（文化庁）を収録。中学生向け。

学研 新漢和大字典　机上版　藤堂明保，加納喜光編　学習研究社　2005.5　2222p　26cm　23000円　Ⓓ4-05-300083-1　Ⓝ813.2

㊤親字2万字。熟語12万語。意味をどうやって形に表したか？ 解字で漢字の成り立ちがよくわかる。単語家族で音とイメージの共通性から、漢字の基本義をさぐる。新人名漢字・印刷標準字体／JIS第1～4水準・補助漢字・ユニコード入り。IT対応。

学研 新漢和大字典　普及版　藤堂明保，加納喜光編　学習研究社　2005.5　2222p　21cm

8800円　Ⓓ4-05-300082-3　Ⓝ813.2

㊤親字2万字。熟語12万語。意味をどうやって形に表したか？ 解字で漢字の成り立ちがよくわかる。単語家族で音とイメージの共通性から、漢字の基本義をさぐる。新人名漢字・印刷標準字体／JIS第1～4水準・補助漢字・ユニコード入り。IT対応。

角川現代漢字語辞典 五十音引き　阿辻哲次，釜谷武志，林原純生編　角川書店　2001.1　1902p　19cm　3800円　Ⓓ4-04-013600-4　Ⓝ813.2

㊤漢字約6000項目、熟語約4万5000項目を収録する漢字辞典。排列は読み仮名の五十音順。付録として「漢字と日本語」「主要出典解題」「難読漢字一覧」「人名用漢字一覧」など、索引に「故事成語索引」「四字熟語索引」「下二字からの逆引き四字熟語索引」「総画索引」「部首別索引」などがある。

角川最新漢和辞典　改訂新版　鈴木修次，武部良明，水上静夫編　角川書店　1995.10　935p　19cm　2200円　Ⓓ4-04-011304-7　Ⓝ813.2

㊤漢字5000字、熟語3万語を収録する漢和辞典。すべての漢字にJISコードを付す。排列は原則として康熙字典に準拠した部首別。巻頭に音訓索引、総画索引、漢字使い分け索引がある。

角川新字源　改訂版　小川環樹，西田太一郎，赤塚忠編　角川書店　1994.11　1342p　18cm　2300円　Ⓓ4-04-010804-3　Ⓝ813.2

㊤親字約1万字を収録、漢籍からの原義に重点を置いて編集された漢和辞典。昭和42年の初版に対し、人名用漢字の情報、中国文化史年表、国字・国訓一覧を中心に改訂が行われている。

角川大字源　尾崎雄二郎ほか編　角川書店　1992.5　157,2221p　27cm　23000円　Ⓓ4-04-012800-1　Ⓝ813.2

㊤常用漢字・人名用漢字など、日常的な情報を区別した特別2色刷り。漢籍から日本古典まで、広範囲な用例の発掘と語彙の採取。国字の見直しをはじめ、旧説の再検討などにより、大胆に新説を採用。漢字の時代別と訓読みと、容易に検索できる難読語を列挙した新編集方式。文化史年表・地図・国字一覧など、実用的な資料を付録として満載。

角川必携漢和辞典　小川環樹ほか編　角川書店　1996.12　1401p　19cm　2600円　Ⓓ4-04-013300-5　Ⓝ813.2

㊤高校教科書の漢文教材の全てを基礎資料として親字・熟語を選定。用例も漢文教材より採り原文の全てに書き下し文を添えた。常用漢字情報、重要成語・熟語がすぐわかる2色刷り。

漢文学習に最適な漢和辞書。

漢検漢字辞典 第2版 日本漢字能力検定協会編 （京都）日本漢字能力検定協会 2014.11 238,1744p 19cm 〈索引あり〉 3300円 Ⓘ978-4-89096-305-8 Ⓝ813.2

〔内容〕平成22年11月に改定された「常用漢字表」に対応しています。収録字数は約6300字。「漢検」全配当漢字を収録。検定級数つき。「安」→「アン」「やすい」「いずくんぞ」どの読みからでも引けます。熟語数は約4万2千語。ことわざ、慣用句、熟字訓、当て字も豊富に収録。熟語の見出しも親字に近い大きさで掲げました。手書きに近い書体なので、どのように書けばよいかがわかります。音訓、部首、総画索引だけでなく、テーマ別索引も設けました。―四字熟語、故事・ことわざ、熟字訓・当て字、同訓異義語、熟語の重点的学習に役立ちます。同訓異義語の使い分けをコラムで解説。漢字の基礎知識が学べ、受験勉強などにも役立つ情報を付録に収録。―漢字の知識、熟語の成り立ち、送り仮名の付け方、筆順と画数、同音異義語の使い分け、おもな対義語。

漢字絵とき字典 下村昇著 論創社 2000.5 574p 19cm 3500円 Ⓘ4-8460-0193-8 Ⓝ821.2

〔目次〕人体の部、動物の部、植物の部、自然の部、住居の部、器物の部、服飾の部、その他の字（数や点など）

〔内容〕現在の常用漢字・教育漢字の字体に沿った現代字体による字源字典。メルヘンとして漢字を見たり、また象形、指事、会意などといった六書から漢字のできかたを応用して漢字を解説。1010文字を収録。漢字は人体の部、動物の部、植物の部などへんやつくりの意味から分類して排列。各事項は漢字の成り立ちの図解と説明、漢字の持つ意味と関連項目を掲載する。

漢字音符字典 新しい漢字学習法 増補改訂版 山本康喬編著 東京堂出版 2012.10 287p 19cm 2200円 Ⓘ978-4-490-10825-5 Ⓝ811.2

〔内容〕これがもっとも効率のいい漢字の勉強法。漢字検定1級に19回合格した著者があみ出した"音符"による漢字分類法をすべて披露。

漢字書き順字典 新版 藤原宏編 第一法規出版 1990.3 570p 19cm 1500円 Ⓘ4-474-07095-X Ⓝ811.2

〔内容〕本書で取り上げた漢字は、常用漢字表（昭和56年10月1日内閣訓令・告示）に掲げられている1945年の漢字に、人名用漢字の284字を加えたもの。

漢字源 新版 藤堂明保,松本昭,竹田晃編 学習研究社 1994.12 1663p 19cm 2600円 Ⓘ4-05-300023-8 Ⓝ813.2

〔内容〕高校生・一般社会人向けのコンパクト判漢和辞典。親字10028字を収録、親字にはJIS区点および16進コードを記し、また同じ系統の漢字、意味が似ている漢字、異字同訓の漢字を略記号のもとに解説する。付録として中国簡体字表、中国文化史年表など6点がある。―藤堂漢和のハンディ版。

漢字源 改訂新版 藤堂明保,松本昭,竹田晃,加納喜光編 学習研究社 2002.4 1851p 19cm 2600円 Ⓘ4-05-300889-1 Ⓝ813.2

〔内容〕『学研漢和大字典』の編集方針を踏襲した漢和辞典。高校生から社会人までを対象とする内容。原則として『康熙字典』における部首順により、12600項目を排列。親字のJISコード（第1〜4水準の10040字に付記）やユニコードも記載する。常用漢字／人名漢字の筆順は最大10コマで明示。巻末付録は中国の文字とことば・詩・文化史年表・歴史地図ほか。語法コラム索引あり。印刷標準字体準拠。2色刷。

漢字源 改訂第4版 藤堂明保,松本昭,竹田晃,加納喜光編 学習研究社 2007.1 1954p 19cm 2900円 Ⓘ4-05-301828-5 Ⓝ813.2

〔内容〕親字17000字、熟語88000語、イラスト540点を収録した漢字辞典。JIS第1から第4水準、補助漢字のほかユニコードも収録。

漢字源 改訂第4版 検索CD付版 藤堂明保,松本昭,竹田晃,加納喜光編 学習研究社 2007.11 1954p 21cm 3000円 Ⓘ978-4-05-302591-3 Ⓝ813.2

〔内容〕漢字検索が出来るCD-ROM付き漢和辞典。類書中最多、親字17000字収録。

漢字源 改訂第5版 2色刷 藤堂明保,松本昭,竹田晃,加納喜光編 学研教育出版,学研マーケティング〔発売〕 2011.1 1977p 19cm 〈文献あり 年表あり 索引あり〉 2900円 Ⓘ978-4-05-303101-3 Ⓝ813.2

〔内容〕JIS第1〜第4水準、補助漢字、完全収録。パソコンでの入力に便利なユニコード表示。漢字の訓の送り仮名もわかる。充実した巻末付録。

漢字・熟語の辞典 日本語を使いさばく 現代言語研究会著 あすとろ出版 2007.9 511p 19cm 1500円 Ⓘ978-4-7555-0805-9 Ⓝ814.4

〔内容〕日常よく使う言葉約3万語を選定し、大きな活字で読みやすく示した。全国の都道府県名・都市名をはじめ、主な観光地名・動植物名を豊富に掲載し、日常生活にすぐ対応できるように編集した。当て字の語、慣用読みの語、外国の都市名などを掲載し、日本語を使いさばくため

文字・表記　　　　　　　　　　漢字

の便をはかった。日常生活の場面で用いられる例文を適宜掲載した。

漢字小字典　永岡書店編集部編　永岡書店　2011.1　445p　11×8cm　476円　Ⓘ978-4-522-42963-1　Ⓝ813.2

(内容)利用頻度の高い漢字を集めた、手のひらサイズの漢字字典。日常的に使用する言葉を約4万語掲載。新常用漢字にも対応。

漢字小字典　〔新装版〕　永岡書店編集部編　永岡書店　〔2014〕　445p　11cm　476円　Ⓘ978-4-522-43317-1　Ⓝ816.07

(内容)手紙や文章を書くときに利用頻度の高い漢字を集めた、手のひらサイズの漢字字典。ど忘れや思い違いによる誤字を防ぐためにさっと引ける、便利な1冊。小さいながらも充実した内容で、日常的に使用する言葉を約4万語掲載している。新常用漢字にも対応。

漢字ときあかし辞典　円満字二郎著　研究社　2012.3　688p　19cm　2300円　Ⓘ978-4-7674-3471-1　Ⓝ811.2

(内容)引きやすい五十音順の配列。音訓索引も完備。専門用語を使わない、読みやすくわかりやすい解説。辞書らしからぬ脱線もあり。"読みもの"として読み進めながら、漢字の世界の知識がたのしく頭に入る。常用漢字を含め、日常生活で使う2320字を収録。漢検準2級レベルに対応。

漢字の使い分けときあかし辞典　円満字二郎著　研究社　2016.3　605p　19cm　2300円　Ⓘ978-4-7674-3478-0　Ⓝ813.5

(内容)409項目、のべ1163字の漢字の同訓異字を解説。一つ一つの漢字の意味から説き起こした、読みものとしても読めるていねいな説明。理解を深めるための、約7700個の豊富な用例。各項目に図表を掲示。使い分けの判断基準が直感的にわかる。

漢字の読み方辞典　東京堂出版　1992.9　333p　19cm　1900円　Ⓘ4-490-10320-4　Ⓝ813.2

(内容)漢字のさまざまな読み方がわかる全く新しいタイプの漢字字典。日常生活に必要十分な4300字を収録。漢字の50音順に配列し簡単に引ける。代表的な地名・人名の読み方もわかる。漢字の使われ方がわかり興味つきない。

漢字用例辞典　ナツメ社　1990.7　573p　18cm　1000円　Ⓘ4-8163-1109-2　Ⓝ816.07

(内容)国語辞典の感覚で引く漢字辞典。常用漢字による表記を中心にした。大きい活字を採用、用例と一体となった見出し構成。巻末に全国の市・都の表記を全収録。

漢字読み用例集　故事、ことわざ、四字熟語などによる　1(常用漢字の部)　瀬田慶太郎編　(神戸)春秋舎　2004.7　396p　19cm　1714円　Ⓘ4-87787-216-7　Ⓝ813.2

(内容)常用漢字表の表内読みと、それ以外の表外読みを対象にした用例集。一つの読みに一件ずつの用例を掲げる。排列は、漢字の音読みの五十音順。

漢文基本語辞典　天野成之著　大修館書店　1999.12　366p　19cm　3400円　Ⓘ4-469-03211-5　Ⓝ825

(内容)漢文を訓読するために必要な基礎的な文法・語法の知識を辞典形式に編集したもの。見出し語、品詞、訓読み、文型、意味、用例、注・解説から構成。108の見出し語を収録。総画索引と音訓索引がある。

(簡明)漢和字典　松井武男監修　永岡書店　1991.8　1248p　19cm　2233円　Ⓘ4-522-01862-2　Ⓝ813.2

(内容)日常生活上、また漢字・漢語の理解、学習に必要な漢字約8,000字を収録。付録は、漢字教育の基礎理論、中国文化史年表などを収める。

漢和辞典　改訂新版　花田哲夫編　集文館　1997.4　266p　15cm　710円　Ⓘ4-7850-0212-3　Ⓝ813.2

(目次)本文，簡易字体・新字体，当用漢字補正追加，人名漢字表，漢字のおこりとなりたち，現代かなづかい

漢和辞典　花田哲夫編　集文館　2010.5　266p　19cm　830円　Ⓘ978-4-7850-0144-5　Ⓝ813.2

(内容)複雑な漢字を整理し、もっとも容易にわかり易く活用するに足りる新しい辞典。当用漢字のすべてを知ることのできる漢和辞典の決定版。

旧漢字字典　漢字の原点　野ばら社編集部編　野ばら社　2010.10　207,32p　19cm　〈索引あり〉　800円　Ⓘ978-4-88986-225-6　Ⓝ813.2

(内容)人名・地名等でよく使われる旧漢字。音訓読み・熟語例付、全2043字収録。毛筆で書く四字成句・論語付。

訓読み漢字学習書　守矢節著　文芸社　2009.6　267p　19cm　1200円　Ⓘ978-4-286-06526-7　Ⓝ813.2

(内容)日本古来の大和言葉で読む「訓読み」で引ける漢字集。意味のほかに、訓読みと音読みの熟語、用語、用例、慣用句、諺などを掲載する。巻末には同訓異義の漢字も収録。

現代漢字辞典　漢べき君で引くサンルイ・ワードバンク　山田博, 高田任康編　(さ

漢字　　　　　　　　　文字・表記

いたま）サンルイ・ワードバンク〔発売〕　2006.10　1063p　22cm　〈年表あり〉　3700円　Ⓘ4-9900715-2-2　Ⓝ813.2

Ⓒ内容Ⓓ「現」は「おう、みる」だから「おみ」、「字」は「うかんむり、こ」だから「うこ」。構成要素の読み・名称の頭文字を漢字の見出しとした、簡単・便利で画期的な漢字辞典。もちろん従来の音訓引き、画数引きもできます。

甲骨文字小字典　落合淳思著　筑摩書房　2011.2　348p　19cm　（筑摩選書 0013）〈文献あり 索引あり〉　1900円　Ⓘ978-4-480-01509-9　Ⓝ813.2

Ⓒ目次Ⓓ第1章 甲骨文字と殷王朝、第2章 甲骨文字の構造、第3章 人の姿を元にした文字、第4章 人体の一部を元にした文字、第5章 自然物を元にした文字、第6章 動植物やその一部を元にした文字、第7章 武器・礼器を元にした文字、第8章 武器・礼器以外の道具を元にした文字、第9章 その他の文字、第10章 元が何か分からない文字

Ⓒ内容Ⓓ現在われわれが日常的に使っている文字「漢字」は、その源流を古代中国の「甲骨文字」に持つ。その字形や意味は、驚くべきことに現代日本の漢字とつながっており、その原初の姿を尋ねることで、自分たちの文字により豊かに接することができるのだ。本書では、甲骨文字にも多く原形が見られ、日本語の基礎ともなっている教育漢字三百余字を収録。漢字文化を愛する人の必携書。

講談社カラーバックス 漢字辞典　講談社辞典局編　講談社　1998.4　678,50p　17cm　1700円　Ⓘ4-06-265306-0　Ⓝ813.2

Ⓒ内容Ⓓ旧字、異体字などを含め8500字を収録した漢字辞典。排列は漢字の音読みの五十音順、画数順に、読み、意味、文字コード、熟語や用例などを記載。

講談社カラーバックス 漢字辞典　中型版　講談社辞典局編　講談社　1998.9　678,50p　18cm　2200円　Ⓘ4-06-265307-9　Ⓝ813.2

Ⓒ内容Ⓓ現代の社会生活で日常的に用いられる漢字及び現代人の教養として必要と思われる漢字、約7000字（旧字・異体字を含めると8500字）を収録した漢字辞典。

講談社漢和辞典 五十音引き　竹田晃、坂梨隆三編　講談社　1997.10　1677p　19cm　3200円　Ⓘ4-06-123269-X　Ⓝ813.2

Ⓒ内容Ⓓ五十音順排列の漢和辞典。漢字及び漢字を含む和語、漢語、外来語など約6万語を収録。

講談社新大字典　特装版　上田万年ほか編著　講談社　1993.3　3055p　27cm　23000円

Ⓘ4-06-123140-5　Ⓝ813.2

講談社新大字典　普及版　上田万年ほか編著　講談社　1993.3　3055p　22cm　16000円　Ⓘ4-06-123141-3

Ⓒ目次Ⓓ音訓索引、本文：付録（「JIS補助漢字」一覧、人名用漢字一覧、人名用漢字許容字体一覧、「中国簡化字」一覧、部首名称一覧、六書について）、総画索引、韻字一覧、部首索引

Ⓒ内容Ⓓ栄田猛猪「大字典」（1917年刊）の改訂版として編集された漢和辞典。親字21000字、熟語11万字を収録し、熟語は親字の下に五十音順に排列する。見出し（親字）は、漢字の成立の歴史を踏まえる立場から、伝統的な正字（旧字）主義を採用している。

国字の字典　第5版　菅原義三編　東京堂出版　1993.7　195p　19cm　1700円　Ⓘ4-490-10279-8　Ⓝ811.2

Ⓒ内容Ⓓ日本人のつくった和製漢字「国字」1553字を集大成した字典。部首順に排列し、各字の表記、読み、出典、解説を記載する。巻頭に主要出典一覧、巻末に読み五十音順の索引がある。同編者が私家版として著した「国字手帳」を校訂・監修しなおしたもの。

古今各国「漢字音」対照辞典　増田弘、大野敏明著　慧文社　2006.10　231,38p　26cm　20000円　Ⓘ4-905849-53-5　Ⓝ821.1

Ⓒ目次Ⓓ1「漢字音対照表」作成の意義、2 各漢字音の年代、3 中国音の流れ、4 日本語と韓国語、5 上代特殊仮名遣いと奈良時代の日本語、6 動詞活用の起源、7 古代史の解読に向けて

五十音引き 大活字漢字辞典　伊って文生、三省堂編修所編　三省堂　2004.2　739,107p　19cm　2000円　Ⓘ4-385-13632-7　Ⓝ813.2

Ⓒ内容Ⓓ大活字で見やすく、五十音順配列で引きやすい漢字辞典。日常生活や読書に十分な7100余字を収録。見出し漢字には常用漢字・教育漢字の別、JISコード、学年配当、部首・画数、旧字・異体字などの漢字情報を満載。「字音」「字訓」の別に応じて豊富な熟語や語例を掲載。巻頭に総画索引、巻末に音訓索引付き。

最新版 漢字用例辞典　日本文芸社編　日本文芸社　2000.2　538p　18cm　1200円　Ⓘ4-537-12015-0　Ⓝ816.07

Ⓒ内容Ⓓ日常業務、社会生活、家庭生活において使用頻度の高いと思われる語を中心に五な活字を用いて収録した辞典。付録として常用漢字音訓・ペン字三体表、常用漢字音訓表「付表」、人名漢字について、送り仮名の付け方、ローマ字のつづり方、かな書きが望ましい語、干支順位表・方位表・時刻表がある。

三省堂漢和辞典　第4版　長沢規矩也編著

三省堂　1990.11　652,126p　19cm　2000円　Ⓘ4-385-13357-3　Ⓝ813.2
(内容)初学者のための7500字収録。教育漢字には筆順と、新しい配当学年を明示。新人名漢字を加えた「人名漢字読み方一覧表」、世界古今の「主要地名・国名漢字表現表」ほか、豊富な付録つき。中学生から使える学習用漢和辞典。

三省堂漢和辞典　第4版 小型版　長沢規矩也編著　三省堂　1990.12　652,126p　17cm　1700円　Ⓘ4-385-13345-X　Ⓝ813.2
(内容)見た字形から簡単に引けるようにくふうされた親字の配列。学習と日常生活に十分な7500字と、精選された熟語。教育漢字には筆順と、新しい配当学年を明示。新人名漢字を加えた「人名漢字読み方一覧表」、世界古今の「主要地名・国名漢字表現表」ほか、豊富な付録つき。中学生から社会人まで使える引きやすく、わかりやすい最新漢和辞典。

三省堂五十音引き漢和辞典　沖森卓也，三省堂編修所編　三省堂　2004.2　1206p　19cm　3200円　Ⓘ4-385-13950-4　Ⓝ813.2
(内容)漢字の読み(音訓)から簡単に引ける五十音順配列。親字数約6300字、異体字約1600字。四字熟語や故事成語・ことわざなども豊富に収録。日本・中国・韓国などの漢字使用のちがいをコラムで解説。

三省堂五十音引き漢和辞典　第2版　沖森卓也，三省堂編修所編　三省堂　2014.12　1209,33,46p　19cm　〈索引あり〉　3300円　Ⓘ978-4-385-13951-7　Ⓝ813.2
(内容)漢字の読み(音訓)から簡単に引ける五十音順配列。親字数約6,400字、異体字約1,600字。2010年告示の新「常用漢字表」に完全対応。筆順・なりたち欄を新設。音訓索引・総画索引に加え、部首索引を新たに追加。四字熟語や故事成語・ことわざなども豊富に収録。日・中・韓の漢字使用のちがいをコラムで解説。

ジェム漢字辞典　三省堂編修所編　三省堂　1993.4　850,38p　11cm　4000円　Ⓘ4-385-13640-8　Ⓝ813.2
(内容)JIS漢字を含む7200字を五十音順に排列した漢字辞典。このうち日常使われる漢字3400字には、漢字に関する情報を豊富に収録。総画索引を付す。

字源　増補版　簡野道明著　角川書店　1991.11　2358,196,39p　19cm　6800円　Ⓘ4-04-010102-2　Ⓝ813.2
(内容)著者二十年余の努力の結実である大労作として、過去六十有余年教育界で最も定評を博してきた歴史的名著。「常用漢字音訓表」付き。

字通　白川静著　平凡社　1996.10　2094p　26cm　19800円　Ⓘ4-582-12804-1　Ⓝ813.2
(内容)親字の字数9500、熟語220000語、五十音配列。漢字の成り立ち、意味の展開、造語力を体系的に知ることのできる漢和辞典。

字通　普及版　白川静著　平凡社　2014.3　2435p　22cm　〈索引あり〉　10000円　Ⓘ978-4-582-12815-4　Ⓝ813.2
(内容)著者白川静が趣旨を表した「字通の編集について」。2000ページを超える本文で、約9600の見出し字を解説。付録に「平仄一覧」と「常用漢字・人名用漢字一覧」常用漢字一覧は2010年内閣告示の常用漢字表に準拠。「字音索引」「字訓索引」「総画索引」「部首索引」を巻末にまとめて掲載。

知ってびっくり「生き物・草花」漢字辞典　烏の賊が何故イカか　加納喜光〔著〕　講談社　2008.6　331p　16cm　（講談社+α文庫）　800円　Ⓘ978-4-06-281207-8　Ⓝ480
(目次)第1章 動物編(陸の動物，家畜・家禽，海と川の動物，爬虫類・両生類，淡水の魚介類，海の魚介類，鳥：虫)，第2章 植物編(庭木・街路樹，山野の樹木，野草，園芸植物，果樹，水辺の植物，野菜・山菜・穀物，香辛料植物・ハーブ，きのこ・藻類，有用植物)
(内容)ふだんはカタカナで読み書きしている動植物の漢字を解説する事典。動物・魚・鳥・昆虫などの生物、樹木・草花・野菜・果物などの植物は、たいてい漢字表記をもっています。常用漢字は少ないが、多くの動植物には、それぞれ固有の意味をもつ漢字名がある。あなたはいくつわかる？

実用漢字表現辞典　筆順・熟語・文例・故事ことわざ　中西一弘監修，基礎学習研究会編　朝日出版社　1998.11　480p　21cm　1900円　Ⓘ4-255-98047-0　Ⓝ813.2
(目次)学習漢字，学習漢字学年別配当表，熟字訓表，常用漢字(学習漢字以外)，人名用漢字，人名漢字許容字体，常用漢字音訓索引(学習漢字を含む)，常用漢字総画索引(学習漢字を含む)，人名用漢字総画索引，人名用漢字総画索引，改訂現代仮名遣い，形の似ている漢字，ローマ字のつづり方，付録 文部省認定「日本漢字能力検定」対応級別常用漢字便覧
(内容)学習漢字1006字、その他の常用漢字939字、人名用漢字285字を収録した字典。排列は五十音順。筆順、音訓、熟語、文例、総画数、部首、部首を除いた画数、区点コード、JISコード、シフトJISコードなどを掲載。

実用三体筆順字典　増補改訂版　横山淳一編著　東京堂出版　2011.1　531,75p　21cm

〈初版：可成屋2004年刊　索引あり〉　3000円　Ⓘ978-4-490-10794-4　Ⓝ728.4

⟨目次⟩第1部　正しい筆順が美しい文字を生む（筆順の大切さを見直そう，筆順の基本原則，筆順こぼれ話，間違えやすい筆順八〇字），第2部　楷・行・草書　筆順字典

⟨内容⟩2010年改定の新常用漢字2136文字を完全収録。現行の人名用漢字も全文字網羅。常用漢字・人名用漢字に，日常使用頻度の高い漢字を加えた3000字を収載。楷書・行書・草書の筆順を，見やすい表形式にまとめた。

清水新漢和辞典　第3版　山岸徳平編　清水書院　1991.1　1049p　15cm　1380円　Ⓘ4-389-31005-4　Ⓝ813.2

⟨内容⟩親字約4200字，熟語3万語を収録。ワープロ検索用，JISコードを表示している。新人名漢字（平成2年4月告示）に対応し，教育漢字は小学校の履修学年を示し，新指導要領に準拠している。

小字源　部首・画数で簡単検索　坂本弘著　近代文芸社　1996.6　116p　19cm　1000円　Ⓘ4-7733-5027-X　Ⓝ813.2

⟨内容⟩部首・画数で検索できるハンディーサイズの漢字辞典。排列は部首の画数順。音読み・訓読みのほか同字・同義語も示す。一読みと意味が素早くわかる。ワープロ等の文字を調べるのに，分厚い辞書より簡単に探し出せる便利な1冊。

昭文　漢和辞典　第25版　藤堂明保編　昭文社　1997.4　701p　13×10cm　762円　Ⓘ4-398-40026-5　Ⓝ813.2

⟨内容⟩語源の解説に力を入れた携帯版の漢和辞典。約3800字の親漢字を収録。排列は「康熙字典」に準じた部首の順。

常用漢和辞典　改訂新版　石井庄司編　学習研究社　2001.4　683p　17cm　1500円　Ⓘ4-05-300693-7　Ⓝ813.2

⟨内容⟩JIS漢字を含む7100字を収録する漢和辞典。常用漢字以外にも送り仮名を明示し，筆順とペン字崩し字を付す。

常用漢和辞典　改訂第3版　石井庄司編　学習研究社　2006.3　702p　18cm　1600円　Ⓘ4-05-301831-5　Ⓝ813.2

⟨内容⟩一般の社会人が文書・手紙を作成する場で，漢字の字形・読み・送り仮名・筆順や使い分けなどを確認するのに便利な漢和辞典。現代生活に用いられる漢字約8千字と，精選した熟語約1万語を収録。

常用漢和辞典　改訂第4版　石井庄司編　学研教育出版，学研マーケティング〔発売〕　2013.7　130,702p　18cm　〈初版：学研1976年刊　索引あり〉　1700円　Ⓘ978-4-05-303871-5　Ⓝ813.2

⟨内容⟩「ペン字見本」と「筆順」で書くのに役立つ。「改定常用漢字表」対応。常用漢字・人名用漢字を全収録。親字8千字，熟語1万語を収録。

新漢和辞典　新装大型版　諸橋轍次，渡辺末吾，鎌田正，米山寅太郎著　大修館書店　2002.11　1069,38p　26cm　4600円　Ⓘ4-469-03161-5　Ⓝ813.2

⟨内容⟩中学生以上の漢字学習から一般社会人までを利用者として想定した漢和辞典。親字9000字，熟語5万5000項目を網羅。親字は部首・画数・字音の五十音順に排列。付録は国字・国訓一覧，人名用漢字表，表外漢字自体表，中国学芸年表など。そのほか部首索引，音訓索引，総画索引を付す。

新実用漢字表現辞典　筆順・熟語・文例・故事ことわざ　実用漢字研究会編集　朝日出版社　2015.3　558p　21cm　〈索引あり〉　1800円　Ⓘ978-4-255-00819-6　Ⓝ813.2

⟨目次⟩学習漢字，学習漢字以外の常用漢字，人名用漢字，付録・索引

⟨内容⟩2015年1月7日に追加された人名用漢字を含め，最新の常用漢字と人名用漢字2998字を完全収録！　常用漢字の筆順，音訓，熟語，文例を収録！　漢字の書き方・使い方が一目瞭然！　漢字にまつわるさまざまな知識が身につく！

新選漢和辞典　第6版　小林信明編　小学館　1995.1　1307,109p　17cm　2300円　Ⓘ4-09-501455-5　Ⓝ813.2

⟨内容⟩漢文学習・実用の小型漢和辞典。親字11350字，熟語64500語を収録，このうち常用漢字1945字には筆順を表示。1963年初版刊行の辞典の第6版にあたり，今回の改訂では現代中国の新字体600字と基本語彙4000語が増補されている。付録として中国学芸年表，中国歴史地図，行書・草書体一覧表など25種の資料，別冊付録としてJIS漢字コード表がある。他に判型の大きなワイド版・机上版がある。

新選漢和辞典　第6版　デスク版　小林信明編　小学館　1995.1　1307,109p　22cm　〈付（64p）：JIS第一水準・第二水準漢字コード表〉　3800円　Ⓘ4-09-501483-0　Ⓝ813.2

⟨内容⟩漢文学習・実用の漢和辞典。親字11350字，熟語64500語を収録，このうち常用漢字1945字には筆順を表示。1963年初版刊行の辞典の第6版にあたり，今回の改訂では現代中国の新字体600字と基本語彙4000語が増補されている。付録として中国学芸年表，中国歴史地図，行書・草書体一覧表など25種の資料，別冊付録として

文字・表記　　　　　　　　　　　　　　　　漢字

JIS漢字コード表がある。約2倍の判型による机上版。

新選漢和辞典　第6版　ワイド版　小林信明編　小学館　1995.1　1307,109p　19cm　2600円　Ⓘ4-09-501475-X　Ⓝ813.2

内容　漢文学習・実用的小型漢和辞典。親字11350字、熟語64500語を収録、このうち常用漢字1945字には筆順を表示。1963年初版刊行の辞典の第6版にあたり、今回の改訂では現代中国の新字体600字と基本語彙4000語が増補されている。付録として中国学芸年表、中国歴史地図、行書・草書体一覧表など25種の資料、別冊付録としてJIS漢字コード表がある。一回り大きなワイド版。

新選漢和辞典　第6版　ワイド版　2色刷　小林信明編　小学館　2000.1　1307,109p　19cm　〈付属資料：64p：JIS第一水準・第二水準漢字コード表〉　2700円　Ⓘ4-09-501476-8　Ⓝ813.2

内容　収録語数、盛りこまれた情報は大辞典に匹敵するもので、学習と社会生活のための本格漢和辞典。現代中国で使われている新字体、常用語を豊富に収載している。JIS漢字コード表つき。

新選漢和辞典　第7版　小林信明編　小学館　2003.1　1525p　19cm　〈付属資料：別冊1〉　2500円　Ⓘ4-09-501457-1　Ⓝ813.2

内容　1963年刊行の『新選漢和辞典』の最新改訂版。親字12750字、熟語64000を収録。親字は部首順、画数順の排列で、解説、熟語を掲載。熟語は五十音順に排列し意味を簡潔に示している。部首索引、音訓索引、総画索引付き。

新選漢和辞典　第7版　ワイド版　2色刷　小林信明編　小学館　2003.1　1525p　19cm　〈付属資料：64p：JIS第三水準・第四水準漢字コード表〉　2800円　Ⓘ4-09-501477-6　Ⓝ813.2

内容　1963年刊行の『新選漢和辞典』の最新改訂ワイド版。親字12750字、熟語64000を収録。親字は部首順、画数順の配列で解説、熟語を掲載。熟語は五十音順に配列し意味を簡潔に示している。部首索引、音訓索引、総画索引の豊富な索引が付く。

新選漢和辞典　第7版　人名用漢字対応版　小林信明編　小学館　2006.1　1523p　17×12cm　〈付属資料：別冊1〉　2500円　Ⓘ4-09-501458-X　Ⓝ813.2

内容　平成16年改正の新人名用漢字に完全対応。親字の増補と修訂、異体字の充実等で紙面を大幅に刷新。「語法欄」の新設。96項目の助字を詳しく解説。漢字の意味の流れが分かる「原義と派生義図」50項目の新設。中国古典の重要語・故事成句はいうまでもなく、国語・百科項目も充

実。漢字の知識、漢文・国文の理解、日常生活に役立つ豊富な巻末付録。

新選漢和辞典　第7版　ワイド版　人名用漢字対応版　小林信明編　小学館　2006.1　1523p　19cm　〈付属資料：別冊1〉　2800円　Ⓘ4-09-501478-4　Ⓝ813.2

内容　平成16年改正の新人名用漢字に完全対応。親字の増補と修訂、異体字の充実等で紙面を大幅に刷新。漢字の体系的な理解に役立つ「異体字欄」「語法欄（助字解説）」「原義と派生義図」の新設。中国古典の重要語・故事成句はいうまでもなく、国語・百科項目も充実。漢字音・四声・詩韻・現代中国音など、漢字の専門的な要素も充実。漢字の知識、漢文・国文の理解、日常生活に役立つ豊富な巻末付録。

新選漢和辞典　第8版　2色刷　小林信明編　小学館　2011.1　1595p　17cm　〈年表あり〉　2700円　Ⓘ978-4-09-501459-3　Ⓝ813.2

内容　漢字約1万5500、熟語約6万4000を収録。JIS第1〜第4水準漢字、補助漢字を完全収録。新「常用漢字表」「人名用漢字」「表外漢字字体表」にも対応。検索に便利な「部首ナビ機能」付き。親字の増補と修訂、異体字の充実、紙面を見やすく大幅に刷新。該当漢字全てにJISコード、補助漢字コード、ユニコードを表示。親字の理解を深める「語法欄」「原義と派生義図」「異体字欄」を掲載。中国古典の重要語、故事成句、日本古典の読解や日常生活に重要な漢語を収録。漢字の知識、漢文・国文の理解、日常生活に役立つ、充実した巻末付録。

新選漢和辞典　第8版　ワイド版　2色刷　小林信明編　小学館　2011.1　1595p　19cm　〈年表あり〉　3000円　Ⓘ978-4-09-501460-9　Ⓝ813.2

内容　親字約1万5500、熟語約6万4000は類書中最大級。JIS第1〜第4水準漢字、補助漢字を完全収録。新「常用漢字表」「人名用漢字」「表外漢字字体表」にも対応。検索に便利な「部首ナビ機能」付き。

新潮日本語漢字辞典　新潮社編　新潮社　2007.9　2558,331p　22×16cm　9500円　Ⓘ978-4-10-730215-1　Ⓝ813.2

内容　日本で初めての、「日本語の漢字」を引くための辞典。用例は日本の近代文学、現代文学から。熟語に、東風、浴衣、秋刀魚、寄せ鍋なども、日本語特有の読み方、書き方をする言葉もふんだんに収録した。熟語の数は4万7000。それらのすべてを五十音順で引ける熟語索引を収載。見出し字総数、15375字。常用漢字、人名用漢字、表外漢字字体表の漢字をすべて収録した。JIS漢字は第1水準から第4水準まで収録し、JISコードも併記した。日本生まれの略字、異体字

漢　字

の類も多数収集。それぞれの字の参考欄で、字形が紛らわしい場合はその注意点を、意味の似た字がある場合はその使い分けを説明するほか、戦後の日本の漢字政策の変遷も記した。

新明解　漢和辞典　第4版　長沢規矩也，原田種成，戸川芳郎編　三省堂　1990.12　1283，144p　19cm　2300円　Ⓓ4-385-13700-5　Ⓝ813.2

〖内容〗字の形からやさしく引ける本格的漢和辞典。親字数は大辞典に匹敵する1万2200、圧倒的に豊富な熟語。情報化時代に合わせてJISコード欄を新設。漢字の現代中国語音を追加。

新明解　漢和辞典　第4版　机上版　長沢規矩也ほか編　三省堂　1991.2　1283,144p　22cm　4800円　Ⓓ4-385-13705-6　Ⓝ813.2

〖内容〗大辞典に匹敵する親字数1万2200。JISコード・現代中国語音・筆順欄を新設。「新人名漢字」採用。

新明解　現代漢和辞典　影山輝国，伊藤文生，山田俊雄，戸川芳郎編著　三省堂　2012.1　160,1613p　19cm　〈年表あり〉　2800円　Ⓓ978-4-385-13755-1　Ⓝ813.2

〖内容〗親字1万700（JIS第1〜第4水準の漢字を含む）、熟語5万4千。最新の常用漢字・人名用漢字（2010年11月、改定・改正）に対応。日本独自の意味・用法の解説を重視し、親字には「日本語での用法」、熟語には〔日〕と明示。日本古典や古文書の読み解き、漢文訓読に役立つ「古訓」欄。教科書の重要古典から漢文用例を豊富に採録。漢文用例はすべて返り点・書き下し文・現代語訳・出典書名付き。

数の漢字の起源辞典　加納喜光著　東京堂出版　2016.7　733p　22cm　〈文献あり　索引あり〉　15000円　Ⓓ978-4-490-10876-7　Ⓝ811.2

〖目次〗序章　漢字の正体—あるいは漢字の根本問題について，第1章　漢数字の起源，第2章　序数漢字の起源，第3章　数漢字の起源，第4章　助数漢字の起源，第5章　単位漢字の起源，第6章　順位漢字の起源，第7章　時間漢字の起源

〖内容〗こんなにもある「数」に関わる漢字たち。「一」「二」「三」…「百」「千」「万」だけではない。「加・減・乗・除・奇・偶・倍・頭・匹・本・尺・寸・準・速・永・暫・頻」のような「助教」「単位」「順位」「時間」にまつわる漢字のそれぞれの字源・語源から、なぜ「数」に用いられるかまでを徹底解明する。

すぐに役立つ　漢字熟語辞典　現代言語研究会編　アストロ教育システム　1991.11　639p　18cm　1600円　Ⓓ4-7555-0804-5　Ⓝ816.07

〖内容〗大きい活字・太字の読みがなで読みやすい30000語を収録。おもな都市名・観光地名・動植物名・病名・歴史用語なども掲載し、日常生活にすぐ対応できるように編集した。国語辞典では引けない省略語・団体名をふんだんに掲載した。

全訳漢辞海　戸川芳郎監修，佐藤進，浜口富士雄編　三省堂　2000.1　1741p　19cm　2840円　Ⓓ4-385-14045-6　Ⓝ821.2

〖内容〗漢字を「語」としてとらえた、「英和」感覚で引いて学べる漢和辞典。収録親字数10000、熟語数50000。付録として、漢字について、漢字音について、漢文読解の基礎、中国古典の文体・詩律、人名解説、書名解説、中国歴代王朝表、中国政治・文化史年表、中国歴史地図、四部分類、十干・十二支・時刻方位表、『易経』六十四卦図、二十四節気・二十八宿、歴代官職表、度量衡表などがある。

全訳漢辞海　第2版　戸川芳郎監修，佐藤進，濱口富士雄編　三省堂　2006.1　1729p　19cm　2900円　Ⓓ4-385-14046-4　Ⓝ821.2

〖内容〗収録親字数1万2500。JIS漢字第1水準〜第4水準の1万50字をすべて収録。伝統的部首配列。熟語数8万。仏教語も含め、実際の用例を改めて精査し、文脈に即した訳語と出典を明示。漢文学習上重要な古典から採録した、圧倒的に豊富な漢文用例。漢文用例すべてに、日本語訳に加え、書き下し文を明示。最新の「表外漢字字体表」「新JIS漢字」「新人名漢字」に完全対応。最新のJISコード、ユニコードを明示。最新の研究成果を取り入れた確かな字音情報、品詞別に配列した合理的な語義解説、深い理解を導く語義の補足説明、漢文の句法が分かりやすく学べる「句法」欄。部首・音訓・総画索引に加え、検索に便利な「この部首の字」「他の部首の字」「句法一覧」を収録。

全訳漢辞海　第3版　佐藤進，浜口富士雄編，戸川芳郎監修　三省堂　2011.2　1743p　19cm　〈年表あり〉　2900円　Ⓓ978-4-385-14047-6　Ⓝ813.2

〖内容〗漢和辞典で初！圧倒的に豊富な漢文用例すべてに日本語訳と書き下し文。最新の研究成果を取り入れた精確な字音情報、品詞別に配列した合理的な語義解説、漢文の句法がわかりやすく学べる「句法」欄など、最先端の内容。センター試験対応の「漢文読解の基礎」、漢文訓読法の要点をまとめた「訓読のための日本語文法」など、漢文学習のための情報を重点増補。

全訳漢辞海　第3版　机上版　戸川芳郎監修，佐藤進，浜口富士雄編　三省堂　2011.8　190,1743p　22cm　〈年表あり〉　5300円

ⓘ978-4-385-14044-5　Ⓝ813.2
内容 新「常用漢字表」(内閣告示)。新「人名用漢字」など最新の現代漢字情報に完全対応。漢和辞典で初、漢文用例すべてに日本語訳・書き下し文・出典を明示。収録親字数1万2500。JIS漢字第1水準～第4水準の1万50字すべてを収録。『康熙字典』に基づく伝統的な部首配列。JISコード・ユニコードを明示して最新の情報機器にも対応。熟語数8万。実際の用例を精査し、文脈に即した訳語と出典を明示。漢字読解上重要な古典から採録した、圧倒的に豊富な漢文用例。最新の研究成果を取り入れた精確な字音情報、品詞別に合理的に配列した語義解説、漢文の句法がわかりやすく学べる「句法」欄。付録「漢文読解の基礎」「訓読のための日本語文法」など、漢文読解のための情報を重点増補。部首・音訓・総画索引に加え、検索に便利な「この部首の字」「他の部首の字」「句法一覧」を収録。

全訳用例漢和辞典　ビジュアル版　加納喜光編　学習研究社　2003.3　830p　19cm　1900円　ⓘ4-05-301167-1　Ⓝ813.2
内容 漢字が、意味の他に持っているイメージやシンボルをコラムに。漢詩文を読む際、必要な語法を一覧表に。ビジュアルで、中国古典の理解が深まる。漢詩文の用例は教科書中心で、現代語訳もわかりやすい。加納説による初の漢字なりたち解説。

大活字　漢字書き表し方辞典　三省堂編修所編　三省堂　2001.3　601p　21cm　〈『大きな活字の漢字表記辞典』再編集・改題書〉　2400円　ⓘ4-385-16040-6　Ⓝ813.2
内容 約4万1000語を収録する、ことばの書き表し方についての大活字辞典。漢字の読みや熟語、旧字体、送り仮名の付け方や省略の仕方、名言名句・ことわざなどを掲載。

大活字用例　漢字早わかり辞典　橋川潤著　作品社　1992.3　572p　19cm　1800円　ⓘ4-87893-167-1　Ⓝ811.2
内容 この辞典では、現代の日常生活において、使用頻度の高い語を厳選し、約3万語を収載した。とくに、定着した新語を豊富に加えた。また、日常よく用いられる四字熟語を豊富に掲載した。画数の多い漢字や、字形の似ている漢字などを、正確に早く知ることができるように最大活字を用いた。

大漢和辞典　巻10　修訂第2版　諸橋轍次著，鎌田正，米山寅太郎修訂　大修館書店　1990.1　1100p　27cm　12360円　ⓘ4-469-03148-8　Ⓝ813.2
内容 親文字5万字、熟語50万語。古今の辞書、および詩経・論語・孟子・老荘をはじめとした、あらゆる資料から収録。さまざまな項目を最大限に網羅した、漢字文化圏共有の百科事典。

大漢和辞典　巻11　修訂第2版　諸橋轍次著，鎌田正，米山寅太郎修訂　大修館書店　1990.2　1054p　27cm　12360円　ⓘ4-469-03149-6　Ⓝ813.2
内容 親文字5万字、熟語50万語。古今の辞書、および詩経・論語・孟子・老荘をはじめとした、あらゆる資料から収録。さまざまな項目を最大限に網羅した、漢字文化圏共有の百科事典。

大漢和辞典　巻12　修訂第2版　諸橋轍次著，鎌田正，米山寅太郎修訂　大修館書店　1990.2　1161,14p　27cm　12360円　ⓘ4-469-03150-X　Ⓝ813.2
内容 親文字5万字、熟語50万語。古今の辞書、および詩経・論語・孟子・老荘をはじめとした、あらゆる資料から収録。さまざまな項目を最大限に網羅した、漢字文化圏共有の百科事典。

大漢和辞典　巻13　索引　修訂第2版　諸橋轍次著，鎌田正，米山寅太郎修訂　大修館書店　1990.4　1174,16p　27cm　12360円　ⓘ4-469-03151-8　Ⓝ813.2
内容 総画索引、字音索引、字訓索引、四角号碼索引を完備。

大漢和辞典　巻14　語彙索引　東洋学術研究所編　大修館書店　1990.5　1248p　27cm　12000円　ⓘ4-469-03152-6　Ⓝ813.2
内容 大漢和辞典修訂版1～12巻に収録の語彙を新字体、新現代仮名遣いの五十音順に排列。和語、現代中国語、音訳された外国人名・地名や日本の地名は省略。画引きによる語彙の頭文字音訓表を巻頭に付す。

大漢和辞典　巻15　補巻　鎌田正，米山寅太郎編　大修館書店　2000.4　80,1100p　27cm　16000円　ⓘ4-469-03157-7,4-469-03138-0　Ⓝ813.2
内容 『大漢和辞典』の遺闕を補った補巻。「大漢和辞典」第4期の編集作業として、1978年から本編で典拠として用いた中国従来の韻書や字書の類について再調査を行い、中国で刊行された「漢語大字典」「中華字海」も参考として用い、増補親字800余字、増補語彙3万3000余語を新たに収録している。増補語彙の頭文字索引、増補親字の総画索引、字音索引(五十音順)、本文、増補語彙索引(五十音順)で構成し、表見返しに部首索引を付す。

大修館現代漢和辞典　木村秀次，黒沢弘光編　大修館書店　1996.11　1351,209p　19cm　2800円　ⓘ4-469-03109-7　Ⓝ813.2
内容 現代日本で日常的に使用されている漢字および高等学校の漢文学習において必要な漢字

漢字

7500字、熟語2万5000を収録した漢和辞典。同一部首内で画数順に排列し、字義のほか参考事項、意味・用法の違いによる使い分け、漢字の成り立ちなどを掲載。常用漢字・人名漢字については楷書体で筆順を示す。音訓・部首・画数索引のほか、熟語索引、同音異義語索引等を付す。

大修館現代漢和辞典 机上版 木村秀次，黒沢弘光編 大修館書店 1996.12 1351,209p 21cm 5665円 Ⓘ4-469-03110-0 Ⓝ813.2

(内容)「大修館現代漢和辞典」をより大きな活字で読みやすくした机上版。親文字7500余、熟語2万5000余語を精選。国語辞典の感覚で引けて便利な、五十音順「熟語索引」付き。

ダイヤモンド字典 改訂新版 集文館編集部編 集文館 1994.3 446p 12cm 550円 Ⓝ813.1

(内容)手のひらサイズのポケット判字典。

つくりから漢字に親しむ自分辞書 滝上紀吉著 河出書房，河出書房新社〔発売〕 2016.6 783p 22cm 3800円 Ⓘ978-4-309-92091-7 Ⓝ813.2

(目次)第1部 検索記号から見た漢字，第2部 漢字を「グループ分け」する，第3部 漢字の「検索と読み」一覧

(内容)漢字を共通の「つくり」でまとめた新しい部首(検索記号)を考案、探しやすく覚えやすくした新発想の漢字の本。

デイリーコンサイス 英和・漢字辞典 三省堂 1995.9 662,664,61p 16cm 3000円 Ⓘ4-385-12228-8 Ⓝ833

(内容)既刊の「デイリーコンサイス英和辞典」と「デイリーコンサイス漢字辞典」の合本。英和辞典は5万7000語を収録，漢字辞典は7000字を代表的な読みの五十音順に収録する。

デイリーコンサイス 漢字辞典 佐竹秀雄，桜井隆，杉戸清樹，三省堂編修所編 三省堂 1995.7 664,61p 16cm 1600円 Ⓘ4-385-14110-X Ⓝ813.2

(内容)現代生活で使われる漢字7000字を代表的な読みの五十音順に収録した辞典。各親字の下ではその読みごとに意味・用法を解説する。各字に区点・JIS・シフトJISコードを明記、また異体字も収録する。巻末に総画索引を付す。

デイリーコンサイス 漢字辞典 中型版 佐竹秀雄，桜井隆，杉戸清樹ほか編 三省堂 1995.7 664,61p 19cm 2200円 Ⓘ4-385-14116-9 Ⓝ813.2

(内容)現代生活で使われる漢字7000字を代表的な読みの五十音順に収録した辞典。各親字の下ではその読みごとに意味・用法を解説する。各字に区点・JIS・シフトJISコードを明記、また異体字も収録する。巻末に総画索引を付す。

デイリーコンサイス 漢字辞典 革装 佐竹秀雄，桜井隆，杉戸清樹，三省堂編修所編 三省堂 1995.7 664,61p 16cm 2800円 Ⓘ4-385-14113-4 Ⓝ813.2

(内容)現代生活で使われる漢字7000字を代表的な読みの五十音順に収録した辞典。各親字の下ではその読みごとに意味・用法を解説する。各字に区点・JIS・シフトJISコードを明記、また異体字も収録する。巻末に総画索引を付す。

手書きのための漢字字典 第2版 財前謙編著 明治書院 2011.3 323p 20cm 1900円 Ⓘ978-4-625-38403-5 Ⓝ728.4

(目次)手書きのために(漢字と仮名の歴史，字書と規範，常用漢字表，手書きの習慣，異体字，筆順)，漢字字典一覧表

(内容)パソコンやケータイの普及に伴って、手で文字を書くことが少なくなった今、いざ漢字を書こうとしても迷うことが多い。本字典は、手書きと印刷文字の違いを知ることで、漢字の運用に自信を持てる実用的な字典。日常生活に密着した常用漢字が正しく書け、また教えることに関わりのある人にとって必携の書。

ど忘れ日常漢和辞典 全教図著 教育図書，人文社〔発売〕 1999.9 522,45p 17cm 1300円 Ⓘ4-7959-1195-9 Ⓝ813.2

(内容)現代の社会生活で日常的に用いられる漢字および現代人の教養に必要と思われる漢字約4000字を収録した漢和辞典。配列は総画数順。パソコン・ワープロ入力用のJIS規格による区点コード・16進コード・補助漢字の区点コード、漢字能力検定の審査基準となる級数、子供の名付けに便利な人名読みを掲載。索引として「音訓索引」と「部首・部分索引」がある。

ど忘れ早引き字典 文庫版 主婦の友社編 主婦の友社 2009.4 383p 16cm 《〈故事成句辞典〉付き》 750円 Ⓘ978-4-07-266130-7 Ⓝ816.07

(内容)読めそうで読めない、書けそうで書けない漢字を3万語以上収載した漢字辞典。巻末には故事成句も付記する。

似て非なる漢字の辞典 加納喜光著 東京堂出版 2000.7 360p 19cm 3500円 Ⓘ4-490-10548-7 Ⓝ821.2

(目次)哀・衰・衷，愛・受，圧・庄，委・季，胃・冑，意・竟，遺・遣，隠・穏，烏・鳥，量・雲〔ほか〕

(内容)形が似ている漢字の違いについて字源・語源にさかのぼって説明した漢字辞典。全体の形が似ている漢字、限定符号が違うだけの漢字

400種について漢字の字体の歴史から正しい識別を解説。漢字は似ている漢字の代表的な音読みの五十音順により排列、各漢字の読みと意味、字源について解説する。

パーソナル現代漢字辞典 金田一春彦監修
　学習研究社　1998.12　794p　17cm　1700円
　①4-05-300363-6　Ⓝ813.2
　[内容]12157字を収録したポケットサイズの漢字辞典。掲載データは、親字、総画数、部首、部首内画数、コード（区点コード、16進コード、シフトJISコード、ユニコード）、音読み・訓読み、筆順、名付け、熟語（二字・三字、四字）、難読語・難読地名、同音・同訓語の使い分けなど。部首名称一覧、使い分け索引、名付けに使える漢字一覧付き。

早わかり漢字用例字典　漢字用例字典編集委員会編著　一橋出版　1991.9　306p　18cm　1000円　①4-89196-271-2　Ⓝ813.1
　[内容]手紙などを書くときに「あれはどんな字だったかな」と度忘れして思い出せないときのための字典。使用頻度の高い約17,000語を収録。見やすい大きな活字を採用。

必携 漢字辞典　三省堂編修所編　三省堂
　1992.9　577,38p　15cm　1300円　①4-385-13625-4　Ⓝ813.2
　[内容]漢字を確かめたいときに。ワープロ・パソコンの入力に。漢字検定受験の学習に。JIS漢字を含む7,200字を五十音訓に配列。総画索引付き。日常よく使われる漢字3,400字には、漢字に関する情報を豊富に収録。

必携 漢字辞典　〔中型版〕　三省堂編修所編　三省堂　1992.10　577,38p　19cm　1600円　①4-385-13630-0　Ⓝ813.2
　[内容]JIS漢字を含む7,200字を五十音順に配列。総画索引付き。日常よく使われる漢字3,400字には、漢字に関する情報を豊富に収録。JIS区点コード、十六進コード、部首、総画数、配当学年、常用漢字・人名用漢字・教育漢字の区別。音訓、訓の送り仮名の付け方、意味、用例、人名用の特別な読み、筆順、熟語・難読語とその読み。旧字体、古字・俗字・別体字、明朝体・教科書体、毛筆による楷書・行書・草書の三体。

ひと目でわかる 大きな字の漢字辞典　新版
　学習研究社辞典編集部編　学習研究社
　2000.2　570p　18cm　〈『大きな活字の漢字辞典』改訂・改題書〉　1500円　①4-05-300773-9　Ⓝ811.2
　[内容]日常生活に十分必要な約3万語を収録した漢字辞典。五十音順に排列。誤字・誤用が目立つ紛らわしい同音語には「使い分け」解説を付している。手紙文の実用的な用例集や、名数

表、物の数え方（助動詞）などを収録した付録がある。

福武漢和辞典　石川忠久，遠藤哲夫，小和田顯編　福武書店　1990.11　1299p　19cm　2300円　①4-8288-0406-4　Ⓝ813.2
　[内容]この辞典は、高校生の漢字・漢文の学習はもとより、広く大学生から一般社会人の漢字・漢文の読解・研究にまで役立つことを目的に編集したものである。そのために、漢字教科書・大学入試問題を中心に字種・熟語を徹底して採集し、漢文学習上の活用を重んじると同時に、漢詩鑑賞・視点・句法・故事欄などを設け、幅広い漢字・漢文の知識が取得できるよう配慮した。常用漢字・人名用漢字の他、日常生活に必要な漢字から漢籍読解上必要と思われる漢字まで、約8千字を収録した。

福武漢和辞典　新装版　石川忠久，遠藤哲夫，小和田顯編　ベネッセコーポレーション　1996.2（第9刷）　1299p　19cm　2381円　①4-8288-0422-6　Ⓝ813.2
　[内容]初めて漢文を学ぶ人を標準に親しみやすく使いやすいことを目指して作られた漢和辞典。親字約8千字、熟語約5万語を収録、親字にはJIS句点番号を記載する。漢文学習用に、視点・漢詩鑑賞・故事の各コラムを挿入、また漢詩鑑賞索引、助字索引、人名・書名索引、故事成語索引を付す。付録には、中国文化史年表、中国歴史地図、新旧漢字対照表など13種の資料がある。一見やすい、わかりやすい、漢字・漢文・漢詩に関するマルチな情報を満載。

福武漢和辞典　新装版　新デザイン版　石川忠久，遠藤哲夫，小和田顯著　ベネッセコーポレーション　1997.2　1299p　19cm　2381円　①4-8288-0435-8　Ⓝ813.2
　[内容]親字8千字、熟語約5万語を収録した漢和辞典。ワープロに便利なJIS区点番号、新人名用漢字に対応している。

部首ときあかし辞典　円満字二郎著　研究社　2013.5　366,48p　19cm　〈索引あり〉　2000円　①978-4-7674-3475-9　Ⓝ811.2
　[目次]第1部 人と生活に関する部首，第2部 交通と道具に関する部首，第3部 体に関する部首，第4部 動植物に関する部首，第5部 自然環境に関する部首，番外編 その他の部首
　[内容]部首の意味がわかると同時に、漢字の基本的な意味も理解できます。幅広く286項目の部首を収録。現在出版されている漢和辞典の現在の部首はほぼすべて掲載。例として取り上げる漢字は、常用漢字、人名用漢字をすべて含む5千字余り。専門用語を使わない、"読みもの"として楽しめるような、わかりやすい記述。巻頭に「部首画数索引」、巻末に「部首名称索引」と

漢字

「漢字音訓索引」を用意。

ポケットプログレッシブ 漢字辞典　2色刷
加納喜光監修，小学館辞典編集部編　小学館　1999.1　698,59p　16cm　1700円　①4-09-506051-4　⑩813.2

（内容）学習やビジネスに、携帯に便利なポケットサイズの2色刷り漢字辞典。常用漢字・人名用漢字を含むJIS漢字6355字を中心に、計7300余字を採録。難読語、難読地名・姓氏、人名（名乗り）など漢字情報を満載。四字熟語400ほか故事成語や仏教語などは、項目を立てて解説。訓索引付き。

間違いやすい漢字の辞典　天沼寧編　三省堂
1992.9　258,5p　18cm　（三省堂実用 32）　1000円　①4-385-14188-6　⑩813.2

（内容）似ていて間違いやすい漢字に強くなる辞典。間違いやすい漢字、送り仮名、仮名遣いなどの情報を満載。他の辞書ではわからない表記の疑問も解消。

読めそうで読めない漢字辞典　日本初!!　漢ぺき君方式　高田任康編著　（大宮）サンルイ・ワードバンク，毎日新聞社［発売］
2001.1　461p　21cm　1905円　①4-620-90579-8　⑩813.2

（目次）「漢ぺき君」辞典の構成，部首名一覧，本編，索引，画数索引，書けそうで書けない漢字辞典編（音訓索引），漢字入力支援ソフト「漢ぺき君Ver.3」のご案内

（内容）親字6357字、難読熟語約1万語、難読地名約8000語を収録した漢字辞典。漢字の構成要素の名称や読みの頭文字を綴って見出しとする「漢ぺき君」方式による五十音順で排列。

らくらく早引き字典　20ポイント版　勉誠社編集室編　勉誠社　1993.9　857p　21cm　2500円　①4-585-06001-4　⑩816.07

（内容）大きな活字20ポイント。手書き文字と同じ教科書体。一般社会人が辞典を引くのは、まず9割方、ど忘れした漢字を探すためだといっていい。ヨミと書き方のみ掲載し、見やすく使いやすさをモットーに、20ポイントの大きな活字で、弱視・老視にも対応した、新装拡大版の早引き辞典。

例解　新漢和辞典　山田俊雄，戸川芳郎，影山輝国編著　三省堂　1998.4　1058,70p　19cm　2300円　①4-385-13675-0　⑩813.2

（内容）常用漢字、人名用漢字など漢字5900字と熟語35000語を収録した漢和辞典。

例解　新漢和辞典　第2版　山田俊雄，戸川芳郎，影山輝国編著　三省堂　2002.1　1129p　21cm　2500円　①4-385-13676-9　⑩813.2

（内容）新学習指導要領に準拠した漢和辞典。中学生から大人の日常的な利用までを対象としている。親字は旧版から1100字増の総数7000余字、熟語は3万5300語を収録。JIS第1・第2水準漢字採用。各親字の本来の意味と日本語独特の意味・用法を区別した説明文等を記載。巻末付録は漢字の基礎知識、東アジア地図、十干十二支／時刻・方位、親族関係表など。五十音順の音訓索引、総画索引あり。

例解　新漢和辞典　第3版　山田俊雄修代表，戸川芳郎，影山輝国編著　三省堂　2006.1　1145p　19cm　2500円　①4-385-13677-7　⑩813.2

（目次）漢字に親しむ（一変は一度変わること?、三五夜の月、亜鉛の亜とは? ほか）、故事のはなし（五十歩百歩、五里霧中、井の中の蛙大海を知らず ほか）、使い分け（あう（会・逢・合・遇・遭）、あからむ（赤・明）、あがる・あげる（上・騰・揚・挙）ほか）

（内容）新「人名用漢字」完全対応の最新改訂版。類書中最多の親字数7千余。JIS第1・第2水準の漢字、新「人名用漢字」を収録。伝統的な部首配列。漢語、現代語、漢字で書きあらわす外来語などを含む熟語3万5500。生きた用例を豊富に収録。漢字本来の意味と日本語独特の意味・用法を区別して説明。「二十四節気」、「新人名用漢字一覧」など付録も一層充実。本文2色刷。

例解　新漢和辞典　第4版　山田俊雄，戸川芳郎，影山輝国編著　三省堂　2012.1　1146p　19cm　〈年表あり〉　2500円　①978-4-385-13678-3　⑩813.2

（内容）類書中最多の親字数7千余。JIS第1・第2水準の漢字、新「常用漢字表」、新「人名用漢字」に対応。伝統的な部首配列。漢語、現代語、漢字で書きあらわす外来語などを含む熟語3万5500。生きた用例を豊富に収録。漢字本来の意味と日本語独特の意味・用法を区別して説明。「漢字の基礎知識」、新「人名用漢字一覧」など充実した付録。本文2色刷。

例解　新漢和辞典　第4版　増補新装版　山田俊雄，戸川芳郎，影山輝国編著　三省堂　2016.1　148,1178p　19cm　〈年表あり　索引あり〉　2600円　①978-4-385-13679-0　⑩813.2

（内容）類書中最多の親字数7千余。JIS第1・第2水準の漢字、新"常用漢字表"、新"人名用漢字"に対応。伝統的な部首配列。漢語、現代語、漢字で書きあらわす外来語などを含む熟語3万5500。生きた用例を豊富に収録。

和語から引ける漢字熟語辞典　岩田麻里編　東京堂出版　2007.2　380p　19cm　2800円

Ⓘ978-4-490-10704-3　Ⓝ813.2

内容 見出しの和語825語、対応する漢字熟語約5100語収録。現代日本語における漢字の機能もわかる一冊。

<ハンドブック>

漢字の意味と使い分け　宮園正光編著　明治書院　1999.10　222p　19cm　（仕事活用本）　1300円　Ⓘ4-625-63300-1　Ⓝ814.5

目次 第1章 ワープロ文章で迷わない漢字の使い分け（「会う」と「合う」と「遭う」、「上がる」と「挙がる」と「揚がる」、「合わせる」と「併せる」ほか）、第2章 文章作成で迷わない言葉の使い分け（「後片付け」か「跡片付け」か、「あおむく」か「仰向く」か、「未だに」か「今だに」かほか）、第3章 日常生活で迷わないための漢字と表現の使い分け（「預かり金」か「預り金」か、「当る」か「当たる」か、「言う」は「いう」か「ゆう」かほか）

内容 辞典の説明ではよくわからない漢字の使い分けを、意味の違い、状況の違い、表現や言葉遣いの上でどう使い分けるかを解説したもの。

漢字ハンドブック　学生・教師・社会人のための　近藤政美、濱千代いづみ編著　（大阪）和泉書院　2006.3　175p　26cm　1800円　Ⓘ4-7576-0360-6　Ⓝ811.2

目次 本編 常用漢字（常用漢字の凡例、部首別漢字一覧、教育漢字、教育漢字以外の常用漢字）、参考（常用漢字表の付表、人名用漢字）、付録（現代仮名遣い、外来語の表記、送り仮名の付け方、常用漢字と当用漢字との相違）

内容 豊富な用例を掲げ、初心者から教師まで学べる漢字表記の便利な事典。

漢字ハンドブック　学生・教師・社会人のための　改訂　近藤政美、浜千代いづみ編著　（大阪）和泉書院　2015.10　187p　26cm　1800円　Ⓘ978-4-7576-0769-9　Ⓝ811.2

目次 本編 常用漢字（常用漢字の凡例、部首別漢字一覧、教育漢字、教育漢字以外の常用漢字）、参考（常用漢字表の付表、人名用漢字、公用文における漢字使用等について）、付録（現代仮名遣い、送り仮名の付け方、常用漢字表〔昭和56年内閣告示〕と当用漢字表との相違）

内容 豊富な用例を掲げ初心者から教師まで学べる漢字表記の便利な事典。平成22年11月30日内閣告示による。

漢字筆順ハンドブック　正しくきれいな字を書くための　第3版　江守賢治著　三省堂　2012.6　12,242p　19cm　〈新「常用漢字表」に対応。〈平成22年11月内閣告示で改定〉　索引あり〉　760円　Ⓘ978-4-385-20075-0　Ⓝ811.29

目次 第1 筆順の知識（筆順とは、筆順に対する正しい認識、『筆順指導の手びき』について）、第2 筆順（基本編、一般編、特殊編）、第3 許容される字形一覧、第4 美しく書くためのポイント、付録

内容 筆順を最高10段階に分解。総画数を明示。学習漢字には配当学年を明示。見出しは毛筆、筆順はペン書き。細字楷書やペン習字の手本にも最適。小学校教科書活字体と一般の書き方の差異を指摘。学習漢字を中心に、美しく正確に書くためのポイントを指導。ひらがな・カタカナ・ローマ字の筆順付き。

漢文語法ハンドブック　江連隆著　大修館書店　1997.6　231p　21cm　2500円　Ⓘ4-469-23135-5　Ⓝ825

目次 1 否定（打消）の形、2 禁止の形、3 二重否定の形、4 部分否定の形、5 疑問・反語の形、6 受身の形、7 使役の形、8 比較・選択の形、9 仮定の形、10 限定の形、11抑揚の形、12 累加の形、13 感嘆の形、14 再読文字

内容 漢文語法の決定版解説書。精選された14形・244語と豊富な例文（読み方・通釈付）。

旧漢字・旧仮名便利帖　阿久根靖夫、間瀬肇編著　有精堂出版　1992.11　179p　19cm　1200円　Ⓘ4-640-30719-5　Ⓝ811.2

三省堂漢字表記便覧　三省堂編修所編　三省堂　1996.9　602p　15cm　1500円　Ⓘ4-385-13785-4　Ⓝ816.07

内容 手紙や文章を書くときに必要な漢字・熟語4万4000を、ルビを付して収録した文庫本サイズの漢字辞典。排列は五十音順。巻末に「常用漢字音訓一覧」「人名用漢字」「手紙の書き方」「都道府県別市名一覧」等を付す。

実用漢字mini百科 ワープロ対応版　漢字の読み書きナビゲーション　文英堂編集部編　文英堂　1998.7　319p　19cm　1200円　Ⓘ4-578-12936-5　Ⓝ811.2

内容 4058字を収録した携帯版の漢字百科。見出し字、区点コード、JISコード、総画数、音訓、熟語例などを掲載。総画索引付き。

間違いやすい漢字　宮園正光編著　明治書院　1999.10　222p　19cm　（社会人に必要な漢字の常識）　1300円　Ⓘ4-625-63302-8　Ⓝ811.2

目次 第1章 書き間違いやすい漢字、第2章 読み間違いやすい漢字、第3章 同音異義語の使い分け、第4章 異字同訓の漢字、第5章 意味や用法を間違いやすい言葉や熟語

漢字　　　　　　　　　　　文字・表記

⑩日常生活や仕事上の使用頻度の高い漢字で、間違いやすいものを整理してまとめ、正しい意味と使い方を示したもの。

よく使う漢字の書体と筆順　桃花会著　日本習字普及協会　2000.6　301p　21cm　2500円　Ⓘ4-8195-0175-5　Ⓝ811.29

⑪常用漢字（1945字）、人名用漢字（285字）、付録（活字と手書きの違い、筆順の原則、行書の筆順、漢字の部分の名称、歴史的仮名遣い ほか）

⑩常用漢字1945字・人名用漢字285字の楷・行・草書、旧字体、書写体、筆順をなどを収録したもの。排列は常用漢字表に従っている。巻末に、毛筆・硬筆書写検定試験に対応できる付録がある。

わかりやすい一表式　誤字俗字・正字一覧　戸籍の氏又は名の記載・記録に用いる文字　全訂　戸籍実務研究会編　日本加除出版　2010.12　249p　21cm　〈索引あり〉　2400円　Ⓘ978-4-8178-3897-1　Ⓝ324.87

⑩戸籍の氏又は名の記載・記録に用いる文字。

◆漢字史

<事　典>

図説 漢字がわかる字源事典 偏旁冠脚　新井重良著　木耳社　2009.3　201p　26cm　〈文献あり 索引あり〉　2200円　Ⓘ978-4-8393-1967-0　Ⓝ821.2

⑩甲骨文から隷弁までの古文字3457字により漢字（偏旁冠脚）の字源を、できるかぎりイラストにし、視覚化することにより、分かりやすく解説。更にこの偏旁冠脚を部首にもつ文字や、それらと同義、あるいは異義、反義の文字、あるいはその文字との熟語としてよく使われる文字など、漢字の広範な見方により字源を掘り下げた。

図説 漢字の成り立ち事典　辻井京雲著　教育出版　1993.10　319p　21cm　3500円　Ⓘ4-316-38590-9　Ⓝ821.2

⑩新出漢字を学習していく学校教育の過程で、また、生涯学習の対象となる漢字に対する興味と関心を絶やさぬためにも、象形文字、表意文字としての漢字の起源を知ることは、漢字の楽しい学習指導を進めていくのに必要である。そのための情報源を提供しているのが本書である。

<辞　典>

漢字語源語義辞典　加納喜光著　東京堂出版　2014.9　1445,39p　22cm　〈索引あり〉　15000円　Ⓘ978-4-490-10852-1　Ⓝ821.2

⑩先学の成果、中国における語源研究、英語語源との比較などを通して、日常使用する漢字を対象に、語源（由来）と語義（意味）を徹底的に解説。

漢字の成立ち辞典　加納喜光著　東京堂出版　1998.7　380p　20cm　3900円　Ⓘ4-490-10487-1　Ⓝ821.2

⑪第1章 人間編（子供、女、老人、人間）、第2章 身体編（頭部、手、足、体部）、第3章 自然編（動物、植物、天、地）、第4章 文化編（武器、農工具、家具、衣食住）、第5章 記号編（「わける」記号、「けずる」記号、「切れ目を入れる」記号、「まじわる」記号、「かみあう」記号 ほか）

⑩漢字を五大領域、390のイメージに分類し、意味と図形の関係を記号学的観点から分析した、漢字イメージ分類辞典。音訓索引付き。

漢字の成立ち辞典　新装版　加納喜光著　東京堂出版　2009.6　380p　19cm　2800円　Ⓘ978-4-490-10753-1　Ⓝ821.2

⑪第1章 人間編（子供、女、老人、人間、）、第2章 身体編（頭部、手、足、体部）、第3章 自然編（動物、植物、天、地）、第4章 文化編（武器、農工具、家具、衣食住）、第5章 記号編（「わける」記号、「けずる」記号、「切れ目を入れる」記号、「まじわる」記号、「かみあう」記号、「くみあう」記号、「つきぬく」記号、「かさなる」記号、「かぶせる」記号、「まがる」記号、「そろう」記号、「まとめる」記号、「まわる」記号、「かこう」記号、「中にはいる」記号、「ぴんと張る」記号、「四角いわく」記号、「目立つしるし」記号、「上の方」を示す記号、「下の方」を示す記号、「突き出る」記号、「へこむ」記号、「からげる」記号、「三本で合わせる」記号、「一本でまとめる」記号）

⑩漢字の原点に帰り字源・語源を知ることで、形も意味もはっきり理解。漢字学習の効果絶大。漢字のイメージ分類辞典。

漢字の成り立ち辞典　白川文字学準拠　日本文字文化機構編、伊藤直樹著　新星出版社　2013.2　287p　16cm　1200円　Ⓘ978-4-405-01130-4　Ⓝ821.2

⑪1章 自然の形／自然に宿る神、2章 人の形と手足、3章 〔サイ〕を中心に、4章 儀礼と器物、5章 農耕と生活、6章 顔と頭、7章 女性と子ども、8章 生命と死

⑩あっ！と驚く漢字の成り立ち184字を収録。

イラストで古代のこともイメージしやすい。コラムも日常生活と漢字の起源の関わりが分かるなど充実。

字統 字源辞典 新装普及版 白川静著 平凡社 1999.1 1013p 21cm 6602円 ①4-582-12811-4 Ⓝ821.2

(内容)教育漢字、常用漢字、人名漢字など、漢字6838字の文字の成り立ちをさぐった漢字字源辞典。親字を五十音順に配列。字音索引、字訓索引、部首索引付き。

新訂 字統 普及版 白川静著 平凡社 2007.6 1107p 21cm 6000円 ①978-4-582-12813-0 Ⓝ821.2

(内容)生涯現役を貫いた著者白川静が、七十年に及ぶ研究で確立した体系的な文字学。文字の初形初義から解き明かす。字源の字書、語史的字書、漢字文化の研究書という要素を併せもつ漢字の歴史的研究を主とする字書。親字5478字、副見出しをあわせて総数7034字を収録。字音五十音順に排列。凡例に引用の資料・書名・出典の記述がある。索引として「字音索引」「字訓索引」「総画索引」「部首索引」の4つを収載。

◆人名漢字

<事典>

赤ちゃんの名前ハッピー漢字事典 最高の漢字が見つかる! 西東社編集部編 西東社 2014.9 551p 21cm 〈他言語標題:Happy Kanji Jiten for baby name 索引あり〉 1650円 ①978-4-7916-1901-6 Ⓝ148.3

(目次)1 名づけの基本と漢字選び(漢字を上手に使って最高の名前を贈る、文字、長さ、読み方…名づけの基本ルール ほか)、2 名前漢字事典1020、3 こだわりテーマ別漢字と名前例(こだわりテーマ、こだわり漢字づかい)、4 お役立ち! 漢字&響きリスト(画数別名づけに使える全文字リスト、読み方別名づけに使える漢字リスト ほか)、巻末資料

(内容)本書は、名前に使える漢字について、「読み」「意味」「成り立ち」はもちろん「願い&イメージ」「使用のポイント」などなど、名づけの際に知りたいことを徹底解説した名づけのための漢字事典です。さまざまな角度から漢字を探し出し、気になる漢字について深く知ることができます。漢字ごとの名前例も充実させました。

<辞典>

赤ちゃんの名づけ・名乗り字典 名前に使える全漢字2229 出版部編著 日本加除出版 1995.8 241p 21cm 1648円 ①4-8178-1140-4 Ⓝ148.3

子の名に使える漢字字典 改定常用漢字表対応 戸籍実務研究会編 日本加除出版 2010.12 322p 21cm 〈索引あり〉 3900円 ①978-4-8178-3898-8 Ⓝ811.2

(内容)常用漢字表の改定及び改正によって、子の名に使える漢字として「常用平易な文字」と定められた2997字を収録。巻頭には、新「常用漢字表」において新たに常用漢字となった196字の音訓と語例、掲載頁の一覧を掲載。

人名字解 白川静, 津崎幸博著 平凡社 2006.1 267p 19cm 1900円 ①4-582-12808-4 Ⓝ813.2

(内容)漢字の基本字典『常用字解』の第二弾。2004年大幅に拡張された人名用漢字983字の字形とその意味・用例を平易に解説。命名の際の参考図書ともなる。音訓・総画索引付き。

人名実例集 一字名前編 平岡天心著 文芸社 1998.7 349p 19cm 1600円 ①4-88737-091-1 Ⓝ281.03

(目次)第一部 漢字編、第二部 読み方編

(内容)難読名前のわかる本。漢字編は、人名として使われている漢字を収録し、部首画数順に排列。読み方編は、実際に呼び名として使用されていることを著者が確認したもの、および、辞典に名乗りとして記載されているひらがな三文字以上の呼び名に限って、五十音順に排列。

人名の漢字語源辞典 加納喜光著 東京堂出版 2009.8 448p 20cm 〈文献あり 索引あり〉 3500円 ①978-4-490-10767-8 Ⓝ821.2

(内容)名前に使われている漢字の本来の意味・由来・根拠を解説する漢字辞典。使用頻度の高い人名漢字1102字を選び、読み方、読みの由来を示し、古代から現代まで人名の実用例を多数掲げる。人名に使用可能な漢字一覧を巻頭に、人名読み漢字索引を巻末に掲載する。

人名用漢字の変遷 子の名に使える漢字の全履歴 日本加除出版編集部編 日本加除出版 2007.10 324p 21cm 〈年表あり〉 3500円 ①978-4-8178-1338-7 Ⓝ811.2

(内容)子の名に用いることのできる漢字「人名用漢字」は、戸籍法とその施行規則によって制限されている。人名用漢字の変遷を辿り、その一字一字について官報等の原典で再確認するとともに、出生届出時に必要な情報を提供する。

◆字体・異体字

＜辞典＞

解説 字体辞典 普及版 守江賢治著 三省堂 1998.6 797p 19cm 3000円 ⓘ4-385-15034-6 Ⓝ821.27

⦿目次⦾口絵―私たちの周囲にあって目をひいた字，康煕字典や漢和辞典への不信，漢字の字体に関する用語の説明，1 最初に説明したい字，2 資料を示して説明したい字，3 時代代表を示して説明したい字，4 軽く説明したい字，文部省活字，版刻文字，中国の簡体字，平仮名と片仮名のもとの漢字

⦿内容⦾楷書と明朝体の形の変遷を解明する辞典。1986年刊の普及版。

漢字異体字典 日外アソシエーツ編集部編 日外アソシエーツ，紀伊國屋書店〔発売〕 1994.7 417p 19cm 3980円 ⓘ4-8169-1249-5 Ⓝ811.2

⦿目次⦾親字音訓ガイド，漢字異体字典，総画索引

⦿内容⦾親字4827字，異体字11773字，計16600字を収録する異体字辞典。本文は親字の部首順，JIS漢字にはJISコードを付記。思いついた読みから親字がひける「親字音訓ガイド」と，異体字からも親字が探せる「総画索引」を付す。

漢字のルーツ古代文字字典 別巻古文編 城南山人編 マール社 2003.8 479p 21cm 2000円 ⓘ4-8373-1259-4 Ⓝ728.4

⦿内容⦾現代の文字を古文ではどのように書くかということを示した字形字典。画数順に排列し，同画数では五十音順に排列した。見出し字は原則，旧字体で表記。巻末に音訓索引付き。

難字・異体字典 新装版 有賀要延編 国書刊行会 2011.9 567p 22cm 7600円 ⓘ978-4-336-05451-7 Ⓝ728.033

⦿内容⦾仏教に関する古典籍を中心として，見出し字（親字）4194字，併載文字15441字，総計19735字を収録。

日本難字異体字大字典 文字編・解読編 井上辰雄監修 遊子館 2012.1 2冊（セット） 26cm 36000円 ⓘ978-4-86361-018-7 Ⓝ811.2

⦿内容⦾見出し字4600余，難字・異体字12600余，草字9500余を墨書で収録。音訓索引完備。

◆当用漢字・常用漢字

＜辞典＞

音符順常用漢字学習字典 石沢誠司著 （茨木）石沢書店 2012.2 26,498,12p 26cm 4000円 Ⓝ813.2

⦿内容⦾2136字の常用漢字を音符別に配列した，新しいタイプの漢字学習字典。上海師範大学の日本語教授として赴任した著者が，漢字を丸暗記ではなく，論理的に漢字の成り立ちから覚える方法として「音符」に注目して編集した。

三省堂常用漢字辞典 沖森卓也，三省堂編修所編 三省堂 2013.5 71,676,18p 19cm 〈索引あり〉 2700円 ⓘ978-4-385-14083-4 Ⓝ813.2

⦿内容⦾2010年11月30日告示の「常用漢字表」に掲載された常用漢字を五十音順に全収録。常用漢字の意味・なりたち・筆順などを詳しく解説。漢字を使った熟語も約2万語を収める。故事成語・ことわざなども豊富に収録。漢字検定（漢検）受検のための漢字級数を個々の漢字に明示。付録に「漢検級別漢字表」を掲げてさらに便利さがアップ。

常用漢字書きかた字典 宮沢正明編 二玄社 2012.11 732,34p 22×17cm 4800円 ⓘ978-4-544-12009-7 Ⓝ728.4

⦿内容⦾新「常用漢字」（2136字）・ひらがな・カタカナについての，編者みずからの手書き毛筆・硬筆字例11000余を収録。「筆順指導の手びき」（文部省編）に準拠して，全ての漢字に筆順を明示。字形の整え方に関して，補助線を活用した図版と簡潔な解説で，ポイントを分かりやすく指示した。止め・はね・払いなど，指導の際の参考になるように，いろいろな書き方（いわゆる「許容される書き方」）を例示した。「改定常用漢字表」（2010年改定）に従って全漢字を配列したほか，巻末には検索に便利な総画・音訓索引を設けた。

常用漢字行草辞典 新装普及版 児玉幸多編 東京堂出版 1997.9 310,31p 19cm 2300円 ⓘ4-490-10479-0 Ⓝ728.4

⦿目次⦾常用漢字，人名用漢字，付録（ひらがな，カタカナ）

⦿内容⦾常用漢字と人名用漢字，2111字についての各々8通りのくずし方を掲げた行草辞典。配列は字音の五十音順，見出し字は楷書体でその下に音訓のよみ，8字の行書，草書となっている。

常用漢字コアイメージ辞典 加納喜光著 中央公論新社 2011.10 1283p 20cm 〈索引あり 文献あり〉 4800円 ⓘ978-4-

12-004249-2　Ⓝ813.2

〔内容〕漢字の意味の深層構造＝コアイメージをとらえ、すべての常用漢字の成り立ちを体系的に解き明かす画期的辞典。

常用漢字五体字集　人名漢字付　新版　石飛博光著　NHK出版　2012.2　364p　18×26cm　4500円　Ⓘ978-4-14-032042-6　Ⓝ728.4

〔目次〕漢字の知識と書き方、常用漢字・人名漢字の楷行草隷篆五体

〔内容〕常用漢字2136字、人名漢字861字の楷・行・草・隷・篆。音読みで50音順にわかりやすく配列。

常用漢字読み書き辞典　氷田光風、渡辺富美雄編　学習研究社　2008.5　528p　22cm　1700円　Ⓘ978-4-05-401444-2　Ⓝ813.2

〔内容〕本書は、従来より慣習及び許容とされてきた、楷書より行書に移行するための点画の長短や接し方及びはね、払いなどに配慮して、速書きに移行するための、段階的な運筆や字形を具体的に、分かり易く毛筆で示すことを基本方針とした。また、行書の字形とともに、漢字の熟語例や使い方などを例示し、読んで楽しい、読み書きに役立つ、漢字の総合的な辞典とした。

常用字解　白川静著　平凡社　2003.12　740p　19cm　2800円　Ⓘ4-582-12805-X　Ⓝ813.2

〔内容〕『字統』『字通』の著者が常用漢字に絞って、そのもとの形から漢字の成り立ちを立証し、字形と意味との関係もやさしく解説。よく使用される用例もあげて書き下ろした漢字の入門字典。見出し文字総数は1946字とその旧字形798字の2744文字を収録。配列は字音の五十音順で同じ音の字は総画数順、巻末に音訓索引が付く。

常用字解　第2版　白川静著　平凡社　2012.10　804p　20cm　3000円　Ⓘ978-4-582-12810-9　Ⓝ813.2

〔内容〕平成22年11月内閣告示「常用漢字表」に対応。196字を追加して、全2136字の常用漢字を、平易に解説。

早わかり常用漢字・字典　武揚堂編集部編　武揚堂　2005.9　256p　21cm　1200円　Ⓘ4-8297-1027-6　Ⓝ816.07

〔目次〕文字の生い立ち、漢字の形と歴史、漢字の成り立ちによる分け方（六書）、常用漢字に使われている部首と生い立ち、音訓引き常用漢字表と使い方、音訓引き常用漢字表のペン字書体を使う、人名だけに使ってよい漢字と旧字体、個々の使用で留意すべき文字、当て字や一字一字としては挙げにくい音訓、特殊であったり、用法のごく狭い音訓〔ほか〕

〔内容〕手紙や公用文書まで書くときにすぐ役に立つ。常用漢字が多角的にわかる。音訓引き・部首別・画数から常用漢字が引ける。画数から音・訓、名乗りがわかる人名漢字。毛筆のほか、ペン字も使用しているので細字やペン字の手本になる。常用漢字の全部首が絵でわかる。

早わかり常用漢字字典　最新版ハンディブック　改定対応版　ぶよう堂編集部編　ぶよう堂　2012.1　223p　19cm　〈初版：武揚堂1951年刊〉　800円　Ⓘ978-4-904218-23-5　Ⓝ813.2

〔内容〕2色すりで見やすく、筆順、部首、画数、音訓の用例、意味を掲載。改定漢字も見やすく日常で使う感じを手軽なサイズにした常用漢字字典。

<ハンドブック>

音訓引き 常用漢字用字用例集　日本教材システム編集部編　日本教材システム，教育出版〔発売〕　2012.8　319,48p　21cm　1500円　Ⓘ978-4-316-80163-6　Ⓝ816.07

〔内容〕常用漢字表にある全ての音訓を五十音順に並べ、平成23年3月に文部科学省が通達した「音訓の小・中・高等学校段階別割り振り表」に基づいて、どの学年・段階で学習する音訓かがわかるように記号で示した。また、教育漢字（小学校で学習する漢字）には、平成20年3月告示「小学校学習指導要領」別表の「学年別漢字配当表」に基づいて、どの学年で学習するかを数字で明示し、これらの記号と数字は各音訓の用例にも付した。さらに、漢字と仮名の使い分け、間違えやすい漢字の例、紛らわしい語など、用字用例に関する情報を豊富に記載。音訓から引くことで、用例の学習段階もひと目でわかり、教育現場にふさわしい表記が簡単にできる。

常用漢字最新ハンドブック　2010年改定対応　前田富祺編著　明治書院　2011.1　255p　19cm　〈索引あり〉　1000円　Ⓘ978-4-625-63410-9　Ⓝ811.27

〔目次〕第1章 常用漢字とは？（常用漢字とは?，ここが聞きたい! 常用漢字）、第2章 常用漢字一覧、第3章 漢字資料（送り仮名の付け方，公用文における漢字使用等について，表外漢字字体表，人名用漢字）

〔内容〕新しい常用漢字、しんにゅうの点は一つなの？ 二つなの？ みなさんの疑問に前田富祺先生（漢字小委員会主査）が答えます！ 増えた漢字が一目でわかる、筆順や部首もわかる、常用漢字がなんでもわかる、漢字を教える人・漢字を使う人必携の最新ハンドブック。

常用漢字表　平成22年11月30日内閣告示　全国官報販売協同組合　2011.3　172p　26cm

〈公用文における漢字使用等について（内閣訓令）人名用漢字表（戸籍法別表）付〉　476円　Ⓘ978-4-915392-90-0　Ⓝ811.27
(目次)常用漢字表，公用文における漢字使用等について（内閣訓令），人名用漢字表（戸籍法別表）

特大活字の常用漢字ハンドブック　清水書院編集部編　清水書院　1994.3　350p　19cm　980円　Ⓘ4-389-32012-2　Ⓝ811.2
(内容)常用漢字1945字を収録（漢字検定2級程度）。知りたい漢字が一目でわかる、無駄を省いたシンプルな構成。

◆当て字

<辞典>

当て字・当て読み漢字表現辞典　笹原宏之編　三省堂　2010.11　901p　21cm　〈文献あり〉　3500円　Ⓘ978-4-385-13720-9　Ⓝ811.2
(内容)運命・秋桜・女性・生命・理由・豆富・ふれ愛・本気・夜露死苦…現代の当て字・当て読みを豊富に採録。普通の辞書には載らない漢字表現を満載。漢字はここまで読める・使える。

宛字外来語辞典　新装版　宛字外来語辞典編集委員会編　柏書房　1997.6　310,70p　22cm　3600円　Ⓘ4-7601-0614-6　Ⓝ813.7
(目次)1　一般件名・人名・2　地名，3　参考資料

宛字書きかた辞典　有沢玲編　柏書房　2000.2　262p　21cm　（シリーズ　日本人の手習い）　2000円　Ⓘ4-7601-1826-8　Ⓝ813.7
(内容)外来語をはじめ、地名・人名、動植物、薬品、単位などを宛字で書くための辞典。排列は五十音順。附録に「一字略語一覧」がある。

当て字・難読語　三省堂編修所編　三省堂　1999.7　215p　18cm　（ことばの手帳）　1000円　Ⓘ4-385-13860-5　Ⓝ811.2
(目次)第1部　自然，第2部　生活と行事，第3部　文化と歴史，第4部　当て字・難読語一般
(内容)当て字・難読語約8000項目を収録した辞典。4部36の分野に分類し、各分野ごとに五十音順に掲載。

当て字の辞典　日常漢字の訓よみ辞典　東京堂出版編集部編　東京堂出版　1991.6　235p　19cm　1800円　Ⓘ4-490-10291-7　Ⓝ811.2
(内容)常用漢字を中心に、常用漢字表にはない読み方、あるいは通常とは異なる読み方をする当て字（例：浅墓＝あさはか、紐育＝ニューヨーク等）を五十音順に排列し、読み方と意味を記したもの。

当て字の辞典　日常漢字の訓よみ辞典　新装版　東京堂出版編集部編　東京堂出版　2009.6　235p　19cm　〈索引あり〉　1800円　Ⓘ978-4-490-10752-4　Ⓝ811.2
(内容)当用漢字世代の人のため、簡便で引きやすく実用的な辞典を意図し、常用漢字を中心に日ごろ目にする漢字について、常用漢字表にはない読み方、あるいは通常とは異なる読み方をする言葉を採録した。大半が訓読語であるが、音読語も若干ある。結果として、当て・熟字訓と呼ばれる言葉が多いため、書名を『当て字の辞典』としたが、日常漢字の訓よみ辞典である。

あて字用例辞典　名作にみる日本語表記のたのしみ　杉本つとむ編　雄山閣出版　1994.1　541p　19cm　3800円　Ⓘ4-639-01208-X　Ⓝ811.2
(内容)日本語や外国語にどんな漢字をあててきたか、のあて字の用例を集めた辞典。名作にみる日常生活のさまざまな表現、動物名、植物名、外国名、外国地名、外国地名、珍姓一覧などの古来からの用法を収録する。

珍版　横浜文明開化語辞典　舶来語と漢字の出会い「宛字」集　新装版　光画コミュニケーション・プロダクツ，星雲社〔発売〕　1996.4　127p　18cm　1030円　Ⓘ4-7952-8223-4　Ⓝ813.7
(内容)横浜発祥とされる60の外来語についてその宛字を示し、由来を簡単に解説したもの。排列は五十音順。見開き2頁につき1語をイラスト付きで掲載する。

珍版　横浜文明開化語辞典　舶来語と漢字の出会い「宛字」集　4版　蟻田善造、田中あづさ編　光画コミュニケーション・プロダクツ，星雲社〔発売〕　2007.4　127p　18cm　1000円　Ⓘ978-4-7952-8223-0　Ⓝ813.7
(内容)急速に外国文化が入ってきた文明開化の時代、日本人は、音から、意味から、外来語を漢字にあてはめて日本語にとりいれてきた。さまざまなあて字を通して、昔の日本人の知恵がみえてくる舶来語辞典。

日本語の当て字うんちく辞典　村石利夫著　自由国民社　1994.6　286p　18cm　（J.K. BOOKS）　1200円　Ⓘ4-426-47200-8　Ⓝ811.2
(目次)1　衣類・衣装編，2　料理・食べ物編，3　趣味・娯楽編，4　暦・行事・風習編，5　身体・状態・動作編，6　外来語編，7　人・職業編，8　道具編，9　生活編，10　魚介類・海草編，11　動物編，12　植物編，13　虫編，14　自然・天候編，15　地名・人名編

〈内容〉江戸の学者も、明治の文豪も、楽しんで作ったにちがいない。慣用読みあり、借用字あり、こじつけあり、なんでもアリ、三段論法も真っ青の当て字の語源がすべて明かされる。

読んで楽しむ当て字・難読語の辞典　東京堂出版編集部編　東京堂出版　2011.7　311p　19cm　2000円　Ⓟ978-4-490-10802-6　Ⓝ811.2

〈内容〉辞書でひきにくい漢字が読める、書ける、使える。手軽に「読み」「書き」便利辞典。

漢 語

<辞 典>

岩波新漢語辞典　山口明穂，竹田晃編　岩波書店　1994.1　1313p　19cm　2400円　Ⓟ4-00-080080-9　Ⓝ813.2

〈内容〉日常生活・学習に必要な漢字・漢語として親字10300・熟語36000を収録した漢和辞典。編集方針は、国字・異体字の多数掲載。日本語としての漢語の意味や働きを字義に即して解説、JIS漢字へのコード番号表示など。付録には、漢語概説、異字同訓の漢字の用法、常用漢字筆順表、人名用漢字一覧、中国簡体字一覧などを収録する。

岩波新漢語辞典　第2版　山口明穂，竹田晃編　岩波書店　2000.1　1371p　19cm　2600円　Ⓟ4-00-080098-1　Ⓝ813.2

〈内容〉常用漢字1945字、人名用漢字285字を含む親字約11800語、熟語約36000語を収録した漢語辞典。音訓索引、総画索引、部首索引、常用漢字筆順表や人名用漢字一覧などを収録した付録がある。

岩波新漢語辞典　第3版　山口明穂，竹田晃編　岩波書店　2014.1　154,1474,112p　19cm　〈索引あり〉　3000円　Ⓟ978-4-00-080316-8　Ⓝ813.2

〈内容〉漢字を知れば、日本語がもっとおもしろくなる。親字800字、熟語3800項目を新加し、見出し字12600字、熟語39800語を収録。

漢語林　鎌田正，米山寅太郎著　大修館書店　1990.9　1293,94p　19cm　〈別刷：JIS漢字コード〉　2300円　Ⓟ4-469-03116-X　Ⓝ813.2

〈内容〉「新・人名用漢字表」に対応。漢字の成り立ちがわかるすべての親字についている解字欄。筆順がわかる一常用漢字と人名用漢字についている筆順。言語生活に役立つ―参考欄・名乗・難訓欄などの項目。漢字文化をより深く理解するために―図版と付録。より速く引くため

に―故事成語索引・四角号碼索引付。

漢語林　改訂版　鎌田正，米山寅太郎著　大修館書店　1991.4　1293,94p　19cm　〈付属資料（64p 18cm）：JIS漢字コード〉　2300円　Ⓟ4-469-03119-4　Ⓝ813.2

〈内容〉教育（学年配当表示）・常用漢字の音訓と人名用漢字を表示。すべての親字に文字のなりたち（解字欄）を付し、甲骨文字などの字体を多数掲げた。参考欄、異体字欄、名乗・難訓欄を設けて、言語生活に役立つ事項を豊富にもりこんだ。中国文芸年表・助字解説・国字一覧・中国簡化文字表など、充実した付録多数。理解をたすける豊富な図版。音訓・総画索引のほかに、故事成語索引・四角号碼索引をつけた。

漢語林　新版 2色刷　鎌田正，米山寅太郎著　大修館書店　1994.4　134,1379,55p　19cm　〈中国学芸年表：p1359～1379〉　2600円　Ⓟ4-469-03107-0　Ⓝ813.2

〈内容〉重要な漢文用例に新たに口語訳を付した。異体字を充実させ、親字との関係を明確にした。助字解説欄を設け本文のなかで詳しく解説。「使い分け」欄を新設、現代の漢字の用法を詳説。参考欄を充実、揺れうごく表記法を中心に丁寧に解説。図版・写真を大幅に追加、視覚的な効果を追求。JIS漢字を全収録、コードを本文中に表示。本文を二色刷りとし、見やすくわかりやすい紙面構成にした。

漢語林　新版（第2版）　鎌田正，米山寅太郎著　大修館書店　2001.11　134,1374,60p　19cm　2750円　Ⓟ4-469-03160-7　Ⓝ813.2

〈内容〉JIS漢字第1、第2水準を完全収録する漢和辞典。句点番号、句点コードを表示し、「表外漢字字体表」に対応。音訓索引、総画索引がある。

現代漢語例解辞典　林大監修，尚学図書編　小学館　1992.1　1428,84p　19cm　〈付（別冊48p），付（8p 15cm）　中国文化史年表：p1406～1415〉　2300円　Ⓟ4-09-501091-6　Ⓝ813.2

〈内容〉単に国語辞典の逆引きでなく、また単なる用字用語字典でもなく、漢字を主眼にして、漢字を用いた表現を、系統だてて整理し、解説したもの。

現代漢語例解辞典　2色刷　小学館辞典編集部編，林大監修　小学館　1997.1　1428,84p　19cm　〈付属資料：48p〉　2524円　Ⓟ4-09-501081-9　Ⓝ813.2

〈内容〉複数の意味を持つ漢字は意味ごとに熟語をグループ分け。漢文の実例2000余には全て読み下し文と口語訳のほか、難読地名・姓氏の読みなどを付けた。92年刊のものを二色刷に。

現代漢語例解辞典　第2版 2色刷　林大監修，

小学館辞典編集部編　小学館　2001.1　1449,23p　19cm　〈付（44,44p）　年表あり〉　2700円　Ⓘ4-09-501082-7　Ⓝ813.2

［内容］親字約9700字、熟語約5万語を収録した漢和辞典。親字は部首の形と位置で分類・排列し、検索には「部首ナビ」を採用する。また漢和辞典として初めて全用例に書き下し文と口語訳を付す。1997年刊の第2版。

現代に生きる幕末・明治初期漢語辞典　佐藤亨著　明治書院　2007.6　938p　27×20cm　28000円　Ⓘ978-4-625-40400-9　Ⓝ813

［内容］主に幕末明治初期に用いられ、現代にみられる漢語4482語を見出し語の五十音順に収録した漢語辞典。明治期から140年、日本語の中にすっかり定着した漢語の、その起源と変遷、使用の実態をたどることで、現代語との関わり・日本文化の推移を明らかにする。

新漢語林　鎌田正，米山寅太郎著　大修館書店　2004.12　1609,69p　19cm　2900円　Ⓘ4-469-03162-3　Ⓝ813.2

［内容］漢字のすべてを凝縮した漢和辞典。親字数1万4313、熟語数約5万収録。2000年国語審議会答申「表外漢字字体表」に完全対応。'04年版改訂JIS漢字を完全収録。'04年改訂の新人名用漢字に完全対応。漢文読解のキーポイント、わかりやすい「助字解説」。引用漢文はすべて現代語訳付き。漢字文化の理解に役立つ49のコラム。漢字の「使い分け」欄。常用漢字を中心に2700字に筆順を表示。「送り仮名の付け方」「現代仮名遣い」を付録に収録。

新漢語林　第2版　鎌田正，米山寅太郎著　大修館書店　2011.4　1751,57p　19cm　〈他言語標題：Kangorin　付（1枚）：部首名索引　年表あり〉　2900円　Ⓘ978-4-469-03163-8　Ⓝ813.2

［内容］親字数1万4629。中国古典から現代日本語まで、漢字の全てがわかる。新常用漢字表に完全対応。追加された漢字の筆順も明示。全用例に書き下し文と現代語訳付き。わかりやすい訳で、理解が深まる。用例を大幅増補。『論語』『史記』など教科書頻出の重要古典から、多数採録。漢文学習上最も重要な助字について、解説を全面刷新。

新版　漢語林　鎌田正，米山寅太郎著　大修館書店　1994.1　1379,55p　19cm　2400円　Ⓘ4-469-03108-9　Ⓝ813.2

［内容］中高校生の学習用、社会人の言語生活用の漢和辞典。新版の編集方針は、JIS漢字のコードを本文中に表示、重要な漢文用例への口語訳の付記、異体字を充実させ親字との関連を明示、「使い分け」欄の新設、現代の漢字の用法の詳説、揺れうごく表記法を解説、漢字・漢文の基礎知識をコラム化して掲載することなど。

大漢語林　鎌田正，米山寅太郎著　大修館書店　1992.4　2冊（セット）　26cm　24000円　Ⓘ4-469-03156-9　Ⓝ813.2

［内容］親文字1万4000字・熟語10万語。JIS第1水準・第2水準・補助漢字全収録、区点番号全表示。筆順付き（常用漢字・人名用漢字）。充実した古訓・難訓・名乗・解字・同訓異義欄。熟語が50音順で引ける「大漢語林語彙総覧」付。

大漢語林　鎌田正，米山寅太郎著　大修館書店　1992.6　94,1805p　27cm　〈中国学芸年表：p1696～1721〉　22000円　Ⓘ4-469-03154-2　Ⓝ813.2

大漢語林　語彙総覧　鎌田正，米山寅太郎著　大修館書店　1993.2　390p　27cm　2000円　Ⓘ4-469-03155-0　Ⓝ813.2

大修館漢語新辞典　鎌田正，米山寅太郎著　大修館書店　2001.4　1481,69p　19cm　2850円　Ⓘ4-469-03159-3　Ⓝ813.2

［内容］親字1万2207語を収録した学習漢語辞典。親字は部首の画数により排列。第1から第4水準までのJIS漢字を収録し、第1・2水準の漢字にはJISコードを付載。付録として、「送り仮名の付け方」「字体に関する解説」「孔子関係地図」「李白・杜甫関係地図」などがある。

四字漢語の用法　武部良明著　角川書店　1990.7　543p　19cm　〈角川小辞典5〉　2800円　Ⓘ4-04-060500-4　Ⓝ813.4

［内容］あいさつや文章の表現に現代に生かす文華の結晶。現在一般に使われている四字漢語約2200語を精選して収録した。ことばの意味の解説、出典や語の成立経緯などをくわしく紹介した。古典や現代の作品から、約4000の使用例を採録し、一語に二例を付した。表現の立場で、現代の表記法や文法上の注意事項をていねいに示した。四字漢語の下部の二字からでも引ける索引。

仮　名

＜辞　典＞

画引き　かな解読字典　かな研究会編　新典社　1994.4　110p　21cm　618円　Ⓘ4-7879-0427-2　Ⓝ210.02

［内容］古文書解読のためのかな字典。収録した草仮名は、平安時代から江戸時代までの写本・版本・古筆切など文学作品上において実際に使用されている字形から集字している。

文字・表記　　　　　　　　　仮名

かな字典　リアル・王朝・原寸　関口研二編　芸術新聞社　2011.3　223p　19cm　〈索引あり〉　2000円　①978-4-87586-301-4　Ⓝ728.5

(内容)かな文字こそ、日本の文化。平安の、黄金期のかな文字を、見やすく、わかりやすく、使いやすく配列した、珠玉の字典。「連綿」の付録付き。

かな表現字典　清水透石編　二玄社　1999.1　500p　19cm　2500円　①4-544-01243-0　Ⓝ728.5

(内容)和歌や俳句など、仮名の作品制作上、特に必要と思われる語句について、古典から語句単位で連綿、あるいは単体(漢字を含む)を組み合わせて抽出した字典。文字採録の範囲は、日本は奈良時代の空海から江戸時代に至る代表的な名蹟146点と、中国においては、王羲之を中心とした清朝に至る書人81人の名蹟を掲載。配列は五十音順。

かな用例字典　〔新装版〕　中田易直、中田剛直、新田英治、浅井潤子編著　柏書房　1994.4　620p　19×14cm　4500円　①4-7601-1083-6　Ⓝ728.5

(内容)国文資料編では初原から中世にいたる古筆切・消息・日記・古写本類などから広く採字し、その字母のひらがなと用例を時代順に配列。歴史資料編では古代・中世より近世に至る文書・記録類から採字。文学・歴史の両分野で使える字典。

古典かな字鑑　携帯版　飯島春敬編　書芸文化新社　2008.7　266p　19cm　2800円　①978-4-7864-0177-0　Ⓝ728.5

(内容)平安時代の代表的な仮名の名筆を収めたかな字鑑。あいうえお順に、それぞれ数種類の字形を収録。周易抄の仮名、希少字母字体拗撰、連綿のほか、出典証本の写真や解説も掲載。

字典かな　写本をよむ楽しみ　新装版　笠間影印叢刊刊行会編　笠間書院　2003.8　97p　21cm　〈付属資料:別冊1〉　780円　①4-305-70260-6　Ⓝ811.1

(内容)平安時代から江戸期にいたる伝本の名筆類から2110余文字を集字。一字ごとに典拠を示し、変体仮名のすべてを網羅。各時代の字体使用の傾向が窺えるよう機能的に編成された本書は、古典解読の手引きとして、かなの字典として、究極の1冊。「古筆拾影」を翻刻付載。

草仮名字典　関口研二著　雄山閣出版　2001.8　283p　21cm　3000円　①4-639-01744-8　Ⓝ728.5

(内容)「草」あるいは「草の手」と呼ばれる仮名を11世紀の仮名古筆の名跡群より収集し、7つの系統に分類した字典。系統ごとに年代順に掲載する。

平成疑問仮名遣　平成17年版　高崎一郎著　国語問題協議会、紀伊國屋書店〔発売〕　2005.5　592p　21cm　1500円　①4-87738-227-5　Ⓝ811.56

(目次)1 巻頭, 2 五十音図, 3 正仮名遣, 4 便覧本文, 5 附録(一般), 6 附録(字音), 7 図表

(内容)仮名遣の最新学説をここに集大成。現在一番確かだとしてよい、根拠のある仮名遣のすべてを積みこんだ辞書。

変体がな実用字典　古今和歌集が原文で読める　高野切第三種　川村滋子著　(京都)同朋舎出版　1990.5　93p　26cm　1600円　①4-8104-0865-5　Ⓝ728.5

(目次)高野切第三種について、高野切第三種に記された和歌、高野切第三種に用いられた「かな」の種類、高野切第三種に多く用いられた変体がな、高野切第三種に用いられた「漢字」の種類、高野切第三種・関戸本古今集切・本阿弥切に用いられた「かな」の比較

(内容)古今和歌集の代表的写本である「高野切第三種」。そこに用いられた変体がなの文字別頻度を初めて分析。原文解読・高野切風作品創作の両方に役立つ実用字典の第1弾。

変体がな実用字典　古今和歌集が原文で読める　関戸本古今集　川村滋子著　(京都)同朋舎出版　1991.4　116p　26cm　1800円　①4-8104-0941-4　Ⓝ728.5

(目次)関戸本古今集について、関戸本古今集に記された和歌、関戸本古今集に用いられた「かな」の種類、関戸本古今集に多く用いられた変体がな、関戸本古今集に用いられた「漢字」の種類、関戸本古今集・本阿弥切・高野切第三種に用いられた「かな」の比較

(内容)「高野切第三種」に続く実用字典シリーズの第2弾。収録和歌数の増加、データの詳細化等、充実を図っている。かな書家のための新型字典。

変体がな実用字典　古今和歌集が原文で読める　本阿弥切古今集　川村滋子著　(京都)同朋舎出版　1991.12　112p　26cm　2000円　①4-8104-0989-9　Ⓝ728.5

(目次)本阿弥切古今集について、本阿弥切古今集に記された和歌、本阿弥切古今集に用いられた「かな」の種類、本阿弥切古今集に多く用いられた変体がな、本阿弥切古今集に用いられた「漢字」の種類、本阿弥切古今集・関戸本古今集・高野切第3種に用いられた「かな」の比較。

(内容)古今和歌集の代表的写本に用いられた変体がなを分析・整理した新しい実用字典。連綿

国語表記　　　　　　　　　　　文字・表記

の用例、漢字の使用例等の資料を収録。三写本のかな使用頻度比較は集字頁から実際の文字で検索が可能に。原文解読・本阿弥切風作品創作の両方に役立つ構成。

やまとことば50音辞典　自分の名前の美しさに気づく　高村史司著　飛鳥新社　2016.3　229p　19cm　〈文献あり〉　1204円　①978-4-86410-479-1　Ⓝ811.5

(目次)第1章 なぜ1音1音に意味があるのか(漢字を離れるとわかる、やまとことばの本当の意味、日本人のおおらかさから生まれたことば、やまとことばは1音ごとにイメージがある ほか)、第2章 やまとことば50音辞典(あ行 すべての始まりの音、か行 輝くような力にあふれる、さ行 澄みきったさわやかな風 ほか)、第3章 もっと知りたいやまとことば(やまとことばって、どんな言語なの?、漢語とやまとことば、音読みと訓読み、漢語はもともと日本語ではない ほか)

(内容)やまとことばには「あ」から「ん」まで、それぞれの音にいにしえから脈々と受け継がれてきた深いメッセージがあります。あなたの名前に宿っている、ことだまの力がわかる。子供の名前・ペンネーム・商品名・会社の名前…あらゆる命名にも役立つ!

＜ハンドブック＞

かな字解　関口研二著　芸術新聞社　2014.12　206p　19cm　2000円　①978-4-87586-416-5　Ⓝ728.5

(内容)解き明かされる、かなの姿。平安時代に成立した、かなをビジュアルに整理、解析する。本書は、さまざまな略形、略化の範囲、伝統的か一時的使用かの分別、さらに希少字母等を明らかにしていく。当時の書き手に影響を与えた王義之との対比など、広大な文献を広く深く探り、整理・解析。かな文字を理解するための、ハンドブック。かなの美、かなの成立と変遷に迫る。ロングセラー「かな字典」の編者による、姉妹編。

旧漢字・旧仮名便利帖　阿久根靖夫, 間瀬肇編著　有精堂出版　1992.11　179p　19cm　1200円　①4-640-30719-5　Ⓝ811.2

旧字旧かな入門　府川充男, 小池和夫著　柏書房　2001.3　251p　21cm　〈シリーズ日本人の手習い〉　2300円　①4-7601-1997-3　Ⓝ811.2

(目次)第1章 旧字体(常用漢字、人名漢字、拡張新字体)、第2章 旧かなづかい(歴史的仮名遣、字音仮名遣)、第3章 用字・用語(漢字制限に伴う用語)、附録 パソコン・ユーザーのために、難読語索引

(内容)明朝体活字の旧字体を常用漢字と対照表にして示し、歴史的仮名遣・字音仮名遣の一般原則を簡潔にまとめたもの。現在ではなかなか見られなくなった用字法や用語の一覧を掲載。

三省堂新旧かなづかい便覧　三省堂編修所編　三省堂　1999.9　442p　15cm　1500円　①4-385-13847-8　Ⓝ811.56

(内容)現代仮名遣い(新かな)で日常普通に使われている言葉について、そのことばの歴史的仮名遣い(旧かな)を対照して示したもの。配列は現代仮名遣いの五十音順。現代仮名遣いと歴史的仮名遣い、および該当することばの漢字表記を三段に分けて示した。

三省堂新旧かなづかい便覧　新装版　三省堂編修所編　三省堂　2008.7　458p　16cm　1500円　①978-4-385-13848-0　Ⓝ811.56

(内容)新・旧の仮名遣いが異なる語2万語を各々対照して一覧に。同音語には新・旧同じ語もあわせて掲載。巻末には「歴史的仮名遣い概説」、内閣告示「現代仮名遣い」を収録。

国語表記

＜辞 典＞

大きな活字の現代国語表記辞典　第2版 大型版　武部良明編　三省堂　1998.6　772p　26cm　4200円　①4-385-13751-X　Ⓝ816.07

(内容)漢字仮名交じり文を書くときに役立つよう、約50000語の見出しを収録した表記辞典。文字の用い方に関する内閣告示等の基本的事項を「現代表記のしおり」として巻末付録とした。

現代国語表記辞典　第2版　武部良明編　三省堂　1992.9　772p　19cm　2000円　①4-385-13750-1　Ⓝ816.07

(内容)常用漢字・現代仮名遣い・送り仮名などの標準的な書き表し方や、旧来の表記も分かる。手紙を書くときに、広報活動に、オフィスでの文章作成に最適。ワープロの漢字交換の確認にもすぐ役に立つ。現代の日常語を書き表すのに必要な約5万語を収録。

21世紀 日本語表記辞典　島田昌彦編　文英堂　2002.6　542p　21cm　1500円　①4-578-12989-6　Ⓝ816.07

(内容)日本語による文章作成のための用語辞典。内閣告示・内閣訓令「常用漢字表」「現代仮名遣い」「外来語の表記」「送り仮名の付け方」に完全準拠。国語審議会の最終答申「表外漢字字体表」の漢字1022字に加え、見出し語・用例数約4万項目を収録。見出し語を五十音順に排列し仮名及び漢字表記、用例、関連語を記載する。

<ハンドブック>

新しい国語表記ハンドブック　第4版　三省堂編修所編　三省堂　1991.12　239p　19cm　450円　Ⓣ4-385-21135-3　Ⓝ811.56

(内容)外来語の表記、常用漢字表、現代仮名遣い、新人名用漢字収録。

新しい国語表記ハンドブック　第5版　三省堂編修所編　三省堂　2005.2　255p　19cm　560円　Ⓣ4-385-21136-1　Ⓝ811.56

(目次)常用漢字表、当用漢字表等と常用漢字表との対比、当用漢字表(まえがき／使用上の注意事項)、常用漢字の筆順、学年別漢字配当表、「異字同訓」の漢字の用法、同音異義語の使い分け、書き間違いやすい漢字、同音の漢字による書きかえ、日本新聞協会の、同音の漢字による書きかえ〔ほか〕

(内容)最新人名用漢字、表外漢字字体表を収録。巻末に、字訓索引と総画索引が付く。

新しい国語表記ハンドブック　最新の「常用漢字表」平成22年11月内閣告示で改定収録！　第6版　三省堂編修所編　三省堂　2011.5　271p　19cm　〈索引あり〉　700円　Ⓣ978-4-385-21137-4　Ⓝ811.56

(目次)常用漢字表、書体について、昭和五六年版常用漢字表と平成二二年版常用漢字表との対比、当用漢字表等と昭和五六年版常用漢字表との対比、当用漢字表(まえがき／使用上の注意事項)、常用漢字の筆順、学年別漢字配当表、「異字同訓」の漢字の用法、同音異義語の使い分け、書き間違いやすい漢字〔ほか〕

(内容)子どもから大人まで、日常的に文書や文章を読み書きする人にも、また、日本語を学習している人にも、だれにとっても読みやすく通じやすい日本語の表記を示すものとして「常用漢字表」や「送り仮名の付け方」の制定など、多くの国語施策が行われています。この本は、それらをいつでも手軽に調べられるように編集したものです。内閣告示・旧文部省告示・国語審議会報告、その他、現代日本語の表記法の目安・よりどころとなる資料を原文のまま収録し、それぞれが、いつ、どんな目的で出されたものかを注記し、わかりやすく示してあります。

新しい国語表記ハンドブック　最新の国語施策を見やすく掲載！　第7版　三省堂編修所編　三省堂　2015.1　262,42p　19cm　〈索引あり〉　740円　Ⓣ978-4-385-21138-1　Ⓝ811

(目次)常用漢字表、書体について、昭和五六年版常用漢字表と平成二二年版常用漢字表との対比、当用漢字表等と昭和五六年版常用漢字表との対比、当用漢字表(まえがき／使用上の注意事項)、常用漢字の筆順、学年別漢字配当表、「異字同訓」の漢字の使い分け例、同音異義語の使い分け、書き間違いやすい漢字〔ほか〕

(内容)内閣告示・旧文部省告示・国語審議会報告、その他、現代日本語の表記法の目安・よりどころとなる資料を原文のまま収録。それぞれが、いつ、どんな目的で出されたものかを注記し、わかりやすく示している。

最新版　ことばのしるべ　国語表記法のすべて　片桐大自編　学校図書　1990.9　240p　21cm　800円　Ⓣ4-7625-0555-2　Ⓝ811.56

(目次)第1章 常用漢字、第2章 人名用漢字、第3章 小学校学習漢字、第4章 送りがな、第5章 現代仮名遣い、第6章 わかち書き、第7章 符号の使いかた、第8章 数字の使いかた、第9章 同訓の漢字の用法、第10章 敬語、第11章 地名の表記、第12章 かたかな書きの語、第13章 ローマ字

大修館最新国語表記ハンドブック　大修館書店編集部編　大修館書店　2012.4　255p　19cm　700円　Ⓣ978-4-469-22219-7　Ⓝ811.56

(目次)常用漢字表―前書き・表の見方及び使い方・(付)字体についての解説、常用漢字表本表、常用漢字付表、平成22年告示「常用漢字表」での変更点、常用漢字の筆順、学年別漢字配当表、人名用漢字別表、表外漢字字体表、「異字同訓」の漢字の用法、同音異義語の使い分け〔ほか〕

(内容)2010年改定の「常用漢字表」に対応。常用音訓には「音訓の小・中・高等学校段階別割り振り表」の情報を反映。「現代仮名遣い」「送り仮名の付け方」は迷いやすい語例をまとめた語例集付き。常用漢字か人名用漢字か印刷標準字体か、漢字の種別を手軽に調べられる「漢字種別検索表」付き。

表記の手引き　第4版　松村明校閲、教育出版編集局編　教育出版　1992.6　246p　21cm　1500円　Ⓣ4-316-35480-9　Ⓝ811.56

(目次)用字用例集、音訓引き常用漢字表、人名に用いる漢字、現代仮名遣い、送り仮名の付け方、片仮名の使い方・外来語の表記、ローマ字のつづり方、符号の使い方、分かち書きの仕方、数字の書き表し方、原稿用紙の使い方

◆訓　点

<辞典>

訓点語辞典　吉田金彦、築島裕、石塚晴通、月本雅幸編　東京堂出版　2001.8　318p　21cm　8500円　Ⓣ4-490-10570-3　Ⓝ811.25

(目次)訓点語概説(訓点語研究史、訓点語学研

究法，平安時代 ほか），訓点資料（華厳刊定記
巻第五，新釈華厳経音義私記，成唯議論述記序
釈 ほか），訓点語彙（アガム（祟），アゲテ…ズ
（不勝），アザケル（嘲） ほか）
(内容)平安時代・鎌倉時代の古訓点資料を中心
として、訓点語研究の成果を総覧し、その研究
法を解説したもの。内容は、訓点研究の概要・
主要な訓点資料の解題・主な訓点語彙解説の3
部より構成。

<索 引>

訓點語彙集成　第1巻（あ〜い）　築島裕編
　汲古書院　2007.2　631p　21cm　20000円
　Ⓘ978-4-7629-3550-3　Ⓝ811.25
(目次)訓點語彙總觀（資料論，語性論，訓點語彙
と和文語彙との關聯），ヲコト點概要，主要訓點
資料（假名字體表，ヲコト點圖，奥書集），本文
(内容)編者が従来、訓點研究の資料として使用
してきた、訓點本の和訓語彙を集成。第1巻は
「あ」から「い」までを収録。

訓點語彙集成　第2巻（う〜か）　築島裕編
　汲古書院　2007.7　728p　22×16cm　20000
　円　Ⓘ978-4-7629-3551-0　Ⓝ811.25
(内容)編者が従来、訓點研究の資料として使用
してきた、訓點本の和訓語彙を集成。第2巻は
「う」から「か」までを収録。本文は語句と文献
番号の2つのみを記載。文献番号は、第1巻の巻
頭に収録されている「和訓載録文献一覧」と「和
訓載録文献五十音別索引」に付いているもの。

訓點語彙集成　第3巻（き〜さ）　築島裕編
　汲古書院　2007.11　558p　22cm　20000円
　Ⓘ978-4-7629-3552-7　Ⓝ811.25
(内容)編者が従来、訓點研究の資料として使用
してきた、訓點本の和訓語彙を集成。第3巻は
「き」から「さ」までを収録。

訓點語彙集成　第4巻（し〜そ）　築島裕編
　汲古書院　2008.4　562p　22cm　20000円
　Ⓘ978-4-7629-3553-4　Ⓝ811.25
(内容)平安時代の訓點資料の中で、原則として
西暦1001年以降の600点余について、その和訓
を集成したもの。第4巻には、「し」から「そ」
までを収める。

訓點語彙集成　第5巻（た〜と）　築島裕編
　汲古書院　2008.7　693p　22cm　20000円
　Ⓘ978-4-7629-3554-1　Ⓝ811.25
(内容)平安時代の訓點資料の中で、原則として
西暦1001年以降の600点余について、その和訓
を集成したもの。第5巻には、「た」から「と」
までを収める。

訓點語彙集成　第6巻（な〜ひ）　築島裕編
　汲古書院　2008.11　717p　22cm　20000円
　Ⓘ978-4-7629-3555-8　Ⓝ811.25
(内容)平安時代の訓點資料の中で、原則として
西暦1001年以降の600点余について、その和訓
を集成したもの。第6巻には、「な」から「ひ」
までを収める。

訓點語彙集成　第7巻（ふ〜め）　築島裕編
　汲古書院　2009.1　566p　22cm　20000円
　Ⓘ978-4-7629-3556-5　Ⓝ811.25
(内容)平安時代の訓點資料の中で、原則として
西暦1001年以降の600点余について、その和訓
を集成したもの。第7巻には、「ふ」から「め」
までを収める。

訓點語彙集成　第8巻（も〜ん）　築島裕編
　汲古書院　2009.5　610p　22cm　20000円
　Ⓘ978-4-7629-3557-2　Ⓝ811.25
(内容)平安時代の訓點資料の中で、原則として
西暦1001年以降の600点余について、その和訓
を集成したもの。第8巻には、「も」から「ん」
までを収める。

訓點語彙集成　別巻（漢字索引）　築島裕編
　汲古書院　2009.8　627p　22cm　20000円
　Ⓘ978-4-7629-3558-9　Ⓝ811.25
(内容)「訓點語彙集成」全8巻において、和訓を附
与された漢字の総索引を収録。索引は大略「康
煕字典」の順に配列し、漢字ごとに和訓を片仮
名にて表記する。

語 源

語源一般

＜事 典＞

基本 日本語語源事典 森宏太郎著 牧野出版 1992.4 193p 17cm 1000円 Ⓘ4-89500-023-0 Ⓝ812

(目次)第1部 日本語の100基語(人に関する基語,身体に関する基語,動作に関する基語,物に関する基語,その他の基語),第2部 北海道のアイヌ語系の地名(地方名,都市名,港湾名,河川名,道路関係の地名),主な参考文献,日本語の重要語100とそれらの基語構成の一覧表,北海道の主要地名20とその基語構成の一覧表

現代用語の大語源 コンピュータ・流行語から人気の商品名まで全500語 日本語の謎研究会編 青春出版社 1996.12 254p 15cm (青春BEST文庫) 480円 Ⓘ4-413-08321-0 Ⓝ812

(内容)何げなく喋ってた言葉の奥に,思いがけない意外な事実!最新日本語のルーツを探る。

語源がわかる言葉の事典 日本語表現研究会著 PHP研究所 1994.9 191p 18cm (日本語雑学ハンドブック 4) 1100円 Ⓘ4-569-54492-4 Ⓝ813.6

(目次)1 人の感情や状態を表す言葉,2 仕事や人間関係に関する言葉,3 日常よく使う言葉,4 暮らしにまつわる言葉,5 自然のなかの言葉

(内容)日常何気なく使っている言葉の由来を紹介する辞典。収録項目は「打合せ」「スッパ抜く」「ダメ」「醍醐味」「ピンからキリまで」など。

＜辞 典＞

衣食住語源辞典 吉田金彦編 東京堂出版 1996.9 339p 19cm 2575円 Ⓘ4-490-10434-0 Ⓝ812

(目次)衣,食(料理・食品名など,動植物名,ことば・道具など),住

(内容)衣食住に関する日常語1240語を収録し,その語源を解説した辞典。排列は五十音順。巻頭に衣・食・住別に語を分類して五十音順に掲げた「項目一覧」がある。一日常よく使われる

事物の名前がなぜそのように呼ばれるかを追求。

おもしろ奇語辞典 萩谷朴著 新潮社 1990.12 232,5p 20cm 1200円 Ⓘ4-10-379001-6 Ⓝ812

(内容)ユニークな語源探索。他の辞典にはない言葉への散策の道筋や体験・実験・ヒラメキをふんだんに取入れて,言葉の知識を伝える。

外来語語源辞典 堀井令以知編 東京堂出版 1994.6 290p 19cm 2500円 Ⓘ4-490-10369-7 Ⓝ813.7

(内容)日本に導入されて意味の変化したもの,日本に入る前に意味が何度も変化したもの,外来語と思われている和製のカタカナ語まで,日常語として使われるカタカタ語1950語を解説する辞典。

季語語源成り立ち辞典 榎本好宏著 平凡社 2002.8 394p 19cm 2400円 Ⓘ4-582-12422-4 Ⓝ911.307

(目次)淑気,御降,年玉,大服,屠蘇,節物,歯固,俵子,鏡餅,歯朶〔ほか〕

(内容)現代の歳時記から抜け落ちた語源・成り立ちを知るための「読む」辞典。約616項目の季語を月別および従来の歳時記同様の分野別に排列して平易に解説。付録は「二十四節気・七十二候一覧表」。巻末に参考文献一覧,主季語・傍題季語約3000項目から引く五十音順索引を付す。

決まり文句語源辞典 堀井令以知編 東京堂出版 1997.9 296p 19cm 2400円 Ⓘ4-490-10470-7 Ⓝ813.4

(内容)日本語の中の一定形式に表現される決まり文句のうちから,国語辞典にも解説のない語源のことば2200について解説。

暮らしのことば 語源辞典 山口佳紀編 講談社 1998.5 717p 21cm 3800円 Ⓘ4-06-125037-X Ⓝ812

(内容)現代使われる日本語の中から,衣・食・住に関するものを中心に言葉を選んで,その語源を解説した辞典。約2500語を収録。索引付き。

暮らしのことば 新語源辞典 山口佳紀編 講談社 2008.11 957p 22cm 4500円 Ⓘ978-4-06-265340-4 Ⓝ812.033

(内容)衣・食・住を中心に,日々の暮らしと特

語源一般　　　　　　　　　語源

に関係の深い語の語源を解説する辞典。1998年刊の新版。1,000項目を追加し3,500項目を収録、図版・写真750点を掲載する。一般語だけでなく、新聞・テレビ等で頻出する百科語、カタカナ語も幅広く採録する。

幻想由来辞典　新紀元社編集部, 川口妙子編集　新紀元社　2016.12　307p　19cm　〈文献あり 索引あり〉　1300円　Ⓘ978-4-7753-1453-1　Ⓝ812.033

〔内容〕日常的に用いられる単語や表現に加え、神話や伝承、英雄物語などに登場する単語や表現から、由来が面白いもの、由来が神話や故事に関わりのあるものを選び、その意味と由来を紹介した、一風変わった由来辞典です。

語源海　杉本つとむ著　東京書籍　2005.3　851p　21cm　7500円　Ⓘ4-487-79743-8　Ⓝ812.033

〔内容〕春雨はなぜハルアメではなくハルサメと読むのか。日本語研究に半世紀を捧げた著者が、そのすべての英知を集大成して、もっとも詳細でわかりやすい解説をほどこした「決定版・語源大辞典」。見出し語約1700。関連語も随時補説し、総解説語数6000。

語源辞典　形容詞編　吉田金彦編　東京堂出版　2000.10　386p　19cm　2800円　Ⓘ4-490-10553-3　Ⓝ813.6

〔内容〕現代語の形容詞・形容動詞960語を収め、万葉や源氏をはじめ近代文学や新聞から用例を豊富にあげ、語意・語源と語史を解説したもの。本文は見出し語の五十音順に排列され、巻頭に品詞別・活用別の項目一覧あり。

語源辞典　植物編　吉田金彦編著　東京堂出版　2001.9　281p　19cm　2400円　Ⓘ4-490-10586-X　Ⓝ812

〔内容〕国語学の側から見た植物名の語源辞典。桜・松・ススキ・ハス・稲・ゴボウ・ワカメ・花など身近な、そして重要な植物の名前680語についてその由来や語源を解く。五十音順に排列し、項目一覧付き。

語源辞典　動物編　吉田金彦編著　東京堂出版　2001.5　266p　19cm　2400円　Ⓘ4-490-10574-6　Ⓝ812

〔目次〕哺乳類、鳥類、魚類、昆虫類、その他、ことば

〔内容〕国語学の側から見た動物名の語源辞典。馬・鶏・アユ・蛍・カエル・たてがみ690語を収め、多彩な文献から用例をあげてこれまでの諸説を紹介し、語源不明とされていた動物にも新説を提案する。

語源辞典　名詞編　草川昇著　東京堂出版　2003.9　294p　19cm　2600円　Ⓘ4-490-10628-9　Ⓝ812

〔目次〕青, 赤, 垢, あかぎれ, 暁, 赤ん坊, 秋, 商い, 灰汁, あくび〔ほか〕

〔内容〕朝・枝・男・顔・薬・米・空・母・腹・東・星・町・山・雪など日常よく使うことば1040語を収め、古い文献から用例をあげ各々の語源説を紹介しながら解説。

語源の辞典　日常語の由来がわかる　北嶋広敏著　日本実業出版社　1995.3　262p　19cm　1300円　Ⓘ4-534-02292-1　Ⓝ813.6

〔内容〕本書は、だれもが知っている言葉を、日本語・外国語・外来語を問わず300語集めて、それぞれの由来や意味の変化、いつごろから使われたかを解説。

五十音順　日本語語源解読辞典　飯野睦毅著　東陽出版　2006.11　1248p　19cm　（日本語語源解読シリーズ　第1群）　4800円　Ⓘ4-88593-197-5　Ⓝ812.033

〔目次〕「ア行」の語,「カ行」の語,「サ行」の語,「タ行」の語,「ナ行」の語,「ハ行」の語,「マ行」の語,「ヤ行」の語,「ラ行」の語,「ワ行」の語

〔内容〕語源を解読した日本語を、五十音順に配列して、解読の方法・正しい語義・出典例を示した。併せて国語・古語辞典の語義の誤りを指摘した。

歳時記語源辞典　橋本文三郎著　文芸社　2003.9　281p　21cm　1700円　Ⓘ4-8355-6269-0　Ⓝ911.307

〔目次〕春（時候・天文・地理, 生活・行事, 動植物）, 夏（時候・天文・地理, 生活・行事, 動植物）, 秋（時候・天文・地理, 生活・行事, 動植物）, 冬（時候・天文・地理, 生活・行事, 動植物）, 新年

〔内容〕本邦初の本格的歳時記語源辞典。その他美しい日本語が蓄積された季語の由来を克明に解説。語源索引1500語。

三字熟語　語源小辞典　加納喜光著　講談社　2001.10　254p　19cm　1600円　Ⓘ4-06-210961-1　Ⓝ812

〔目次〕青天井, 青二才, 阿堵物, 暗々裡, 安息日, 偉丈夫, 韋駄天, 異端児, 一生面, 一弾指〔ほか〕

〔内容〕三字熟語の由来や語源を中心に解説したもの。できるかぎり出典も掲載。

知っ得　衣食住のことば語源辞典　日本漢字教育振興会編　(京都)日本漢字能力検定協会　1997.3　218p　18cm　（漢検新書　知っ得ことば術シリーズ 5）　900円　Ⓘ4-

931237-10-X　Ⓝ812
㋱食べ物・料理編（飲食・料理，野菜・穀類・果物，食べ物・料理のことばの比喩成句），衣服編（衣服・装身具，衣服ことばの比喩成句），住まい・道具編（住居・建築，家具・調度，暮らしの道具，住まい・道具ことばの比喩成句）

知っ得 植物のことば語源辞典　日本漢字教育振興会編　（京都）日本漢字能力検定協会　1997.11　218p　17cm　（漢検新書 知っ得ことば術シリーズ 7）　900円　ⓘ4-89096-001-5　Ⓝ812
㋱草花編，樹木編，藻類編，植物ことばの比喩成句
㋱日本で自生または栽培している植物のなかから450種を選び，植物の由来や歴史，特性などを解説した語源辞典。

知っ得 動物のことば語源辞典　日本漢字教育振興会編　（京都）日本漢字能力検定協会　1997.11　218p　17cm　（漢検新書 知っ得ことば術シリーズ 8）　900円　ⓘ4-89096-002-3　Ⓝ812
㋱哺乳類編，鳥類編，両生・爬虫類編，虫類編，魚介類編，架空の動物の由来，動物ことばの比喩成句
㋱日本及びその近海に生息する動物約400の名前の由来，漢字表記の由来を解説した語源辞典。哺乳類，鳥類，両生・爬虫類，虫類，魚介類の5分野と架空動物，動物のことば比喩成句に分けて，各項目を五十音順に収録。巻頭に五十音順総目次が付く。

知っ得 日常ことば語源辞典　日本漢字教育振興会編　（京都）日本漢字能力検定協会　1997.11　218p　17cm　（漢検新書 知っ得ことば術シリーズ 6）　900円　ⓘ4-89096-000-7　Ⓝ812
㋱1 感情・性格・態度を表すことば，2 行動・動作を表すことば，3 状態・態度・価値を表すことば，4 生活・文化・社会を表すことば
㋱日常なにげなく使っている言葉のなかから感情や行動，生活などに関することば480語を選び，4分野に分けて由来や歴史を解説した語源辞典。

写真で読み解く 語源大辞典　沖森卓也監修　あかね書房　2012.12　143p　30cm　4700円　ⓘ978-4-251-06644-2　Ⓝ812
㋱日常会話で使う言葉を五十音順に収録し，写真とともにその語源を解説。語源やその意味はもちろん，使い方の用例や，ふだん聞きなれないものの名前，知っているようで知らないことがらについて，より理解を深める「まめ知識」も充実。言葉が生まれた背景をくわし

く知ることができる読みもの，「言葉のはじまりのお話」を収録。

獣名源 本邦空前の語源書　江副水城著　（大阪）パレード，星雲社〔発売〕　2012.10　247p　21cm　〈文献あり　索引あり〉　1905円　ⓘ978-4-434-17101-7　Ⓝ480
㋱ケダモノ・ケモノ，アオダイショウ，アザラシ，アシカ，アナグマ，アライグマ，イイズナ，イタチ，イヌ，イノシシ〔ほか〕
㋱獣名のほんとうの語源を探る解説書。

植物の漢字語源辞典　加納喜光著　東京堂出版　2008.6　449p　20cm　〈文献あり〉　3800円　ⓘ978-4-490-10739-5　Ⓝ821.2
㋱木の部，瓜の部，禾の部，竹の部，米の部，艸の部，豆の部，韭の部，麦の部，麻の部，黍の部，部外1，部外2
㋱植物を表わす漢字の本来の意味と，その語源・字源を解説する語源辞典。470項目を収録。植物に関わりのある部首とその他の部外2種に分け，各部首ごとに画数順に排列する。各漢字は，中国と日本で意味する植物の違いや，国字であるかどうかなどを，文献により検証。植物の学名，別名，初出文献，用例などを記載する。巻末に，植物漢名索引，植物和名索引，引用文献解説などを付す。

新明解 語源辞典　小松寿雄，鈴木英夫編　三省堂　2011.9　1014p　19cm　3800円　ⓘ978-4-385-13990-6　Ⓝ812.033
㋱日常の言葉を中心に約4500語を収録。語源（説）・由来・語史を簡潔に記述。先行研究をふまえ，用例をあげた分かりやすい解説。「化学」「科学」「会社」「哲学」などの翻訳語・和製漢語も収録し，語史面から解説。

たべもの語源辞典　新訂版　清水桂一編　東京堂出版　2012.9　289p　20cm　2800円　ⓘ978-4-490-10822-4　Ⓝ813.6
㋱鳥・獣・魚貝類（アオヤギ（青柳），アユ（鮎）ほか），穀・野菜・果実・藻・茸類（アサツキ（浅葱），イチジク（無花果）ほか），加工食品・菓子・酒・調味料（あかふくもち（赤福餅），あさづけ（浅漬）ほか），調理法（あさじやき（浅路焼），あらい（洗鱠）ほか），料理名（あさじやき（浅路焼），あずきがゆ（小豆粥）ほか）
㋱野菜，魚介，果物，菓子など身近な食材や料理500をとりあげ，その語源・由来をたどるとともに料理法，逸話などの蘊蓄を満載。刊行以来30年余のロングセラーを改訂し新たに現代の読者に贈る。

動物の漢字語源辞典　加納喜光著　東京堂出版　2007.11　414p　19cm　3800円　ⓘ978-

4-490-10731-9　Ⓝ821.2

(目次)牛の部，犬の部，羊の部，虎の部，虫の部，豕の部，豸の部，貝の部，隹の部，馬の部，魚の部，鳥の部，鹿の部，黽の部，鼠の部，龍の部，龜の部，部外1，部外2

(内容)漢字・国字を合わせて，600の動物漢字の語源を収録。動物を表わす漢字の本来の意味と，その語源・字源を解説。中国と日本で意味する動物の違いや，国字であるかどうかなどを，膨大な文献で検証。単字は主に字源を，熟字・複合語は主に語源を説明。部首で分類し，その中を画数順に配列。字源解説のために多くの古代文字を掲載。巻末に「動物漢名索引」「国字・半国字・和製漢字表記索引」「動物和名索引」を収録。

なるほど語源辞典　山口佳紀編　講談社
　1999.9　253p　18cm　〈講談社ことばの新書〉　1300円　Ⓘ4-06-268559-0　Ⓝ812

(目次)第1章 食べ物・飲み物，第2章 衣服・道具・建築，第3章 動物・植物・自然，第4章 娯楽・芸能・宗教，第5章 人間・人体，第6章 社会・生活・文化，第7章 動作・状態・程度，第8章 熟語・成句

(内容)現代使われている日本語の中から，衣・食・住に関することば（単語あるいは慣用句）を中心に，日々の暮らしと関係の深いことばをテーマ別に選定し，その語源を解説した辞典。索引付き。

日常語語源辞典　鈴木棠三著　東京堂出版
　1992.6　261p　19cm　1800円　Ⓘ4-490-10311-5　Ⓝ812

(内容)幸せ・ごねる・田舎・犬など身近なことばの語源を読み物風に解く。国文学・民俗学・国語学・国史学に通じた博識な著者の多彩なアプローチによる日常語650余の語源・語史随筆。

日常語の意味変化辞典　堀井令以知編　東京堂出版　2003.6　301p　19cm　2500円　Ⓘ4-490-10622-X　Ⓝ812.033

(目次)愛敬・愛嬌，挨拶，愛想，相槌を打つ，合いの手を入れる，合う・会う・遭う，仰ぐ，青田買い，青菜に塩，煽る〔ほか〕

(内容)日常語1100の意味変化の歴史。本文は見出し語の五十音順に排列。

日常語の中の武道ことば語源辞典　加藤寛，西村諒編　東京堂出版　1995.7　300p　19cm　2500円　Ⓘ4-490-10393-X　Ⓝ813.6

(内容)鉢巻とは武士達が兜の下の烏帽子を押さえるため布でその縁を巻きつけたことによる…他にも以心伝心，一刀両断，軍資金，筋金入り，単刀直入など，日本語には武道に関わりの深い言葉が沢山。その語源探求の旅に誘う書。

日本語源広辞典　増井金典著　(京都)ミネルヴァ書房　2010.4　946,27p　22cm　6500円　Ⓘ978-4-623-05494-7　Ⓝ812.033

(内容)日本語源と中国語源との関連を追求し簡潔に述べる語源辞典。29200語を五十音順に排列。慣用句，同音異義語の語源も収載。地名，季節名，動植物名，食べ物名，カタカナ用語に分けた索引付き。

日本語源広辞典　増補版　増井金典著　(京都)ミネルヴァ書房　2012.8　6,1163,34p　22cm　〈文献あり 索引あり〉　7500円　Ⓘ978-4-623-06324-6　Ⓝ812.033

(内容)「なるほど，それでこう言うのか」豆知識から，国語や古典の学習まで，読んで楽しい語源辞典。1万2000余語を増補し，異なり語数約4万語を収載。

日本語源大辞典　前田富祺監修　小学館
　2005.4　1273,7p　21cm　6000円　Ⓘ4-09-501181-5　Ⓝ812.033

(内容)動植物，食べ物，服飾，道具などの物の名から，気象，伝承，身体語彙，擬音語・擬態語，動詞・形容詞まで，幅広い分野のことばを収録。上代の風土記から，鎌倉時代の語源辞書，近世の随筆，柳田国男・折口信夫の民俗学，現代の辞典類にいたるまで，数多くの資料の語源説を網羅。事物起源やカタカナ語を扱った200のコラム「ことばのしおり」と，神話・芸能・遊技・隠語・スポーツなど，テーマ別の特集記事「テーマで探ることばの由来」(32編)との2種類のコラムを用意。本辞典で取り上げられた諸説のすべての出典について，著者名，成立年代，内容などを解説。

日本語語感の辞典　中村明著　岩波書店
　2010.11　1181p　20cm　3000円　Ⓘ978-4-00-080313-7　Ⓝ813

(内容)「発想・着想・思いつき」「心得・素養・たしなみ」「感激・感動・感銘」…意味は一様であっても言葉には微妙な「語感（＝言葉のもつ感じ）」の違いがある。著者の日本語研究の集大成として，「語感の違い（＝ニュアンス）」を中心に解説した初の辞典が誕生。最適かつ多彩な言葉を探りながら，日本語の生きた知識が身に付く，蘊蓄満載の読める辞典。

日本語語源辞典　第2版　学研辞典編集部編　学研教育出版，学研マーケティング〔発売〕　2014.9　368p　18cm　(esprit)　〈他言語標題：Dictionary of Japanese Etymology　初版のタイトル等：〈目からウロコ〉の日本語「語源」辞典(学研2004年刊)　文献あり 索引あり〉　1500円　Ⓘ978-4-05-304064-0　Ⓝ812.033

(目次)1 日本の伝統と文化，2 日本人の衣食住，

3 日本人の自然観，4 東洋の書物と文化，5 西洋の書物と文化，6 日本語のあれこれ
⑭日本語の語源をときあかす2000項目収録．

日本語の語源辞典 西垣幸夫著 文芸社 2005.7 606p 21cm 2500円 Ⓣ4-8355-8920-3 Ⓝ812.033
⑭汲めども尽きぬことばの泉．単語家族系譜を編纂上基本的な考え方とし，日本語の淵源を尋ねて，その発生から意味，用例まで詳説した辞典．

日本語の「語源」ものしり辞典 知っていそうで知らない言葉のルーツ 板坂元監修 大和出版 2000.2 326p 19cm 1680円 Ⓣ4-8047-5566-7 Ⓝ812
⑯1 この章を読んで"初耳"が多いと「ちょっとマズイ…?」(赤字，アカデミー，赤門 ほか)，2 半分"聞いたことがある"なら「教養人!?」(挨拶，赤の他人，あこぎ ほか)，3 "難関"に挑戦! さて，どのくらい「知っているか!!」(あきんど，圧巻，あほう ほか)．

ふだん使っている日本語ものしり辞典 日本語を考える会編 角川書店 1997.5 126p 11×9cm〈角川ミニ文庫〉 200円 Ⓣ4-04-700157-0 Ⓝ812
⑯挨拶，合性，相槌を打つ，相棒，阿吽の呼吸，あくが強い，揚げ足を取る，挙句，あこぎ，圧巻，当て馬，油を売る，天邪鬼，あんばい，いたちごっこ，板につく，一か八か，一網打尽，一目置く〔ほか〕
⑭ごく身近なことばで興味深い由来・語源のあるもの166語を収録．排列は，見出し語の五十音順．

身近なことばの語源辞典 西谷裕子著，米川明彦監修 小学館 2009.11 335p 18cm〈文献あり 索引あり〉 1600円 Ⓣ978-4-09-504178-0 Ⓝ812.033
⑯1 生活，2 社会，3 文化，4 様相，5 人間，6 自然
⑭食べ物・ファッション・道具・建築・音楽・演劇・スポーツ・風習・動植物など暮らしのことば約2000語を厳選し，ジャンル別に収録．ことばの背景がよくわかる辞典．

目からウロコの日本語「語源」辞典 新版 学研辞典編集部編 学習研究社 2004.4 351p 18cm 1500円 Ⓣ4-05-402176-X Ⓝ812
⑯1 日本の伝統と文化，2 日本人の衣食住，3 日本人の自然観，4 東洋の書物と文化，5 西洋の書物と文化，6 日本語のあれこれ
⑭知ってるつもりで知らない日本語ルーツを探れば見えてくる．和語から漢語・外来語までことばの語源を知る全6章．

ヤマト言葉語源辞典 朴炳植著 (韓国)BANARY出版，国書刊行会〔発売〕 2001.3 950p 21cm 8550円 Ⓣ4-336-03244-0 Ⓝ812
⑯「語源解明の部」(人称代名詞，指示代名詞，疑問代名詞，四季の名称と，東西南北の方位，前後・左右・上下の呼称，草木の各部位の呼称，身体各部位の呼称，家族構成員の呼称，色彩・自然環境，擬声語・擬態語，日常用語)，「音韻変化法則の部」(日本語の音韻変化法則と用例，韓国語の音韻変化法則と用例)
⑭記紀・万葉に見られる言葉の変化は，日本全域の方言の特徴とともに，現代ヤマト言葉の成立過程の裏付けとなっている．古代から現代に至る日本語と韓国語の変化を徹底的に調べ，音韻変化法則によって両国語にあらわれるヤマト言葉の生い立ちから現代語に至るまでの変化成長過程を解く．

歴史から生まれた日常語の由来辞典 武光誠著 東京堂出版 1998.5 304,6p 19cm 2400円 Ⓣ4-490-10486-3 Ⓝ812
⑭歴史上の事件や人物に由来をもつ日常語520を解説した事典．

歴史から生まれた日本語源詮索辞典 現代に生きる古代語・中世語 武光誠著 創拓社 1992.11 408,7p 18cm 2000円 Ⓣ4-87138-149-8 Ⓝ812
⑭本書では，戦国時代以前にあたる古代，中世の事象にちなむ言葉で，現代でも使われているものをまとめて挙げることにした．

<ハンドブック>

語源ハンドブック 大伏肇編 池田書店 1994.6 326p 17cm 950円 Ⓣ4-262-15637-0 Ⓝ812
⑭2000語を取り上げ，語源説を紹介するポケットブック．

語　彙

各種の語彙

<事 典>

イラスト図解 モノの呼び名事典 英文対訳付き　GROUP 21編　日東書院本社　2009.10　223p　21cm　〈文献あり 索引あり〉　1500円　①978-4-528-01001-7　Ⓝ031.3

（目次）1 住まいと暮らし編, 2 衣・食・生活編, 3 伝統文化編, 4 乗り物編, 5 スポーツ編, 6 趣味・娯楽編.

（内容）誰でも知っているモノの名前から, こんなモノにも名前があったのかと思うパーツの名前まで, 様々な「モノの呼び名」を紹介する事典. 身近な住まいや生活に密着したモノ, 意外と知らない日本独自の伝統文化まで, モノの呼び名と共にそのルーツも紹介. それぞれの「モノの呼名」には英訳も記載.

からだ言葉の事典　日本語表現研究会著　PHP研究所　1995.9　191p　18cm　（日本語雑学ハンドブック 6）　1100円　①4-569-54843-1　Ⓝ814.4

（内容）人間の「からだ」に関連した, 慣用句, ことわざ, 格言を900項取り上げ, 正しい理解のための解説と, 適切に使うための用例を加える. 日本語の微妙で, 豊富な表現を学ぶのに役立つ. 総索引付き.

原色 色彩語事典 色の単語・色の熟語　香川勇, 長谷川望編著　（名古屋）黎明書房　1998.2　163p　26cm　2800円　①4-654-07579-8　Ⓝ757.3

（目次）1 色の象徴性, 2 色の構造的意味, 3 色の立体的意味, 色彩語事典（赤, 黄, 褐色, 緑, 青, 紫, 黒, 白, 灰, 赤と黒, 黄と黒, 赤と緑, 赤と青, 黄と青）.

（内容）子どもの絵, 名画, 映画, 文学, デザイン, 流行などに現れる「色」に焦点を当て, 色彩の心理的意味を解説した事典.

全図解 モノの呼び名がわかる事典　中村三郎, グループ21著　日本実業出版社　1999.7　230p　19cm　1400円　①4-534-02958-6　Ⓝ031.3

（目次）第1章 文化編, 第2章 住まい編, 第3章 生活編, 第4章 趣味編, 第5章 ファッション編, 第6章 スポーツ編.

（内容）世の中にあるさまざまな分野のものを, 文化編, 住まい編, 生活編, 趣味編, ファッション編, スポーツ編の6つに分けて, 部位, 部分の名前やそのものの名称をイラストと文章で解説した事典.

ほめことばの事典　榛谷泰明編　白水社　2005.11　502,20p　19cm　3800円　①4-560-02783-8　Ⓝ908.8

（目次）愛, 愛嬌, 哀愁, 相性, 愛情, 哀傷歌, 愛人, 哀惜, 哀悼, 愛の重荷〔ほか〕.

（内容）古今東西の小説, 詩, 戯曲などから, いろいろな場面で使われるほめことばを収録した事典. 3000以上の事例を約800項目に分類. 配列は項目名の五十音順で事例, 出典を記載. 巻末に五十音順の作家索引が付く.

<辞 典>

異名・別名の辞典　伊宮伶編　新典社　2003.7　286p　19cm　1400円　①4-7879-7826-8　Ⓝ813.1

（内容）異名・異称・別名・別称・古名・旧称・通称・俗称・美称・漢名・唐名・女房詞など, あらゆる呼称を網羅. 古来より生み出されている美しい言語世界を体現. 本文は五十音順に排列.

色の日本語いろいろ辞典 コトバにも色がある!　加藤迪男編著　日本地域社会研究所　2009.9　233p　19cm　（コミュニティ・ブックス）　〈文献あり 索引あり〉　1905円　①978-4-89022-906-2　Ⓝ757.3

（目次）ピンク系, 赤系, 橙系, 茶系, 黄系, 緑系, 青系, 紫系, 白系, 灰色系, 黒系.

（内容）こんなにもある日本語の色. 自然や四季の中の多彩な色. 日本文学を彩る色の美と心. 色名から日本の色彩文化を知る.

おいしさの表現辞典　川端晶子, 淵上匠子編　東京堂出版　2006.8　405p　19cm　2800円　①4-490-10694-7　Ⓝ816

（目次）序論 おいしさとは, 1 穀類, いも, 豆のおいしさ表現, 2 野菜, きのこ, 藻のおいしさ表現, 3 果物, 種実のおいしさ表現, 4 魚介の

語彙　　　　　　各種の語彙

おいしさ表現，5 肉，卵，乳のおいしさ表現，6 調味料（含砂糖，油）のおいしさ表現，7 菓子，嗜好飲料のおいしさ表現，8 料理全般（水を含む）のおいしさ表現

〈内容〉「甘い」「酸っぱい」「苦い」「うまい」などの基本的な表現から，「すっきり」「まろやか」「香ばしい」「キレのいい」「ふくよかなうまみ」など様々な感覚表現まで。心を豊かにし，元気を与える感動的なおいしさ表現の集大成。気の利いた言い方をしたいというときに役立つ味覚表現辞典。日本語の文学作品・エッセイ350冊，および四大新聞から約3000例を食べ物，料理別に収録。

おいしさの表現辞典　新装版　川端晶子，淵上匠子編　東京堂出版　2016.12　405p　19cm　〈索引あり〉　2200円　Ⓘ978-4-490-10884-2　Ⓝ816

〈目次〉1 穀類，いも，豆のおいしさ表現，2 野菜，きのこ，藻のおいしさ表現，3 果物，種実のおいしさ表現，4 魚介のおいしさ表現，5 肉，卵，乳のおいしさ表現，6 調味料（含砂糖，油）のおいしさ表現，7 菓子，嗜好飲料のおいしさ表現，8 料理全般（水を含む）のおいしさ表現

〈内容〉食べ物，料理別に文学作品を中心に約3000用例を収録。「甘い」「酸っぱい」「苦い」「うまい」などの基本表現はもちろん「すっきり」「まろやか」「香ばしい」「キレのいい」「ふくよかなうまみ」など様々な感覚表現まで味覚表現の集大成。

大きな活字 日本の伝統の言葉辞典　荒木清著　日東書院本社　2008.6　318p　17cm　920円　Ⓘ978-4-528-01753-5　Ⓝ814

〈目次〉1章 生活のことば，2章 自然のことば，3章 芸術のことば，4章 宗教・行事のことば，5章 やまとことば

〈内容〉日本の伝統的な言葉を，約600項目選び，5つの章に分けて，各章ごとに五十音順に配列。本文は見出し語，読み方，類義語，用例，解説からなり，巻末に索引が付く。

女と男の日本語辞典　上巻　佐々木瑞枝著　東京堂出版　2000.6　329p　19cm　2200円　Ⓘ4-490-10544-4　Ⓝ814.9

〈内容〉日本語の「女のことば」と「男のことば」について文化的側面を考慮しながら日本のジェンダーについて考察した日本語辞典。ことばを通して見る現代社会の性差。女と男に関わることばは日本社会の変化に伴い変質しつつもなお歴然と残っている性差について，用例を豊富に示しその実態を究明。ことばは130項目を見出し項目として収録，五十音順に排列。各項目はその言葉の表す男女の別と意味，用例と背景等の解説を掲載。ほかに収録語彙の意味による分類を収録。巻末に関連項目を含む五十音順索引を付す。

女と男の日本語辞典　下巻　佐々木瑞枝著　東京堂出版　2003.12　338p　19cm　2400円　Ⓘ4-490-10634-3　Ⓝ814.9

〈目次〉初々しい，ウーマン・リブ，美しい，うば桜，姥捨て山，梅干し婆，麗しい，売れ残り，おじいさん・おばあさん，極道〔ほか〕

〈内容〉ことばと社会の変化を巨視的な視点でとらえ，豊富な用例を示しながら現代日本社会における女と男の日本語の差異，ニュアンスの違い，女ことば・男ことばの変化をたどり，日本語のなかの「ジェンダー観」を究明する。収録項目数は100。本文は五十音順に排列。巻末に五十音順索引を収録。

からだ語辞典　土肥直道著　騒人社　1996.9　340p　21×16cm　2600円　Ⓘ4-88290-019-X　Ⓝ814.4

〈目次〉目，耳，鼻，口，唇・くちばし，舌，歯，頭（おつむ・こうべ），顔，ひたい（おでこ），ほお，まゆ，まつげ・まぶた，髪，つむじ・毛，ひげ・あご，のど，首，えり・肩〔ほか〕

〈内容〉人間の身体に関係する語・慣用句を解説した事典。からだの部分ごとに分類し用例とともに収録する。本文中の漢字には総ルビを付す。巻末に慣用句の五十音順索引がある。

からだことば辞典　東郷吉男編　東京堂出版　2003.4　371p　19cm　2900円　Ⓘ4-490-10619-X　Ⓝ814.4

〈目次〉頭，脳，額，顔，面，頬，目，瞳，瞼，鼻〔ほか〕

〈内容〉頭のてっぺんから足の先まで体の働きから連想してどのような日本語が作られているか6000語を網羅した初めての辞典。目・鼻・耳・口・歯など身体部位の持つ特徴からさまざまな言葉が作られ，日本人の豊かな発想法がわかり興味尽きない。国語辞書には出ていない慣用句や成句・熟語なども数多く収め日本語教育に便利。

からだ表現の辞典　伊宮伶編　新典社　2002.12　223p　19cm　1200円　Ⓘ4-7879-7825-X　Ⓝ814

〈目次〉体に関する表現，姿に関する表現，肌に関する表現，髪に関する表現，頭に関する表現，顔に関する表現，額に関する表現，眉に関する表現，まぶたに関する表現〔ほか〕

〈内容〉からだに関する日本語表現を集めた辞典。辞典，文学，服飾・化粧関係の文献などから単語・熟語単位のことばを採録，からだの部位別分類の下で五十音順に掲載する。各語にはよみと語義を記載し，イメージを助けるさし絵も掲載する。

究極版 逆引き頭引き日本語辞典 名詞と動詞で引く17万文例　小内一著　講談社　1997.10　959p　15cm　〈講談社+α文庫〉　1900円　Ⓘ4-06-256225-1　Ⓝ814

〔内容〕名詞と動詞の結び付きのなかで、格助詞「を」などで結ばれた名詞と動詞の用例を収録した辞典。見出し語を格助詞で対応語につなげ、葉「を」動かす、葉「を」揺らすなど別な言い回しや表現を探すことができる。

倉本美津留の超国語辞典　倉本美津留編著　朝日出版社　2015.12　369p　18cm　〈他言語標題：Mitsuru Kuramoto's Super Dictionary 「どらごん」(1999年刊)の改題、増補大改訂版〉　1680円　Ⓘ978-4-255-00897-4　Ⓝ814

〔目次〕大げさ表現語、お得読み漢字、お言葉・御の字、両立熟語、言葉の漫才師、並べ術、ビジュアル言葉、同音言葉多入短文、日英ことわざ・慣用句オモシロ比較、おかしな名前つけられて、言葉の街角、淋しい森林、勢い書き順、ややこしい！言葉、ピラミッド漢字、漢字の新しい覚え方、比喩表現の夕べ、外国の偉人に漢字の名前を〔ほか〕

〔内容〕当たり前の日本語こそ宝の山である。NHK Eテレ『シャキーン！』などを手がける放送作家が編み出した一「日本語の面白さ」に出会える発想のヒント満載の画期的辞典！

これは使える「体ことば」辞典　講談社辞典局編　講談社　2000.3　221p　18cm　〈講談社ことばの新書〉　1200円　Ⓘ4-06-268564-7　Ⓝ814.4

〔目次〕頭、髪・毛・髭、額、顔、面、頬、顎・頤、目・眼、眉・睫、鼻〔ほか〕

〔内容〕身体にまつわる言葉を収録した辞典。部位別に約1800語を収録。五十音順排列。由来・用法、類義語・反対語なども併せて収録。

辞書には載らなかった不採用語辞典　飯間浩明著　PHPエディターズ・グループ，PHP研究所〔発売〕　2014.12　207p　19cm　〈索引あり〉　1300円　Ⓘ978-4-569-81816-0　Ⓝ814

〔目次〕第1章 思わず言い間違った？―まだ定着していないことば(アガる，アダルティー ほか)，第2章 辞書にあったら楽しそう―ユーモアのあることば(空き家，甘下り ほか)，第3章 こんな言い方もあるとは―バラエティーに富んだことば(赤タン，あぶれ手当 ほか)，第4章 いつかは全国区に？―方言あるいは方言ふうのことば(あとぜき，あんけらそ ほか)，第5章 行けると思ったのに―最後に落選したことば(あいうえお作文，悪事身に返る ほか)

〔内容〕勘違いから生まれたことば、業界特有の

ことば、世相を映すことば、クスッと笑えることば。『三省堂国語辞典』の編纂者が、文芸書からツイッター、バスの中の大学生の会話までを渉猟して集めに集めた辞書に載らない、けれど魅力的なことばたちをユーモアたっぷりに解説！

「死」にまつわる日本語辞典　奥山益朗編　東京堂出版　1997.9　252p　19cm　2200円　Ⓘ4-490-10466-9　Ⓝ813.1

〔内容〕「死」を暗示することばを項目とした日本語辞典。

そこんとこ何というか辞典 物の数え方・物の名前　日本の常識研究会編　ベストセラーズ　2005.5　262p　15cm　〈ワニ文庫〉　638円　Ⓘ4-584-39207-2　Ⓝ815.2

〔目次〕巻頭特集 コレって何!?，第1部 物の数え方(植物の数え方，生き物の数え方，野菜・果物の数え方，料理・菓子の数え方，文房具の数え方，住まい・家具の数え方，身につける物の数え方，乗り物の数え方)，第2部 物の名前(日本間、日本庭園，家紋，文様，城，日本刀，日本髪，盆栽，歌舞伎，能・狂言，雅楽，茶道，華道，書道，柔道，弓道，剣道)

〔内容〕金魚は一匹、二匹、または一尾、二尾で数える。サケだって同じでしょ！と思いきや、サケには隻や石なんて数え方も…。本書ではそんなおもしろ数え方と秘められたエピソードを満載。さらに今まで、あそこ、ここでお茶を濁してきた、城や日本間、庭園等の各部位の名称をイラスト入りで大公開。

日本語ジェンダー辞典　佐々木瑞枝著　東京堂出版　2009.6　545p　20cm　〈『女と男の日本語辞典』(2000～2003年刊)の加筆修正、合本　文献あり〉　3800円　Ⓘ978-4-490-10754-8　Ⓝ814.9

〔目次〕愛嬌，愛人，青臭い，青二才，悪妻，悪童，悪人，あぐら，悪漢，一匹狼〔ほか〕

〔内容〕日本語の中の女と男にかかわることばの成立や用法、意味の変容をたどり、日本社会における社会的・文化的性差(ジェンダー)意識の構造と、その歴史と現在を浮き彫りにする。

日本語常識辞典　土屋道雄編　日栄社　2009.4　430p　18cm　〈索引あり〉　714円　Ⓘ978-4-8168-0130-3　Ⓝ814

〔目次〕ことば編(四字熟語，故事成語，慣用句，ことわざ)，漢字・熟語編(難読語，同音異義語，同訓異義語，誤りやすいことば)

猫の国語辞典 俳句・短歌・川柳と共に味わう　仏淵健悟，小暮正子編　三省堂　2016.12　247p　19cm　〈文献あり〉　1500円　Ⓘ978-4-385-36067-6　Ⓝ911.08

〔内容〕猫が詠まれた句2,400と猫に関する言葉を

集めた国語辞典。

早引き連想語辞典 米谷春彦編，野元菊雄監修 ぎょうせい 1994.6 859p 19cm 4800円 ⓘ4-324-02173-2 Ⓝ816

(内容) 頭の中で思い浮かべた平易な言葉から適切な語句を導き出すための「検索辞典」。見出し語の五十音順に排列，見出し語のもとに類語・同義語のほか反対語，用例などを連想語として列挙する。連想語の意味や使い分けを説明するものではないので類語辞典や国語辞典ではない，と述べている。

味覚表現辞典 奥山益朗編 東京堂出版 2001.6 340p 19cm 2400円 ⓘ4-490-10578-9 Ⓝ816

(目次) 文壇の食いしん坊・食味への執着表現，米の味についての味覚表現，鮨・丼飯・ライスものの味覚表現，魚貝類の味覚表現，野菜・山菜の味覚表現，豆腐類の味覚表現，果実の味覚表現，肉・卵類の味覚表現，麺類・パンなどの味覚表現，和菓子の味覚表現，嗜好品の味覚表現

(内容) 食べ物の味をどう表現するか困ったときの手引きとなる表現辞典。獅子文六，舟橋聖一，幸田文，壇一雄，沢村貞子など作家・美味探究家たちの名文を引用し，食品の種類別に掲載する。

"役割語"小辞典 金水敏編 研究社 2014.9 245p 19cm 2000円 ⓘ978-4-7674-9113-4 Ⓝ814.9

(内容) マンガ，アニメ，ドラマ，映画，演劇，小説などのフィクションの世界で多用されている"役割語"を徹底解剖。"役割語"とは，特定の人物像と密接に結びついた特徴的な言葉づかいのこと。

<索 引>

近代語彙集 竹中憲一編著 皓星社 2015.9 718p 22cm 17000円 ⓘ978-4-7744-0491-2 Ⓝ814.7

(内容) 早稲田大学「東洋文庫」所蔵の資料を典拠とし，資料群のなかに記録されている日本語の近代語彙の初出を採録。

<ハンドブック>

大人の日本語 つい教養が出てしまうとっておきの471語 話題の達人倶楽部編 青春出版社 2012.1 206p 19cm 〈文献あり〉 476円 ⓘ978-4-413-11049-5 Ⓝ814.4

(目次) できる大人が使いこなす「定型フレーズ」の秘密，普段使いのことばをワンランク上にする方法，「漢字」を知れば，面白いほどボキャブラリーが増える!，微妙なニュアンスをことばにするコツ，「ほめ上手」「けなし上手」のちょっとしたモノの言い方，つい教養が出てしまう「四字熟語」の使い方，さりげなく使いこなしたいカタカナ語

(内容) 漢字，四字熟語，ことわざ，慣用句，外来語…を自由自在に使いこなす。大人のための新しい日本語教室。一目置かれる! 気持ちが伝わる秘密のボキャブラリー集。

<図鑑・図集>

大和言葉つかいかた図鑑 日本人なら知っておきたい心が伝わるきれいな日本語 海野凪子文，ニシワキタダシ絵 誠文堂新光社 2016.1 197p 18cm 〈文献あり 索引あり〉 1200円 ⓘ978-4-416-71591-8 Ⓝ814

(目次) あいさつ，人づきあい，しごと，すがたかたち，ようす，たち，評価，程度，きもち，まちあるき

(内容) 使ってみると，日常がちょっとウキウキする。日本人の感性にしっくりくる優しい響きの和の言葉。身近な例文となごむイラストで，楽しみながら使い方が身につく!

故事成語・熟語・ことわざ

<事 典>

大きな文字で見やすい 故事・ことわざ事典 金田一秀穂監修 成美堂出版 2005.12 335p 21cm 1200円 ⓘ4-415-03171-4 Ⓝ813.4

(内容) 現代に生きている本当に必要な1960項目を厳選。現代口語による言い換えの見出しをつけ，故事・ことわざの意味がひと目でわかる。故事・ことわざの由来，出典をくわしく解説し，理解が深まる。語中の言葉でも検索できるキーワード索引が便利。出だしが思い出せなくてもすぐ探せる。

故事ことわざ 正確な出典と豊富な関連知識 改訂版 田中佩刀著 ライオン社 2009.10 231p 19cm 〈索引あり〉 1200円 ⓘ978-4-8440-3537-4 Ⓝ814.4

(内容) 大学入試や企業の採用試験で出題された故事，ことわざの中から，社会人の一般常識として，また，大学進学対策として必要なものを選定収録した事典。一般常識(教養)という観点から，故事，ことわざに加えて，四字熟語，い

故事成語・熟語・ことわざ　　　語彙

ろは歌留多，地口（語呂合わせ）などの幅広い語句も収録する。

故事成語　三省堂編修所編　三省堂　1999.7　218p　18cm　（ことばの手帳）　1000円　Ⓣ4-385-13855-9　Ⓝ823
〈内容〉故事成語950項目の由来と背景を解説した事典。五十音順配列。

故事名言・由来・ことわざ総解説　知的生活のための言葉の実用事典　改訂新版　三浦一郎ほか著　自由国民社　1992.1　1冊　21cm　2500円　Ⓣ4-426-15105-8　Ⓝ813.4
〈目次〉歴史と文芸からの故事名言，神話伝説からの故事名言，各国の宗教からの故事名言，古典のなかのWHO'S WHO，暮らしの中の故事名言，巻末特集・世界のことわざ
〈内容〉知的生活のための言葉の実用事典。日本・世界の神話，伝説，宗教，名言，歴史のエキスから，動物，植物，星座，行事，年号の由来まで。

故事名言・由来・ことわざ総解説　改訂増補版　三浦一郎ほか執筆　自由国民社　1992.10　734p　21cm　（知的生活への実用事典シリーズ）　2980円　Ⓣ4-426-15106-6　Ⓝ813.4
〈内容〉本書はいわゆる故事名言ことわざのみにとどまらず，世界の宗教と神々，悪魔と妖怪，花言葉，身近な動植物名，祭りや暦のことばの由来などにまで及んでおり，「現代の古典雑学総合事典」の内容も兼備したものである。

故事名言・由来・ことわざ総解説　改訂増補版　三浦一郎ほか執筆　自由国民社　1993.12　734p　21cm　（知的生活への実用事典シリーズ）　2980円　Ⓣ4-426-15107-4　Ⓝ813.4
〈目次〉歴史と文芸からの故事名言，神話伝説からの故事名言，各国の宗教からの故事名言，古典のなかのWHO'S WHO，暮らしの中の故事名言，世界のことわざ
〈内容〉世界の故事・名言・ことわざを解説する事典。収録範囲は，一般的な故事・名言・ことわざのほか，日本・世界の神話，伝説，宗教，名言，歴史のエキスから動物，植物，星座，行事，年号の由来まで。

ことわざ　三省堂編修所編　三省堂　1999.7　218p　18cm　（ことばの手帳）　1000円　Ⓣ4-385-13856-7　Ⓝ813.4
〈内容〉日常よく用いられる慣用句約1400項目を五十音順に配列し収録した事典。

ことわざ絵解き事典　南清彦著，藤原重夫画　叢文社　2003.2　231p　21cm　2600円　Ⓣ4-7947-0442-9　Ⓝ813.4
〈目次〉前編（主要ことわざ一，〇〇〇の絵解き解説―同義語・反対語・関連語付き），後編（基本ことわざ三，〇〇〇の内容別分類）
〈内容〉古今東西の体制順応型と批判型のことわざ1000を解明。古今東西のことわざ3000を内容別に6種に分類。更に30余種に小分類して整理。

ことわざ事典7000語　延原政行編著　金園社　2002.2　669p　19cm　1700円　Ⓣ4-321-21409-2　Ⓝ813.4
〈内容〉ことわざの本来の意味や故事を正しく理解するための辞典。約7000語を五十音順に排列して紹介。学生や一般社会人向け。

ことわざ・名言事典　新版　創元社編集部編　（大阪）創元社　2000.9　357p　19cm　950円　Ⓣ4-422-02106-0　Ⓝ813.4
〈目次〉ことわざ編，名言編（国家と社会，経済と職業，自然と宗教，時と人生，人間と道徳，友情・恋愛・結婚，家庭と生活，文化と教育）
〈内容〉ことわざ，名言の事典。短い文章表現の中に宜すやユーモアをもち，さらに内容的に人情の機微をついた鋭さをもつことわざ，名言約5000を収録。ことわざ編と名言編で構成。ことわざ編は五十音順に排列，名言編は国家と社会，経済と職業など各テーマ別に排列する。

最新　ことわざ・名言名句事典　創元社編集部編　（大阪）創元社　2016.11　383p　19cm　〈索引あり〉　980円　Ⓣ978-4-422-02108-9　Ⓝ814.4
〈目次〉ことわざ編（五十音順），名言名句編（内容分類順）（国家と社会，経済と職業，自然と宗教，時と人生，人間と道徳 ほか），索引編
〈内容〉「ことわざ」2500語と「名言名句」2200語を1冊に凝縮。総計4700語の中からスピーチや挨拶文など多彩な用途に応じてお気に入りの言葉が探せる便利事典。キーワードや人名で引ける索引を完備。

最新・知っておきたいことわざ事典　日本文芸社編　日本文芸社　2009.12　326p　17cm　〈索引あり〉　900円　Ⓣ978-4-537-20776-7　Ⓝ813.4
〈内容〉生きる知恵として役立つ約1000語収録。わかりやすい例で意味がよくわかる。典拠が明確なことわざは，「出典」と「意味」を解説。見出しのことわざに対応する西洋のことわざも収録。

十二支（えと）のことわざ事典　加藤迪男編　日本地域社会研究所　2010.1　321p　21cm　（〔コミュニティ・ブックス〕）　〈文献あり〉　2800円　Ⓣ978-4-89022-911-6　Ⓝ148.7
〈目次〉子，丑，寅，卯，辰，巳，午，未，申，

酉，戌，亥

⑩本書には、十二支の子、丑、寅、卯、辰、巳、午、未、申、酉、戌、亥のほか、十二支動物を表す鼠、牛、虎、兎、竜、蛇、馬、羊、猿、鶏、犬、猪などの漢字が使われていることばも含まれている。取り上げた見出し語は、十二支動物ごとに各項目の言い出しことばを基準に50音順に並べ、利用しやすいように配慮。

図説 ことわざ事典　時田昌瑞著　東京書籍
　2009.9　845p　27cm　〈文献あり 年表あり〉　11000円　Ⓘ978-4-487-79954-1　Ⓝ813.4

⑩ことわざを図版とともに解説する事典。江戸から現代にいたる版本冊子を中心に、奈良時代から現代までの絵画・絵本などから採録したことわざ2,200項目を収録。収録図版は約4,300点。排列は五十音順。各項目には、平安時代から現代までの書物をはじめ、絵画・カルタ・新聞戯評・彫刻・塗物・織物などからことわざ絵作品を拾い出し掲載する。絵で楽しむ、ことわざ事典。

世界ことわざ大事典　柴田武，谷川俊太郎，矢川澄子編　大修館書店　1995.6　1312p　26cm　16480円　Ⓘ4-469-01245-9　Ⓝ388.8

⑬ 1 日本，2 東アジア・北アジア，3 南アジア・太平洋諸島，4 中央アジア・中近東，5 ロシア地域，6 北欧，7 東欧，8 西欧・南欧，9 アラブ地域・アフリカ，10 北米・中南米，11 世界の古典

⑩世界各地のことわざを集めた事典。世界99地域・民族と聖書等の古典9種を合わせた108項目のもとに9000余例を収録する。本文は日本語で、原語はその一部にのみ付す。巻末に英文目次のほか、解説に引用された日本のことわざの五十音索引、ことわざ中のキーワードから引けるキーワード索引を付す。

世界の故事名言ことわざ総解説　知りたい言葉の由来をよむ　知識を育むことば事典　改訂第11版　自由国民社　2013.10　956p　21cm　2800円　Ⓘ978-4-426-11596-8　Ⓝ388.8

⑬歴史と文芸からの故事名言（中国の歴史 中国の古典と詩歌 日本の歴史と文芸 ほか），神話伝説からの故事名言（古代オリエントギリシア・ローマ 北欧の神話伝説 ほか），暮らしの中の故事名言（生きている古語，動物の名前 植物の名前 ほか），宗教からの故事名言（キリスト教，イスラム教，インドの宗教 ほか），古典のなかの紳士録（如来・観音・菩薩・日本の民間神・妖怪・変化）

⑩通常の古語辞典とは違う、項目方式で編集。世界の「歴史と文芸」「神話伝説」「宗教からの故事名言」にはじまり、身近な動植物・花

言葉・星座・行事風習、世界のことわざを国別に編集した項目まで。その由来をしっかりとおさえた、いますぐ使えることばの実用事典。

使ってみたい言葉の事典　日本語力向上　全教図　2007.1　304p　26cm　1900円　Ⓘ978-4-7932-0104-2　Ⓝ813.4

⑩私たちはくらしの中で、膨大な数の言葉をやりとりしています。本書は、適切な場面で、適切な言葉を使うことで、日々のおつきあいが円滑に運ぶようお手伝いをする目的で編さんされました。四字熟語、慣用句、語源の意味や由来を知ることで「日本語力」を向上させ、よりよいおつきあい、よりよいコミュニケーションを実現しましょう。

天気がわかることわざ事典　富士山を中心として　細田剛編　自由国民社　1991.7　222p　19cm　1500円　Ⓘ4-426-85901-8　Ⓝ451.9151

⑬第1編 気象予知のことわざ（夕焼け・朝焼けと虹のことわざ，雲のことわざ，雨のことわざ，雪と霜と霜柱のことわざ，風のことわざ，台風のことわざ，気温と音と霧のことわざ，山と湖と町のことわざ，動物のことわざ，昆虫のことわざ，鳥と魚のことわざ，植物のことわざ，生活のことわざ，太陽と月と星のことわざ，方角と地震のことわざ），第2編 便利資料集

⑩ことわざは昔の人々が、未だラジオもなく天気予報も殆ど知ることができない時代から、空に浮かぶ雲や山にかかる霧、あるいは海岸に逆巻くうねりなどの状態を眺め、また動植物の生態を詳しく観察して天気を判断した、いわば庶民大衆の凝縮された英知である。

ど忘れことわざ事典　新用字用語研究会編著　教育図書　1992.4　420p　17cm　〈発売：人文社〉　1080円　Ⓘ4-7959-1182-7　Ⓝ388.81

ど忘れことわざ事典　大字判　新用字用語研究会編著　教育図書　1993.4　420p　21cm　Ⓘ4-905708-70-2　Ⓝ813.4

⑩スピーチや手紙の中で、すぐに使えることわざ約3000語収録。

日本の職人ことわざ事典　清野文男著　工業調査会　2001.3　187p　21cm　2400円　Ⓘ4-7693-7094-6　Ⓝ813.9

⑩全国各地の職人の間で口伝として日常使われてきたことわざや格言をまとめた事典。五十音順に排列し、意味を解説。1998年刊行の「日本の職人ことば事典」に続く第2弾。

仏教ことわざ事典　須藤隆仙著　新人物往来社　1995.12　359p　19cm　3800円　Ⓘ4-404-02308-1　Ⓝ184

⑬人生教訓，無常・因果，自戒・反省，努

力・修行・教育，慈悲・平等，信仰・信念，心・悟り・自然，その他

⦅内容⦆仏教から出たことわざ600の由来，意味を解説したもの。「人生教訓」「無情・因果」等8編に分類し，同一分類内の排列は五十音順。各ことわざには出典を明記し，巻末に出典解説を付す。

四字熟語を使いこなす本　藁谷久三著　青年書館　1990.1　239p　19cm　〈主な参考文献：p239〉　1380円　Ⓘ4-7918-0484-8　Ⓝ813.4

⦅内容⦆四字熟語のうち活用度の高い560余語を収録。解説とともに，英語による表現の例などをあげている。巻末に索引・参考文献あり。

四字熟語を使いこなす本　新装版　藁谷久三著　青年書館　1994.12　239p　19cm　（言語活用事典 2）　1520円　Ⓘ4-7918-0612-3　Ⓝ813.4

⦅目次⦆1章 人生全般で役立つ四字熟語，2章 日常生活で役立つ四字熟語，3章 ビジネスで職場で役立つ四字熟語，4章 スポーツ・レジャーで役立つ四字熟語，5章 勉学と雑学に役立つ四字熟語

⦅内容⦆自由闊達，泰然自若，天衣無縫など人生全般で役立つもの，一蓮托生，画竜点睛，虚心坦懐など日常生活で役立つもの，深謀遠慮，乾坤一擲，以心伝心などビジネス・職場で役立つものの他，人間や人間の生き方に関する四字熟語560余語。

四字熟語を使いこなす本　新装増補版　藁谷久三著　青年書館　1998.1　239p　19cm　（言語活用事典 2）　1600円　Ⓘ4-7918-0742-1　Ⓝ813.4

⦅目次⦆1章 人生全般で役立つ四字熟語，2章 日常生活で役立つ四字熟語，3章 ビジネスで職場で役立つ四字熟語，4章 スポーツ・レジャーで役立つ四字熟語，5章 勉学と雑学に役立つ四字熟語

⦅内容⦆活用度が多く味わい深い人生熟語560語を厳選した四字熟語事典。

四字熟語活用読本　藁谷久三著　青年書館　1999.7　239p　19cm　1580円　Ⓘ4-7918-0848-7　Ⓝ814.4

⦅目次⦆1章 人生全般で役立つ四字熟語，2章 日常生活で役立つ四字熟語，3章 ビジネスで職場で役立つ四字熟語，4章 スポーツ・レジャーで役立つ四字熟語，5章 勉学と雑学に役立つ四字熟語

⦅内容⦆四字熟語約560語を収録し解説した事典。巻末に索引がある。

和食ことわざ事典　永山久夫著　東京堂出版　2014.8　317p　20cm　〈文献あり 索引あり〉　2800円　Ⓘ978-4-490-10850-7　Ⓝ383.81

⦅目次⦆第1章「食」に関することわざ，第2章「米」と「めし」に関することわざ，第3章「大豆」に関することわざ，第4章「野菜」に関することわざ，第5章「魚」に関することわざ，第6章「茶」と「酒」に関することわざ，第7章「医療同源」に関することわざ，第8章「医」と「健康」に関することわざ，第9章「食」に関するおもしろことば，第10章 月々の行事食と長寿の知恵

⦅内容⦆おいしさと健康長寿の知恵。伝統的・歴史的なことわざに加え，和食と健康に関する先人の知恵も収録。

<辞 典>

「言いたいこと」から引ける慣用句・ことわざ・四字熟語辞典　西谷裕子編　東京堂出版　2012.10　443p　20cm　〈索引あり〉　2800円　Ⓘ978-4-490-10823-1　Ⓝ813.4

⦅目次⦆感情・心の動き，人となり，容姿・身なり，人とのかかわり，能力，行為・行動，態度，人生，社会・世の中・暮らし，文化・学問・宗教，自然，状況・状態・程度

⦅内容⦆文章を書く，思いを伝える，人を説得したい，12の項目から的確な表現にピタリと出会える。スピーチ・文書作成・手紙に役立つ1冊。

生きた会話例による四字熟語辞典　宮腰賢編著　チクマ秀版社　1992.1　389p　17cm　1553円　Ⓘ4-8050-0200-X

⦅内容⦆生活によく用いられる四字熟語約1100語を選定し，そのすべてに生きた会話例を掲載。就職試験，入学試験，さらには社会人のスピーチに活用自在の新辞典。

意味から引けることわざ辞典　こんなときどう言うかがすぐ引ける，役立つ，明解　丹野顕著　日本実業出版社　1993.9　269,25p　19cm　1500円　Ⓘ4-534-02058-9

⦅目次⦆1章 感情，2章 人生，3章 生活，4章 親子・夫婦，5章 職場・友人，6章 社会・自然

⦅内容⦆ことわざを内容別に編集した辞典。状況別に6章に分けて収録。ことわざの頭の部分を忘れてしまっても，自分の表現したい意味・状況に合ったことわざが引けることをねらいとしている。

意味から引ける四字熟語辞典　丹野顕著　日本実業出版社　1994.10　342p　19cm

語彙　　　　　　　　故事成語・熟語・ことわざ

1500円　Ⓘ4-534-02222-0　Ⓝ814.4
㋑1章 感情・態度・性格、2章 人生、3章 生活・文化、4章 人間関係、5章 仕事・職場、6章 政治・経済・社会、7章 自然、索引
㋑四字熟語を内容別に分類掲載した辞典。故事成語、仏典、ことわざ、漢語から参照語句を合わせて1700語を集め、うち1000語を見出しとする。見出し語には解説のほす、同義語・類義語・反義語の関連語参照、出典を記載する。巻末に五十音順の総索引を付す。『意味から引けることわざ辞典』の姉妹版。一自分の表現したい意味・状況にピッタリの四字熟語がすぐに引ける。

イラストことわざ辞典　改訂新版　金田一春彦監修　学習研究社　2001.4　343p　21cm　1280円　Ⓘ4-05-300774-7　Ⓝ813.4
㋑約3400のことわざ・慣用句・四字熟語・故事成語・英語の句などを収録する辞典。イラストや用例を付す。

岩波いろはカルタ辞典　時田昌瑞著　岩波書店　2004.11　258,76p　19cm　3000円　Ⓘ4-00-080302-6　Ⓝ798
㋑著者が収集・調査した400点のいろはカルタから、ことわざ420を抜き出し、ことわざの意味と、カルタとしての歴史と特色を追う。カルタ絵730点をカラーで収める。いろはカルタの歴史と実相を凝縮した、約200点のカルタ解題を付す。索引は、うろ覚えの句も簡単に引けるキーワード索引と、解説に出てくる、ことわざ・成句索引の2種類。

岩波ことわざ辞典　時田昌瑞著　岩波書店　2000.10　652,96p　19cm　〈文献あり 年表あり〉　2800円　Ⓘ4-00-080099-X　Ⓝ813.4
㋑日本のことわざを解説する事典。飛鳥時代の聖徳太子の「和を以って貴しとす」から1990年代の「鶏は三歩歩けば忘れる」まで古今のことわざを収録。ことわざの意味・用法のほか、発生・変遷なども解説する。ことわざ中に表れる名詞などから引ける索引を付す。

岩波四字熟語辞典　岩波書店辞典編集部編　岩波書店　2002.10　669,128p　19cm　3000円　Ⓘ4-00-080204-6　Ⓝ813.4
㋑四字熟語の正確な表現方法を理解するための辞典。見出し語数3000項目、解説内の計4000項目を収録。排列は読みの五十音順による。各項目は仮名表記を示して解説を加える。漢字引き索引、成句索引、中国略年表・主要人物解説・主要出典解説を付す。

うろ覚え四字熟語　大きな文字　主婦の友社編　主婦の友社　2006.12　287p　19cm　〈下二文字でも引ける索引付き〉　1000円　Ⓘ4-07-253385-8　Ⓝ813.4
㋑四字熟語の収録数1千900語は類書中ナンバーワン。読みやすい大きな文字、簡潔でよくわかる解説と用例。熟語の『下二文字』からでもすぐ引ける便利な索引付き。

うろ覚え四字熟語　文庫版　主婦の友社編　主婦の友社　2009.4　287p　16cm　〈「下2文字でもすぐ引ける便利索引」付き〉　650円　Ⓘ978-4-07-266146-8　Ⓝ813.4
㋑この四字熟語、読めますか、書けますか、正しく使えますか?　四字熟語約1千9百語を収録。正しい使い方、類義語・対義語・出典のほか、下2文字からでも引ける便利索引付き。

旺文社標準ことわざ慣用句辞典　新装版　雨海博洋監修、旺文社編　旺文社　2011.11　447p　19cm　1600円　Ⓘ978-4-01-077609-4　Ⓝ813.4
㋑見やすい紙面、大きな見出しで必要十分な3,500項目を収録。ことばの理解が深まる、身近な用例の「短文」「会話」欄、由来や起源がわかる「語源」欄、くわしい説明の付いた記事「故事」欄、こんな使い方に注意、「注意」欄。付録「主要出典・人名解説」「主要ことわざ・慣用句索引」つき。

大きい活字の故事・ことわざ辞典　国松昭監修　新星出版社　2002.11　510p　16cm　1000円　Ⓘ4-405-01101-X　Ⓝ813.4
㋑総数4000項目（見出し数1825）を収録することわざ辞典。ことわざを見出し語とし五十音順に排列し、意味だけでなく言葉の原義についても簡明に記述したほか類義語・対義語・英語のことわざなども記載。実生活の様々な場面で分類し、見出し語の五十音順に排列した社会生活実用索引を付す。

大きい活字の四字熟語辞典　新星出版社編集部編　新星出版社　2001.11　518p　16cm　1000円　Ⓘ4-405-01098-6　Ⓝ813.4
㋑四字熟語904語、二字・三字熟語99語を収録する辞典。使い方・意味をズバリ表現した「主な用途」と、実用的な用例を掲載。「社会生活実用索引」「下二字索引」などがある。

大きな活字 ことわざ辞典　グループタマル編　日東書院　2002.11　318p　17cm　920円　Ⓘ4-528-01749-0　Ⓝ388.8
㋑大きめの文字サイズにより日本・中国・ヨーロッパのことわざを紹介するポケットサイズの辞典。排列は五十音順による。各項目には意味、出典、類義語などを記載。

大きな活字の三省堂故事ことわざ・慣用句辞典　大字版　三省堂編修所編　三省堂　1999.8　872p　26cm　〈『実用ことわざ慣用

故事成語・熟語・ことわざ　　　　語　彙

句辞典』増補改訂改題書〉　4300円　Ⓣ4-385-13239-9　Ⓝ813.4
〈内容〉日常の言語生活で使用頻度数が高いと考えられる故事・成語・ことわざ・格言を約2500項目、慣用句を約4500項目収録した辞典。配列は50音順。見出し17ポイント、解説11.5ポイントで掲載した大活字版。

大きな活字の新明解故事ことわざ辞典
三省堂編修所編　三省堂　2004.6　122,740版　26cm　4500円　Ⓣ4-385-13796-X　Ⓝ813.4
〈内容〉私たちが日常生活で耳にしたり口に出して言っていることわざをはじめ、慣用句、四字熟語、格言・名言や、古くから伝えられてきた故事・成語、約7300項目を精選して収録。

大きな活字の新明解四字熟語辞典　大字版
三省堂編修所編　三省堂　1998.6　802p　26cm　4500円　Ⓣ4-385-13621-1　Ⓝ813.4
〈内容〉日常の言語生活で見聞きする一般的な四字熟語から、中国の典籍を典拠とする四字熟語に至るまで、約5600項目を収録した四字熟語辞典。排列は見出し語の読みの五十音順。キーワード別四字熟語索引、出典別四字熟語索引、故事のある四字熟語索引、読み下し四字熟語索引、難読四字熟語索引、逆引き四字熟語索引、総合四字熟語索引付き。

大きな活字の四字熟語　見やすくわかりやすい
学研辞典編集部編　学習研究社　2004.12　455p　19cm　1300円　Ⓣ4-05-402482-3　Ⓝ813.4
〈内容〉四字熟語の読みの五十音順に配列。注記と意味が、意味がよくわかる。書き方注意は、誤用が防げる。スピーチや手紙に役立つ。2500項目を収録して解説がわかりやすく丁寧に。

大きな活字　四字熟語辞典
グループタマル著　日東書院　2001.7　318p　17cm　920円　Ⓣ4-528-01747-4　Ⓝ813.4
〈内容〉携帯サイズの四字熟語辞典。故事来歴を持つ四字熟語1533語を収録。意味を平易に解説し、類義語・対義語、用例などを示す。

大きな字で読む常用辞典 故事成語・ことわざ決まり文句
三省堂編修所編　三省堂　2016.8　377,378p　22cm　〈「三省堂ポケット故事成語辞典」（2005年刊）と「三省堂ポケットことわざ決まり文句辞典」（2005年刊）の改題、字の大きな拡大版とし、合本〉　2400円　Ⓣ978-4-385-13879-4　Ⓝ813.4
〈内容〉読みやすさ抜群！1冊で2つの辞典。「故事成語」日本語表現を豊かにする故事成語約1,700句を精選。全項目にわかりやすい解説、出典付き。原文も随所に掲載。「ことわざ決まり文句」ことわざ・慣用句・洒落・地口など定型的表現

約3,100項目。使い方のわかる例文、類句、英文表現の情報。

大きな字で読む常用辞典 四字熟語・難読語
三省堂編修所編　三省堂　2016.8　736p　22cm　〈「三省堂ポケット四字熟語辞典」（2000年刊）と「三省堂ポケット難読語辞典」（2009年刊）の改題、字の大きな拡大版とし、合本　索引あり〉　2400円　Ⓣ978-4-385-13877-0　Ⓝ813.4
〈内容〉読みやすさ抜群！1冊で2つの辞典。「四字熟語」四字熟語を五十音順に並べ意味を丁寧に解説。よく使われる句には出典の原文・書き下し文も掲載。「難読語」動植物、歴史、地名などの難読語を約1万語収録。読めなくても引ける総画索引付き。

大きな字の故事ことわざ辞典　改訂新版
学研辞典編集部編　学習研究社　2004.10　594p　22cm　〈『ビジネスマンシリーズ 改訂新版 読み・書き・話す故事ことわざ辞典』改題書〉　2000円　Ⓣ4-05-301818-8　Ⓝ813.4
〈内容〉日本や中国のことわざはもちろん、西洋起源のことわざも、日本語として定着していると考えられるものは採用し、約4600のことわざの類を収録した故事ことわざ辞典。また、約1200のことわざには英文を併記している。巻末に発想別キーワード索引、状況別使い分け索引が付く。

大きな字のことわざ辞典　第2版
学研教育出版，学研マーケティング〔発売〕　2013.9　601p　22cm　〈他言語標題：A Dictionary of PROVERBS and SAYINGS　初版のタイトル：大きな字の故事ことわざ辞典（学研2004年刊）　索引あり〉　2000円　Ⓣ978-4-05-303874-6　Ⓝ813.4
〈内容〉「調べる」「表現する」のに役立つ！伝えたい言葉から逆引きできる！故事・慣用句・四字熟語など4600項目を収録。英語のことわざも併記。「発想別キーワード」「状況別使い分け」索引付き。

大きな字の実用ことわざ辞典
学研辞典編集部編　学習研究社　2002.6　304p　18cm　780円　Ⓣ4-05-301353-4　Ⓝ813.4
〈内容〉気になることわざについて手軽に調べられるポケットサイズの辞典。大きめの文字サイズを使用している。日本のことわざ、故事成語、よく使われる四字熟語など約2300項目を収録。排列は五十音順による。イラスト入りで仮名読み、意味、注釈、出典、関連語、参照項目により解説する。

大きな字の四字熟語辞典
学研辞典編集部編　学習研究社　2005.7　543p　22cm　2000円

ⓒ4-05-301817-X Ⓝ813.4

[内容]文字が大きく読みやすい。2700項目を収録。

大きな字の四字熟語辞典 第2版 学研教育出版，学研マーケティング〔発売〕 2013.9 604p 22cm 〈他言語標題：A Dictionary of FOUR-KANJI Phases 初版：学研2005年刊 索引あり〉 2000円 ⓒ978-4-05-303875-3 Ⓝ813.4

[内容]「調べる」「表現する」のに役立つ！どこの漢字からも検索できる！2700語を収録。文学作品の用例も掲載。「使用漢字」「発想別キーワード」「状況別使い分け」索引付き。

大きな文字の実用ことわざ辞典 改版 本の友社編集部編 本の友社 1998.12 442p 18cm 1300円 ⓒ4-89439-174-0 Ⓝ813.4

[内容]大活字のことわざ辞典。配列は五十音順。類句や出典を集め、日本のことわざに対比される外国のことわざを英文で紹介。テーマ別分類索引付き。

賢い人だと思われる四字熟語辞典 主婦の友社編 主婦の友社 2016.6 287p 19cm 〈「うろ覚え四字熟語」（2009年刊）の改題、再編集 索引あり〉 1000円 ⓒ978-4-07-416640-4 Ⓝ813.4

[内容]四字熟語をビジネスシーンの会話や面接などで適度に使えば、あなたは知的に見られるはず！四字熟語の意味を知るだけでおもしろい！

漢字・熟語の辞典 日本語を使いさばく 現代言語研究会著 あすとろ出版 2007.9 511p 19cm 1500円 ⓒ978-4-7555-0805-9 Ⓝ814.4

[内容]日常よく使う語約3万語を選定し、大きな活字で読みやすく示した。全国の都道府県名・都市名をはじめ、主な観光地名・動植物名を豊富に掲載し、日常生活にすぐ対応できるように編集した。当て字の語、慣用読みの語、外国の都市名などを掲載し、日本語を使いさばくための便をはかった。日常生活の場面で用いられる例文を適宜掲載した。

簡明ことわざ辞典 大松正和編著 東京図書出版会，星雲社〔発売〕 2002.12 345p 17cm 1800円 ⓒ4-434-02427-2 Ⓝ813.4

[内容]日本のことわざを解説する小事典。熟語や四字熟語を含む5000語句を収録。五十音順に掲載、漢字にはすべてふりがなを付し、解釈を簡潔に示す。巻末に出典解説、テーマ別主要索引がある。

慣用句・故事ことわざ辞典 ポケット版 謡口明監修 成美堂出版 2014.1 791,8p 15cm 1000円 ⓒ978-4-415-31696-3 Ⓝ813.4

[内容]豊かで美しい日本語がわかる本格派の一書!!全体で約7500語句、慣用句は類書中トップクラスの約4240語句を収録。小・中学校からの学習やスピーチ、日常会話の場面で役立つ。

慣用句・故事ことわざ・四字熟語 使いさばき辞典 東京書籍編集部編 東京書籍 2014.7 638p 19cm 〈索引あり〉 2900円 ⓒ978-4-487-73238-8 Ⓝ813.4

[目次]個人の感情・行動・状態（感情，行動，様子，性格・態度，学問・才能），社会・生活と人間関係，自然（社会・生活，人間関係・評価，言葉，自然・時）

[内容]慣用句・故事ことわざ・四字熟語の主要成句＝約4930項目（見出い成句＋関連成句）を収録。使いたい表現がすぐに見つかる、ふだん使う表現の意味や由来がわかる、手紙やスピーチで一工夫できる…。日本語の豊かさを知り、言葉を自由に使いさばくための実用的な成句辞典。

聞きかじり故事成句 大きな文字 主婦の友社編 主婦の友社 2008.1 287p 19cm 1000円 ⓒ978-4-07-257609-0 Ⓝ813.4

[内容]中国の故事成句346句と日本のことわざ78句が一冊になった。正確な意味がすぐわかり、的確に使えるようになる。便利な出典一覧、主な類句も引ける索引、年表付き。

貴重本諺集 大空社，柳原書店〔発売〕 1990.6 1冊 22cm 〈複製〉 7767円 ⓒ4-87236-135-0 Ⓝ813.4

[目次]西洋諺草（岩見鑑造訳），古今俚諺類聚（岡本経朝編），日本諺語俚語及文句小集（黒野義文編），解題（北村孝一著）

逆引き熟語林 日外アソシエーツ辞書編集部編 日外アソシエーツ，紀伊國屋書店〔発売〕 1992.4 1252,86p 21cm 6480円 ⓒ4-8169-1126-X Ⓝ813.4

[内容]現代の国語生活で用いられる現代語としての熟語を中心に、わが国の古典にあらわれる古語としての熟語、および各分野の専門用語や百科万般にわたる事項・用語などの熟語をも含めた日本語の熟語辞典で、末尾の要素からの「逆引き」を可能にしていることが大きな特長である。巻末には、さらに他の語と結合して新たな熟語を造る「女房」「心地」「帽子」などの言葉が素早く探し出せる索引付き。収録した熟語の数142,000語。

キーワードからすぐ引けることわざ便利辞典 丹野顕著 日本実業出版社 1999.8 300,48p 21cm 1500円 ⓒ4-534-02972-1 Ⓝ813.4

[目次]1章 植物のキーワード，2章 動物のキー

故事成語・熟語・ことわざ　　　　語彙

ワード，3章 自然・時間のキーワード，4章 人間のキーワード，5章 体と心のキーワード，6章 生活のキーワード，7章 社会・文化のキーワード

(内容)約650のキーワードを選び，各キーワード別に代表的なことわざを掲載した辞典。「犬も歩けば棒にあたる」も「夫婦喧嘩は犬も食わぬ」もキーワード「犬」から一度に引ける。ことわざ索引，キーワード索引付き。

きわめつき四字熟語　草野仁監修，志田唯史著　講談社　1999.3　285p　18cm　〈講談社ことばの新書〉　1400円　ⓘ4-06-268551-5　Ⓝ813.4

(内容)約440項目の四字熟語を解説した小辞典。各項目には，意味，解説，用例，漢字検定試験の「検定級」を付す。

暮らしの健康ことわざ辞典　西谷裕子編　東京堂出版　2009.9　241,24p　20cm　〈文献あり　索引あり〉　2200円　ⓘ978-4-490-10765-4　Ⓝ498.3

(目次)1 養生・健康法，2 医療，3 病気・生理現象，4 皮膚・外傷，5 妊娠・出産・女性の病気，6 育児・子どもの病気，7 睡眠・夢，8 飲食，9 生活環境，10 身体・精神・生死

(内容)健康にまつわることわざ・慣用句を約1000項目収録。健康法・薬・育児・飲食など，事項別目次で気になる事柄から引ける。

暮らしのことわざ早引き辞典　人生を豊かにするヒント　学研辞典編集部編　学習研究社　2000.3　224,16p　16cm　〈ポケパル16〉　930円　ⓘ4-05-300832-8　Ⓝ814.4

(目次)第1章 食と健康，第2章 災害と幸・不幸，第3章 天候と予知，第4章 処世術，第5章 家庭

(内容)生活に密着したことわざの事典。約1300のことわざを収録。食と健康，災害と幸・不幸，天候と予知，処世術の5章にさらに五十音順で排列。それぞれのことわざについて意味・用例と類義語，反対語で解説している。

現代ことわざ辞典　外山滋比古編著　ライオン社　1995.1　301p　19cm　1500円　ⓘ4-8440-5001-X　Ⓝ388.8

(目次)第1章 人間とその一生，第2章 男と女，第3章 人と人との間，第4章 人生のさまざまな局面，第5章 世渡りのすべ，第6章 人の心，第7章 学ぶことと教えること，第8章 ことばの働き，第9章 社会生活

(内容)中学生・高校生から一般社会人までを対象とし，今日使われている生きたことわざを集めた読む辞典。収録語数は約2600，日本のものばかりでなく，広く世界のことわざを集めている。見出し語の内容により，人間とその一生，男と女，社会生活等9章に分類し，各章ごとに解説の多少によって二つに分けた上で，それぞれ五十音順に排列。解説は比喩的意味，故事来歴等を通じて全体として一つのエッセイになるよう心がけた，とある。巻末に日本語及び英語のキーワード索引を付す。

五カ国語共通のことわざ辞典　日本語・台湾語・英語・中国語・韓国語対照　張福武著　慧文社　2007.10　233p　21cm　7000円　ⓘ978-4-905849-86-5　Ⓝ388.8

(目次)1 はじめに，2 五カ国語共通の諺，3 補足の部，4 キーワードインデックス

(内容)日本語，台湾語，英語，中国語，韓国語の5カ国語に共通する250以上の諺，慣用句を原文で比較・対象して解説をつけたことわざ辞典。

故事ことわざ辞典　槌田満文監修　成美堂出版　1994.7　367p　19cm　〈文献案内：p362～367〉　1100円　ⓘ4-415-08039-1　Ⓝ813.4

(内容)使用頻度の高いことわざを中心に，故事成句・中国や西洋から伝わったものなど約2400項目を収録したことわざ辞典。解説，典拠，古典から現代文学までの用例を記載する。ものやテーマ別の検索を付す。

故事ことわざ辞典　〔改訂版〕　槌田満文監修　成美堂出版　2000.4　318,48p　19cm　1000円　ⓘ4-415-01072-5　Ⓝ813.4

(内容)現代社会において使用頻度の高いと思われることわざを中心に日常生活になじみの深い故事成句を含めて解説した辞典。約2400項目を収録。五十音順に排列している。各項目には解説と出典，用例，類語等を掲載。索引はことわざに含まれる語句からものによる索引と事項索引を設けた。巻末に付録として主な四字熟語を掲載。94年刊の改訂。

故事ことわざ知識辞典　日本編　主婦と生活社編，和田利政監修　主婦と生活社　1996.11　472p　19cm　1700円　ⓘ4-391-11960-9　Ⓝ813.4

(内容)日本のことわざ，慣用句の中から日常的に使われることが多い語句を中心に収録，歴史背景や使用例などをつけ解説。

故事ことわざの辞典　日本語を使いさばく　現代言語研究会著　あすとろ出版　2007.9　495p　19cm　1700円　ⓘ978-4-7555-0809-7　Ⓝ813.4

(内容)日本人が古来使いさばいてきた故事ことわざ約3千を精選して解説，出典も明記した。現在あまり見かけなくなった事物を図版で示し，よりわかりやすくした。誤記・誤用しやすいものには注を記し，正しい使用例を適宜掲載した。テーマ別に整理した索引で意味からも引けるようにし，使い勝手をよりよくした。

故事ことわざ名言名句実用辞典　主婦と生活社編，和田利政監修　主婦と生活社　1996.11　406p　19cm　1500円　Ⓣ4-391-11962-5　Ⓝ813.4

〈内容〉故事，ことわざ，慣用句，名言名句，漢字熟語から日常生活の中で使われることが多いものを中心に収録したほか，全てに使用例をつけた。

故事熟語大辞典　池田四郎次郎編　東出版　1995.12　1冊　22cm　（辞典叢書6）〈宝文館昭和15年刊の複製〉　37080円　Ⓣ4-87036-016-0　Ⓝ813.4

〈内容〉1903年より約10年かけて中国の古典から故事熟語に類する語を5万余り収録。語の排列は50音順にし、それぞれ「意義」と「出典」を掲げている。原則として1913年刊の初版本を底本にした復刻版。

故事成語活用小辞典　鳥羽田重直著　暖流社，（三鷹）日販〔発売〕　2004.6　190p　18cm　800円　Ⓣ4-88876-049-7　Ⓝ823.4

〈内容〉中国の古典に典拠のある故事成語、362項目を収録。解説、類語、参考も記載。本文は五十音順に排列。巻末に索引を付す。

故事成語の辞典　金岡照光編　三省堂　1992.9　264p　18cm　（三省堂実用34）　1000円　Ⓣ4-385-14193-2　Ⓝ813.4

〈内容〉簡潔で格調高い表現法に強くなる辞典。中国の古典に典拠のある故事・成語・成句を精選。読んで面白く楽しい、原典の現代語訳つき。

故事俗信ことわざ大辞典　第2版　佐竹秀雄，武田勝昭，伊藤高雄編，北村孝一監修　小学館　2012.2　1523p　26cm　〈文献あり〉　18000円　Ⓣ978-4-09-501102-8　Ⓝ813.4

〈内容〉最新、最大、最詳。日本のことわざ、故事、俗信を集大成。日本最大のことわざ大辞典、30年ぶりの大改訂版。全文データを収録したCD-ROM付き。

ことわざ・故事成語・慣用語句2300　西谷元夫編　有朋堂　1996.11　436p　18cm　1165円　Ⓣ4-8422-0165-7　Ⓝ813.4

〈内容〉新聞・雑誌・書籍・広告などに使用されているカタカナ表記の言葉（外来語・新語・流行語・専門用語など）を収録した。一般の、とくに若い人々が生活の中で出会うカタカナ語、高校生・大学生（特に就職準備の学生）が学習・ふだんの生活の中で出会うカタカナ語は極力収録した。

ことわざ辞典　第3版　学研辞典編集部編　学研教育出版，学研マーケティング〔発売〕　2013.1　601p　18×9cm　〈他言語標題：Dictionary of Proverbs and Sayings　初版のタイトル：新編読み・書き・話すための故事ことわざ辞典（学研 1988年刊）　索引あり〉　1500円　Ⓣ978-4-05-303841-8　Ⓝ813.4

〈内容〉ことばを旅する学研の辞典。日々の会話にスパイスを効かせる4600項目収録。

ことわざ辞典2400 文庫版 頭引き、意味から引く、ものから引く　槌田満文監修　成美堂出版　1998.8　542p　15cm　（成美文庫）　800円　Ⓣ4-415-06814-6　Ⓝ813.4

〈内容〉現代社会において使用頻度の高いと思われることわざを中心に、故事成句、中国や西洋から伝来したものなど約2400項目を収載した辞典。ことわざ雑学豆事典、もの索引、事項索引付き。

ことわざ辞典 文学・教養・趣味　熊澤龍監修，津村秀男著　（大阪）教学研究社〔1990〕　309p　19cm　〈付・英語のことわざ250選〉　680円　Ⓣ4-318-02307-9　Ⓝ813.4

ことわざ辞典 ポケット版　村石利夫著　日東書院　1993.4　286p　17cm　880円　Ⓣ4-528-00424-0　Ⓝ813.4

〈内容〉日本、韓国、中国、ヨーロッパ、その他多くの国々、また聖書などから多くのことわざ・名言・格言を収録した辞典。

ことわざ辞典 ポケット版　成美堂出版　1995.2　509p　15cm　1000円　Ⓣ4-415-08130-4　Ⓝ813.4

〈内容〉現代社会において使用頻度が高いと思われることわざを中心に、日常生活になじみの深い故事成語を含めて約2400項目を五十音順に排列し、解説してある。出典や文学作品中の用例、類義、対義のことわざも掲載。巻末にはことわざに含まれる語句をキーワードにした「もの索引」と「事項索引」を付す。

ことわざ辞典 ポケット版　槌田満文監修　成美堂出版　2006.4　472,35p　15cm　900円　Ⓣ4-415-03196-X　Ⓝ813.4

〈内容〉現代社会において使用頻度の高いと思われることわざを中心に、日常生活になじみの深い故事成句を含めて約2400項目を収録、これを五十音順に配列した。

ことわざ辞典 ポケット版　槌田満文監修　成美堂出版　2011.11　514,36p　16cm　〈索引あり〉　950円　Ⓣ978-4-415-31164-7　Ⓝ813.4

〈内容〉使用目的別に簡単に検索できる便利な索引付き。結婚式や会合でのスピーチにすぐ使える。故事成句、中国や西洋から伝来したものなど約2480項目を収録。

ことわざ新辞典　ポケット判　日向一雅監修
　高橋書店　2001.3　368p　15cm　800円
　Ⓘ4-471-17167-4　Ⓝ813.4
内容　日常生活でよく使われることわざ・慣用句をはじめ、故事成語・格言など約3000語を収録することわざ辞典。見出し語は約1400語。巻末に、特によく使われることわざや式辞挨拶に活用できることわざをテーマ別に、一般的な英語のことわざをアルファベット順に掲載する。

ことわざと故事・名言辞典　野本米吉著　法学書院　1994.1　392p　19cm　1550円
　Ⓘ4-587-61602-8　Ⓝ813.4
内容　日本のことわざ1500、日本の名言・文芸200、中国の名言・ことわざ500、西洋の名言・ことわざ800、計3000句を約300項目に分類、故事成語530句を加えた辞典。

ことわざと故事・名言分類辞典　野本拓夫編　法学書院　2008.12　385p　19cm　〈三字熟語・四字熟語収録　『ことわざと故事・名言辞典』(1994年刊)の加筆、訂正、改題　索引あり〉　1800円　Ⓘ978-4-587-61605-2　Ⓝ813.4
目次　第1編　ことわざと故事・名言・名句(愛と憎、愛想、あいまい、あきらめ、飽きる ほか)、第2編　知っておきたい故事成語・三字熟語・四字熟語(故事成語、三字熟語、四字熟語)
内容　日本のことわざ、日本の名言・文芸、中国と西洋の名言・ことわざ、計4000句を約300項目に分類して収録。さらに故事成語、三字熟語、四字熟語約900語も収録。

ことわざと四字熟語が場面に合わせてすぐ引ける大辞典　永岡書店編集部編　永岡書店　2004.2　287p　18cm　1200円　Ⓘ4-522-42187-7　Ⓝ814.4
内容　スピーチ、手紙などに便利なことわざ・四字熟語を厳選、場面別・用途別に分類して、時と場所に合わせて引くことができる辞典。それぞれ実際の会話の中での使い方がわかる用例も掲載。五十音順の索引付。

ことわざの辞典　三省堂編修所編　三省堂　1992.4　330p　18cm　(三省堂実用 6)　1000円　Ⓘ4-385-14157-6　Ⓝ813.4
内容　オフィスや家庭で知りたいことがすぐわかるための実用辞事典シリーズの第1期・ことば編。日常会話や文章、入学・入社試験に役立つことわざを集めた。

ことわざの辞典　新装版　三省堂編修所編　三省堂　1994.7　330p　18cm　(三省堂実用)　1300円　Ⓘ4-385-14227-0　Ⓝ813.4
内容　日常会話や文章、入学・入社試験に役立つ故事・ことわざを精選。明快な解説と適切な用例を付す。機知に富んだ会話や文章表現に強くなる。1991年刊の新装版。

ことわざポケット辞典　すぐ引けて読んでためになる。　米津千之編著　有紀書房　1995.7　488p　15cm　790円　Ⓘ4-638-00864-X　Ⓝ813.4
内容　日本のことわざ、中国の故事・成句を集めた小型辞典。見出し語の五十音順に、1頁あたり10項目程度を収録する。必要に応じ、出典や関連することわざ、反対の意味のことわざ等を示す。

困ったときのことわざ早引き辞典　学研辞典編集部編　学習研究社　1996.12　304p　16cm　(ポケパル)　〈四字熟語付き〉　900円　Ⓘ4-05-300361-X　Ⓝ813.4
内容　日本のことわざ、中国の古典に基づく故事成語を中心に、よく使われる四字熟語も積極的に多数収載。項目数は約2300、横組みで、イラストが入って見やすく、わかりやすい辞典。

これで充分 ことわざ辞典　三谷邦明監修　日本文芸社　1999.10　223p　18cm　(実用ポシェット)　900円　Ⓘ4-537-07107-9　Ⓝ813.4
内容　現代でもよく使われるものを中心に、中国の古典や詩文に由来する語句、西洋のことわざを若干含めたことわざを五十音順に収録した、ことわざ辞典。掲載項目は、意味、解説、類語、古典、英語など。

これで充分 四字熟語　狩野直禎監修　日本文芸社　1999.4　223p　18cm　(実用ポシェット)　900円　Ⓘ4-537-07101-X　Ⓝ813.4
内容　四字熟語を五十音順に配列し収録した辞典。見出し語、出典、意味、類語、参考、用例などを掲載。索引付き。

最新 イラストでわかる四字熟語辞典　学習研究社　1994.12　490p　18cm　1400円　Ⓘ4-05-300038-6　Ⓝ813.4
内容　中国の古典に典拠を持ち現代のスピーチや日常生活に必要となる四字熟語を、解説とイメージイラストで示す辞典。1450項目を読みの五十音順に排列する。各項目には重要度を4段階の記号で示し、注釈、出典、反対句・対句、英語のことわざなどの参考情報、イメージイラストを記載する。巻末に五十音順の「発想別キーワード索引」を付す。

最新・知っておきたい四字熟語辞典　狩野直禎監修　日本文芸社　2009.8　482p　17cm　〈索引あり〉　900円　Ⓘ978-4-537-20770-5　Ⓝ813.4
内容　見出し語の「意味」をわかりやすく解説。

「類語」を充実、総ルビ表示。四字熟語を構成する漢字、二字熟語の意味や原義、故事来歴を「参考」で解説。典拠の明確な語は、「出展」または作者名を明記。すべての見出し語に2つずつ「用例」(用例数3000)を収録。

三省堂故事ことわざ・慣用句辞典 三省堂編修所編 三省堂 1999.7 872p 19cm 2400円 Ⓘ4-385-13238-0 Ⓝ813.4

(内容)故事・ことわざと慣用句を一冊にまとめ、意味や用法を説明した辞典。故事・成語・ことわざ・格言を約2500項目、慣用句を約4500項目を収録し、五十音順に配列。『実用ことわざ慣用句辞典』の増補改訂改版。

三省堂故事ことわざ・慣用句辞典 第2版 三省堂編修所編 三省堂 2010.7 936p 19cm 2500円 Ⓘ978-4-385-13201-3 Ⓝ813.4

(内容)収録項目数約7100。機知に富んだ会話や気の利いた表現に役立つ簡明な語句を満載。故事・成語は典拠の書名、書き下し文、解釈を明示。すべての慣用句に、日常的に使われる用例を掲載。

三省堂・ことわざの辞典 特装版 三省堂編修所編 三省堂 c1991 330p 18cm 800円 Ⓘ4-385-14247-5 Ⓝ813.4

三省堂ポケット 故事成語辞典 三省堂編修所編 三省堂 2005.8 377p 16cm 800円 Ⓘ4-385-13873-7 Ⓝ813.4

(内容)日常生活で使用頻度の高い故事成語を約1700句選び出し、漢字仮名交じりの形で掲げた上で、読みの五十音順に配列した。

三省堂ポケット 故事成語辞典 中型版 三省堂編修所編 三省堂 2007.3 377p 19×12cm 1200円 Ⓘ978-4-385-13884-8 Ⓝ813.4

(内容)簡潔・明解な故事成語辞典。文章に、スピーチに役立つ故事やことわざを満載。明解な解説。出典・類句も明示。

三省堂ポケット ことわざ決まり文句辞典 三省堂編修所編 三省堂 2005.9 378p 16cm 800円 Ⓘ4-385-13872-9 Ⓝ813.4

(内容)古くから言いならわされ、現代でも頻繁に用いられている慣用句・洒落・地口など約3100句の意味・用法を解説。ことわざ・決まり文句を見出し語とし、五十音順に排列。説明は解説・例文・類句を適宜収載。類句の中には英文の類句を収録しているのもある。英文から作られた場合や、見出し句に相当する英文がある場合も併記している。

三省堂ポケット ことわざ決まり文句辞典 中型版 三省堂編修所編 三省堂 2007.3 378p 19×12cm 1200円 Ⓘ978-4-385-13883-1 Ⓝ813.4

(内容)簡潔・明解なことわざ決まり文句辞典。日常生活でよく使われることわざと決まり文句を満載。明解な解説。例文・類句も明示。

三省堂ポケット 四字熟語辞典 三省堂編修所編 三省堂 2000.7 289,22p 15cm 800円 Ⓘ4-385-13870-2 Ⓝ813.4

(内容)四字熟語の辞典。日常生活でよく使われる四字熟語1400項目を収録。熟語は五十音順に排列、意味の解説、読み、出典のある語については出典を明記し、必要なものには原文を添える。さらに、有名な語や背景のある語には詳しい解説を加える。また用例を設け、実際に使われる場面や、定まった語句のつながりについても解説し、そのほか「類語」に同類の語、「反意語」に反対の意味の語、さらに別の読み方のある語や、よく誤字が使われる語についても併載。巻末に付録として出典略解を収録、五十音順の項目索引を付す。

三省堂ポケット 四字熟語辞典 中型版 三省堂編修所編 三省堂 2005.1 289,22p 19cm 1200円 Ⓘ4-385-13882-6 Ⓝ813.4

(内容)人生の知恵がぎっしり詰まっている四字熟語1400項目を収録した簡潔・明解な四字熟語辞典。漢字クイズや漢字検定対策にも好適。

四季ことわざ辞典 槌田満文著 東京堂出版 2001.9 375p 19cm 2800円 Ⓘ4-490-10593-2 Ⓝ814.4

(目次)一月(新年),二月(春),三月(春),四月(春),五月(夏),六月(夏),七月(夏),八月(秋),九月(秋),十月(秋),十一月(冬),十二月(冬)

(内容)ことわざと俳句の結びつきをふまえ、歳時記にならって四季十二か月に分けた309句で、季節感のあふれたことわざや故事成語約1200を収録する辞典。巻末に、五十音順の索引がある。

知っておきたい故事熟語辞典 日本文芸社編 日本文芸社 1990.1 247p 18cm 880円 Ⓘ4-537-01439-3 Ⓝ813.4

(内容)中国の故事から生まれた故事成語を収録し、その来歴を解説した読む故事熟語辞典。

知って得する四字熟語新辞典 永井義男著 PHP研究所 1999.9 345,29p 15cm (PHP文庫) 〈『四字熟語新辞典』改訂・改題書〉 686円 Ⓘ4-569-57320-7 Ⓝ813.4

(目次)第1章 処世の知恵―世渡り上手になる言葉,第2章 人情の機微―対人関係を円滑にする言葉,第3章 日々の修養―自己を啓発するための言葉,第4章 話材の宝庫―表現を豊かにする

故事成語・熟語・ことわざ　　語彙

言葉，第5章 人の世の運命―生きざま死にざまの言葉

(内容)日頃よく接する四字熟語の意味の解説，由来や用例を紹介した辞典。見出し語として570，類語として約250，あわせて約820の熟語を収録。巻末に50音順総索引がある。

実用ことわざ　ほるぷ出版　1993.3　509p　16cm　1000円　Ⓘ4-593-59901-6　Ⓝ388.8

(内容)壮大なロマン，ユーモラスな寓話，あるいは悲恋の物語等を内に秘めた，故事成語・ことわざを2700項目収録したことわざ辞典。巻末に「出典解題」「東西いろはかるた比較表」を付す。

実用ことわざ辞典　学研辞典編集部編　学習研究社　2001.7　304p　16cm　620円　Ⓘ4-05-301138-8　Ⓝ813.4

(内容)日本のことわざ，中国の古典に基づく故事成語を中心に，よく使われる四字熟語も収録する，横組みのことわざ辞典。小型サイズ版。

実用ことわざ新辞典 ポケット判　高橋書店編集部編　高橋書店　2015.4　368p　16cm　〈索引あり〉　800円　Ⓘ978-4-471-17228-2　Ⓝ813.4

(内容)ハンディーサイズの頼れる一冊。大きな見出語で引きやすい！ 精選1517句。奥深いことばの世界を知る。故事成語・慣用句も収録。テーマ別・状況別索引つき。

実用新ことわざ辞典　荻久保泰幸著　ナツメ社　1999.3　654p　18cm　1200円　Ⓘ4-8163-2554-9　Ⓝ813.4

(内容)日本のことわざ・故事成語（成句）に，中国・西欧のものも含めて収録した，ことわざ辞典。配列は五十音順。東西「いろはがるた」一覧，出典一覧，主要キーワード索引付き。

実用四字熟語辞典 すぐに意味と使い方がわかる　長島猛人編　成美堂出版　1998.9　367p　19cm　1200円　Ⓘ4-415-00674-4　Ⓝ814.4

(内容)約1400語を収録した四字熟語辞典。排列は五十音順。語義に基づくキーワード分類，表現内容・表現者の姿勢・表現手法によるシーン分類を，各熟語に付与。巻末にキーワード索引，出典解説がある。

実用四字熟語新辞典 ポケット判　高橋書店編集部編　高橋書店　2015.4　368p　16cm　〈索引あり〉　800円　Ⓘ978-4-471-17227-5　Ⓝ813.4

(内容)見やすい，わかりやすい，使いやすい。三拍子そろったハンディー判。大きな文字ですぐ引ける！ 精選945条。探しやすい五十音順配列。類義語・対義語がすぐわかる。

実例実用四字熟語800 身近でこんなに使われている　野末陳平著　講談社　1996.2　365p　15cm　（講談社プラスアルファ）840円　Ⓘ4-06-256131-X　Ⓝ814.4

(内容)現代の日常生活で使用されている四字熟語800を収録した文庫本サイズの辞典。排列は五十音順。語義は簡潔に示し，用例は新聞・雑誌から採ったものを掲げる。一切ネイみのいい書きことば，話しことばに強くなる。

写真で読み解く ことわざ大辞典　倉島節尚監修　あかね書房　2011.2　143p　31cm　〈索引あり〉　4700円　Ⓘ978-4-251-06642-8　Ⓝ813.4

(目次)仲間のことわざ（鳥のことわざ，猫のことわざ，魚のことわざ，植物のことわざ，食べ物のことわざ（料理編，食卓編），手のことわざ，着物のことわざ，相撲のことわざ，戦の道具のことわざ，囲碁・将棋のことわざ），五十音順ことわざ辞典

(内容)知っておきたいことわざ・慣用句・四字熟語・故事成語を五十音順に収録し，写真とともに解説。さくいんから引いて調べることができます。言葉の意味や語源，使い方の用例はもちろんのこと，ふだん聞きなれないものの名前や，知っているようで知らないことについて，より理解を深める「まめ知識」も充実しています。故事成語が生まれた背景をくわしく知ることができる読みもの，「故事成語のお話」を収録しています。

写真で読み解く 四字熟語大辞典　江口尚純監修　あかね書房　2011.12　143p　30cm　4700円　Ⓘ978-4-251-06643-5　Ⓝ813.4

(目次)仲間の四字熟語（「猛獣」の四字熟語，「家畜」の四字熟語，「鳥」の四字熟語，「植物」の四字熟語，「風景」の四字熟語，「乗り物」の四字熟語，「刀・戦い」の四字熟語，「神様・仏様」の四字熟語，「鬼・妖怪」の四字熟語，「美人」の四字熟語，「喜怒哀楽」の四字熟語），五十音順四字熟語辞典

(内容)知っておきたい四字熟語を五十音順に収録し，写真とともに解説。さくいんから引いて調べることができます。言葉の意味や語源，使い方の用例はもちろんのこと，ふだん聞きなれないものの名前や，知っているようで知らないことがらについて，より理解を深める「まめ知識」も充実しています。また，四字熟語が生まれた理由や背景がわかる「この言葉のお話」も豊富です。

熟語がすぐわかる辞典 大きな活字でひきやすい ポケット判　米津千之編著　有紀書房　1991.8　494p　15cm　920円　Ⓘ4-

語彙　故事成語・熟語・ことわざ

638-00698-1　Ⓝ813.1

(内容)熟語の例をカード化して一語一語に検討を加え、現代の日常生活に役立つという観点から、なるべく多くの熟語を収め、簡明な語釈と正確な訓みをつけた辞典。

受験と手紙・スピーチに役に立つ四字熟語便利辞典　米津千之編著　有紀書房　1990.12　344p　15cm　790円　Ⓘ4-638-00697-3　Ⓝ813.4

(内容)どの熟語も、まずわかりやすくておもしろく読めるよう、そして故事来歴のある熟語にはその歴史的事件も解説して、読者の理解を深める。その熟語の出拠や類義語、反対語なども、必要と思われるものには必ずつけている。ポケット判。

出典のわかる故事成語・成句辞典　遠藤哲夫編　明治書院　2005.7　457p　19cm　2800円　Ⓘ4-625-60304-8　Ⓝ813.4

(内容)多数ある故事成語・成句の中からよく使われることば939を収録。意味・解説・出典・参考を記載。出典は、原文(読み下し文)を取り上げて示した。「見出し語」「出典」「参考」にはすべてフリガナを付与。

常用ことわざ辞典　村石利夫著　日東書院　1993.7　574p　18cm　1200円　Ⓘ4-528-00661-8　Ⓝ388.8

(内容)ふつうに言うことわざだけでなく、日本・世界の有名な人の言葉、著名な本の中の有名な言葉、その意味、類例、出典や原語、用例などが豊富で、調べるだけでなく読む本としても楽しく興味深い。様々な発見もあることだろう。

新・故事ことわざ集　テーマ別編集　創英社編　創英社, 三省堂書店〔発売〕　1995.5　262p　19cm　1400円　Ⓘ4-88142-413-0　Ⓝ813.4

(内容)先人の知恵と思想をいまに伝える"故事ことわざ"を解明し、現代に生かす。11分類のテーマで整理・編集。横組編集で読みやすい。英文の故事ことわざも豊富に採用。

新版「四字熟語」の辞典　真藤建志郎著　日本実業出版社　1993.8　314p　19cm　1400円　Ⓘ4-534-02048-1　Ⓝ813.4

(内容)日常さまざまなところで使われる四字熟語から、ふだんあまり目に触れることのない四字熟語まで約1000語を収録した辞典。同義語・反義語・類語を示すほか、成語にまつわるエピソードも解説する。

新聞頻出　漢字語彙体系　丸山和雄, 岩崎摂子編　おうふう　2001.8　160p　26cm

2000円　Ⓘ4-273-03207-4　Ⓝ814

(目次)第1章 二字熟語(基本形類別, 語彙類別), 第2章 三字熟語(接頭字, 接尾字), 第3章 四字熟語(四字熟語の構造)

(内容)新聞に頻出する漢字熟語を収録して、その字数ごとに分類して解説したもの。

新編　故事ことわざ辞典　鈴木棠三編　創拓社　1992.8　1639p　21cm　8000円　Ⓘ4-87138-144-7　Ⓝ813.4

(内容)故事ことわざの権威鈴木棠三の研究成果を集大成2万2,000余項目採録。故事ことわざの誕生・歴史を明らかにする出典・文献・用例・類句を随所に掲載。「ことわざの由来とことわざ集」「資料一覧」など、ことわざに関する資料・解説も充実。スピーチ・会話・文章など、日常生活に応用できる「活用索引」を巻末に収録。

新編・ことわざ辞典　故事・成語・慣用句　大きな字で読みやすい　田島諸介著　梧桐書院　2002.1　574p　30×20cm　3200円　Ⓘ4-340-02424-4　Ⓝ813.4

(目次)1 人間, 2 人生, 3 愛情、交際, 4 家庭・日常生活, 5 社会, 6 文化、自然、宗教

(内容)ことわざや故事、成語、慣用句を大活字で示した辞典。関わりのある生活場面により6分野に分類し、語句の解釈、類義語、出典を記載。巻末に索引あり。

新明解　故事ことわざ辞典　三省堂編修所編　三省堂　2001.11　740p　19cm　〈索引あり〉　3000円　Ⓘ4-385-13793-5　Ⓝ813.4

(内容)7300項目を収録する故事ことわざ辞典。ことわざを中心に、慣用句、格言・名言、故事成語などを収録し、その意味・用法を解説する。類義語、対義語、英語のことわざ、用例など、比較・応用のための事項も収録する。

新明解　故事ことわざ辞典　第2版　三省堂編修所編　三省堂　2016.5　118,739p　19cm　〈索引あり〉　3000円　Ⓘ978-4-385-13988-3　Ⓝ813.4

(内容)類書中最大の7700項目以上を収録。よく使われる語は区別して表示。簡潔な意味、詳しい補説、故事で、意味や用法がわかりやすい。豊富な用例で、生きた使い方がよくわかる。必要に応じて類義、対義、英語、注意などを掲載。ことばの奥行きが実感できる。引きたいことばが探しやすい「キーワード索引」。知識が広がる巻末付録。「東西いろはがるた一覧」「主要出典解説」「英語のことわざ」。

新明解　四字熟語辞典　三省堂編修所編　三省堂　1998.2　802p　19cm　3200円　Ⓘ4-

日本語 レファレンスブック　89

385-13620-3　Ⓝ813.4

〖内容〗日常生活で見聞きする一般的なものから中国の典籍を典拠とするものまで5600項目を精選して収録した四字熟語辞典。排列は五十音順、意味、故事、出典、用法、類義語などを記載、用例では作家の作品での使用例を用例として掲載している。キーワード別索引など多様な索引が付く。

新明解 四字熟語辞典　第2版　三省堂編修所編　三省堂　2013.7　887p　19cm　〔索引あり〕　3200円　Ⓘ978-4-385-13622-6　Ⓝ813.4

〖内容〗類書中最大の6500語を収録。よく使われる四字熟語は区別して掲示。簡潔な「意味」、詳しい「補説」「故事」で、意味と用法を明解に解説。豊富に収録した著名作家の「用例」で、生きた使い方を体感。「類義語」「対義語」を多数掲示して、広がりと奥行きを実感。自由に調べ、自在に使いこなすために役立つ目的別索引…「総索引」「漢字索引」「場面・用途別索引」。

すぐに役立つ 漢字熟語辞典　現代言語研究会編　アストロ教育システム　1991.11　639p　18cm　1600円　Ⓘ4-7555-0804-5　Ⓝ816.07

〖内容〗大きい活字・太字の読みがなで読みやすい30000語を収録。おもな都市名・観光地名・動植物名・病名・歴史用語なども掲載した。日常生活にすぐ対応できるように編集した。国語辞典では引けない省略語・団体名をふんだんに掲載した。

すぐに役立つ 故事ことわざ辞典　現代言語研究会編　アストロ教育システム　1991.6　479p　18cm　1300円　Ⓘ4-7555-0807-6　Ⓝ813.4

〖内容〗日常生活にすぐ役立つ故事ことわざ約3000を精選して解説し出典も明記した。誤記・誤用しやすいものは、注に正しい使用例を適宜掲載した。故事ことわざの語句で現在あまり見かけなくなった事物を図版（200図）で示し、理解を容易にした。

すぐに役立つ 故事ことわざ辞典　改訂版　現代言語研究会編　あすとろ出版　1994.12　495p　18cm　1300円　Ⓘ4-7555-0808-8　Ⓝ813.4

〖内容〗日常生活で使われる故事ことわざ約3000を五十音順に掲載した事典。解説のほか出典、同義・類義のことわざ、誤用しやすいものの正しい使用例を示し、「うだつ」など現在あまり見かけなくなった事物を図版200点で示す。巻末付録として英語のことわざ200例、ことわざ活用集、主な出典および人名解説、テーマ別分類索引を付す。

すぐに役立つ 四字熟語活用新辞典　現代言語研究会著　アストロ教育システム　1993.11　479p　18cm　1500円　Ⓘ4-7555-0810-X　Ⓝ813.4

〖目次〗1 人間、2 人生・生活、3 表現、4 状態、5 自然、6 政治・信仰、7 学芸・道理、四字熟語を生かした式辞・挨拶

〖内容〗現代に生きる四字熟語1200余語を収録した辞典。「出典」「故事」「類語」「誤用」「参考」「注意」など項目を立てて解説する。また、披露宴や賀寿慶弔などの式典の場で使えるスピーチ例を数多く掲載する。

すぐに役立つ 四字熟語辞典　ひと味違うスピーチと文章表現を豊かにするために　狩野直禎監修　日本文芸社　1997.4　482p　17cm　1300円　Ⓘ4-537-01851-8　Ⓝ813.4

〖内容〗日常よく使われる語を中心に、四字熟語1510項目を収録。すべての見出し語に2つずつ3000用例を掲載。

すぐわかる四字熟語　狩野直禎監修　日本文芸社　2004.2　223p　17cm　900円　Ⓘ4-537-20264-5　Ⓝ814.4

〖目次〗合縁奇縁、愛別離苦、曖昧模糊、悪逆無道、悪事千里、悪戦苦闘、阿鼻叫喚、暗雲低迷、安心立命、暗中模索〔ほか〕

〖内容〗本書は、意味のほかに、出典、類語、用例を示し、さらに参考になる事を記してある。

スーパー実用ことわざ辞典　佐藤俊男著　東京書店　2003.10　345p　19cm　1500円　Ⓘ4-88574-945-X　Ⓝ813.4

〖内容〗世代を問わず日常で多く使われている故事、諺を約1400収録し、意味、用例、類語、出典等を記載。本文は五十音順に排列。1700件を収録した主要キーワード（五十音順）索引で思い浮かぶ言葉をもとに、さがしたい諺をすぐに見つけられる。漢字には、よみ仮名付き。

スピーチに役立つ四字熟語辞典　集英社辞典編集部編　集英社　1991.6　495,15p　19cm　1350円　Ⓘ4-08-400173-2　Ⓝ813.4

〖内容〗約1600項目の四字熟語を収録。意味や使い方を解説、故事来歴を詳しく説明し、出典の文例をできるだけ掲示。出典・人名一覧付き。

スピーチや文章に使える四字熟語新辞典　梧桐書院　1992.6　383p　18cm　1000円　Ⓘ4-340-02421-X　Ⓝ813.4

〖内容〗スピーチや文章表現に役立ち、入学試験、就職試験や新聞、雑誌のマスコミによく出てくる四字熟語を、940語選び出し収録。語の解説は、平易、簡潔な記述になるように心がけ、故事成語については、その故事、来歴も記して楽

語彙　　　　　故事成語・熟語・ことわざ

しく読めるようにした。

生活の知恵　「数」のことば辞典　パキラハウス著　講談社　1999.7　221p　18cm　（講談社ことばの新書）　1200円　Ⓘ4-06-268557-4　Ⓝ814.4

㊥目次　一，二，三，四，五，六，七，八，九，十，十二，十五，十七，十八，二十，三十，三十六，四十，五十，六十，七十，七十五，八十，百，三百，千，三千，一万

㊥内容　「二兎を追う者は一兎をも得ず」「二階から目薬」「桃栗三年柿八年」など，数にまつわることばを収録した辞典。索引付き。

成語大辞苑　故事ことわざ名言名句　主婦と生活社　1995.9　1468p　26cm　7300円　Ⓘ4-391-11756-8　Ⓝ813.4

㊥目次　故事ことわざ名言名句，出典解説，歴史年表，人名別名言索引，使用例索引，収録語総索引，英語表記一覧

㊥内容　成語成句をことわざ・慣用句、故事、名言名句、漢字熟語の分類に基づいて収録した辞典。見出し語数5000。各語に出典、分類、意味、解説、対応する英語、使用例等を明記する。排列は見出し語の五十音順。巻末に主な出典の解説、中国史を軸とする歴史年表を収録。ほかに人名別名言索引、使用例索引、収録語総索引、英語表記一覧がある。

成語林　故事ことわざ慣用句　旺文社編　旺文社　1992.9　1367p　26×20cm　〈別冊：「世界の名言・名句」〉　8000円　Ⓘ4-01-077830-X　Ⓝ813.4

㊥内容　項目数16,500。格言・名言、四字熟語、慣用句なども収録。重要な故事成語は「原文」「読み方」「訳」つきで詳しく解説。読んで楽しく生きた使い方のわかる「用例」「用法」も豊富。「参考」や囲み記事で関連事項の幅広い知識が身につく。視覚的理解を深める挿絵・写真、要点が一目でわかる図表。相当する英語のことわざ、類義・対義のことわざも掲げる。別冊にスピーチ・文章作成に役立つ「世界の名言・名句」つき。

成語林　故事ことわざ慣用句　〔中型版〕　旺文社編　旺文社　1993.9　1301,127p　19cm　5000円　Ⓘ4-01-077852-0　Ⓝ813.4

㊥内容　項目数17000、格言、四字熟語、慣用句なども収録した辞典。重要な故事成語は「原文」「読み方」「訳」付きで詳解。囲み記事、「参考」欄も豊富。相当する英語のことわざ付き。視覚的理解を深める挿絵・図表を掲載する。スピーチ・文章作成に役立つ「世界の名言・名句」を付す。

精選ことわざ・格言・四字成語・慣用句常用辞典　志摩不二雄，教育文化刊行会編　八重岳書房　1991.4　343p　15cm　820円　Ⓘ4-89646-138-X　Ⓝ813.4

㊥内容　本書には、多くの資料の中から、広く人々に親しまれてきたもの、中国の故事によるものを中心に、現今のわたしたちの人生の糧となると思われることわざ、格言、慣用句、四字成語を選んで載せた。

世界ことわざ辞典　和漢洋対照　梶山健編　明治書院　1992.6　217p　19cm　1400円　Ⓘ4-625-40061-9　Ⓝ388.8

㊥内容　日本のことわざ1611句、中国を主体とする東文化圏のことわざ461句、英独仏を主体とする西文化圏のことわざ2720句から成る世界のことわざ辞典。

大活字　知っているようで知らない四字熟語　三心堂出版社　1996.9　198p　17cm　980円　Ⓘ4-88342-082-5　Ⓝ813.4

㊥内容　日常生活で使われる四字熟語1100を収録したハンディサイズの辞典。見出し語は大きな活字で記し総てにふりがなを付け五十音順に排列する。一大きな活字で読みから書きまで見やすく使いやすい小事典。

大修館四字熟語辞典　田部井文雄編　大修館書店　2004.6　422,123p　19cm　2200円　Ⓘ4-469-02109-1　Ⓝ813.4

㊥内容　実際の文章表現で役に立つ2653語を精選して収録した、使える四字熟語辞典。漢字一字一字にまでこだわった、ていねいな意味解説。漢文出典は書き下しで掲載、故事の解説も充実。著名な文章家の使用例を収録、書き誤り・読み誤りなどにも注意を喚起。約300のキーワードによる「分類索引」、漢字一字からでも検索できる「漢字索引」付き。

たべものことわざ辞典　西谷裕子編　東京堂出版　2005.5　296,10p　19cm　2200円　Ⓘ4-490-10665-3　Ⓝ813.4

㊥内容　古くから日々の暮らしの中で語り継がれてきた、「たべもの」に関することわざ・慣用句約2000を収録。配列は五十音順、巻頭に事項別分類目次、巻末にキーワード（食材、料理名など）索引が付く。

超便利　4つの機能の携帯辞典　リベラル社編（名古屋）リベラル社，星雲社〔発売〕　1996.7　191p　16cm　1000円　Ⓘ4-7952-4275-5　Ⓝ813.4

㊥目次　第1章 四字熟語，第2章 ことわざ，第3章 同音・同訓異義語，第4章 難読語

㊥内容　四字熟語、ことわざ、同音・同訓異議語、難読語の4つの章で構成されるハンディ辞典。四字熟語は五十音順に570項目と意味を、ことわ

日本語 レファレンスブック　91

故事成語・熟語・ことわざ　　　　語彙

ざは五十音順に830項目と意味を、同音・同訓異義語は五十音順に945項目に意味と用例を添え、難読語は動物・虫等のジャンル別に1639項目を収録する。巻末に常用漢字表を付す。

ついつい会話に使ってみたくなる四字熟語　知識の時代から活用の時代へ!　使える四字熟語1186　田中春泥著　ベレ出版　2008.10　292p　19cm　(Beret books)　1500円　Ⓣ978-4-86064-208-2　Ⓝ814.4

[内容]常識として知っておきたい四字熟語から意味も使い方もかなり高度なものまで1187を収録。

使い方がわかる四字熟語辞典　長島猛人著　五曜書房,星雲社〔発売〕　2011.3　361p　19cm　〈索引あり〉　1429円　Ⓣ978-4-434-15429-4　Ⓝ814.4

[内容]本書は人生で出会うさまざまな場面、場面で、どのような四字熟語を使えばよいのかがわかる四字熟語辞典。四字熟語の意味、出典のあるものはその出典、類語、用例を示した。

使える 漢字熟語・故事成語辞典　桐原書店　1997.6　476p　19cm　2000円　Ⓣ4-342-61711-0　Ⓝ813.4

[内容]常用漢字を中心に、一般の社会人が日常的に接する機会が多いと思われる熟語、関心をもたれやすい熟語、難解で意味をくみとりにくい熟語等、さまざまな熟語を、二字熟語、三字熟語、四字熟語の別に、約2100語を収録。排列は、二字熟語、三字熟語、四字熟語にそれぞれ分けて五十音順。

使える ことわざ　日本語表現研究会著　家の光協会　1997.3　286p　18cm　1165円　Ⓣ4-259-54519-1　Ⓝ813.4

[内容]ことわざ1200を選び、解説を加えた辞典。

使える 四字熟語　日本語表現研究会著　家の光協会　1997.1　286p　19cm　1165円　Ⓣ4-259-54518-3　Ⓝ813.4

[内容]日常よく使われる四字熟語475語を五十音順に明快で平易に解説。巻末には四字熟語のどの字からでも引けるようにした、第2、3、4番目の五十音索引付き。

使える四字熟語　村石利夫著　筑摩書房　2000.8　233p　18cm　(ちくま新書)　660円　Ⓣ4-480-05858-3　Ⓝ814.4

[目次]第1章 ポピュラーな四字熟語、第2章 解釈の分かれる四字熟語、第3章 仏教・古典の四字熟語、第4章 日本人がつくった四字熟語、第5章 伝承の四字熟語、第6章 エピソードをもつ四字熟語

[内容]四字熟語の辞典。四字熟語とその他にも

歴史などについて知るための四字の漢字による単語を収録する。四字熟語はポピュラーな四字熟語、解釈の分かれる四字熟語などテーマ別に6章で構成。各章ごとに五十音順に排列、出典、語義、用法のほか英語、日本語文による表現について解説、類義語等についても併載する。巻末に索引を付す。

釣りと魚のことわざ辞典　二階堂清風編著　東京堂出版　1998.7　360p　19cm　2400円　Ⓣ4-490-10488-X　Ⓝ814.4

[内容]釣りと魚(一部、貝、烏賊、蛸などを含む)の諺(俚言、俚諺、格言、金言、成語)の中から、釣りと魚、魚と漁、魚と食味、魚と天候(天変地異)、魚の説話的なものなど、1284項目を集録し五十音順に排列した辞典。類語索引付き。

動植物ことわざ辞典　高橋秀治著　東京堂出版　1997.9　323p　19cm　2400円　Ⓣ4-490-10468-5　Ⓝ814.4

[内容]動植物に関することわざや語句を集めた辞典。動物174種、2050項目、植物130種、850項目、類句を合わせて3200項目を収録。動物編と植物編からなり、ことわざ、語句に含まれる動物、植物を見出し語として、五十音順に配列。見出し語のもとに、それぞれ関連したことわざ、語句を五十音順に配列し解説がつく。

ど忘れ二三四字熟語活用辞典　〔増補版〕　教育図書,人文社〔発売〕　1995.6　305p　17×11cm　(ど忘れシリーズ)　1080円　Ⓣ4-7959-1175-4　Ⓝ813.4

[内容]三字、四字の熟語を中心に収録する熟語辞典。収録した1212語の熟語には平易な解説および用例文を付し、必要に応じて類義語、出典等も示す。巻頭にキーワードから熟語が引けるキーワード索引、巻末に主要出典の解説等がある。

長生きしたけりゃ読みなさい…のことわざ辞典　中原英臣,林督元共著　ベストセラーズ　1994.12　238p　18cm　1100円　Ⓣ4-584-00927-9　Ⓝ490.49

[内容]「治病の薬はあれど長生の薬なし」などと申します。「病んで医を知る」その前に、先人の知恵・ことわざで「人間人生二万日」を健康に生きましょう。先人の知恵・ことわざの真意を正しく解説。

日英故事ことわざ辞典　常名鉾二郎著　北星堂書店　1994.5　541p　19cm　3400円　Ⓣ4-590-00955-2　Ⓝ833.4

[内容]日本の諺4000項目に、それぞれ同じ意味を持つ英語の諺を並べ、日本語と英語で解説することわざ辞典。類意諺、反対諺、対をなす諺も収録・掲載する。巻末には英語諺索引を付す。

日英対照 実用ことわざ辞典　講談社辞典局

語彙　　　　　　　　故事成語・熟語・ことわざ

編　講談社　1999.7　221p　18cm　（講談社ことばの新書）　1200円　Ⓘ4-06-268552-3　Ⓝ834.4

(目次)1章 成功と失敗，2章 知と技，3章 愛と美，4章 富と健康，5章 毀誉褒貶，6章 自然と世間

(内容)日本語のことわざを見出しとし、それと同義ないし類義の英語を対照的に配して、両言語による考え方や処世法の類似点・特異性が、具体的に分かるように編まれたことわざ辞典。見出しの日本語のことわざは、人生万般のテーマ別に6章に分類し、章ごとの50音順に配列。索引付き。

ニッポンの美しい自然と「四字熟語」　四季を彩る風景写真と自然に関わる「四字熟語」辞典　環境デザイン研究所編　誠文堂新光社　2009.12　231p　21cm　〈写真：鎌形久〉　2400円　Ⓘ978-4-416-80997-6　Ⓝ814.4

(内容)日本の美しい風景写真100点を精選。楽しみながら学ぶ、自然に関わる風土、環境、空間、季節、歳月、動植物、鉱物など100語を収録。夏目漱石、森鷗外、芥川竜之介、太宰治、泉鏡花らの名作の中の四字熟語、簡単な用法、メール、手紙、会話、スピーチ、入学・入社試験に活用できる四字熟語読本。

日本語の「ことわざ」ものしり辞典　先人の英知が伝わってくる本　板坂元監修　大和出版　2000.3　350p　19cm　1680円　Ⓘ4-8047-5567-5　Ⓝ814.4

(目次)1 基礎編—さて、あなたは「当然、知っている」と自信をもっていえるか!?（挨拶は時の氏神、青菜に塩、悪妻は百年の不作 ほか）、2 中級編—この章のことわざをあなたは日常会話で使いこなしているか!?（合縁奇縁、開いた口に牡丹餅、青は藍より出でて藍より青しほか）、3 応用編—人があまり知らない難解な表現の数々…ぜひ、たくさん覚えよう!!（愛は惜しみなく与う、赤い信女が子を孕む、挙句の果 ほか）

(内容)ことわざの意味と由来の辞典。普段何気なく使っている言い回しやことわざの正しい意味と由来を解明する。基礎編、中級編、応用編に分け、各章を五十音順で排列。漢文、欧文などから日本語化したものもあわせて掲載している。

日本の知恵を知る故事ことわざ　谷沢永一監修　講談社　1999.3　221p　18cm　（講談社ことばの新書）　1200円　Ⓘ4-06-268550-7　Ⓝ813.4

(内容)約400項目を収録した故事ことわざの小辞典。あいうえお順に配列。大胆に現代の世相や風俗を説明文にとりいれ、項目の一つ一つをショートショートというべきコラムとした。

ニューポケット ことわざ辞典　新国語研究会編　金園社　2005.7　380p　18cm　740円　Ⓘ4-321-72133-4　Ⓝ813.4

(内容)教訓、知恵、処世術、戒め・忠告・風刺などを含んだ言葉の花かご、ことわざを収録。

ニューポケット 四字三字熟語　新国語研究会編　金園社　2005.3　287p　18cm　700円　Ⓘ4-321-72132-6　Ⓝ813.4

(内容)言葉を豊かに正しく学ぶことは、日常生活において優れた常識を養い、秀でた教養を身につける第一の手段といえる。本書は、そのうち最も重要な時事用語、現代用語、日常用語、学習用語の言葉を、「三字熟語」「四字熟語」にわけ、収録した。また、昔から伝えられている「故事成語」はもちろん、金言名句の言葉を豊富に掲げ、要領を得た簡潔な解説をほどこした。必ずや、勉学学習の参考資料にもなるものと思う。

脳を鍛える故事ことわざ辞典　田島諸介著　梧桐書院　2006.5　534p　19cm　1500円　Ⓘ4-340-02427-9　Ⓝ813.4

(内容)故事、ことわざ、慣用句を3300語収録。読めば一層興味がわかる。類まで詳しい解説。知識をさらに高める。類句・反対句。由来、時代背景と使い方がわかる。出典・用例。楽しみながら理解度がアップする。脳をさらに鍛える小テスト付き。自分を元気づけるとき、恋愛で悩んでいるときなど、13の状況別「こんなとき声に出して言いたいことわざ」。愛、朝、男、女、犬、馬など、一字からことわざが検索できる。キーワードさくいん。

脳を鍛える四字熟語辞典　西岡弘監修　梧桐書院　2004.8　383p　19cm　1200円　Ⓘ4-340-02426-0　Ⓝ813.4

(内容)日常生活や学習の場で知っておきたい四字熟語1000語を選び五十音順に配列した四字熟語辞典。語句の解説はできるだけ平易にし、今日通用する意味だけでなく、本来の意義も付け加えている。

早引き現代ことわざ辞典　金田一春彦監修，学研辞典編集部編　学習研究社　2002.1　256p　18cm　（プラクティシリーズ）　950円　Ⓘ4-05-301244-9　Ⓝ813.4

(内容)スピーチや文章に応用できることわざを簡潔に解説した実用辞典。現代仮名遣い（出典が中国のものについては原典を尊重）で表記した約1500項目を五十音順に排列。本文とは別に、コラムで「親子関係を扱ったことわざ」や「出典解説：中国の書物・人名」などを紹介。

早引き現代四字熟語辞典　金田一春彦監修，学研辞典編集部編　学習研究社　2002.1　239,17p　18cm　（プラクティシリーズ）

950円　Ⓘ4-05-301245-7　Ⓝ813.4

(内容)多忙な現代人のために四字熟語を簡潔に解説した実用的な辞典。三字熟語や時事用語などの現代四字熟語も含めた約1000項目を五十音順に排列。巻末に五十音順のキーワード索引が付く。2色刷。

早引きことわざ辞典　大きな文字で読みやすい！ 故事・ことわざ研究会編　ナツメ社　2005.3　527p　16cm　1000円　Ⓘ4-8163-3873-X　Ⓝ813.4

(内容)現代の言語生活で教養として欠くことのできない故事・ことわざ、慣用句を精選収録。また、本辞典は、語句が手早く検索できるよう、テーマ・場面別活用索引、語中キーワード索引を収録。

早引き四字熟語辞典　大きな文字で読みやすい！ 故事・ことわざ研究会編　ナツメ社　2005.3　519p　16cm　1000円　Ⓘ4-8163-3874-8　Ⓝ813.4

(内容)本辞典は、語句が手早く検索できるよう、テーマ・場面別活用索引、語中キーワード索引、下二字索引、難読漢字総索引を収録。二字熟語・三字熟語併載。漢字検定試験対応。

早引き場面別ことわざ&四字熟語辞典 故事・ことわざ研究会編　ナツメ社　2013.1　647p　16cm　〈索引あり〉　1200円　Ⓘ978-4-8163-5344-4　Ⓝ813.4

(目次)第1章 祝う、第2章 ほめる、第3章 励ます・さとす、第4章 非難する、第5章 考え・感情を表す、第6章 ビジネス・商売を語る、第7章 人間関係を語る、第8章 人生・生活を語る、第9章 政治・社会・自然を語る

(内容)社会生活の各場面で、ことわざ、四字熟語、慣用句、故事成語を要領よく適切に使いこなすための辞典。実用的な九つの章から構成されており、章ごとに具体的な場面別に言葉が分類されており、結婚式、歓送迎会、朝礼のスピーチで、あるいは手紙やメールなど、場面や用途に合わせて気のきいた言葉をすぐに見つけて使いこなすことができます。

早引き四字熟語大辞典　漢字検定試験対応 故事・ことわざ研究会編　ナツメ社　2009.5　1018p　18cm　〈索引あり〉　2000円　Ⓘ978-4-8163-4616-3　Ⓝ813.4

(内容)全見出し4721語、類義、対義語を含めて7000語以上を収録した四字熟語辞典。漢字能力検定試験出題範囲の四字熟語はすべて採録し、さらに試験対象外でも、広く用いられている熟語や教養として欠くことができないと思われる言葉を選定収録した。

必携 故事ことわざ辞典 中型版　三省堂編修所編　三省堂　1998.4　445p　19cm　1500円　Ⓘ4-385-13235-6　Ⓝ813.4

(内容)日常会話や文章に使われるもや大学入試、入社試験などに出題される故事・成語やことわざ・格言を精選、五十音順に排列した故事ことわざ辞典。用語の解説、類句、中国の故事・成語に基づくものは出典を記載。

仏教故事名言辞典 コンパクト版　須藤隆仙著　新人物往来社　1995.4　514p　19cm　4000円　Ⓘ4-404-02199-2　Ⓝ180.33

(内容)日常語の中にある仏教語、仏教に由来する成語やことわざ、名言類2000余項を収録した辞典。排列は五十音順。巻末に人名解説、書名解説を付す。

仏教ことわざ辞典　〔愛蔵版〕　勝崎裕彦著　渓水社, 北辰堂〔発売〕　1992.6　284p　21cm　8000円　Ⓘ4-89287-199-0　Ⓝ184

(目次)愛別離苦、会者定離、阿吽の呼吸、悪事千里を行く、朝題目に夕念仏、暑さ寒さも彼岸まで, 阿弥陀の光, 石の地蔵様で物言わぬ〔ほか〕

(内容)本書は、仏教のもろもろに由来することわざや故事・慣用句・俗信などをも含めて、平易に説明し、仏教用語の解説を加えて執筆した。

仏教ことわざ辞典　〔携帯版〕　勝崎裕彦著　渓水社, 北辰堂〔発売〕　1992.6　284p　19cm　2500円　Ⓘ4-89287-198-2　Ⓝ184

(内容)本書は、仏教のもろもろに由来することわざや故事・慣用句・俗信などをも含めて、平易に説明し、仏教用語の解説を加えて執筆した。

文芸作品例解 故事ことわざ活用辞典 言いたい内容から逆引きできる　戸谷高明監修　創拓社　1993.11　542p　18cm　2300円　Ⓘ4-87138-153-6　Ⓝ813.4

(内容)故事ことわざ約2600項目を収録した辞典。日常の生活に即してテーマ・キーワード別に分類・編集。約170名の著名な作家・評論家の作品から用例を掲載。巻頭に「50音順故事ことわざ総索引」「キーワード目次」を付す。

文章・あいさつ表現辞典 故事ことわざの活用法　11版　野元菊雄編　ぎょうせい　1995.4　525p　19cm　2580円　Ⓝ813.4

身近な四字熟語辞典　石川忠久著　文藝春秋　2007.11　421p　15cm　〈文春文庫〉　686円　Ⓘ978-4-16-771752-0　Ⓝ814.4

(目次)第1章 国を興し財を築く、第2章 大志を抱き日々勉める、第3章 人の情けと幸せと、第4章 もって他山の石とする、第5章 熟語の妙味、第6章 理想の境地

(内容)党内派閥は「合従連衡」、六カ国協議は「一衣帯水」、京都の老舗は「創業守成」、株式市場

は「波瀾万丈」、貴様と俺とは「刎頸之交」、銀座のバーなら「傾国傾城」、家へ帰れば「偕老同穴」、晩酌さかなは「鱧膾蓴羹」、休暇はハワイの「白砂青松」、温暖化で世界は「一蓮托生」。1語1ページで366熟語を収録。手軽に読める四字熟語の決定版。

見やすい・使いやすい ことわざ辞典 青山忠一監修 永岡書店 2003.1 477p 18cm 1000円 Ⓘ978-4-522-42136-9 Ⓝ813.4

〈内容〉日常よく使うものから、書物等で見ることのできるものまで約3100のことわざを紹介。50音順に配列し、釈義に加え、出典、使用例、類語、反対語を掲載。巻末には約400の英語のことわざを収録。

見やすい・使いやすい 四字熟語辞典 永岡書店編集部編著 永岡書店 2000 223p 18cm 880円 Ⓘ978-4-522-42135-2 Ⓝ813.4

明解で使いやすい三字・四字熟語辞典 日本語研究会編 同文書院 1998.11 239p 18cm 951円 Ⓘ4-8103-7551-X Ⓝ813.4

〈内容〉日常よく用いられる三字・四字熟語、約1400項目を収録した辞典。現代仮名づかいによる五十音順排列。意味から引く用例別索引、主要出典解説付き。

明鏡 ことわざ成句使い方辞典 北原保雄編著 大修館書店 2007.7 503,143p 19cm 2400円 Ⓘ978-4-469-02110-3 Ⓝ813.4

〈内容〉収録したことわざ成句約2300。解説したことわざ成句約4000。使い方欄で意味・用法・表記を詳しく解説。約9000の用例で、具体的な使い方を示す。文学作品からの実例も豊富に収録。誤用欄で、実際によく見られる誤用を数多く解説。約1000の誤用例文で、誤った使い方をはっきり示す。出典欄で語源・出典をきっちりと説明。誤用と正しい表現が一目でわかる類書初、誤用索引。総索引・分類索引・出典索引も完備。

名言・格言・ことわざ辞典 増井金典著 (京都)ミネルヴァ書房 2015.12 323,20p 22cm 〈他言語標題：Dictionary of WITTY REMARK,FAMOUS SAYING and PROVERB〉 3500円 Ⓘ978-4-623-07143-2 Ⓝ813.4

〈内容〉人生を豊かにする言葉との出会いを贈る。先人の残した言葉や庶民の知恵がつまったことわざ、5500余語を簡便に紹介する。

萌え萌え！ことわざ辞典 KOTOWAZA選定作委員会編 イーグルパブリシング 2005.10 241p 19cm 1700円 Ⓘ4-86146-089-1 Ⓝ814.4

〈内容〉萌えながら学習できることわざ辞典。類句、英語表現が付いて高校・大学受験、入社試験にも対応できるほか、参考部分ではオタク用語やネタを盛り込んだ記述になっている。

やさしい教え 仏教ことわざ辞典 簡潔で含蓄のあることわざ150 割田剛雄文, 高橋真澄写真 パイ インターナショナル 2012.8 255p 16×13cm 1500円 Ⓘ978-4-7562-4272-3 Ⓝ180.4

〈目次〉会うは別れのはじめ, 阿吽の呼吸, 悪事千里を走る, 朝観音に夕薬師, 朝題目に夕念仏, 暑さ寒さも彼岸まで, 阿鼻叫喚, 尼をだませば七代祟る, 阿弥陀も金で光る, 以心伝心〔ほか〕

〈内容〉仏教の教えやお経、禅、宗祖の語録に由来を持つ、日常に深く溶け込み簡潔で含蓄のあることわざ150。

用例でわかる 故事ことわざ辞典 学研辞典編集部編 学習研究社 2005.7 882p 19cm 2000円 Ⓘ4-05-301799-8 Ⓝ813.4

〈内容〉必要十分な7000項目を収録。故事成語・ことわざ・慣用句を幅広く収録。使い方がわかる用法・用例が充実。1200の英語例付き。発想別キーワード索引と状況別使い分け索引付き。

用例でわかる 四字熟語辞典 新版 学研辞典編集部編 学習研究社 2001.3 542p 18cm 1500円 Ⓘ4-05-300956-1 Ⓝ813.4

〈内容〉2500項目を収録する四字熟語辞典。近現代の文学作品や新聞から用例を収録。巻末に「発想別キーワード索引」がある。

用例でわかる 四字熟語辞典 〔改訂版〕 学習辞典編集部編 学習研究社 2005.8 740p 19cm 2000円 Ⓘ4-05-301798-X Ⓝ813.4

〈内容〉5000の四字熟語を幅広く収録。誤用がなくなる「注記」と「表記」。文学作品の「用例」が充実。歴史をひもとく「故事」と「出典」。使用漢字索引と書き下し文索引付き。類書初の2色刷で見やすい。

用例でわかる 四字熟語辞典 改訂第2版 学研辞典編集部編 学研教育出版, 学研マーケティング〔発売〕 2014.8 894p 19cm 〈他言語標題：A Dictionary of Four-Kanji Phrases 初版：学研2005年刊 索引あり〉 2000円 Ⓘ978-4-05-304141-8 Ⓝ813.4

〈内容〉文学作品用例で四字熟語の使い方・歴史がわかる！四種類の索引(使用漢字／書き下し文／出典・作者／故事・説話)で、検索に便利！7000語収録！

よくわかる使いやすいことわざ・故事・俗言辞典 日本語研究会編 同文書院 1998.

10　319p　18cm　951円　Ⓘ4-8103-7537-4　Ⓝ813.4

(内容)日常会話や新聞・雑誌等で用いられることわざ・故事成句などを、約2100項目収録した辞典。

よくわかる四字熟語辞典　日本文芸社編　日本文芸社　2004.2　245p　19cm　900円　Ⓘ4-537-20255-6　Ⓝ813.4

(目次)合縁機縁、相碁井目、悪事千里、握髪吐哺、悪婦破家、悪木盗泉、可惜身命、悪口雑言、阿鼻叫喚、阿付雷同〔ほか〕

(内容)読んで役立つ四字熟語1100余を収録。

四字・三字熟語ものしり小辞典　新国語研究会編　金園社　1990.2　240p　14cm　〈奥付の書名：四字・三字熟語小辞典〉　500円　Ⓘ4-321-72131-8　Ⓝ813.4

(内容)四字・三字熟語のそれぞれに出典、類語を示し。巻末に名数要覧を付す。

四字熟語　三省堂編修所編　三省堂　1999.7　195p　18cm　(ことばの手帳)　1000円　Ⓘ4-385-13858-3　Ⓝ813.4

(内容)日常生活でよく使われる四字熟語約700項目を収録した辞典。五十音順配列。出典略解・索引付き。

四字熟語活用辞典　言いたい内容から逆引きできる　石本道明編　創拓社　1993.12　454p　18cm　2300円　Ⓘ4-87138-169-2

(目次)1 愛、2 心のはたらき、3 人生・生活、4 道徳・学問・宗教、5 国家・政治・社会、6 自然・時・その他

(内容)四字熟語約1400語を収録した辞典。テーマ別に章分けし、さらにキーワードごとに分類して掲載する。巻頭に、キーワード以外の言葉からも引ける「発想別四字熟語索引」、「同類四字熟語索引」、巻末に「四字熟語五十音順索引」を付す。

四字熟語五体字典　書いてみたい語句410選　新装版　矢島峰月編著　日貿出版社　2014.6　479p　19cm　〈初版のタイトル：四字熟語の五体字典　文献あり　索引あり〉　2000円　Ⓘ978-4-8170-4080-0　Ⓝ728.4

(内容)「四字熟語」をテーマに、楷書・行書・草書・隷書・隷書のお手本を収録した、ユニークな五体字典。折々の慶事や門出にふさわしい言葉、生き方の指針となる言葉など、約400語の四字熟語を選び出し、それぞれに、読み・意味・出典・主な類義語などを付して、五十音順に収録した。

四字熟語実用辞典　学研辞典編集部編　学習研究社　2002.6　240p　15cm　(実用辞典シリーズ)　620円　Ⓘ4-05-301349-6　Ⓝ813.4

(目次)四字熟語、三字熟語

(内容)日常会話や改まった場でのスピーチのために四字熟語の正しい用法を解説したもの。約1000語を収録。排列は五十音順。意味、簡潔な解説文、例文、関連語を記載。コラムでは数字や動物、色にまつわる四字熟語を取り上げる。

四字熟語辞典　新装版　上原良夫著　西東社　1990.12　300p　19cm　1068円　Ⓘ4-7916-0205-6　Ⓝ813.4

(内容)日常生活でよく見聞きする四字熟語を中心に、約1,200語を収録し、五十音順に排列したもの。巻末に総索引を付す。

四字熟語辞典　東郷吉男著　東京堂出版　2000.5　321p　19cm　2200円　Ⓘ4-490-10543-6　Ⓝ813.4

(内容)四字熟語約1450語の意味、出典や由来、用例、使用法、類語、対象語などを解説した辞典。巻末に約510もの四字熟語(見出し語として採り上げてないもの)やことわざなどを収録した類語索引がある。

四字熟語辞典　改訂第3版　学研辞典編集部編　学習研究社　2005.5　543p　18cm　〈サブタイトル：豊富な用例でよくわかる〉　1500円　Ⓘ4-05-301985-0　Ⓝ813.4

(内容)現代の言語生活に必要十分な約2700項目を収録した熟語辞典。配列は見出し語の五十音順、見出し語、見出し語のよみ、意味、注記、表記、故事、出典、用例などを記載。巻末に「使用漢字索引」が付く。

四字熟語辞典　第4版　学研辞典編集部編　学研教育出版、学研マーケティング〔発売〕　2013.1　604p　18×9cm　〈他言語標題：Dictionary of Four-Kanji Phrases　改訂第3版の出版者：学研　索引あり〉　1500円　Ⓘ978-4-05-303842-5　Ⓝ813.4

(内容)ことばを旅する学研の辞典。言葉のセンスに磨きがかかる2700項目収録。

四字熟語辞典　金田一秀穂監修　永岡書店　2013.12　397p　19cm　900円　Ⓘ978-4-522-43156-6　Ⓝ813.4

(内容)スピーチや手紙・ハガキ、ビジネスに最適。入学試験・就職試験・資格試験にも使える。すべてにくわしい意味と使い方の用例付き。代表的な類義語・対義語・出典も紹介した。

四字熟語辞典　大きな文字で読みやすい　米津千之編著　有紀書房　2006.12　344p　26cm　〈your BOOKS 特選・暮しの本〉　2200円　Ⓘ4-638-09502-X　Ⓝ813.4

(内容)なじみのあるものからあまり知られてい

ないものまで様々な四字熟語を網羅。一つ一つに歴史や文学的な背景があり、出典も紹介。一回引けば類義語、反対語も分かるようになっている。

四字熟語辞典　ポケット判　小峯和明監修
高橋書店　1999.12　360p　16cm　800円
⑪4-471-17169-0　Ⓝ813.4

（内容）四字熟語858語と三字熟語112語を収録した辞典。配列は50音順。巻末に熟語の意味から検索できるキーワード索引がある。

四字熟語辞典　ポケット版　鳥羽田重直監修
成美堂出版　2000.12　511p　16cm　1000円
⑪4-415-01008-3　Ⓝ813.4

（内容）日常よく用いられる四字熟語、故事来歴のある四字熟語など946語を収録した辞典。五十音順に排列し、1語を1行で解説する。記載項目は見出し語、漢字能力検定級数表示、意味、解説、用例、類語、対義語、出典。付録として出典解説、漢字能力検定級数別索引、用途別四字熟語350選がある。

四字熟語辞典　ポケット版　鳥羽田重直監修
成美堂出版　2006.4　511p　15cm　900円
⑪4-415-03195-1　Ⓝ813.4

（目次）合縁奇縁，愛別離苦，曖昧模糊，青息吐息，悪事千里，悪戦苦闘，悪口雑言，阿鼻叫喚，蛙鳴蝉噪，阿諛追従〔ほか〕

（内容）スピーチ、ビジネスについても役立つ946語を収録。意味をズバリ1行で示し、解説もわかりやすくていねい。全語に用例つき。「類語」「対義語」「出典」も示す。付録「出典解説」／「用途別四字熟語索引」。

四字熟語辞典　ポケット版　鳥羽田重直監修
成美堂出版　2012.6　511p　16cm　〈索引あり〉　900円　⑪978-4-415-31303-0　Ⓝ813.4

（内容）スピーチ、ビジネスに最適。大きな文字で楽々検索。スピーチやビジネス、日常生活でよく使う946語を収録。1行で意味がつかめるコンパクト解説。全語にくわしい用例つき。「類語」「対義語」「出典」まで紹介。

四字熟語新辞典　大きな字で読みやすい
西岡弘監修　梧桐書院　2002.1　383p　30×16cm　2500円　⑪4-340-02425-2　Ⓝ813.4

（内容）四字熟語を大活字で示した辞典。学生から一般社会人までを対象としている。日常生活やメディア、各種試験において使用頻度の高い熟語約940項目を選定し、五十音順に排列。来歴を含む簡潔な解説を記載する。結婚スピーチに使える表現は囲み記事で紹介する。巻末に書き誤りやすい四字熟語一覧と分類別索引がある。

四字熟語新辞典　文章・会話のキーワード
吹野安編　旺文社　1990　319p　18cm　〈1987年刊の重版〉　1200円　⑪4-01-077532-7　Ⓝ813.4

（内容）四字熟語920語、三字熟語200語を収録。出典、類語等を示す。五十音順索引が付されている。

四字熟語　ずっこけ絵本辞典　小学生から大人まで、必ずお役に立ちます。　魚住慎一郎編　（神戸）兵庫部落問題研究所　1995.5　54p　19cm　600円　⑪4-89202-026-5　Ⓝ814.4

（内容）50の四字熟語の意味を1つずつ1ページのマンガで楽しくてわかりやすく説明した、小学生から大人まで役に立つイラスト絵本辞典。

四字熟語・成句辞典　竹田晃著　講談社　1990.1　669p　21cm　3000円　⑪4-06-123262-2　Ⓝ813.4

（内容）冠婚葬祭やビジネスの各種に記念・祝賀パーティーでのスピーチや、見舞い・激励の手紙、弔辞などの文章で、使いたい、使える四字熟語・成句をさがすとき大いに役立つ本。人柄や才能をほめる、態度・行動や人生の教訓について語る、管理職のあり方を示す、自分の心境を告げる、祝う、悼む、喜怒哀楽の感情を表わす…適切なことばが引き出せる手引きつき。

四字熟語・成句辞典　普及版　竹田晃著　講談社　1994.11　669p　19cm　1800円　⑪4-06-125003-5　Ⓝ813.4

（目次）はしがき，凡例，「話す」「書く」ための四字熟語・成句ガイド，本文，出典解説，難読語読み方の手引，音訓総索引

（内容）中国古典や仏教語に出典を持つ語のほか、現代日本語から生まれた語も収めた四字熟語辞典。五十音順に排列、見出し語には読み、意味、現代人向けの用例、補注、関連語を記載する。見出し項目4500語、関連語を含めた総索引項目7000余語を収録。巻末に出典漢籍解題、音訓総索引、難読語画数順索引を付す。—簡潔で的確、叡智の結晶。

四字熟語・成句辞典　竹田晃〔著〕　講談社　2013.3　670p　15cm　（講談社学術文庫2163）　〈索引あり〉　1700円　⑪978-4-06-292163-3　Ⓝ813.4

（内容）見出し項目約4500、類語・対義語等を含め総索引項目約7000を誇る本格派辞典が文庫版に。五十音での検索はもちろん、「感情の表現」「謙遜」「リーダーシップ」「人をほめる」「悪く言う」など、時に応じて適切な言葉に出会えるガイドも充実。豊富な用例に加えて、出典となった漢籍の解説も完備。教養を深め、冠婚葬祭やビジネスでも活かせる決定版。

故事成語・熟語・ことわざ　　　語彙

四字熟語の泉　村上哲見, 島森哲男編　講談社　2002.9　270p　19cm　1800円　Ⓘ4-06-210967-0　Ⓝ814.4
(目次)春の章(心と心で結ばれた交友関係―忘形之交, 死後の名声より一杯の酒―即時一盃 ほか), 夏の章(たくみな対症療法―応病与薬, むやみな人まね身の程知らず―東施効顰 ほか), 秋の章(天命で結ばれた良縁―天作之合, 容貌だけで人を判断しない―以貌取人 ほか), 冬の章(貧苦に負けぬ勉学への情熱―蛍雪之功, 何もしないで飯だけは食う―無為徒食 ほか)
(内容)四字熟語の由来やエピソードをまとめた読みものスタイルの辞典。各語句を季節別に分類。仮名表記, 語義, 引用文を示しながら解説する。巻末に五十音順索引あり。

四字熟語の辞典　特装版　三省堂編修所編　三省堂　c1991　289,22p　19cm　800円　Ⓘ4-385-14249-1　Ⓝ813.4

四字熟語の辞典　三省堂編修所編　三省堂　1992.4　289,22p　18cm　(三省堂実用 8)　1000円　Ⓘ4-385-14159-2　Ⓝ813.4
(内容)オフィスや家庭で知りたいことがすぐわかるための実用辞事典シリーズの第1期・ことば編。含蓄のあるスピーチや文章表現に強くなるための四字熟語を収録。

四字熟語の辞典　新装版　三省堂編修所編　三省堂　1994.7　289,22p　18cm　(三省堂実用)　1300円　Ⓘ4-385-14225-4　Ⓝ813.4
(内容)日常会話や文章, 入学・入社試験に役立つ四字熟語を精選。1400項目を収録。意味だけでなく, 類義語や適切な使い方もわかりやすく解説。出典の原文もくわしく解説する。1991年刊の新装版。

四字熟語の辞典　大きな活字・早引き　米津千之編著　有紀書房　1990.10　344p　19cm　990円　Ⓘ4-638-00696-5　Ⓝ813.4
(内容)五十音順に排列し, 熟語ごとに類義語・反対語・出典などを記載。音訓索引を付す。小型判の『四字熟語便利辞典』もある。

四字熟語の辞典　大きな活字・読みやすい　改訂版　米津千之編著　有紀書房　1999.1　344p　19cm　990円　Ⓘ4-638-00874-7　Ⓝ814.4
(内容)四字熟語辞典。50音順配列。故事来歴のある熟語には, その歴史的事件も解説。熟語の出処, 類義語, 反対語なども掲載。音読みで50音順に配列した音引き索引付き。

四字熟語の辞典　日本語を使いさばく　現代言語研究会著　あすとろ出版　2007.12　430p　19cm　1500円　Ⓘ978-4-7555-0811-0

　Ⓝ813.4
(内容)日常生活で使用頻度の高い四字熟語を中心に, 三字熟語も加えた1200余語を収録。配列は五十音順, 意味を簡潔・平易に示し, 類語や, 参考事項, 故事の解説などを記載。巻末には三字熟語の索引と下二文字から引ける下二文字索引, 類語・対語から引ける類語・対語索引が付く。

四字熟語の読本　小学館編　小学館　1996.12　516p　16cm　(小学館ライブラリー 91)　1200円　Ⓘ4-09-460091-4　Ⓝ813.4
(内容)含蓄に富む四字熟語約1200項を選び, 豊富な用例とともに解説。意味の近いものをまとめて配列し, 類義の四字熟語が一覧できるように努めた。古今の文献から採集した用例が歴史的な用法の変遷を伝える。

「四字熟語」博覧辞典　改訂新版　真藤建志郎著　日本実業出版社　1994.3　838p　19cm　3800円　Ⓘ4-534-02140-2　Ⓝ813.4
(内容)約3500語を収録した四字熟語の辞典。

四字熟語便利辞典　受験と手紙・スピーチに役に立つ　改訂版, ポケット版　米津千之編著　有紀書房　1998.8　344p　15cm　800円　Ⓘ4-638-00876-3　Ⓝ813.4
(内容)故事来歴, 類義語, 反義語などと共に, 四字熟語を収録した辞典。排列は五十音順。

「四字熟語」読む辞典　読んで楽しく使って役立つ漢字常識　新版　村松暎著　経済界　1996.6　226p　18cm　(リュウブックス)　1000円　Ⓘ4-7667-0301-4　Ⓝ824
(目次)第1章 男と女の人間関係, 第2章 人間道を極める, 第3章 したたかに生きる, 第4章 自分をより高める, 第5章 チャンスを逃すな, 第6章 本物の自分を創る, 第7章 常に自分を見失うな, 附章 試験によく出る四字熟語50選
(内容)四字熟語の語義とルーツ, 用例を解説した辞典。「男と女の人間関係」「人間道を極める」など意味内容のジャンル別に分類して掲載する。巻頭に五十音順の四字熟語索引がある。

読み・書き・話す 故事ことわざ辞典　改訂新版　学習研究社　1999.12　594p　18cm　1500円　Ⓘ4-05-300592-2　Ⓝ813.4
(内容)約4600のことわざ類を収録した辞典。約1200のことわざに英文を併記。配列は50音順。巻末に発想別キーワードと状況別使い分け索引がある。

読み・書き・話すための 四字熟語早引き辞典　学研辞典編集部編　学習研究社　2000.3　240p　16cm　(ポケバル 17)　930

円　Ⓘ4-05-300833-6　Ⓝ813.4
内容 四字熟語の辞典。読み方、意味にくわえて熟語の用例、類語を収載。五十音順の排列で約1,000語を収録。巻末に三字熟語114語もあわせて収録。

俚諺辞典　熊代彦太郎〔編〕　大空社、柳原書店〔発売〕　1990.6　567,96,3p　22cm　〈解題：北村孝一〉　13592円　Ⓘ4-87236-134-2　Ⓝ813.4
内容 金港堂書籍明治39年刊の複製。

＜ハンドブック＞

言ってはいけない！その「ことわざ成句」
　主婦の友社　2008.1　191p　19cm　1000円　Ⓘ978-4-07-259034-8　Ⓝ814.4
目次 第1章 マスコミによく見られる、第2章 日常生活や付き合いのなかで、第3章 ビジネス成功へのカギ、第4章 人間関係、人物像をあらわす、第5章 目は口ほどにものを言い、第6章 言葉が違えば態度も変わる、第7章 故事来歴をたずねて、第8章 季節、時間の流れから
内容 知っているようで知らない「ことわざ成句」。事例はすべて実際に書かれたり語られたりしたものばかり。思い込みや勘違いの誤用例から、正しい使い方や意味を知って、「ことわざ成句」を学び直してみましょう。さあ、あなたはどこが間違いかわかりますか。

意味から引く ことわざハンドブック　国広功監修　池田書店　1996.10　367p　17cm　979円　Ⓘ4-262-15662-1　Ⓝ814.4
目次 1 自然、2 人生、3 暮らし・生活、4 人間、5 心理・感情、6 言語一般
内容 日常使われることわざ900語句、類義、反意のことわざ450語句を収録し、意味・解説・用例・出典を付した。ことわざを意味と内容から6編に分け、表現したい意味・内容・状況にあったことわざが探せる逆引き索引付き。

意味から引く 四字熟語ハンドブック　国広功監修　池田書店　1996.5　247p　17cm　950円　Ⓘ4-262-15659-1　Ⓝ814.4
目次 1 自然編、2 人間編、3 人生編、4 社会・思想編、5 言葉・言語編
内容 日常生活で使用されている四字熟語600語、同義語・類義語・反意語150語の意味・解説・用例を記したハンディサイズの辞典。語の意味内容から「自然編」「人間編」など5つに分類し、意味から引く逆引き辞典の形をとる。巻末に五十音順の四字熟語・関連語索引がある。

格調と迫力 名句・ことわざ366日　ビシッと決めることばの使い方　野末陳平監修　講談社　2001.6　423p　15cm　（講談社＋α文庫）　880円　Ⓘ4-06-256527-7　Ⓝ159.8
内容 「こんなに重々しくて深みのある言いまわしがあったんだ！」この本は一年366日、労せずしてボキャブラリーがふえることばの宝箱。ことわざ、格言、俗言はもとより、名言、名文句、四字熟語に至るまで網羅。会話や文章に、自己表現の幅が大きく広がります。「どうも毎日マンネリで、ビシッと決まらない」と思っているあなたは知識を深めつつ、コクのある使える言いまわしを、本書でぜひマスターしてください。

心で感じる四字用語選集　高本彰三著　碧天舎　2003.6　334p　21cm　1000円　Ⓘ4-88346-265-X　Ⓝ814.7
内容 時代が変わり多様な価値観の現代社会にあっても、日常の精神生活の面でいつまでも心にとどめておきたい、心を美しく豊かに保ちたい、これからも生きていくために人として必要な教訓や基本的な指針と心構えを教えてくれる、自然の情景と風情で生活に癒しと潤いをもたらす、そんな四字用語を集めた。

ことわざ・慣用句mini百科 使える言い回しナビゲーション　文英堂編集部編　文英堂　1997.10　191p　19cm　1200円　Ⓘ4-578-10070-7　Ⓝ813.4
目次 第1章 場面別 使えることわざ・慣用句、第2章 覚えておきたいことわざ・慣用句集
内容 日常よく使う句、人に言葉を贈る場面で役立つ句、座右の銘になるようなことわざ・慣用句など700語を選び収録。配列は五十音順、意味、解説、例、類句で構成。例は、日常の場面で使われる会話例で全ての句についている。

ことわざハンドブック　池田書店　1992.5　415p　17cm　980円　Ⓘ4-262-15619-2　Ⓝ813.4
内容 よく使われる"ことわざ"の意味を、素早く知ることができるポケット辞典。類語・類似語・反対語から出典までを記載。

この一冊で「ことわざ」「慣用句」「四字熟語」が面白いほど身につく！　話題の達人倶楽部編　青春出版社　2010.11　205p　19cm　〈文献あり〉　476円　Ⓘ978-4-413-10994-9　Ⓝ814.4
目次 1 読めて当然、使えて当然の慣用句、2 日常会話で役にたつ慣用句、3 常識としておさえたい言葉の由来—日本・中国編、4 知性がキラリとひかる！できる大人の慣用句、5 日本人なら確実にモノにしたい「ことわざ」、6 常識としておさえたい言葉の由来—欧米編、7 これだけおさえれば大丈夫！なるほど使える四字熟語、8

故事成語・熟語・ことわざ　　　　　語彙

さりげなく使いたい! 教養がにじみでる表現, 9 常識としておさえたい言葉の由来―四字熟語編
⓪(内容)自分が感じたこと, 考えたことを, ズバリ言葉で表現できる大人になるための秘密のボキャブラリー教室. この「言い回し」をおさえるだけで, 一目おかれること間違いなし.

三省堂ことわざ便覧　三省堂編修所編　三省堂　1996.9　511p　15cm　1500円　①4-385-13794-3　Ⓝ813.4
⓪(目次)本文, 付録(東西いろはがるた一覧, 出典略解, 英語ことわざ)
⓪(内容)故事・成語・ことわざ・格言2400を収録した文庫本サイズの辞典. 排列は五十音順. 見出し語の意味解説のほか出典・原文・用例・用法等を掲載する. 巻末に出典略解, アルファベット順の英語ことわざ, 五十音順のことわざ索引がある.

三省堂四字熟語便覧　三省堂編修所編　三省堂　1996.9　431,28p　15cm　1500円　①4-385-13791-9　Ⓝ813.4
⓪(内容)四字熟語1700を収録した文庫サイズの辞典. 排列は五十音順. 意味の解説のほか反意語・用例・出典・出典原文なども記す. 巻末に出典略解, 見出し語と類語の五十音順項目索引がある.

知って得することわざ大全集　ティーケイシー出版編集部編　ティーケイシー出版, 本の泉社〔発売〕　2005.2　615p　21cm　2095円　①4-88023-898-8　Ⓝ814.4
⓪(目次)親族, 男女, 動物, 植物, 数字, 四季, 色彩, 人体
⓪(内容)日常生活が豊かに送れる5000句のことわざを紹介.

知っ得 文豪・大家の「故事ことわざ術」　日本漢字教育振興会編　(京都)日本漢字能力検定協会　1997.3　218p　18cm　(漢検新書 知っ得ことば術シリーズ 2)　900円　①4-931237-07-X　Ⓝ814.4
⓪(目次)福沢諭吉, 中江兆民, 坪内逍遙, 森鷗外, 二葉亭四迷, 夏目漱石, 幸田露伴, 尾崎紅葉, 内田魯庵, 徳富蘆花, 樋口一葉, 泉鏡花, 芥川竜之介
⓪(内容)近代日本の文豪・大家13名の作品に現れる故事ことわざの中から, 約250語を選び収録. 著者別にまとめて排列.

知っ得 文豪・大家の「成句・慣用語術」　日本漢字教育振興会編　(京都)日本漢字能力検定協会　1997.3　218p　18cm　(漢検新書 知っ得ことば術シリーズ 3)　900円　①4-931237-08-8　Ⓝ814.4
⓪(目次)福沢諭吉, 坪内逍遙, 森鷗外, 二葉亭四迷, 尾崎紅葉, 夏目漱石, 幸田露伴, 徳富蘆花, 内田魯庵, 高山樗牛, 樋口一葉, 島崎藤村, 泉鏡花, 有島武郎, 芥川竜之介
⓪(内容)近代日本の文豪・大家15名の作品に現れる成句・慣用語の中から, 約320語を選りすぐって, 著者別にまとめて排列.

知っ得 文豪・大家の「四字熟語術」　日本漢字教育振興会編　(京都)日本漢字能力検定協会　1997.3　218p　18cm　(漢検新書 知っ得ことば術シリーズ 1)　900円　①4-931237-06-1　Ⓝ814.4
⓪(目次)福沢諭吉, 中江兆民, 坪内逍遙, 森鷗外, 二葉亭四迷, 夏目漱石, 幸田露伴, 尾崎紅葉, 内田魯庵, 徳富蘆花, 北村透谷, 高山樗牛, 島崎藤村, 樋口一葉, 泉鏡花, 芥川竜之介, 中島敦
⓪(内容)近代日本の文豪・大家17名の作品に現れる四字熟語の中から, 約350語を選び収録. 著者別にまとめて排列.

常識のことわざ　リベラル社編　(名古屋)リベラル社, 星雲社〔発売〕　2005.11　79p　15cm　(ミニブックシリーズ)　400円　①4-434-07230-7　Ⓝ813.4
⓪(内容)日常生活やビジネスでよく使われることわざを収録. ことわざを五十音順に排列し, その意味・解説を収載. 類義・対義のことわざ, 出典を掲載している箇所もある. 見出しのことわざの漢字にはよみ仮名付き.

常識の四字熟語　リベラル社編　(名古屋)リベラル社, 星雲社〔発売〕　2005.11　79p　15cm　(ミニブックシリーズ)　400円　①4-434-07231-5　Ⓝ813.4
⓪(内容)日常生活やビジネスでよく使われる四字熟語を収録. 四字熟語を五十音順に排列し, 意味・解説を収載. 類義・対義の四字熟語, 出典を掲載している箇書もある. 見出しの四字熟語にはよみ仮名付き.

新解釈 格言・ことわざ・名言・警句大全書 ひろさちやの人生指南　ひろさちや編著　四季社　2004.4　806p　21cm　8000円　①4-88405-275-7　Ⓝ159.7
⓪(目次)人生・生死, 老年・死後の世界, 人間および外との関係, 日本人と外国人, 心・感情, 性格・能力・態度, 観念・感覚, 運命・境遇, 教育・教養, 社会・生活・習慣, 知の作用, 争い・対照, 財産・金銭, 貧富, 政治・宗教・思想, スポーツ・嗜好・ギャンブル, ひろさちやオリジナル警句集
⓪(内容)本書は, 著者がこれまで執筆してきた膨大な数のコラムを集大成し, テーマ別に精選編

集した。

すぐに役立つ 四字熟語ハンドブック ポケット版 甲斐秋芳編 日東書院 1997.10 287p 17cm 860円 Ⓘ4-528-01739-3 Ⓝ814.4

(目次)1 言動・言葉と行い，2 人生さまざま，3 人間関係，4 男と女・愛情，5 感情，6 性格・態度・様子，7 身体，8 人物，9 勉学・知識，10 状況・状態，11 自然・風景，12 社会・生活，13 学芸

(内容)日常生活やビジネスに関係の深い四字熟語約3千種を13のパートに分けて解説したほか、類語や反意語の4字熟語も掲載してある。巻末に五十音順索引が付く。

スピーチ・手紙に役だつ ことわざ 困ったときにすぐ引ける 日本語表現研究会著 家の光協会 2005.3 287p 19cm 1200円 Ⓘ4-259-56102-2 Ⓝ809.4

(内容)人生の機微や知恵が詰まった1224のことわざを精選。引きたいことわざがすぐ探しだせる「ジャンル別索引」。ことわざに関する豆知識が身につく楽しい「コラム」。ことわざを正しく使いこなすためのわかりやすい「解説」。

スピーチ・手紙に役だつ 四字熟語 困ったときにすぐ引ける 日本語表現研究会著 家の光協会 2005.3 287p 19cm 1200円 Ⓘ4-259-56103-0 Ⓝ809.4

(目次)祝いと悼みの表現，感情を表す表現，人をほめる言葉，人を非難する言葉，リーダーに求められるもの，人生の教訓に関する表現，状況を表す表現，人間関係を表す表現，言葉と知識に関する表現，生活と自然に関する表現

(内容)日常よく使われる495の四字熟語を厳選。引きたい四字熟語がすぐ探しだせる「ジャンル別索引」。実際の会話や手紙で参考になる「用例」が充実。四字熟語を正しく自在に使いこなすための平易な「解説」。

スピーチに役立つことわざハンドブック PHP研究所情報開発室編 PHP研究所 1995.4 191p 18cm 1100円 Ⓘ4-569-54685-4 Ⓝ813.2

(内容)本書では、日本のことわざをはじめ、広く世界のことわざのなかから面白いもの、気のきいたものを集めている。世界のことわざのなかには毒のきいたブラックユーモア的なことわざ、日本のことわざとは逆の意味のことわざ、同じ意味で別の表現のことわざなどいろいろと面白いものがある。これらのなかから、結婚式や職場でのスピーチに役立つことばを集め、活用の場に応じて編集し、具体的にどのように活用したらよいか、それぞれに解説を加えている。スピーチをするうえで実用的に役立つだけでなく、読みながらことわざを覚えたり、話のネタにもできる一冊。

大活字 ことわざハンドブック 国広功監修 池田書店 2003.10 335p 17cm 950円 Ⓘ4-262-15711-3 Ⓝ813.4

(目次)祝う・賛辞を贈る(威あって猛からず，いずれ菖蒲か杜若，一頭地を抜く ほか)，悔やむ・惜しむ(会うは別れの始め，明日ありと思う心の仇桜，刀折れ矢尽きる ほか)，励ます・喝を入れる(仰いで天に愧じず，当たって砕けよ，過ちては改むるに憚ること勿れ ほか)

(内容)本書は、ふだんの暮らし、家庭や職場、学校など社会生活一般において広く用いられていることわざを中心に、約850語、類義語、反意語を含めて約1100語を収録している。

大活字 三省堂ことわざ便覧 三省堂編修所編 三省堂 2004.6 511p 21cm 2400円 Ⓘ4-385-13795-1 Ⓝ813.4

(内容)大活字の見やすい紙面で会話や文章でよく使われることわざ2400を収録したことわざ辞典。わかりやすい解説、故事には出典も明示。英語のことわざも収録。

大活字 三省堂四字熟語便覧 三省堂編修所編 三省堂 2004.6 431,28p 21cm 2400円 Ⓘ4-385-13792-7 Ⓝ813.4

(内容)大活字の見やすい紙面で会話や文章でよく使われる四字熟語1700語を収録した四字熟語辞典。配列は見出し語の五十音順、「意味」、「類語」、「用例」などを記載。有名熟語は原文付き。便利な出典略解・索引付き。

大活字 四字熟語ハンドブック 国広功監修 池田書店 2003.10 318p 17cm 950円 Ⓘ4-262-15712-1 Ⓝ814.4

(目次)祝う・賛辞を贈る(合縁奇縁，一騎当千 ほか)，悔やむ・惜しむ(愛別離苦，一期一会 ほか)，励ます・喝を入れる(一念発起，一気呵成 ほか)，叱る・諭す(悪事千里，一罰百戒 ほか)

(内容)本書は、ふだんの暮らし、家庭や職場、学校など社会生活一般において広く用いられている四字熟語を中心に、約570語、類義語、反意語を含めて約700語を収録している。

東西ことわざものしり百科 安藤邦男著 春秋社 2012.1 252,35p 19cm 〈索引あり〉 2000円 Ⓘ978-4-393-49913-9 Ⓝ834.4

(目次)第1部 ことわざの特徴―日英のことわざを通してその本質を探る(ことわざの文体，ことわざの比喩，ことわざの論理 ほか)，第2部 ことわざ文化の東西比較―ことわざの背後にある日英の文化を学ぶ(おしゃべりな英米人，だんまりの日本人，愛を口にする英米人、口にしない日本人，親切を求める英米人、迷惑を意識す

る日本人 ほか），第3部 天気ことわざと健康ことわざ―生活を支えてきたことわざを知る（天気ことわざ，健康ことわざ）
(内容)日英で似てても違う微妙なことわざ，一見矛盾したことわざ―ことわざにこめられた先人の知恵を学んで東西の感性や発想の違いを知り，英語表現と雑学にも強くなろう。実用的で楽しく学べるユニークなことわざ文化論，誕生。

日本のことわざ 世界のことわざ 生きるヒント 北村孝一著 幻冬舎 2004.7 218p 15cm （幻冬舎文庫） 495円 ⓘ4-344-40536-6 Ⓝ388.8
(目次)会うは別れの始め，悪事千里を走る，悪銭身につかず，朝雨は女の腕まくり，朝虹は雨，夕虹は晴れ，明日の百より今日の五十，羹に懲りて膾を吹く，後の祭り，後は野となれ山となれ，あばたもえくぼ〔ほか〕
(内容)「母の料理が一番うまいと言う子ども」アフリカ（井の中の蛙大海を知らず），「俺も王子，お前も王子ならいったい誰がロバを引くのか」エジプト（駕篭に乗る人かつぐ人），「テントは別々に，心は一緒に」アラブ（親しき仲にも礼儀あり）。国が違えば，こんなに変わる表現の数々。民族の知恵や習慣を垣間見られる，世界のことわざ満載の一冊。

俳句に詠む四字熟語 水庭進編 竹内書店新社 1999.5 371p 15cm 1800円 ⓘ4-8035-0061-4 Ⓝ911.307
(内容)四字熟語の登場する俳句を紹介したもの。拈華微笑，如是我聞，虎渓三笑など，四字熟語700余を収録。四字熟語の故事来歴のほか，四字熟語を構成する二字熟語の意味にも言及した。索引付き。

四字・三字熟語ハンドブック 池田書店編 池田書店 1996.3 216,20p 17cm 950円 ⓘ4-262-15658-3 Ⓝ813.4
(内容)人口に膾炙している四字熟語1000語と，三字熟語150語を精選して収載し，簡明な解釈を添え，実際に則した用例も豊富に示す。携帯に便利なポケットサイズで，手軽に利用しやすいハンドブック。

四字熟語mini百科 含蓄いっぱいの表現ナビゲーション 文英堂編集部編 文英堂 1997.10 223p 19cm 1200円 ⓘ4-578-10069-3 Ⓝ813.4
(目次)四字熟語，三字熟語，現代四字用語，出典・索引
(内容)学生や社会人が日常生活のなかでよく使用する800語を選び収録。入学，結婚，葬式などのスピーチでよく用いられるものにはマークをつけ用途がわかるようにしてある。

四字熟語・名数録・難読漢字 宮園正光編著 明治書院 1999.10 222p 19cm （社会人に必要な漢字の常識） 1300円 ⓘ4-625-63303-6 Ⓝ814.4
(目次)第1章 よく使われる四字熟語（営業の現場で使われる四字熟語，朝礼・訓示などで用いられる四字熟語，スピーチで用いられる四字熟語，日常会話で用いられる四字熟語），第2章 名数録（政治経済にまつわる熟語，思想・宗教・スポーツにまつわる熟語，生活・文化・社会にまつわる熟語），第3章 難読漢字を読みこなす（建物・生活用具に関する漢字，冠婚葬祭に関する漢字，食物・嗜好品に関する漢字，生物・植物に関する漢字），第4章 難しい地名・都市名（難しい地名・都市名（日本編，外国編））
(内容)四字熟語、名数録、難読漢字を解説したもの。それぞれの熟語や漢字をテーマや使う場面を想定して分類。四字熟語は意味・用法・熟語の成り立ちを，名数録は数字にまつわるエピソードを交え，難読漢字では道具や動植物，冠婚葬祭関連，地名ほかを紹介解説。

楽水 「水」に関わる故事・ことわざ・名言集 中川勝編 東京図書出版会，リフレ出版（発売） 2008.6 258p 21cm 2000円 ⓘ978-4-86223-253-3 Ⓝ388.8
(目次)水の大切さ，水の風景・季節，水と雨・雪・雲，水の流れ，水の音，水と月，水と舟，水と魚，水と火，水と農業，水の性質，水の力，水は厄介なもの，水と故郷，水（の性質・現象）にたとえた教訓・訓話，水（の性質・現象）にたとえた戦略・処世，水（の性質・現象）にたとえた世事・人情，その他
(内容)「ことわざ」等の蒐集は，厳密に「水」だけに関わるもののみを蒐集したわけではなく，多少とも「水」に関わっているものまで，できるだけ多く集めた。したがって，「水」が「主役」であったり，「脇役」であったりするもの，あるいはいささか「水」そのものには関わりが少ないものも含まれている。

慣用表現

<事典>

慣用句 倉持保男，阪田雪子編 三省堂 1999.7 218p 18cm （ことばの手帳） 1000円 ⓘ4-385-13857-5 Ⓝ813.4
(内容)日常よく用いられる慣用句約1200項目を五十音順に配列し収録した事典。

これは役立つ! 気のきいた言葉の事典 日本語表現研究会著 PHP研究所 1996.5

442p 15cm （PHP文庫） 600円 ⓘ4-569-56899-8 Ⓝ813.4

(内容)ちょっとした手紙を書くときや、やや改まった席でスピーチをするときに、良い表現が見つからなく困った経験を持つ人は多い。本書は、言葉にもスパイスがあるという観点に立って、心を通わせる言葉、四季折々の言葉、そして教訓的な言葉の由来などが満載している。手軽に読めて、知って得するこの事典で、あなたも日本語通。

使える慣用句事典　言いたい言葉がすぐに見つかる！　日本語表現研究会著　PHP研究所　1997.10　207p　18cm　（日本語雑学ハンドブック）　1143円　ⓘ4-569-55810-0　Ⓝ814.4

(目次)1 感情・感覚・人の性質，2 思考・能力，3 行動・行為，4 物の性質・状況

(内容)慣用句約1150を意味から引けるようにし、解説、用例を加えた事典。本文は、意味の似た句を161の小項目に、さらに小項目を4つの大項目にまとめ、小項目以下を五十音順に配列してある。巻末に五十音順索引がつく。

日本語謎解き事典　「あうんの呼吸」とはどんな呼吸なのか？　慣用句編　日本語知恵の輪会編　ベストセラーズ　1995.3　254p　15cm　（ワニ文庫）　480円　ⓘ4-584-30443-2　Ⓝ810

(目次)あうんの呼吸，あげくの果て，「あこぎ」な商売，あだ花，圧巻，「後釜」にすわる，アブズレ，油を売る，仕事に「あぶれる」，「あられもない」姿 （ほか）

(内容)日常会話やニュース等でよく使われ、「紋切り型」といわれるような慣用句の語源を解説した事典。五十音順に排列。

＜辞　典＞

あいさつ語辞典　新装普及版　奥山益朗編　東京堂出版　2001.9　392p　19cm　2300円　ⓘ4-490-10585-1　Ⓝ813.4

(目次)1 暮らしの中のあいさつ語，2 あいさつと敬語・古語，3 呼び掛け・応答，4 アナウンスと接客，5 物売りの声いろいろ，6 人の呼び名

(内容)新旧の用例を示しつつ挨拶語の変遷をたどり、変化する現代のあいさつ言葉について考えるもの。

明日から使える慣用句　京都書房編修制作部編　（京都）京都書房　2011.7　191p　18cm　（京都書房ことのは新書 001）　〈索引あり〉　740円　ⓘ978-4-7637-2601-8

Ⓝ814.4

(内容)「とりつく島もない対応をされた」「髪を丸めて反省する」「口車を合わせる」……これらはみな誤用。分かっているようで、実は間違って覚えていることもある慣用句を解説する小辞典。クイズ形式で楽しくチェック。慣用句の意味だけでなく、語源、例文など、「ためになる、使える」内容も充実しています。収録語数約310句。索引つき。

意味から引ける慣用句辞典　丹野顕著　日本実業出版社　1998.2　309,24p　19cm　1500円　ⓘ4-534-02746-X　Ⓝ814.4

(目次)1章 行為・態度，2章 感覚・感情，3章 人生・人間関係・生活，4章 仕事・職場，5章 政治・経済・社会・文化・自然

(内容)ふだんよく使われる慣用句を日常生活の中で具体的に用いられる場面や目的ごとに分類、約1100句を精選して収録した慣用句辞典。巻末には五十音順索引が付く。

学生慣用句活用辞典　石井颯雄編著　（大阪）むさし書房　1994.11　201p　18cm　1200円　ⓘ4-8385-0822-0

(内容)赤子の手を捻る、清濁併せ呑むなどの慣用表現を集めたもの。五十音順に排列し、意味を簡潔に記す。見出し語の漢字にはすべてふりがながふられている。

勘違い慣用表現の辞典　西谷裕子編　東京堂出版　2016.2　247p　19cm　〈索引あり〉　1600円　ⓘ978-4-490-10874-3　Ⓝ814.4

(目次)第1章 漢字の読み間違い（「陸へ上がった河童」，「快哉を叫ぶ」ほか），第2章 漢字の書き間違い（「一笑に伏す」，「鋭気を養う」ほか），第3章 言い間違い（「蟻の這い入る隙もない」，「寸暇を惜しまず勉強する」ほか），第4章 意味・ニュアンスの取り違えと誤用（楽しい経験が「いい薬になる」？，「いざ鎌倉」と逃げ出す？ ほか）

(内容)「喝を入れる」「矢折れ刀尽きる」「指を食わえる」「この期に及んで」「綿のように眠る」間違って使いがちな慣用表現。正しい読み方・書き方・使い方を紹介!

慣用句の辞典　特装版　倉持保男，阪田雪子編　三省堂　c1991　344p　19cm　800円　ⓘ4-385-14248-3　Ⓝ813.4

慣用句の辞典　倉持保男，阪田雪子編　三省堂　1991.7　344p　18cm　（三省堂実用 7）　971円　ⓘ4-385-14158-4　Ⓝ813.4

(内容)オフィスや家庭で知りたいことがすぐわかるための実用辞事典シリーズの第1期・ことば編。日常生活でよく用いられる慣用句を収録。

慣用表現　　　　　　　　　　　語彙

慣用句の辞典　新装版　倉持保男，阪田雪子編　三省堂　1994.7　344p　18cm　(三省堂実用)　1300円　Ⓡ4-385-14226-2　Ⓝ813.4

⦅内容⦆日常生活でよく用いられる慣用句、約3500項目を収録。明解な解説と適切な用例でその句の用法の正しい使い方がよくわかる。1991年刊行の新装版。

慣用句の辞典　日本語を使いさばく　現代言語研究会著　あすとろ出版　2007.12　430p　19cm　1500円　Ⓡ978-4-7555-0817-2　Ⓝ814.4

⦅内容⦆日常生活でよく使われる慣用句約2千を精選し、五十音順に配列して解説と用例を示し誤用を正した。巻末に漢字索引とテーマ別索引が付く。

慣用表現辞典　日本語の言い回し　奥山益朗編　東京堂出版　1994.5　280p　20cm　2500円　Ⓡ4-490-10370-0　Ⓝ813.4

⦅内容⦆日本語の面白い言い回し表現。日常使っていても気付かない日本語の不思議。

決まり文句の辞典　三省堂編修所編　三省堂　1992.9　245p　18cm　(三省堂実用 35)　1000円　Ⓡ4-385-14194-0　Ⓝ814.4

⦅内容⦆こんなときどう言えばいい？　場面に応じたことば選びに強くなる辞典。フォーマルな場面で、ビジネスの人間関係、身近な人間関係、男と女の決まり文句、の4章構成。ありがとう、おめでとう、ごめんなさい――。場面に応じてすぐ役立つ挨拶の数々。

新選慣用句の辞典　気のきいた言葉　豊かな文章表現　小学館　1996.7　383p　18cm　1500円　Ⓡ4-09-505541-3　Ⓝ814.4

⦅内容⦆慣用句や慣用表現として使われる熟語2850をとりあげ、意味と用例を示した辞典。排列は見出し語の五十音順。見出しの漢字にはすべて読みを付す。最近2年間の新聞・雑誌からの実例500例を掲載するほか、写真・図版多数。巻末には見出しキーワードを五十音順に並べた「慣用句一覧」がある。

すぐに役立つ　慣用句用例新辞典　現代言語研究会著　アストロ教育システム　1993.11　479p　18cm　1500円　Ⓡ4-7555-0816-9　Ⓝ813.4

⦅目次⦆1 天文・気象，2 地形・風景，3 自然のもの，4 動物，5 植物，6 時，7 人間関係，8 人のからだ，9 気持ち・心，10 暮らし，11 神仏，12 抽象的なもの，13 状態，14 色，15 数

⦅内容⦆日常の会話や文章の慣用句から精選した2200余語を収録した慣用句辞典。実用的な活用例を示す。付録には英語の慣用句を収める。

超便利 4つの機能の携帯辞典　リベラル社編　(名古屋)リベラル社，星雲社[発売]　1996.7　191p　16cm　1000円　Ⓡ4-7952-4275-5　Ⓝ813.4

⦅目次⦆第1章 四字熟語，第2章 ことわざ，第3章 同音・同訓異義語，第4章 難読語

⦅内容⦆四字熟語、ことわざ、同音・同訓異義語、難読語の4つの章で構成されるハンディ辞典。四字熟語は五十音順に570項目と意味を、ことわざは五十音順に830項目と意味を、同音・同訓異義語は五十音順に945項目に意味と用例を添え、難読語は動物・虫等のジャンル別に1639項目を収録する。巻末に常用漢字表を付す。

ど忘れきまり文句辞典　全教図[著]　教育図書，人文社[発売]　1999.7　431p　17cm　981円　Ⓡ4-89223-996-8　Ⓝ813.4

⦅内容⦆市民権を得る、リーチがかかる、当たり前田のクラッカーほか、慣用句・現代語・若者語・業界語・ギャグ・懐かし語などのきまり文句を多数収録。話のタネになる付録や、キーワード索引で豊かな表現が自由自在。

ど忘れきまり文句辞典　第2版　全教図著　教育図書，人文社[発売]　2000.3　431p　17cm　981円　Ⓡ4-7959-1196-7　Ⓝ813.4

日本語慣用句辞典　米川明彦，大谷伊都子編　東京堂出版　2005.12　605p　19cm　3800円　Ⓡ4-490-10677-7　Ⓝ813.4

⦅目次⦆日本語慣用句辞典，慣用句概説(慣用句とは何か，慣用句の特徴，動詞慣用句，否定形式の慣用句，直喩の慣用句，身体語彙の慣用句，漢語・外来語の慣用句)

⦅内容⦆従来の「慣用句辞典」では、諺や格言などが混在しているケースが多い。本書は、慣用句の定義を明確にして、本来の慣用句だけを取り上げて解説した初めての辞書である。「意味」「用法」「用例」「類句」「外国語」の欄を設けてわかりやすく解説。慣用句独自の意味を説明し、文型を掲げて慣用句がどういう構文を取るのか、どのような文法的制約を受けるのかを詳述した。慣用句の理解には、慣用句が使われている用例の掲載が欠かせない。新聞・小説より実際に使われている豊富な用例4800を収録し、その使い方を示した。類似の意味を持つ慣用句を「類句」欄に示し、見出し慣用句に相当する英語・中国語・韓国語の類似表現を「外国語」欄に示して、留学生等の日本語学習における便宜をはかった。

日本語誤用・慣用小辞典　国広哲弥著　講談社　1991.3　250p　18cm　(講談社現代新書 1042)　600円　Ⓡ4-06-149042-7　Ⓝ814.4

⦅目次⦆第1部 意味の誤用，第2部 表現の誤用(寸暇を惜しまず?―混交表現，波紋は投げられる

104　日本語レファレンスブック

か?―重層表現，横車はどんな車?―代換表現，不平まんまん?―連語），第3部 表記の誤用（けんもほろろ?―語形の誤り，興味深深?―漢字の誤記，おどさん?→漢字の誤読）

(内容)「おざなり」と「なおざり」はどう違うのか? 意外に気付かない言葉の落とし穴に「的を得た」指摘で「印籠を渡す」。豊富な実例から楽しく語る「汚名挽回」の1冊。

日本語誤用・慣用小辞典「続」　国広哲弥著
講談社　1995.5　260p　18cm　〈講談社現代新書〉　650円　Ⓣ4-06-149250-0　Ⓝ814

(目次)1 意味の誤用，2 句表現・語形の誤用，3 漢字の誤用，4 漢字の誤記，5 文法の誤用，6 敬語の誤用，7 外来語の誤用，8 誤用のようで誤用でない場合

日本語誤用・慣用小辞典 新編　国広哲弥著
講談社　2010.1　328p　18cm　〈講談社現代新書 2033〉〈文献あり 索引あり〉　780円
Ⓣ978-4-06-288033-6　Ⓝ814

(目次)第1部 意味の誤用（挙句（揚句）の果て，一姫二太郎 ほか），第2部 表現の誤用（寸暇を惜しまず?―混交表現，波紋は投げられるか?―重層表現 ほか），第3部 語形の誤り（荒らげる→荒げる，うおの目→タコの目 ほか），第4部 漢字をめぐる諸問題（漢字の誤記，漢字の誤読），第5部 誤用のようで誤用でない場合（オートバイはヘルメットをかぶろう，帰宅中は屋外か屋内か ほか）

(内容)言語学の権威が豊富な実例を材料に正用・誤用を判定しその根拠と誤用が生まれた原因をつぶさに分析。

日本語の慣用表現辞典　森田良行著　東京堂出版
2010.2　362p　20cm　〈索引あり〉　2800円　Ⓣ978-4-490-10776-0　Ⓝ813.4

(目次)人生編，勤労編，生活編，社会生活編，社会的行為編，人間行為編，人間の状態編，事柄の事態編，人間関係編，感情編，思考・判断編，言語活動編

(内容)いわゆる「慣用句」にとどまらず，決まり文句や定着した言い回しまで，幅広い「慣用表現」を収録した辞典。語句が使用される12の場面・状況別に分類して収録。類義の語句との対比的な解説で，似ている表現や間違いやすい表現との意味の違い・使い分け・発想の違いを示す。巻末に五十音順の索引がある。

用例でわかる 慣用句辞典　学研辞典編集部編　学研研究社
2007.8　459p　19×14cm　1800円　Ⓣ978-4-05-302439-8　Ⓝ813.4

(内容)幅広く3000項目を収録。使いこなしの幅が広がる類句と対句が充実。語源もわかる詳しくて納得の語義解説。使いまちがい読みまちが

いがすぐわかる。五十音順以外にも，用言（動詞・形容詞・形容動詞）から探す索引付き。

用例でわかる 慣用句辞典 改訂第2版　学研辞典編集部編　学研教育出版，学研マーケティング〔発売〕　2014.8　510p　19cm
〈他言語標題：A Dictionary of Idiomatic Phrases　初版：学研 2007年刊　索引あり〉　2000円　Ⓣ978-4-05-304142-5　Ⓝ813.4

(内容)豊富な用例で文章作成・会話・スピーチに役立つ! 二種類の索引（逆引き"用言"／ジャンル別）で，検索に便利! 3000語収録!

ルーツでなるほど慣用句辞典　集英社辞典編集部編　集英社　1991.6　430,48p　19cm　1350円　Ⓣ4-08-400172-4　Ⓝ813.4

(内容)日常生活にしばしば用いられる"慣用句"2300語句を収録。正確に，容易に理解できるように，原義・語源などを解説。実際に，正しく使うために役立つよう，すべての語句に用例文を記載。意味の理解を助けるために，類語と対義語を豊富に明示。慣用句の末尾の語によっても検索できるように，逆引き索引（五十音順）を掲載。

例解 慣用句辞典 言いたい内容から逆引きできる　創拓社　1992.1　625p　18cm　2300円　Ⓣ4-87138-145-5　Ⓝ813.4

(目次)1 感覚・感情を表す慣用句，2 からだ・性格・態度を表す慣用句，3 行為・動作・行動を表す慣用句，4 状態・程度・価値を表す慣用句，5 社会・文化・生活を表す慣用句

(内容)収録項目3500句。会話・文章に役立つ慣用句を網羅。すべての句に適切な用例を掲げ理解を深める。意味・用法・出典・対句など，わかりやすく簡潔に解説。類書にはない使いやすさ，引きやすさを工夫。

ワンランク上の日本語決まり文句辞典　学研辞典編集部編　学習研究社　2001.4　239p　18cm　〈プラクティ新書〉　1100円　Ⓣ4-05-300970-7　Ⓝ813.4

(目次)相容（あいい）れない，相対（あいたい）尽（ず）く，相半（あいなか）ばする，相俟（あいま）って，相和（あいわ）す，証（あかし）を立てる，論（あげつら）う，朝な朝な，朝まだき，与（あずか）って力がある〔ほか〕

(内容)明治以来の文学作品を中心に，論説・評論・エッセイ等々から精選した「決まり文句」をあつめたもの。類語を含む2300語を収録。見出し語800項目すべてに，近現代の文学作品の用例を付す。類義表現から見出し語が引ける索引がある。

類語・同義語

＜ハンドブック＞

慣用句の意味と使い方　宮園正光著　明治書院　1999.10　222p　19cm　（仕事活用本）　1300円　Ⓒ4-625-63301-X　Ⓝ814.4

（目次）第1章 ビジネスの話題が広がる言葉・熟語，第2章 営業トークが豊かになる言葉・熟語，第3章 仕事先で話がはずむ言葉・熟語，第4章 これでセンスが磨かれる故事・ことわざ，第5章 納得！相手に教えたくなる故事・ことわざ，第6章 知っていれば役に立つ故事・ことわざ

（内容）日常よく使われる慣用句や慣用的なことばの成り立ちと正しい意味、使い方を解説したもの。

三省堂慣用句便覧　倉持保男，阪田雪子編　三省堂　1998.9　506p　15cm　1500円　Ⓒ4-385-13846-X　Ⓝ813.4

（内容）日常の言語生活で使用頻度の高い慣用句、4500項目を収録した慣用句便覧。排列は五十音順。

知ってるつもりで間違える慣用句100　田村秀行著　亜紀書房　2012.10　216p　19cm　1300円　Ⓒ978-4-7505-1224-2　Ⓝ814.4

（内容）「海のものとも山のものとも」「おっとり刀」「敷居が高い」「竹を割ったよう」…。慣用句のありがちな誤用を、会話形式の3択クイズで紹介。楽しみながら慣用句の適切な用法が身につく。

できる大人の慣用句　国語研究会編　（大阪）むさし書房　2007.5　191p　18cm　700円　Ⓒ978-4-8385-0950-8　Ⓝ814.4

（目次）相づちを打つ、揚げ足を取る、顎で使う、顎を出す、朝飯前、足が出る、足が棒になる、足下に火がつく、足下を見る、足を洗う〔ほか〕

類語・同義語

＜事典＞

言いかえ言葉の事典　日本語表現研究会著　PHP研究所　1994.12　191p　18cm　（日本語雑学ハンドブック5）　1100円　Ⓒ4-569-54363-4　Ⓝ813.5

（内容）日常よく使われる基本動詞・形容詞を取り上げ、それぞれの語と同一の文脈内でそのまま言いかえられる用例とともに示した類語事典。適切な文例によって言葉の持つニュアンスの違いがよくわかる。

違いがわかる日常類語事典　知らないと恥をかくまぎらわしい言葉500　日本文芸社編　日本文芸社　1990.9　270p　18cm　880円　Ⓒ4-537-01469-5　Ⓝ814.5

（目次）第1章 政治・法律，第2章 経済・産業，第3章 企業・社会一般，第4章 ニュース・生活常識，第5章 ニューメディア・自然科学，第6章 文化・風俗

日本語使い分け事典　ライフサポート・ネットワーク編著　幻冬舎　2004.7　336p　15cm　（幻冬舎文庫）　600円　Ⓒ4-344-40544-7　Ⓝ814.5

（目次）食材・グルメ編，健康・医療編，くらし・ファッション編，経済・法律編，情報・産業編，自然・科学編，ことば・表現編，趣味・芸術編

（内容）「クッキー」と「サブレ」、「赤外線」と「遠赤外線」、「おざなり」と「なおざり」、「ジョギング」と「ランニング」、「脱税」と「申告漏れ」…。どんな違いがあるのか、答えに窮する日本語を徹底的に解明。「パート」と「アルバイト」の区別は何？「ウイルス」と「細菌」はどちらが小さい？ビミョーな言葉の境界線が手にとるようにわかる本。

類語・反対語・関連語　三省堂編修所編　三省堂　1999.7　219p　18cm　（ことばの手帳）　1000円　Ⓒ4-385-13859-1　Ⓝ813.5

（内容）言葉の言い換えに役立つ類語・反対語・関連語やことわざ・慣用句を収録した事典。五十音順配列で約7000項目を掲載。

＜辞典＞

大きな活字 日本語使い分け辞典　日東書院編集部編　日東書院　2003.7　309p　17cm　920円　Ⓒ4-528-01751-2　Ⓝ813.5

（内容）似た意味の言葉を引くための基本となるキーワードを厳選し、五十音順に配列した類語辞典。基本となるキーワードのもとの類語は五十音順に配列し、意味、用例を記載。巻頭に、「運命・人生・生活」「人間関係」「行動・態度」「心情・感情」「状態・様子」「自然・自然現象」の分野別キーワード目次が付く。

大きな字の類語辞典　学研辞典編集部企画・編集　学研教育出版，学研マーケティング〔発売〕　2013.9　550p　22cm　〈他言語標題：A Dictionary of SYNONYMS　索引あり〉　2000円　Ⓒ978-4-05-303926-2　Ⓝ813.5

（目次）1 人の暮らしと人間関係（人のからだと姿，人生と生活基本的動作，家族と交際，言葉とその伝達，社会生活），2 行動と心の動き（行為と動作，心情と感情，学習・教育と思考），3 程度・価値と状態（性質や様子の形容，人や物

事の状態），4 自然界の言葉（天文と気象，地理と景観，自然のいとなみ，色，時間の流れ，空間のひろがり）

(内容)文字が大きく読みやすい！文章作成に役立つ「言いえて妙な」表現がすぐ見つかる。50音順キーワードで検索に便利！

カタカナ類語辞典 日本語キーワードから引く 三省堂編修所編　三省堂　2002.10　537p　19cm　1800円　Ⓘ4-385-13492-8　Ⓝ813.7

(内容)日常生活・ビジネスで使われるカタカナ語5000語を収録した類語辞典。「日本語キーワード」の分類による。類語・関連語・反対語を示しながら、意味の違いや用い方を簡潔に解説する。巻末に「カタカナ同音異義語＋多義語」欄と五十音順総合索引がある。

角川類語新辞典 大野晋，浜西正人著　角川書店　1993.10　932p　21cm　〈第24刷（第1刷：'81.1.30）〉　5200円　Ⓘ4-04-011700-X

(内容)あらゆる語を、10→100→1000の分類・体系にあてはめて収録した類語辞典。類語を一か所に集めることで、表現したい語の選択、意味の違いの発見、あるいは、適切な言葉が思い浮かばないとき、同じ語を別な言葉に言いかえたいとき、などに役立つことをねらいとする。

逆引き同類語辞典 浜西正人編　東京堂出版　1993.9　663p　19cm　3900円　Ⓘ4-490-10350-6　Ⓝ813.5

(内容)合成語・熟語の後の要素で語を集めて、言葉のもつさまざまな性格を収録した逆引き辞典。

講談社類語辞典 柴田武，山田進，加藤安彦，籾山洋介編　講談社　2008.12　1846p　19cm　〈索引あり〉　3200円　Ⓘ978-4-06-265336-7　Ⓝ813.5

(内容)66,200項目を収録した類語辞典。2002年刊『類語大辞典』から64,400項目を収録し、1,800項目を追加。意味によって100のカテゴリー、その中を小分類、その下で語を品詞別に分けて掲載し、意味や例文を示す。手紙・メール・報告書・レポート・論文・翻訳など文章を書くときに、俳句・短歌を詠むときに、ぴったりの言葉を見つけるための辞典。

ことば選び実用辞典 学研辞典編集部編　学習研究社　2003.11　390p　16cm　630円　Ⓘ4-05-301676-2　Ⓝ813.5

(内容)少しでも適切な言葉や気のきいた表現を、簡便に見つけられるように作られた類語辞典。キーワード（見出し語）として「愛」から五十音順に約850語を選び出した。収録語には、漢字語を中心に約1万語を掲載し、手紙やレポート、エッセイ、小説、詩や俳句、短歌など、さまざまな文章作成に役立つものになっている。

最新 日常の類似語使い分け辞典 まぎらわしい類似異義語がわかる 日東書院編集部編　日東書院　1993.6　543p　18cm　1200円　Ⓘ4-528-00662-6　Ⓝ814.5

(内容)ふだん何気なく使っている身近な用語の中から、特に使い方がまぎらわしく、かつ間違いやすいものを約980語収録、解説する辞典。用語どうしを比較対照させた見出しの下にそれぞれの用語を解説している。

三省堂類語新辞典 中村明編集主幹，芳賀綏，森田良行編　三省堂　2005.11　1400,321p　21cm　6800円　Ⓘ4-385-13645-9　Ⓝ813.5

(目次)自然（天文・気象，現象，土地，自然物，植物，動物），人間（人体，生理，関係，属性，感性，活動），文化（社会，生活，学芸，物産・製品，抽象，認定・形容）

(内容)文章・手紙を書くときや俳句・短歌の実作に役立つ5万項目余を収録した類語辞典。自然、人間、文化の三本を軸に、天文・気象、現象、土地、自然物、植物、動物、人体、生理、関係、属性、感性、活動、社会、生活、学芸、物産・製品、抽象、認定・形容の18ジャンルごとに日常使われることばを配列し解説。巻末に全項目の掲載ページと分野名をずばり示した五十音順クイック索引が付く。

写真で読み解く 類義語大辞典 森山卓郎監修　あかね書房　2013.12　143p　30cm　4700円　Ⓘ978-4-251-06645-9　Ⓝ813.7

(目次)仲間の類義語（生き物の命にかかわる類義語，自分と相手にかかわる類義語，家族にかかわる類義語，時間にかかわる類義語，天気にかかわる類義語），五十音順類義語

(内容)日常会話で使う言葉を、見出し語として五十音順に収録し、写真とともにその類義語を解説。さくいんから引いて調べることができます。類義語それぞれの意味はもちろんのこと、見出し語に関連する言葉をさらに集めた「広がる表現」や、使い方の用例・敬語表現など、より理解を深める「まめ知識」も充実しています。「とき・ようす・程度をあらわす言葉」では、作文や手紙を書くとき役立つ、ときやようす、程度をあらわす言葉の類義語を集めました。

新明解 類語辞典 中村明編　三省堂　2015.8　303,1291p　19cm　〈他言語標題：Shinmeikai Thesaurus of the Japanese Language　索引あり〉　3400円　Ⓘ978-4-385-13651-6　Ⓝ813.5

(内容)文章を書くときや俳句・短歌の創作に役立つ5万7,000項目を収録！

ちがいがわかる類語使い分け辞典 松井栄

一編　小学館　2008.4　525p　19cm　2400円　Ⓘ978-4-09-504177-3　Ⓝ813.5

⦅内容⦆意味の似ている語をグループ別に集め、それぞれの語の意味や微妙なニュアンスの違い、使い方を述べた辞典。見出し語数は501語、グループ語、類似の語を合わせると約2400語を収録。見出し語の五十音順に排列する。『小学館日本語新辞典』（2005年刊）の類語欄から501のグループを選定し再構成したもので、グループ内の語の関係を楕円を用いた図で示す。巻末に五十音順の索引が付く。

超便利 4つの機能の携帯辞典　リベラル社編　（名古屋）リベラル社，星雲社〔発売〕 1996.7　191p　16cm　1000円　Ⓘ4-7952-4275-5　Ⓝ813.4

⦅目次⦆第1章 四字熟語，第2章 ことわざ，第3章 同音・同訓異議語，第4章 難読語

⦅内容⦆四字熟語、ことわざ、同音・同訓異義語、難読語の4つの章で構成されるハンディ辞典。四字熟語は五十音順に570項目と意味を、ことわざは五十音順に830項目と意味を、同音・同訓異義語は五十音順に945項目に意味と用例を添え、難読語は動物・虫等のジャンル別に1639項目を収録する。巻末に常用漢字表を付す。

使い方の分かる類語例解辞典　小学館辞典編集部著　小学館　1994.1　1143,71p　19cm　3800円　Ⓘ4-09-505521-9　Ⓝ813.5

⦅内容⦆25000語を収録し、意味の似ている言葉の使い方の差異を表と用例を用いて解説する辞典。類語の対比表約1700点を掲載する。

使い方の分かる類語例解辞典　新装版　小学館辞典編集部編　小学館　2003.11　1143,71p　19×14cm　3200円　Ⓘ4-09-505522-7　Ⓝ813.5

⦅目次⦆本文編，助詞・助動詞解説編

⦅内容⦆大きな活字で類語を見やすく表示し、類語を羅列するだけではなく、使い方を詳しく解説した類語辞典。1700点の類語対比表で使い分けが一目でわかり、文章作りにすぐに役立つ豊富な例文を掲載、類語に対応する英語表現を表示している。巻頭に五十音順索引、巻末に英語表現索引が付く。

東京堂類語辞典　広田栄太郎，鈴木棠三編　東京堂出版　2011.7　743p　20cm　3800円　Ⓘ978-4-490-10789-0　Ⓝ813.5

⦅内容⦆手紙を書くとき、文章を作るとき、詩歌を作るとき、自分の気持ちにピッタリ合うことばを的確自在に使いこなすために、漢語・和語・古語・俗語・敬語などの類語や同義語を収録した、机上に必携の類語辞典。新装版刊行に当たり、現行通用の字体、送り仮名にあらため一層便利にしている。花ことば、季題一覧、逆引枕詞・序詞一覧、成句索引など付録も充実。見出し語約18000語の類語・同義語を収める。

似た言葉使い分け辞典　正しい言葉づかいのための　類語研究会編　創拓社　1992.5　608p　18cm　2300円　Ⓘ4-87138-128-5　Ⓝ813.5

⦅内容⦆意味で分類したキーワード725語を見出し語として、約4000語の日常よく使われる微妙な使い分けを明快に解説。文章を書くとき、適切な語を選ぶのに活用できる、まったく新しい発信型辞典。

日常のことば使い分け辞典　まぎらわしい類似異義語がわかる　日東書院編集部編　日東書院　2003.3　479p　19cm　1800円　Ⓘ4-528-01760-1　Ⓝ814.5

⦅目次⦆1 政治・法律・社会のことば，2 経済・経営・産業のことば，3 ハイテク・科学・自然のことば，4 言語・芸術・文化のことば，5 日常生活・雑学のことば，同音・同訓異義語使い分け用例集

⦅内容⦆本書では、日常生活でよく使われることばの中から約1300語を精選し、まぎらわしい語どうしを組み合わせて561の見出し項目として、それぞれの語の違いを解説した。

日常の日本語使い分け辞典　類語の意味と使い方がわかり知りたい言葉がすぐに見つかる　日東書院編集部編　日東書院　2003.4　491p　19cm　1800円　Ⓘ4-528-01761-X　Ⓝ813.5

⦅内容⦆似た意味をもつ言葉を237のキーワードにまとめ、50音順に配列。約5200の類語すべてに簡潔な解説を施し、用例でその使い方を明示。「人間関係」「行動・態度」など、7つのジャンルからキーワードを探せる「分野別キーワード目次」。巻末には全収録語がすぐに検索できる「50音順項目索引」。

日本語シソーラス　類語検索辞典　第2版　山口翼編　大修館書店　2016.5　1583p　22cm　〈他言語標題：Roget's Japanese Thesaurus　初版のタイトル：日本語大シソーラス　索引あり〉　15000円　Ⓘ978-4-469-02120-2　Ⓝ813.5

⦅内容⦆メール、手紙、広告コピーから論文、エッセイ、俳句、小説まで、書く人に最強の「ことば探し」辞典。のべ33万語句を収録！

日本語大シソーラス　類語検索大辞典　山口翼編　大修館書店　2003.9　1044p　21cm　15000円　Ⓘ4-469-02107-5　Ⓝ813.5

⦅内容⦆日本語の語彙20数万語を1044のカテゴリーに分類。さっぱり、すっきり等のニュアンスな

語彙　類語・同義語

表現語句からの検索もできる類語辞典。カテゴリー別索引・五十音別索引、参照文献一覧付き。

日本語の類義表現辞典　森田良行著　東京堂出版　2006.9　325p　19cm　2800円　Ⓘ4-490-10697-1　Ⓝ815.1

(目次)第1章 動作・作用の実現と使役の言い方、第2章 受身・可能の言い方、第3章 動作・状態を表す言い方、第4章 叙述の態度を表す言い方、第5章 語順の入れ替わる言い方、第6章 主体・対象を表す言い方、第7章 対人関係を表す言い方、第8章 時や場所などを表す言い方、第9章 事物の並列を表す言い方、第10章 条件の言い方

(内容)ふだん何気なく使っていても、いざ「どこがどう違うの?」と聞かれるとなかなか説明できない類義表現の微妙な意味と用法の違いを、その発想の根本にまでさかのぼって分析。ちょっとした言い方の違いが微妙な意味の違いを招いている類義表現の相違点や使い分けを丁寧に解説。

日本語類義表現使い分け辞典　泉原省二著　研究社　2007.12　1185p　21cm　5400円　Ⓘ978-4-7674-9054-0　Ⓝ814.6

(目次)第1章 主題、第2章 時の表現、第3章 順接確定条件、第4章 順接仮定条件、第5章 逆接条件、第6章 変化の表現、第7章 比較・比喩・比例、第8章 極限、第9章 授受動詞と敬語、第10章 モダリティの表現

(内容)日本人がふだん何気なく使っている類義表現(「〜は」と「〜が」、「〜さえ」と「〜でも」、「〜ながら」と「〜つつ」、「〜とたん」と「〜やいなや」、「あまりの〜に」と「〜のあまり」など)の使い分けとニュアンスの違いを例文を駆使しながら分かりやすく解説。

早引き類語連想辞典　野元菊雄監修、米谷春彦編　ぎょうせい　2001.6　983p　19cm　〈『早引き連想語辞典』改訂・改題書〉　4600円　Ⓘ4-324-06335-4　Ⓝ813.5

(内容)思いついたイメージ的な言葉からでも的確な語句が導き出せるようにした類語辞典。見出し語は23300語、排列は五十音順となっている。1994年に刊行された『早引き連想語辞典』の改訂版。

早引き類語連想辞典　第2版　野元菊雄監修、米谷春彦編　ぎょうせい　2008.6　1114p　19cm　4667円　Ⓘ978-4-324-08377-2　Ⓝ813.5

(内容)頭の中で思い浮かべた平易な言葉から適切な語句を導き出す目的で編集された辞典。2001年の初版の改訂第2版。770項目を追加し総項目24,000余りを収録。最新の国語辞典、新聞用語集を参考に収録項目を見直し、解説内容、表記方法なども見直している。

必携 類語実用辞典　新装版　武部良明編　三省堂　2004.6　397p　15cm　1000円　Ⓘ4-385-13229-1　Ⓝ813.5

(内容)身近な言葉を見出しとし、その語の別な言い方や類語を豊富に集め、その使い方が一目で分かる。同訓異字語・同音類義語の使い分けが分かる。手紙用語の使い方や、時候のあいさつ、敬語の使い分けが分かる。付録で「手紙の書き方」「文章の書き方」が分かる。本見出し約4000、空見出し約7700の下に、収録総語数約50000語。

必携 類語実用辞典　新装版 中型版　武部良明編　三省堂　2004.9　397p　19cm　1400円　Ⓘ4-385-13231-3　Ⓝ813.5

(内容)本見出し約4000、空見出し約7700の下に、収録総語数約50000を収録した類語辞典。身近な言葉を見出しとし、その語の別な言い方や類語を豊富に集め、その使い方が一目で分かる。

必携 類語実用辞典　増補新版　武部良明編　三省堂　2010.4　407p　15cm　1000円　Ⓘ978-4-385-13193-1　Ⓝ813.5

(内容)文章作成に役立つ、ことば選びの辞典。小型類語辞典中最大級の収録語数51000語。

必携 類語実用辞典　増補新版 中型版　武部良明編　三省堂　2010.4　407p　19cm　1500円　Ⓘ978-4-385-13194-8　Ⓝ813.5

(内容)文章作成に役立つ、ことば選びの辞典。小型類語辞典中最大級の収録語数51000語。

ビミョーな違いがわかるコトバ辞典　森田良行著　三省堂　2009.8　143p　19cm　〈索引あり〉　1200円　Ⓘ978-4-385-36443-8　Ⓝ814.5

(目次)やる×する、思う×考える、学ぶ×教わる、まねる×ならう、守る×防ぐ、負ける×敗れる、任せる×ゆだねる、戻る×帰る、走る×歩く、のろのろ×ゆっくり〔ほか〕

(内容)「きまり悪い」のか、「ばつが悪い」のか、「しげしげ」と見るのか、「じろじろ」と見るのか、類語のニュアンスを、楽しむ・感じる・納得する本。

表現力が豊かになる 類語・言いかえ辞典　日本語研究会編著　同文書院　1999.4　239p　18×11cm　〈ボキャブラリー養成講座〉　951円　Ⓘ4-8103-7589-7　Ⓝ814.5

(目次)第1章 人の一生、第2章 心の動き、第3章 社会・ビジネス、第4章 自然・風物、第5章 文化・風俗

(内容)日常よく使われる用語の類語・同義語・関連語を集めた辞典。約3800語を収録。用語を

5つのカテゴリーに分類し、さらにキーワードに分け、そのキーワードごとに、意味のよく似ている言葉を集め、それぞれを見出し語としている。

表現類語辞典 新装版 藤原与一，磯貝英夫，室山敏昭編 東京堂出版 2009.7 1123p 19cm 〈文献あり 索引あり〉 5200円 Ⓣ978-4-490-10759-3 Ⓝ813.5

〔内容〕日常語とその類語を示し解説した辞典。日常語を中心とした1232語を見出し語とし、その類語8361語を収め、一語一語の意味や用法の違いを解説する。類語には、近現代文学の作品289点から用例も豊富に収録する。排列は見出し語の五十音順。巻末に索引がある。

文章表現のための類語類句辞典 安田章著 三省堂 2006.9 683,236p 19cm 2500円 Ⓣ4-385-13346-8 Ⓝ813.5

〔内容〕やさしい言葉から引ける類語類句辞典。[関連]欄には、微妙にニュアンスの違うことば、派生語・連語など、その語の周辺情報を示す。[敬語]欄には、手紙文・挨拶文などで使う、相手方と自分側で書き分ける文例を示す。巻末の五十音順の「索引」では、類語・類句がどの見出し語に出てくるかを示す。

用例でわかる 類語辞典 学研辞典編集室編 学研教育出版，学研マーケティング〔発売〕 2009.12 620p 19cm 〈索引あり〉 2000円 Ⓣ978-4-05-302949-2 Ⓝ813.5

〔内容〕手紙、メール、ビジネス文書から、詩歌や俳句、小説まで。必要十分な、正項目1万5300語、総収録項目2万1200語。充実のカタカナ語・新語で、ビジネスシーンにも対応。やってはいけない誤用例付き。見やすい2色刷り。

用例でわかる 類語辞典 改訂第2版 学研辞典編集部編 学研教育出版，学研マーケティング〔発売〕 2015.6 963p 19cm 〈他言語標題：A Dictionary of Synonyms 索引あり〉 2400円 Ⓣ978-4-05-304019-0 Ⓝ813.5

〔内容〕ピッタリな言葉がキーワードから検索できる。文章作成・会話・スピーチに使える豊富な用例36000語収録！

類義語使い分け辞典 日本語類似表現のニュアンスの違いを例証する 田忠魁，泉原省二，金相順著 研究社出版 1998.8 1冊 19cm 4500円 Ⓣ4-327-46135-0 Ⓝ813.5

〔内容〕使い分けや意味の違いを説明しにくい日本語の類義語を、例文を用いて解説した辞典。見出し語索引付き。

類語選びの辞典 武部良明編 三省堂 1991.7 391p 18cm （三省堂実用 2） 971円

Ⓣ4-385-14155-X Ⓝ813.5

〔内容〕1980年同社刊「必携類語実用辞典」の再刊。

類語選びの辞典 新装版 武部良明編 三省堂 1994.9 391p 18cm （三省堂実用） 1300円 Ⓣ4-385-14240-8 Ⓝ813.5

〔内容〕ぴったりのことば選びに強くなる辞典。文章を書く場合、適切なことばが思い浮かばないときに役立つ、類義・類句・手紙用語などを豊富に収録。

類語・漢字使い分け辞典 まぎらわしい言葉の違いがわかる！ 村山孚，森保彦著 日本文芸社 1994.10 251,27p 15cm （にちぶん文庫） 680円 Ⓣ4-537-06134-0 Ⓝ814.5

〔目次〕1 同音同訓漢字の使い分け，2 はっきりしない同類用語の使い分け（一般用語，ビジネス・法律・時事用語，生活用語（衣・食・住），科学用語，音楽用語）

〔内容〕言葉の表現力を豊かにする。知らずに使っている、まぎらわしい言葉の数々—同音・同訓でも意味が違う言葉、同じ漢字でも読み方で意味が違う言葉。一般用語から、ビジネス・法律・生活・科学用語まで、日本語の使い分けがわかる一冊。

類語国語辞典 第8版 大野晋，浜西正人共著 角川書店 1994.10 1309p 19cm 3000円 Ⓣ4-04-012000-0

〔内容〕『角川類語新辞典』に収められた現代語を中心に新語・連語2000余語を加えた分類語彙辞典。十進分類方式による「語彙分類体系表」に基づいて分類収録し、各見出し語の下に用例・語釈・位相・対意語・参照番号を記載する。巻頭に五十音順索引を付す。

類語大辞典 柴田武，山田進編 講談社 2002.11 296,1495p 22cm 6500円 Ⓣ4-06-123290-8 Ⓝ813.5

〔内容〕画期的分類＋最大規模＝類語辞典の決定版！ 従来の類義語辞典にはなかったまったく新しい分類による使いやすさと、7万9000項目という圧倒的なボリューム、そして充実した用例。現代日本語は、これ一冊でOK。

類語大辞典 大活字版 柴田武，山田進編 講談社 2004.2 1495p 26cm 8800円 Ⓣ4-06-265334-6 Ⓝ813.5

〔内容〕現代日本語を意味によって100のカテゴリーに分類した画期的な構成。7万9000項目収録で、わが国最大の「類語辞典」を実現。言葉の意味の微妙な差異まで書き分けた、的確明快な語義解説。用例は「フルセンテンス主義」で、文章作りにそのまま役立つ。ガイド（巻頭50音順索引）が万全。欲しい語をピンポイントで検索。

類語表現活用辞典　菅野雅雄監修　創拓社
　1994.5　1093p　19cm　3600円　①4-87138-176-5　Ⓝ813.5
　⊕内容⊕手紙・作文・レポートなど、あらゆる文章を書くときに役立つように、いわば日本語のカタログとして、適切なことばをさがすことができる表現重視の辞典である。

<ハンドブック>

類語・反対語ハンドブック　本田喜昭著　池田書店　1993.4　319p　17cm　950円　①4-262-15625-7　Ⓝ814.5
　⊕内容⊕大きな活字で、素早く正確に引くことができるハンディなポケット辞典。

同音語

<辞典>

同じ読みで意味の違う言葉の辞典　新版　現代言語研究会著　あすとろ出版　2006.10　671p　19cm　2500円　①4-7555-0823-1　Ⓝ814.5
　⊕目次⊕愛称・愛唱・愛誦，哀惜・愛惜，合う・会う・逢う・遭う‐遇う，赤赤と・明明と，上がる‐上げる・揚がる‐揚げる・挙がる‐挙げる，明る‐明く・開ける‐開く・空ける‐空く，足・脚，預かる‐預ける・与る，価・値，暖かい・温かい〔ほか〕
　⊕内容⊕ビジネスや日常生活でよく使われる同音異義語を網羅。調べたい言葉がすぐ引ける頁ごとの上欄目次と見やすい本文。使い分けが的確にわかる「意味解説」と「基本例」を充実。言葉の増殖・応用をはかって"類語""対話"を積極採録。和語には漢字熟語で言い換えができる「和漢」欄を特設。用語用字についての参考事項を必要に応じ簡潔明快に解説。1200組、2800語を収録し、本文は見出し語の五十音順に排列。巻末に「常用漢字表」を収録。

活用自在 同音同訓異字辞典　阿久根末忠著　柏書房　1994.9　632p　19cm　2200円　①4-7601-1050-X　Ⓝ814.5
　⊕内容⊕同音同訓異字語の意味の違いと漢字の使い分けを明示した辞典。約14000項目を収録し、五十音順に排列。各項目により類語・反対語及び表記表や読み方などを記載。具体的に意味を把握できるよう、慣用句や中国故事成語などを取り入れた用例も多数掲載する。また難漢字にはワープロ利用者のための句点コード番号を示す。同音同訓総索

引の他、付録に同音の漢字による書きかえ、異音同訓の漢字の用法、法令用語改善の実施要領がある。―ワープロ時代に不可欠。漢字変換の迷いと悩みを解消。

漢検・漢字ファンのための同訓異字辞典　浅田秀子著　東京堂出版　2012.4　495p　20cm　3200円　①978-4-490-10817-0　Ⓝ813.5
　⊕目次⊕あう・あわす・あわせる、あお・あおい，あおぐ・あおる，あか・あかい、あかす・あかし，あがる・あげる，あきる、あく・あける，あし，あずかる・あずける〔ほか〕
　⊕内容⊕改定「常用漢字表」(平成22年11月内閣告示)「漢検」新審査基準に対応。寸法を測る、時間を計る、体重を量る、便宜を図る、委員会に諮る、…おなじ訓み方をする異なる漢字の使い方は、日本語表記の難問題。誰もが悩む漢字の使い分けを、たちどころに解決する。漢検出題の「同訓異字」対策に役立つ、初めての参考書です。

同音語選びの辞典　片山朝雄編　三省堂　1992.9　251p　18cm　(三省堂実用 31)　1000円　①4-385-14187-8　Ⓝ814.5
　⊕内容⊕同音語のことば選びに強くなる辞典。文章を書くときや、ワープロ入力するときに便利な同音語選びの辞典。豊富な例文で漢字選びも簡単。

同音語使い分け辞典 ポケット判　小峯和明監修　高橋書店　2000.5　360p　16cm　800円　①4-471-17168-2　Ⓝ814.5
　⊕内容⊕同音異義語約900語を収録した辞典。配列は50音順。巻末に索引がある。

同音語同訓語使い分け辞典　北原保雄，鳥飼浩二編　東京堂出版　1995.9　434p　19cm　2800円　①4-490-10403-0　Ⓝ814.5
　⊕内容⊕現代日本語の中で漢字の使い分け同音類義語や異字同訓語などを集めた辞典。使い分けの紛らわしい同音異義語、異字同訓語、同音漢字の書きかえで漢字表記にゆれのある語、送りがなのつけ方で紛らわしい語など1899組、4168語の使い分けに関する用例を収録する。排列は見出し語の五十音順。

同音同訓 漢字用例辞典　大隈秀夫編著　ぎょうせい　1992.11　475p　19cm　2000円　①4-324-02437-5　Ⓝ816.07
　⊕内容⊕紛らわしい同音語・同訓語ばかりを集めたユニークな用例集。実用本位の独自の用例編集。現代表記による漢字用法の手引き。文章を書くときに役立つ資料を満載。

同訓異字　白川静著　平凡社　2014.6　335p

19cm 〈索引あり〉 2300円 Ⓘ978-4-582-12816-1 Ⓝ813.5

⦗内容⦘白川静が660の言葉を取り上げ、漢字の使い分けを解いた『字通』の付録「同訓異字」を読みやすく。これを割愛した『字通・普及版』を補完するための一冊。

ひと目でわかる 微妙な日本語使い分け字典 水野靖夫著 PHP研究所 2003.1 395p 15cm （PHP文庫） 648円 Ⓘ4-569-57876-4 Ⓝ813.5

⦗目次⦘あしょう、あう、あがる、あく、あし、あずかる、あたい、あたたかい、あつい、あてる〔ほか〕

⦗内容⦘「あう」とパソコンのキーボードを叩くと、「会う・逢う・遭う・遇う・合う」と、5つの「あう」がズラリと出てくる。さて、「合う」はともかく、他の4つを状況に応じてどう使えばよいものやら。本書は、このような同訓、同音の漢字の使い分けを、具体的な用例を示し解説した、まさに微妙なニュアンスの違いが解る本。「どっちかな」と思ったら、迷わず本書を。日本語力を磨く座右の書。

間違えやすい漢字使い分け辞典 読売新聞校閲部編 PHP研究所 1998.7 299p 15cm （PHP文庫）〈『間違えやすい漢字使い分けハンドブック』改題書〉 533円 Ⓘ4-569-57173-5 Ⓝ814.5

⦗内容⦘ワープロやパソコンで文章を作成する際に役立つ、一般の国語辞典では使い分けが分かりにくい同音同訓異義語について解説した辞典。索引付き。

間違わない漢字使い方辞典 手紙・レポート・ワープロに役立つ 桐原書店 1997.7 494p 19cm 2000円 Ⓘ4-342-61712-9 Ⓝ816.07

⦗内容⦘一つの読みに対する漢字の書き表し方が、二つ以上あるものを取り上げて、その使い分けを解説、使用例を掲げる。

例解 同訓異字用法辞典 浅田秀子著 東京堂出版 2003.9 504p 19cm 3900円 Ⓘ4-490-10640-8 Ⓝ814.5

⦗内容⦘「常用漢字表」に複数の訓読み漢字が載っている言葉を中心に、文芸作品・日常生活において使う同訓の言葉300語を見出し語として収録。誰もがまよう漢字の使い分けを、日本語教師が懇切に指南。漢字の語源、意味、使いわけ、用例を用いて解説。熟語、諺、慣用句、豆知識等も記載した。本文は訓読みの見出し語五十音順に排列。見出し索引・漢字画数索引と参考文献を付す。

<ハンドブック>

三省堂同音語使い分け便覧 片山朝雄編 三省堂 1998.8 497,11p 15cm 1500円 Ⓘ4-385-13840-0 Ⓝ814.5

⦗内容⦘同音異義語1300語を五十音順に排列し解説した、文庫サイズの国語便覧。索引付き。

常識の間違えやすい同音語 リベラル社編 （名古屋）リベラル社，星雲社〔発売〕 2006.10 79p 15×9cm （ミニブックシリーズ） 500円 Ⓘ4-434-08554-9 Ⓝ814.5

⦗内容⦘日常よく使われる間違えやすい同音語を449項目選び出し、ミニブックとしてまとめた。各項目は「あいうえお」の五十音順に配列し、不安な漢字の選択にすぐに対応できるようにした。解説は使い分けがすぐにわかるように、ポイントのみを押さえてある。さらに、実用性を高めるために、用例もつけ加えた。

同音・同訓ハンドブック 橋川潤編著 池田書店 1994.6 254p 17cm 880円 Ⓘ4-262-15639-7 Ⓝ814.5

⦗内容⦘日常よく用いられる同音・同訓の類義語、871組、1903語を収録、五十音順に排列した辞典。語の意味と用法の違いがより明確にわかるよう、すべての語に解釈と用例を記載し、必要に応じて対義語と補足説明を付記する。偏旁が似ている漢字の誤りや、同音・同訓の熟語の誤用例として「誤りやすい熟語」304語を掲載する。

まちがいやすい同音語使い方の読本 小学館編 小学館 1999.2 396p 15cm （小学館ライブラリー） 1000円 Ⓘ4-09-460119-8 Ⓝ814.5

⦗内容⦘字音の同音類語を中心に、まちがいやすい語を選び、五十音順に配列したもの。本編に同音類語を中心に約400グループ、900語を収録し、巻末に同訓異字語を約130グループ、320語を収めた。五十音順総索引付き。

間違えやすい漢字使い分けハンドブック プロが教える同音同訓の使い分け 読売新聞校閲部編 PHP研究所 1997.3 231p 18cm 1165円 Ⓘ4-569-55485-7 Ⓝ814.5

⦗内容⦘同音異義語や同訓異義語を使い分けるためのハンドブック。

反対語

<事典>

類語・反対語・関連語 三省堂編修所編 三省堂 1999.7 219p 18cm （ことばの手

帳）　1000円　Ⓘ4-385-13859-1　Ⓝ813.5

内容 言葉の言い換えに役立つ類語・反対語・関連語やことわざ・慣用句を収録した事典。五十音順配列で約7000項目を掲載。

＜辞典＞

学生反対語活用辞典　小林豊編　（大阪）むさし書房　1994.3　256p　19cm　1000円　Ⓘ4-8385-0814-X

内容 見出し語は約7500語を収録。反対語、対照語、および一部に関連語までを記載する辞典。見出し語は漢字表記を採用する。説明は最大限、簡単にし、そのことによって語数の増加を図っている。できるだけ例文、例語を示し理解を助けている。

活用自在　反対語対照語辞典　反対語対照語辞典編纂委員会編　柏書房　1998.6　621p　19cm　2200円　Ⓘ4-7601-1653-2　Ⓝ814.5

内容 現在使用されている現代語を中心に、古語、俗語、外来語などの反対・対照語およそ15000語を収録した辞典。排列は見出し語の五十音順。

反対語辞典　日本文芸社　1991.4　539p　18cm　1300円　Ⓘ4-537-01504-7　Ⓝ814.5

内容 反対語と対照語など、日常生活で使いながら確信がもてないときの道しるべとなり、言語生活を豊かにする辞典。

反対語対照語辞典　新装版　北原保雄、東郷吉男編　東京堂出版　2015.6　464p　19cm　2000円　Ⓘ978-4-490-10866-8　Ⓝ813.5

内容 収録語数約13,000語。対応する反対語・対照語を語釈・用例と共に幅広く収録。理解を助ける図版も収録。反対語の対応も一目でわかる。

＜ハンドブック＞

三省堂反対語便覧　三省堂　1996.10　424p　15cm　1400円　Ⓘ4-385-13779-X　Ⓝ814.5

内容 反対語・対照語・反対の意味のことわざ1万2000語を収録した文庫本サイズの辞典。見出し語は五十音順排列。それぞれの言葉の説明は原則として示さない。カタカナ語に関しては別枠にまとめて収める。

三省堂反対語便覧　新装版　三省堂編修所編　三省堂　2008.7　432p　16cm　1500円　Ⓘ978-4-385-13786-5　Ⓝ814.5

内容 日本語表現力の向上に重要な反対語・対照語を約1万2千語収録。漢検対策にも最適。大きな活字で読みやすく、便利な文庫サイズ。巻末に、付録「反対のことわざ」、解説「反対語とは」収録。

大活字　三省堂反対語便覧　三省堂編修所編　三省堂　2004.6　424p　21cm　2400円　Ⓘ4-385-13778-1　Ⓝ814.5

目次 本文，カタカナ語，付録 反対のことわざ

内容 大活字の見やすい紙面で反対語1万語を収録した反対語辞典。日常のことばや専門用語の反対語・対照語を簡潔に明示。反対の意味のことわざも収録。

類語・反対語ハンドブック　本田喜昭著　池田書店　1993.4　319p　17cm　950円　Ⓘ4-262-15625-7　Ⓝ814.5

内容 大きな活字で、素早く正確に引くことができるハンディなポケット辞典。

古語・雅語

＜事典＞

武士語事典　使って感じる日本語文化の源流　宮越秀雄〔著〕　明窓出版　2016.10　202p　19cm　〈著作目録あり〉　1350円　Ⓘ978-4-89634-366-3　Ⓝ814.9

目次 第1章 武士道精神と武士語の成り立ち（武士道は行動の美学，落語に見る武士言葉と町人言葉の相違，歌舞伎に見る武士同士の言葉，武士の標準語の教科書としての謡曲や幸若舞 ほか），第2章 武士語辞典（あ行，か行，さ行，た行 ほか），第3章 候文の書き方・読み方（ルールを覚えれば意外と簡単）

＜辞典＞

岩波古語辞典　〔補訂版〕　大野晋，佐竹昭広，前田金五郎編　岩波書店　1990.2　1534p　19cm　2500円　Ⓘ4-00-080073-6　Ⓝ813.6

内容 初版刊行後15年の研究成果にもとづき全項目の語義・用例に検討を加えた補訂版。日本の古典作品を読むうえに必要な43,000余語を収録する。5000種に及ぶ文献資料から得た用例にもとづいて、的確な語釈を定める。

江戸時代語辞典　潁原退蔵著，尾形仂編　角川学芸出版，角川グループパブリッシング〔発売〕　2008.11　1343p　27cm　22000円　Ⓘ978-4-04-621962-6　Ⓝ813.6

内容 江戸時代の語彙を前期の上方語から後期の江戸語までを網羅した江戸語辞典。俳諧、黄表紙、歌舞伎、人情本など、あらゆるジャンルか

日本語 レファレンスブック　113

ら語彙・成句21,000項目を集成。約5,000の出典から42,000の用例を収録。巻末には出典一覧を付ло。近世文学研究の穎原退蔵（1894〜1948）の遺稿が結実。毎日出版文化賞（第63回）受賞。

王朝語辞典　秋山虔編　東京大学出版会
2000.3　502,28p　21cm　6800円　Ⓘ4-13-080061-2　Ⓝ813.6

⟨内容⟩王朝文学作品を解読するための語彙や事項を解説した辞典。歌ことばなどの言葉あそびから平安時代に特有の通念や用法を解説。500項目を見出し語として五十音順に排列、一項目の記述に一頁をあてている。検索については巻頭に天地、歳事・時、四季の景物などにわけた分類目次を掲げ、巻末に詳細な王朝語索引を付した。

旺文社高校基礎古語辞典　第2版　旺文社
1996.10　927p　18cm　1800円　Ⓘ4-01-077708-7　Ⓝ813.6

⟨内容⟩上代から近世にいたる古典から1万5800語を収録した高校生向けの古語学習辞典。固有名詞・文芸用語1100語、和歌470首、歌謡15首、俳句192首を含む。用例は教科書・大学入試問題から採用し出典を明示する。武士の服装・古典に現れる植物・平安京図等の「古典の常識一覧」も掲載。付録として国文学史年表・初句を見出しとした和歌・俳句索引などを巻末に付す。一学習のポイントが一目でわかる。

旺文社古語辞典　第8版　松村明，山口明穂，和田利政編　旺文社　1994.9　1471p　19cm　2500円　Ⓘ4-01-077704-4　Ⓝ813.6

⟨内容⟩高等学校における古典学習用を主体に、専門大学生・一般社会人にも役立つ辞典として編集された2色刷り古語辞典。43000語を収録。重要度に応じて見出し語は3段階で表示、重要語には枠囲みの語意・語感欄を設けてその語の核心を示す。巻頭付録には「古典にあらわれる色」などのカラー図版、巻末付録には十品詞分類表、国語年表、枕詞・序詞一覧など古典学習に必要な資料を掲載する。また別冊付録として、助動詞・助詞の早わかり表と「百人一首」の手引がある。

旺文社古語辞典　第9版　松村明，山口明穂，和田利政編　旺文社　2001.10　1535p　19cm　〈付属資料：別冊1〉　2700円　Ⓘ4-01-072116-2　Ⓝ813.6

⟨内容⟩43500語を収録する古語辞典。「語意」「語感」「文学理念」などのコラムを掲載。付録として、「助動詞・助詞の早わかり表」「百人一首の手引き」などがある。

旺文社古語辞典　第10版　松村明，山口明穂，和田利政編　旺文社　2008.10　1567p　19cm　2800円　Ⓘ978-4-01-072119-3　Ⓝ813.6

⟨内容⟩2001年刊の初版以来改訂を重ねる古語辞典の第10版。入試にも役立つ43500語を収録する。見出し語は重要度にもとづき3段階で表示する。新設の「ことばの背景」「語義の変遷」ほか「文学理念」「学習」などのコラムを掲載。巻末にはカラー参考図には服飾など古典関連の図版を収録、別冊付録（112ページ）には、助動詞・助詞の早わかり表と「百人一首」の手引きを収録する。

旺文社古語辞典　第10版　増補版　松村明，山口明穂，和田利政編　旺文社　2015.10　1600p　19cm　〈年表あり　索引あり〉　2900円　Ⓘ978-4-01-072120-9　Ⓝ813.6

⟨内容⟩高校の日常学習から大学入試まで、不足を感じない43,500語収録。重要語の意味をズバリとつかむ！「語意」「語感」「基本義」欄、「古典文学の展開」で、文学史の流れをつかみ古文の読解力を養える。「活用形の用法一覧」で、助動詞との接続や役割が一目でわかる。「敬語解説」「和歌の表現と解釈」「旧暦の仕組み」で、文法・読解に強くなる。持ち歩いて便利！別冊付録「助動詞・助詞の早わかり表と百人一首の手引き」。

旺文社全訳学習古語辞典　宮腰賢，石井正己，小田勝編　旺文社　2006.10　1087p　19×14cm　1900円　Ⓘ4-01-077717-6　Ⓝ813.6

⟨内容⟩上代（奈良時代）から近世（江戸時代）までの主要な古典から、教科書などに現れる頻度の高い語を中心に約12000語を収録。また、頻出の複合語・連語、人名・地名・作品名などの固有名詞、枕詞・文芸用語、および和歌・歌謡329首、俳句・川柳145句をも収録。

（旺文社）全訳古語辞典　桜井満，宮腰賢編　旺文社　1990.11　1023p　19cm　2136円　Ⓘ4-01-077700-1　Ⓝ813.6

⟨内容⟩上代から近世までのわが国の主要な古典から、使用頻度の高い語を中心に約15,100語を収録。ほかに古典の読解や文学史の理解のために必要な人名、地名、作品名などの固有名詞・枕詞・文芸用語等を約1,230語収録し解説。本文活字は二色刷り。

旺文社全訳古語辞典　重版　桜井満，宮腰賢編　旺文社　1994　1023p　19cm　2300円　Ⓘ4-01-077700-1　Ⓝ813.6

旺文社全訳古語辞典　第2版　宮腰賢，桜井満編　旺文社　1996.10　1311p　19cm　2500円　Ⓘ4-01-077707-9　Ⓝ813.6

⟨内容⟩上代から近世までの日本の古典文学に使用された古語2万2000語を収録した古語学習用の辞典。和歌・歌謡360首、俳句・川柳159首も

収載する。用例は教科書・入試問題から採用し、すべてに現代語訳を付し、出典を明示。巻末に和歌・歌謡・俳句・川柳の初句を見出しとした「和歌・俳句索引」を付す。―古文がすらすら読める、どんどんわかる、みるみるおもしろくなる。

旺文社全訳古語辞典 第2版 小型版 宮腰賢，桜井満編 旺文社 1999.9 1311p 17cm 1900円 Ⓘ4-01-077713-3 Ⓝ813.6
〔内容〕高等学校における古典学習を中心に、大学入試にも役立つように編集された古語辞典。上代から近世までの主要な古典から、使用頻度の高い語を中心に選び約22000語を収録。教科書にのっている作品などを中心に、著名な和歌（百人一首はすべて）・歌謡360首・俳句・川柳159句を収録し、巻末付録にその索引（分類別・五十音順）を収載した。

旺文社全訳古語辞典 第3版 宮腰賢，桜井満，石井正己，小田勝編 旺文社 2003.10 1343p 19×14cm 2600円 Ⓘ4-01-077709-5 Ⓝ813.6
〔内容〕上代から近代までの主要な古典から使用頻度の高い語を中心に22500語を収録した古語辞典。配列は見出し語のかな表記の五十音順、見出し語、漢字表記、品詞、活用表示、語釈および解説、用例などを記載。巻末には本文に掲載した和歌、俳句の索引が付く。

旺文社全訳古語辞典 第3版 小型版 宮腰賢，桜井満，石井正己，小田勝編 旺文社 2003.10 1343p 17cm 1900円 Ⓘ4-01-077714-1 Ⓝ813.6
〔内容〕上代から近代までの主要な古典から使用頻度の高い語を中心に22500語を収録した古語辞典。配列は見出し語のかな表記の五十音順、見出し語、漢字表記、品詞、活用表示、語釈および解説、用例などを記載。巻末には本文に掲載した和歌、俳句の索引が付く。

雅語訳解 鈴木朖著，引原英男編〔引原英男（京都）〕 1991.2 76p 19cm 〈参考文献：p74～75〉 750円 Ⓝ813.6
〔内容〕「古今和歌集」「源氏物語」等の雅語を俗語で訳し、いろは順に並べた辞書。収録語数は約1,380。底本は文政4（1821）年刊の版本。巻頭に本書の解説を収める。

学研 全訳古語辞典 金田一春彦監修，小久保崇明編 学習研究社 2003.12 1267p 19cm 〈付属資料：別冊1〉 2600円 Ⓘ4-05-301514-6 Ⓝ813.6
〔内容〕高等学校の国語の新教科書を中心に、大学入試によく出題される作品を含め、上代から江戸時代に至る約500の作品から2万6千語を厳選して収録した古語辞典。見出し語は仮名見出しで五十音順に配列、見出し語、見出し語の漢字表記、品詞、訳語等を記載。また学習上重要と思われる語には、見出し語の色や大きさを変えて目立つようになっている。

学研 全訳古語辞典 小型版 金田一春彦監修，小久保崇明編 学習研究社 2003.12 1267p 19cm 〈付属資料：別冊1〉 2000円 Ⓘ4-05-301515-4 Ⓝ813.6
〔内容〕高等学校の国語の新教科書を中心に、大学入試によく出題される作品を含め、上代から江戸時代に至る約500の作品から2万6千語を厳選して収録した古語辞典。見出し語は仮名見出しで五十音順に配列、見出し語、見出し語の漢字表記、品詞、訳語等を記載。また学習上重要と思われる語には、見出し語の色や大きさを変えて目立つようになっている。

学研 全訳古語辞典 改訂第2版 金田一春彦監修，小久保崇明編者代表 学研教育出版，学研マーケティング〔発売〕 2014.2 1326p 図版40p 19cm 〈初版：学研 2003年刊 年表あり 索引あり〉 2700円 Ⓘ978-4-05-303886-9 Ⓝ813.6
〔内容〕古典学習・入試対策に最適。最重要語に、語義の変遷が分かる「語義の扉」を設けた。重要教材を読み解く力を養う「文脈の研究」新設。古典教科書から用例を採集。古語辞典初！用例の出典にジャンルと時代を明示。

学研 全訳古語辞典 改訂第2版 小型版 金田一春彦監修，小久保崇明編者代表 学研教育出版，学研マーケティング〔発売〕 2014.2 1326p 図版40p 17cm 〈初版：学研 2003年刊 年表あり 索引あり〉 2000円 Ⓘ978-4-05-303887-6 Ⓝ813.6
〔内容〕古典学習・入試対策に最適。最重要語に、語義の変遷が分かる「語義の扉」を設けた。重要教材を読み解く力を養う「文脈の研究」新設。古典教科書から用例を採集。古語辞典初！用例の出典にジャンルと時代を明示。

角川古語大辞典 第4巻（た～は） 中村幸彦，岡見正雄，阪倉篤義編 角川書店 1994.10 1187p 30×21cm 29000円 Ⓘ4-04-011940-1 Ⓝ813.6
〔内容〕上代から近世末までの日本古典文学作品から広く語彙を採録した古語大辞典。第4巻は「た～は」。語義のほか、文学的・時代的・生活的意味、原典による用例を示す。巻頭に主要依拠本一覧がある。

角川古語大辞典 第5巻（ひ～ん） 中村幸彦，岡見正雄，阪倉篤義著 角川書店 1999.3 1098p 30cm 33000円 Ⓘ4-04-

011950-9　Ⓝ813.6

㊞内容⊙上代から近世末までの日本古典文学作品から広く語彙を採録した古語大辞典。第5巻は「ひ〜ん」。語義のほか、文学的・時代的・生活的意味、原点による用例を示す。巻頭に主要依拠本一覧がある。

角川全訳古語辞典　久保田淳，室伏信助編
　　角川書店　2002.10　1579p　19cm　2800円　Ⓘ4-04-013800-7　Ⓝ813.6

㊞内容⊙平安朝の古典を中心に、主要古典を引用して解説する学習用辞典。高校の教科書や大学入試問題の出題傾向を参考にした内容。収録項目数は約3万1000語。重要度の3段階表示、語義・解説、現代語訳つきの用例を記載。巻頭に作品別特講用例一覧と主要古典一覧を付す。

角川必携古語辞典 全訳版　山田俊雄，吉川泰雄，室伏信助編　角川書店　1997.11　1245p　19cm　2600円　Ⓘ4-04-013400-1　Ⓝ813.6

㊞内容⊙高校生の古文学習に必要な古語、約1万6千語を収録。用例の全てに平易な現代語訳を施し、訳し方の注意や文法の解説など随所にコラムを設け解説している。

完訳用例古語辞典　金田一春彦監修，小久保崇明編　学習研究社　1998.4　1203p　19cm　2600円　Ⓘ4-05-300445-4　Ⓝ813.6

㊞目次⊙この辞典の特色ときまり、この辞典の使い方、この辞典のしくみ、記号・略号一覧、本文、資料編

㊞内容⊙高等学校の国語の教科書を中心に、大学入試によく出題される作品まで含め、上代から江戸時代に至る500余りの古典作品から選んだ25000余語を収録した古語辞典。

現古辞典　現代語から古語を引く　古橋信孝，鈴木泰，石井久雄著　河出書房新社　2012.3　348p　20cm　2800円　Ⓘ978-4-309-02100-3　Ⓝ813.6

㊞内容⊙現代語から、古典の多様な語彙を知る。数詞や鳴き声、自然現象や病気の和語、擬音語や擬態語も収録。上代から近世までの多様な出典、豊富な用例を収録し、古文への翻訳に役立つ、指示詞、代名詞から敬語動詞一覧までも収めた付録つき。

現代語から古語を引く辞典　金田一春彦序，芹生公男編　三省堂　2007.4　614,270p　19cm　〈『現代語から古語が引ける古語類語辞典』増補・改題書〉　3200円　Ⓘ978-4-385-14042-1　Ⓝ813.6

㊞内容⊙「現代語から古語が引ける」唯一の古語類語辞典。現代語の見出しのもとに延べ約51,100の古語を収録。古語の豊かな表現が実感できる同義語・類義語・関連語を多く収録。関連語の多い古語は、「基本語の周辺」としてまとめて解説。動植物の異名も多数収録。「古典のしおり」を新設、読解や創作のための基本情報を多数収録。古語からも類語・関連語が引き出せる「古語総索引」付き。

現代語古語類語辞典　芹生公男編　三省堂　2015.9　2147p　19cm　〈文献あり〉　5800円　Ⓘ978-4-385-13994-4　Ⓝ813.6

㊞内容⊙現代語から古語まで収録した初めての総合類語辞典!

講談社キャンパス古語辞典　馬淵和夫編　講談社　1995.11　972p　19cm　2300円　Ⓘ4-06-123270-3　Ⓝ813.6

㊞内容⊙古典の学習に必要な語句1万5000を収録する辞典。本文中に紛らわしい語の識別や文学史、有職故実語の成り立ち等に関する101のコラムが、巻末に百人一首の解釈と解説、図版類、文学史年表等の付録がある。

講談社古語辞典　新装版　佐伯梅友，馬淵和夫編　講談社　1997.2　1173p　19cm　2427円　Ⓘ4-06-265303-6　Ⓝ813.6

㊞内容⊙主要古典を徹底分析した、本格派の古語辞典。収録語数は、4万5000語。単語はすべて大見出しとし、項目の引きやすさに配慮。排列は、見出し語の五十音順。

古語大鑑　第1巻（あ〜お）　築島裕ほか編　東京大学出版会　2011.12　848p　27cm　38000円　Ⓘ978-4-13-080005-1　Ⓝ813.6

㊞内容⊙古典語の基本となる奈良・平安・鎌倉時代の語彙約40000語を収録した古語辞典。文献に現れる語彙を50音順に配列し、語釈、語源などを解説。用例を挙げてその根拠を示す。第1巻には、「あ」から「お」までの語彙を掲載。

古語大鑑　第2巻（か〜さ）　築島裕編集委員会代表　東京大学出版会　2016.2　76,621p　27cm　〈編集：峰岸明ほか〉　42000円　Ⓘ978-4-13-080006-8　Ⓝ813.6

㊞内容⊙上代から鎌倉時代の終わり（1333年頃）までの語に重点を置き、その期間に成立した文献に現れる語彙約4万語を収録。見出しを現代仮名遣いで示し、語釈、語源などを解説し、文献の用例（最古の用例）を探ศしている。万巻の書を開かなくても、この辞典だけで古い言葉の世界を見通すことができる。

古語林　林巨樹，安藤千鶴子編　大修館書店　1997.11　1620p　19cm　2700円　Ⓘ4-469-02115-6　Ⓝ813.6

㊞内容⊙約3万6千語を収録した古語辞典。重要な項目にはその語の典型的な用例と現代訳を囲みで示すなど、分かりやすい構成がされている。

古語類語辞典　現代語から古語が引ける
芹生公男編　三省堂　1995.4　580,270p
19cm　2800円　Ⓣ4-385-14041-3　Ⓝ813.6
(内容)現代語から古語が引ける類語辞典。関連項目の多い基本語81を選び意味によって分類・掲載した「基本語の周辺」、現代語約9500語を五十音順に排列し古語約4万語を収録した本文、古語からも類語が検索できるようにした古語総索引の3部構成。

古典基礎語辞典　大野晋編　角川学芸出版, 角川グループパブリッシング〔発売〕
2011.10　1409p　22cm　6500円　Ⓣ978-4-04-621964-0　Ⓝ813.6
(内容)大野晋が最後までこだわり抜いた厳選3200語! 語源と語誌を重視し、日本語を見直すきっかけとなる一冊。古典文学作品を、もっと正しく、より深く理解するための辞典。

古典語彙大辞典　落合直文編　東出版　1995.12　1冊　22cm　（辞典叢書 3）〈『国書辞典』（大倉書店明治35年刊）の複製〉　25750円　Ⓣ4-87036-013-5　Ⓝ813.1
(内容)明治35年に出された「国書辞典」を改題。初版本を底本にし、扉から奥付までを原寸で収める。難解とされる古言古語の、漢語、地名、人名、書名などを拾い、その意味を付す。古語が出ている古典も示す。

最新 詳解古語辞典　2版　佐藤定義編　明治書院　1992.1　726p　17cm　〈付（表1枚）：助動詞（34種）の総合整理〉　1800円　Ⓣ4-625-70004-3　Ⓝ813.6
(内容)この辞典には、上代から近世に至る主要古典中から抽出した、使用度の高い2万以上の言葉が、約1万3千項目にまとめられている。そして、その内容は、一般語彙・助詞・助動詞・接頭語・接尾語・連語・枕詞、さらに主要地名・文学用語・仏教用語などに及んでいる。

最新 全訳古語辞典　三角洋一, 小町谷照彦編　東京書籍　2006.1　1534p　19cm　2600円　Ⓣ4-487-39590-9　Ⓝ813.6
(目次)本文、古典の中の擬音語・擬態語、主要作品解説、主要文学史年表、古典文学を知るための参考資料、巻末付録（歴史的仮名づかい、敬語の理解のために、まぎらわしい語句の識別、年号・歴代天皇一覧、官位相当表 ほか）
(内容)約2万3千語の幅広い収録語。必須の地名・人名から、和歌、俳句、歌舞伎・浄瑠璃なども幅広く採録。

三省堂詳説古語辞典　秋山虔, 渡辺実ほか編　三省堂　2000.1　1502p　19cm　2700円　Ⓣ4-385-13830-3　Ⓝ813.6
(内容)教科書収録作品や主要古典から約41000語を収録した古語辞典。上代から近世までの、学習に必要な古語、助詞・助動詞、複合語・連語、慣用句・成句および固有名詞、さらに、教科書・入試によく出る和歌・歌謡・俳句・狂歌・川柳を加えた。付録として、国語・国文法用語事典、主要文法事項表覧、古典文学史年表、主要枕詞便覧、序詞便覧、縁詞便覧、掛詞便覧、主要歌枕便覧、重要系図、古典参考図、古典主要年中行事便覧、古典季題選、和歌・歌謡・俳句索引、小倉百人一首一覧などがある。

三省堂全訳基本古語辞典　鈴木一雄ほか編　三省堂　1995.1　1062p　18cm　1800円　Ⓣ4-385-14132-0　Ⓝ813.6
(内容)高校の古文学習や大学受験に必須の古語約12000語を収録した辞典。うち約7000語と用例はできるだけ教科書教材から選んでいる。収録語は人名・地名等の固有名詞の他、百人一首全首を含む和歌・俳句に及び、用例には全て現代語訳を示す。和歌・俳句索引を付す。巻末に動詞活用法、日本文学史年表等の「古典学習のしおり」がある。

三省堂全訳基本古語辞典　第3版　鈴木一雄編　三省堂　2003.1　1109p　19cm　1900円　Ⓣ4-385-14134-7　Ⓝ813.6
(内容)収録語数は12000。人名、地名、作品名、和歌（含む、百人一首）、俳句、枕詞もしっかり収録したほか連語見出しも多数収録。重要語約450は色刷で標示。引きやすく覚えやすい本書独自の訳語方式。

三省堂全訳基本古語辞典　第3版 増補新装版　鈴木一雄著　三省堂　2007.12　1109p　19cm　1900円　Ⓣ978-4-385-14135-0　Ⓝ813.6
(内容)古文学習が楽しくなる「古文入門―古典の扉を開く―」を新設。収録語数は古文学習に必要十分な12000語。人名・地名・作品名と和歌（百人一首含む）・俳諧・枕詞もしっかり収録。連語見出しも多数収録。最重要語約450は色刷で指示。引きやすく探しやすい、本書独自の訳語方式を採用。用例をなるべく多く収録し、すべて現代語訳付き。訳語と用例の該当部分を一致させて、わかりやすく色刷で標示。助詞・助動詞・敬語動詞に、わかりやすい文法解説。

三省堂全訳読解古語辞典　鈴木一雄, 伊藤博, 外山映次, 小池清治ほか編　三省堂　1995.11　1279p　19cm　2500円　Ⓣ4-385-13322-0　Ⓝ813.6
(内容)収録語数2万の学習用古語辞典。一般語彙のほか、学習に必要な人名・地名・作品名等の固有名詞、枕詞、文学史用語、和歌、俳句等も見出しとして採用する。用例には現代語訳を付す。資料・図版多数。

三省堂全訳読解古語辞典 小型版　鈴木一雄，伊藤博，外山映次，小池清治編　三省堂　1996.12　1279p　19cm　2000円　Ⓘ4-385-13324-7　Ⓝ813.6

[内容]代表的古典作品から2万語を精選、用例は有名古典から集めすべてに現代語を付けた。そのほか学習用に語議要説、解説のために、参照用例などの項目を設けた。

三省堂全訳読解古語辞典　第2版 2色刷　鈴木一雄編者代表，伊藤博，外山映次，小池清治編　三省堂　2001.1　1454p　19cm　2600円　Ⓘ4-385-13343-3　Ⓝ813.6

[内容]2万1000語を収録した古典学習のための古語辞典。人名・地名・書名などのほかに和歌・歌謡・俳句・川柳も項目として採録し、用例には全文に現代語訳を付す。付録として、古典文学史年表、古典重要系図、古典文学地図、官位相当表、官職解説、古典の主要年中行事、古典参考図録、小倉百人一首などがある。2色刷。

三省堂全訳読解古語辞典　第2版 小型版　鈴木一雄編者代表，伊藤博，外山映次，小池清治編　三省堂　2001.1　1454p　18cm　1980円　Ⓘ4-385-13344-1　Ⓝ813.6

[内容]2万1000語を収録した古典学習のための古語辞典。人名・地名・書名などのほかに和歌・歌謡・俳句・川柳も項目として採録し、用例には全文に現代語訳を付す。「全訳読解古語辞典」の小型版。

三省堂全訳読解古語辞典　第3版　鈴木一雄，外山映次編者代表，伊藤博，小池清治編集幹事　三省堂　2007.1　1462p　19cm　〈付属資料：CD1〉　2700円　Ⓘ4-385-13347-6　Ⓝ813.6

[内容]「読解」を重視した全訳学習古語辞典の最新第三版。教科書掲載作品を中心に代表的古典作品から精選した語彙2万1千。古典学習に必須の人名・地名・書名などのほかに、和歌(百人一首はすべて)・歌謡・俳句・川柳も項目として採録。

三省堂全訳読解古語辞典　第3版 小型版　鈴木一雄，外山映次，伊藤博，小池清治編　三省堂　2007.1　1462p　18×12cm　2000円　Ⓘ4-385-13348-4　Ⓝ813.6

[内容]教科書掲載作品を中心に和歌(百人一首はすべて)・歌謡・俳句・川柳も含めて2万1千項目収録。用例は教科書によく出る著名古典から選び、全用例に現代語訳付き。「語義要説」「読解のために」「関連語」「参照用例」など定評ある読解のための工夫を充実。絵巻などから場面を大きく切り取った「環境イラスト」。巻頭カラー付図を新設。「古典文学史年表」「古典文学地図」など、付録も豊富に収録。

三省堂全訳読解古語辞典　第4版　鈴木一雄，外山映次，伊藤博，小池清治編　三省堂　2013.1　1434p 図版16p　19cm　2800円　Ⓘ978-4-385-13341-6　Ⓝ813.6

[内容]古典入門者から愛好者まで、古典を読み解くために必要な2万1千項目を厳選。古典学習に必要な人名・地名・書名などのほか、和歌・歌謡・俳句なども採録。用例は教科書・入試問題によく出る著名古典から精選。全用例に現代語訳付き。最重要語は語義のポイントを押さえた「語義要説」で丁寧に解説。助詞・助動詞は新設の「補説」で文法の要点を詳しく解説。読解力・語彙力を養成する「関連語」「参考」欄が充実。入試に役立つ情報をまとめた図解「チャート」と「ポイント」を新設。古文読解にすぐに役立つコラム「読解のために」約570項目がリニューアル。絵解き式「絵巻図版」を全面刷新。古典の世界をいきいきと読み解く。

三省堂全訳読解古語辞典　第4版 小型版　鈴木一雄，外山映次，伊藤博，小池清治編　三省堂　2013.1　1434p 図版16p　17cm　2100円　Ⓘ978-4-385-13342-3　Ⓝ813.6

[内容]古典入門者から愛好者まで、古典を読み解くために必要な2万1千項目を厳選。用例は教科書・入試問題によく出る著名古典から精選。全用例に現代語訳付き。最重要語の「語義要説」、助詞・助動詞の「補説」(新設)、「関連語」「参考」など、学習に役立つ内容がさらに充実。入試に役立つ情報をまとめた「チャート」と「ポイント」を新設。古文読解にすぐに役立つコラム「読解のために」約570項目をリニューアル。

字訓　普及版　白川静著　平凡社　1995.2　826,136p　21cm　6800円　Ⓘ4-582-12812-2　Ⓝ813.6

[内容]記紀・万葉などにみえる基本的な上代語約1800語と、その語の表記に用いられている漢字との対応関係を検証する目的で作られた古語辞典。上代仮名づかいによる五十音順に排列し、語義・関連語・語源説を解説する。和語索引・漢字索引・関連漢字索引・万葉索引を付す。

字訓 古語辞典　新装普及版　白川静著　平凡社　1999.1　826,136p　21cm　6602円　Ⓘ4-582-12812-2　Ⓝ813.6

[内容]「古事記」「日本書紀」「万葉集」などにみえる上代語の基本語彙1821語と、その語の表記として用いられている漢字との間にみられる、語義と字義との対応関係を検証する古語辞典。配列は五十音順。和語索引、漢字索引、関連漢字索引、万葉索引付き。

小学館古語大辞典　〔コンパクト版〕　中田祝夫，和田利政，北原保雄編　小学館　1994.1　1936p　21cm　6800円　Ⓘ4-09-

501231-5　Ⓝ813.6

〔内容〕上代から近世に至るまでの文献中から一巻本として最大の55000語を収録した古語辞典。編集方針・特徴としては、古語辞典初の千数百の参考文献の掲載、用例文を直接読みたい読者のための主要出典一覧の掲載、文学理念・年中行事・近世風俗など古語読解に必須な百科項目の充実、「上代特殊仮名遣い」の区別、図版1400点は有職故実の専門家が作成、巻末付録に「日本の古辞書」「公家官制」「日本の度量衡」掲載など。

小学館全文全訳古語辞典　北原保雄編　小学館　2004.1　1372p　19cm　2600円　Ⓘ4-09-501554-3　Ⓝ813.6

〔内容〕古典の有名場面を収録した「全文用例」に品詞分解と現代語訳をつけた画期的な古語辞典。収録語数25000語、重要度に応じて3段階(大項目962語、中項目682語、一般項目)に分類。巻頭に全文用例、百人一首、名歌鑑賞、名句鑑賞の各索引、助動詞、コラム、図表、まぎらわしい語の判別、最重要語コラムの一覧が付く。

新訂　字訓　白川静著　平凡社　2005.10　944p　26cm　17000円　Ⓘ4-582-12807-6　Ⓝ813.6

〔内容〕1821語を取り上げ、日本語の語意識と漢字の字義とのかかわり合いを詳説。古字書が掲げる漢字や訓、注目すべき古今の語源説なども広く紹介。記紀・万葉などからの多数の用例文は、文意の完結する適切な長さで引用。漢字の字源を知る助けとなる甲骨文や金文など約400字を今回新たに採録。巻末には検索に役立つ「和語索引」「漢字索引」「万葉索引」を収める。

新訂　字訓　普及版　白川静著　平凡社　2007.11　944p　21cm　6000円　Ⓘ978-4-582-12814-7　Ⓝ813.6

〔内容〕本書は「記」「紀」「万葉」などにみえる上代語と、その後の表記として用いられている漢字との間にみられる、義意と字義との対応関係を検証することを目的とする。それによって、漢字が国語を表記する文字として、すなわち国字として使用され、定着するに至ったことの適合性と、その歴史的必然性を明らかにした。そのことを、特に語源と字源、およびその語史的な展開を含めて、両者の対応関係において考えている。

新明解　古語辞典　第3版　金田一春彦ほか編　三省堂　1995.1　1393p　19cm　2700円　Ⓘ4-385-13304-2　Ⓝ813.6

〔内容〕基本語の解説、現代仮名遣いからの検索の便を重視した学習古語辞典。上代語から江戸語までの45000語、用例47000件を収録。学習上の重要語は2段階に分けて表示し、文法解説は学校文法に準拠している。また教科書・教材に頻出する和歌・俳句は全釈を掲載する。挿絵650点、巻頭色刷付図32ページのほか「敬語について」「平安貴族の生活」などの付録がある。

全訳古語例解辞典　〔コンパクト版〕　北原保雄編　小学館　1990.1　2冊(別冊共)　17cm　〈別冊(32p)〉：和歌・俳句索引〉　1500円　Ⓘ4-09-501561-6　Ⓝ813.6

〔内容〕例・訳・注の三段構成で用例が完全に理解できるようにしている。古文読解のカギとなる助詞・助動詞の項目を特に充実。古典や文学史に役立つ地名・人名・書名などを多数収録。品詞分解をせずにそのまま引ける連language形を多数採用。全用例文に現代語訳が付く、『全訳古語』の小型判。

全訳古語例解辞典　第2版　北原保雄編　小学館　1993.1　1236p　19cm　2300円　Ⓘ4-09-501552-7　Ⓝ813.6

〔内容〕語数・内容を一層充実させた第2版。語源・基本的な意味・古語として重要な意味・現代語との関連の四つの視点から解説する。

全訳古語例解辞典　第2版 コンパクト版　北原保雄編　小学館　1996.1　1012p　19cm　1800円　Ⓘ4-09-501562-4　Ⓝ813.6

〔内容〕高等学校における古典の学習に必要な語句1万3500項目を収録する古語辞典。全用例に現代語訳を付す。巻末付録として現代語から古語を引く「現古辞典」がある。一高校生に最適。

全訳古語例解辞典　第3版　北原保雄編　小学館　1998.1　1332p　19cm　2500円　Ⓘ4-09-501553-5　Ⓝ813.6

〔内容〕約高校で学習する古典の読解に必要十分な2万5千項目を収録した古語辞典。学習上、重要な500語には赤字の見出しにして解説を更に詳しくしてある。排列は仮名見出しの五十音順、品詞、漢字の画数順、巻末に和歌・俳句索引が付く。

全訳古語例解辞典　第3版 コンパクト版　北原保雄編　小学館　2001.1　1044p　19cm　1800円　Ⓘ4-09-501563-2　Ⓝ813.6

〔内容〕高等学校における古典の学習に必要な語句2万5000項目を収録する古語辞典。全用例に現代語訳を付す。付録として、主要枕詞一覧、主要季語一覧、有職故実関係図絵、百人一首の解釈と鑑賞、現古辞典、和歌・俳句索引などがある。

全訳・全解古語辞典　山口堯二，鈴木日出男編　文英堂　2004.10　1479p　19cm　2600円　Ⓘ4-578-12993-4　Ⓝ813.6

〔内容〕「冒頭説明」でポイント説明。「語誌」では、意味や用法の広がり、注意すべき用法、関連

語、その語の背景などまで幅広く説明。入試頻出の同形識別は〔識別のポイント〕でもチェック。付録に「敬語表現の理解」「主な敬語動詞一覧」を収める。重要語・次位重要語は〔全文現代語訳＋読解〕、〔読解〕で、場面や文脈、文法事項を丁寧に説明。話の型・主要ジャンルのほか、芸術・文化などもとりあげて紹介。

全訳用例古語辞典　コンパクト版　金田一春彦監修，学研辞典編集部編　学習研究社　1996.12　821p　19cm　1900円　①4-05-300199-4　Ⓝ813.6

〔内容〕高校生の古文学習に必要十分な12000語を精選して収録。用例を教科書から集めて全訳を付し、重要語はレベルごとに見出しのサイズを区別。出典の他、文芸用語、旧国名、歌枕なども立項。

全訳用例古語辞典　ビジュアル版　第2版　金田一春彦監修　学習研究社　2002.12　920p　19cm　〈付属資料：別冊1〉　1900円　①4-05-301166-3　Ⓝ813.6

〔内容〕高校生向けの学習用古語辞典。15000語を収録、重要度は3段階の表示方法で示す。用例は教科書の教材から採用しすべてに全訳を付す。また教科書に採り上げられる和歌・歌謡・俳句を見出し語や例文で収録、現代語訳と鑑賞文を示す。コラムとして学習ポイント、類語と表現、また衣服・住居などのカラー図版を挿入。巻末資料編には古典文学史年表など学習の参考となる資料27点を掲載、別冊には古文学習法と古文の表記法を掲載する。1996年刊の改訂版。

大修館全訳古語辞典　林巨樹，安藤千鶴子編　大修館書店　2001.11　1109p　19cm　2000円　①4-469-02116-4　Ⓝ813.6

〔内容〕約2万項目を収録する古語辞典。全用例に現代訳を付し、語源から現代語への流れを追った解説を掲載。付録として、「現代語で引く古語類義語集」「解釈のポイント」などがある。

日本古語大辞典　1　語誌篇　松岡静雄編　東出版　1995.12　1404p　22cm　（辞典叢書1）〈刀江書院昭和4年刊の複製〉　38000円（1・2巻セット）　①4-87036-012-8　Ⓝ813.6

〔内容〕記紀萬葉・風土記・古語拾遺・日本霊異記・祝詞・高橋氏文・仏足石歌ほか諸書に見える名詞・歌詞・動詞・形容詞・助詞・感動詞等を採り、各語について攷証し、語釈を加える〔出典附記〕

日本古語大辞典　2　訓詁篇　松岡静雄編　東出版　1995.12　1024,23,7p　22cm　（辞典叢書2）〈刀江書院昭和4年刊の複製〉　38000円（1・2巻セット）　①4-87036-012-8　Ⓝ813.6

〔内容〕古事記・日本記・萬葉集の用例の訓読と語法を、主として近世諸家の諸説〔出典附記〕を引いて放証する。訓注・訓話・語法の三部構成。

日本語単音節の辞典　和英対照　古語・方言・アイヌ語・琉球語　伊東節子著　古今書院　1993.12　137p　19cm　4800円　①4-7722-1556-5　Ⓝ814.7

〔内容〕日本語の単音節に関する辞典であると同時に、「水」に関する単語の収録でもある辞典。収録語彙の範囲は古語および全国方言であり、特にアイヌ語、琉球語に重点を置いている。収録語彙は一音節から一音節半の単語に限定してある。

必修古語辞典　要語全訳　平田喜信編　学習研究社　1992.2　882p　18cm　1700円　①4-05-103595-6　Ⓝ813.6

〔内容〕語数約1万2千語。最重要の800語の用例は全訳つき。学習参考記事も満載し、初めて本格的に古文を学ぶ高校生に最適。総二色刷。

福武古語辞典　新装版　井上宗雄，中村幸弘編　ベネッセコーポレーション　1994.10　1470p　19cm　2400円　①4-8288-0423-4

〔内容〕高校生の古典学習から一般古典愛好家にまで役立つことを目的に編まれた古語辞典。37000語を収録した「辞典」と古典を育成した歴史的・社会的・文化的背景4000項目を挙げる「古典読解のための文学用語事典」の二部からなり、さらに付録「古典のことばと生活」別冊「名歌名句鑑賞辞典」を付す。巻末には古典文学史年表などの付表、主要出典一覧がある。

福武コンパクト古語辞典　中村幸弘編　福武書店　1990.11　895p　19cm　1700円　①4-8288-0407-2　Ⓝ813.6

〔内容〕教科書・大学入試のデータに基づいて選んだ語彙と用例。最も知りたい語の最も知りたい意味がすばやくわかる。古文読解のポイントである「基本助詞43」「基本助動詞28」を特にきめ細かく親切に解説。用例には全訳がついている。フットノートには現代語と意味が違う語や掛詞などの重要事項、有名人物のエピソード、語源、イラストなど、おもしろくて楽しい情報がいっぱい。

福武コンパクト古語辞典　新装版　第9刷　中村幸弘著　ベネッセコーポレーション　1997.1　895p　19cm　1714円　①4-8288-0436-6　Ⓝ813.6

〔内容〕高校生用の古語辞典。約1万3千語を収録。重要語には見出し語を赤字に、入試などによくでる最重要語は見出しを大きくして区別してある。本文は3段組で上中段の2段が辞典本文、下

段は本文では説明しきれないエピソードや語源などの情報を掲載した部分になっている。

平安時代記録語集成 上 峰岸明著 吉川弘文館 2016.8 1576p 27cm 〈布装 索引あり〉 34000円 ⓘ978-4-642-01474-8 Ⓝ813.6

⟨内容⟩平安時代の記録(日記)に使用されたことば「記録語」を集成した初めての書。小右記・御堂関白記・権記・兵範記など、11の日記の中から用例を蒐集。蒐集された約3万の語句を、使いやすい漢和辞典の方式により掲出。項目ごとに用例の所出箇所(記録名・年月日・刊本頁行)や引用文などを示す。膨大な用例を通覧することで、読者みずから語義を考え、既刊の辞典類の載録から洩れた語を見いだせる。これまで説かれてきた語義に修正を加え、語の使用例の年代を遡らせることが可能。下巻には記録語辞典原稿の一部、約2,000項目を「記録語解義」として附載。

平安時代記録語集成 下 附記録語解義 峰岸明著 吉川弘文館 2016.8 p1577〜2603,494,18p 27cm 〈布装 索引あり〉 34000円 ⓘ978-4-642-01475-5 Ⓝ813.6

⟨内容⟩半世紀以前より記録語辞典の編纂を志していた国語学の権威が遺した、平安時代の記録語約3万語の資料を集成。小右記・御堂関白記・権記など11点から蒐集し、所出箇所(年月日・刊本頁行)・用例を示す。また、記録語辞典原稿の一部約2,000項目を「記録語解義」として附載する。日本史・国語学・国文学、広く日本語に関心を有する読者必備の書。

ベネッセ古語辞典 井上宗雄,中村幸弘編 ベネッセコーポレーション 1997.11 1735p 19cm 〈付属資料:別冊1〉 2571円 ⓘ4-8288-0442-0 Ⓝ813.6

⟨内容⟩初心者から専門家まで幅広く活用できる古語辞典。構成は上代から近世までの主要な文献にあらわれる語から4万1千語を選び出した辞典部、国文法・人名・地名・寺社名・歴史・文化史・民俗などから約6千項目を選び出した文学用語の事典部、古典のことばと生活として様々な資料を集めた資料部、約1千4百の名歌名句を収録した名歌名句鑑賞事典の4部から成る。

ベネッセ全訳古語辞典 中村幸弘編 ベネッセコーポレーション 1996.11 1375p 19cm 2600円 ⓘ4-8288-0426-9 Ⓝ813.6

⟨内容⟩収録語数23000語のほかに、学習、入試対策に重要語(890語)の徹底解説や便利なヘルプ機能等の様々なチェックポイント設けた新しい古語辞典。

ベネッセ全訳古語辞典 携帯版 中村幸弘編 ベネッセコーポレーション 2005.1 1375p 19cm 2000円 ⓘ4-8288-0461-7 Ⓝ813.6

⟨内容⟩高校生の学習に、入試対策に、必要・十分な23000語収録。最重要語・重要語890語は、特に徹底的に解説。用例のすべてに全訳付き。ほとんどの活用語に用例付き。

ベネッセ全訳古語辞典 改訂版 中村幸弘編 ベネッセコーポレーション 2007.11 1407p 19×14cm 2667円 ⓘ978-4-8288-0473-6 Ⓝ813.6

⟨内容⟩最重要語364語・重要語508語のすべてに「要点語義欄」付き。基本義から各語義への派生を図解。読む前に"わかる"工夫が満載。識別表形式の識別情報。発展学習のポイントをピックアップしやすいタイトル付き。類比較箇条書きで一目瞭然。引けば正しい見出し語に誘導してくれる9種類のヘルプ見出しを完備。

ベネッセ全訳コンパクト古語辞典 中村幸弘編 ベネッセコーポレーション 1999.11 991p 19cm 1810円 ⓘ4-8288-0448-X Ⓝ813.6

⟨内容⟩12000語を収録した高校生向けの古語辞典。歴史的仮名遣いによる五十音順配列。重要語853語にはことばの意味が一望できる「見晴し台方式」と、古文と現代語訳を対比する「同時通訳方式」を採用。

ポケットプログレッシブ 全訳古語例解辞典 北原保雄編 小学館 1999.10 1012p 16cm 1700円 ⓘ4-09-506111-1 Ⓝ813.6

⟨内容⟩約13500項目を収録した古語辞典。配列は50音順。巻末に「和歌・俳句索引(付百人一首)」、文法事項、有職故実関係図、内裏図、季語一覧などがある。

例解 古語辞典 第3版 小松英雄,鈴木丹士郎,土井洋一,林史典,森野宗明編著 三省堂 1992.11 1110p 19cm 2300円 ⓘ4-385-13318-2 Ⓝ813.6

⟨内容⟩古典学習に密着した内容を一層丁寧にわかりやすく記述した最新版。用例から古語の意味用法がわかり、解や要説で理解が深まる「例題方式」を採用。

例解 古語辞典 第3版 ポケット版 小松英雄ほか編著 三省堂 1992.12 1110p 17cm 1800円 ⓘ4-385-13327-1 Ⓝ813.6

⟨内容⟩用例に古典を語らせる《例解》方式をさらに徹底させた第3版。全項目にわたり詳細に検討を加え、ポイントを詳説。2万語収録。

<ハンドブック>

日本古典対照分類語彙表 宮島達夫,鈴木

泰，石井久雄，安部清哉編　笠間書院　2014.6　1147p　26cm　〈付属資料：別冊1, CD-ROM1〉9000円　Ⓘ978-4-305-70700-0　Ⓝ814.6

〔内容〕万葉集，竹取物語，伊勢物語，古今和歌集，土左日記，後撰和歌集，蜻蛉日記，枕草子，源氏物語，紫式部日記，更級日記，大鏡，新古今和歌集，方丈記，宇治拾遺物語，平家物語，徒然草．主だった古典作品の中でどの単語が何回ずつ使われているか意味とともに一覧できる至便の書．

外来語・カタカナ語・略語

＜事　典＞

今さら他人に聞けない大人のカタカナ語事典　本郷陽二著　KADOKAWA　2014.2　223p　15cm　〈中経の文庫 ほ-6-2〉〈文献あり 索引あり〉600円　Ⓘ978-4-04-600201-3　Ⓝ814.7

〔目次〕1 今さら誰にも聞けないカタカナ語，2 もしかしたら，あなたも勘違いしているカタカナ語，3 意外に知らない！日常生活に溶け込んでいるカタカナ語，4 新聞・テレビでよく見聞きするけど実は意味がわからないカタカナ語，5 インターネットでよく目にするカタカナ語，6 一足先に知っておきたいニューフェイスのカタカナ語，7 オシャレな人が使いたがるカタカナ語，8 美味しいカタカナ語，9 ギョーカイ関係に必須のカタカナ語

〔内容〕ビジネスから介護まで "幅広く" 網羅！

英語と比較ができる和製カタカナ語事典　生島ヒロシ，武村秀雄，福永保代著　創芸社　1995.6　230p　19cm　2400円　Ⓘ4-88144-064-0　Ⓝ830.7

〔内容〕英語を基にして作られた和製語や，外国語本来の意味を転化・誤用したもの等，和製のカタカナ語を集めた辞典．収録語数1600語．各語を構成する欧文，解説，対応する英語表現を記載し，関連語句は参考とコメント欄で取り上げる．排列は見出し語の五十音順．

カタカナ用語がわかる事典　これだけは知っておきたい　日本語アナリスト研究会著　二期出版　1991.7　255p　19cm　1300円　Ⓘ4-89050-128-2　Ⓝ813.7

〔内容〕日常生活においてよく使われるカタカナ用語を精選，五十音順に配列して解説している．

知ってるふりしてきたカタカナ語事典　カタカナ語研究会著　宝島社　2015.10　137p　19cm　〈文献あり 索引あり〉900円　Ⓘ978-4-8002-4633-2　Ⓝ813.7

〔目次〕第1章 オフィスで使いがちなカタカナ語（エビデンス，アサイン ほか），第2章 意識高い学生が使いがちなカタカナ語（レジュメ，ヒエラルキー ほか），第3章 IT業界で使いがちなカタカナ語（バッファ，ブラウザ ほか），第4章 おしゃれピーポーが使いがちなカタカナ語（コンサバティブ，ドレスコード ほか），第5章 サブカル界隈で使いがちなカタカナ語（メランコリック，オーガナイザー ほか）

〔内容〕セグメント，エビデンス，リテラシー，コミット???????　意識高い系のアイツは何言ってんだ!?が，わかる!! 使用例や乱用する人への対処法も紹介!

ジャンル別編集 最新カタカナ用語「読む見る」事典　講談社編　講談社　1998.3　765p　19cm　（KODANSHA SOPHIA BOOKS）2500円　Ⓘ4-06-269001-2　Ⓝ813.7

〔目次〕食，衣，住，健康，社会，政治，経済，文化，音楽，自然，科学，技術，交通，スポーツ，人間

〔内容〕基本用語から専門用語まで最新のカタカナ用語を15の分野別に収録したカタカナ用語事典．簡潔な解説と多数の写真・イラスト・図版でよりわかりやすくなっている．巻頭には五十音純索引，巻末には欧文略語が付く．

すっきりわかる! 超訳「カタカナ語」事典　造事務所編著　PHP研究所　2012.4　318p　15cm　（PHP文庫）629円　Ⓘ978-4-569-67817-7　Ⓝ813.7

〔目次〕第1章 大人になっても意味不明なインテリ語，第2章 「知らないのは自分だけ?」な日常語，第3章 なんとなくわかるけど説明できない曖昧語，第4章 新聞・ニュースに頻出する時事語，第5章 ビジネス会話に何気なく出てくる業界語，第6章 聞いたことあるけど使えない経済・金融語，第7章 生活シーンで目にする「?」なカタカナ語，第8章 女性には常識の食・美容・ファッション語，第9章 出てくるとお手上げのIT用語，第10章 知らないとはいいづらい最新流行語

〔内容〕一度は見たり聞いたりしたことがあるけれど，「その意味は?」と聞かれると説明できない…そんな知っているようで知らないカタカナ語を厳選して超訳&解説．また，類義語や関連語も多数紹介しているので，本書をひと通り読めば，知ったかぶりして恥をかくことはなくなるはず．もちろん，通常の辞書のように使うことも可能．「読む」もよし，「引く」もよし，のお得な一冊．

頭字語事典　高橋正三著　日本図書刊行会，近代文芸社〔発売〕　2014.3　70p　19cm

900円　①978-4-8231-0894-5　Ⓝ831.6

[内容]国際情勢のニュース記事にみられる政府機関、国際組織等の名称に括弧して記載される頭字語を集め、正式名称を紹介。

和製英語事典　亀田尚己, 青柳由紀江, J.M.クリスチャンセン著　丸善出版　2014.1　330p　20cm　〈文献あり〉　3800円　①978-4-621-08763-3　Ⓝ814.7

[目次]第1部 単語編(分野別)(服装・スタイル, 食事, 住まい, 教育, 育児 ほか), 第2部 表現編(ABC順)(ASPIRATION IT IS HELO, BABY CAR, BABY IN CAR, Baby's Station, BAD TURN ほか)

[内容]身の回りにあふれる和製英語の中からとりわけ興味深いものを取り上げ、単語編500、表現編140で構成。「背景解説と正しい表現」「そのまま使ったらネイティブにどう伝わる」「ネイティブによるワンポイント解説」という興味深い切り口で解説。和製英語に関する本邦初の事典。

<辞　典>

朝日新聞のカタカナ語辞典　河合伸監修, 朝日新聞社用語幹事編　朝日新聞社　2006.8　606p　19cm　1800円　①4-02-222073-2　Ⓝ813.7

[内容]大きな文字で使いやすい。ニュースが分かるカタカナ語辞典。朝日新聞、現代用語事典「知恵蔵」から、最新語を約1万4千を収載。中国語・ハングルの原語も表記。

宛字外来語辞典　新装版　宛字外来語辞典編集委員会編　柏書房　1997.6　310,70p　22cm　3600円　①4-7601-0614-6　Ⓝ813.7

[目次]1 一般件名・人名・2 地名, 3 参考資料

宛字書きかた辞典　有沢玲編　柏書房　2000.2　262p　21cm　(シリーズ 日本人の手習い)　2000円　①4-7601-1826-8　Ⓝ813.7

[内容]外来語をはじめ、地名・人名、動植物、薬品、単位などを宛字で書くための辞典。排列は五十音順。附録に「一字略語一覧」がある。

アルファベット略語　三省堂編修所編　三省堂　1999.7　217p　18cm　(ことばの手帳)　1000円　①4-385-13863-X　Ⓝ813.7

[内容]国際政治・経済からコンピュータ用語まで、アルファベット略語を収録した辞典。配列はABC順。

アルファベット略語便利辞典　篠崎晃一監修　小学館　2006.11　542p　18cm　2000円

①4-09-505051-9　Ⓝ813.7

[内容]テレビ・新聞・インターネットなどでよく目にするアルファベット略語約12000語(見出し語数約7000)を集大成。IT、国際関係、経済、科学技術、軍事、医学、スポーツ、文化、芸術はもとより、固有名詞や欧文に使用される略語など幅広い分野におよぶアルファベット略語を収録。アルファベット単字で記号として使われるものも採録し詳説。付録は「ギリシア文字の略語」「国名の略号」「ヤード＝ポンド法」など。

imidas 世界がわかる時代が見える 現代人のカタカナ語欧文略語辞典　信達郎, J.M.Vardaman監修, イミダス編集部編　集英社　2006.4　911p　21cm　2000円　①4-08-400502-9　Ⓝ813.7

[内容]国際情勢、日本の政治・外交、世界の経済・金融、日本の経済・産業、医学・健康、年金・社会保障、サイエンス、テクノロジー、文化、ホビー、スポーツなど多岐にわたるジャンルから、年度版用語事典の『イミダス』が収録し蓄積し続けたカタカナ語、欧文略語、アメリカ新語など37000語を集大成。

大きい活字のカタカナ語辞典　新星出版社編集部編　新星出版社　2006.11　590p　16cm　1000円　①4-405-01110-9　Ⓝ813.7

[内容]役立つハンディー版。10000語レベルのカタカナ語を精選収録。テレビや新聞に出てくるわかりにくい用語を掲載。

大きな活字 カタカナ語辞典　グループタマル著　日東書院　2001.7　319p　17cm　920円　①4-528-01748-2　Ⓝ813.7

[内容]手帳サイズのカタカナ語辞典。現代を理解するうえで不可欠なカタカナ語を選定収録し、題活字で掲載する。巻末に使用頻度の高い略語の一覧がある。

大きな活字 カタカナ語辞典　改訂新版　グループタマル編　日東書院本社　2006.6　319p　17cm　920円　①4-528-01752-0　Ⓝ813.7

[内容]本書では、最新のしかも今の時代を理解するうえで、不可欠なカタカナ語を厳選して収録。巻末には、使用頻度の高い略語も収録。

大きな活字のカタカナ語・略語辞典　同時代舎編著　永岡書店　1999.8　255p　18cm　854円　①4-522-21362-X　Ⓝ813.7

大きな活字のコンサイスカタカナ語辞典　大字版　三省堂編修所編　三省堂　1994.11　1325,13p　26cm　4500円　①4-385-13478-2　Ⓝ813.7

[内容]1972年に初版が刊行された『コンサイス外来語辞典』の最新改訂版の大活字(9.2ポイ

外来語・カタカナ語・略語　　　　語彙

ト）版。日本語として定着していなくとも会話や文章で使用される外国語を積極的に収録し、カタカナ語辞典と書名を改めている。カタカナ語43000、アルファベット略語7000を収録する。

大きな活字のコンサイスカタカナ語辞典
　第2版　三省堂編修所編　三省堂　2001.5
　1342,13p　26cm　4600円　Ⓘ4-385-13489-8
　Ⓝ813.7
　〔内容〕時事・経済、コンピュータ、インターネットなど激動する情報化時代を反映した最新のカタカナ語・アルファベット略語を5万2千5百語を収録。「コンサイスカタカナ語辞典」の大活字版。94年刊の第2版。

大きな活字のコンサイスカタカナ語辞典
　第3版　三省堂編修所編　三省堂　2005.2
　13,1415p　26cm　4700円　Ⓘ4-385-11061-1
　Ⓝ813.7
　〔内容〕国際化・情報化の中で増え続けるカタカナ語。項目数55200語を収録した第3版の大活字版。

大きな活字のコンサイスカタカナ語辞典
　第4版　三省堂編修所編　三省堂　2010.2
　1460p　26cm　〈文献あり〉　4700円
　Ⓘ978-4-385-11063-9　Ⓝ813.7
　〔内容〕国際化・情報化社会の中で増え続けるカタカナ語。収録語数56300語を収録。

大きな字のカタカナ新語実用辞典　学研辞典編集部編　学習研究社　2002.6　288p　18cm　780円　Ⓘ4-05-301352-6　Ⓝ813.7
　〔内容〕氾濫するカタカナ語を大きめの文字を使って解説したもの。パソコン用語を始めとする最先端科学用語、政治経済用語、俗語など約7300語を収録。原語、分野、語義を記載する。巻末にアルファベット略語集がある。学生、社会人向け。

大きな字のカタカナ新語実用辞典　第2版
　学研教育出版, 学研マーケティング〔発売〕
　2010.9　296p　18cm　780円　Ⓘ978-4-05-303100-6　Ⓝ813.7
　〔内容〕2001年発行の初版に、この9年の間に広まった語を中心に最重要語を厳選、約7000語を収録したカタカナ語辞典。配列は見出し語の五十音順、見出し語、語源、解説文からなる。

大きな字のカタカナ新語辞典　学研辞典編集部編　学習研究社　2004.10　666p　22cm　2000円　Ⓘ4-05-301803-X　Ⓝ813.7
　〔内容〕最新1万5500語収録。グローバルな時代に対応した最新のカタカナ辞典。

大きな字のカタカナ新語辞典　第2版　学研辞典編集部編　学習研究社　2009.1　650p　22cm　〈他言語標題：A dictionary of katakana words〉　2000円　Ⓘ978-4-05-302776-4　Ⓝ813.7
　〔内容〕新聞やテレビなどで話題の重要語を、政治経済、最先端科学、IT、環境、スポーツ、ファッション、芸術…あらゆる分野から的確に拾い出し2～3行で簡潔に解説。収録語数は新語を中心に約1万5000を厳選。文章を読むより一目瞭然のものは、イラストや写真、さらに表組なども掲載。似たような意味の言葉（類語）の「使い分け」をコラム形式で紹介した。

大きな字のカタカナ新語辞典　第3版　学研教育出版, 学研マーケティング〔発売〕　2013.9　680p　22cm　〈他言語標題：A Dictionary of KATAKANA Words　第2版：学研 2009年刊〉　2000円　Ⓘ978-4-05-303924-8　Ⓝ813.7
　〔内容〕文字が大きく読みやすい！最新ニュースがわかる1万5500語収録。

大きな文字で読みやすい 三省堂新カタカナ語辞典　三省堂編修所編　三省堂　2004.7　966p　19cm　2600円　Ⓘ4-385-13494-4　Ⓝ813.7
　〔内容〕基本的な外来語から最新語まで2万5千項目。パソコン・インターネット・デジタル家電・行政・金融・医療・環境・スポーツ・ファッション・園芸など、あらゆる分野の最新カタカナ語を、固有名詞（商標）まで含めて満載。

大きな文字の最新カタカナ語辞典　稲子和夫監修　梧桐書院　2001.3　735p　19cm　1380円　Ⓘ4-340-02423-6　Ⓝ813.7
　〔内容〕日常よく使われるカタカナ語から専門語、新語までの約1万3000語を収録するカタカナ語辞典。巻末に約1700語の欧文略語を収録。

大きな文字の実用外来語辞典　本の友社編集部編　本の友社　1991.11　444p　18cm　1339円　Ⓝ813.7

大きな文字の実用外来語辞典　改版　本の友社編集部編　本の友社　1998.12　444p　18cm　1300円　Ⓘ4-89439-177-5　Ⓝ813.7
　〔内容〕現代の日常生活で用いられている外来語約12000語を、大活字で収録した辞典。配列は50音順。

大判 カタカナ語新辞典　海江田万里編　有紀書房　1995.2　638p　21cm　1480円　Ⓘ4-638-00861-5　Ⓝ813.7
　〔内容〕社会風俗語から国際関係、政治・経済、科学、軍事用語まで幅広く約2万2千語を収録したカタカナ語辞典。排列は五十音順で、カタカナ語見出しの後に原語（英語以外はその言語名も）と解説を付す。略語もアルファベット順に収録。

語彙　　　外来語・カタカナ語・略語

よく知られたことわざと意味の似た外国のことわざを集めた「日本と世界のことわざ」のコーナーが随所にある。

大判 カタカナ語新辞典　新訂2版　海江田万里編　有紀書房　1997.12　638p　21cm　1480円　Ⓣ4-638-00873-9　Ⓝ813.7
Ⓒ社会風俗語から国際関係・政治・経済・サイエンス・軍事用語まで2万2千語を収録したカタカナ語辞典。配列はカタカナ見出しは五十音順、欧文略語はアルファベット順で、見出し語、原語つづり。

大判 カタカナ語新辞典　新訂3版　海江田万里編　有紀書房　1999.8　638p　21cm　1480円　Ⓣ4-638-00877-1　Ⓝ813.7
Ⓒ国際関係、政治、経済、サイエンス、軍事用語から社会風俗語まで、22000語を収録したカタカナ語辞典。

外来語カタカナ語小辞典　現代生活に必要な…　現代語研究会編　金園社　1993.2　468p　18cm　850円　Ⓣ4-321-72119-9　Ⓝ813.7
Ⓒ現代生活に必要不可欠で常識的な外来語を収録したカタカナ語辞典。和製語と英語・独語・仏語等語源を示し、原語の綴りを付す。巻末付録として日常の英会話や街頭英語に役立つ「常用英語ものしり集」を掲載する。

外来語カタカナ語小辞典　現代生活に必要な…　2版　現代語研究会編　金園社　1995.6　341p　14cm　〈付・常用英語ものしり集〉　700円　Ⓣ4-321-72125-3　Ⓝ813.7
Ⓒ日常使われる外来語・カタカナ語の辞典。排列は五十音順。各見出しには原語と、英語以外の場合にはその言語名を示す。巻末にはギリシア文字の一覧と、よく使われる言葉を英語とカタカナ読みで示した常用英語ものしり集を掲載。表・裏見返しでは街頭の掲示板などで見られる英語を紹介する。

外来語語源辞典　堀井令以知編　東京堂出版　1994.6　290p　19cm　2500円　Ⓣ4-490-10369-7　Ⓝ813.7
Ⓒ日本に導入されて意味の変化したもの、日本に入る前に意味が何度も変化したもの、外来語と思われている和製のカタカナ語まで、日常語として使われるカタカナ語1950語を解説する辞典。

外来語集覧　古賀十二郎著, 長崎純心大学比較文化研究所編　長崎外来語集覧刊行期成会　2000.10　1171p　27cm　〈発行所：長崎文献社　肖像あり　年譜あり〉　35000円　Ⓣ4-88851-015-6　Ⓝ813.7
Ⓒ明治末より大正、昭和の始め頃にかけて研究された論文。発生国別(ポルトガル、オランダ、スペイン、東洋印度諸国ではマレイ、アラビヤ、モール安南、ネパール、ペルシャ及び羅典、中国語)の長崎への外来語を総集。

外来語新語辞典　ポケット版　成美堂出版　1993.6　558p　16cm　1200円　Ⓣ4-415-07860-5　Ⓝ813.7
Ⓒ政治・経済・社会・文化、ニューメディア関連語から最先端科学用語までの約28000余語を収録した外来語・新語辞典。巻末にアルファベットで略語・略号を収録する。

外来語新語辞典　ポケット版　〔増補版〕　矢ヶ崎誠治監修　成美堂出版　1998.11　623p　15cm　1200円　Ⓣ4-415-00725-2　Ⓝ813.7
Ⓒ世界の最先端の情報が飛び交うなかおびただしい外来語を、政治・経済・社会・文化、ニューメディア関連語からビジネス・先端科学用語まで厳選して約3万語を収録したポケットサイズの辞典。93年刊の増補版。

外来語新語辞典　ポケット版　〔増補改訂版〕　矢ヶ崎誠治監修　成美堂出版　2003.2　647p　15cm　1000円　Ⓣ4-415-02067-4　Ⓝ813.7
Ⓒ政治・経済・社会・文化、ニューメディア関連語からビジネス・先端科学用語まで、世界の最先端の情報を厳選、約3万語を収録した外来語辞典。巻末にアルファベットで略語・略号を完備。いつでも、どこでも使えるポケットサイズ。98年刊に次ぐ増補改訂版。

外来語新語辞典　ポケット版　〔2006〕　中村徳次監修　成美堂出版　2006.4　663p　15cm　1000円　Ⓣ4-415-03192-7　Ⓝ813.7
Ⓒ世界の最先端の情報を、的確・平易に解説する。政治・経済・社会・文化、IT関連語からビジネス・先端科学用語まで、厳選して収録。巻末にアルファベットで略語・略号を完備。

外来語新語辞典　ポケット版　〔2009〕　中村徳次監修　成美堂出版　2009.11　671p　15cm　1000円　Ⓣ978-4-415-30686-5　Ⓝ813.7
Ⓒ政治・経済・社会・文化・ニューメディア関連からビジネス・先端科学用語まで。巻末にはアルファベットで略語、略号も収録。

外来語新語辞典　ポケット版　〔2012〕　中村徳次監修　成美堂出版　2012.8　735p　16cm　1000円　Ⓣ978-4-415-31343-6　Ⓝ813.7
Ⓒ64ページ増でさらに語数アップの最新改

外来語・カタカナ語・略語　　　　語彙

訂・増補版。カタカナ表記の最新の外来語がすぐわかる。世界の最先端の情報が幅広くわかる。大きな見出しが見やすく、探しやすい。政治・経済・社会・文化、IT関連語からビジネス・先端科学用語まで、厳選して収録。巻末にアルファベットで略語・略号を完備。

外来語新語辞典　ポケット版　〔2015〕
　中村徳次監修　成美堂出版　2015.4　735p　16cm　1000円　Ⓣ978-4-415-31958-2　Ⓝ813.7
Ⓒ世界の最先端の情報を、的確・平易に解説する。政治・経済・社会・文化、IT関連語からビジネス・先端科学用語まで、厳選して収録。巻末にアルファベットで略語・略号を完備。

カタカナ・外来語／略語辞典　自由国民社　1996.1　743p　21cm　（総解説シリーズ）　2000円　Ⓣ4-426-11301-6　Ⓝ813.7
Ⓒ外来語とアルファベット略語の辞典。「現代用語の基礎知識」のために蓄積された資料を基に時事的な外来語を多数収録する。排列は見出し語の五十音順（略語はアルファベット順）。巻末に「外来語の表記」（1991年国語審議会答申）を掲載する。一現代カタカナ語の基礎語から最新語までを総解説。

カタカナ・外来語／略語辞典　全訂版　堀内克明監修，「現代用語の基礎知識」編集部編　自由国民社　1999.10　879p　21cm　（総解説シリーズ）　2200円　Ⓣ4-426-11302-4　Ⓝ813.7
Ⓒ一般外来語のほか、新聞・雑誌にみられる時事外来語を収録した外来語辞典。配列は50音順。「現代用語の基礎知識」のカタカナ・外来語・略語の総集編。

カタカナ・外来語／略語辞典　大字版　全訂版　堀内克明監修，「現代用語の基礎知識」編集部編　自由国民社　2000.1　879p　26cm　2500円　Ⓣ4-426-11303-2　Ⓝ813.7

カタカナ・外来語／略語辞典　全訂版　堀内克明監修，「現代用語の基礎知識」編集部編　自由国民社　2006.4　927p　21cm　（現代用語の基礎知識シリーズ）　2286円　Ⓣ4-426-11304-0　Ⓝ813.7
Ⓒ「現代用語の基礎知識」のカタカナ・外来語・略語の総集編。現代カタカナ語の基礎語から最新語までを総解説。ペーパーバックの気楽さでカタカナ語の宇宙を読む辞典。

カタカナ・外来語／略語辞典　改訂（第3版増補）版　堀内克明監修，「現代用語の基礎知識」編集部編　自由国民社　2007.4　935p　21cm　（現代用語の基礎知識シリーズ）

2286円　Ⓣ978-4-426-10287-6　Ⓝ813.7
Ⓒ「現代用語の基礎知識」のカタカナ・外来語・略語の総集編。現代カタカナ語の基礎語から最新語までを総解説。付録「外来語」言い換え集。戦後カタカナ語年表。

カタカナ語辞典　〔ハンディー版〕　速水博司，是沢美寿恵編　有朋堂　1990.12　244p　17cm　800円　Ⓣ4-8422-0171-1　Ⓝ813.7
Ⓒ新聞・雑誌・書籍・広告などに使用されているカタカナ表記の言葉（外来語・新語・流行語・専門用語など）を収録した。一般の、とくに若い人々が生活の中で出会うカタカナ語、高校生・大学生（特に就職準備の学生）が学習・ふだんの生活の中で出会うカタカナ語は極力収録した。

カタカナ語辞典　ポケット辞典　同時代舎編著　永岡書店　〔1999〕　511p　14cm　951円　Ⓣ4-522-21406-5　Ⓝ813.7

カタカナ語辞典　ポケット版　大庭勝，村石利夫著　日東書院　1992.11　286p　17cm　880円　Ⓣ4-528-00423-2　Ⓝ813.7
Ⓒ外来語、いわゆるカタカナ語には、日本人ばかりでなく外国人もとまどうばかり。カタカナでひけて、原語が付してあり、なおかつ日本において派生した意味への言及もついた本書は、このような状況下に、とても役立つはずである。

カタカナ語小辞典　同時代舎編著　永岡書店　1996.1　511p　11cm　476円　Ⓣ4-522-21264-X　Ⓝ813.7

カタカナ語新辞典　成美堂出版　1995.6　621p　19cm　1400円　Ⓣ4-415-08142-8　Ⓝ813.7
Ⓒ新聞・雑誌、ビジネスの現場で頻出するカタカナ語約2万2000語を収録した辞書。排列は五十音順。巻末に2500項目を掲載するアルファベット略語集がある。

カタカナ語新辞典　増補改訂版　矢ケ崎誠治監修　成美堂出版　1999.8　678p　19cm　1300円　Ⓣ4-415-00875-5　Ⓝ813.7
Ⓒ日常よく使われているものから、先端技術語や欧米の外来語までを収録したカタカナ語辞典。27000語を50音順に配列。付録として「アルファベット略語」がある。

カタカナ語新辞典　改訂版　新星出版社編集部編　新星出版社　2001.2　678p　19cm　1300円　Ⓣ4-405-01093-5　Ⓝ813.7
Ⓒ時代と社会を反映する話題の語から、経済・国際用語などの専門用語までを収録するカタカナ語事典。排列は漢語・和語の合成部分を含

めて五十音順とし、また清音・濁音・半濁音の順に排列。巻末に欧文略語をまとめて掲載する。

カタカナ語新辞典　改訂新版　新星出版社編集部編　新星出版社　2005.12　686p　19cm　1300円　ⓘ4-405-01108-7　Ⓝ813.7

(内容)大きな活字で読みやすい最新キーワード情報辞典。テレビや新聞によく出てくるわかりにくい語を中心に、話題の語から経済・国際用語などの専門用語まで幅広く収録。

カタカナ語新辞典　改訂3版　新星出版社編集部編　新星出版社　2011.11　686p　19cm　1300円　ⓘ978-4-405-01126-7　Ⓝ813.7

(内容)テレビや新聞、インターネットに頻出する語を中心に流行語から経済・国際用語などの専門用語まで幅広く収録。

カタカナ語新辞典　大きな活字で読みやすい言葉の情報辞典　新星出版社編集部編　新星出版社　1994.8　662p　19cm　1300円　ⓘ4-405-01074-9　Ⓝ813.7

(内容)経済・国際用語などのカタカナ語を収録し語源と解説を加えた辞典。

カタカナ語新辞典　マスコミから日常語まで　梧桐書院　1991.5　569p　18cm　1200円　ⓘ4-340-02420-1　Ⓝ813.7

(内容)新聞、雑誌、テレビ、ラジオ、広告などで、政治、経済、文化の情報が、カタカナで言い表されることが多く、本書は、よく使われるカタカナ語から専門用語、新語までの幅広い分野から多くの言葉を集め、現代社会の情報解説辞典となるよう主眼を置いている。

カタカナ語新辞典　マスコミから日常語まで　改訂　稲子和夫監修　梧桐書院　1997.12　569p　18cm　1180円　ⓘ4-340-02420-1　Ⓝ813.7

(内容)よく使われるカタカナ語を中心に解説した辞典。カタカナ語だけでなく専門用語、新語まで収録。50音配列。アルファベット順に排列した欧文略語付き。

カタカナ語新辞典　マスコミから日常語まで　改訂版　稲子和夫監修　梧桐書院　2000.6　569p　18cm　1180円　ⓘ4-340-02420-1　Ⓝ813.7

(内容)現代社会の日常生活で必要とされるカタカナ語の辞典。日常よく使われるカタカナ語や新聞、雑誌などに登場する新語や新語義、そのほか科学技術、医学、コンピューター関係用語など常識になりつつある語についても収録する。語数は外来語および和製語と混種語から約12000語を収録、五十音順に排列する。ほかに巻末に一般によく使われる欧文略語も収録する。

カタカナ語新辞典　マスコミから日常語まで　改訂第2版　稲子和夫監修　梧桐書院　2001.6　569p　18cm　1180円　ⓘ4-340-02420-1　Ⓝ813.7

(内容)よく使われるカタカナ語から専門用語、新語までの約1万2000語を収録するカタカナ語辞典。巻末に欧文略語を収録。

カタカナ語新辞典　マルチメディア時代に対応　第5版　津田武編　旺文社　1997.9　447p　17cm　1600円　ⓘ4-01-077863-6　Ⓝ813.7

(内容)新聞・雑誌・テレビ・広告などに頻出するカタカナ語1万2千項目を解説。とくにマルチメディア用語については新規に1千語を追加したほかマークをつけて識別できるようになっている。巻末には欧文略語・略号も収録。

カタカナ語使い分け辞典　北原保雄, 吉見孝夫編　東京堂出版　1996.2　192,27p　19cm　1900円　ⓘ4-490-10412-X　Ⓝ813.7

(内容)日常語の中のカタカナ語のうち、意味の類似している語、間違えやすい語2000を収録した辞典。排列は五十音順。原語をカタカナの見出しの直後に表示し、類義語の意味の差異や使用上の相違・関連語を解説する。類義語に関するエピソードを記したコラム欄もある。巻末に見出し語・類義語・関連語・コラム欄掲出語を検索できる用語索引を付す。

カタカナ語の辞典　三省堂編修所編　三省堂　1992.4　370p　18cm　（三省堂実用 17）　1000円　ⓘ4-385-14164-9　Ⓝ813.7

(内容)オフィスや家庭で知りたいことがすぐわかるための実用辞事典シリーズの第1期・ことば編。日常生活にとけこんだカタカナ語1万語を収録・解説。

カタカナ語の辞典　改訂・新装版　三省堂編修所編　三省堂　1994.9　376p　19cm　（三省堂実用）　1300円　ⓘ4-385-14237-8　Ⓝ813.7

(内容)日常生活にとけこんだカタカナ語12000語を解説する辞典。付録に基本的なABC略語を収載する。

カタカナ語の辞典　日本語を使いさばく　現代言語研究会著　あすとろ出版　2008.4　590p　19cm　1900円　ⓘ978-4-7555-0803-5　Ⓝ813.7

(内容)経済・情報・社会・音楽・ファッション・スポーツ…情報化社会に対応した最新のカタカナ語から、今さら聞けない日常語まであらゆる分野から精選・収録。新聞・ニュースの新用語にもう戸惑わない。

外来語・カタカナ語・略語　　　　語彙

カタカナ語・略語辞典　改訂新版　旺文社　1996.1　863p　19cm　2300円　⓵4-01-077881-4　Ⓝ813.7
⟨内容⟩収録語数2万3000のカタカナ語、アルファベット略語辞典。排列は五十音順。アルファベット略語は巻末にまとめてアルファベット順に収録する。一小項目主義でわかりやすい解説。

カタカナ語・略語辞典　第3版　旺文社編　旺文社　2000.8　911p　17×12cm　2300円　⓵4-01-077887-3　Ⓝ813.7
⟨内容⟩カタカナ語・略語の辞典。外来語または和製英語・和製用語によるカタカナ語のほか、漢語や和語と混合した語、略語・略号も取り上げ、約25000語を収録。排列は漢語・和語部分も含めて五十音順。またカタカナ語とアルファベット略語は分けて構成。各語はカタカナの見出し語に次いで原綴、語義と関連語などについて掲載する。

カタカナ語・略語辞典　国際社会の日常語　1992年版　木村正男編　アドア出版　1992.3　191p　19cm　1350円　⓵4-900511-64-1　Ⓝ813.7
⟨内容⟩本書は、会議やビジネス文書作成、また商談の場など、ビジネスの現場で実際によく使われているカタカナ語・略語を精選したものである。

カタカナ語・略語辞典　国際社会の日常語　厳選最新版　木村正男編　アドア出版　1993.6　191p　19cm　1350円　⓵4-900511-35-8　Ⓝ813.7
⟨内容⟩経済・金融用語、株式・証券用語、マーケティング用語、セールス用語、および一般の時事・社会用語の中から約2000語を選定収録したカタカナ語略語辞典。

片仮名語和改辞典　新井聡著　幻冬舎ルネッサンス　2009.5　343p　18cm　1600円　⓵978-4-7790-0442-1　Ⓝ813.7
⟨内容⟩巷間で用いられる西洋語源のカタカナ語を選び、その日本語訳（言い換え語）を明記した辞典。収録語数は約7300語。これまで適当な訳語が無かったものには、新たな訳語（造語）を当てている。著者独自の新訳については、学術半分、洒落半分。実用的な訳語としてだけでなく、知的なお遊びの要素もたっぷりの辞典。

カタカナ新語実用辞典　学研辞典編集部編　学習研究社　2001.7　288p　16cm　620円　⓵4-05-301137-X　Ⓝ813.7
⟨内容⟩約7300語を収録するカタカナ語辞典。小型サイズ版。

カタカナ新語実用辞典　第2版　学研教育出版，学研マーケティング〔発売〕　2010.7　296p　16cm　〈初版：学習研究社2001年刊〉　630円　⓵978-4-05-303099-3　Ⓝ813.7
⟨内容⟩小さくても優れもの、気になるカタカナ語がすぐにわかる。収録7000語中、新規追加語約1500。待望の改訂版。

カタカナ新語辞典　第8版　学研辞典編集部編　学研教育出版，学研マーケティング〔発売〕　2013.1　680p　18×9.0cm　〈他言語標題：Dictionary of Katakana Words　初版のタイトル等：最新マスコミに強くなるカタカナ新語辞典（学研 1986年刊）〉　1500円　⓵978-4-05-303839-5　Ⓝ813.7
⟨内容⟩ことばを旅する学研の辞典。最新ニュースがわかる1万5500項目収録。

カタカナ新語辞典　OA語から風俗語までポケット判　新訂3版　斎藤栄三郎編　有紀書房　2000.3　502p　15cm　890円　⓵4-638-00880-1　Ⓝ813.7
⟨内容⟩小型のカタカナ語辞典。カタカナ語を日本語に置き換えたらこうなるという形で記述。略語もあわせて収録。外来語の発音は一般に使われている語に従って表し、表記は国語審議会の「外来語の表記」に準拠した。五十音順の排列、日本語を含む複合語もカタカナと同様に五十音順に排列した。

カタカナ新語辞典　「現代」を素早く読み解く！カタカナ語と略語　伊藤至編　同文書院　1992.12　278p　18cm　980円　⓵4-8103-7113-1　Ⓝ813.7
⟨内容⟩外来語、マスコミ語、ビジネス・ハイテク語、トレンド語、略語。オフィスに家庭に必携ハンドブック版。

カタカナ新語辞典　「ことば」と「情報化社会」に強くなる！　新装版　伊藤至編　同文書院　1997.9　278p　18cm　1000円　⓵4-8103-7446-7　Ⓝ813.7
⟨内容⟩外来語、マスコミ用語、ビジネス、ハイテクなどカタカナことばと略語を最新用語を加え、使用度の多いと思われる1万1000語を収録。

カタカナ新語辞典　マスコミに強くなる　第3版　学研語学ソフトウェア開発部編　学習研究社　1993.1　682p　18cm　1400円　⓵4-05-300028-9　Ⓝ813.7
⟨内容⟩今、テレビを見ていて、新聞を読んでいて、気になっているカタカナ語はありませんか？経済・国際・最先端科学からスポーツ、文化まで、あらゆる分野のカタカナ語を網羅。マスコミで使われているカタカナ語の意味を解説します。

カタカナ新語辞典　マスコミに強くなる

語彙　　外来語・カタカナ語・略語

　第4版　学習研究社　1996.4　730p　18cm　1450円　Ⓘ4-05-300372-5　Ⓝ813.7
Ⓒ内容：経済・ビジネス・最先端科学からスポーツ・文化まで、それぞれの分野で用いられるカタカナ語・アルファベット略語1万6800を集めたもの。排列は見出し語の五十音順。アルファベット略語は巻末にまとめて収録する。―新聞やテレビで使われるカタカナ語の意味がわかる。

カタカナ新語辞典　マスコミに強くなる
　第5版　学習研究社　2000.4　698p　18cm　1500円　Ⓘ4-05-300865-4　Ⓝ813.7
Ⓒ内容：マスコミで使われている最新カタカナ語1万6000を収録した辞典。排列は五十音順。巻末にアルファベット略語集がある。

カタカナ新語辞典　マスコミに強くなる
　最新第6版　学研辞典編集部編　学習研究社　2004.3　666p　18cm　1500円　Ⓘ4-05-402145-X　Ⓝ813.7
Ⓒ内容：新聞、テレビで話題の最新重要語約1万5500を収録。政治・経済・先端科学、パソコン…あらゆる分野を網羅。簡潔な解説でわかりやすい。難解語は、イラストや写真、表組ですぐにわかる。巻末にアルファベット略語集付き。

カタカナ新語辞典　マスコミに強くなる
　最新第7版　学研辞典編集部編　学習研究社　2008.11　650p　18cm　1500円　Ⓘ978-4-05-302612-5　Ⓝ813.7
Ⓒ内容：新聞、テレビで話題の最新重要語約1万5000語を収録したカタカナ語辞典。2004年刊に続く最新版。政治・経済・環境・IT・スポーツなどの分野を幅広くカバー。イラストや写真、表組収録で掲載する。難解な類語には、使い分けのコラムを示す。巻末にアルファベット略語表付き。

カタカナ新語早引き辞典　改訂新版　学研辞典編集部編　学習研究社　2000.6　288p　16cm　（ポケパル）　880円　Ⓘ4-05-300910-3　Ⓝ813.7
Ⓒ内容：最先端科学・経済・ビジネスから、スポーツ・文化などあらゆる分野のカタカナ語を収録。収録語数は巻末のアルファベット略語集を入れて、約7300語。「困ったときのカタカナ新語早引き辞典」の改題改訂。

カタカナ用語2300　新聞・雑誌・ビジネスによく出る　村石利夫編著　三笠書房　1992.10　259,33p　15cm　（知的生き方文庫）　500円　Ⓘ4-8379-0539-0　Ⓝ813.7
Ⓒ内容：引いて便利、読んで役立つ日本で初めての文庫版カタカナ語集。

カタカナ・略語辞典　ひいてわかる、読ん

で納得　鳥羽賢編著　同文書院　2005.1　276p　18cm　1000円　Ⓘ4-8103-0034-X　Ⓝ813.7
Ⓒ内容：外来語・略語はもちろん、福祉用語やスポーツ用語まで現代人に必要な約10000語を収録。

角川モバイル　カタカナ語辞典　角川書店編　角川書店　2000.3　798p　16cm　1700円　Ⓘ4-04-013520-2　Ⓝ813.7
Ⓒ内容：約17000語を収録したカタカナ語辞典。政治、経済、社会、国際、科学技術、文化、スポーツなど各分野のマスコミなどで使われるカタカナ語を収録。人名、企業名などの固有名詞も収録した。本文に使い分けのコラムとイラスト解説を併載。それぞれ目次を巻頭にのせた。巻末には約3,100語のアルファベット略語を収録。

官公庁のカタカナ語辞典　三省堂編修所編　三省堂　1994.4　725p　19cm　2400円　Ⓘ4-385-15417-1　Ⓝ813.7
Ⓒ内容：官公庁・市町村などで使われるカタカナ語、日常生活・ビジネス・マスコミなどで使われる外来語・カタカナ語計10000項目を収録した辞典。

官公庁のカタカナ語辞典　第2版　下河辺淳監修，三省堂編集所編　三省堂　1998.3　837p　19cm　2600円　Ⓘ4-385-15418-X　Ⓝ813.7
Ⓒ内容：1994年刊行の「カタカナ語辞典」の第2版。官公庁、市町村で使われるカタカナ語やビジネスやマスコミで使われる外来語、略語など16000項目を収録。

基本外来語辞典　石綿敏雄編　東京堂出版　1990.9　1026p　19cm　2980円　Ⓘ4-490-10272-0　Ⓝ813.7
Ⓒ内容：原語名・原つづり・使用分野・意味・使用年代を明記。語源や語の構成を詳しく解説。基本的な意味を分析し、日本語のなかで使われる多様な用法を有機的に説明。和製英語と英語の違いを明示。アルファベットの略語（EC, INSなど）を巻末に収録。

現代カタカナ用語辞典　最新版　青木健, 日下洋右編　日本文芸社　1990.8　878p　18cm　1600円　Ⓘ4-537-01447-4　Ⓝ813.7
Ⓒ内容：実務・学習・現代生活にすぐ役立つカタカナ用語を中心に和製語・欧文略語まで新語を含めて約15000語を収録。五十音順に排列し、巻末に欧文略語集を付す。

現代カタカナ用語辞典　最新版　改訂新版　青木健，日下洋右共編　日本文芸社　1996.6　911p　18cm　〈監修：宮崎孝一〉　1600円

日本語レファレンスブック　　129

①4-537-01807-5　Ⓝ813.7
内容 日本語として定着しているものから新語にいたるまで、政治・経済・ビジネス・社会・文化・スポーツ・ハイテクなど広範囲にわたる分野の外来語を収録、簡潔に解説。

現代用語の基礎知識 カタカナ・外来語／略語辞典
改訂増補新版　大森良子執筆,堀内克明監修・執筆　自由国民社　2009.8　955p　21cm　2800円　①978-4-426-10522-8　Ⓝ813.7
内容『現代用語の基礎知識』が収集したカタカナ語、外来語、欧文略語の集大成。

現代用語の基礎知識 カタカナ・外来語／略語辞典
第4版　大森良子執筆,堀内克明監修　自由国民社　2011.3　959p　21cm　2800円　①978-4-426-11204-2　Ⓝ813.7
内容『現代用語の基礎知識』カタカナ・外来語、略語の総集編。一般の新聞・雑誌に出てくる用語からファッション、美容、医療、料理、食関連用語なども現代カタカナ語を解説。

現代用語の基礎知識 カタカナ外来語略語辞典
第5版　堀内克明監修　自由国民社　2013.12　1011p　21cm　3200円　①978-4-426-11595-1　Ⓝ813.7
内容 この辞典の外来語は、『現代用語の基礎知識』のために蓄積されてきた資料を基にして、さらに独自に収集した外来語を紙面の許す限り収録している。そのため、最もよく時代を反映した最新最詳の外来語辞典となっている。時事的な外来語については、従来の外来語辞典にはあまり見られないようなやや長めの時事解説を加えて、百科事典に近い情報を簡便に示すようにした。

現代用語の基礎知識 カタカナ語・略語版
第2版　自由国民社カタカナ語・略語班編集　自由国民社　2014.4　255p　21cm〈索引あり〉　1500円　①978-4-426-11757-3　Ⓝ813.7
内容 日々の生活・仕事の会話の中で、よく出てくるカタカナ語・欧文略語を収録し、その意味を解説。国語辞典に載らないような俗語や、定義がいまだ定まらないことばも掲載する。

講談社パックス カタカナ語・略語辞典
講談社　1996.1　828p　16cm　1800円　①4-06-125036-1　Ⓝ813.7
内容 収録語数2万5000の小型カタカナ語辞典。排列は五十音順。巻末に5000語を収録するアルファベット略語集がある。

国際化時代のためのカタカナ語・略語辞典
旺文社編　旺文社　1990.12　831p　19cm　2000円　①4-01-077824-5　Ⓝ813.7
内容 新時代の要求に即応できるカタカナ語20000語を収録。最新欧文略語・略号2000語を巻末に併載。先端科学・経済・時事などの専門的用語も積極採録。カタカナ語の使用例、「助詞つき句例」を豊富に記載。トピカルな最新キーワードを囲み記事で解説。

この一冊でカタカナ用語のすべてがわかる! 3000 最新用語から外来語まで完全網羅!
千田亮吉, 浮田聡共著　三笠書房　1994.11　255,46p　15cm〈知的生きかた文庫〉　500円　①4-8379-0692-3　Ⓝ813.7
内容 新聞・雑誌・ビジネスでよく使われる外来語・略語・和製カタカナ語を集めた辞典。3000語をカタカナ表記の五十音順に排列、欧文略語はアルファベット順として巻末に収録する。各語には欧文表記、原語名、簡単な解説を記載する。一行解説でカタカナ語がすぐにわかる。

困ったときのカタカナ新語早引き辞典
学研辞典編集部編　学習研究社　1996.12　312p　14cm〈ポケペル5〉〈アルファベット略語集付き〉　900円　①4-05-300360-1　Ⓝ813.7
内容 最先端科学・経済・ビジネスから、スポーツ・文化などあらゆる分野のカタカナ語を収録。収録語数は巻末のアルファベット略語集を入れて、約7200語。

コンサイスABC略語辞典
三省堂編修所編　三省堂　1994.9　241,18p　19cm　1500円　①4-385-11015-8　Ⓝ813.7
内容 ふだん新聞・雑誌・放送等で接するABC(アルファベット)略語4500項目を収録、簡潔な解説を付した略語辞典。主要項目には「和英索引」を付す。

コンサイスカタカナ語辞典
三省堂編修所編　三省堂　1994.9　1325,13p　19cm〈付:主要参考文献〉　2800円　①4-385-13477-4　Ⓝ813.7
内容 カタカナ語百科としてロングセラーを誇る「コンサイス外来語事典」を改題し、全面改訂。カタカナ語4万3000語+アルファベット略語7000語収録。変化の激しいカタカナ語の全貌を捉えた最新版。

コンサイスカタカナ語辞典
第2版　三省堂編修所編　三省堂　2000.9　1342p　19×12cm　2900円　①4-385-13488-X　Ⓝ813.7
内容 カタカナ語4万5000語とアルファベット略語7500語を収録したカタカナ語辞典。従来の語に加えてコンピューターやインターネット関連、科学上の新語、時事や経済関係など現代の情報化時代を反映する語を強化している。見出し語

語彙　　　外来語・カタカナ語・略語

はカタカナによる表記を使用し五十音順に排列、見出し語に次いで原語の綴りと語義を掲載。

コンサイスカタカナ語辞典　第3版　三省堂編修所編　三省堂　2005.1　1415,13p　19cm　2900円　Ⓘ4-385-11060-3　Ⓝ813.7
Ⓒ的確な訳語と詳細な解説で定評のあるコンサイスカタカナ語辞典の最新版。

コンサイスカタカナ語辞典　第4版　三省堂編修所編　三省堂　2010.2　1460p　19cm　〈他言語標題：Sanseido's concise dictionary of katakana words　文献あり〉　3000円　Ⓘ978-4-385-11062-2　Ⓝ813.7
Ⓒ国際化・情報化社会の最新のカタカナ語辞典。類書中最大の5万6300語収録。

最新　外来語辞典　富永道夫監修　チクマ秀版社　1997.9　564p　14cm　1000円　Ⓘ4-8050-0293-X　Ⓝ813.7
Ⓒマスコミ、政治、経済、科学、芸術、スポーツ、ファッションなど広い分野にわたり1万2600語を収録。配列は五十音順、解説は簡潔にまとめられ、類語、対語、補足説明の併記もある。

最新　カタカナ語辞典　講談社編　講談社　1994.10　580p　16cm　（講談社＋α文庫）　1200円　Ⓘ4-06-256066-6　Ⓝ813.7

最新　カタカナ語辞典　第2版　講談社編　講談社　2000.3　740p　15cm　（講談社＋α文庫）　1300円　Ⓘ4-06-256412-2　Ⓝ813.7
Ⓒカタカナ語の基本語・最新語・用例と欧文略語の辞典。約1万7000語を収録。各語句の解説には分野による分類記号と新聞に使用された用例等もあわせて掲載。

最新・カタカナ語辞典　大庭勝，村石利夫著　日東書院　1993.3　622p　18cm　1200円　Ⓘ4-528-00658-8　Ⓝ813.7
Ⓒ最新語を多数収録。

最新　カタカナ語辞典　大きな活字・見やすい　新訂2版　斎藤栄三郎編　有紀書房　1997.3　502p　19cm　1200円　Ⓘ4-638-00871-2　Ⓝ813.7
Ⓒ活字を大きくして、さらに見やすくなった最新版のカタカナ語辞典。排列は五十音順で、カタカナで同一表記になるものは原語のアルファベット順となっている。

最新　カタカナ語辞典　国際化社会に役だつ　大きな活字・見やすい　新訂版　斎藤栄三郎編　有紀書房　1997.3　502p　19cm　1165円　Ⓘ4-638-00868-2　Ⓝ813.7
ⒸOA語から風俗語まで、最新のカタカナ語を収録した辞典。

最新　カタカナ語辞典　国際化社会に役だつ　大きな活字・見やすい　新訂3版　斎藤栄三郎編　有紀書房　1999.8　502p　19cm　1200円　Ⓘ4-638-00879-8　Ⓝ813.7
Ⓒカタカナ語を収録した辞典。配列は50音順。巻末に「重要な欧文略語」がある。

最新　カタカナ語辞典　国際化社会に役だつ　大きな活字・見やすい　新訂4版　斎藤栄三郎編　有紀書房　2000.10　502p　19cm　1200円　Ⓘ4-638-00882-8　Ⓝ813.7
Ⓒカタカナ語の辞典。カタカナ語を見出しとして五十音順に排列、外来語の発音は一般に使われているものに従って表し、表記は国語審議会が発表した外来語の表記に準拠。各語は原表記と、現在広く使われている意味を重視して順に意味を記載。また巻末には重要な欧文略語編としてアルファベット順により原語及びよみ、語義を掲載する。

最新　カタカナ用語の意味がわかる辞典　日本実業出版社編　日本実業出版社　1990.8　318p　19cm　1300円　Ⓘ4-534-01625-5　Ⓝ813.7
Ⓒ使い方は自由自在。カタカナ用語専門辞典。手軽で便利。わからないときにすぐ引ける。収録数は、精選3000語。

最新　カタカナ用語の意味がわかる辞典　〔改訂版〕　日本実業出版社編　日本実業出版社　1994.1　318p　19cm　1400円　Ⓘ4-534-02112-7　Ⓝ813.7
Ⓒ単なる意味にとどまらず、語源や使い方などの情報も必要に応じて記述。幅広い分野から、ぜひ知っておきたい基本・必須用語を厳選し、わかりやすく解説・編集。現代人必須のカタカナ用語がコンパクトにつまっている。1990年に続く2回目の改訂で、収録語数約3500語、従来にまして幅広い用語をカバー。

ザ・ゲンダイ　いまがわかるカタカナ用語　講談社　1992.6　558p　19cm　2000円　Ⓘ4-06-205769-7　Ⓝ813.7
Ⓒ朝日・日経に出たカタカナ語を中心に編集。

三省堂ポケット　カタカナ語辞典　三省堂編修所編　三省堂　2000.7　378p　15cm　800円　Ⓘ4-385-13869-9　Ⓝ813.7
Ⓒテレビ・ラジオなどの各種メディアやインターネット、外国の政治・経済・金融のニュース、コンピュータ関連の話題など各種分野のカタカナ用語を収録した辞典。『カタカナ語便覧』をベースにしながら、最近マスコミに登場した新しい言葉を大幅に加えて編集、

外来語・カタカナ語・略語　　　語彙

基本的で重要なカタカナ語を中心に採録。アルファベットの略語およびカタカナ語の五十音順で構成する。

三省堂ポケット カタカナ語辞典　中型版
三省堂編修所編　三省堂　2005.1　378p　19cm　1200円　ⓘ4-385-13881-8　Ⓝ813.7

[内容]日常的なカタカナ語から最先端のインターネット用語までを網羅した簡潔・明解なカタカナ語辞典。巻末にアルファベット略語を収録。

市町村職員のための現代カタカナ用語辞典
市町村アカデミー外来語研究会編　日本加除出版　1990.11　262p　21cm　3300円　ⓘ4-8178-2316-X　Ⓝ813.7

[内容]カタカナ語が氾濫している。国際化・情報化の進展により世界各国の言葉が飛び込んでくる。市町村行政の中で醸成された言葉を国際語とするような気構えで市町村職員は職務に当たっていることと思う。このため、市町村向けの刊行物からアトランダムにカタカナ表記の言葉を抽出し、それに簡潔な日本語訳を付け、市町村職員の迅速な理解に資するように編集したのが本書である。

集英社 ポケットカタカナ語辞典　徳川宗賢編　集英社　1999.6　774p　17cm　1600円　ⓘ4-08-400017-5　Ⓝ813.7

[内容]コンピュータ用語をはじめ、政治、経済、官公庁用語、地名、環境、生活関連など、日常生活にとって必要かつ現代人の常識とされるカタカナ語約35000語を収録した辞典。巻末付録として「外来語の表記」がある。

常用外来語新辞典　改訂版　岡美千雄編著
梧桐書院　1991.5　574p　17cm　950円　ⓘ4-340-02401-5　Ⓝ813.7

[内容]本書に集録された外来語は、約1万2千語、これを国別にすると20か国をこえているが、明らかに外来語であっても、はるか昔にはいってきた外来語で、現在ではすっかり日本語のなかに根を下ろして定着しているものは原則として掲載せず、今日の日本語のなかの外来語の集録に重点をおいた。

新カタカナ語便利辞典　斎藤栄三郎編　有紀書房　2001.10　469p　15cm　890円　ⓘ4-638-00883-6　Ⓝ813.7

[内容]もうほとんど日本語化しているものから、流行風俗、高度先端技術、宇宙科学、コンピュータ用語に至るものまでを収録するカタカナ語辞典。

新カタカナ語ポケット辞典　新訂2版　海江田万里編　有紀書房　1997.8　638p　17cm　890円　ⓘ4-638-00870-4　Ⓝ813.7

[内容]国際関係・政治・経済・サイエンス、軍事用語から社会風俗にいたるまでの新語を収録。収録語数は、約2万2000語。見出し語は、できるだけ一般的な表記で立項。排列は、見出し語の五十音順。また、各分野からその主な略語を集めた略語編がある。

新カタカナ語ポケット辞典　新訂3版　海江田万里編　有紀書房　1999.8　638p　17cm　890円　ⓘ4-638-00878-X　Ⓝ813.7

[内容]国際関係、政治、経済、サイエンス、軍事用語から社会風俗まで、2万2000語を収録したカタカナ語辞典。

新カタカナ語ポケット辞典　新訂4版　海江田万里編　有紀書房　2000.9　638p　17cm　890円　ⓘ4-638-00881-X　Ⓝ813.7

[内容]カタカナ語、略語の辞典。国際関係・政治・経済・科学、軍事用語から社会風俗までに至る広いジャンルから新語を選び、2万2000語を収録。用語はカタカナの五十音順、略語のアルファベット順に排列。本編にはコラムとして日本と世界のことわざを併載。

新カタカナ語ポケット辞典　引きやすい・読みやすい　海江田万里編　有紀書房　1995.5　638p　17cm　890円　ⓘ4-638-00863-5　Ⓝ813.7

[内容]国際関係、政治・経済、科学、軍事、社会風俗などに関する最近のカタカナ語・略語2万2000語を収録した辞典。略語は巻末にまとめてアルファベット順に掲載するほか、既にカタカナ語として定着しているものは本文中にも併せて収録する。

新カタカナ語ポケット辞典　引きやすい・読みやすい　新訂版　海江田万里編　有紀書房　1997.2　638p　17cm　864円　ⓘ4-638-00867-4　Ⓝ813.7

[内容]国際関係・政治・経済・サイエンス、軍事用語から社会風俗にいたるまで、広い分野からカタカナ語・略語を収録。収録語数は、2万2000語を超える。排列は見出し語の五十音順。

新聞カタカナ語辞典　人名、商品名収録
読売新聞校閲部著　中央公論新社　2002.5　411p　18cm　(中公新書ラクレ)　900円　ⓘ4-12-150049-0　Ⓝ813.7

[内容]わかりやすい紙面づくりを担う新聞社校閲部の立場から、カタカナ語を解説するもの。専門・時事用語から若者言葉、俗語、人名・地名・団体名、さらには商品名・ブランド名を網羅。排列は五十音順。対訳語とその言語表示、実際の記事を引用した簡潔な解説を付す。記事内容は2001年12月現在。巻末に主要参考文献一

すぐに役立つ 最新カタカナ語新辞典　現代言語研究会編　アストロ教育システムあすとろ出版部　1991.6　591p　18cm　1500円　①4-7555-0801-7　Ⓝ813.7

(内容)現代生活のキーワード約1万3000語を収録。語義、収録語の由来、語源、背景のエピソードなどを説明し、外来語の日本的用法や和製語には外国語の正しい意味や言い回しを明示している。図解ページやコラム欄多数。巻末に欧文略語の一覧表を掲載。

すぐに役立つ 最新カタカナ語新辞典　改訂新版　現代言語研究会編　アストロ教育システムあすとろ出版部　1994.12　623p　18cm　1600円　①4-7555-0802-9　Ⓝ813.7

(内容)ビジネス・ハイテク・スポーツ・ファッション・音楽分野の最先端用語を含む現代カタカナ語の辞典。1万4000語を五十音順に排列。見出し語には原語・内容説明・訳語を示し、外来語の日本的用法や和製語には外国語の正しい語形を記載する。コラム、写真・図版も掲載する。巻末にアルファベット順の欧文略語一覧表がある。一時代に即応する最新の1万4000語。

大活字 分野別イラストで見るカタカナ語辞典　三省堂編修所編　三省堂　2001.3　557p　21cm　2400円　①4-385-16037-6　Ⓝ813.7

(目次)Living,Clothes,Dining,Arts & Music, Transportation,Office & Equipments,Sports, Leisure & Hobby〔ほか〕

(内容)大活字のカタカナ語辞典。排列は五十音順。巻頭に100ページの分野別イラストを掲載。

珍版 横浜文明開化語辞典 舶来語と漢字の出会い「宛字」集　新装版　光画コミュニケーション・プロダクツ、星雲社〔発売〕　1996.4　127p　18cm　1030円　①4-7952-8223-4　Ⓝ813.7

(内容)横浜発祥とされる60の外来語についてその宛字を示し、由来を簡単に解説したもの。排列は五十音順。見開き2頁につき1語をイラスト付きで掲載する。

珍版 横浜文明開化語辞典 舶来語と漢字の出会い「宛字」集　4版　蟻田善造、田中あづさ編　光画コミュニケーション・プロダクツ、星雲社〔発売〕　2007.2　127p　18cm　1000円　①978-4-7952-8223-0　Ⓝ813.7

(内容)急速に外国文化が入ってきた文明開化の時代、日本人は、音から、意味から、外来語を漢字にあてはめて日本語にとりいれてきた。さまざまなあて字を通して、昔の日本人の知恵がみえてくる舶来語辞典。

デイリーコンサイス 英和・カタカナ語辞典　三省堂　1995.9　759p　16cm　3000円　①4-385-12225-3　Ⓝ833

(内容)既刊のデイリーコンサイス英和辞典、デイリーコンサイスカタカナ語辞典の合本。英和辞典は5万7000語を収録、カタカナ語辞典はカタカナ語とアルファベット略語合わせて3万3400語を収録する。

デイリーコンサイス カタカナ語辞典　〔最新改訂版〕　三省堂　1995.9　759p　16cm　〈『デイリーコンサイス外来語辞典』改題書〉　1800円　①4-385-13660-2　Ⓝ813.7

(内容)カタカナ語とアルファベット略語3万3400語を収録した辞典。デイリーコンサイス外来語辞典(1987年刊)の改訂増補版にあたる。アルファベット略語は旧版の1.6倍にあたる4400語を収録。付録として世界主要100言語の解説、主要言語分類図、主要言語のアルファベットとその読み方を掲載する。

デイリーコンサイス カタカナ語辞典　〔最新改訂版〕中型版　三省堂　1995.9　759p　19×11cm　〈『デイリーコンサイス外来語辞典』改題書〉　2100円　①4-385-13663-7　Ⓝ813.7

(内容)カタカナ語とアルファベット略語3万3400語を収録した辞典。デイリーコンサイス外来語辞典(1987年刊)の改訂増補版にあたる。アルファベット略語は旧版の1.6倍にあたる4400語を収録。付録として世界主要100言語の解説、主要言語分類図、主要言語のアルファベットとその読み方を掲載する。

デイリーコンサイス カタカナ語辞典　第2版　三省堂編修所編　三省堂　2005.12　762p　16cm　1800円　①4-385-13661-0　Ⓝ813.7

(内容)コンパクトサイズに今、もっとも新しいカタカナ語とアルファベット略語を2万3300項目を収録。

デイリーコンサイス カタカナ語辞典　第2版 中型版　三省堂編修所編　三省堂　2006.9　762p　19cm　2100円　①4-385-13664-5　Ⓝ813.7

(内容)今、もっとも新しい「カタカナ語」+「アルファベット略語」2万3300項目を収録。見やすい「中型版」。

デイリーコンサイス カタカナ語辞典　第3版　三省堂編修所編　三省堂　2011.8　794p　16cm　1900円　①978-4-385-13662-2　Ⓝ813.7

(内容)日常生活に必須のカタカナ語とアルファベット略語2万4000項目を収録。エネルギーか

外来語・カタカナ語・略語　　　語彙

ら医療・インターネットまで、あらゆる分野の最先端の情報を網羅。

デイリーコンサイス カタカナ語辞典　第3版 中型版　三省堂編修所編　三省堂　2011.8　794p　19cm　2400円　Ⓘ978-4-385-13665-3　Ⓝ813.7

(内容)日常生活に必須のカタカナ語とアルファベット略語2万4000項目を収録。エネルギーから医療・インターネットまで、あらゆる分野の最先端の情報を網羅。

ど忘れカタカナ語辞典　新用字用語研究会編　教育図書，人文社〔発売〕　1992.4　414p　17cm　1048円　Ⓘ4-7959-1181-9　Ⓝ813.7

(内容)本来カタカナは、平安時代初期に使い出されましたが、次第に一般化され、外来語が広く使われるようになるとともに、表現手段として欠くことのできないものとなってまいりました。そのため、カタカナ語の意味で、ふとド忘れしたり意味がわからなかったりすることがいっそう多くなってきております。この辞典は、日常・基本的な語を中心に構成するとともに、できうる限り各分野の最新の用語もとり入れることにつとめました。

日英中韓カタカナ語見くらべ字典　水谷修監修，Group Kotoba21編　講談社　2000.5　503p　17cm　1500円　Ⓘ4-06-265318-4　Ⓝ801.3

(内容)日常よく使われているカタカナ語の、その意味を表す英語・中国語・韓国語表記を紹介したリスト式表記字典。日常書きされる外来語、和製語を見出し語として、英語、中国語、韓国語の表記を掲載する。見出しは1万語を収録し、五十音順に排列。英語索引、中国語索引、韓国語索引付き。

日常外来語用法辞典　プレム・モトワニ著　丸善　1991.3　258p　19cm　2472円　Ⓘ4-621-03578-9　Ⓝ833

(内容)日常にカタカナで表記する言語のほか、漢字との組合わせも含めた外来語4,00語を収録。カタカナ語のローマ字綴りをアルファベット順に配列し、英語で解説。また日本で独自につくられ、外来語化した言葉などをも収録したユニークな構成。日本語の教育用に、外来語とその類義語として使われている、漢字・ひらがな表記との使い分け、意味・用法など、注釈や例文を多く加えて説明。マスコミ、広告、音楽、スポーツ、食品、商品名などあらゆる分野の外来語を選択・整理。英語索引つき。

日経新聞を読むためのカタカナ語辞典　三省堂編修所編　三省堂　2001.4　665p　16cm　1500円　Ⓘ4-385-15408-2　Ⓝ813.7

(内容)経済・ビジネス用語、企業名、コンピューター・IT用語、バイオテクノロジー、環境、介護用語など1万5000語を収録するカタカナ語辞典。巻末にアルファベット略語2000語を収録。

日経新聞を読むためのカタカナ語辞典　中型版　三省堂編修所編　三省堂　2001.7　665p　18cm　1800円　Ⓘ4-385-15409-0　Ⓝ813.7

(内容)経済・ビジネス用語、企業名、コンピューター・IT用語、バイオテクノロジー、環境、介護用語など1万5000語を収録するカタカナ語辞典。1997年以降の日経新聞の記事に登場したカタカナ語5000語を掲載。巻末にアルファベット略語2000語を収録。

日経新聞を読むためのカタカナ語辞典　改訂版　三省堂編修所編　三省堂　2005.5　793p　19cm　1800円　Ⓘ4-385-15407-4　Ⓝ813.7

(内容)経済・ビジネス用語、企業名、商品名、科学技術・IT用語、環境、医療・介護用語、料理・ワイン名などと1万7000語を収録。日経新聞の記事に登場した、カタカナ語5000語をはじめ、経済・産業などのビジネス用語では、類書中、最大の収録語数。漢字、ひらがな、欧文まじりカタカナ語も見出しに立項。巻末にアルファベット略語2500語を収録。

日本外来語辞典　上田万年ほか共編　東出版　1995.12　426p　22cm　〈辞典叢書 11〉〈三省堂書店大正4年刊の複製〉　8240円　Ⓘ4-87036-021-7　Ⓝ813.7

(内容)掲載の外来語は全てローマ字で綴られ、各語その原語を掲げて理解しやすいよう記載された外来語辞典。大正4年、三省堂書店より発行されたものの復刻版。

日本語になった外国語辞典　第3版　飯田隆昭，山本慧一共編　集英社　1994.3　1192p　19cm　2500円　Ⓘ4-08-400263-1　Ⓝ813.7

(内容)カタカナ語・外来語を4万2000語(新収4000語)収録した辞典。現在まだ定着していないが、今後耳にする機会が多くなると予想される外国語も収録する。収録分野は、日常語・一般語のほか、マスコミに登場する言葉、ビジネス用語、政治・経済・文化・文芸・科学など各分野の専門用語、重要ABC略語、人名・地名・作品名まで。写真・図版も掲載する。付録に「世界各国の略号」などを併載。

ネットでよくひくカタカナ新語辞典　三省堂編修所編　三省堂　2004.4　736p　19cm　1600円　Ⓘ4-385-13982-2　Ⓝ813.7

(内容)コンピューター・通信・政治・経済・国

際関係・医療・環境・生物・生活・ファッションなどあらゆる分野の最新カタカナ語を満載。インターネットで検索頻度の高い3000語を赤色表示して約1万1000語を収録。巻頭に、検索回数上位150語のランキング、現代を反映する14テーマのインデックスなど。

パーソナル英和・カタカナ語辞典
学研辞典編集部編　学習研究社　2001.3　778,796p　17cm　2800円　Ⓣ4-05-300988-X　Ⓝ833.7

[内容] 専門用語・合成語約80000項目を収録する英和辞典と、和製語や外来語など28000項目を収録するカタカナ語辞典を1冊にまとめたポケットサイズの辞典。英和辞典の収録語は1990年代以降の現代英語における9億語から抽出したもの。カタカナ語辞典は国語辞典では引けない日常生活の最新重要語を重点的に収録し、巻末にアルファベット略語集を付す。

パーソナル カタカナ語辞典
金田一春彦監修　学習研究社　1999.10　796p　17cm〈2色刷〉　1700円　Ⓣ4-05-300601-5　Ⓝ813.7

[内容] ニューメディア、国際問題、政治経済、環境、バイオなど、基本語から専門語、さらに俗語やブランド名まで、国語辞典では引けない日常生活の重要語を充実させた28000語を収録したハンディーな辞書。

ビジネスマンのためのカタカナ語新辞典
第4版　津田武編　旺文社　1993.8　415p　18cm　1500円　Ⓣ4-01-077849-0　Ⓝ813.7

[内容] 1万1000語を収録したカタカナ語辞典。日常語のほか最新の経済・経営、エレクトロニクス、遺伝子工学、ニューメディア関連語などビジネス用語・先端技術用語を採録する。

平成版 カタカナ語新辞典
成美堂出版編集部編　成美堂出版　1991.3　615p　19cm　1500円　Ⓣ4-415-07660-2　Ⓝ813.7

[内容] 知りたいカタカナ語がすぐ引ける便利辞典。政治・経済・社会から科学技術・マスコミ、スポーツ、ファッションなど、現代生活で頻出するカタカナ語を完全収録。ビジネスに欠かせない最新外来語を豊富に収録、いま話題の新語を網羅。巻末付録「アルファベット略語集」を収載。

ポケットプログレッシブ カタカナ語辞典
小学館　1996.2　791p　16cm　1700円　Ⓣ4-09-506031-X　Ⓝ813.7

[内容] 外来語や和製英語等、いわゆる「カタカナ語」2万を収録する辞典。排列は見出し語の五十音順。巻末にアルファベット略語集を収録する。――コンピューター用語から政治経済用語まで。新しい発見のある外来語辞典。

ポケットプログレッシブ カタカナ語辞典
第2版 2色刷　小学館外国語辞典編集部編　小学館　2007.12　791p　17cm　1900円　Ⓣ978-4-09-506032-3　Ⓝ813.7

[内容] 総語数2万5000語・2色刷で見やすい紙面。インターネット・パソコン・スポーツ・経済・医療・環境などの最新の身近なカタカナ語の宝庫。地名・世界遺産名・人名・新聞名・雑誌名・商品名などの固有名詞も多数採録。簡潔でわかりやすい説明と語源。ビジネスと生活に役立つ新しい発見を随所に記載。巻末付録「アルファベット略語」付き。

ホントは知らない!?「カタカナ語」辞典
藤田英時著　宝島社　2009.11　231p　18cm〈宝島社新書 303〉〈並列シリーズ名：Takarajimasha shinsho　文献あり　索引あり〉　667円　Ⓣ978-4-7966-7426-3　Ⓝ814.7

[目次] 第1部 とことん納得! 必須カタカナ語（アーカイブ（保存記録・資料）、アイデンティティー（自己認識）、アウトソーシング（外部委託）、アカウンタビリティー（説明責任）、アクセス（接続、情報の取り出し）、アサイン（割り当てる）、アジェンダ（検討課題）、アセスメント（影響評価）、アナリスト（分析家）、アプリケーション（応用ソフト）ほか）、第2部 ひとことで納得! 頻出カタカナ語、第3部 ひとことで納得! 頻出英略語

[内容] 用例とともに意味をよく理解する、原語の意味を知る、原語の語源を知る、の3つのポイントで解説! だからよく使われる「カタカナ語」が手に取るようにわかる。

マスコミによく出る短縮語・略語解読辞典
創拓社　1992.4　382p　18cm　1500円　Ⓣ4-87138-147-1　Ⓝ813.7

[内容] 本書には、マスコミによく出るという視点から選んだ短縮語と欧文略語をおよそ3500項目収載しました。短縮語には簡単な解説を付してあります。また、短縮語と略語との相互参照、検索に便利な分野別索引・日本語索引を付すなど、使いやすさを第一に編集しました。

身のまわりのカタカナ語辞典 でか文字
PHPエディターズ・グループ編、飯間浩明監修　PHPエディターズ・グループ、（京都）PHP研究所〔発売〕　2014.9　222p　19cm〈文献あり〉　1200円　Ⓣ978-4-569-81994-5　Ⓝ813.7

[内容] テレビを見ていると、たくさんのカタカナ語が飛び交い、ことさら難しく感じます。これからの暮らしに役立つ言葉を、大きな文字でわかりやすく解説する、今までにない辞典です。

見やすいカタカナ新語辞典
三省堂編修所編　三省堂　2014.9　953p　19cm　2000円　Ⓣ978-4-385-16047-4　Ⓝ813.7

[内容] よく使われる語から、最新の用語まで、社

外来語・カタカナ語・略語　　　　語彙

会生活に必須のカタカナ語約1万3000語を収録。詳しい解説、補説で難解なカタカナ語もよくわかる。付録にABC略語と内閣告示「外来語の表記」を収録。

用例でわかる カタカナ新語辞典　学研辞典編集部編　学習研究社　2003.3　876p　19cm　2000円　Ⓘ4-05-301351-8　Ⓝ813.7

(内容)見出し語と本文内の太字語、アルファベット略語を含め、カタカナ語辞典として必要十分な2万8000語を収録した。カタカナ語が実際にどのような使い方をしているかを、他の媒体から抜き出して記した。本文を引いただけではわかりにくい重要カタカナ語は、フロー・チャート式の図解にしてまとめた。

用例でわかる カタカナ新語辞典　改訂第2版　学研辞典編集部編　学習研究社　2007.2　876p　19cm　2000円　Ⓘ978-4-05-302159-5　Ⓝ813.7

(内容)この1冊でカタカナ語の達人に。必要十分な2万9000語収録。使い方をふんだんに掲載。重要語がひと目でわかる、チャート図入り。見やすい、目にやさしい2色刷り。巻末にはアルファベット略語集付き。

用例でわかる カタカナ新語辞典　改訂第3版　学研辞典編集部編　学研教育出版, 学研マーケティング〔発売〕　2011.7　908p　19cm　〈他言語標題：A Dictionary of KATAKANA Words　初版：学習研究社2003年刊〉　2100円　Ⓘ978-4-05-303264-5　Ⓝ813.7

(内容)必要十分な3万語を収録。雑誌などから使用例を掲載。重要語がまとめてわかるチャート図入り。一度引いたら忘れない用例とチャート図がついた最強カタカナ語辞典。

用例でわかる カタカナ新語辞典　改訂第4版　学研辞典編集部編　学研プラス　2016.6　940p　19cm　〈他言語標題：A Dictionary of Katakana Words　改訂第3版：学研教育出版 2011年刊〉　2400円　Ⓘ978-4-05-304184-5　Ⓝ813.7

(内容)最新のニュースが理解できる！ 使い方もわかる！「ディープ・ラーニング」「イクメン」「LGBT」…カタカナ語を27,300語収録！ アルファベット略語を4,700語収録！

よく使われる外国語・カタカナ語の知識　杉浦博明著　東京図書出版, リフレ出版〔発売〕　2014.2　112p　19cm　1000円　Ⓘ978-4-86223-706-4　Ⓝ814.7

(内容)知っているようで知らない外国語やカタカナ語、その意味や使い方を知る辞典。

略語大辞典　加藤大典編著　丸善　1995.11　1,408p　21cm　15450円　Ⓘ4-621-04107-X　Ⓝ813.7

(内容)収録語数3万のアルファベット略語辞典。排列は見出し略語のアルファベット順。各語にフルスペル、英語と日本語の説明を記載する。「現代科学技術略語辞典」(1991年刊)を増補改訂し総合的な辞典として編纂し直したもの。

略語大辞典　第2版　加藤大典, 山崎昶編　丸善　2002.1　1609p　22cm　20000円　Ⓘ4-621-04954-2　Ⓝ813.7

(内容)科学技術分野の欧文略語を集めた辞典。排列は見出し略語のアルファベット順。各語にフルスペル、英語以外の場合は原語名、分野名、英語と日本語の説明を記載する。1991年刊「現代科学技術略語辞典」を前身とし、1995年刊「略語大辞典」の30000語に薬学、免疫学、宇宙・航空・軍事、コンピュータ、情報などの分野の6000語を加えている。

例文で読むカタカナ語の辞典　尚学図書編　小学館　1990.1　811p　19cm　1700円　Ⓘ4-09-505501-4　Ⓝ813.7

(内容)現代が読める最新の辞典。現代を語るカタカナ語20,000項目。外来語、カタカナ語をおいて現代は理解できない。精選された2万項目に、新聞・雑誌からとった使用例について、実際の用法がよくわかる。アルファベット略語5,000項目。世界の言語一覧200項目。国際化社会にはばたく日本人にとって、世界の文化を知る入り口となる。

例文で読むカタカナ語の辞典　第2版　小学館辞典編集部編　小学館　1994.4　843p　19cm　1900円　Ⓘ4-09-505502-2　Ⓝ813.7

(内容)新項目約2000語を含む約25000語のカタカナ語・欧文略語を収録した辞典。新聞・雑誌から収録した用例に基づき語の意味と用法を解説する。現代を象徴するキーワードの背景を分析するコラム30点を掲載するほか、付録に世界の言語名約230を一覧で示す。

例文で読むカタカナ語の辞典　第3版　小学館辞典編集部編　小学館　1998.11　881,4p　19cm　2600円　Ⓘ4-09-505503-0　Ⓝ813.7

(内容)約27000語を収録したカタカナ語辞典。ローマ字による略語約6000語を収録した「アルファベット略語集」、世界の主要言語約270を解説した「世界の言語一覧」、「各国一覧」付き。

<ハンドブック>

カタカナ英語早わかり　〔文庫版〕　秋山登志之著　南雲堂　1990.12　180p　15cm　800円　Ⓘ4-523-42259-1　Ⓝ830.7

(内容)日本は経済大国として世界の注目を浴び

語彙　　　新語・流行語

るようになってから、自発的に狂熱的にカタカナ英語を創造しはじめている。こんな時代にもう一度、自分の使っているカタカナ英語が本物の英語なのか、日本だけで通用する和製英語なのかをチェックしてみるのも、国際化時代の教養を深めることになるはずではないか。本書によってまず国際感覚のウォーミング・アップをお願いしたいものである。

カタカナ新語mini百科　国際化時代の常識ナビゲーション　文英堂編集部編　文英堂　1997.10　223p　19cm　1200円　Ⓘ4-578-10071-5　Ⓝ813.7

⦅目次⦆第1章 目で見るものの名前 カタカナ新語，第2章 国際化時代の常識 カタカナ新語，第3章 現代社会のキーワード 英字略語・略号，付録 くらしに役立つ カタカナ新語便利表

最近の「カタカナ語」がわかる本　新聞によく出てくる言葉514　ビジネスリサーチ・ジャパン著　三笠書房　2004.7　204p　15cm　〈知的生きかた文庫〉　533円　Ⓘ4-8379-7416-3　Ⓝ814.7

⦅内容⦆最近のカタカナ語は「コミットメント」や「マニフェスト」など、その語自体が新しい概念を示している。いま、それを知って使えることが、仕事をする上でも、人と話をする上でも必要とされている。本書は、必要な時、あいうえお順ですぐ引けるだけでなく、ひと通り目を通すだけで、最新の経済、科学、考え方がつかめる「カタカナ語」の決定版である。

三省堂カタカナ語便覧　三省堂編修所編　三省堂　1998.8　474p　15cm　1500円　Ⓘ4-385-13843-5　Ⓝ813.7

⦅内容⦆コンピュータ用語、最新語など、1万2000語を五十音順に排列し解説したカタカナ語便覧。アルファベット略語付き。

常識として知っておきたいカタカナ語　文化庁世論調査120語を徹底解説　藤田英時著　ナツメ社　2004.5　211p　18cm　790円　Ⓘ4-8163-3720-2　Ⓝ814.7

⦅目次⦆ストレス―体や心の抑圧・重圧，リサイクル―廃物の再利用，ボランティア―自発的に無料奉仕する人，テーマ―主題，題目，レクリエーション―休養，娯楽，気晴らし，サンプル―見本，標本，試供品，リーダーシップ―指導者の地位，指導力，スタッフ―部員，担当者，関係者，フルタイム―全時間，常勤の，専任の，ホームページ―ネット情報提供文書〔ほか〕

⦅内容⦆私たち日本人がカタカナ語を理解するには、カタカナ語に意味をあてはめて、頭の中でその意味が浮かび上がるようにすればいいのだ。まずは、カタカナ語の意味に加え、それにまつわる話を知ると頭に残りやすい。次に、そのもとの単語の意味を知ると意味づけができる。本書のカタカナ語のうち118語が英語からきたものだが、その単語の意味がわかれば身近なものになる。それらの単語はラテン語を語源とするものが多いが、その語源の意味までも知るとさらに興味がわき頭に定着する。本書ではこのようなカタカナ語攻略法にのっとってカタカナ語を解説している。関連話、意味づけ、語源を楽しみながら、またクイズを解きながらお読みいただきたい。

日常カタカナ語ハンドブック　いつでもどこでも使える　池田書店　1991.9　220p　17cm　880円　Ⓘ4-262-15605-2　Ⓝ813.7

⦅内容⦆日常生活でよく使われるカタカナ語を精選して収録。そのカタカナ語の原語名とその原語でのスペルを示し、あわせて英語での表現法も掲載。和製英語については、その言葉の意味に相当する英語を示す。使用頻度の高い英字略語を選び、巻末にそのスペルとともに収録。

日常カタカナ語ハンドブック　いつでもどこでも使える　池田書店　1995.12　255p　17cm　950円　Ⓘ4-262-15653-2　Ⓝ813.7

⦅内容⦆日常よく使われるカタカナ語を簡潔に説明したもの。排列は見出し語の五十音順。巻末にアルファベット略語を収録する。

新語・流行語

<年表>

暮らしの年表／流行語100年　講談社編　講談社　2011.5　259p　21cm　〈文献あり 索引あり〉　1600円　Ⓘ978-4-06-216745-1　Ⓝ210.6

⦅目次⦆明治・大正―1911(明治44)年～1925(大正14)年，昭和―1926(大正15／昭和元)年～1988(昭和63)年，平成―1989(昭和64／平成元)年～2010(平成22)年

⦅内容⦆1911(明治44)年から2010(平成22)年までの、身近な出来事を豊富に盛り込んだ年表と、時代を映す流行語の辞典を組み合わせたユニークなクロニクル。エッセイ・コラム・写真のほか、ヒットした商品・曲・本・映画などのプチデータも充実。「あの頃」のイメージがあざやかに立ち現れる。

20世紀のことばの年表　加藤迪男編　東京堂出版　2001.5　312p　19cm　2400円　Ⓘ4-490-10567-3　Ⓝ814.7

⦅目次⦆ことばの発生と種類(新語と流行語，新語・流行語の発生原因，ことばをつくる ほか)，20世紀の年次別新語・流行語(一九〇一年～，

新語・流行語　　　　　　　　　　語彙

一九一一年～，一九二一年～　ほか）
(内容)新語・流行語を年次別にまとめたもの。おのおのの語について、意味と、発生原因の解説などを付す。巻末に索引がある。

＜事典＞

現代「重要」用語事典　知りたいことがたちまちわかる！　千田亮吉，浮田聡著　三笠書房　1996.7　414p　15cm　（知的生きかた文庫）　700円　Ⓘ4-8379-0817-9　Ⓝ813.7

(目次)国際政治・国際関係―PKO、核実験問題、ユーロ・トンネル，民族・宗教―ワスプ、ラマダン、中東紛争，ミャンマー問題，世界経済―ファンダメンタルズ、EC統合のゆくえ、双子の赤字，貿易―WTO、国際収支、日米包括経済協議、NAFTA，金融―金利自由化、ECUとユーロ、エクイティ・ファイナンス，経済開発・協力・援助―累積債務問題、LDC、NIES，環境問題・地球問題―オゾン・ホール、人口爆発、IAEA，日本経済・経済分析―不良債権処理、BIS規制、預金保険制度，産業・技術―ISDN、VOD、インターフェロン、超伝導、流通・マーケティング―アウトレット革命、OEM、大店法〔ほか〕

(内容)現代社会を理解するためのキーワードを国際問題・経済・産業・文化など16のジャンル別に解説したコンパクトな用語事典。マスコミに登場する重要人物についても述べる。巻末に五十音順の用語索引を付す。

図解　平成ぶっこわれコトバ事典　2005年度保存版　目からウロコの編集部，言語破壊研究班編　第三文明社　2005.6　95p　26cm　（目からウロコのさんぶん図解）　1000円　Ⓘ4-476-13006-2　Ⓝ814.9

(目次)あんぱん―他全38単語，イノヘッド―他全41単語，ウザもい！―他全30単語，A-Boy―他全24単語，オクい―他全49単語，借りパク―他全15単語，キショウザ―他全34単語，ググる―他全21単語，原始メール―他全26単語，コケカッコ―他全33単語〔ほか〕

(内容)現代の若者「ぶっこわれコトバ」に欠かせない単語を厳選、1097語を収録、ズラリと難解な(?)コトバを用例等を通して事典形式でまとめている。ぶっこわれコトバ・チェック度テストやクロスワードパズルにチャレンジすることにより、さらに学習効果を高める工夫がしてある。巻末に『ギャル文字対応一覧表』を設けている。難解なコトバとともに解読が難しい『ギャル文字』も学ぶことができる。

日本世相語資料事典　昭和戦後編　第1巻　日本図書センター　2007.2　270,434p　27cm　〈複製〉　Ⓘ978-4-284-20019-6　Ⓝ813

(内容)「現代新語辞典」日本ジャーナリスト聯盟編著（木水社　昭和23年刊）、「新聞雑誌語辞典」第一政経研究所編（第一出版　昭和25年刊（新修改版））を複刻。

日本世相語資料事典　昭和戦後編　第2巻　日本図書センター　2007.2　300,286p　27cm　〈複製〉　Ⓘ978-4-284-20020-2　Ⓝ813

(内容)「新語百科辞典」渡辺紳一郎編著（大泉書店　昭和27年刊（再版））、「社会常識現代用語辞典」伊藤文雄編（華頂書房　昭和28年刊）を複刻。

日本世相語資料事典　昭和戦後編　第3巻　日本図書センター　2007.2　298,389,50p　27cm　〈複製　年表あり〉　Ⓘ978-4-284-20021-9　Ⓝ813

(内容)「最新時事用語辞典　1956年版」末松満編（法文社　昭和30年刊）、「現代時事用語ハンドブック　1963年版」時事用語研究会編（ハンドブック社　昭和37年刊）を複刻。

日本世相語資料事典　昭和戦後編 2　第1巻　日本図書センター　2008.6　1冊　27cm　〈複製〉　Ⓘ978-4-284-20113-1,978-4-284-20112-4　Ⓝ813

(内容)昭和20・30年代の世相を"ことば"の面から捉える複刻事典シリーズ。第1巻は「増補式新語百科辞典　上」東堀一郎編（光文書院　昭和32年刊（再版））を複刻。

日本世相語資料事典　昭和戦後編 2　第2巻　日本図書センター　2008.6　1冊　27cm　〈複製〉　Ⓘ978-4-284-20114-8,978-4-284-20112-4　Ⓝ813

(内容)「増補式新語百科辞典　下」東堀一郎編（光文書院　昭和32年刊（再版））を複刻。

日本世相語資料事典　昭和戦後編 2　第3巻　日本図書センター　2008.6　176,196,20p　27cm　〈複製〉　Ⓘ978-4-284-20115-5,978-4-284-20112-4　Ⓝ813

(内容)「放送ことば事典」岩永信吉著（三芽書房　昭和33年刊）、「現代用語辞典」佐藤務著（むさし書房　昭和34年刊）を複刻。

日本世相語資料事典　昭和戦後編 2　第4巻　日本図書センター　2008.6　455,49p　27cm　〈複製〉　Ⓘ978-4-284-20116-2,978-4-284-20112-4　Ⓝ813

(内容)「現代新語と社会常識」森川三都夫著（金園社　昭和40年刊）を複刻。

日本世相語資料事典　昭和戦後編 3　第1巻　日本図書センター　2009.2　241,357,25p　27cm　〈複製　索引あり〉　Ⓘ978-4-284-

語彙　　　　　　新語・流行語

20139-1,978-4-284-20138-4　Ⓝ813
〈内容〉昭和40年代の世相を"ことば"の面から捉える復刻事典シリーズ。昭和戦後編3の全4巻をもって『日本世相語資料事典』は完結。本巻は「新時事用語小辞典」新語研究会編(三一書房 昭和43年刊)、「マスコミ用語事典」新世代センター編(大和書房 昭和46年刊)の複製合本。

日本世相語資料事典　昭和戦後編 3 第2巻
日本図書センター　2009.2　542p　27cm
〈複製〉　Ⓣ978-4-284-20140-7,978-4-284-20138-4　Ⓝ813
〈内容〉「現代の常識新語辞典 第2版」齊藤栄三郎編(集英社 昭和49年刊)を複刻。

日本世相語資料事典　昭和戦後編 3 第3巻
日本図書センター　2009.2　345p　27cm
〈複製　索引あり〉　Ⓣ978-4-284-20141-4,978-4-284-20138-4　Ⓝ813
〈内容〉「学習・受験のための現代用語事典」人事問題研究所編(新星出版社 昭和51年刊)を複刻。

日本世相語資料事典　昭和戦後編 3 第4巻
日本図書センター　2009.2　723p　27cm
〈複製　付・日常外来語集〉Ⓣ978-4-284-20142-1,978-4-284-20138-4　Ⓝ813
〈内容〉「現代用語事典 1977年版」家の光協会編・刊(昭和51年刊)を複刻。

<辞典>

外辞苑　平成新語・流行語辞典　亀井肇著
平凡社　2000.7　419,29p　19cm　1800円
Ⓣ4-582-12419-4　Ⓝ813.7
〈目次〉アイドル工学，あきすとぜねこ，アグネス論争，アスイズム，アッケラカーのカー，アフター5クチュ，安・近・短，いい夫婦の日，異食，いちご族〔ほか〕

KY語辞典　Blockbuster，現代略語研究会編著　白夜書房　2008.4　207p　19cm　505円
Ⓣ978-4-86191-409-6　Ⓝ814.7
〈目次〉第1章 試験に出る！ 最重要・必須KY語(ギャル・若者のKY語，ネット・ケータイのKY語，アキバ・ヲタク・エンスー系のKY語)，第2章 要注意！ 間違いやすいKY語，第3章 ホントに役立つビジネス，ギョーカイのアルファベット略語，第4章 ちょっと怪しい裏KY語，第5章 ローマ字略語＆アルファベット略語大辞典
〈内容〉ギャル語からビジネス用語まで。「KY＝空気読めない」「JK＝女子高生」「ry＝(略)」など、街で・ネットで・現場で集めた新しい日本語の常識(ローマ字略語・アルファベット略語)を1200語以上収録。就職試験にも役立つ最新版。

現代新語辞典　'94　稲子和夫著　梧桐書院
1994.2　446p　19cm　1300円　Ⓣ4-340-02450-3　Ⓝ813.7
〈内容〉政治・経済・国際問題・科学・文化・教育・社会・生活・スポーツ・流行・ファッション・若者言葉などあらゆる分野の新語を簡潔に解説する辞典。五十音順に排列、世相語・流行語、略語は五十音の後に掲載する。巻末付録に、主要官公庁一覧、2000年カレンダー、宇宙開発の主な活動、オリンピック開催地、十二支と方位・時刻、度量衡比較表、年号対照表がある。今版が初版。

現代新語辞典　'95　稲子和夫著　梧桐書院
1994.12　446p　21cm　1300円　Ⓣ4-340-02451-1　Ⓝ813.7
〈内容〉政治・経済、国際問題や科学から文化やスポーツ、ファッションまで現在使われているさまざまな時事用語について簡潔に記述した辞典。見出し語の五十音順に排列し、世相語・流行語や略語は別にまとめている。巻末付録に主要官公庁電話一覧、2000年までのカレンダー、年号対照表等がある。―新しい言葉、常用語、略語で現代を読む。

現代新語辞典　〔1996〕　稲子和夫著　梧桐書院　1995.12　446p　19cm　1300円
Ⓣ4-340-02452-X　Ⓝ813.7
〈内容〉政治、経済、国際問題、科学、文化、教育、社会生活、スポーツ、流行、ファッション、若い人たりの言葉など多岐にわたる最新用語を収録。

現代新語辞典　〔1997〕　稲子和夫著　梧桐書院　1996.12　446p　19cm　1300円
Ⓣ4-340-02453-8　Ⓝ813.7
〈内容〉政治、経済、国際問題、科学、文化、教育、社会生活、スポーツ、流行、ファッション、若い人たりの言葉など多岐にわたる最新用語を収録。

現代新語辞典　〔1998〕　稲子和夫著　梧桐書院　1997.12　446p　19cm　1280円
Ⓣ4-340-02454-6　Ⓝ813.7
〈内容〉政治・経済・スポーツ・教育・ファッション・科学など、多岐の分野に渡る時事用語を、簡潔にわかりやすく解説。

最新語辞典　遅れたくない 知らなきゃ恥かく　99年後期版　西東社編集部編　西東社　1999.5　206p　19cm　1000円　Ⓣ4-7916-0114-9　Ⓝ031
〈目次〉1 ビジネス，2 経済・金融，3 政治，4 情報，5 世界，6 環境・健康，7 生活
〈内容〉最近生まれた最新用語を、ビジネス、経済・金融、政治、情報、世界、環境・健康、生

日本語 レファレンスブック　139

新語・流行語　　　　　語彙

活の7項目に分類し解説した辞典。50音順の索引付き。

最新 情報語小辞典　永岡書店編集部編　永岡書店　1991.9　559p　11cm　490円　Ⓘ4-522-21270-4　Ⓝ813.7

3行でわかる 現代新語情報辞典　最新　学研・語学ソフトウエア開発部編　学習研究社　1992.4　539p　18cm　1340円　Ⓘ4-05-104240-5　Ⓝ813.7

⟨内容⟩テレビや新聞・雑誌で使われる、あらゆる分野の時事的用語や新語、約7500語を50音順に収録。すべての用語を3～4行でわかりやすく解説。巻末に欧文略語集付き。

3行でわかる 現代新語情報辞典　最新改訂新版　学研・語学ソフトウエア開発部編　学習研究社　1994.5　596p　18cm　1400円　Ⓘ4-05-300037-8　Ⓝ813.7

⟨内容⟩テレビや新聞・雑誌で使われる時事的用語や新語約8200語を五十音順に収録、各用語に3～4行の解説を付した辞典。巻末に欧文略語集付き。

3行でわかる 現代新語情報辞典　第3版　学研辞典編集部編　学習研究社　1997.8　619p　18cm　〈他言語標題：A dictionary of new terms〉　1450円　Ⓘ4-05-300437-3　Ⓝ813.7

⟨内容⟩コスタリカ方式、エヴァンゲリオン、エクストラネット、複雑系…テレビや新聞・雑誌で使われる時事用語、話題のコトバを約8400語、50音順に収録した新語辞典。

3行でわかる 現代新語情報辞典　最新第4版　学研辞典編集部編　学習研究社　2001.4　571p　18cm　1500円　Ⓘ4-05-401280-9　Ⓝ813.7

⟨内容⟩マスコミ・メディアで使われる時事用語や話題の言葉に、簡潔な解説を付した辞典。コンピュータ関連から国際・政治・社会・文化などあらゆる分野にわたる用語約7800語を収録。項目は五十音順に排列、カタカナ語については原綴りを示し、3～4行の簡明な解説を付す。巻末にアルファベット略語をまとめて収録、巻頭と巻末で、就職試験などに頻出の重要キーワード400個を一覧化する。97年刊行の第3版の改訂版。

3行でわかる 現代新語情報辞典　最新第5版　学研・辞典編集部編　学習研究社　2003.9　540p　18cm　1500円　Ⓘ4-05-401850-5　Ⓝ813.7

⟨内容⟩テレビや新聞、雑誌などで話題の新語を厳選して約7000語収録。IT、国際、政治、経済、社会、科学、文化、スポーツ…あらゆる分野の用語を収録。50音順なので、調べたい言葉がすぐ引ける。3～4行の簡潔な説明なのでわかりや

すい。就職試験に出る、重要語400付き。

3行でわかる 現代新語情報辞典　最新第6版　学研辞典編集部編　学習研究社　2008.6　524p　18cm　〈他言語標題：A dictionary of new terms〉　1500円　Ⓘ978-4-05-302607-1　Ⓝ813.7

⟨内容⟩テレビや新聞、雑誌などで話題の新語を厳選して約7000語収録。IT、政治、経済、科学、文化、スポーツ…あらゆる分野の用語を網羅。50音順なので、調べたい言葉がすぐ引ける。巻末にアルファベット略語集付き。難解な類語は、コラムでまとめて比較解説。就職試験や入試に出る、重要語リスト400付き。

昭和ことば辞典 おい、羊羹とお茶もっといで！　大平一枝文、伊藤ハムスター絵　ポプラ社　2013.5　191p　19cm　1000円　Ⓘ978-4-591-13039-1　Ⓝ809.2

⟨目次⟩第1章 職場編、第2章 恋愛編、第3章 世相と流行、第4章 社交の知恵、第5章 敬ってへりくだる、第6章 暮らしの雑事

⟨内容⟩「昭和ことば」とは、現代人のコミュニケーションに風穴を開ける知恵。退屈な会話に滋味をもたらし、円満な人間関係の構築に役立つ。本書ではおもに、昭和10～40年代の日本映画のセリフを集めた。ビジネスや恋愛に取り入れて評判うなぎのぼり。昭和の人々に学ぶ、心が近づく会話術。

昭和レトロ語辞典　清野恵美子著　講談社　2007.1　229p　19cm　1300円　Ⓘ978-4-06-213813-0　Ⓝ814.7

⟨目次⟩第1章 昭和30・31年、第2章 昭和32・33年、第3章 昭和34・35年、第4章 昭和36・37年、第5章 昭和38・39年、第6章 昭和40～42年

⟨内容⟩あの時代の流行語、ヒット曲の歌詞や、CMのキャッチフレーズ、お笑いギャグなど、流行り言葉で振り返る日本が若かったあの頃…。

女子大生ヤバイ語辞典　小沢章友、女子大生ヤバイ語調査会編　インターグロー，主婦の友社〔発売〕　2014.1　255p　18cm　952円　Ⓘ978-4-07-293611-5　Ⓝ814.7

⟨目次⟩第1章 人や人の属性を形容する時に使うヤバイ語、第2章 状況・状態を説明するヤバイ語、第3章 感情表現のヤバイ語、第4章 行動を表すヤバイ語、第5章 略した発言、スラングのヤバイ語

⟨内容⟩職場のコミュニケーションに、キャバネタに、知っておきたい108の女子大生言葉。「カミッテル」「とりま」「hshs」…謎の女子大生言葉を用例付きで徹底解説！彼女たちの胸の内がわかる現役女子大生座談会も収録！

デイリー新語辞典　三省堂編修所編　三省堂

語彙　　　新語・流行語

2000.7　544p　19cm　1800円　ⓉⒾ4-385-13987-3　Ⓝ813.7

内容 新聞・雑誌・インターネット等の様々なメディアに登場する新語を幅広く収録した辞典。6200語を収録、カナ表記の五十音順に排列、欧文略語はカナの後にアルファベット順に排列する。巻頭に「ポスト・バブルの経済社会」「高齢化社会と介護」など19のテーマ別のインデックスがある。

620の同時代WORDS　亀井肇著　しょういん　2003.3　238p　19cm　1600円　Ⓘ4-901460-11-0　Ⓝ814.7

目次 第1章 サブ・カルチャー編、第2章 家庭編、第3章 科学技術編、第4章 会社編、第5章 国際関係編、第6章 政治経済編、第7章「旧聞」だって「新語」だ

内容 大修館書店の『言語』2001年4月号から2003年3月号まで連載した「亀井肇の新語・世相語・流行語」を基にしてそれに加筆したもの。この2年間に誕生した新語・流行語を精選して収録。

<ハンドブック>

新語・流行語大全　ことばの戦後史 1945-2005　木村傳兵衛、谷川由布子ほか著　自由国民社　2005.12　414p　19×15cm　1600円　Ⓘ4-426-11012-2　Ⓝ814.7

目次 1945（昭和20年）―敗戦・焼け跡からの出発"ピカドン"、1946（昭和21年）―天皇の人間宣言と戦後処理"あ、そう"、1947（昭和22年）―ゼネスト中止命令、日本国憲法施行"ベビーブーム"、1948（昭和23年）―東西冷戦時代の幕開け「冷戦」、1949（昭和24年）―大量首切り、列車事故の怪「自転車操業」、1950（昭和25年）―朝鮮戦争、特需景気にわく「貧乏人は麦を食え」、1951（昭和26年）―講話締結、そしてまた、いつか来た道「老兵は死なず」、1952（昭和27年）―血のメーデー事件、破防法成立「エッチ」、1953（昭和28年）―テレビの本放送始まる「街頭テレビ」、1954（昭和29年）―死の灰からゴジラ誕生"ゴジラ"〔ほか〕

内容 戦後60年、1945年から2005年までの時代が生んだ「新語・流行語」を一冊に収録。

新語・流行語大全　ことばの戦後史 1945-2006　木村傳兵衛、谷川由布子ほか著　自由国民社　2006.12　332p　19×15cm　1600円　Ⓘ4-426-11109-9　Ⓝ814.7

目次 1945（昭和20年）敗戦・焼け跡からの出発「ピカドン」、1946（昭和21年）天皇の人間宣言と戦後処理「あ、そう」、1947（昭和22年）ゼネスト中止命令、日本国憲法施行「ベビーブーム」、1948（昭和23年）東西冷戦時代の幕開け「冷戦」、1949（昭和24年）大量首切り、列車事故の怪「自転車操業」、1950（昭和25年）朝鮮戦争、特需景気にわく「貧乏人は麦を食え」、1951（昭和26年）講話締結、そしてまた、いつか来た道「老兵は死なず」、1952（昭和27年）血のメーデー事件、破防法成立「エッチ」、1953（昭和28年）テレビの本放送始まる「街頭テレビ」、1954（昭和29年）死の灰からゴジラ誕生「ゴジラ」〔ほか〕

内容 戦後61年、1945年から2006年までの時代が生んだ「新語・流行語」を一冊に収録。

◆明治～昭和戦前
<事 典>

日本世相語資料事典　明治編 第1巻　日本図書センター　2007.2　51,660p　27cm　〈複製〉　Ⓘ978-4-284-20015-8　Ⓝ813

内容 「日本家庭辞書」西山恕治編（弘道館 明治39年刊）を複刻。

日本世相語資料事典　明治編 第2巻　日本図書センター　2007.2　124,770p 図版19枚　27cm　〈複製〉　Ⓘ978-4-284-20016-5　Ⓝ813

内容 「日本家庭百科事彙 上」芳賀矢一、下田次郎編（冨山房 大正元年刊（改訂増補版））を複刻。

日本世相語資料事典　明治編 第3巻　日本図書センター　2007.2　p771-1504,134,6p 図版16枚　27cm　〈複製〉　Ⓘ978-4-284-20017-2　Ⓝ813

内容 「日本家庭百科事彙 下」芳賀矢一、下田次郎編（冨山房 大正元年刊（改訂増補版））を複刻。

日本世相語資料事典　大正編 第1巻　日本図書センター　2006.2　719p　27cm　〈複製〉　Ⓘ4-284-20001-1　Ⓝ813

内容 「新しきことはの泉 扉・あ～す」小林花眠編著（博進館 大正10年刊）を複刻。

日本世相語資料事典　大正編 第2巻　日本図書センター　2006.2　p720-1370　27cm　〈複製〉　Ⓘ4-284-20002-X　Ⓝ813

内容 「新しきことはの泉 せ～奥付」小林花眠編著（博進館 大正10年刊）を複刻。

日本世相語資料事典　大正編 第3巻　日本図書センター　2006.2　1冊　27cm　〈複製〉　Ⓘ4-284-20003-8　Ⓝ813

内容 「現代大辞典」木川又吉郎ほか著（大日本教育通信社 大正13年刊（第11版））を複刻。

日本世相語資料事典　大正編 第4巻　日本

新語・流行語　　　　　　　　　語彙

図書センター　2006.2　1冊　27cm　〈複製〉
①4-284-20004-6　Ⓝ813

(内容)「現代大辞典」木川又吉郎ほか著(大日本教育通信社 大正13年刊(第11版))を複刻。

日本世相語資料事典　昭和戦前編 第1巻
日本図書センター　2006.2　1冊　27cm　〈複製〉　①4-284-20006-2　Ⓝ813

(内容)「和英併用モダン新語辞典」小山湖南著(金竜堂 昭和7年刊)を複刻。

日本世相語資料事典　昭和戦前編 第2巻
日本図書センター　2006.2　420,25p　27cm　〈複製〉　①4-284-20007-0　Ⓝ813

(内容)「高等警察用語辞典」(朝鮮総督府警務局 昭和8年刊)を複刻。

日本世相語資料事典　昭和戦前編 第3巻
日本図書センター　2006.2　280,242p　27cm　〈複製〉　①4-284-20008-9　Ⓝ813

(内容)「国民辞典 今日の言葉」関田生吉著(厚生閣 昭和13年刊)、「新聞雑誌語事典」植原路郎著(八光社 昭和16年刊)を複刻。

<辞　典>

近代用語の辞典集成　1　現代新語辞典
時代研究会〔編纂〕　大空社　1994.11　284p　20cm　〈監修：松井栄一ほか　複製〉　5825円　①4-87236-932-7　Ⓝ813.7

(内容)大正期から昭和戦前期に刊行された新語辞典・流行語辞典・外来語辞典・文芸用語辞典・社会思想用語辞典・新聞語辞典・隠語辞典など、通常の国語辞典には収録されない新語関係の辞典類を複刻収録するもの。全41巻と別巻1巻で構成する。第1巻では「現代新語辞典」(耕文堂 大正8年刊)を収録する。

近代用語の辞典集成　2　訂正増補 新らしい言葉の字引
服部嘉香, 植原路郎〔著〕　大空社　1994.11　502p　19cm　〈監修：松井栄一ほか　複製〉　9709円　Ⓝ813.7

(内容)第2巻では「訂正増補新らしい言葉の字引」(実業之日本社 大正8年刊)を収録する。

近代用語の辞典集成　3　大増補改版 新しい言葉の字引
服部嘉香, 植原路郎〔著〕　大空社　1994.11　795p　19cm　〈監修：松井栄一ほか　複製〉　14563円　Ⓝ813.7

(内容)第3巻では「大増補改版新しい言葉の字引」(実業之日本社 大正14年刊の複製)を収録する。

近代用語の辞典集成　4　模範新語通association大辞典
上田景二〔編〕　大空社　1994.11　365,28,4p　19cm　〈監修：松井栄一ほか　複製〉　7282円　Ⓝ813.7

(内容)第4巻では「模範新語通語大辞典」(松本商会出版部 大正8年刊)を収録する。

近代用語の辞典集成　5　現代日用新語辞典
小林鶯里〔編〕　大空社　1994.11　363p　19cm　〈監修：松井栄一ほか　複製〉　7282円　Ⓝ813.7

(内容)第5巻では「現代日用新語辞典」(文芸通信社 大正9年刊)を収録する。

近代用語の辞典集成　6　新しき用語の泉
小林花眠〔編著〕　大空社　1994.11　1370p　19cm　〈監修：松井栄一ほか　複製〉　22330円　Ⓝ813.7

(内容)第6巻では「新しき用語の泉」(帝国実業学会 大正12年刊)を収録する。

近代用語の辞典集成　7　英語から生れた新しい現代語辞典
上田由太郎〔著〕　大空社　1994.11　457p　19cm　〈監修：松井栄一ほか　複製〉　7767円　Ⓝ813.7

(内容)第7巻では「英語から生れた新しい現代語辞典」(駸々堂出版部 大正14年刊)を収録する。

近代用語の辞典集成　8　最新現代用語辞典
秋山湖風, 太田柏露〔編〕, 小山内薫監修　大空社　1994.11　317,57p　19cm　〈監修：松井栄一ほか　複製〉　7282円　Ⓝ813.7

(内容)第8巻では「最新現代用語辞典」(玉井清文堂 大正15年刊)を収録する。

近代用語の辞典集成　9　音引正解近代新用語辞典
田中信澄〔編〕, 竹野長次監修　大空社　1994.11　784,14,9p　19cm　〈監修：松井栄一ほか　複製〉　15049円　Ⓝ813.7

(内容)第9巻では「音引正解近代新用語辞典」(修教社書院 昭和3年刊)を収録する。

近代用語の辞典集成　10　新しい時代語の字引
実業之日本社出版部〔編〕　大空社　1995.4　400p　20cm　〈監修：松井栄一ほか　複製〉　8000円　①4-7568-0043-2　Ⓝ813.7

(内容)第10巻では「新しい時代語の字引」(実業之日本社 昭和3年刊)を収録する。

近代用語の辞典集成　11　時勢に後れぬ新時代用語辞典
長岡規矩雄〔著〕　大空社　1995.4　726,117p　20cm　〈監修：松井栄一ほか　複製〉　15000円　①4-7568-0044-0　Ⓝ813.7

(内容)第11巻では「時勢に後れぬ新時代用語辞典」(磯部甲陽堂 昭和5年刊)を収録する。

近代用語の辞典集成　12　モダン辞典
モダン辞典編輯所〔編〕　大空社　1995.4

語彙　　新語・流行語

328p　20cm　〈監修：松井栄一ほか　複製〉
6500円　Ⓓ4-7568-0045-9　Ⓝ813.7

(内容)第12巻では「モダン辞典」(弘津堂書房 昭和5年刊)を収録する。

近代用語の辞典集成　13　モダン用語辞典
麹町幸二〔編〕　大空社　1995.4　553p
20cm　〈監修：松井栄一ほか　複製〉
10500円　Ⓓ4-7568-0046-7　Ⓝ813.7

(内容)第13巻では「モダン用語辞典」(実業之日本社 昭和5年刊)を収録する。

近代用語の辞典集成　14　アルス新語辞典
桃井鶴夫〔編〕　大空社　1995.4　243p
20cm　〈監修：松井栄一ほか　複製〉　5000
円　Ⓓ4-7568-0047-5　Ⓝ813.7

(内容)第14巻では「アルス新語辞典」(アルス 昭和5年刊)を収録する。

近代用語の辞典集成　15　現代新語辞典
現代編輯局〔編〕　大空社　1995.4　506p
20cm　〈監修：松井栄一ほか　複製〉　9500
円　Ⓓ4-7568-0048-3　Ⓝ813.7

(内容)第15巻では「現代新語辞典」(『現代』付録 大日本雄弁会講談社 昭和6年刊)を収録する。

近代用語の辞典集成　16　尖端語百科辞典
早坂二郎, 松本悟朗〔編〕　大空社　1995.4
480p　20cm　〈監修：松井栄一ほか　複製〉
9000円　Ⓓ4-7568-0049-1　Ⓝ813.7

(内容)第16巻では「尖端語百科辞典」(尖端社 昭和6年刊)を収録する。

近代用語の辞典集成　17　これ一つで何でも分る現代新語集成　小山湖南〔著〕　大空社　1995.4　1冊　20cm　〈監修：松井栄一ほか　複製〉　12000円　Ⓓ4-7568-0050-5　Ⓝ813.7

(内容)第17巻では「これ一つで何でも分る現代新語集成」(博隆館 昭和6年刊)を収録する。

近代用語の辞典集成　18　ウルトラモダン辞典　酒尾達人〔編〕　大空社　1995.4
508p　20cm　〈監修：松井栄一ほか　複製〉
9500円　Ⓓ4-7568-0051-3　Ⓝ813.7

(内容)第18巻では「ウルトラモダン辞典」(一誠社 昭和6年刊)を収録する。

近代用語の辞典集成　19　モダン語 漫画辞典　中山由五郎〔著〕　大空社　1995.4
775,18p　20cm　〈監修：松井栄一ほか　複製〉　15000円　Ⓓ4-7568-0052-1　Ⓝ813.7

(内容)第19巻では「モダン語 漫画辞典」(洛陽書院 昭和6年刊)を収録する。

近代用語の辞典集成　20　分類式 モダン新用語辞典　小島徳弥〔著〕　大空社

1995.9　716,88p　19cm　〈監修：松井栄一ほか　複製〉　15500円　Ⓓ4-7568-0053-X
Ⓝ813.7

(内容)第20巻では「分類式 モダン新用語辞典」(教文社 昭和6年刊)を収録する。

近代用語の辞典集成　21　社会ユーモア・モダン語辞典　社会ユーモア研究会〔著〕　大空社　1995.9　400p 19cm　〈監修：松井栄一ほか　複製〉　8500円　Ⓓ4-7568-0054-8
Ⓝ813.7

(内容)第21巻では「社会ユーモア・モダン語辞典」(鈴響社 昭和7年刊)を収録する。

近代用語の辞典集成　22　モダン語辞典
鵜沼直著　大空社　1995.9　190p　19cm
〈監修：松井栄一ほか　複製〉　5000円
Ⓓ4-7568-0055-6　Ⓝ813.7

(内容)第22巻では「モダン語辞典」(誠文堂 昭和7年刊)を収録する。

近代用語の辞典集成　23　常用 モダン語辞典　伊藤晃二〔著〕　大空社　1995.9
1204p　19cm　〈監修：松井栄一ほか　複製〉　22000円　Ⓓ4-7568-0056-4　Ⓝ813.7

(内容)第23巻では「常用 モダン語辞典」(好文閣 昭和8年刊)を収録する。

近代用語の辞典集成　24　日用舶来語便覧
棚橋一郎, 鈴木誠一〔著〕　大空社　1995.9
342p　19cm　〈監修：松井栄一ほか　複製〉
7500円　Ⓓ4-7568-0057-2　Ⓝ813.7

(内容)第24巻では「日用舶来語便覧」(光玉館 明治45年刊)を収録する。

近代用語の辞典集成　25　外来語辞典　勝屋英造〔著〕　大空社　1995.9　408p
19cm　〈監修：松井栄一ほか　複製〉　8500
円　Ⓓ4-7568-0058-0　Ⓝ813.7

(内容)第25巻では「外来語辞典」(二松堂書店 大正3年刊)を収録する。

近代用語の辞典集成　26　文学新語小辞典
生田弘治(長江)〔著〕　大空社　1995.9
219p　19cm　〈監修：松井栄一ほか　複製〉
5000円　Ⓓ4-7568-0059-9　Ⓝ813.7

(内容)第26巻では「文学新語小辞典」(新潮社 大正2年刊)を収録する。

近代用語の辞典集成　27　新文学辞典　生田長江, 森田草平, 加藤朝鳥〔著〕　大空社
1995.9　310,54p　19cm　〈監修：松井栄一ほか　複製〉　7500円　Ⓓ4-7568-0060-2
Ⓝ813.7

(内容)第27巻では「新文学辞典」(新潮社 大正7年刊)を収録する。

新語・流行語　　　　　　　語彙

近代用語の辞典集成　28　新文芸辞典　菊池寛〔著〕　大空社　1995.9　185p　19cm　〈監修:松井栄一ほか　複製〉　5000円　①4-7568-0061-0　⑩813.7

(内容)第28巻では「新文芸辞典」(誠文堂　昭和7年刊)を収録する。

近代用語の辞典集成　29　文芸大辞典　菊池寛校閲, 斎藤竜太郎〔編〕　大空社　1995.9　700p　19cm　〈監修:松井栄一ほか　複製〉　15500円　①4-7568-0062-9　⑩813.7

(内容)第29巻では「文芸大辞典」(文芸春秋社出版部　昭和3年刊)を収録する。

近代用語の辞典集成　30　プロレタリア辞典 改訂　共生閣編輯部〔編〕　大空社　1996.2　435p　19cm　〈監修:松井栄一ほか　複製〉　9000円　①4-7568-0063-7　⑩813.7

(内容)第30巻では「プロレタリア辞典 改訂」(共生閣　昭和6年刊)を収録する。

近代用語の辞典集成　31　プロレタリア文芸辞典　山田清三郎, 川口浩〔編〕　大空社　1996.2　388p　19cm　〈監修:松井栄一ほか　複製〉　8000円　①4-7568-0064-5　⑩813.7

(内容)第31巻では「プロレタリア文芸辞典」(白揚社　昭和5年刊)を収録する。

近代用語の辞典集成　32　プロレタリア科学辞典　山洞書院編輯部〔編〕　大空社　1996.2　515p　19cm　〈監修:松井栄一ほか　複製〉　10000円　①4-7568-0065-3　⑩813.7

(内容)第32巻では「プロレタリア科学辞典」(山洞書院　昭和6年刊)を収録する。

近代用語の辞典集成　33　新特高辞典　横溝光暉〔著〕　大空社　1996.2　368p　19cm　〈監修:松井栄一ほか　複製〉　8000円　①4-7568-0066-1　⑩813.7

(内容)第33巻では「新特高辞典」(松華堂書店　昭和7年刊)を収録する。

近代用語の辞典集成　34　最新百科社会語辞典　改造社出版部〔編〕　大空社　1996.2　353p　22cm　〈監修:松井栄一ほか　複製〉　9000円　①4-7568-0067-X　⑩813.7

(内容)第34巻では「最新百科社会語辞典」(改造社　昭和7年刊)を収録する。

近代用語の辞典集成　35　新聞語辞典 再増補11版　竹内猷郎〔編〕　大空社　1996.2　304p　19cm　〈監修:松井栄一ほか　複製〉　6000円　①4-7568-0068-8　⑩813.7

(内容)第35巻では「新聞語辞典」(竹内書店　大正9年刊)を収録する。

近代用語の辞典集成　36　新聞新語辞典　大西林五郎〔編〕　大空社　1996.2　395p　19cm　〈監修:松井栄一ほか　複製〉　8000円　①4-7568-0069-6　⑩813.7

(内容)第36巻では「新聞新語辞典」(林平書店　昭和8年刊)を収録する。

近代用語の辞典集成　37　新聞語辞典　千葉亀雄〔編〕　大空社　1996.2　382p　19cm　〈監修:松井栄一ほか　複製〉　8000円　①4-7568-0070-X　⑩813.7

(内容)第37巻では「新聞語辞典」(栗田書店　昭和8年刊)を収録する。

近代用語の辞典集成　38　東京語辞典　秘密辞典　小峰大羽〔編〕　自笑軒主人〔著〕　大空社　1996.2　226,395p　19cm　〈監修:松井栄一ほか　複製〉　8000円　①4-7568-0071-8　⑩813.7

(内容)第38巻では「東京語辞典」(新潮社 大正6年刊)、「秘密辞典」(千代田出版部 大正9年刊)を収録する。

近代用語の辞典集成　39　通人語辞典　勝屋英造〔編〕　大空社　1996.2　660p　19cm　〈監修:松井栄一ほか　複製〉　11000円　①4-7568-0072-6　⑩813.7

(内容)第39巻では「通人語辞典」(二松堂書店 大正11年刊)を収録する。

近代用語の辞典集成　40　かくし言葉の字引　宮本光玄〔著〕　大空社　1996.2　356,77p　19cm　〈監修:松井栄一ほか　複製〉　8500円　①4-7568-0073-4　⑩813.7

(内容)第40巻では「かくし言葉の字引」(誠文堂　昭和5年刊)を収録する。

近代用語の辞典集成　41　新かくし言葉辞典　津田異根〔編〕　大空社　1996.2　321p　19cm　〈監修:松井栄一ほか　複製〉　6500円　①4-7568-0074-2　⑩813.7

(内容)第41巻では「新かくし言葉辞典」(博進堂書店　昭和5年刊)を収録する。

明治・大正・昭和の新語・流行語辞典　米川明彦編著　三省堂　2002.10　335p　21cm　2200円　①4-385-36066-9　⑩814.7

(内容)明治から昭和にかけての133年間に現われた新語・流行語を見渡したもの。時系列に沿って年表風に構成。一年につき見開き2ページにわたり、用語の意味、原則として当時の資料から引用した用例、その年の出来事などの背景を記載。巻末に五十音順の語彙索引がある。

明治大正　新語俗語辞典　新装版　樺島忠夫, 飛田良文, 米川明彦編　東京堂出版　1996.9　364p　19cm　3296円　①4-490-10432-4

Ⓝ813.7

⟨内容⟩明治元(1868)年から昭和20(1945)年までの間に誕生した新語・俗語を収録した辞典。見出し語の排列は五十音順。小説・随筆・評論・回想録・新聞・広告文案・流行歌詞・当時刊行の新語辞典・モダン語辞典等から用例を採録する。付録として新語俗語の造語法、用例引用文献一覧等が巻末にある。一近代日本のモダンなことば。近代日本文化の原点を探る。

時事用語・現代用語

<事典>

朝日キーワード　1991　朝日新聞社編　朝日新聞社　1990.4　335p　21cm　1000円　Ⓘ4-02-227591-X　Ⓝ813.7

⟨内容⟩文化・科学技術・政治など14章で構成。原則として見開き2ページに1語を収め、解説・問題点・展望・関連用語・コラム・情報スクランブルの欄を設けて解説する。読み切りの時代のトレンドをつかむ現代用語集。

朝日キーワード　1992　朝日新聞社編　朝日新聞社　1991.4　343p　21cm　1000円　Ⓘ4-02-227592-8　Ⓝ813.7

⟨目次⟩文化, 科学技術, 政治・天皇, 経済, 社会, くらし, マスコミ・広告, 国土・環境, 交通・通信, 労働, 教育, スポーツ, 国際, ベーシック

⟨内容⟩就職活動に信頼絶大。ビジネス・暮らしの最重要情報源。読み切りの厳選現代用語集。

朝日キーワード　'92-'93　朝日新聞社編　朝日新聞社　1992.4　350p　21cm　1000円　Ⓘ4-02-227593-6　Ⓝ813.7

⟨目次⟩文化, 科学技術, 政治, 経済, くらし, マスコミ・広告, 国土・環境, 交通・通信, 労働, 教育, スポーツ, 国際

⟨内容⟩ビジネスマンから高校生まで幅広い人気。読み切り厳選・現代用語集。

朝日キーワード　'93-'94　朝日新聞社編　朝日新聞社　1993.4　350p　21cm　1000円　Ⓘ4-02-227594-4　Ⓝ813.7

⟨目次⟩文化, 科学技術, 政治・天皇, 経済, 社会, くらし, マスコミ・広告, 国土・環境, 交通・通信, 労働, 教育, スポーツ, 国際, ベーシックワード

⟨内容⟩現代を理解するための時事用語を解説した事典。1984年以来年刊で発行している。約160項目を文化・科学技術・政治・経済など13のジャンルに分類して掲載。本文は1項目を見開きペー

ジの中におさめ、解説・問題点・展望について解説する。項目に関連する研究者・団体・文献の情報も記載。巻末の「ベーシックワード」では創刊以来毎年掲載している基本用語の解説を付す。巻頭に五十音順索引付。

朝日キーワード　'94-'95　朝日新聞社編　朝日新聞社　1994.3　350p　21cm　1000円　Ⓘ4-02-227595-2　Ⓝ813.7

⟨目次⟩文化, 科学技術, 政治, 経済, 社会, くらし, マスコミ・広告, 国土, 環境, 交通・通信, 労働, 教育, スポーツ, 国際, ベーシックワード

⟨内容⟩現代を理解するための時事用語167項目を解説した事典。1984年以来年刊で発行している。キーワードは文化・科学技術・政治・経済などのジャンルに分類して掲載。本文は1項目を見開きページの中におさめ、解説・問題点・展望について解説する。項目に関連する研究者・団体・文献の情報も記載。巻末の「ベーシックワード」では創刊以来毎年掲載している基本用語の解説を付す。巻頭に五十音順索引付。

朝日キーワード　'95-'96　朝日新聞社編　朝日新聞社　1995.3　358p　21cm　1000円　Ⓘ4-02-227596-0　Ⓝ813.7

⟨目次⟩文化, 科学技術, 政治, 経済, 社会, くらし, マスコミ・広告, 国土・環境, 交通・通信, 労働, 教育, スポーツ, 国際, ベーシックワード

⟨内容⟩現代を理解するための時事用語164項目を解説した事典。1984年以来年刊で発行している。キーワードは文化・科学技術・政治・経済など13のジャンルに分類して排列。本文は1項目を見開きページの中におさめ、解説・問題点・展望について解説する。項目に関連する研究者・団体・文献の情報も記載。巻末には創刊以来毎年掲載している基本用語の解説を付す。巻頭に五十音順索引付。

朝日キーワード　'96-'97　朝日新聞社編　朝日新聞社　1996.3　358p　21cm　1000円　Ⓘ4-02-227597-9　Ⓝ813.7

⟨内容⟩広い目配り、わかりやすい解説。手軽に読み切り。厳選現代用語集。

朝日キーワード　'97-'98　朝日新聞社編　朝日新聞社　1997.3　358p　21cm　1000円　Ⓘ4-02-227598-7　Ⓝ813.7

⟨目次⟩文化, 科学技術, 政治, 経済, 社会, くらし, マスコミ・広告, 国土・環境, 交通・情報通信, 労働, 教育, スポーツ, 国際, ベーシックワード

⟨内容⟩現代を理解するためのキーワード163項目を選定し、原則として1項目を見開きページにおさめ、解説・問題点・展望に分けて解説する。

朝日キーワード　1998　朝日新聞社編　朝

時事用語・現代用語　　　　　　　　　　語彙

日新聞社　1998.2　358p　21cm　1000円
①4-02-227599-5　Ⓝ813.7
⊞目次⊞文化, 科学技術, 政治, 経済, 社会, くらし, マスコミ・広告, 国土・環境, 交通・情報通信, 労働, 教育, スポーツ, 国際, ベーシックワード
⊞内容⊞現代用語162項目を厳選して文化、科学技術など13分野に分けて収録。本文は見開きページ中に解説、問題点に分けて記載、その他関連用語や補足的な解説などもある。巻末には創刊以来、毎年掲載した用語のうち重要な基本用語を収録。

朝日キーワード　1999　朝日新聞社編　朝日新聞社　1999.2　358p　21cm　1000円
①4-02-227699-1　Ⓝ813.7
⊞目次⊞文化, 科学技術, 政治, 経済, 社会, くらし, マスコミ・広告, 国土・環境, 交通・情報通信, 労働, 教育, スポーツ, 国際, ベーシックワード
⊞内容⊞現代を理解するためのキーワード159項目を選定し解説した用語集。原則として1項目を見開きページにおさめ、解説・問題点・展望に分けて詳述。さらに関連用語、PLUS ONE、情報スクランブルの欄で、キーワードの内容を補充した。索引付き。

朝日キーワード　2000　朝日新聞社編　朝日新聞社　2000.2　358p　21cm　1000円
①4-02-227700-9　Ⓝ813.7
⊞目次⊞文化, 科学技術, 政治, 経済, 社会, くらし, マスコミ・広告, 国土・環境, 交通・情報通信, 労働, 教育, スポーツ, 国際, ベーシックワード
⊞内容⊞現代を理解するためのキーワード163項目を選定し収録したもの。本文は見開きページ中に解説、問題点に分けて記載、その他関連用語や補足的な解説などもある。巻末には創刊以来、毎年掲載した用語のうち重要な基本用語を収録。

朝日キーワード　2001　朝日新聞社編　朝日新聞社　2001.2　358p　21cm　1000円
①4-02-227701-7　Ⓝ813.7
⊞目次⊞文化, 科学技術, 政治, 経済, 社会, くらし, マスコミ・広告, 国土・環境, 交通・情報通信, 労働, 教育, スポーツ, 国際, ベーシックワード
⊞内容⊞現代を理解するための「キーワード」を解説する事典。163項目を選定、13の分野に分け、1項目見開きページで、解説・問題点・展望に分けて詳述するほか、関連用語などより理解するための情報を補充する。巻末には、ベーシックワードとして初版以降毎年掲載された用語のうち、今も重要な基礎用語を中心に、補足・整理して収める。五十音順索引あり。

朝日キーワード　2002　朝日新聞社編　朝日新聞社　2002.1　358p　21cm　1000円
①4-02-227702-5　Ⓝ813.7
⊞目次⊞文化, 科学技術, 政治, 経済, 社会, くらし, マスコミ・広告, 国土・環境, 交通・情報通信, 労働, 教育, スポーツ, 国際, ベーシックワード
⊞内容⊞現代を理解するための「キーワード」を解説する事典。13分野の下に分類した164項目を各見開きで解説、問題点・展望を詳述するほか、関連用語とその解説も併記。巻末には、ベーシックワードとして初版以降毎年掲載された用語のうち、重要な基礎用語を収める。アルファベット順・五十音順索引あり。

朝日キーワード　2003　朝日新聞社編　朝日新聞社　2003.1　358p　21cm　1000円
①4-02-227703-3　Ⓝ813.7
⊞目次⊞文化, 科学技術, 政治, 経済, 社会, くらし, マスコミ・広告, 国土・環境, 交通・情報通信, 労働, 教育, スポーツ, 国際
⊞内容⊞広い目配りで世の中の動きを伝える。第一線記者がわかりやすく解説する厳選現代用語集。問題点を知りたい時、入試小論文、資格試験、就職活動の参考に。

朝日キーワード　2004　朝日新聞社編　朝日新聞社　2004.1　360p　21cm　1000円
①4-02-227704-1　Ⓝ302
⊞目次⊞特集1 北朝鮮問題, 特集2 イラク戦争, 文化・くらし, 科学・医療, 政治, 経済, 社会・事件, 教育・労働, マスコミ・広告, 国土・環境, 情報通信・交通, スポーツ, 国際
⊞内容⊞広い目配り、見やすい写真と図表、厳選した現代用語集。朝日新聞の第一線記者がニュースのツボがわかりやすく解説。手軽に読み切り。入試小論文、資格試験、就職活動の参考に。

朝日キーワード　2005　朝日新聞社編　朝日新聞社　2005.1　360p　21cm　1000円
①4-02-227705-X　Ⓝ302
⊞目次⊞特集1 イラク／北朝鮮, 特集2 小泉改革, 文化, くらし, 科学・技術, 医療・福祉, 政治, 経済, 社会, 教育, 労働, マスコミ・広告, 環境・国土, 情報通信・交通, スポーツ, 國際
⊞内容⊞広い目配り、見やすい写真と図表、厳選した現代用語集。朝日新聞の第一線記者がニュースのツボをわかりやすく解説。手軽に読みきり。入試小論文、資格試験、就職対策に役立つ。

朝日キーワード　2006　朝日新聞社編　朝日新聞社　2006.1　360p　21cm　1000円

①4-02-227706-8　Ⓝ302
(目次)特集1 小泉改革，特集2 北朝鮮／イラク，文化，くらし，科学・技術，医療・福祉，政治，経済，社会，教育，労働，マスコミ・広告，環境・国土，情報通信・交通，スポーツ，国際
(内容)見やすい写真と図表，幅広いジャンルから厳選した現代用語集。朝日新聞の第一線記者らがニュースのツボをわかりやすく解説。

朝日キーワード 2007　朝日新聞社編　朝日新聞社　2007.1　359p　21cm　1100円　①4-02-227707-7　Ⓝ302
(目次)特集1 安倍政権と改革総仕上げ，特集2 北朝鮮／イラク，文化，くらし，科学・技術，医療・福祉，政治，経済，社会，教育，労働，マスコミ・広告，環境・国土，情報通信・交通，スポーツ，国際
(内容)見やすい写真と図表，幅広いジャンルから厳選した現代用語集。朝日新聞の第一線記者らがニュースのツボをわかりやすく解説。手軽に読めて，入試小論文，就職試験，資格試験対策の決定版。

朝日キーワード 2008　朝日新聞社編　朝日新聞社　2008.1　358p　21cm　1100円　①4-02-227621-6　Ⓝ302
(目次)特集・国政大混乱，文化，くらし，科学・技術，医療・福祉，政治，経済，社会，教育，労働，マスコミ・広告，環境・国土，情報通信・交通，スポーツ，国際
(内容)幅広いジャンルから厳選した現代用語の数々。朝日新聞の第一線記者らがニュースのツボをわかりやすく解説。手軽に読めて役にたつ，入試小論文，就職試験，資格試験対策の決定版。

朝日キーワード 2009→10　朝日新聞出版編　朝日新聞出版　2009.1　358p　21cm　1100円　①4-02-227623-0　Ⓝ302
(目次)特集1 麻生政権発足とねじれ国会，特集2 広がる核の恐怖，文化，くらし，科学・技術，医療・福祉，政治，経済，社会，教育，労働，マスコミ・広告，環境・国土，情報通信・交通，スポーツ，国際
(内容)世界と日本がわかる信頼の1冊!麻生政権発足，ねじれ国会，オバマ米大統領誕生，世界的な金融危機…。朝日新聞の記者が総力を結集して最新ニュースのツボを解説。手軽に読めて役にたつ，入試小論文，就職試験，資格試験対策の決定版。

朝日キーワード 2011　朝日新聞出版編　朝日新聞出版　2010.1　382p　21cm　〈年表あり 索引あり〉　1100円　①978-4-02-227626-1　Ⓝ302
(目次)特集 政権交代，国際，政治，経済，社会，医療・福祉，環境・国土，情報通信・交通，科学・技術，教育，労働，くらし，文化，スポーツ，マスコミ・広告
(内容)鳩山連立政権発足，新型インフルエンザ，オバマ米大統領のプラハ演説…。朝日新聞の記者が総力を結集して最新ニュースのツボを解説。手軽に読めて役に立つ，入試小論文，就職試験，資格試験対策の決定版!「現代キーワード検定」公式テキスト。巻末に「サンプル問題」を一挙収録。

朝日キーワード 2012　朝日新聞出版編　朝日新聞出版　2011.1　358p　21cm　1100円　①978-4-02-227629-2　Ⓝ302
(目次)特集 民主党政権の迷走，国際，政治，経済，社会，医療・福祉，環境・国土，情報通信・交通，科学・技術，教育，労働，文化，くらし，スポーツ，マスコミ・広告
(内容)菅政権発足，普天間移設問題，尖閣沖漁船衝突事件，検察審査会「はやぶさ」帰還，ギリシャ財政危機……朝日新聞の第一線記者が最新ニュースのツボを解説。世の中の仕組みがたちまちわかる入試小論文，就職試験，資格試験対策の決定版。

朝日キーワード 2013　朝日新聞出版編　朝日新聞出版　2012.1　334p　21cm　1100円　①978-4-02-227632-2　Ⓝ302
(目次)特集1 東日本大震災，特集2 福島第一原発事故，特集3「アラブの春」，政治，国際，経済，社会，医療・福祉，情報通信・交通，科学・技術，教育，労働，文化，くらし，スポーツ，マスコミ・広告
(内容)朝日新聞の第一線記者が最新ニュースのツボをわかりやすく解説。入試小論文，就職試験，資格試験対策の決定版。

朝日キーワード 2014　朝日新聞出版編　朝日新聞出版　2013.1　286p　21cm　1100円　①978-4-02-227634-6　Ⓝ302
(目次)特集 原発と震災復興，政治，国際，経済，社会，医療・福祉，環境・国土，科学技術・情報通信，労働，教育，文化・マスコミ，くらし，スポーツ
(内容)自民政権奪回，どうなる脱原発，TPP。朝日新聞の第一線記者が最新ニュースのツボをわかりやすく解説。

朝日キーワード 2015　朝日新聞出版編　朝日新聞出版　2014.1　294p　21cm　1200円　①978-4-02-227636-0　Ⓝ302
(目次)特集 安部政権の今後を読む，特集 原発と震災復興，政治，国際，経済，社会，医療・福祉，環境・国土，科学・技術，情報・通信，労働，教育，文化・マスコミ，くらし，スポーツ

時事用語・現代用語　　　　　　　　語彙

(内容)「自民一強」で日本はこうなる!改憲、集団的自衛権、アベノミクス、消費増税…朝日新聞の一線記者がポイントをわかりやすく解説。

朝日キーワード　2016　朝日新聞出版編
朝日新聞出版　2015.1　286p　21cm　1200円　①978-4-02-227638-4　⑩302
(目次)紛争, 政治, 国際, 経済, 社会, 医療・福祉, 環境・国土, 原発, 科学・技術, 情報・通信, 労働, 教育, 文化・マスコミ, くらし, スポーツ
(内容)創刊32年、日本と世界の「いま」がわかる。集団的自衛権、消費増税先送り、イスラム国、ウクライナ紛争…朝日新聞の一線記者が現代社会をわかりやすく解説。

朝日キーワード　2017　朝日新聞出版編
朝日新聞出版　2016.1　286p　21cm　1200円　①978-4-02-227640-7　⑩302
(目次)特集 安保法制, 政治, 国際, 経済, 社会, 医療・福祉, 環境・国土, 科学・技術, 情報・通信, 労働, 教育, 文化・マスコミ, くらし, スポーツ
(内容)集団的自衛権と安保法制、「イスラム国」、TTP発効へ…朝日新聞の一線記者が現代社会をわかりやすく解説。入試小論文、就職試験、資格試験対策の決定版!

imidas　情報・知識　1990　集英社　1990.1　1632p　26cm　〈付（別冊 110p)：最新日本地図1990〉　2060円　⑩813.7

imidas　情報・知識　1991　集英社　1991.1　1632p　26cm　〈別冊(107p)：人体アトラス〉　2300円　⑩813.7
(目次)経済, 産業, 国際関係, 日本政治, エリア・スタディ, ハイテクノロジー, 情報科学, 地球科学, ライフサイエンス, 基礎科学, 文化, スポーツ, 社会, 生活

imidas　情報・知識　1992　集英社　1992.1　1598p　26cm　〈付（別冊125p)：環境新時代の宇宙・地球アトラス〉　2300円　⑩813.7

imidas　情報・知識　1993　集英社　1993.1　1582p　26cm　〈付(別冊397p 19cm)：最新版外来語・略語辞典〉　2500円　⑩813.7

imidas　情報・知識　1994　集英社　1994.1　1502p　26cm　〈付(別冊409p 19cm)：新・漢字用例辞典〉　2500円　⑩813.7

imidas　情報・知識　1995　集英社　1995.1　1549p　26cm　〈付(別冊238p 19cm)：データブック日本'95〉　2500円　⑩813.7

imidas　情報・知識　1996　集英社　1996.1　1538p　26cm　〈付属資料：240p (19cm)：アジア＆ワールド・データブック〉　2427円　⑩813.7

imidas　情報・知識　1997　集英社　1997.1　1506p　26cm　〈付（別冊437p 19cm)：カタカナ語・欧文略語辞典〉　2600円　⑩813.7

imidas　情報・知識　1998　集英社　1998.1　1549p　26cm　〈付属資料：128p：スーパーマップ, CD-ROM1枚(12cm)〉　2571円　①4-08-100012-3　⑩813.7
(内容)現代におけるあらゆる分野の最先端を総合展望。全ページ横組みの新編集。別冊付録は世界と日本のテーマ地図やデータの冊子と、カタカナ語等のCD-ROM。

imidas　情報・知識　1999　集英社　1999.1　1532p　26cm　〈付属資料：「地球コミュニケーション時代の最新英語雑学事典」〉　2524円　①4-08-100013-1　⑩813.7
(目次)巻頭カラー特集(日本は沈んだか、ユーロと円)、経済・産業、日本政治・国際関係、社会生活・健康、コンピューター・科学技術, 文化・スポーツ, 世相・データファイル
(内容)現代の最新情報・知識を分野別、項目ごとに解説した事典。とじ込み付録として「ビジュアル年表20世紀」、別冊付録として「地球コミュニケーション時代の最新英語雑学事典」がある。分野別索引、主なデータと図表リスト、アルファベット略語索引、項目索引、分野別小見出し索引付き。

imidas　情報・知識　2000　集英社　2000.1　1510p　26cm　〈付属資料：CD-ROM1〉　2524円　①4-08-100014-X　⑩813.7
(目次)立体特集・21世紀、新しい価値観が生まれる、経済・産業、日本政治・国際関係、社会生活・健康、コンピューター・科学技術, 文化・スポーツ, 世相・データファイル
(内容)現代の最新情報・知識を分野別、項目ごとに解説した事典。分野別索引、主なデータと図表リスト、アルファベット略語索引、項目索引、分野別小見出し索引付き。別冊付録として「2000年ワールド・アトラス」、CD-ROMがある。

imidas　情報・知識　2001　集英社　2001.1　1522p　26cm　2524円　①4-08-100015-8　⑩813.7
(目次)立体特集 21世紀、世界からの提言, 経済・産業, 日本政治・国際関係, 社会生活・健康, サイエンス・テクノロジー, 文化・スポーツ, 世相・データファイル
(内容)現代の最新情報・知識を分野別、項目ごとに解説した事典。分野別索引、主なデータと

語彙　　　時事用語・現代用語

図表リスト，アルファベット略語索引，項目索引，分野別索引付き．別冊付録として「世界史アトラス」，CD-ROMがある．

imidas　情報・知識　2002　集英社　2002.1　1502p　26cm　〈付属資料：CD-ROM1〉　2524円　Ⓓ4-08-100016-6　Ⓝ813.7

⦅目次⦆巻頭特集・ゲノム新時代の生命観，カラー特集・改革と再編／グローバル・テロ時代の新たな国際緊張，特集・2002FIFAワールドカップKorea Japan，分野別図版特集・国際比較・日本の位置，キーワード特集・2002年の重要語1000，経済／産業，日本政治／国際関係／エリア・スタディ，社会生活，医学／健康，ハイテクノロジー，自然科学，技術社会，文化／芸術，ホビー／スポーツ，世相，データファイル

⦅内容⦆現代の最新情報・知識を分野別，項目ごとに解説した事典．6の大分野，約150の小分野に分類して項目別解説する．「らん外ミニ情報」には知っていると役に立つ豆知識をテーマ別に掲載する．別冊付録「IT用語／カタカナ・略語辞典」には，最新ITキーワード5000語を含む16000語を収録．特別付録CD-ROM「ROM-das'02」には，世界史総合年表，20世紀年表，20世紀テーマ年表，国と地域のデータ，imidas Who's Who20世紀を創った人びと，カタカナ語・欧文略語辞典，英語雑学辞典，アメリカ新語辞典を収録する．

imidas　情報・知識　2003　集英社　2003.1　2冊（別冊とも）　26cm　〈別冊付録（260p）：世界情報アトラス〉　2381円　Ⓓ4-08-100017-4　Ⓝ813.7

⦅目次⦆巻頭特集・日本システム大再編へ，カラー特集・生命科学のフロンティア，サイエンス・テクノロジー，日本政治・国際関係，経済・産業，社会生活・健康，文化・スポーツ，世相・データファイル，カタカナ語・欧文略語

⦅内容⦆現代の最新情報・知識を分野別，項目ごとに解説した事典．別冊付録として「世界情報アトラス」がある．分野別索引，主なデータと図表リスト，アルファベット略語索引，項目索引，分野別小見出し索引付き．

imidas　圧倒する情報力　2004　集英社　2004.1　1490p　26cm　〈付属資料：別冊2〉　2524円　Ⓓ4-08-100018-2　Ⓝ813.7

⦅目次⦆各国情勢，国際関係，日本政治，経済，産業，情報通信，先端テクノロジー，地球と環境，ゼネラル・サイエンス，医学／健康，社会，暮らし，文化，スポーツ

⦅内容⦆全体を14のジャンルに分け，さらに143の小分野に分類．項目別に図版や写真を交え詳しく解説した用語事典．収録語数は約2万2千語．五十音順の項目索引とアルファベット略語索引を備える．付録にビジネスや生活に役立つ「イミダス手帳」と「最新マナー55」の別冊が付く．

imidas　情報を知識に変える　2005　集英社　2005.1　1392p　26cm　〈付属資料：別冊1〉　2524円　Ⓓ4-08-100019-0　Ⓝ813.7

⦅目次⦆巻頭カラー・imidas viewpoint2005—今と未来を読み解くイミダスの眼，経済，産業，各国情勢，国際関係，日本政治，社会，暮らし，医学／健康，先端テクノロジー，地球と環境，ゼネラル・サイエンス，情報通信，文化，スポーツ

⦅内容⦆収録語数22,000語．14の大分野を，さらに約140の小分野に分類して，項目別に詳しく解説．また，「慣用句1500」「トラベル英会話300」をらん外で特集．付録にビジネス，暮らしに役立つ「'05年版イミダス手帳」と「暮らしのお金の本」の別冊が付く．

imidas　最新キーワード事典　2006　集英社　2006.1　1332p　26cm　〈付属資料：別冊1，手帳1〉　2429円　Ⓓ4-08-100020-4　Ⓝ813.7

⦅目次⦆経済，産業，日本政治，各国情勢，国際関係，社会生活，健康，サイエンス，テクノロジー，文化，ホビー，スポーツ

⦅内容⦆知ってそうで知らない話題の言葉から，知識を深める専門用語まで．時代を読み解くキーワードを幅広く網羅．あらゆる分野の最先端を総合展望するため，約200名の専門家によって，分野別に執筆．大分野を，さらに約150の小分野に分類して，項目別に詳しく解説する．また，「漢字力をつける熟語1000」をらん外特集．

imidas　最新キーワード事典　2007　集英社　2007.1　1334p　26cm　〈付属資料：別冊1，手帳1〉　2524円　Ⓓ4-08-100021-2　Ⓝ813.7

⦅目次⦆経済，産業，各国情勢，国際関係，日本政治，社会生活，健康，テクノロジー，サイエンス，文化，ホビー，スポーツ

⦅内容⦆全体12の大分野，さらに142分野に分け項目別に詳しく解説した最新キーワード事典．解説項目は17000項目．巻頭に五十音順の項目索引，アルファベット略語索引，大増補改訂したカタカナ語・欧文略語が付く．

現代キーワード事典　1991　現代トレンド　研究会編　リクルート出版　1990.4　207p　21cm　900円　Ⓓ4-88991-183-9　Ⓝ814.7

⦅目次⦆国際，政治，経済，産業，科学，社会，文化

⦅内容⦆現代はまさにキーワードの時代ともいえるのではないだろうか．すなわち大量の情報からトレンドの核となる，いわば情報のエッセンスたる言葉を選びだし，さらにそれを手段に自

時事用語・現代用語　　　　　　　　語彙

らの意思と立場から情報を読み解き、時代を分析、判断していく。本書はそこで、最近のトレンドを現わすのに言葉の羅列とその解説を行う方法はとらず、ある事象や動向の推移と、よって来る背景を捕捉し展望を記述するなかで、キーワードを指示していくことにした。

現代用語学習事典　上級編　現代用語学習研究会編　パテント社　1996.5　233p　18cm　〈空とぶくじらブックス〉　1200円　①4-89357-036-6

〔内容〕現代用語を解説した新書版サイズの事典。上級編は高校生から一般向け。現代用語能力検定試験に対応している。見出し語を五十音順に排列し関連事項も含めて解説。巻末に五十音順の用語索引がある。

現代用語の基礎知識　1990　自由国民社
1990.1　2冊（別冊共）　26cm　〈別冊（95p），にっぽん流行白書〉　2060円　⑩813.7

〔内容〕本書に集めた用語は内外の政治・経済・産業の動きを理解するために必要な時事語、今日の文化・科学を理解するために必要な学術常識語、現代生活の常識として知っておきたい風俗語・流行語、国際化が進展するなかでマスコミ等で使用される外来語・略語。以上の基準をもとに選ばれたものである。各種の常識試験に出てきそうな各分野の新語はもちろん、あるいは専門的な用語であっても現代人の常識・知識として必要な用語は、ほぼ完全に収録した。

現代用語の基礎知識　1991　自由国民社
1991.1　1400p　26cm　〈別冊（104p）：世界ニュース歴史地図〉　2300円　⑩813.7

〔目次〕日本のいまを読む，国際関係，政治・外交・法律，経済・産業・経営・労働，情報・通信，サイエンス・テクノロジー，社会／生活，メディカル，文化・芸術，風俗・流行，スポーツ・レジャー，外来語・略語

現代用語の基礎知識　1992　自由国民社
1992.1　2冊　26cm　〈別冊（133p）：キーワード・ウォッチング日本 1948～1992〉　2300円　⑩813.7

〔内容〕本書に集めた用語は、内外の政治・経済・産業の動きを理解するために必要な時事語、今日の文化・科学を理解するために必要な学術常識語、現代生活の常識として知っておきたい風俗語・流行語、国際化が進展するなかでマスコミ等で使用される外来語・略語。以上の基準をもとに選ばれたものである。各種の常識試験に出てきそうな各分野の新語はもちろん、あるいは専門的な用語であっても現代人の常識・知識として必要な用語をはほぼ完全に収録した。

現代用語の基礎知識　1993　自由国民社
1993.1　1400p　26cm　〈別冊（116p）：世界ニュース・ダイジェスト〉　2500円　⑩813.7

〔目次〕国際関係，政治・外交・法律，経済・産業・経営・労働，情報・通信，サイエンス・テクノロジー，社会・生活，メディカル（健康・医療），風俗・流行，文化・芸術，スポーツ・レジャー，外来語・略語

現代用語の基礎知識　1994　自由国民社
1994.1　1412p　26cm　〈別冊：テレビ年表〉　2500円　⑩813.7

〔目次〕巻頭特集（保守合同から'93年新体制まで，「宇宙工場」時代の幕開け），国際関係，政治・外交・法律，経済・産業・経営・労働，情報・通信，サイエンス・テクノロジー，社会／生活，メディカル（健康・医療），風俗・流行，文化・芸術，スポーツ・レジャー，外来語・略語

現代用語の基礎知識　1995　自由国民社
1995.1　1420p　26cm　〈別冊：日本語常識実用事典〉　2500円　⑩813.7

〔内容〕時事語、学術常識語、風俗語・流行語、外来語・略語を収録した現代用語事典。10部門156ジャンルに大別、その中に中項目を設けた分類順編集。他に人物ファイル95、まんが特集などがあり、欄外には2行話題学を掲載する。巻頭に逆引きの要素を加えた全用語索引を付す。

現代用語の基礎知識　1996　自由国民社
1996.1　1528p　26cm　2500円　⑩813.7

〔内容〕時事用語、学術常識語、風俗・流行語、外来語・略語等の「現代用語」をジャンル別に解説した事典。特集「都市型震災とその防災を考える」ほかを掲載。巻末に「外来語最新事典'96」を収録。巻頭に五十音順の全用語索引、略語索引がある。

現代用語の基礎知識　1997　自由国民社
1997.1　2冊（別冊付録とも）　26cm　〈別冊付録（288p 19cm）：生活基本情報事典〉　2524円　①4-426-10115-8　⑩813.7

現代用語の基礎知識　1998　自由国民社
1998.1　3冊（別冊とも）　26cm　〈別冊（2冊）：現代用語20世紀事典、「現代用語の基礎知識」創刊号復刻版〉　2524円　①4-426-10116-6　⑩813.7

〔内容〕日本の各界の常用語を収録する。50周年を記念して、地雷撤去キャンペーンに協賛。インターネット、冷戦後の世界、外来語などを特集。別冊付録は、現代用語20世紀事典。予約者記念品は創刊号復刻版。

現代用語の基礎知識　1999　自由国民社
1999.1　1461p　26cm　2524円　①4-426-10117-4　⑩813.7

〔目次〕環境，経済・経営，情報・産業，国際情

語彙　　　　　　　　　時事用語・現代用語

勢，政治，社会・生活，健康・医療，科学・技術，風俗・流行，文化・芸術，スポーツ・趣味
(内容)時事用語，学術常識用語，風俗語・流行語など，現代人の常識・知識として必要な用語を解説した事典。環境，国際情勢など11分野148項目に大別し配列。特集として，NPOや環境ホルモンなど88ページの「環境特集」，20世紀・回顧と展望，最新カタカナ・外来語事典がある。50音順索引，ABC索引，キーワード索引付き。別冊付録として最新日本語活用事典付き。

現代用語の基礎知識　2000　自由国民社
　2000.1　1433p　26cm　〈付属資料：別冊1〉　2524円　①4-426-10118-2　⑩813.7
(目次)地球，新世紀へ，特集 日本の課題どうするどうなる21世紀，新設分野，国際情勢，政治，情報・産業，経済，経営，社会・生活，健康・医療，文化・芸術，風俗・流行，科学・技術，スポーツ・趣味
(内容)時事用語，学術常識用語，風俗語・流行語などの現代的な用語を解説した事典。国際情勢など150項目に分類して用語を掲載・解説する。五十音順索引，ABC索引，キーワード索引付き。別冊付録として「世界事典」がある。

現代用語の基礎知識　2001　自由国民社
　2001.1　1472p　26cm　〈付属資料：別冊1〉　2524円　①4-426-10119-0　⑩813.7
(目次)特集，経済，産業，経営，政治，国際情勢，各国事情，情報・メディア，科学・技術，社会とくらし，医療・健康，文化・芸術，風俗・流行，スポーツ・レジャー
(内容)時事用語，学術常識用語，風俗語・流行語など，現代人の常識として必要な用語を解説した事典。環境，国際情勢など144項目に大別し排列。五十音順索引，ABC索引，キーワード索引付き。別冊付録として「NPO NGOガイド」付き。

現代用語の基礎知識　2002　自由国民社
　2002.1　1,523p　26cm　〈別冊付録：いまが読める人物ファイル〉　2524円　①4-426-10120-4　⑩813.7
(目次)巻頭カラー特集，経済，政治，国際情勢，各国事情，情報・メディア，科学・技術，社会とくらし，医療と健康，文化・芸術，風俗・流行（イエローページ），スポーツ・レジャー
(内容)流行語・新語を始めとする時事用語から専門的な学術用語まで，現代人の常識・知識として必要なキーワードを解説した事典。社会とくらし，国際情勢など分野ごとに用語を排列。五十音順索引，ABC索引，キーワード索引付き。別冊付録は「いまが読める人物ファイル」。

現代用語の基礎知識　2003　自由国民社
　2003.1　2冊（別冊付録とも）　26cm　〈付属資料：192p（19cm）：特別付録・創刊号復刻版別冊付録（192p）：ニッポン風俗・芸能グラフティ〉　2333円　①4-426-10121-2　⑩813.7
(目次)55周年記念特集，巻頭カラー特集，経済，産業，経営，政治，国際情勢，各国事情，情報・メディア，科学・技術，社会とくらし，医療・健康，文化・芸術，風俗・流行（イエローページ），スポーツ・レジャー
(内容)時事用語，学術常識用語，風俗語・流行語など，現代人の常識・知識として必要な用語を解説した事典。50音順索引，略語索引，キーワード索引付。別冊付録に「ニッポン風俗・芸能グラフィティ」が付く。

現代用語の基礎知識　2004　自由国民社
　2004.1　1383p　26cm　〈付属資料：別冊1〉　2476円　①4-426-10122-0　⑩813.7
(目次)経済，産業，経営，政治，国際情勢，各国情勢，情報・メディア，科学・技術，社会とくらし，医療・健康，文化・芸術，風俗・流行，スポーツ・レジャー
(内容)現代人の常識・知識として必要な時事用語，学術用語，風俗語・流行語，外来語・略語などのさまざまな分野の用語を解説した事典。全体をジャンル別に138に大別，さらに中項目を設け全ての用語を前後の脈絡のつくように配列。五十音順の索引，アルファベット順索引，巻末に最新カタカナ・外来語／略語辞典が付く。

現代用語の基礎知識　2005　自由国民社
　2005.1　1472p　21cm　〈付属資料：別冊1〉　2286円　①4-426-10123-9　⑩813.7
(目次)ハイライト，経済用語，産業と経営用語，政治と法律用語，国際情勢用語，各国事情用語，情報とメディア用語，科学と技術用語，医療と健康用語，社会とくらし用語，趣味・ホビー用語，文化と芸術用語，流行とことば，スポーツ用語
(内容)国語辞典に載らない未確定のことば，百科辞典に載らない詳細なことば，トリビアも収録する年版用語事典。全275ジャンル，用語数約42000語。各ジャンル最新語・注目語集（タテ組）と基礎語集（ヨコ組）の2本立てでレイアウトをリニューアルしたA版と，国語辞典，百科事典にもない活きた現場のコトバで綴った新感覚の用語事典の別冊付録B版で構成。巻末にカタカナ・外来語年鑑2005年が付く。

現代用語の基礎知識　2006　自由国民社
　2006.1　1697p　21cm　2286円　①4-426-10124-7　⑩813.7
(目次)国際情勢，各国事情，政治と法律，経済，経営，産業，情報とメディア，技術，科学，医

日本語レファレンスブック　151

療と健康，社会問題，くらし，趣味とホビー，文化，流行とことば，スポーツ，カタカナ・外来語／略語辞典，生活スタイル事典

(内容)「急激に変化してゆく国内外の情勢のみならず，身近なくらしのなかにある"今"についても余すところなく収集する」という方針のもとに編集。ジャンル数の確保と守備範囲の拡大，「人力検索サイト はてな」との提携によるウェブ系等用語の収集・掲載「ことばの再定義」等ニュアンス解説を重視。2005をまとめ，2006をよみとく，新語と専門語，基礎用語とトリビアの事典。全283ジャンル，35000語解説。

現代用語の基礎知識　2007　自由国民社
2007.1　1698p　21cm　〈付属資料：別冊1〉　2381円　⓸4-426-10125-5　Ⓝ813.7

(目次)国際情勢，各国事情，政治と法律，経済，経営，産業，情報とメディア，技術，科学，医療と健康，社会問題，くらし，趣味とホビー，文化，流行とことば，スポーツ，最新カタカナ・略語辞典

(内容)新語と専門語，基礎語，知っておきたい基礎用語から「えっ」と驚くトリビア・最新流行語まで。全283ジャンル・35000語＋ビジュアル図版多数収録，全用語索引が付く。別冊付録「マナーと常識事典」付。

現代用語の基礎知識　2008　自由国民社
2008.1　2冊（別冊付録とも）　21cm　〈別冊付録（128p）：12ヶ月のきまりごと歳時記〉　2667円　⓸978-4-426-10126-8　Ⓝ813.7

(目次)国際情勢，各国事情，政治，経済，経営，産業，情報・メディア，技術，科学，医療・健康，社会，くらし，趣味・余暇，文化，スポーツ，時代・流行，世の中ペディア，巻末特集，外来語大全

(内容)時代の混迷を解くキーワードはこの中に必ずある。注目の事象，流行現象の核心が読める日本で唯一の新語事典。選りすぐりの新語・重要語を収録。別冊付録『12か月のきまりごと歳時記 五感でたのしむ季節の事典』付。

現代用語の基礎知識　2009　自由国民社
2009.1　2冊（別冊付録とも）　21cm　〈別冊付録（128p）：世界の国と人びと学習帳〉　2838円　⓸978-4-426-10127-5　Ⓝ813.7

(目次)特集，政治，経済，経営・産業，国際情勢，各国事情，情報・メディア，科学・技術，医療・健康，社会，くらし，趣味・余暇，文化，スポーツ，時代・流行，世の中ペディア，外来語，カタカナ語

(内容)注目の事象，流行現象の核心が読める！ 複雑をきわめる「現代」を読み解くための2大巻頭特集に，「世界」を読むための別冊付録もプラス。日本で唯一の新語・新知識事典。

現代用語の基礎知識　2010　自由国民社
2010.1　1731p　21cm　2838円　⓸978-4-426-10128-2　Ⓝ813.7

(内容)現代を知るための最新用語を解説する新語・新知識事典。2010年版では，文字を大きくし，カラーページが増加している。「ワイド特集」今日の論点―政権交代から草食系男子まで，「綴込付録」人物で読む・昭和＆平成年表，世相フラッシュ，やくみつるの「政権交代」を斬る，特集／2010年代の新・常識も掲載する。

現代用語の基礎知識　2011　自由国民社
2011.1　1683p　21cm　〈索引あり〉　2838円　⓸978-4-426-10129-9　Ⓝ813.7

(目次)ワイド特集 今日の論点（政治，世界，経済，科学，産業，環境，社会，文化），カラー特集（やくみつるの世相フラッシュ―あいかわらず騒がしいニッポンでした…。，子どもたちの目に写る世界―カメラを手にした子どもの目がとらえた世界の姿，カタロペディア ことばのビジュアル百科，新語・流行語だじゃれグランプリ！―今年の新語・流行語をだじゃれにして笑い飛ばそう！），用語 ジャンル別用語の解説―全128の分野から現代が読める用語集（国際情勢，各国事情，政治，経済，経営・産業，情報・メディア，科学・技術，環境，医療・健康，社会，くらし，文化，スポーツ，趣味・余暇，時代・流行），特集用語解説（流行観測，家族の変容，社会風俗，世相・発言，子ども文化，日本語事情，愛国心の現在），綴込付録 ニュースのおさらい―「どうした」「そもそも」「どうなる」の3段階でニュースが読める！，巻末 外来語―現代外来語カタカナ語年鑑

(内容)どんなできごとが世界を騒がせているのか。いまどんな流行が生み出されているのか。時代を見通す27000ワード一挙収録。

現代用語の基礎知識　2012　自由国民社
2012.1　1587p　21cm　2838円　⓸978-4-426-10130-5　Ⓝ813.7

(目次)特集 3・11からの再生，アラブの春 ジャスミン革命から中東世界を読む用語集，日本外交 帝国主義時代のような「食うか，食われるか」の用語集，国際情勢，各国事情，政治，経済，経営・産業，情報・メディア，科学・技術，環境，医療・健康，社会，くらし，文化，スポーツ，趣味・余暇，時代・流行，外来語，付録（ニュースのおさらい―「どうした／そもそも／どうなる」の3ステップで気になるニュースをはじめから理解します！，人物ペディア―この1年の話題の人々から読む世相の風景）

(内容)震災，原発不安，金融危機。差し迫る状況を受けとめ，明日を見据えるための27000ワード。

現代用語の基礎知識　2013　自由国民社

2013.1　1595p　21cm　〈他言語標題： Encyclopedia of contemporary words　索引あり〉　2838円　Ⓘ978-4-426-10131-2　Ⓝ813.7

⊟(目次)特集 3・11後、この国の選択、もんじゅ君とまなぶ! 原発・放射能・自然エネルギー 15のQ&A、環境、政治、国際情勢、各国事情、経済、経営・産業、情報・通信、科学・技術、医療・健康、社会、くらし、文化、スポーツ、趣味、時代・流行、外来語

⊟(内容)経済混迷、政局迷走、原発深憂。差し迫る状況に向き合い、明日を見据えるための1600ページ。

現代用語の基礎知識　2014　自由国民社
2014.1　1579p　21cm　〈他言語標題：The Encyclopedia of contemporary words　付属資料：74p：流行語大賞30周年　索引あり〉　2838円　Ⓘ978-4-426-10132-9　Ⓝ813.7

⊟(目次)特集 日本国憲法を考えるために、政治、国際情勢、各国事情、経済、経営・産業、情報・通信、科学・技術、環境、医療・健康、社会、くらし、文化、スポーツ、趣味、時代・流行、外来語

⊟(内容)差し迫る時代の状況を受けとめ、明日を見据えるための1660ページ。

現代用語の基礎知識　2014　大字版　自由国民社　2014.1　1579p　26cm　〈他言語標題：The Encyclopedia of contemporary words　付属資料：74p：流行語大賞30周年　索引あり〉　3619円　Ⓘ978-4-426-10142-8　Ⓝ813.7

⊟(内容)政治、国際情勢、経済、時代・流行などのジャンル別に、知っておきたい現代用語を解説。「日本国憲法を考えるために」を特集する。綴込付録「ニュースのおさらい」付き。大字版。

現代用語の基礎知識　2015　自由国民社
2015.1　1484p　21cm　〈他言語標題：THE ENCYCLOPEDIA OF CONTEMPORARY WORDS　索引あり〉　2900円　Ⓘ978-4-426-10133-6　Ⓝ813.7

⊟(内容)政治、国際情勢、経済、時代・流行などのジャンル別に、知っておきたい現代用語を解説。「この国の風景を守りたい。」を特集するほか、「日本の世界遺産、無形文化遺産」なども収録。綴込付録「ニュースのおさらい」付き。

現代用語の基礎知識　2015　大字版　自由国民社　2015.1　1484p　26cm　〈他言語標題：THE ENCYCLOPEDIA OF CONTEMPORARY WORDS　索引あり〉　3800円　Ⓘ978-4-426-10143-5　Ⓝ813.7

⊟(内容)政治、国際情勢、経済、時代・流行などのジャンル別に、知っておきたい現代用語を解説。「この国の風景を守りたい。」を特集する。綴込付録「ニュースのおさらい」付き。大字版。

現代用語の基礎知識　2016　自由国民社
2016.1　1444p　22cm　〈他言語標題：THE YEAR BOOK OF THE CONTEMPORARY SOCIETY　索引あり〉　2900円　Ⓘ978-4-426-10134-3　Ⓝ813.7

⊟(目次)特集 2015年を忘れないために、政治、国際情勢、各国事情、経済、経営・産業、情報・通信、科学・技術、医療・健康、社会、くらし、文化、趣味、スポーツ、時代・流行、全用語索引

⊟(内容)外交、防衛、労働、農林、原子力から、地震・火山、建築、女子、若者、ゲームまで。118のジャンルから現代社会の"今"を捉える日本でたったひとつの新語・新知識年鑑。

現代用語の基礎知識　2016　大字版　自由国民社　2016.1　1444p　26cm　〈他言語標題：THE YEAR BOOK OF THE CONTEMPORARY SOCIETY　索引あり〉　3800円　Ⓘ978-4-426-10144-2　Ⓝ813.7

⊟(内容)政治、国際情勢、経済、時代・流行などのジャンル別に、知っておきたい現代用語を解説する。「2015年を忘れないために」を特集するほか、ニュースのおさらいも掲載。大字版。

最新 最強の時事用語　2006年版　成美堂出版編集部編　成美堂出版　2004.12　271p　21cm　〈「最新時事用語」の改題〉　1200円　Ⓘ4-415-02851-9　Ⓝ031

⊟(目次)政治、経済、産業、金融、技術・通信、国際情勢、自然・環境、社会・生活、文化・歴史、スポーツ・芸能、情報の集め方

⊟(内容)厳選した最新の時事用語400語を分野別に収録。用語の概要や簡単な解説のほか、背景や経緯、最新情報や付加関連情報を記載。50音順のさくいんの他に、志望業界別のキーワードインデックスが付く。2006年版

最新 最強の時事用語　'07年版　成美堂出版編集部編　成美堂出版　2005.9　271p　21cm　〈「最新時事用語」の改題〉　1200円　Ⓘ4-415-20087-7　Ⓝ031

⊟(目次)政治、経済、産業、金融、技術・通信、国際情勢、自然・環境、社会・生活、文化・歴史、スポーツ・芸能、情報の集め方

⊟(内容)就職活動に必要な最新時事用語を、ジャンル別に整理・解説した試験対策用語集。巻末には、新聞の読み方やインターネットを使った情報収集などについてもまとめる。志望業界別キーワードインデックスつき。2007年版。

最新 時事用語　2001年版　成美堂出版編集部編　成美堂出版　1999.11　255p　21cm

時事用語・現代用語　　　　　語彙

1200円　④4-415-00892-5　⑩031

(目次)政治，経済，産業，金融，技術・通信，国際情勢，自然・環境，社会・生活，文化・歴史，スポーツ・芸能，情報の集め方

(内容)就職活動をする上で，必要と思われる時事用語を収録した事典。巻頭に総合索引，巻末に志望業界別・キーワードインデックスがある。

最新 時事用語　2002年版　成美堂出版編集部編　成美堂出版　2000.11　255p　21cm　1200円　④4-415-01479-8　⑩031

(目次)政治，経済，産業，金融，技術・通信，国際情勢，自然・環境，社会・生活，文化歴史，スポーツ・芸能，情報の集め方

(内容)本書は，就職活動をする上で，必要と思われる時事用語を，簡単に整理できるようにまとめています。基礎知識をチェックして，最新情報を新聞やテレビ・ラジオから入手してください。新聞の読み方やインターネットを使った情報収集などについても，巻末にまとめています。

最新 時事用語　2003年版　成美堂出版編集部編　成美堂出版　2001.10　255p　21cm　1200円　④4-415-01811-4　⑩814.7

(目次)政治，経済，産業，金融，技術・通信，国際情勢，自然・環境，社会・生活，文化・歴史，スポーツ・芸能，情報の集め方

(内容)就職試験対策の時事用語集。時事用語をジャンル別に整理・解説し，検索性向上のためインデックスと簡易解説を付加してまとめた。2001年8月現在の事項を掲載。五十音順索引付き。

最新 時事用語　2004年版　成美堂出版編集部編　成美堂出版　2002.10　255p　21cm　1200円　④4-415-02134-4

(目次)政府，経済，産業，金融，技術・通信，国際情勢，自然・環境，社会・生活，文化・歴史，スポーツ・芸能，情報の集め方

(内容)本書は，みなさんが就職活動をする上で，必要と思われる時事用語をまとめている。

最新 時事用語　2005年版　成美堂出版編集部編　成美堂出版　2003.11　271p　21cm　1200円　④4-415-02458-0

(目次)政治，経済，産業，金融，技術・通信，国際情勢，自然・環境，社会・生活，文化・歴史，スポーツ・芸能，情報の集め方

(内容)時事用語約400語を分野別にまとめて解説した最新用語集。見出し語，概要や背景，経緯などを簡潔に解説。50音順のさくいんと志望業界別のキーワードインデックスが付く。

最新 時事用語事典　就職試験・ビジネス常識に必須　池田書店編集部編　池田書店

1997.11　351p　21cm　1400円　④4-262-15166-2　⑩031

(目次)国際情勢(国際政治，軍備・軍縮・平和 ほか)，政治・外交・防衛(選挙，政党 ほか)，経済(日本経済，世界経済 ほか)，社会・生活(都市・交通，住宅・土地 ほか)，環境(地球環境，公害・ごみ，自然，自然災害)，産業(現代産業，エネルギー産業 ほか)，科学・医学(基礎科学，宇宙 ほか)，情報通信(インターネット，コンピュータ技術 ほか)，文化・スポーツ(マスメディア，音楽 ほか)，ABC略語，'97〜'96年最新ニュース

(内容)最新の時事用語を9分野，61の項目に分けて収録した事典。巻末に収録語の五十音順索引が付く。

最新版 新聞によく出る用語事典　この1冊であらゆる情報がわかる!　花田久徳著　三笠書房　1998.10　389p　15cm　(知的生きかた文庫)　752円　④4-8379-0989-2　⑩031

(目次)第1章 政治用語—今までの流れ，これからの流れ，第2章 経済用語—経済のしくみ・現状はどうなっているのか?，第3章 国際関係—世界の動向を知るキーワード，第4章 金融・証券用語—金融市場はこれからどうなる?，第5章 産業用語—科学技術・ビジネスの最新情報は?，第6章 社会・文化関連—生活・社会はどう変わる?

(内容)ブリッジバンク，ASEAN自由貿易圏，デリバティブ，プルサーマル，環境ホルモンなど，新聞によく出る時事用語を解説した事典。索引，略語索引，略語集付き。

時事ニュースワード　1993-1994　時事通信社編　時事通信社　1993.6　282p　21cm　2000円　④4-7887-6193-9　⑩031

(目次)国際情勢，政治，経済・労働，科学・情報，環境，くらし・医療，教育，社会，文化，スポーツ

(内容)時代を読み切ることば，就職試験に必要なキーワード等を分野別に収録した時事用語辞典。

時事ニュースワード　1994-1995　時事通信社編　時事通信社　1994.3　298p　21cm　1800円　④4-7887-6194-7　⑩031

(目次)国際情勢，政治・地方自治，経済・労働，科学・情報，地球・環境，社会，くらし・医療，教育，文化，スポーツ

(内容)時事問題のキーワードを解説した事典。国際情勢・政治・経済・文化など分野別に排列し，1項目1ページで解説。時事問題を理解する上での基本的な用語は各章末にまとめて解説する。巻末に人物情報・欧文略語を収録，五十音順索引を付す。

時事ニュースワード　1995-1996　最新情

報がわかる基礎用語集　時事通信社編　時事通信社　1995.3　326p　21cm　1300円　ⓘ4-7887-6195-5　Ⓝ031.8

(目次)国際情勢，政治・地方自治，経済・労働，科学・情報，地球・環境，社会，くらし・医療，教育，文化，スポーツ

(内容)時事問題のキーワードを解説した事典。国際情勢・政治・経済・文化など分野別に排列し，1項目1ページで解説。さらに，時事問題を理解する上での基本的な用語を各章末にまとめて解説する。巻末に人物情報・欧文略語を収録，五十音順索引を付す。

時事ニュースワード　1996-1997　最新情報の論点がわかる基礎用語集　時事通信社編著　時事通信社　1996.3　357p　21cm　1200円　ⓘ4-7887-9608-2　Ⓝ031.8

(目次)国際情勢，政治・地方自治，経済・労働，情報，科学，地球・環境，社会，くらし・医療，教育，スポーツ，文化

(内容)時事問題のキーワード193項目を解説した事典。国際情勢・政治・経済・文化など分野別に章立てし，1項目1ページで解説。さらに，時事問題を理解する上での基本的な用語を各章末にまとめて解説する。巻末に人物情報・欧文略語を収録，五十音順索引を付す。

時事ニュースワード　1997-1998　最新情報の論点がわかる基礎用語集　時事通信社編著　時事通信社　1997.2　358p　21cm　1165円　ⓘ4-7887-9705-4　Ⓝ031.8

(目次)国際情勢，政治・地方自治，経済・労働，情報・通信，科学，地球・環境，社会・医療，教育，スポーツ，文化

(内容)国際情勢や政治・地方自治，科学，文化など11ジャンルから，重要なキーワードを選び，テーマ別に分け，その背景などをわかりやすく簡潔に説明した用語事典。巻末には，人物情報パック、Key Topics'96～'97、欧文略語、索引を付す。

時事ニュースワード　1998-1999　時事通信社編著　時事通信社　1998.2　351p　21cm　1100円　ⓘ4-7887-9803-4　Ⓝ031.8

(目次)国際情勢，政治・地方自治，経済・労働，情報・通信，科学，地球・環境，社会，くらし・医療，教育，スポーツ，文化

(内容)「日米防衛協力新ガイドライン」からゲームの「たまごっち」まで現代の動きを読み取るための最新キーワード集。170のキーワードを11分野に分けて解説したほか，分野ごとに関連分野の基本用語が付く。

時事ニュースワード　1999-2000　最新情報の論点がわかる基礎用語集　時事通信社編著　時事通信社　1999.2　390p　21cm　1100円　ⓘ4-7887-9900-6　Ⓝ031.8

(目次)国際情勢，政治・地方自治，経済・労働，情報・通信，科学，地球・環境，社会・医療，教育，スポーツ，文化

(内容)国際情勢や政治・地方自治、科学、文化など11ジャンルから、重要なキーワードを選び、テーマ別に分け、その背景などをわかりやすく簡潔に説明した用語事典。ニュース解説193項目、ニュースの基礎用語を374語、人物情報151人を収録。巻末には、人物情報パック、Key Topics'98～'99、年表「20世紀はどんな時代であったか」、欧文略語、索引を付す。

時事ニュースワード　2000　時事通信社編著　時事通信社　2000.2　405p　21cm　1200円　ⓘ4-7887-0050-6　Ⓝ031.8

(目次)1 国際情勢，2 政治・地方自治，3 経済・労働，4 情報・通信，5 科学・医療，6 地球・環境，7 社会，8 くらし，9 教育，10 スポーツ，11 文化・芸能

(内容)国内外の情報の中から重要なキーワードを収録した用語事典。136項目の最新ニュース解説、400語以上のニュースの基礎用語、約200人の各界人物情報を掲載。巻末に索引付き。

時事ニュースワード　2001　時事通信社編著　時事通信社　2001.1　395p　21cm　1200円　ⓘ4-7887-0150-2　Ⓝ031.8

(目次)巻頭特集 21世紀へ—20世紀からのメッセージ，国際情勢，政治・地方自治，経済・労働，情報・通信，科学・医療，地球・環境，社会，くらし，教育，スポーツ，文化・芸能，人物情報パック+2000年の墓碑銘，Key Topics—2000～2001，欧文略語

(内容)国内外の情報の中から厳選された時事的なキーワードを解説する辞典。項目は11の大分野別に収録、それぞれ概要と詳細を記載し、関連人物・事項についてもあわせて解説する。巻末に五十音順の索引を付す。

時事ニュースワード　2002　時事通信社編著　時事通信社　2002.2　382p　21cm　1200円　ⓘ4-7887-0250-9　Ⓝ031.8

(目次)1 国際情勢，2 政治・地方自治，3 経済・労働，4 情報・通信，5 科学・環境，6 社会・くらし，7 教育，8 スポーツ，9 文化・芸能

(内容)国内外の時事情報から重要とされるキーワードについて解説する用語集。各項目は9分野に分けて収録され、それぞれ概要と関連情報を記載している。就職試験予想問題付き。巻末に五十音順の索引と人物情報、欧文略語一覧等がある。

時事ニュースワード　2003　最新情報の

日本語レファレンスブック　155

論点が分かる基礎用語集　時事通信社編著　時事通信社　2003.2　366p　21cm　1200円　Ⓘ4-7887-0350-5　Ⓝ031.8

(目次)1 国際情勢，2 政治・地方自治，3 経済・労働，4 情報・通信，5 科学・環境，6 社会・くらし，7 教育，8 スポーツ，9 文化・芸能

(内容)ニュースを厳選，信頼できる解説，読んで覚える用語集。受験生から社会人まで入試，就職，論文，資格試験に必携。

時事ニュースワード　2004　時事通信社編著　時事通信社　2004.2　376p　21cm　1200円　Ⓘ4-7887-0450-1　Ⓝ031.8

(目次)1 国際情勢，2 政治・地方自治，3 経済・労働，4 情報・通信，5 科学・環境，6 社会・くらし，7 教育，8 スポーツ，9 文化・芸能

(内容)日本がわかる，世界がわかる，時代がわかる。ニュースを厳選，信頼できる解説，読んで覚える用語集。受験生から社会人まで就職・論文・資格試験に必携。

時事ニュースワード　2005　時事通信社編著　時事通信社　2005.2　358p　21cm　1200円　Ⓘ4-7887-0550-8　Ⓝ031.8

(目次)1 国際情勢，2 政治・地方自治，3 経済・労働，4 情報・通信・科学，5 環境・医療・くらし，6 社会，7 教育，8 スポーツ，9 文化・芸能

(内容)国内外に張り巡らされた時事通信社の取材網を駆使し，収集したニュースをはじめ，政治，経済，科学，社会，スポーツなど刻々と変化する最新の情報を厳選・解説。

時事ニュースワード　2006　時事通信社編著　時事通信出版局，時事通信社〔発売〕　2006.2　350p　21cm　1200円　Ⓘ4-7887-0570-2　Ⓝ031.8

(目次)1 国際情勢，2 政治・地方自治，3 経済・労働，4 情報・通信・科学，5 環境・医療・くらし，6 社会，7 教育・文化・芸能，8 スポーツ

(内容)世界をネットワークする時事通信社の第一線記者がニュースのポイントを的確に解説。絡み合う情報を解きほぐし，世界と日本の現在を知るための用語集。

時事ニュースワード　2007　時事通信出版局，時事通信社〔発売〕　2007.3　350p　21cm　1200円　Ⓘ978-4-7887-0750-4　Ⓝ031.8

(目次)1 国際情勢，2 政治・地方自治，3 経済・労働，4 科学・情報通信，5 環境・医療・暮らし，6 社会，7 教育・文化，8 スポーツ

(内容)世界と日本のニュースを時事通信社の記者が分かりやすく解説。すべての見出しに英語訳を併記。時事英語の学習にも役に立つ。資格・採用試験の受験，就職活動，ビジネスに欠かせない1冊。

時事ニュースワード　2008　時事通信社編著　時事通信出版局，時事通信社〔発売〕　2008.2　326p　21cm　1200円　Ⓘ978-4-7887-0776-4　Ⓝ031.8

(目次)1 国際情勢，2 政治・地方自治，3 経済・労働，4 科学・情報通信，5 環境・医療・暮らし，6 社会，7 教育・文化，8 スポーツ

(内容)iPS細胞／ポスト京都・COP13／米大統領選挙戦始まる／薬害C型肝炎訴訟。最新NEWS用語集！時事通信社の第一線の記者達が論点鋭く解説。日本の，世界の現在が分かる。資格・採用試験対策，就職活動に欠かせない1冊。

時事ニュースワード　2009　時事通信社編著　時事通信出版局，時事通信社〔発売〕　2009.1　302p　21cm　〈2009のサブタイトル：本質を究めるための情報源　索引あり〉　1200円　Ⓘ978-4-7887-0878-5　Ⓝ031.8

(目次)1 国際情勢，2 政治・地方自治，3 経済・労働，4 科学・情報通信，5 環境・医療・暮らし，6 社会，7 教育・文化，8 スポーツ

時事ニュースワード　2010　激動の時代を読み解き，未来を予測する！　時事通信社編著　時事通信出版局，時事通信社〔発売〕　2010.1　302p　21cm　〈他言語標題：JIJI NEWS WORD　索引あり〉　1200円　Ⓘ978-4-7887-1051-1　Ⓝ031.8

(目次)1 国際情勢，2 政治・地方自治，3 経済・労働，4 科学・情報通信，5 環境・医療・暮らし，6 社会，7 教育・文化，8 スポーツ

(内容)内外に張り巡らされた時事通信社の取材網を駆使し，刻々と変化する世界の情報を厳選。今すぐ"使える"最新用語集。就活，資格・採用試験対策にも最適。

時事ニュースワード　2011　最新情報を鋭く分析！　時事通信社編著　時事通信出版局，時事通信社〔発売〕　2011.1　302p　21cm　〈他言語標題：JIJI NEWS WORD　索引あり〉　1200円　Ⓘ978-4-7887-1081-8　Ⓝ031.8

(目次)1 国際情勢，2 政治・地方自治，3 経済・労働，4 科学・情報通信，5 環境・医療・暮らし，6 社会，7 教育・文化，8 スポーツ

(内容)時代の閉塞状況を打破し，未来を見据える！時事通信社が誇る取材網を駆使しニュースを厳選。信頼できる解説で，"時代"を読み解く。就活，資格試験対策にも最適の1冊。

時事ニュースワード　2012　時事通信社編著　時事通信出版局，時事通信社〔発売〕　2012.1　294p　21cm　1200円　Ⓘ978-4-

語彙　　　　　　　　時事用語・現代用語

7887-1172-3　Ⓝ031.8
㋥東日本大震災，国際情勢，政治・地方自治，経済・労働，科学・情報通信，環境・医療・暮らし，社会，教育・文化，スポーツ，人物
㋕東日本大震災、復興のためのキーワードとは。欧州債務危機の行方は―。信頼できる解説で、世界の"これから"を読み解く。2013年の就活、資格・採用試験対策にも最適。どこよりも詳しい最新ニュース解説。

時事問題の基礎知識　1991　ダイヤモンド社編　ダイヤモンド社　1990.12　474p　19cm　1000円　Ⓘ4-478-00007-7　Ⓝ813.7
㋥巻頭特集 地球にやさしい新潮流，1 世界情勢の基礎知識，2 各国情勢の基礎知識，3 国内政治の基礎知識，4 日本外交の基礎知識，5 世界経済の基礎知識，6 国内経済の基礎知識，7 経営問題の基礎知識，8 法と裁判の基礎知識，9 時事科学の基礎知識，10 文化・芸術の基礎知識，11 レジャー・風俗の基礎知識，12 社会・生活問題の基礎知識

時事問題の基礎知識　1992　ダイヤモンド社編　ダイヤモンド社　1991.12　473p　19cm　971円　Ⓘ4-478-00008-5　Ⓝ813.7
㋕無目的に通り過ぎてゆくおびただしい時事情報をテーマ別に解説し、加えて豊富な関連用語、新語を配列することにより、問題の正しい認識が得られることをねらいとした分野別時事用語辞典。

時事問題の基礎知識　1993　ダイヤモンド社編　ダイヤモンド社　1992.12　473p　19cm　971円　Ⓘ4-478-00009-3　Ⓝ813.7
㋕本書は無目的に通り過ぎてゆくおびただしい時事情報をテーマ別に解説し、加えて豊富な関連用語、新語を配列することにより、問題の正しい認識が得られることを主なねらいとしている。

時事問題の基礎知識　1994　ダイヤモンド社編　ダイヤモンド社　1993.12　473p　19cm　1000円　Ⓘ4-478-00010-7　Ⓝ813.7
㋥1 世界情勢の基礎知識，2 各国情勢の基礎知識，3 国内政治の基礎知識，4 日本外交の基礎知識，5 世界経済の基礎知識，6 国内経済の基礎知識，7 経営問題の基礎知識，8 法と裁判の基礎知識，9 時事科学の基礎知識，10 文化・芸術の基礎知識，11 レジャー・風俗の基礎知識，12 社会・生活問題の基礎知識
㋕日常の中で通り過ぎてゆく時事情報をテーマ別に解説した事典。加えて豊富な関連用語、新語を配列することにより、問題の深い認識が得られることを主なねらいとしている。

時事問題の基礎知識　1995　ダイヤモンド社編　ダイヤモンド社　1994.12　474p　19cm　1100円　Ⓘ4-478-00011-5　Ⓝ813.7
㋥1 世界情勢の基礎知識，2 各国情勢の基礎知識，3 国内政治の基礎知識，4 日本外交の基礎知識，5 世界経済の基礎知識，6 国内経済の基礎知識，7 経営問題の基礎知識，8 法と裁判の基礎知識，9 時事科学の基礎知識，10 文化・芸術の基礎知識，11 レジャー・風俗の基礎知識，12 社会・生活問題の基礎知識
㋕時事情報をテーマ別に解説する事典。12部門68章に分け、各章ごとに解説展望記事、体系順排列の関連用語で構成する。巻末に索引を付す。1995年版ではパレスチナ暫定自治実施、ルワンダ難民、新・新党、大江健三郎、サリン、ビートたけし事故などの新語が収録されている。―最新の時事情勢をコンパクトに知る。

時事問題の基礎知識　1996　ダイヤモンド社編　ダイヤモンド社　1995.12　22,474p　19cm　1200円　Ⓘ4-478-00012-3　Ⓝ813.7
㋥1 世界情勢の基礎知識，2 各国情勢の基礎知識，3 国内政治の基礎知識，4 日本外交の基礎知識，5 世界経済の基礎知識，6 国内経済の基礎知識，7 経営問題の基礎知識，8 法と裁判の基礎知識，9 時事科学の基礎知識，10 文化・芸術の基礎知識

時事問題の基礎知識　1997　ダイヤモンド社編　ダイヤモンド社　1996.12　22,474p　19cm　1200円　Ⓘ4-478-00013-1　Ⓝ813.7
㋕本書は無目的に通り過ぎてゆくおびただしい時事情報をテーマ別に解説し、加えて豊富な関連用語、新語を配列することにより、問題の深い認識が得られることを主なねらいとしている。したがって一部の基礎用語を除いて記事を全面的に書き改め、内容に新しさ、正確さを盛り込むことを心がけた。

時事問題の基礎知識　1998　ダイヤモンド社編　ダイヤモンド社　1997.12　359p　21cm　〈索引あり〉　1200円　Ⓘ4-478-00014-X　Ⓝ813.7
㋕国際情勢・世界経済・政治・経済・情報通信・科学・文化・環境・社会・スポーツの175項目。就職試験に・ビジネスに見開きワンテーマでよくわかる、厳選・充実の最新常識＆キーワード。

時事問題の基礎知識　1999　ダイヤモンド社編　ダイヤモンド社　1998.12　348p　21cm　1200円　Ⓘ4-478-00015-8　Ⓝ813.7
㋥国際情勢，世界経済，政治，経済，情報通信，科学，文化，環境，社会，スポーツ
㋕化学兵器と地雷、泥沼の民族紛争、ヘッジファンド、ゲーム機戦争、日本のエイズなど、最

日本語レファレンスブック　157

時事用語・現代用語　　　　　　　語彙

新時事用語160項目を解説した事典。索引付き。

時事問題の基礎知識　2000　ダイヤモンド社編　ダイヤモンド社　1999.12　328p　21cm　1200円　①4-478-00016-6　Ⓝ813.7

(目次)国際情勢(対人地雷全面禁止条約が発効, ケルン・サミット ほか), 世界経済(新ラウンド, BIS規制見直し ほか), 政治(自自から自自公連立へ, 民主党が2回の党首選 ほか), 経済(99-2000年度予算, 2年連続マイナス成長 ほか), 情報通信(NTT分離分割の行方, IDC買収劇の深層 ほか), 科学(惑星探査の新時代, 活発化する日本の天文観測 ほか), 文化(なお続く伊能忠敬ブーム, 「梁塵秘抄」断簡を発見 ほか), 環境(オゾン層保護対策, 地球温暖化対策 ほか), 社会(少子化対策, 公的年金改革 ほか), スポーツ(ジョーダン引退, 五輪スキャンダル ほか)

(内容)150項目の時事問題を解説したもの。各テーマごと見開き2ページでまとめ, それぞれ解説展望記事と関連キーワードで構成した。索引付き。

時事問題の基礎知識　2001　ダイヤモンド社編　ダイヤモンド社　2000.12　328p　21cm　1200円　①4-478-00017-4　Ⓝ813.7

(目次)国際情勢, 世界経済, 政治, 経済, 情報通信, 科学, 文化, 環境, 社会, スポーツ

(内容)最新の常識&キーワード150項目を分野別にまとめた小事典。コラム(エストラーダ大統領のピンチ, 日本人2人目のノーベル賞など), 五十音順索引付き。

時事問題の基礎知識　2002　ダイヤモンド社編　ダイヤモンド社　2001.12　328p　21cm　1200円　①4-478-00018-2　Ⓝ813.7

(目次)経済, 情報通信, 科学, 文化, 環境, 社会, スポーツ

(内容)厳選・充実の150項目。基本&最新常識が見開き1テーマでよくわかる。就職・昇進試験にこの1冊。

時事問題の基礎知識　2003　ダイヤモンド社編　ダイヤモンド社　2002.12　328p　21cm　1200円　①4-478-00019-0　Ⓝ813.7

(内容)まさに激動の様相を見せてきた2003年。これからどうなる!? フセイン打倒を狙う米国, 医療制度改革, デフレ経済の行方…激動する国際情勢から, 経済, 情報通信, 科学, 社会, スポーツまで, 知りたいことがすべて網羅された, ビジネスマンには必須の決定版。

時事用語事典　2000年版　池田書店編集部編　池田書店　1998.10　383p　21cm　1400円　①4-262-15169-7　Ⓝ031

(目次)基本用語(政治・経済, 国際情勢, 社会・産業, 生活・文化・スポーツ), 最新用語(政治・経済, 国際情勢, 社会・産業, 生活・文化・スポーツ)

(内容)新聞, 雑誌, ニュースなどにおいて頻度の高い用語, 約1600語を収録した事典。「政治・経済」「国際情勢」「社会・産業」「生活・文化・スポーツ」の四分野をそれぞれ, 基本用語と1997～98年の最新用語の2つに分けて, 五十音順に編成。

時事用語事典　2001年版　就職試験対策必須本　池田書店編集部編　池田書店　1999.10　367p　21cm　1400円　①4-262-15180-8　Ⓝ031

(目次)基本用語(政治・経済, 国際情勢, 社会・産業, 生活・文化・スポーツ), 最新用語(政治・経済, 国際情勢, 社会・産業, 生活・文化・スポーツ), アルファベット略語, 索引

(内容)新聞, 雑誌, ニュースなどにおいて頻度の高い用語, 現代を読み解くうえでキーワードとなる用語約1300語を解説した事典。本書の構成は「政治・経済」「国際情勢」「社会・産業」「生活・文化・スポーツ」の四分野をそれぞれ, 基本用語と1998～99年の最新用語の2つに分けて, 五十音順に編成。アルファベット略語, 索引付き。

時代を読みとく　最新時事キーワード　2004年度版　ゼネラル・プランニング・センター編　髙橋書店　2002.12　239p　21cm　1100円　①4-471-62661-2　Ⓝ814.7

(目次)経済, 産業, 国際・外交, 政治, 社会・文化, 自然環境, 情報・通信, 科学技術

(内容)今年度を象徴する最新時事キーワードを解説する事典。158のキーワードを収録。「経済」「産業」「国際・外交」「政治」「社会・文化」「自然環境」「情報・通信」「科学技術」の8ジャンルに分類し, 構成。用語説明の他に, 経緯・現状・課題・問題・影響・ポイント・展望・背景・対策など, その用語に付随する周辺情報も捕捉。さらに, より深く理解できるように, 関連キーワード, 図表, データなどを掲示している。巻末に索引が付く。

時代を読みとく　最新時事キーワード　2005年度版　蟹瀬誠一監修　髙橋書店　2003.10　239p　21cm　〈奥付のタイトル：最新時事キーワード〉　1100円　①4-471-63671-5　Ⓝ814.7

(目次)第1章 経済・金融, 第2章 産業, 第3章 国際情勢・外交, 第4章 政治, 第5章 社会, 第6章 文化・スポーツ・トレンド, 第7章 自然・環境, 第8章 情報通信, 第9章 科学技術

〈内容〉「今」を押さえた幅広い情報が一目でわかる！ビジネス、就職活動にすぐに使えるキーワードをコンパクトに収録。

時代を読みとく 最新時事キーワード 2006年度版　蟹瀬誠一監修　高橋書店
2004.11　239p　21cm　1100円　①4-471-64671-0　Ⓝ814.7

〈目次〉第1章 国際・外交，第2章 政治，第3章 経済・産業，第4章 社会，第5章 スポーツ・文化，第6章 環境，第7章 情報・通信，第8章 科学技術

〈内容〉「今」を押さえた幅広い情報が一目でわかる。ビジネス、就職活動にすぐに使えるキーワードをコンパクトに収録。

時代を読みとく 最新時事キーワード 2007年度版　蟹瀬誠一監修　高橋書店
2005.11　239p　21cm　〈奥付のタイトル：最新時事キーワード〉　1000円　①4-471-65693-7　Ⓝ814.7

〈目次〉第1章 経済・産業，第2章 政治，第3章 国際・外交，第4章 社会・文化，第5章 情報通信・科学技術，第6章 自然・環境，第7章 スポーツ

〈内容〉本書では政治、経済から自然・環境、科学技術までを全7章に分類し、それぞれの分野でもっとも重要なキーワードについて、要素・背景・展望・対策を図表やデータを用いながらわかりやすく解説した。

新聞のことば事典　1991年版　朝日新聞社編　朝日ソノラマ
1991.3　520,85p　18cm　1300円　①4-257-05076-4　Ⓝ813.7

〈内容〉朝日新聞掲載のコラムをまとめ時事用語の五十音順に配列。付録として平成2年の流行語・風俗語をまとめている。

新聞のことば事典　1992年版　朝日新聞社編　朝日ソノラマ
1992.3　463,110p　18cm　1300円　①4-257-05079-9　Ⓝ813.7

〈内容〉激動する世界情勢を日々のニュースに密着した解説で好評。座右に一冊、コンパクトで使いやすいことば事典。入学、就職のお祝いに好適。

知恵蔵　朝日現代用語　1990　朝日新聞社
1990.1　1526p　26cm　〈付（別冊 319p 19cm）：ワープロ対応用字用語辞典〉　2060円　Ⓝ813.7

知恵蔵　朝日現代用語　1991　朝日新聞社
1991.1　1574p　26cm　〈付（別冊 179p）：ザ・ワールド—新形式：世界170カ国データブック〉　2300円　Ⓝ813.7

知恵蔵　朝日現代用語　1992　朝日新聞社
1992.1　2冊　26cm　〈別冊（180p）：ザ・カレンダー 新・生活暦〉　2300円

〈内容〉国際関係から、経済、産業、社会、政治、サイエンス、テクノロジー、文化、生活、スポーツまでの10部門を122分野にわけて184人の執筆者が新語・重要語を選び、解説している。

知恵蔵　朝日現代用語　1993　朝日新聞社
1993.1　1486p　26cm　〈付（別冊 180p 26cm）：ザ・シティーズmap&data〉　2500円　Ⓝ813.7

知恵蔵　朝日現代用語　1994　朝日新聞社
1994.1　1498p　26cm　〈付（319p 19cm）：世界都市ガイド300〉　2500円　Ⓝ813.7

知恵蔵　朝日現代用語　1995　朝日新聞社
1995.1　1498p　26cm　〈別冊付録：知恵庫—文化・レジャー・イベント最新ガイド1500〉　2500円　Ⓝ813.7

〈内容〉10部門135分野に分けて収録する現代用語事典。各分野は、最近の動向をまとめたニュートレンド、新語・新話題、基本用語、一般用語の順に掲載し、図表・地図などを挿入、また欄外情報として朝日新聞の関連記事、参考文献、人物データなどを記す。他に人名情報・年表、各国データ・地図、外来語・略語、統計スポットライトなどがある。巻末に総索引を付す。

知恵蔵　朝日現代用語　1996　朝日新聞社
1996.1　1498p　26cm　2500円　Ⓝ813.7

〈内容〉時事用語等の現代用語を「国際関係」「政治・社会」「テクノロジー」「文化」等10部門141分野に分けて解説したもの。特集「風俗・流行語最新版」「映画生誕100年—記録と人物」等を掲載。巻末に外来語・略語集、総索引がある。—時代を読み解く〈情報新語〉の一冊百科。

知恵蔵　朝日現代用語　1997　朝日新聞社
1997.1　2冊（別冊付録とも）　26cm　〈別冊付録（351p 19cm）：ネーチャーガイド・日本〉　2524円　①4-02-390097-4　Ⓝ813.7

知恵蔵　朝日現代用語　1998　朝日新聞社
1998.1　1514p　26cm　〈付属資料：351p（19cm）：全国シティーデータ・ハンドブック，CD-ROM1枚（12cm）〉　2571円　①4-02-390098-2　Ⓝ813.7

〈内容〉国際関係、政治・社会、経済・産業、サイエンス・テクノロジー、文化、生活、スポーツの各分野の用語解説と最先端の話題を収録。別冊付録は、日本全国の670市のデータのハンドブック。

知恵蔵　朝日現代用語　1999　朝日新聞社
1999.1　1514p　26cm　〈別冊付録：「朝日新聞で読む20世紀」，付属資料：CD-ROM1〉

時事用語・現代用語　　　　　　　　　　　語彙

2524円　ⓘ4-02-390099-0　Ⓝ813.7

(目次)国際関係，政治，社会，経済・産業，サイエンス・テクノロジー，文化・芸術，生活，スポーツ

(内容)時事用語等の現代用語を「国際関係」「政治」「社会」「経済産業」など8部門に分けて解説した事典。「20世紀の考古学」「20世紀の宇宙開発」「宮台真司の世紀末論」「長野オリンピック／長野パラリンピック」「ワールドカップ・サッカーフランス98データ集」「ふるさと発！現代用語」「20世紀のキーワード」等の特集を掲載。世界各国のデータなどが収録さているワールド・データ，外来語・略語の解説，50音順・アルファベット順の総索引付き。別冊付録として「朝日新聞で読む20世紀」がある。特別付録として別冊付録に収録した紙面，1995年の第1週から1998年の第35週までの週間報告，全国670市のシティーデータが収録されたCD-ROM付き。

知恵蔵　朝日現代用語　2000　朝日新聞社
2000.1　1498p　26cm　2524円　ⓘ4-02-390300-0　Ⓝ813.7

(目次)巻頭カラー特集・21世紀・ネットワークの時代，国際関係，政治，社会，経済・産業，サイエンス・テクノロジー，文化・芸術，生活，スポーツ

(内容)時事用語等の現代用語を「国際関係」「政治」「社会」「経済産業」など8部門に分けて解説した事典。世界各国のデータなどが収録さているワールド・データ，外来語・略語の解説，五十音順・アルファベット順の総索引付き。別冊付録として「朝日新聞連載小説の120年」がある。特別付録として「音と画像＝作家・小説を語る」「朝日新聞・週間報告」「全国シティーデータ」「官公庁ホームページ集」が収録されたCD-ROM付き。

知恵蔵　朝日現代用語　2001　朝日新聞社
2001.1　1306p　26cm　2524円　ⓘ4-02-390001-X　Ⓝ031

(目次)巻頭カラー特集　見つめよう…地球 We Love the Earth，国際関係，政治，社会，経済・産業，サイエンス・テクノロジー，文化・芸術，生活，スポーツ

(内容)時事用語等の現代用語を「国際関係」「政治」「社会」「経済産業」など8部門に分けて解説した事典。世界各国のデータなどが収録さているワールド・データ，外来語・略語の解説，五十音順・アルファベット順の総索引付き。別冊付録としてキーパーソン「現代日本人名録」がある。特別付録として「21世紀に残したい日本の自然120選」「残したい日本の音風景100選」本文関連図表を収録した「CDいんふぉめーしょん」「朝日新聞・週間報告」「全国シティーデータ」「官公庁・大学等ホームページ集」「知恵蔵

サポート」が収録されたCD-ROM付き。

知恵蔵　朝日現代用語　2002　朝日新聞社
2002.1　1404p　26cm　〈付属資料：CD-ROM1，別冊1〉　2524円　ⓘ4-02-390002-8　Ⓝ031

(目次)緊急特集・対テロ戦争，観戦アシスト特集・2002FIFAワールドカップ，巻頭カラー特集・見つめよう…地球，第1特集(米同時多発テロ，グローバルから反グローバルへ，ペイオフ解禁，待ったなし，小泉内閣，構造改革の行方，ブロードバンドで高速通信新時代，発信する新型知事たち，精神障害者の犯罪，ヒトクローン問題)，第2特集・ふるさと発！現代用語，第3特集(若者・流行語，ガーデニング／ファッション／美容)，巻末特集(ソルトレークシティー冬季五輪，入学・就職試験必修100用語，資格試験・スペシャリストガイド)，ワールドデータ(日本地図／世界地図／世界の国旗，各国データ／世界時差表)，国際関係，政治，社会，経済・産業，サイエンス・テクノロジー，文化・芸術，生活，スポーツ，外来語・カタカナ語／略語

(内容)時事用語等の現代用語を部門別に解説する事典。30000項目を収録。別冊付録「キーアドレス」(最新・現代日本団体名簿)では，官公庁・企業など17000連の連絡先を掲載する。特別付録CD-ROMとして，映像と音声による全国ガイド「現代日本・ふるさと自慢」がある。

知恵蔵　朝日現代用語　2003　朝日新聞社出版局　2003.1　2冊(別冊付録とも)　26cm　〈付属資料：31p：豆蔵　別冊付録(258p 19cm)：ことばの知恵袋「とっさの日本語便利帳」〉　2381円　ⓘ4-02-390003-6　Ⓝ813.7

(目次)緊急特集・日朝首脳会談，データ特集，PINPOINT VIEW，ワールドデータ，国際関係，政治，社会，経済・産業，サイエンス・テクノロジー，文化・芸術，生活，スポーツ，外来語・カタカナ語／略語

(内容)時事用語等の現代用語を「国際関係」「政治」「社会」「経済産業」などの8つの部門に分けて解説した事典。世界各国のデータが収録されているワールド・データ，外来語・略語の解説，50音順・アルファベット順の総索引付き。付録として，ことばの知恵袋「とっさの日本語便利帳」，切り取り保存版「豆蔵」がある。

知恵蔵　朝日現代用語　2004　朝日新聞社
2004.1　1292p　26cm　〈付属資料：別冊2〉　2476円　ⓘ4-02-390004-4　Ⓝ813.7

(目次)国際関係，政治，社会，経済・産業，サイエンス・テクノロジー，文化・芸術，生活，スポーツ，外来語・カタカナ語／略語

(内容)基礎用語から比較的新しい専門用語までを収録した用語事典。各用語を「国際関係」「政

治」「社会」「経済・産業」「サイエンス・テクノロジー」「文化・芸術」「生活」「スポーツ」の8部門に分けていねいに解説。50音順・アルファベット順の総索引を完備。別冊付録に「とっさの教養便利帳」「ビジネス知恵蔵」が付く。

知恵蔵 朝日現代用語 2005 朝日新聞社
　2005.1　1276p　26cm　〈付属資料：別冊1〉
　2429円　Ⓓ4-02-390005-2　Ⓝ813.7

⌈目次⌋特集〈愛知万博—環境と万博，年金改革2004—結局いくらもらえるのか，金融再編のゆくえ—業際を超えたグループ化へ，大学倒産時代の到来—再編・倒産の次にくるものは，ギャル文字ヘタ文字，若者・流行，FLASH, A LA CARTE，アテネ・オリンピック記録集〉，PINPOINT VIEW，ワールドデータ，国際関係，政治，社会，経済・産業，サイエンス・テクノロジー，文化・芸術，生活，スポーツ，外来語・カタカナ語／略語

⌈内容⌋9部門128分野から厳選した40000語を収録。「年金改革」「金融再編」「愛知万博」「大学倒産時代」「携帯ギャル文字」「アテネ五輪」など，現代社会を鋭く切り取った6つのテーマによる特集を掲載。別冊付録に「ニュースを読み解く情報世界地図」「知恵蔵手帳2005」が付く。

知恵蔵 朝日現代用語 2006 朝日新聞社
　2006.1　1272p　26cm　〈付属資料：別冊1，手帳1〉　2429円　Ⓓ4-02-390006-0　Ⓝ813.7

⌈目次⌋国際関係，政治，社会，経済・産業，サイエンス・テクノロジー，文化・芸術，生活，スポーツ，外来語・カタカナ語／略語

⌈内容⌋9部門129分野に新語と基本用語あわせて約40000語を満載。豊富な図版に，読み物であり試験にも役立つコラム140本を収録。平成の大合併に対応した「訪ねてみたい歴史・祭り・自然 情報日本地図」と「知恵蔵手帳」の豪華2大付録つき。

知恵蔵 朝日現代用語 2007 朝日新聞社
　2007.1　1192p　26cm　〈付属資料：別冊1，手帳1〉　2524円　Ⓓ4-02-390007-9　Ⓝ813.7

⌈目次⌋国際関係，政治，社会，経済・産業，サイエンス・テクノロジー，文化・芸術，生活，スポーツ，外来語・カタカナ語／略語

⌈内容⌋刻々変化する社会で働き，学び，生活する人のための現代用語事典。国際，政治，経済，サイエンスなど9部門の127分野で最新用語と基本用語をていねいに解説。2007年版では「環境」「IT」「外来語・カタカナ語」をさらに充実。付録に「日本語ドリル」＆「手帳」が付く。

データパル 最新情報・用語事典 1990〜1991 小学館　1990.4　503p　21cm

1000円　Ⓓ4-09-526090-4　Ⓝ813.7

⌈目次⌋特集〈総選挙にみる90年代の政界混迷模様，ソ連・東欧歴史的変革の撃鐘波，激動の1989-90〉，国際情勢，政治・防衛，経済・産業，科学・ハイテク，環境・自然，社会・生活，文化・スポーツ，人物スポットライト—1989年話題の人間像，企業ニューウェーブ—新しい雇用制度の実例集，まちづくり・むらおこしアイディア比べ—ふるさと創生1億円事業，資料編

⌈内容⌋高度な情報社会に対処すべく，的確な情報を分野別にまとめたデータブック。

データパル 最新情報・用語事典 1991〜1992 小学館　1991.3　424p　21cm
　1000円　Ⓓ4-09-526091-2　Ⓝ813.7

⌈内容⌋10の分野別構成の現代用語辞典。各分野内は五十音順。巻頭特集は「自衛隊を考える」「テクノロジー最前線」。写真・図表も多数掲載している。

データパル 最新情報・用語事典 1992〜1993 小学館　1992.3　416p　21cm
　1200円　Ⓓ4-09-526092-0　Ⓝ031.8

⌈目次⌋特集〈地球環境と日本 迫りくる温暖化時代と日本の選択，ソ連崩壊—連邦制から独立国家共同体〈CIS〉へ〉，用語編 厳選された現代用語を分野別五十音順に配列し，やさしく解説，人物スポットライト—1991年話題の人間像，政治・経済からスポーツ・芸能まで，内外のあらゆる分野で活躍した人びと，新製品・新サービス—1991年に登場した注目の商品，ユニークなサービス，資料編

⌈内容⌋世界はめまぐるしく動き，情報はさまざまなメディアをとおして流れてくる。しかし，情報が多すぎては，むだになるばかり。「必要最少にして十分」—それが有効な情報といえるのです。本書は，この方針のもとに選び抜かれた的確な情報をコンパクトにまとめた最新データブックです。

データパル 最新情報・用語事典 1993〜1994 小学館　1993.3　400p　21cm
　1200円　Ⓓ4-09-526093-9　Ⓝ031

⌈目次⌋特集〈新欧州と日本，人口問題でみる日本の現在と未来〉，WORLD REPORT，用語編，人物スポットライト，資料編

⌈内容⌋時事用語を体系別にまとめた年刊の用語事典。分野別に時事用語を解説する用語編のほか，巻頭特集，人物スポットライト（各年の話題の人物を紹介），統計やランキングを収録した資料編からなる。

データパル 最新情報・用語事典 1994〜1995 小学館　1994.3　400p　21cm

時事用語・現代用語　　　　　　　語彙

1200円　Ⓝ4-09-526094-7　Ⓝ031

〔目次〕特集（円高とアジア経済，世界ビジュアル・ファイル），WORLD REPORT，用語編（国際情勢，経済・財政，産業・経営，政治・防衛，環境・自然，科学・ハイテク，情報通信，ライフサイエンス，社会・生活，文化・スポーツ），人物スポットライト，資料編

〔内容〕時事用語を体系別にまとめた年刊の用語事典。分野別に時事用語を解説する用語編のほか，巻頭特集，人物スポットライト（各年の話題の人物を紹介），統計やランキングを収録した資料編からなる。

データパル　最新情報・用語事典　1995～1996　小学館　1995.3　384p　21cm
1200円　Ⓝ4-09-526095-5　Ⓝ031.8

〔目次〕ビジュアル・ファイル95-96，WORLD REPORT，人物スポットライト，視点，用語編（情報通信，科学・医学，環境・自然，文化，政治・防衛，経済・産業，国際情勢），資料編

〔内容〕時事用語を体系別にまとめた年刊の用語事典。巻頭特集ではマルチメディアや北朝鮮に関する話題を取り上げる。本編は，1994年話題の人物を紹介した人物スポットライト，7分野に分類・解説した用語編，各種統計やランキングを収録した資料編などからなる。巻末に索引と就職対策チェックワード，欧文略語辞典を付す。

データパル　最新情報・用語事典　1996～1997　小学館　1996.3　367p　21cm
1300円　Ⓝ4-09-526096-3　Ⓝ031.8

データパル　最新情報・用語事典　1997～1998　小学館　1997.2　423p　21cm
1262円　Ⓝ4-09-526097-1　Ⓝ031.8

〔目次〕用語編　時代を読み解くキーワード1439（国際情勢，情報通信・エレクトロニクス，科学・医学，文化・スポーツ，社会・生活，政治・外交・防衛，経済・金融・産業，時代感覚），人物ファイル—世紀末の世界をリードするキーパーソン100人，氾濫するアルファベットに強くなる！欧文略語880，Web編　情報検索のためのインターネット・アドレス厳選300，資料編「ニッポン」を知る「日本人」がわかる刮目データ集

〔内容〕時事用語を体系別にまとめた年刊の用語事典。1996年話題の人物を紹介した人物ファイル，分野ごとに分類・解説した用語編，各種統計やランキングを収録した資料編などからなる。巻末に索引と就職対策チェックワード，欧文略語辞典を付す。

データパル　最新情報・最新用語集　1998～1999　小学館　1998.3　447p　21cm
1100円　Ⓝ4-09-526098-X　Ⓝ031.8

〔目次〕用語編—世界の論点がわかるキーワード1348（国際情勢，経済・金融・産業，政治・外交・防衛，社会・生活，科学・医学，情報通信・エレクトロニクス，文化・スポーツ，時代感覚），人物ファイル—21世紀を拓くキーパーソン100人，氾濫するアルファベットに強くなる—欧文略語880，Web編—インターネット・アドレス厳選500

〔内容〕時事用語を体系別にまとめた年刊の用語事典。1348項目の最新重要語・流行語を8ジャンル，110のテーマに分けて解説した用語編のほか，人物ファイル，欧文略語，インターネットアドレスや最新ランキングなどのを掲載した資料編が付く。

データパル　最新情報・用語事典　1999　小学館　1999.2　447p　21cm　1100円
Ⓝ4-09-526099-8　Ⓝ031.8

〔目次〕1999・世界を読む4大視座，用語編—「世界の論点」とキーワード1344（経済・金融・産業，社会・生活，文化・スポーツ，時代感覚），人物ファイル・世界が注目するキーパーソン100人—誰が本当に世界を動かしているか，氾濫するアルファベットに強くなる！欧文略語842，Web編世界のデータベースに直結！—インターネット・アドレス厳選500，資料編（データからみる日本人の意識と行動，ベストセラー'98年上半期／雑誌販売部数ランキング（1998年）ほか）

〔内容〕時事用語を体系別にまとめた年刊の用語事典。1998年話題の人物を紹介した人物ファイル，分野ごとに分類・解説した用語編，各種統計やランキングを収録した資料編などからなる。2186キーワードとキーパーソン100人を解説し，欧文略語842、インターネット・アドレス500を収録。索引付き。

データパル　最新情報・用語事典　2000　小学館　2000.2　543p　21cm　〈付属資料：CD-ROM1〉　1800円　Ⓝ4-09-526200-1　Ⓝ031.8

〔目次〕巻頭論文特集 21世紀ニッポンの読み方，用語編「世界の論点」とキーワード1485（国際情勢，経済・金融・産業，情報通信・エレクトロニクス，政治・外交・防衛，社会・生活，科学・医学，文化・スポーツ，時代感覚），人物ファイル 世界が注目するキーパーソン100人—誰が本当に世界を動かしているか，氾濫するアルファベットに強くなる！欧文略語969，WEB編世界のデータベースに直結！—インターネット・アドレス厳選500，資料編「ニッポン」を知る「世界」が分かる刮目データ集

〔内容〕時事用語を体系別にまとめた年刊の用語事典。1485項目の最新重要語・流行語を8ジャンルに分けて解説した用語編のほか，人物ファイル、欧文略語、インターネットアドレスや最新ランキングなどのを掲載した資料編が付く。特

別付録として、1991〜1999年の9年分のデータを収録したCD-ROMがある。

データパル　最新情報・用語事典　2001
小学館　2001.2　543p　21cm　〈附属資料：CD-ROM1〉　1800円　Ⓣ4-09-526201-X　Ⓝ031.8

⟨目次⟩用語編—2001「世界の論点」とキーワード1424（国際情勢，政治・外交・防衛，経済・金融・産業，社会・生活，情報通信・エレクトロニクス，科学・医学，文化・スポーツ，時代感覚），人物ファイル 誰が本当に世界を動かしているか—世界が注目するキーパーソン100人，氾濫するアルファベットに強くなる! 欧文略語970, Web編 インターネット・アドレス厳選500—世界のデータベースに直結!, 資料編—「ニッポン」を知る「世界」が分かる刮目データ集

⟨内容⟩政治・経済・社会の基本的な知識を簡潔に解説する事典。総項目数は2730。用語編で1424語を8ジャンル105テーマ別に解説，その他キーパーソン100人を紹介する人物ファイル，欧文略語970語などを掲載し，巻末に資料編として統計資料を収載する。五十音順の総索引が巻頭にある。過去10年分のデータを収録したCD-ROMが付属する。

データパル　最新情報・用語資料事典　2002
小学館　2002.2　543p　21cm　〈付属資料：CD-ROM1〉　1800円　Ⓣ4-09-526202-8　Ⓝ031.8

⟨目次⟩総索引, 用語編—2002「世界の論点」とキーワード1369, 2001年日誌，Book Guide 2001年話題の本, Datapal Basic 疑問が解ける, ニュースがわかる「基礎講座」, 人物ファイル 世界が注目するキーパーソン100人—誰が本当に世界を動かしているか，氾濫するアルファベットに強くなる! 欧文略語970, Web編 世界のデータベースに直結! インターネット・アドレス厳選500, 資料編 「ニッポン」を知る「世界」が分かる刮目データ集

⟨内容⟩政治・経済・社会に関する時事問題を簡潔に解説する事典。総項目数は2837。用語編で1369語を8ジャンル101テーマ別に解説する。キーパーソン100人を紹介する人物ファイルなどを掲載。巻頭論文特集は「激震の21世紀，日本は蘇るのか?」と題する記事と五十音順の総索引がある。過去11年分のデータを収録したCD-ROMが付く。

データパル　最新情報用語資料事典　2003
ブルー　小学館　2003.2　543p　21cm　1300円　Ⓣ4-09-526204-4　Ⓝ031.8

⟨目次⟩氾濫するアルファベットに強くなる! 欧文略語970, 用語編にリンク! 出来事から世界を読む2002年日誌, 用語編—2003「世界の論点」とキーワード1425（政治・外交・防衛，経済・金融・産業，国際情勢，社会・生活，情報通信・エレクトロニクス，科学・医学，文化・スポーツ，時代感覚），人物ファイル2003 世界が注目するキーパーソン100人—誰が本当に世界を動かしているか，資料編「ニッポン」を知る「世界」が分かる刮目データ集

⟨内容⟩総項目数2900, 8ジャンル104テーマの最新重要語・新語を網羅。31本の英抄訳付きコラムで政治・経済・社会の基本的な知識を簡潔に解説。2002年各界活躍の100人のプロフィルも掲載。

データパル　最新情報用語資料事典　2003
レッド　小学館　2003.2　543p　21cm　〈付属資料：CD-ROM1〉　1900円　Ⓣ4-09-526203-6　Ⓝ031.8

⟨目次⟩氾濫するアルファベットに強くなる! 欧文略語970, 用語編にリンク! 出来事から世界を読む2002年日誌, 用語編—2003「世界の論点」とキーワード1425（政治・外交・防衛，経済・金融・産業，国際情勢，社会・生活，情報通信・エレクトロニクス，科学・医学，文化・スポーツ，時代感覚），人物ファイル2003 世界が注目するキーパーソン100人—誰が本当に世界を動かしているか，資料編「ニッポン」を知る「世界」が分かる刮目データ集

⟨内容⟩総項目数3613, 8ジャンル104テーマの最新重要語・新語を網羅。31本の英訳付きコラムで政治・経済・社会の基本的な知識を簡潔に解説。2002年各界活躍の100人のプロフィルも掲載。

ビジネス知恵蔵　2004　フレッシュパーソンのための最新経済用語・情報事典
朝日新聞社編　朝日新聞社　2004.2　254p　19cm　〈付〉　Ⓣ4-02-222070-8　Ⓝ813.7

⟨目次⟩第1章 ビジネス用語最前線編（旬のビジネス用語, 業種別必修用語 ほか），第2章 ビジネス・スキルアップ編（シーン別ビジネスマナー, ビジネス冠婚葬祭 ほか），第3章 ビジネスENGLISH編（基本のビジネス英会話これだけは!, オフィスの英語・まるかじり ほか），第4章 入社までにしておくこと編（「入社までに, これだけは!!」各社第1線スタッフからのアドバイス, ビジネス・エクササイズ—ビジネスパーソンの基礎体力・自助力トレーニング ほか），第5章 キーデータ編（キーデータ2004, 電話番号便利表 ほか）

⟨内容⟩最新用語から今さら聞けないBasic用語までを解説。基本的なビジネスマナーから, ビジネスの"俗語"までを解説。英語で電話がかかってきたら, とりあえずどう言う? 日本事情の説明は?, 各社の第一線スタッフが語る,「入社までに, これだけは」。知っていると役立つ便利な情報, 小ネタにもなるデータが満載。

<辞典>

時事新語　三省堂編修所編　三省堂　1999.7
217p　18cm　（ことばの手帳）　1000円
Ⓘ4-385-13862-1　Ⓝ813.7
内容 国際政治・経済からコンピューター用語まで時事新語を収録した辞典。配列は、あいうえお順。

時事用語辞典　'91年版　法学書院編集部編
法学書院　1990.4　347p　19cm　1030円
Ⓘ4-587-61537-4　Ⓝ813.7
内容 就職試験や各種国家試験、公務員試験の時事問題の準備用として、また一般知識用として、政治、経済、法律、社会、科学、文化、スポーツなどの分野から知っておきたい時事用語を収録した小辞典。

時事用語辞典　'92年版　法学書院編集部編
法学書院　1991.6　355p　19cm　1200円
Ⓘ4-587-61538-2　Ⓝ813.7
内容 世界を見つめる目を試される機会が多くなってきている中、就職試験の時事問題の準備用、また一般知識用として、政治、経済、法律、社会、科学、文化、スポーツなどの分野から知っておきたい時事用語を収録した小辞典。

社会人「新基礎用語」　亀井肇著　小学館
2001.6　251p　15cm　（小学館文庫）　552円　Ⓘ4-09-417681-0　Ⓝ814.7
目次 1章 社会・生活・流行語（週末レンタカー族、ネオ関西弁 ほか）、2章 最先端科学（クローン規制法、自動料金収受システム ほか）、3章 国際関係（国際信託投資公司、重債務貧困国 ほか）、4章 国内政治（男女共同参画社会基本法、政策評価制度 ほか）、5章 国内経済関係（株式交換制度、産業再生計画 ほか）
内容 最近3年間の新語・流行語を集めたビジネスマン、新社会人、就職活動中の学生向けの用語辞典。時事用語、経済用語、流行語の意味や背景、関連項目を解説。『SAPIO』誌に連載中の「SAPIO語身術」を文庫化したもの。

常用現代用語新辞典　1991　改訂版　酒井克巳編著　梧桐書院　1990.12　480p　18cm　950円　Ⓘ4-340-02407-4　Ⓝ813.7
内容 現代人の常識辞典として、社会人の教養辞典として、職業人の知識辞典として、学生の常用辞典として、現代用語を収めた辞典。

常用現代用語新辞典　1992　酒井克巳編著　梧桐書院　1991.12　480p　18cm　950円　Ⓘ4-340-02408-2　Ⓝ813.7
内容 現代人の常識辞典として、社会人の教養辞典として、職業人の知識辞典として、学生の常用辞典として情報化時代の現代用語辞典の最新版。

常用現代用語新辞典　1993　酒井克巳編著
梧桐書院　1993.1　480p　18cm　950円
Ⓘ4-340-02409-0　Ⓝ813.7
内容 現代用語には現代社会に生きる人たちの考え方が表現されており、これを幅広く知ることは社会をどのようによくするかを考える上に必要な手だてになる、との視点から編集された小型の現代用語辞典。見出し語の五十音順に排列、対応する欧文または漢字の読み、解説、関連語への参照を記載する。

常用現代用語新辞典　1994　改訂版　酒井克巳編著　梧桐書院　1994.1　480p　17cm　〈奥付の書名：現代用語新辞典〉　950円
Ⓘ4-340-02410-4　Ⓝ813.7

常用現代用語新辞典　1995　酒井克巳編著
梧桐書院　1995.1　479p　18×12cm　（教養のための辞典シリーズ）　1200円　Ⓘ4-340-02411-2　Ⓝ813.7
内容 現代用語には現代社会に生きる人たちの考え方が表現されており、これを幅広く知ることは社会をどのようによくするかを考える上に必要な手だてになる、との視点から編集された小型の現代用語辞典。見出し語の五十音順に排列、対応する欧文または漢字の読み、解説、関連語への参照を記載する。巻末にアルファベット順の外国語略語編、西暦・年号対照表がある。

常用現代用語新辞典　1996　酒井克巳編著
梧桐書院　1995.12　479p　18cm　〈奥付の書名：現代用語新辞典〉　1200円　Ⓘ4-340-02412-0　Ⓝ813.7
内容 情報化時代に対応する新しい言葉を収録したコンパクトな辞典。外国語略語編と和文の本文とはできるだけ連係を保つように編集。社会人の教養・知識辞典として、学生の常用辞典として幅広く使える。

常用現代用語新辞典　1997　酒井克巳編著
梧桐書院　1996.12　479p　18cm　〈奥付のタイトル：現代用語新辞典〉　1200円　Ⓘ4-340-02413-9　Ⓝ813.7
内容 最新の現代用語を追加し、一時流行したが使われなくなた言葉を削除した最新版。配列は五十音順、用語の解説のほか反対語、同義語、参考語も収録。

常用現代用語新辞典　酒井克巳編著　梧桐書院　1997.12　479p　18cm　〈奥付のタイトル：現代用語新辞典〉　1180円　Ⓘ4-340-02414-7　Ⓝ813.7
内容 最新の現代用語を追加し、一時流行したが使われなくなた言葉を削除した最新版。配列

語彙　　時事用語・現代用語

は五十音順、用語の解説のほか反対語、同義語、参考語も収録。

ニュースがよくわかるミニ時典　読売新聞社　1998.6　64p　21cm　〈読売ぶっくれっと No.3〉　362円　Ⓣ4-643-98069-9　Ⓝ814.7

〔目次〕政治（議員立法、財政構造改革法 ほか）、経済（赤字国債、外貨準備高 ほか）、国際（アムネスティ・インターナショナル、安保理拡大構想 ほか）、社会（遺伝子治療、インフォームドコンセント ほか）

〔内容〕読売新聞の一面記事を読むうえで必要な、時事用語112項目を収録。

ニュースがわかる基礎用語　ニュース検定の出題語がひと目でわかる　就活 ビジネス　清水書院編集部編　清水書院　2014.9　441p　21cm　〈索引あり〉　1200円　Ⓣ978-4-389-50040-5　Ⓝ814.7

〔目次〕政治編（民主政治の基本、大日本帝国憲法から日本国憲法へ、基本的人権、平和主義と安全保障、日本の政治機構、現代日本の政治）、経済編（経済社会と経済体制、現代経済のしくみ、現代の日本経済）、社会と暮らし編（現代社会の特質と人間、日本の風土と日本人の考え方、生命尊重と生命倫理、環境と人間生活、国民福祉の向上）、国際編（国際政治と日本、国際経済と日本）

〔内容〕ニュースや新聞の？を即・解決！ 大人の常識力を身に付けよう！ 就活やビジネスで今さら人に聞けない時事用語も、きちんと身に付く、ていねいな解説。N検3級（ニュース検定）以上の出題語をフォロー。

ニュースがわかる基礎用語　ニュース検定の出題語がひと目でわかる　就活 ビジネス　最新版　清水書院編集部編　清水書院　2015.9　441p　21cm　〈索引あり〉　1200円　Ⓣ978-4-389-50042-9　Ⓝ814.7

〔目次〕政治編（民主政治の基本、大日本帝国憲法から日本国憲法へ、基本的人権、平和主義と安全保障、日本の政治機構、現代日本の政治）、経済編（経済社会と経済体制、現代経済のしくみ、現代の日本経済）、社会と暮らし編（現代社会の特質と人間、日本の風土と日本人の考え方、生命尊重と生命倫理、環境と人間社会、国民福祉の向上）、国際編（国際政治と日本、国際経済と日本）

〔内容〕ニュースや新聞の？を即・解決！ 大人の常識力を身に付けよう！ 就活やビジネスで今さら人に聞けない時事用語も、きちんと身に付く、ていねいな解説。N検（ニュース検定）3級以上の出題語をフォロー。

ニュースがわかる基礎用語　ニュース検定の出題語がひと目でわかる　就活 ビジネス　2017年版　清水書院編集部編　清水書院　2016.9　441p　21cm　〈索引あり〉　1600円　Ⓣ978-4-389-50053-5　Ⓝ814.7

〔目次〕政治編（民主政治の基本、大日本帝国憲法から日本国憲法へ ほか）、経済編（経済社会と経済体制、現代経済のしくみ ほか）、社会と暮らし編（現代社会の特質と人間、日本の風土と日本人の考え方 ほか）、国際編（国際政治と日本、国際経済と日本）

〔内容〕ニュースや新聞の？を即・解決！ 大人の常識力を身に付けよう！ 就活やビジネスで今さら人に聞けない時事用語も、きちんと身に付く、ていねいな解説。N検3級以上の出題語をフォロー。

ニュースがわかる　新語情報早引き辞典　学研辞典編集部編　学習研究社　1997.11　276p　16cm　〈ポケバル〉　〈他言語標題：A dictionary of new terms〉　880円　Ⓣ4-05-300549-3　Ⓝ813.7

〔内容〕新聞・テレビにあふれる新語を知れば、現代のニュースに強くなり事情通になれる。アルファベット略語集と分野別索引付き、約7200語。

ニュース用語セレクト400　1990　読売新聞社解説部編　読売新聞社　1990.3　216,6p　20cm　800円　Ⓣ4-643-90020-2　Ⓝ813.7

〔目次〕政治、経済、社会、国際、科学

〔内容〕ぜひ知っておかなければいけない新語・重要語を解説。

ニュース用語セレクト400　1991　読売新聞社解説部編　読売新聞社　1991.2　216,6p　19cm　800円　Ⓣ4-643-91003-8　Ⓝ813.7

〔目次〕政治、経済、社会、国際、科学

ニュース用語セレクト400　1992　読売新聞社解説部編　読売新聞社　1992.2　216,6p　19cm　900円　Ⓣ4-643-92008-4　Ⓝ813.7

〔目次〕政治、経済、社会、国際、科学

〔内容〕本書は、単なる用語説明でなく、その用語の生まれたニュースの背景まで掘り下げ、多角的な"ミニ解説"になるように配慮した。

ニュース用語セレクト400　1993　読売新聞社解説部編　読売新聞社　1993.2　216,6p　19cm　900円　Ⓣ4-643-93009-5　Ⓝ813.7

三菱総研版 最新時事キーワード　2001年度版　三菱総合研究所編　高橋書店　1999.12　239p　21cm　1000円　Ⓣ4-471-26347-1　Ⓝ031.8

〔目次〕第1章 経済・金融、第2章 産業・経営、第3章 国際関係、第4章 政治・外交、第5章 社会・公共、第6章 自然環境、第7章 情報・通信、第8

時事用語・現代用語　　　　　語彙

章 科学技術, 第9章 生活・文化
(内容)508項目を収録した時事用語集。各項目は「経済・金融」「産業・経営」「国際関係」「政治・外交」「社会・公共」「自然環境」「情報・通信」「科学技術」「生活・文化」の9ジャンルに分類し, 問題, 課題, 状況, ポイント, 展望, 背景, 関連キーワードなどで解説した。索引付き。

わかる! 時事用語 就活 2015年度版　最新キーワードを効率よくチェック!　新星出版社編集部編　新星出版社　2013.6　159p　18cm　〈「わかる!! わかる!! 時事用語」の改題, 巻次を継承〉　600円　①978-4-405-01805-1　Ⓝ814.7
(目次)政治関係のキーワード, 経済・金融関連のキーワード, 国際関係のキーワード, 科学技術のキーワード, 社会・生活関連のキーワード, 文化・スポーツ関連のキーワード
(内容)最新の時事用語を収録。覚えやすいQ&A形式。重要な用語の背景もよくわかる。

わかる!! わかる!! わかる!! 時事用語 2003年度版　基本から超ニュースなキーワードまで　新星出版社編集部編　新星出版社　2002.3　159p　18cm　600円　①4-405-01533-3　Ⓝ814.7
(目次)超ニュースをダイジェスト!, 経済・金融関連のキーワード, 政治関連のキーワード, 国際関連のキーワード, 企業・科学技術関連のキーワード, 社会・生活関連のキーワード, 環境関連のキーワード, 文化・スポーツ関連のキーワード, 重要人物
(内容)本書は, 2001年12月までに起きたできごと, 事件等に関するキーワードを掲載したものである。

わかる!! わかる!! わかる!! 時事用語 2004年度版　基本から超ニュースなキーワードまで　新星出版社編集部編　新星出版社　2002.12　159p　18cm　600円　①4-405-01553-8　Ⓝ814.7
(目次)超ニュースをダイジェスト, 経済・金融関連のキーワード, 政治関連のキーワード, 国際関連のキーワード, 企業・科学技術関連のキーワード, 社会・生活関連のキーワード, 環境関連のキーワード, 文化・スポーツ関連のキーワード, 重要人物
(内容)基本から超ニュースなキーワードまで。

わかる!! わかる!! わかる!! 時事用語 2005年度版　基本から超ニュースなキーワードまで　新星出版社編集部編　新星出版社　2003.12　159p　18cm　600円　①4-405-01571-6　Ⓝ814.7
(目次)超ニュースをダイジェスト!, 経済・金融関連のキーワード, 政治関連のキーワード, 国際関連のキーワード, 企業・科学技術関連のキーワード, 社会・生活関連のキーワード, 環境関連のキーワード, 文化・スポーツ関連のキーワード, 重要人物, 付録
(内容)原則として2003年10月までに起きたできごと, 事件等に関するキーワードを掲載。見逃している重要なニュースの時事用語をチェックできるよう工夫。時事用語を理解するために必要な最低限の知識も盛り込んだ。

わかる!! わかる!! わかる!! 時事用語 2006年度版　基本から超ニュースなキーワードまで　新星出版社編集部編　新星出版社　2004.9　159p　18cm　600円　①4-405-01576-7
(目次)超ニュースをダイジェスト!, 経済・金融関連のキーワード, 政治関連のキーワード, 国際関連のキーワード, 企業・科学技術関連のキーワード, 社会・生活関連のキーワード, 環境関連のキーワード, 文化・スポーツ関連のキーワード, 重要人物, 付録
(内容)本書は, 原則として2004年8月上旬までに起きたできごと, 事件等に関するキーワードを掲載しました。見逃している重要なニュースの時事用語をチェックできるよう工夫してあります。

わかる!! わかる!! わかる!! 時事用語 2007年度版　基本から超ニュースなキーワードまで　新星出版社編集部編　新星出版社　2005.9　159p　18cm　600円　①4-405-01602-X
(目次)超ニュースをダイジェスト!, 経済・金融関連のキーワード, 政治関連のキーワード, 国際関連のキーワード, 企業・科学技術関連のキーワード, 社会・生活関連のキーワード, 環境関連のキーワード, 文化・スポーツ関連のキーワード, 重要人物
(内容)本書は, 原則として2005年7月末までに起きたできごと, 事件等に関するキーワードを掲載しました。見逃している重要なニュースの時事用語をチェックできるよう工夫してあります。時事用語を理解するために必要な最低限の知識も盛り込みました。

わかる!! わかる!! わかる!! 時事用語 2008年度版　基本から超ニュースなキーワードまで　新星出版社編集部編　新星出版社　2006.8　159p　18cm　600円　①4-405-01626-7　Ⓝ814.7
(目次)超ニュースをダイジェスト!, 経済・金融関連のキーワード, 政治関連のキーワード, 国際関連のキーワード, 企業・科学技術関連のキーワード, 社会・生活関連のキーワード, 環境関連

のキーワード，文化・スポーツ関連のキーワード，重要人物，付録

わかる!! わかる!! わかる!! 時事用語 2009年度版 基本から超ニュースなキーワードまで 新星出版社編集部編 新星出版社 2007.8 159p 18cm 600円 ⓣ4-405-01650-7

(目次)超ニュースをダイジェスト!，経済・金融関連のキーワード，政治関連のキーワード，国際関連のキーワード，企業・科学技術関連のキーワード，社会・生活関連のキーワード，環境関連のキーワード，文化・スポーツ関連のキーワード，重要人物，付録

わかる!! わかる!! わかる!! 時事用語 2010年度版 基本から超ニュースなキーワードまで 新星出版社編集部編 新星出版社 2008.7 159p 18cm 600円 ⓣ978-4-405-01670-5

(目次)超ニュースをダイジェスト!，経済・金融関連のキーワード，政治関連のキーワード，国際関連のキーワード，企業・科学技術関連のキーワード，社会・生活関連のキーワード，環境関連のキーワード，文化・スポーツ関連のキーワード，重要人物

(内容)本書は，原則として2008年5月末までに起きたできごと，事件等に関するキーワードを掲載しました。見逃している重要なニュースの時事用語をチェックできるよう工夫しています。ニュース全体の流れを理解していると重要キーワードも頭に入りやすくなります。そこで本書では時事用語を理解するために必要な最低限の知識も盛り込みました。

わかる!! わかる!! わかる!! 時事用語 2011年度版 新星出版社編集部編 新星出版社 2009.6 159p,18cm+シート1枚 18cm 600円 ⓣ978-4-405-01689-7

(目次)超ニュースをダイジェスト!，経済・金融関連のキーワード，政治関連のキーワード，国際関連のキーワード，企業・科学技術関連のキーワード，社会・生活関連のキーワード，環境関連のキーワード，文化・スポーツ関連のキーワード，重要人物，付録

(内容)基本から話題のキーワードまで，いつでもどこでも丸暗記。

わかる!! わかる!! わかる!! 時事用語 2012年度版 新星出版社編集部編 新星出版社 2010.5 159p,18cm+シート1枚 18cm 600円 ⓣ978-4-405-01708-5

(目次)超ニュースをダイジェスト!，経済・金融関連のキーワード，政治関連のキーワード，国際関連のキーワード，企業・科学技術関連のキー

ワード，社会・生活関連のキーワード，環境関連のキーワード，文化・スポーツ関連のキーワード，重要人物，付録 日本国憲法一部抜粋

わかる!! わかる!! わかる!! 時事用語 2013年度版 新星出版社編集部編 新星出版社 2011.5 159p 18cm 600円 ⓣ978-4-405-01738-2

(目次)超ニュースをダイジェスト!，経済・金融関連のキーワード，政治関連のキーワード，国際関連のキーワード，科学技術関連のキーワード，社会・生活関連のキーワード，環境関連のキーワード，文化・スポーツ関連のキーワード，重要人物，付録 日本国憲法一部抜粋

わかる!! わかる!! わかる!! 時事用語 2014年度版 新星出版社編集部編 新星出版社 2012.6 159p 18cm 600円 ⓣ978-4-405-01770-2

(目次)震災・原発事故関連のキーワード，国際関連のキーワード，経済・金融関連のキーワード，政治関連のキーワード，科学技術関連のキーワード，社会・生活関連のキーワード，環境関連のキーワード，文化・スポーツ関連のキーワード，重要人物

わかる!! わかる!! わかる!! 時事用語 2016年度版 新星出版社 2014.6 159p 18cm 600円 ⓣ978-4-405-01836-5 Ⓝ814.7

(目次)政治関係のキーワード，経済・金融関連のキーワード，国際関係のキーワード，科学技術のキーワード，社会・生活関連のキーワード，スポーツ・文化関連のキーワード

わかる!! わかる!! わかる!! 時事用語 2017年度版 新星出版社 2015.6 159p 18cm 600円 ⓣ978-4-405-01869-3 Ⓝ814.7

(目次)政治関係のキーワード，経済・金融関連のキーワード，国際関係のキーワード，科学技術のキーワード，社会・生活関連のキーワード，スポーツ・文化関連のキーワード

Word Bank 「現代用語の基礎知識」KEY-WORD BOOK '91 現代用語の基礎知識編集部編 自由国民社 1990.7 335p 21cm 1000円 ⓣ4-426-12401-8 Ⓝ813.7

(目次)国際関係，外交・政治・法律，経済・産業，情報通信・科学技術，医療・社会生活，マスコミ文化風俗

(内容)「読み切りキーワード」で頭の中を「整理」「武装」する。現代用語の基礎知識キーワード版'91。

ワード・バンク 現代用語の基礎知識

'91〜'92　現代用語の基礎知識編集部編
自由国民社　1991.4　317p　21cm　1000円
Ⓣ4-426-12402-6　Ⓝ813.7
⦅目次⦆激動の世紀末を象徴する3エリア（ソ連，中東，ヨーロッパ），国際関係，外交・政治・法律，経済・産業，情報通信・科学技術，メディカル・社会生活，マスコミ文化風俗
⦅内容⦆キーワードを軸に、現代をテーマ別に編集したもの。解説に際しては、最新の重要テーマであることを第一としている。今年版のキーワード数は90テーマにわたる。また、全体を、国際関係、外交・政治・法律、経済・産業、情報通信・科学技術、メディカル・社会生活、マスコミ文化風俗の6ジャンルで構成している。

ワード・バンク　'92〜93　「現代用語の基礎知識」KEY - WORD BOOK
現代用語の基礎知識編集部編　自由国民社　1992.5　319p　21cm　1200円　Ⓣ4-426-12403-4　Ⓝ813.7
⦅内容⦆本書は、キーワードを軸に、現代をテーマ別に編集したものです。解説に際しては、最新の重要テーマであることを第一としました。今回選びだしたキーワード数は93テーマです。キーワード解説の頁では、関連知識、周辺知識としてのリファレンスを作成しました。また、全体を「国際関係」「外交・政治・法律」「経済・産業」「情報通信・科学技術」「メディカル・社会生活」「マスコミ文化風俗」の6ジャンルで構成してあります。

ワードバンク ニュース　'94　マスコミ就職対策 試験に出る時事問題　現代用語の基礎知識編集部編　自由国民社　1993.5　303p　21cm　1200円　Ⓣ4-426-12404-2　Ⓝ813.7
⦅目次⦆ニュース解説，重要データ・記録特集，用語解説

ワード・バンク ニュース　'95　マスコミ就職対策 試験に出る時事問題　「現代用語の基礎知識」編集部編　自由国民社　1994.7　303p　21cm　1300円　Ⓣ4-426-12405-0　Ⓝ813.7
⦅内容⦆本書は、(1) ニュース解説 (2) 用語解説 (3) 重要データ記録特集の3本の柱で構成されています。

<ハンドブック>

今とこれからを知る図解時事用語　278の最新キーワード　2016→2017年版　スタンダーズ　2015.12　143p　26cm　〈執筆：倉田隆則ほか　索引あり〉　926円

Ⓣ978-4-907592-37-0　Ⓝ302
⦅内容⦆日本の、世界の、今とこれからがすべてわかる! 安保法案、TPP、ノーベル賞など、ニュースで話題の最新時事用語を完全網羅。各用語の基礎基本、背景、今後の動向に至るまで幅広く解説。豊富な図解で難しい用語もすぐ理解! ものごとの関係性を示す図解や資料となるデータをふんだんに盛り込み、それぞれの用語の意味を直感的に理解できる。一般常識の試験や面接を控えた就活生、世の中の動向に敏感になりたいビジネスマン、教養を身につけたい人必携の一冊。

時事用語ハンドブック　'91　就職情報研究会編　実務教育出版　1990.4　194p　19cm　（就職バックアップシリーズ）　810円　Ⓣ4-7889-2369-6　Ⓝ031
⦅内容⦆国際・政治・経済・ビジネス・社会一般・ハイテクの6ジャンルを収録。ことばを知っているだけで済まない時事問題は、図表を混じえて解説。

時事用語ハンドブック　'92　就職情報研究会編　実務教育出版　1991.4　194p　19cm　（就職バックアップシリーズ）〈企画：アビック〉　854円　Ⓣ4-7889-2216-9　Ⓝ031
⦅内容⦆国際・政治・経済・ビジネス・社会一般・ハイテクの6ジャンルを収録。ことばを知っているだけで済まない時事問題は、図表を混じえて解説。

時事用語ハンドブック　'93　就職情報研究会編　実務教育出版　1992.4　194p　19cm　854円　Ⓣ4-7889-2245-2　Ⓝ031
⦅内容⦆本書は、就職試験に必要と思われる基本的な時事用語を、国際問題、政治問題、経済問題、ビジネス、ハイテク、社会一般の6つのジャンルに分け、それぞれテーマ解説、基礎用語解説を行っています。

時事用語ハンドブック　'94　就職のための現代キーワード集　就職情報研究会編　実務教育出版　1993.3　194p　19cm　（就職バックアップシリーズ 10）　900円　Ⓣ4-7889-2274-6　Ⓝ031
⦅内容⦆就職試験に必要と思われる基本的な時事用語1000余語を解説した事典。用語を重大ニュース・主要ニュース・基本時事用語・基礎用語解説の4ランクに分け、ニュース別に論点・問題解説とキーワードの解説を記載、基礎用語解説は国際・政治・経済・ビジネス・社会一般・ハイテクの6つのジャンルに分け、基本的な定義と実際の用例を記載する。

時事用語ハンドブック　'95　就職のための現代キーワード集　就職情報研究会編

語彙　　　　時事用語・現代用語

実務教育出版　1994.3　194p　19cm　（就職バックアップシリーズ 9）　930円　Ⓘ4-7889-2709-8　Ⓝ031

⦅目次⦆1993年重大ニュースの論点解説，1993年主要ニュースの問題解説，1993年基本時事用語の問題解説，1993年基礎用語解説

⦅内容⦆就職試験に必要と思われる基本的な時事用語1000余語を解説した事典。用語を重大ニュース・主要ニュース・基本時事用語・基礎用語解説の4ランクに分け，ニュース別に論点・問題解説とキーワードの解説を記載。基礎用語解説は6つのジャンルに分け，基本的な定義と実際の用例を記載する。

時事用語ハンドブック　'96　就職情報研究会編　実務教育出版　1995.4　194p　19cm　（就職バックアップシリーズ）　854円　Ⓘ4-7889-2809-4　Ⓝ031

⦅目次⦆1994年重大ニュースの論点解説，1994年主要ニュースの問題解説，1994年基本時事用語の問題解説，1994年基礎用語解説

⦅内容⦆就職試験に必要と思われる基本的な時事用語1000余語を解説した事典。用語を重大ニュース・主要ニュース・基本時事用語・基礎用語解説の4ランクに分け，ニュース別に論点・問題解説とキーワードの解説を記載。基礎用語解説は6つのジャンルに分け，基本的な定義と実際の用例を記載する。一時事問題を「語れる」ためにまとめた本。就職のための現代キーワード集。

時事用語ハンドブック　'97　就職情報研究会編　実務教育出版　1996.4　194p　19cm　（就職バックアップシリーズ 7）　854円　Ⓘ4-7889-2745-4　Ⓝ031

⦅目次⦆1995年重大ニュースの論点解説，1995年主要ニュースの問題解説，1995年基本時事用語の問題解説，1995年基礎用語解説

⦅内容⦆1995年に起こった事件・出来事および用語を解説したもの。「重大ニュースの論点解説」「主要ニュースの問題解説」「基本時事用語の問題解説」「基礎用語解説」から成る。「基礎用語解説」は国際，政治，経済，ビジネス，ハイテク，社会一般の6分野別。巻末に用語索引がある。－就職のための現代キーワード集。

時事用語ハンドブック　'98　就職情報研究会編　実務教育出版　1997.3　194p　19cm　（就職バックアップシリーズ 7）　854円　Ⓘ4-7889-2907-4　Ⓝ031

⦅目次⦆1996年重大ニュースの論点解説，1996年主要ニュースの問題解説，1996年基本時事用語の問題解説，1996年基礎用語解説

⦅内容⦆就職のための現代キーワード集！ 新聞・テレビで話題のニュースを詳しく解説。国際，政治，経済，ビジネス，ハイテク，社会一般の6分野から就職試験によく出る用語をセレクト。

時事用語ハンドブック　'99　就職情報研究会編　実務教育出版　1998.3　194p　19cm　（就職バックアップシリーズ）　854円　Ⓘ4-7889-2856-6　Ⓝ031

⦅目次⦆1997年重大ニュースの論点解説，1997年主要ニュースの論点解説，1997年基本時事用語の論点解説，1997年基礎用語解説

⦅内容⦆就職のための現代キーワード集！ 新聞・テレビで話題のニュースを詳しく解説。国際，政治，経済，ビジネス，ハイテク，社会一般の6分野から就職試験によく出る用語をセレクト。

図解 時事用語　最新ニュースが一目でわかる！ '03年度版　現代用語検定協会監修　高橋書店　2001.11　239p　21cm　1100円　Ⓘ4-471-63652-8　Ⓝ302.1

⦅目次⦆国際，政治，経済，産業・情報，社会・生活，自然・環境，科学・宇宙，文化・スポーツ

⦅内容⦆本書では，時事用語を単語として覚えるのではなく，時代やその年の状況を象徴する『時事キーワード』という発想から体系的に選択し，それぞれに関連する用語をステップを経ながら理解できるように構成。すなわち一つ一つ覚えるのではなく，体系的に理解できるように工夫されている。また，ビジュアル化を図るなど，手軽に楽しみながら現代社会を知ることができるよう編纂している。

図解 時事用語　最新ニュースが一目でわかる！ '04年度版　現代用語検定協会監修　高橋書店　2002.11　239p　21cm　1150円　Ⓘ4-471-62662-0　Ⓝ302.1

⦅目次⦆国際，政治，経済，産業・情報，社会・生活，自然・環境，科学・宇宙，文化・スポーツ

⦅内容⦆本書では，時事用語を単語として覚えるのではなく，現代社会の大きな流れやその年の状況の全体像を理解できるように，用語を体系的に選択した。そのうえでそれぞれに関連する用語をステップを経ながら理解できるように構成した。

図解 時事用語　最新ニュースが一目でわかる！ '05年度版　現代用語検定協会監修　高橋書店　2003.12　239p　19cm　1100円　Ⓘ4-471-63672-3　Ⓝ814.7

⦅目次⦆国際・政治・経済がわかる基本の用語，国際，政治，経済，産業・情報，社会・生活，自然・環境，科学・宇宙，文化・スポーツ

⦅内容⦆本書では，時事用語を単語として覚えるのではなく，現代社会の大きな流れやその年の状況の全体像を理解できるように，用語を体系的に選択した。そのうえでそれぞれに関連する

用語をステップを経ながら理解できるように構成した。

〈図解〉まるわかり時事用語　2005-2006年版　ニュース・リテラシー研究所編著　新星出版社　2005.1　143p　26cm　1000円　Ⓘ4-405-03548-2　Ⓝ031

(目次)国際, 政治, 経済, 社会, 環境・健康, 情報・科学, 文化・スポーツ, 付録

(内容)1項目2分で完全理解! 豊富なイラスト図解で『なるほど! 納得』とわかりやすい解説。たった見開き2頁を読むだけで、超重要ポイントと物事の本質がみるみる見えてくる。

〈図解〉まるわかり時事用語　2006-2007年版　世界と日本の最新ニュースが一目でわかる!　ニュース・リテラシー研究所編著　新星出版社　2006.1　143p　26cm　1000円　Ⓘ4-405-01620-8　Ⓝ031

(目次)SPECIAL, 国際, 政治, 経済, 社会, 環境・健康, 情報・科学, 文化・スポーツ

(内容)絶対押さえておきたい、最重要時事を8ジャンルに分類し、わかりやすく解説。

〈図解〉まるわかり時事用語　2007-2008年版　世界と日本の最新ニュースが一目でわかる!　ニュース・リテラシー研究所編著　新星出版社　2007.1　143p　26cm　1000円　Ⓘ978-4-405-01640-8　Ⓝ031

(内容)日々のニュースに出てくる新しい言葉や重要なトピックを、スペシャル、国際、政治、経済、社会、環境・健康、情報・科学、文化・スポーツの8ジャンルに分類し、わかりやすく解説。トピックに関連するHPアドレスも記載。

〈図解〉まるわかり時事用語　2008-2009年版　世界と日本の最新ニュースが一目でわかる!　ニュース・リテラシー研究所編著　新星出版社　2008.1　143p　26cm　1000円　Ⓘ978-4-405-01660-6　Ⓝ031

(目次)SPECIAL, 国際, 政治, 経済, 社会, 環境・健康, 情報・科学, 文化・スポーツ

(内容)1項目2分で完全理解! 豊富なイラスト図解で『なるほど! 納得』とわかりやすい解説。たった見開き2頁を読むだけで、超重要ポイントと物事の本質がみるみる見えてくる。

〈図解〉まるわかり時事用語　2009-2010年版　世界と日本の最新ニュースが一目でわかる!　ニュース・リテラシー研究所編著　新星出版社　2009.1　143p　26cm　〈年表あり　索引あり〉　1000円　Ⓘ978-4-405-03600-0　Ⓝ031

(目次)SPECIAL, 国際, 政治, 経済, 社会, 環境・健康, 情報・科学, 文化・スポーツ

(内容)トピックに関連するホームページアドレスを記載! スペシャル／国際／政治／経済／社会／環境・健康／情報・科学／文化・スポーツの8ジャンルに分類し、わかりやすく解説。

〈図解〉まるわかり時事用語　2010-2011年版　世界と日本の最新ニュースが一目でわかる!　ニュース・リテラシー研究所編著　新星出版社　2010.1　143p　26cm　〈索引あり〉　1000円　Ⓘ978-4-405-04695-5　Ⓝ031

(目次)SPECIAL, 国際, 政治, 経済, 社会, 環境・健康, 情報・科学, 文化・スポーツ

(内容)1項目2分で完全理解! 豊富なイラスト図解で『なるほど! 納得』とわかりやすい解説。たった見開き2頁を読むだけで、超重要ポイントと物事の本質がみるみる見えてくる。

〈図解〉まるわかり時事用語　2011-2012年版　世界と日本の最新ニュースが一目でわかる!　ニュース・リテラシー研究所編著　新星出版社　2011.1　143p　26cm　1000円　Ⓘ978-4-405-04731-0　Ⓝ031

(目次)SPECIAL, 国際, 政治, 経済, 社会, 環境・健康, 情報・科学, 文化・スポーツ

(内容)絶対押さえておきたい、最重要時事を完全図解。

〈図解〉まるわかり時事用語　2012-2013年版　ニュース・リテラシー研究所編著　新星出版社　2012.1　143p　26cm　1000円　Ⓘ978-4-405-04769-3　Ⓝ031

(目次)SPECIAL, 国際, 政治, 経済, 社会, 環境・健康, 情報・科学, 文化・スポーツ

(内容)トピックに関連するホームページアドレスを記載! スペシャル／国際／政治／経済／社会／環境・健康／情報・科学／文化・スポーツの8ジャンルに分類し、わかりやすく解説。

〈図解〉まるわかり時事用語　2013-2014年版　世界と日本の最新ニュースが一目でわかる! 絶対押えておきたい、最重要時事を完全図解!　ニュース・リテラシー研究所編著　新星出版社　2013.1　143p　26cm　1000円　Ⓘ978-4-405-04798-3　Ⓝ031

(目次)SPECIAL, 国際, 政治, 経済, 社会, 環境・健康, 情報・科学, 文化・スポーツ

〈図解〉まるわかり時事用語　2014-2015年版　世界と日本の最新ニュースが一目でわかる!　ニュース・リテラシー研究所編著　新星出版社　2014.1　24,143p　26cm　〈索引あり〉　1000円　Ⓘ978-4-405-04826-3　Ⓝ031

(目次)SPECIAL, 国際, 政治, 経済, 社会, 環

境・健康，情報・科学，文化・スポーツ
⒤絶対押えておきたい，最重要時事を完全図解！

〈図解〉まるわかり時事用語 2015-2016年版 世界と日本の最新ニュースが一目でわかる！ ニュース・リテラシー研究所編著 新星出版社 2015.1 24,143p 26cm 〈索引あり〉 1000円 ①978-4-405-04849-2 Ⓝ031

⒨SPECIAL，国際，政治，経済，社会，環境・健康，情報・科学，文化・スポーツ
⒤絶対押えておきたい，最重要時事を完全図解！1項目2分で完全理解！豊富なイラスト図解で『なるほど！納得』とわかりやすい解説。たった見開き2頁を読むだけで，超重要ポイントと物事の本質がみるみる見えてくる！

〈図解〉まるわかり時事用語 2016-2017年版 世界と日本の最新ニュースが一目でわかる！ ニュース・リテラシー研究所編著 新星出版社 2016.1 24,143p 26cm 〈索引あり〉 1000円 ①978-4-405-04875-1 Ⓝ031

⒨SPECIAL，国際，政治，経済，社会，環境・健康，情報・科学，文化・スポーツ
⒤絶対押えておきたい，最重要時事を完全図解！1項目2分で完全理解！豊富なイラスト図解で『なるほど！納得』とわかりやすい解説。たった見開き2頁を読むだけで，超重要ポイントと物事の本質がみるみる見えてくる！

名数語・数詞・単位

＜事典＞

意外と知らない「数え方」の事典 なるほどー！がいっぱいの数の話 ビジネスリサーチ・ジャパン著 三笠書房 2004.11 249p 15cm （知的生きかた文庫） 533円 ①4-8379-7448-1 ⑧15.2

⒨第1部 解明！「そうだったんだ！」不思議な「数え方」の話（「蝶」が「1頭」のなぞ数え方の不思議その1，「兎」が「1羽」のわけ数え方の不思議その2，魚は「1尾」，刺身になると？，ひと～つ，ふたつ…知ってる？古代日本人の数の数え方，「4＝死」，「9＝苦」などから数え方もこうなった ほか），第2部 どこまで知ってる？ さまざまな「モノ」を数える単位（「長さ」を表す単位，「面積・体積」を表す単位，「重さ」を表す単位，「自然」にまつわる単位，「植物」にまつわる単位 ほか），第3部 保存版・ちょっと迷う「数の数え方」事典

⒤ネタに使えるちょっとした「数え方」の話。

おもしろ日本語なるほど事典 こんなにも数ある数のつくことばの数々 森睦彦監修 実業之日本社 2001.2 254p 19cm （「なるほど事典」シリーズ） 1400円 ①4-408-39468-8 Ⓝ031.5

⒨第1章 数字おもしろことば，第2章 数のつく四字熟語，第3章 数のつくことわざ，第4章 数のつく人名，第5章 数のつく地名，第6章 読み間違いやすい漢数字

⒤数字のついたことば，四字熟語，ことわざ，人名，地名について，その意味を解説すると共に雑学などを盛り込んだ読む事典。おもしろことば396語，ことわざ191語，四字熟語131語，地名103，人名69を収録。各章の中は単語中の数字の昇順，同じ数字の語は五十音順に排列。巻末に五十音順の索引を付す。

雑学ものしり数字ことば百科 現代言語セミナー編 毎日新聞社 1992.10 253,9p 18cm （ミューブックス） 900円 ①4-620-72064-X Ⓝ031.5

⒤「御三家」といえば尾張・紀伊・水戸の徳川家に始まって，現代は3人の人気歌手に変転，更に「新御三家」も次々に登場，家具の「3点セット」はリクルート事件で政治家の株譲渡資料として流行語に一。数を含む日本語は実に多種多彩。これをあらゆる分野から収集，その成立の背景を眺め，雑学し，エンターテイメントした数のエンサイクロペディア。

「数字言葉」の謎解き事典 日本三景・春の七草・四十八手… 日本語知恵の輪編編 ベストセラーズ 1994.6 271p 15cm （ワニ文庫） 500円 ①4-584-30418-1 Ⓝ031.5

⒤名数すなわち「数字でひとくくりにされた言葉」を紹介する事典。「一姫二太郎」から「百名山」までの287項目を数字別，五十音順に収録，名称，ジャンル記号，よみ，解説を記載する。付録として，両本願寺，テレビのチャンネル，長寿の祝い，結婚記念日など名数関連の情報を収め，巻末に参考文献一覧，索引を付す。

名数絵解き事典 南清彦著，藤原重夫画 叢文社 2000.1 375p 21cm 3800円 ①4-7947-0320-1 Ⓝ031.5

⒤自然・社会・人文・宗教にわたる名数約2000語を絵や文を使って解説した事典。巻末に項目別索引，五十音順索引付き。

名数絵解き事典 増補改訂版 南清彦著，藤原重夫画 叢文社 2001.7 375p 21cm 3800円 ①4-7947-0379-1 Ⓝ031.5

⒤自然・社会・人文・宗教にわたる名数を文と絵で解説したわが国初の絵解き事典。「三

名数語・数詞・単位　　　語彙

大馬鹿事業」「四苦八苦」「七賢人」「百八煩悩」など、数字を用いた有名熟語2000語を収録。五十音索引付き。

＜辞典＞

絵でみるモノの数え方辞典　ことば百科
　　山川正光著　誠文堂新光社　2004.10　205p　21cm　1600円　Ⓣ4-416-80443-1　Ⓝ815.2

⦿目次⦿モノや動きの数え方─奈良時代から現代まで，付録1 大きな数，小さな数(国際単位系(SI)の接頭語，『塵劫記』による命数法)，付録2 数字がある日本のことわざ・慣用句集，付録3 数字の語呂合わせ「○○の日」

⦿内容⦿日常使われている民具や食べ物，動物，植物など古くから伝わる数え方(助数詞)を、イラストや切手の図柄とともに解説。数字にまつわる単位，慣用句，語呂合わせも所収。

数のつく日本語辞典　森睦彦著　東京堂出版
　　1999.4　343p　19cm　2400円　Ⓣ4-490-10513-4　Ⓝ031.5

⦿目次⦿零，半，一，二，三，四，五，六，七，八，九，十，十一～二十，二十一～三十，三十一～四十，四十一～五十，五十一～六十，六十一～七十，七十一～九十九，百，百一～九百九十九，千，千一～九千九百九十九，万～無限，付録(西国三十三箇所，板東三十三箇所，秩父三十四箇所，東海道五十三次，中山道六十九次，四国八十八箇所，音風景百選，小京都百選，日本百名山，日本百名水，日本百景，日本名城百選，日本名瀑百選，日本名木百選，百人一首，千字文)，類句索引

⦿内容⦿名数，成語，ことわざ，仏教語，歴史用語など，数に関わることばを掲載した辞典。一姫二太郎，二重構造，三寒四温，五臓六腑，六根清浄，七福神，八方美人，薬九層倍，十干十二支など，1670余語を収録。類句索引付き。

数え方の辞典　飯田朝子著，町田健監修　小学館　2004.4　397p　21cm　2200円　Ⓣ4-09-505201-5　Ⓝ815.2

⦿目次⦿第1章 ものの数え方，第2章 助数詞・単位一覧

⦿内容⦿箸は1膳，鱈子は1腹，長持は1棹，蚊帳は1張り，機は1戸前，屏風は1双。日本の日常生活で数える機会のある約4600項目の名詞を収録。ほとんどの項目に詳しい解説を記載。数え方の由来や、使い分けのコツなども知ることができる。

そこんとこ何というか辞典　物の数え方・物の名前　日本の常識研究会編　ベストセラーズ　2005.5　262p　15cm　（ワニ文庫）

638円　Ⓣ4-584-39207-2　Ⓝ815.2

⦿目次⦿巻頭特集 コレって何!?，第1部 物の数え方(植物の数え方，生き物の数え方，野菜・果物の数え方，料理・菓子の数え方，文房具の数え方，住まい・家具の数え方，身につける物の数え方，乗り物の数え方)，第2部 物の名前(日本間，日本庭園，家紋，文様，城，日本刀，日本髪，盆栽，歌舞伎，能・狂言，雅楽，茶道，華道，書道，柔道，弓道，剣道)

⦿内容⦿金魚は一匹，二匹，または一尾，二尾で数える。サケだって同じでしょ！と思いきや、サケには隻や石なんて数え方も…。本書ではそんなおもしろ数え方と秘められたエピソードを満載。さらに今まで、あそこ、ここでお茶を濁してきた、城や日本間、庭園等の各部位の名称をイラスト入りで大公開。

和漢名数辞典　数にまつわる墨場必携　市川景編著　木耳社　2010.2　469p　21cm　〈文献あり 索引あり〉　3800円　Ⓣ978-4-8393-0968-8　Ⓝ031.5

⦿目次⦿一月，一握の髪，一握の砂，一葦，一栄一落，天の一涯，一雁，一閑吟，一邱一壑，一行の書〔ほか〕

⦿内容⦿中国と日本の名数を紹介した、数にまつわる言葉辞典。名数とは「日本三景」「蕉門十哲」のように並び称される物や人物を集め、その集めた数を冠して呼ぶ言葉の総称。また、漢詩や語句・短歌・俳句などの中から数を交えた言葉も対象に加える。924項目、1076の数詞例を収録。数字順、同数字内は五十音順に掲載する。解説のほか、出典となる漢詩は原文と釈文を掲載する。作者・作品索引がある。

＜ハンドブック＞

絵で見る「もの」の数え方　町田健監修　主婦の友社　2005.5　287p　19cm　1300円　Ⓣ4-07-246764-2　Ⓝ815.2

⦿目次⦿第1章 知っているようで、知らない数え方，第2章 手に取ることのできないものの数え方，第3章 日本の伝統文化ならではの数え方，第4章 同じものでも、形や大きさで変わる，第5章 同じものでも、場所によって変わる，第6章 分けていくと数え方が変わる，第7章 数え方が変化するもの，第8章 ものの数で数え方が変わる，第9章 生き物の数え方，第10章 ありえないものの数え方

⦿内容⦿なんでもかんでも「一個、二個」「一つ、二つ」と数えていませんか? 知っているようで知らない〜く考えるとへんな「もの」の数え方完全絵解きつきの503点。

四字熟語・名数録・難読漢字　宮園正光編著

明治書院　1999.10　222p　19cm　（社会人に必要な漢字の常識）　1300円　Ⓓ4-625-63303-6　Ⓝ814.4

⦅目次⦆第1章 よく使われる四字熟語（営業の現場で使われる四字熟語，朝礼・訓示などで用いられる四字熟語，スピーチで用いられる四字熟語，日常会話で用いられる四字熟語），第2章 名数録（政治経済にまつわる熟語，思想・宗教・スポーツにまつわる熟語，生活・文化・社会にまつわる熟語），第3章 難読漢字を読みこなす（建物・生活用具に関する漢字，冠婚葬祭に関する漢字，食物・嗜好品に関する漢字，生物・植物に関する漢字），第4章 難しい地名・都市名（難しい地名・都市名（日本編，外国編））

⦅内容⦆四字熟語，名数録，難読漢字を解説したもの。それぞれの熟語や漢字をテーマや使う場面を想定して分類。四字熟語は意味・用法・熟語の成り立ちを，名数録は数字にまつわるエピソードを交え，難読漢字では道具や動植物，冠婚葬祭関連，地名ほかを紹介解説。

俗語・卑語

<事典>

江戸風俗語事典　新装版　三好一光編　青蛙房　2002.12　444p　19cm　4500円　Ⓓ4-7905-0510-3　Ⓝ814.9

⦅目次⦆1 俗語編，2 遊里編，3 雑芸編，4 市井編，5 犯罪編

⦅内容⦆江戸期の言葉を採り上げて言語風俗的に考証することば辞典。河竹黙阿弥作品を中心に文化文政期から明治初年にかけての歌舞伎狂言の中から，洒落・冗談・言い抜け・からかい・うわさ話など3000項目を収録。部門別に構成，その中を五十音順に排列。各語には解説と脚本からの引例を示す。巻末に引例脚本外題表，見出し語五十音順の索引を付す。姉妹書に「江戸生物物価事典」があり，本書の補訂表は「江戸生物物価事典」巻末にある。

これがわかれば日本通　風俗日本語事典　田仲邦子著　ヤック企画，洋販〔発売〕1999.12　176p　21cm　（ひらタイプブックス）　〈他言語標題：Now you can be a Japan expert　英文併記〉　1200円　Ⓓ4-946492-23-2　Ⓝ813.9

⦅内容⦆本書には日本人が日常の中で普通の日本語として使用している用語を選んで掲載しています。この中には「ルーズソックス」や「ジベタリアン」など最近の風俗から誕生したものから，「痴漢」「接待」など年月を経て一般用語となった用語まで含まれています。辞典としても活用できるように，用語はアルファベット順に配列してあります。

明治東京風俗語事典　正岡容著　筑摩書房　2001.2　350p　15cm　（ちくま学芸文庫）　1400円　Ⓓ4-480-08616-1　Ⓝ813.9

⦅内容⦆円朝，黙阿弥，紅葉，鏡花，一葉，荷風などから収集した明治時代の東京の市井の言葉の事典。引用や図版を多く収録する。引用部分以外は現代仮名遣い・表記に改められ，見出しの五十音順に排列されている。

若者遊びコトバ事典　日本ジャーナリスト専門学校猪野ゼミ編　双葉社　1996.7　189p　15cm　（双葉文庫）　500円　Ⓓ4-575-71081-4　Ⓝ814.9

⦅内容⦆仲間内にだけ通じる言葉や流行語など，現代の「若者コトバ」757語を集めた辞典。排列は五十音順。

若者言葉事典　亀井肇著　日本放送出版協会　2003.7　217p　18cm　（生活人新書）　680円　Ⓓ4-14-088073-2　Ⓝ814.9

⦅目次⦆女子中高生の使う言葉（R&B娘，アクア系シューズ，あぶない ほか），OL・主婦の使う言葉（あいのり，朝スポ/夜スポ，アサトレ ほか），男社会の言葉（IT族，アドニス・コンプレックス，アニ婚 ほか）

⦅内容⦆「情けな系」「きしょい」「着ゴエ」「テクハラ」…。街中で耳に飛び込む聞き慣れない日本語，意味不明の言葉。そこで本書は，若者の会話に頻出する言葉を，使用例やイラストも盛り込みつつ解説。厳選340語を収載。

<辞典>

いろは悪態辞典　多田阿呆著　文芸社　2000.12　345p　19cm　1500円　Ⓓ4-8355-0719-3　Ⓝ814.9

⦅内容⦆約700語の悪態語を，川柳・狂歌・短歌・都々逸などを交えながらコラム風に解説するもの。いろは順排列。

消えゆく日本の俗語・流行語辞典　テリー伊藤監修，大迫秀樹編著　東邦出版　2004.3　348p　21cm　〈文献あり〉　1200円　Ⓓ4-8094-0387-4　Ⓝ813.9

⦅内容⦆天寿をまっとうした言葉，志半ばにして力つきた言葉，刹那に輝き散った言葉，変貌を遂げ再生した言葉…、そんな流行語・死語・懐古語たちの「聖典」。

俗語大辞典　堀籠美善編　東出版　1995.12　1132p　22cm　（辞典叢書 7）〈集文館大正6年刊の複製〉　18540円　Ⓓ4-87036-017-9

Ⓝ813.9
内容 1917年に、東京・日本橋の集文館より出版された、「俗語大辞典」の復刻版。当時をしのばせる、生活に密着した言葉が満載。また例文にも、昔の風習がにじみ出ている。

俗語発掘記 消えたことば辞典 米川明彦著
　講談社　2016.12　253p　19cm　(講談社選書メチエ)　1650円　Ⓘ978-4-06-258643-6　Ⓝ814.9
目次 本編(あ行、か行、さ行、た行、な行、は行、ま行、や行、ら行)、解説(俗語とは、流行語の発生と消滅、俗語が消えていく理由、若者語の変化)
内容 日本人の高い創造性・アレンジ能力は、ことばの創造においても、遺憾なく発揮される。流行りことばは、毒を含み、からかい、笑い飛ばす。一世を風靡しながら、スタンダードになりきれず、賞味期限が切れて退場し、忘れられた「死語」たち。インパクト抜群の小ネタでたどる、近現代日本のもう一つの「風俗史」。

日本俗語大辞典 米川明彦編　東京堂出版
　2003.11　697p　21cm　6800円　Ⓘ4-490-10638-6　Ⓝ813.9
内容 若者語、卑語、隠語、流行語、差別語、口頭語形など明治～現代に至る文献から集めた俗語とその用例を掲載。見出し語約6300語、用例約12000を収録。本文は見出し語の五十音順に排列。語句の解説には、漢字表記・品詞・意味・初出の時代・類義語・反義語・関連語・用例等を記載し、参考文献も付す。

罵詈雑言辞典 奥山益朗編　東京堂出版
　1996.6　348p　19cm　2575円　Ⓘ4-490-10423-5　Ⓝ814.4
内容 性格・品性・態度をののしる言葉、能力・思考・精神をののしる言葉、身体・動作・容貌をののしる言葉等、いわゆる罵詈・悪態語1200を解説した辞典。排列は見出し語の五十音順。文例は江戸・明治・大正・昭和・平成の各時代の文学作品から引用している。

若者ことば辞典 米川明彦著　東京堂出版
　1997.3　260p　19cm　1800円　Ⓘ4-490-10449-9　Ⓝ814.9
内容 女子大生のことばを中心に1150語を収録。語源や意味と類義語・関連語を示す。排列は、見出し語の五十音順。

隠語・職業語

<事典>

いまさら人に聞けない日本語事典。 最新版 不要日本語保存委員会編　バウスター ン, あおば出版〔発売〕　2002.11　255p　19cm　1000円　Ⓘ4-87317-730-8　Ⓝ813.9
目次 インターネット100, パソコン100,2ちゃんねる100, アニメ100, 同人誌100, コミック100, ゲーム100, プラモデル／トイ100, オカルト100, 映画／DVD100, ペット100, フード100, 鉄道100, ミリタリー100, アダルト100
内容 日常生活において不要だと思われる、業界用語、マニア用語、おたく用語などの隠語の事典。1777語を収録。インターネット、パソコン、アニメなど15の部門に分類し構成。それぞれ五十音順に排列。各項目、見出し語、ヨミ、解説からなる。巻末に総索引が付く。

日本職人ことば事典　上巻 清野文男著
　日本図書センター　2012.7　205,94p　27cm　〈文献あり 索引あり　「日本の職人ことば事典」(工業調査会 1996年刊)の複製〉　Ⓘ978-4-284-20240-4　Ⓝ813.9
内容 日本各地の職人を訪ね歩き、聞き書きで収集したことばやことわざ・格言を写真とともに紹介。現在ではあまり使われなくなったことばやことわざ・格言、ある職種の人々の間でのみ使われている用語を、現代語を用いて解説する。2分冊構成の上巻。上巻は「日本の職人ことば事典」(工業調査会 1996年刊)を複製収録。

日本職人ことば事典　下巻 清野文男著
　日本図書センター　2012.7　187p　27cm　〈「日本の職人ことわざ事典」(工業調査会 2001年刊)の複製〉　Ⓘ978-4-284-20241-1　Ⓝ813.9
内容 日本各地の職人を訪ね歩き、聞き書きで収集したことばやことわざ・格言を写真とともに紹介。現在ではあまり使われなくなったことばやことわざ・格言、ある職種の人々の間でのみ使われている用語を、現代語を用いて解説する。2分冊構成の下巻。下巻は「日本の職人ことば事典」(工業調査会 1996年刊)を複製収録。

日本の職人ことば事典　職人とともに生きてきたことば 清野文男著　工業調査会
　1996.5　205,94p　27cm　3811円　Ⓘ4-7693-7043-1　Ⓝ813.9
内容 日本各地の2000人余りの職人を訪ね歩き、聞き書きで収集した3000余の言葉を写真とともに紹介する。現代ではあまり使われなくなったことば、ある職種の人々の間でのみ使われている用語を現代語を用いて解説する。

<辞典>

いろの辞典 小松奎文編著 文芸社 2000.7 927p 19cm 1800円 ⓘ4-8355-0045-8 ⓝ384.7

(内容)色事に関する用語を収録した辞典。五十音順排列。巻末に付録付き。

いろの辞典 改訂版 新装版 小松奎文編著 文芸社 2000.12 941p 20cm 〈他言語標題:Eroticism dictionary〉 2500円 ⓘ4-8355-1499-8 ⓝ384.7

(内容)「お色気・色事」に焦点を絞ったお色気辞典。俗語、隠語、難語、古語、新語…古今東西あらゆる文献を紐解きながら語彙を集め、一つ一つの単語の語意を丹念に調べ編纂。2000年刊改訂版の新装版。

隠語辞典集成 1 日本隠語集 稲山小長男〔編纂〕 大空社 1996.12 421p 19cm 〈複製 監修:松井栄一,渡辺友左〉 11330円 ⓘ4-7568-0336-9 ⓝ813.9

(内容)明治・大正・昭和戦後初期までに刊行された著名な隠語辞典を網羅。特定の組織・集団・社会で通用した特殊なことば=隠語は一般の国語辞典ではなかなか調べられない。日本近代社会の実態を探究する際に必携。第1巻は「日本隠語集」(後藤持賓館 明治25年刊)を複刻。

隠語辞典集成 2 隠語輯覧 富田愛次郎監修, 高芝龍〔著〕 大空社 1996.12 1冊 19cm 〈複製 監修:松井栄一,渡辺友左〉 18540円 ⓘ4-7568-0337-7 ⓝ813.9

(内容)「隠語輯覧」(京都府警察部 大正4年刊)を複刻。

隠語辞典集成 3 ポケット隠語辞典 犯罪隠語集 学術普及社編輯部編 樺山勝美著 大空社 1996.12 1冊 19cm 〈複製 監修:松井栄一,渡辺友左〉 5150円 ⓘ4-7568-0338-5 ⓝ813.9

(内容)「ポケット隠語辞典」(学術普及社編輯部編、学術普及社 昭和4年刊)、「犯罪隠語集」樺山勝美著(『グロテスク』昭和4年3月号)を複刻。

隠語辞典集成 4 チョーフグレ 南霞濃〔著〕 大空社 1996.12 225p 19cm 〈複製 監修:松井栄一,渡辺友左〉 7210円 ⓘ4-7568-0339-3 ⓝ813.9

(内容)「チョーフグレ」(文献研究会 昭和5年刊)を複刻。

隠語辞典集成 5 モダン隠語辞典 宮本光玄〔著〕 大空社 1996.12 133p 19cm 〈複製 監修:松井栄一,渡辺友左〉 5450円 ⓘ4-7568-0340-7 ⓝ813.9

(内容)「モダン隠語辞典」(誠文堂 昭和6年刊)を複刻。

隠語辞典集成 6 司法警察特殊語百科辞典 高久景一〔編〕 大空社 1996.12 382,70,75p 19cm 〈複製 監修:松井栄一,渡辺友左〉 14420円 ⓘ4-7568-0341-5 ⓝ813.9

(内容)「司法警察特殊語百科辞典」(司法警務学会 昭和6年刊)を複刻。

隠語辞典集成 7 世界犯罪隠語大辞典 全国隠語集 符牒なら何んでも 隠語と用語 隠語辞典 西山光,黒沼健共編 西堀忠治者 植木鬼仏著 栗田書店編輯部編 大空社 1996.12 1冊 19cm 〈複製 監修:松井栄一,渡辺友左〉 9270円 ⓘ4-7568-0342-3 ⓝ813.9

(内容)「世界犯罪隠語大辞典」西山光,黒沼健共編(『犯罪実話』第3巻第1号付録)、「全国隠語集 符牒なら何んでも」西堀忠治者(帯伊書店 昭和9年刊)、「隠語と用語」植木鬼仏著(川柳文芸社 昭和10年刊)、「隠語辞典」栗田書店編輯部編(栗田書店 昭和13年刊)を複刻。

隠語辞典集成 8 隠語構成様式並に其語集 樋口昇〔著〕 大空社 1996.12 385p 19cm 〈複製 監修:松井栄一,渡辺友左〉 10300円 ⓘ4-7568-0343-1 ⓝ813.9

(内容)「隠語構成様式並に其語集」(警察協会大阪支部 昭和10年刊)を複刻。

隠語辞典集成 9 語源解説俗語と隠語 渡部善彦〔著〕 大空社 1996.12 194p 19cm 〈複製 監修:松井栄一,渡辺友左〉 6180円 ⓘ4-7568-0344-X ⓝ813.9

(内容)「語源解説俗語と隠語」(桑文社 昭和13年刊)を複刻。

隠語辞典集成 10 恋愛モダン語隠語辞典 犯罪隠語辞典 好色隠語辞典 塩田まさる著 大空社 1997.5 154,32,32p 19cm 〈複製 監修:松井栄一,渡辺友左〉 6000円 ⓘ4-7568-0345-8 ⓝ813.9

(内容)「恋愛モダン語隠語辞典」(堀江書房 昭和22年刊)と「犯罪隠語辞典」(真相実話社刊)と「好色隠語辞典」(真相実話社刊)を複刻。

隠語辞典集成 11 語源明解俗語と隠語 日本言語研究会編著 大空社 1997.5 235p 19cm 〈複製 監修:松井栄一,渡辺友左〉 7000円 ⓘ4-7568-0346-6 ⓝ813.9

(内容)「語源明解俗語と隠語」(岩本書房 昭和24年刊)の複製。

隠語辞典集成 12 隠語辞典 笠井緑編

大空社 1997.5 356,77p 19cm 〈複製 監修：松井栄一，渡辺友左〉 12000円 ⓘ4-7568-0347-4 Ⓝ813.9

(内容)「隠語辞典」(グリンハウス 昭和25年刊)を複刻．

隠語辞典集成 13 警察関係隠語 符牒・陰語六千語芸者からスリまで 警察法研究会編 平野威馬雄編 大空社 1997.5 p619-680,235p 19cm 〈複製 監修：松井栄一，渡辺友左〉 9000円 ⓘ4-7568-0348-2 Ⓝ813.9

(内容)「最新警察辞典」(立花書房 昭和28年刊「警察関係隠語」所収)、「符牒・陰語六千語芸者からスリまで」(近代社 昭和30年刊)を複刻．

隠語辞典集成 14 警察隠語類集 警視庁刑事部編 大空社 1997.5 158p 19cm 〈複製 監修：松井栄一，渡辺友左〉 11000円 ⓘ4-7568-0349-0 Ⓝ813.9

(内容)「警察隠語類集」(警視庁刑事部編 昭和31年刊)を複刻．

隠語辞典集成 15 現代隠語辞典 隠語研究会編 大空社 1997.5 19,164p 19cm 〈複製 監修：松井栄一，渡辺友左〉 6000円 ⓘ4-7568-0350-4 Ⓝ813.9

(内容)「現代隠語辞典」(武蔵書房 昭和31年刊)を複刻．

隠語辞典集成 16 私立探偵実務必携符牒隠語集 児玉道尚編 大空社 1997.5 148p 19cm 〈複製 監修：松井栄一，渡辺友左〉 5000円 ⓘ4-7568-0351-2 Ⓝ813.9

(内容)「私立探偵実務必携 符牒隠語集」(昭和38年刊)を複刻．

隠語辞典集成 17 隠語 当流人名辞書 英和双解隠語彙集 山崎美成著 幸田露伴著 村松守義著 大空社 1997.12 1冊 19cm 〈複製 監修：松井栄一，渡辺友左〉 11000円 ⓘ4-7568-0352-0 Ⓝ813.9

(内容)「隠語」(文政8年刊)、「当流人名辞書」、「英和双解 隠語彙集」(明治20年刊)を複刻．

隠語辞典集成 18 猥褻廃語辞彙 日本擬人名辞書 宮武外骨著 宮武外骨編 大空社 1997.12 104,60,12p 19cm 〈複製 監修：松井栄一，渡辺友左〉 10000円 ⓘ4-7568-0353-9 Ⓝ813.9

(内容)「猥褻廃語辞彙」「日本擬人名辞書」を複刻．

隠語辞典集成 19 売春婦異名集 宮武外骨編 大空社 1997.12 125p 19cm 〈複製 監修：松井栄一，渡辺友左〉 8000円 ⓘ4-7568-0354-7 Ⓝ813.9

(内容)「売春婦異名集」(成光館出版 昭和8年刊)を複刻．

隠語辞典集成 20 世界艶語辞典 結婚愛会話辞典 佐藤紅霞著 高橋鉄著 大空社 1997.12 144,61p 19cm 〈複製 監修：松井栄一，渡辺友左〉 8000円 ⓘ4-7568-0355-5 Ⓝ813.9

(内容)「世界艶語辞典」(昭和21年刊)、「結婚愛会話辞典」(昭和26年刊)を複刻．

隠語辞典集成 21 日本性語大辞典 桃源堂主人著 大空社 1997.12 159p 19cm 〈複製 監修：松井栄一，渡辺友左〉 6000円 ⓘ4-7568-0356-3 Ⓝ813.9

(内容)「日本性語大辞典」(文芸資料研究会 昭和3年刊)を復刻．

隠語辞典集成 22 近世上方語考 前田勇著 大空社 1997.12 260p 19cm 〈複製 監修：松井栄一，渡辺友左〉 10000円 ⓘ4-7568-0357-1 Ⓝ813.9

(内容)「近世上方語考」(杉本書店 昭和32年刊)を復刻．

隠語辞典集成 別巻 資料編 大空社 1997.12 510p 19cm 〈監修：松井栄一，渡辺友左〉 10000円 ⓘ4-7568-0358-X Ⓝ813.9

(内容)明治・大正・昭和戦後初期までに刊行された著名な隠語辞典を網羅．特定の組織・集団・社会で通用した特殊なことば＝隠語は一般の国語辞典ではなかなか調べられない．日本近代社会の実態を探究する際に必携．別巻は「資料編」．

隠語大辞典 木村義之，小出美河子編 皓星社 2000.4 1488,205p 26cm 28000円 ⓘ4-7744-0285-0 Ⓝ813.9

(目次)辞典編，資料編，解説編，索引編

(内容)警察・検察関係の資料から雑誌資料まで、明治以降に出版された隠語辞典・隠語関連文献の各文献の見出し語を五十音順に改編した辞典．見出し語18000件、総データ件数63000件を収録．五十音順による排列で、同音の語は語釈をもとにしたグループ、年代順により排列．時代による語釈の変遷、文献による語釈の移動の比較が可能．資料編には辞書形式をとらないもの、隠語の概説的な記述のあるもの、通り符牒一覧などを収録．索引は地域別・使用集団別の位相別索引と書名・人名索引、語句、書名・人名による資料編索引を巻末に付す．

陰名語彙 中野栄三著 慶友社 1993.6 358p 19cm 3600円 ⓘ4-87449-086-7 Ⓝ813.9

(内容)男女の性そのもののさまざまな呼称を、古語、雅称、戯称、異名、俗称、方言、陰語、時

代流行語、外来語など652語収録したもの。

江戸の性語辞典　永井義男著　朝日新聞出版　2014.10　212,6p　18cm　（朝日新書 484）〈文献あり　索引あり〉　760円　①978-4-02-273584-3　Ⓝ384.7

(目次)第1章 女と性器（ぽぽ，つび ほか），第2章 男と性器（へのこ，魔羅 ほか），第3章 男女の関係，性技（とぼす，ぽぽ ほか），第4章 性風俗（遊廓・遊郭，廓・郭 ほか），第5章 性具と病気（枕絵，笑絵 ほか）

(内容)素股，気が悪くなる，芋田楽―現代も使われているもの，意味が変化したもの，まったく使われなくなったものなど，様々な変化を見せる江戸の性言葉。春本や戯作から採取した用例を豊富に入れて288の性語について解説。春画も53点収録した永久保存版。

江戸秘語辞典　中野栄三著　慶友社　1993.6　583p　19cm　5800円　①4-87449-085-9　Ⓝ813.9

(内容)性の生活と風習のなかの用語の中から，情事語，風習事象語，遊里語など1564語を収録・解説する事典。

下等百科辞典　尾佐竹猛著，礫川全次校訂・解題　批評社　1999.5　342p　19cm　3800円　①4-8265-0276-1　Ⓝ813.9

(内容)明治，大正期の犯罪・民俗・世相を抉る珍籍隠語辞典。イロハ順に犯罪隠語を解説。1910年から1918年にかけて，『法律新聞』に連載された「下等百科辞典」を翻刻したもの。

業界裏用語辞典　裏BUBKA編集部編　コアマガジン　2005.7　302p　21cm　1429円　①4-87734-864-6　Ⓝ814.9

(目次)飲食―Y野家～ファストフード店M，ラーメンから高級寿司屋まで，飲食業界は隠語だらけ，格闘技―格闘技界の隠語をベースに，広くマット界で使われている言葉をセレクト，運輸―主に陸と海の交通・流通手段，タクシーと船舶で使用されている隠語，宗教―創価学会，オウム真理教（現アーレフ），ヤマギシ，ラエリアンムーブメント，法の華，反カルト団体などの内部で使用されている隠語，美容―エステ，化粧品，整形手術など，「美」を売り物とする業界の隠語，特撮―テレビ業界ではあるものの，一種独特な文化を持つ特撮界は隠語も特徴的，キャビンアテンダント（スチュワーデス）―女子大生憧れの職業「スッチー」の間で使用されている隠語，医療―医者，ナース，医療器具にまつわる隠語。ドイツ語の語源のものが多い，百貨店―店内放送や店員同士の会話で使用されている暗号のような隠語，ホームレス―日雇い労働者から転落した人が多いホームレス界。隠語の語源も労働者用語が由来のものが多い〔ほか〕

(内容)"業界通"になれる1000の隠語。

業界用語辞典　米川明彦編　東京堂出版　2001.9　393p　19cm　2800円　①4-490-10572-X　Ⓝ813.9

(目次)製造業，流通・小売業，金融・保険・不動産業，運輸・通信業，接客・サービス業，マスコミ，芸能・スポーツ，官庁，警察

(内容)業界用語を業種別に用例とともに集めた辞典。銀行・証券・保険・商社・不動産・コンピュータ・新聞・出版・テレビ・芸能・航空・デパート・病院など86業種，約4800語を収録。見出し語の排列は分野ごとの五十音順。同義語，反義語，関連語も掲げた。

「業界」用語の基礎知識　日本実業出版社　1995.2　302,22p　19cm　1500円　①4-534-02277-8　Ⓝ813.9

(目次)1章 犯罪・警察がらみのことば，2章 男と女のイキなことば，3章 マスコミ・クリエイティブのことば，4章 各種仕事・業界のウラことば，5章 芸能人・古典芸能のことば，6章 職人と技のことば，7章 商人と市場のことば，8章 趣味・スポーツのことば，9章 いまどきのことば，10章 交通・運輸のことば，11章 コンピュータ仲間のことば，12章 金融・証券のことば，13章 政治・役人のことば

(内容)各業界で使われている隠語や仲間うちでの略語，符牒などを解説した事典。業界・分野別に13章に分類し，各章中は五十音順排列となっている。巻末には五十音順総索引を付す。

削り華咲く頃　昭和大工の隠語用語録　前場幸治著　風土社　2010.12　199p　21cm　（チルチンびと建築叢書9）〈並列シリーズ名：CHILCHINBITO ARCHITECTURAL LIBRARY　文献あり〉　1800円　①978-4-86390-007-3　Ⓝ525.54

(目次)第1章 大工言葉（建前と酒，修業，火伏，日常と粋，建築散策，道具，技），第2章 職方（畳職人，塗装職人，板金職人，木挽き職人，建具職人，左官職人，鳶職人）

(内容)「行き渡り」「あまり木縁起」「朝飯前の仕事」「卯建が上らない」など，昭和大工が使ってきた隠語用語を紹介し，その意味や由来を解説。畳職人，塗装職人，左官職人といった，様々な職方の歴史やことばも収録。

現代風俗系用語の基礎知識　白家北井著　ビレッジセンター出版局　1998.8　167,32p　21cm　950円　①4-89436-117-5　Ⓝ384.7

(内容)マスコミに登場する新語や広告に見られる用語，コギャル言葉まで幅広く取り入れた，現代の風俗生活用語辞典。現代の風俗生活に必要と思われる用語，約2500語を収録。排列は五

十音順。ジャンル別、プレイ別索引付き。

集団語辞典 米川明彦編 東京堂出版 2000.2 853p 21cm 5800円 ①4-490-10538-X Ⓝ813.9

(内容)特定の社会集団・専門分野に特有あるいは特徴的な言葉を収録した辞典。見出し語は約7300語。引用した用例数は約8500。排列は五十音順。巻末に集団語概説、隠語辞典一覧、意味別分類がある。

性語辞典 柴田千秋編 河出書房新社 1998.12 374p 19cm 1900円 ①4-309-01252-3 Ⓝ813.9

(内容)「性器およびその周辺の部位ならびにそれらの機能に関する基本語」を選んで収録し、それらの同義語、類義語をあげ、随時文例を示した辞典。五十音順排列。

テレビ業界裏用語辞典 ギロッポンからガンダム芸人まで笑えるネタ満載 テレビがもっと面白くなるキーワード250 最新版!! テレビ業界用語研究会編著 イースト・プレス 2008.7 238p 19cm 476円 ①978-4-87257-900-0 Ⓝ699.033

(内容)日々誕生し、日々進化するテレビ業界用語たち。バラエティから報道までオールジャンルをカバー。テレビがもっと面白くなるキーワード250。

マタギ語辞典 板橋義三著 （相模原）現代図書、星雲社〔発売〕 2008.2 144p 21cm 〈文献あり〉 2300円 ①978-4-434-11304-8 Ⓝ384.35

(目次)マタギに関する写真、図、凡例、「マタギ」の語源説について、マタギ言葉に見られるアイヌ系言語語彙の言語学的特徴について、協力者(コンサルタント)の紹介、語彙、呪文

(内容)マタギと呼ばれる特殊組織をもつ狩人集団の言語を辞典形式にしたもの。アルファベット順に語彙を収録する。狩猟法道具、儀式などを詳しく解説。発音は北西東北地方（秋田北部、中部、青森津軽地方）の方言に基づいて示している。マタギの用いる呪文、マタギに関する写真・図も掲載している。

猥褻風俗辞典 宮武外骨著, 吉野孝雄編 河出書房新社 1996.4 278p 15cm （河出文庫） 680円 ①4-309-47296-6 Ⓝ384.7

(目次)売春婦異名集、猥褻廃語辞彙

(内容)古来の風俗用語およびその解説を、主に宮武外骨の「売春婦異名集」「猥褻廃語辞彙」「面白半分」から抜粋し、現代仮名遣いに改めたもの。排列は用語の五十音順。一遊女と色気の用語集。痛快で皮肉で真面目な、古来の隠語の数々。

<ハンドブック>

スッチー用語まるわかり辞典 よくわかる! すぐわかる! すごく役に立つ!? 専門用語が開く、別世界のとびら NOKO, からえ, GLOBAL CA SISTERS著 イカロス出版 2006.5 203p 21cm 1600円 ①4-87149-818-2 Ⓝ687.38

(内容)帰ってきた元国際線CA、NOKOさんの書き下ろしイラスト、21世紀初の大爆発。そして10社に及ぶ20人のCA達が、ふだん使っているおもしろまじめなスッチー用語をホンネでレクチャー。

性の用語集 井上章一, 関西性欲研究会編 講談社 2004.12 382p 18cm （講談社現代新書） 860円 ①4-06-149762-6 Ⓝ384.7

(目次)第1部 誰でも知ってるあの言葉（性, エロ／エロス, エッチとエスエム ほか）, 第2部 意外に知らないあの言葉（ウラ, アベックはカップルか?, 社交 ほか）, 第3部 誰か知ってる? この言葉（自然主義, 出歯亀, おめとエス ほか）

(内容)「性」はいつからセックス的意味になった? なぜ、陰毛が「ヘア」なのか? そうして「風俗」は「フーゾク」になったのか? 「性の言葉」の起源と変遷。

TV・芸能ギョーカイ用語早わかり ギョーカイ人も知らないギョーカイ用語ルーツ集 木村哲人著 第三書館 2003.12 279p 19cm 1200円 ①4-8074-0329-X Ⓝ699.67

(目次)挨拶, あいのり, アイモ, あおり, あかづら, あかてん, あがり, アクション, あげる, あご〔ほか〕

(内容)テレビ・芸能・映画などで使われる業界の用語を収録。隠語, 符丁, 術語, 略語, 俗語, 愛称, 慣用語, 通称を集大成。本文は50音順に排列。

頻出ネット語手帳 辞書にはのっていない新しい日本語 ネット語研究委員会著 晋遊舎 2009.3 207p 18cm 〈索引あり〉 580円 ①978-4-88380-916-5 Ⓝ547.483

(目次)必ず出てくる頻出語100, ネットのお約束慣用句50, 分類別ネット語集200, ネット語索引

(内容)"ネット語"とはインターネットで生まれた言葉のこと。ネット社会の現代において、このネット語を理解できなければ、コミュニケーションはもはや不可能ともいえる。本書はそんなネット語のなかでも頻出の約350語を解説する。

プロが使う秘密の日本語 高島徹治著 幻冬舎 2004.4 277p 19cm 1400円 ①4-

語彙　　　擬音語・擬態語

344-00499-X　Ⓝ814.9
⟨目次⟩第1章 生活編，第2章 運送サービス編，第3章 接客サービス編，第4章 企業ビジネス編，第5章 警察編，第6章 犯罪編，第7章 スポーツ編，第8章 伝統芸能編，第9章 マスコミ編，第10章 IT業界編
⟨内容⟩役に立たないけれど，知ってみたい。驚きの業界ウラ言葉，合い言葉。厳選861。

児童語

<辞典>

全国幼児語辞典　友定賢治編　東京堂出版　1997.6　276p　19cm　2300円　Ⓘ4-490-10461-8　Ⓝ814.8
⟨目次⟩1 習俗・信仰，2 自然，3 動物，4 飲食，5 服飾，6 住居，7 事物，8 玩具，9 乗り物，10 身体，11 老若男女，12 行動動作，13 状態
⟨内容⟩統一調査表にもとづく全国約400地点での調査を基に，各地幼児語を集成し，その分布と語源を明らかにしようとするもの。収録項目数は197。

分類児童語彙　改訂版　柳田国男，丸山久子著　国書刊行会　1997.5　344,41p　21cm　5000円　Ⓘ4-336-01538-4　Ⓝ814.8
⟨目次⟩1 幼な言葉，2 耳言葉，3 口遊び，4 手遊び物，5 軒遊び，6 外遊び，7 辻わざ，8 鬼ごと，9 児童演技，10 児童社交，11 命名技術

擬音語・擬態語

<辞典>

ぎおんご ぎたいご じしょ　ピエ・ブックス　2004.11　375p　21cm　3030円　Ⓘ4-89444-366-X　Ⓝ814
⟨内容⟩さまざまな音や様子を表現した擬音語・擬態語の辞書。五十音順に排列。ユニークなカラー写真やイラストも掲載し，意味やニュアンスを表現。

ぎおんご ぎたいご じしょ　新装版　パイインターナショナル　2012.2　375p　16×11cm　1980円　Ⓘ978-4-7562-4185-5　Ⓝ814
⟨内容⟩擬音語，擬音語の意味や微妙なニュアンスを，ユニークなアイデアでまとめた辞書。

擬音語・擬態語辞典　山口仲美編　講談社　2015.5　595p　15cm　(講談社学術文庫2295)　⟨「暮らしのことば擬音・擬態語辞典」(2003年刊)の改題　索引あり⟩　1630円　Ⓘ978-4-06-292295-1　Ⓝ813
⟨内容⟩江戸時代の人は，鶏の鳴き声を「とーてんこー」と聞き，「東天紅」という漢字をあてていた―。「こけこっこー」という擬音語ひとつとっても，現代人の知らないことはたくさんある。古典からコミックまで豊富な用例とともに，類義語との使い分けも解説。オノマトペ研究の第一人者による実用性と文化史の厚みを備えた決定版辞典。約2000語を収録。

擬音語・擬態語使い方辞典　正しい意味と用法がすぐわかる　阿刀田稔子，星野和子著　創拓社　1993.5　788p　18cm　2600円　Ⓘ4-87138-156-0　Ⓝ814
⟨内容⟩日本語のおもな擬音語・擬態語1700語を採録，その使い方を解説する辞典。見出し語にはアクセントを表示。語の用法を文型で表し，主語や述語にどんな語がくるのか，結びつきを明示し，適切な場面を設定した例文を収録する。同類語を多数収録し違いがわかる説明を示す。

擬音語・擬態語使い方辞典　正しい意味と用法がすぐわかる　第2版　阿刀田稔子，星野和子著　創拓社　1995.10　614p　18cm　2600円　Ⓘ4-87138-209-5　Ⓝ814
⟨内容⟩日本語の擬音語・擬態語1700語を収録した辞典。見出し語数738語。語の用法を文型で表し，主語や述語との連結を明確にする。見出し語にはアクセント付き。例文多数掲載。巻末に総索引，逆引き索引がある。

擬音語・擬態語4500 日本語オノマトペ辞典　小野正弘編　小学館　2007.10　701p　22×17cm　6000円　Ⓘ978-4-09-504174-2　Ⓝ814
⟨目次⟩本編，付録 漢語オノマトペ編，付録 鳴き声オノマトペ編，解説―歴史的変遷とその広がり
⟨内容⟩豊富な用例。意味・用法の違いがわかる決定版。日本最大の4500語を収録。オノマトペ（擬音語・擬態語）で楽しくひろがることばの世界。

暮らしのことば 擬音・擬態語辞典　山口仲美編　講談社　2003.11　605p　21cm　3800円　Ⓘ4-06-265330-3　Ⓝ814
⟨内容⟩擬音・擬態語約2000語を収録した辞典。日常よく使われる擬音語，擬態語の意味，使われ方，類義語との違いを豊富な用例を用いて平易に解説。巻末に五十音順索引が付く。

現代擬音語擬態語用法辞典　飛田良文，浅田秀子著　東京堂出版　2002.9　694p　19cm　4900円　Ⓘ4-490-10610-6　Ⓝ814
⟨内容⟩現在使用されている日本語のオノマトペ

1064語を収録したもの。排列は五十音順による。用例と丁寧な解説により、ニュアンスや暗示されている心理までも理解できるようになっている。巻末に五十音順索引あり。

日本語擬態語辞典 五味太郎著 講談社 2004.6 213p 15cm 〈講談社+α文庫〉〈『英語人と日本人のための日本語擬態語辞典』加筆訂正・再編集・改題書〉 648円 ⓘ4-06-256853-5 Ⓝ814.033

(内容)「くるくる」と「ぐるぐる」はどう違う？じゃあ「ぺらぺら」と「へらへら」と「べらべら」は？擬態語は、歌舞伎や茶道、てんぷらよりも、日本が世界に誇るべき文化。なんたって欧米語の3〜5倍もあるのだから。その擬態語を、日本にぶらっとやって来た外国人のために、自称「もやもや、ごちゃごちゃ、うろうろの専門家」、五味太郎氏が絵と英語で解説。擬態語の真の姿が一目瞭然。

死語・廃語

＜事典＞

忘れてはならない 現代死語事典 大泉志郎、大塚栄寿、永沢道雄著 朝日ソノラマ 1993.11 388p 19cm 1900円 ⓘ4-257-03372-X Ⓝ382.1

(内容)昭和の時代の生活環境の変化の中で、身の回りからいつか姿を消した生活用品や言葉561語を「現代死語」として取り上げ、解説する辞典。

忘れてはならない 続・現代死語事典 大泉志郎、大塚栄寿、永沢道雄著 朝日ソノラマ 1995.11 474p 19cm 2200円 ⓘ4-257-03460-2 Ⓝ382.1

(内容)天皇が人間となり、軍隊がなくなり、民族衣裳の着物が捨てられ、花街が廃れ、女性が強くなって、夥しい死語ができた。累々たる言葉のモルグに分け入り、三人の昭和ヒトケタ生まれが、667語のきのう、きょうを語る。

＜辞典＞

消えた日本語辞典 奥山益朗著 東京堂出版 1993.5 285p 19cm 2300円 ⓘ4-490-10342-5 Ⓝ814

(内容)忘れられた言葉に、忘れられない雅味がある。新しい言葉の辞典があるのだから、死んだ言葉の辞典があってもいいではないか。50年前の日本語を今に生かす辞典。

〈難解〉死語辞典 別冊宝島編集部編 宝島社 2014.3 191p 16cm 〈宝島SUGOI文庫 Eへ-1-17〉〈文献あり 索引あり〉 650円 ⓘ978-4-8002-2402-6 Ⓝ814.9

(目次)社長のお言葉にイチコロです！―60代と会話が通じる死語、専務、今日はもうバタンキューです！―50代から一目置かれる死語、部長、モンマスうれしーです！―40代との距離が縮まる死語、課長のネクタイ、チョベリグですね！―30代とノリを合わせる死語、先生、昔はブイブイ言わせたでしょ？―今も耳にする渋いオヤジ語、先輩、ぶっちゃけディスってるんですか？―今使うと逆にヤバいヤング語

(内容)世の中には、まだまだ普通に使われている「死語」がある。あなたも年の離れた上司と話しているとき、よく耳にするのではないだろうか。もしそこで、上司の口から出た死語の意味を知っていれば、うまい受け答えができるだろう。社会の窓、アベック、ランデブー、お茶の子さいさい…。本書では知っておくだけで、コミュニケーションが円滑に進む「死語」を紹介する。奥深き死語の世界へ、レッツラゴー！

20世紀死語辞典 20世紀死語辞典編集委員会編 太陽出版 2000.12 295p 21cm 1500円 ⓘ4-88469-214-4 Ⓝ813

(内容)時代の変化とともに死語となった語を選び著者の主観のままコメントする辞典。「ああ言えば上祐」から「ヤンバルクイナ」まで、死語を五十音順に排列。ほかにコラムも掲載する。

祝詞

＜事典＞

精選祝詞文例事典 現代神社と実務研究会監修、金子善光編著 大河書房 2015.12 304p 21cm 〈索引あり〉 4000円 ⓘ978-4-902417-35-7 Ⓝ176.4

(目次)解説、1 恒例祭、2 人生儀礼、3 諸祭、4 建築・工事、5 神葬祭、6 慰霊祭

祝詞作文事典 金子善光編 戎光祥出版 1998.7 388p 21cm 7000円 ⓘ4-900901-05-9 Ⓝ176.4

(目次)第1章 さあ始めよう―初級編（祝詞を構成する要素、句を組み合わせる、表現を組み合わせる、よく使われる修飾語・修飾句、祝詞作文の慣用句）、第2章 添削で上達しよう―中級編（神社の御神前での祝詞、出張祭典の祝詞、添削を受ける、添削を試みる、こんな表現を古文にしてみよう）、第3章 諸祭の例文から―上級編（洲崎大神祝詞、諏訪神社祝詞、芝大神宮祝詞、葛龍八幡宮祝詞、神葬祭詞）、第4章 実践・祝詞作文（祝詞作文の基本と現代、古語は難しくな

い，古語辞典はこう活用しよう，歴史的仮名遣いと万葉仮名，実例に学ぼう，祝詞作文Q&A），第5章 資料編（祝詞奏上の作法，祝詞頻出用語一覧，神名一覧，助数詞一覧，祝詞に役立つ万葉集の慣用表現と語彙，漢語和訓一覧，敬語便覧・各種早見表）

祝詞作文事典 縮刷版　金子善光編・著者
　戎光祥出版　2003.4　388p　19cm　3800円
　①4-900901-31-8　Ⓝ176.4
⟨目次⟩第1章 祝詞 さあ始めよう―初級編（祝詞を構成する要素，句を組み合わせる ほか），第2章 添削で上達しよう―中級編（神社の御神前での祝詞，出張祭典の祝詞 ほか），第3章 諸祭の例文から―上級編（洲崎大神祝詞，諏訪神社祝詞 ほか），第4章 実践・祝詞作文（祝詞作文の基本と現代，古語は難しくない ほか），第5章 資料編（祝詞奏上の作法，祝詞頻出用語一覧 ほか）

祝詞事典　平成新編 増補改訂版　西牟田崇生編著　戎光祥出版　2015.6　551p　21cm　4500円　①978-4-86403-165-3　Ⓝ176.4
⟨目次⟩第1章 祝詞の基礎知識（神社祭祀と祝詞，古典の中の祝詞とその語義 ほか），第2章 古典祝詞に学ぶ（延喜式祝詞の概要，実習・延喜式祝詞 ほか），第3章 最新祝詞演習（祝詞の諸形式，現代祝詞例文演習 ほか），第4章 神名・数詞一覧（諸祭祭神名一覧，数詞一覧 ほか），補章 増補現代祝詞例文集（神社関係，諸祈願 ほか）
⟨内容⟩古典祝詞から現代祝詞例文まで実用性に優れた唯一の総合事典。地鎮祭・葬儀など，あらゆる状況で用いられた170折もの祝詞例文を原文と書き下し文（総ふりがな付き）の対照で収録。やさしく，わかりやすく，段階を追って解説した決定版。

平成新編 祝詞事典　西牟田崇生編著　戎光祥出版　2000.6　478p　26cm　10000円
　①4-900901-13-X　Ⓝ176.4
⟨目次⟩第1章 祝詞の基礎知識（神社祭祀と祝詞，古典の中の祝詞とその語義，祝詞の種類と歴史，祝詞の表記（文体）），第2章 古典祝詞に学ぶ（延喜式祝詞の概要，実習・延喜式祝詞，延喜式祝詞・伊勢大神宮の祝詞，延喜式祝詞・臨時祭の祝詞，その他の古典祝詞），第3章 最新祝詞演習（祝詞の諸形式，現代祝詞例文演習，祝詞の修辞，祝詞作成の心がけ），第4章 神名・数詞一覧（諸祭祭神名一覧，数詞一覧，資料編）
⟨内容⟩地鎮祭・葬儀などで用いられる祝詞例文140折を原文と書き下し文（総ふりがな付）の対照で収録する事典。全4章で構成。現在の神社祭祀の原典である「延喜式祝詞」以下の古典祝詞や，宣命式と諸読文を対比した現行諸祭の各種祝詞例文，祝詞を作成する際の参考事項なども掲載する。

平成新編 祝詞事典 縮刷版　西牟田崇生編著　戎光祥出版　2003.4　478p　21cm　4800円　①4-900901-32-6　Ⓝ176.4
⟨目次⟩第1章 祝詞の基礎知識（神社祭祀と祝詞，古典の中の祝詞とその語義，祝詞の種類と歴史，祝詞の表記（文体）），第2章 古典祝詞に学ぶ（延喜式祝詞の概要，実習・延喜式祝詞，延喜式祝詞・伊勢大神宮の祝詞，延喜式祝詞・臨時祭の祝詞，その他の古典祝詞），第3章 最新祝詞演習（祝詞の諸形式，現代祝詞例文演習，祝詞の修辞，祝詞作成の心がけ），第4章 神名・数詞一覧（諸祭祭神名一覧，数詞一覧，資料編）
⟨内容⟩古典祝詞から現代祝詞例文まで，実用性に優れた最新祝詞事典。地鎮祭・葬儀など，あらゆる状況で用いられた140折もの祝詞例文を原文と書き下し文（総ふりがな付き）の対照で収録。やさしく，わかりやすく，段階を追って解説する。

＜辞典＞

祝詞用語用例辞典　加藤隆久，土肥誠，本沢雅史編著　戎光祥出版　2011.9　271p　22cm　3800円　①978-4-86403-041-0　Ⓝ176.4
⟨内容⟩現代の祝詞でよく使われる用語を厳選，その語意と実用例を分かりやすく解説。古語辞典には載っていない，祝詞独特の意味と表現を解説。

＜ハンドブック＞

最新 祝詞作文便覧　金子善光編著　神社新報社　1995.5　460p　21cm　3500円　Ⓝ176.4
⟨内容⟩祝詞作文に必要な事項を集めたもの。万葉仮名表，祝詞慣用句集，枕詞集，序詞集，助数詞集，万葉祭祀歌，語法資料，敬語集等で構成される。

仏教語

＜事典＞

くらしの仏教語豆事典　上　辻本敬順著
　（京都）本願寺出版社　2008.8　274p　15cm　600円　①978-4-89416-124-5　Ⓝ180.33
⟨内容⟩元をたどれば，あれも，これも，仏教語。あなたのくらしの中にも溶け込んでいるはず。「事典」と付いていますが，堅苦しく考えず，お好きなページからどうぞお読みください。中学・高校・大学で教鞭をとってきた「お寺の住職」

仏教語

くらしの仏教語豆事典　下　辻本敬順著
　(京都) 本願寺出版社　2008.8　237p　15cm
　600円　Ⓘ978-4-89416-125-2　Ⓝ180.33
〈内容〉元をたどれば、あれも、これも、仏教語。あなたのくらしの中にも溶け込んでいるはず。「事典」と付いていますが、堅苦しく考えず、お好きなページからどうぞお読みください。中学・高校・大学で教鞭をとってきた「お寺の住職」が書いた、唸ったり、笑ったり、誰かに教えたくなるネタ満載の仏教入門。

仏教語おもしろ雑学事典　知らずに使っているその本当の意味　大法輪閣編集部編
　大法輪閣　2011.3　174p　19cm　1500円
　Ⓘ978-4-8046-1316-1　Ⓝ180.49
〈目次〉第1部 日常よく聞く・よく使う仏教語(よく耳にする仏教語、誤解された仏教語、意味が変わってしまった仏教語、これも仏教語、仏教ことわざ集、仏教から出た慣用句集)、第2部 仏事やお寺でよく聞く仏教語(葬儀・法事で聞く仏教語、お寺参りで聞く仏教語、お寺とお坊さんにまつわる仏教語、仏教美術の用語)、第3部 生活文化をいろどる仏教語(食に関する言葉、地名、動物・植物の名前)
〈内容〉私たちが日常よく耳にする言葉の中から、仏教ゆかりの語・約370語を選び出し、本来の意味、言葉の起こり、仏教にまつわる様々なエピソードなどを紹介。「雑学感覚」で楽しく学べる、やさしい仏教語入門書。

仏教語ものしり事典　斎藤昭俊著　新人物往来社　1992.5　220p　19cm　(宗教とくらし選書)　1800円　Ⓘ4-404-01911-4　Ⓝ180.33
〈内容〉基本的仏教語1,146語を解説した、仏教入門書。

<辞典>

教訓仏教語辞典　栗田順一編　東京堂出版
　1991.9　192p　19cm　1600円　Ⓘ4-490-10298-4　Ⓝ180.33
〈内容〉仏教語には、私たちの生活に根ざした教訓的なことばが数多くある。仏教の心とは何か？仏教語の中から、身近なことばを選び、その教えをやさしく説いた仏教入門書。

暮らしに生きる仏教語辞典　山下民城編
　国書刊行会　1993.5　465p　19cm　4800円
　Ⓘ4-336-03485-0
〈内容〉日常語となった仏教の仏教本来の語義を解説する事典。収録対象は、日常語、ことわざ、方言など600語。巻末に参考文献を示す。

暮らしのなかの仏教語小辞典　宮坂宥勝著
　筑摩書房　1995.8　462,18p　15cm　(ちくま学芸文庫)　1300円　Ⓘ4-480-08224-7　Ⓝ180.34
〈内容〉日常使われる仏教語428語の辞典。1頁に1語ずつ、その語源・歴史的背景・意味の変遷等を解説する。巻末に五十音順の事項索引がある。

広説佛教語大辞典　中村元著　東京書籍
　2001.6　4冊(別巻とも)　27cm　〈付(ルーペ1個)〉　68000円　Ⓘ4-487-73153-4　Ⓝ180.33
〈目次〉上巻(あ～さ)、中巻(し～つ)、下巻(て～わ)、別巻(索引)
〈内容〉仏教語を広範に収集、平明に解説する大型事典。1975年刊「佛教語大辞典」の改訂版にあたり、旧版の45000項目に8000項目を増補したほか、従来の項目の解説にも追加・修正を行っている。本編は五十音順の3分冊。別巻には出典総覧、索引類を収録する。

広説佛教語大辞典　縮刷版　中村元著　東京書籍　2010.7　1785,8,8p　22cm　Ⓘ978-4-487-73174-9　Ⓝ180
〈内容〉日本人と関わりの深い仏教語を広範に収集、平明な解説を加えた「広説佛教語大辞典」の縮刷版。全4巻の内容をA5判全2巻に縮小して刊行する。普通名詞の仏教語約5万3千語を収録する。

国語のなかの仏教語辞典　森章司著　東京堂出版　1991.9　361p　20cm　2800円　Ⓘ4-490-10301-8　Ⓝ180.33

古典にみる仏教語解説辞典　倉部豊逸編著　国書刊行会　1994.9　361p　21cm　9800円
　Ⓘ4-336-03641-1　Ⓝ180.33
〈内容〉日本古典文学作品にあらわれる、仏教の基本語となる梵語・漢訳語を収めた辞典。岩波書店「日本古典文学大系」をテキストとする。約110語を選び、五十音順に排列。見出し語には、読み、古典からの用例、解説、類語句を記載する。見出し語以外の類語句を含めた五十音順索引を巻末に付し、凡例末尾に参考文献を示す。

禅林名句辞典　新装版　飯田利行編著　国書刊行会　2013.10　684p　19cm　〈索引あり〉
　6800円　Ⓘ978-4-336-05745-7　Ⓝ188.84
〈内容〉珠玉の如き禅林の詞華を平仄の下に韻・言別に分類。出典を付し、原義と転義をも示す読解をこころみた。禅語鑑賞の手引書として、禅者、書家、茶人、座右の辞典。

日英仏教語辞典　5版　稲垣久雄著　(京都) 永田文昌堂　2003.3　534p　20cm　〈他言語標題：A dictionary of Japanese Buddhist terms〉 7500円 Ⓘ4-8162-0201-3 Ⓝ180.33

仏教語源散策辞典 藤井宗哲著 創拓社 1993.9 392,9p 18cm 2200円 Ⓘ4-87138-157-9 Ⓝ180

㈲内容 玄関―玄妙(奥深い)の室(真理)に入る関門の意味…など、日常会話で使われている仏教語のルーツをわかりやすく解説した辞典。

仏教故事名言辞典 コンパクト版 須藤隆仙著 新人物往来社 1995.4 514p 19cm 4000円 Ⓘ4-404-02199-2 Ⓝ180.33

㈲内容 日常語の中にある仏教語、仏教に由来する成語やことわざ、名言類2000余項を収録した辞典。排列は五十音順。巻末に人名解説、書名解説を付す。

仏教語読み方辞典 縮刷版 有賀要延編著 国書刊行会 1991.6 1153p 19cm 6500円 Ⓘ4-336-03257-2 Ⓝ180.33

仏教語読み方辞典 新装版 有賀要延編著 国書刊行会 2012.5 1153p 19cm 〈索引あり〉 5800円 Ⓘ978-4-336-05516-3 Ⓝ180.33

㈲内容 両引き方式で簡単に引ける画期的な辞典。呉音読み漢音読みをはじめ各種の読み方を示す。1万5千余語を収録。

<ハンドブック>

知ってびっくり! 仏教由来の日本語212 草木舎編著 アーツアンドクラフツ 2006.4 174p 19cm 1700円 Ⓘ4-901592-32-7 Ⓝ180.33

㈲内容 よく使われる現代語のなかから、仏教語に由来し、その仏教語とは異なる意味を持つ語を収録。

名僧のことば 禅語1000 伊藤文生編 天来書院 2005.6 113p 21cm 1200円 Ⓘ4-88715-171-3 Ⓝ188.84

㈲内容 作品にしたい魅力的な「禅語」を満載。『臨済録』『碧眼録』『無門関』などの基本資料から新たに1000語を選定。書道作品や色紙を書くときにまた、結婚式などの「贈ることば」として手紙やメールなどにも活用できる。「喫茶去」は「お茶を飲みにいらっしゃい」ではない。従来の誤解を払拭する、必見の書。

季節・自然の語彙

<事典>

てんきごじてん 風・雲・雨・空・雪の日本語 鈴木心写真 ピエ・ブックス 2009.5 255p 21cm 〈文献あり〉 2500円 Ⓘ978-4-89444-739-4 Ⓝ451.033

㈲目次 春、夏、秋、冬、風のことば、雲のことば、雨のことば、空のことば、雪のことば

㈲内容 天気を表すことばから特徴的なものを抜粋し、現代の風景とともに気象別にまとめた事典。巻頭には、四季折々のことばを季節の表情とともに特集として掲載。古の時代から大切に育まれ、今も確かに息づく「てんきご」の世界を楽しむ本。

ビジネスマンのための季節言葉の事典 日本語表現研究会著 PHP研究所 1994.4 191p 18cm (日本語雑学ハンドブック 3) 1100円 Ⓘ4-569-54298-0 Ⓝ814

㈲目次 二十四節気七十二候と月の異称、自然・気象・天文に関する言葉、動物に関する言葉、植物に関する言葉、生活に関する言葉、食べ物に関する言葉、年中行事に関する言葉、風物にちなんだ名言名句、時候のあいさつ〔ほか〕

㈲内容 日本の季節感から生まれた四季の言葉を紹介する辞典。自然、動植物、生活、行事など分野別に構成する。

<辞典>

雨のことば辞典 倉嶋厚, 原田稔編著 講談社 2014.6 266p 15cm (講談社学術文庫 2239) 〈文献あり 索引あり〉 920円 Ⓘ978-4-06-292239-5 Ⓝ451.64

㈲内容 四季のうつろいとともに、様相が千変万化する雨。そのさまざまな姿をとらえ、日本語には、陰翳深く美しいことばが数多くある。古来、雨は文学作品にたびたび描かれ、詩歌にもよまれてきた。これらの「雨」をあらわすことば、「雨」にまつわることばを集めた読む辞典。気象用語のコラムも充実。近年の雨のことばを解説した文庫版あとがきを追加した。

風と雲のことば辞典 倉嶋厚監修, 岡田憲治, 原田稔, 宇田川真人〔執筆〕 講談社 2016.10 370p 15cm (講談社学術文庫 2391) 〈文献あり 索引あり〉 1170円 Ⓘ978-4-06-292391-0 Ⓝ451.4

㈲目次 本文、風と雲の天気ことわざ、季語索引・風と雲の四季ごよみ

㈲内容 日本の空には、こんなにも多彩な表情が

ある―。雲と霧との違いは？「花散らし」のほんとうの意味は？気象現象のほか、比喩表現、ことわざも多数収録。また季語から漢詩、詩歌、歌謡曲に至るまで、尽きるところのない空にまつわる表現を豊富な引用で伝える。最先端の気象用語解説や、災害への備えも加えた決定版の「読む辞典」。文庫書き下ろし。

漢字 知っているようで知らない季節の用字用語　三心堂出版社　1996.3　174p　17cm　980円　ⓘ4-88342-052-3　Ⓝ811.2

(内容)季節に因んだ語句4000語の用字用語辞典。すべての用語にその読みを付す。季節ごとに用語を「時候」「自然」「動物」「植物」「食物」「生活」の6ジャンルに分類、同一分類内は用語の五十音順に排列する。

季節よもやま辞典　倉嶋厚の辞書遊びノート　倉嶋厚著　東京堂出版　1994.9　291p　19cm　1900円　ⓘ4-490-10375-1　Ⓝ451.049

(内容)季節の中の「暮らし」「人事」について、著者が辞書や文献で調べ、考えた事柄を綴った「読む事典」。1〜12月の月腹に15〜20項目をとり上げる。ことわざ・なぞなぞ索引、詩歌・漢詩索引、俳句索引、用語索引を巻末に付す。―俳句・和歌・詩歌・ことわざ・なぞなぞなどを通して「季節への思い」を綴ったお天気博士の四季暦。

四季のことば辞典　講談社辞典局編　講談社　2000.9　262p　17cm　(講談社ことばの新書)　1400円　ⓘ4-06-268571-X　Ⓝ813.1

(目次)春(季節と行事, 植物, 動物, 成句), 夏(季節と行事, 植物, 動物, 成句), 秋(季節と行事, 植物, 動物, 成句), 冬(季節と行事, 植物, 動物, 成句, 新年)

(内容)季節のことばの辞典。季節感に富む故事やことわざや成句の類を独立した一章にまとめ、四季の季節区分を現代の生活感にあわせ、用例は人びとに親しまれてきた有名なものから選び多ジャンルの作品を掲載する。約3000項目を収録。用語は春、夏、秋、冬に大別して季節と行事、植物、動物、成句ごとに分類して排列。巻末に付録として陰暦の月のおもな異名を掲載。

四季のことば辞典　西谷裕子編　東京堂出版　2008.10　397p　20cm　2400円　ⓘ978-4-490-10746-3　Ⓝ814

(目次)春のことば, 夏のことば, 秋のことば, 冬のことば, 新年のことば

(内容)四季折々、季節のエッセンスが封じ込められた不易流行のことば。日本人の言語感覚、感受性、ことばに託された想いを身近に感じることができる読む歳時記。季節の移ろいの中で生まれ、人々の暮らしとともに育まれた、季節感あふれることば約910語収録。

四季の表現辞典　伊宮怜編著　新典社　2002.8　222p　19cm　1200円　ⓘ4-7879-7822-5　Ⓝ814

(目次)春, 夏, 秋, 冬

(内容)季節を表現することばをまとめた辞典。218枚の写真を併載。各項目を四季に分類し、仮名表記、語義、用例を簡潔に示す。

自然表現の辞典　Part 1　伊宮怜編　新典社　2002.10　223p　19cm　1200円　ⓘ4-7879-7823-3　Ⓝ814

(目次)二十四節気, 正月に関する表現, 春に関する表現, 夏に関する表現, 秋に関する表現, 冬に関する表現, 花に関する表現, 桜に関する表現, 草に関する表現, 香りに関する表現, 景色に関する表現, 太陽に関する表現, 光に関する表現, 空に関する表現, 月に関する表現, 異名に関する表現,

(内容)自然の情景を表す語句を集成した用語集。季節や言葉にまつわる事象より見出し語を分類。写真入りで、対応する季節や語義を簡潔に説明する。

自然表現の辞典　Part 2　伊宮怜編　新典社　2002.12　223p　19cm　1200円　ⓘ4-7879-7824-1　Ⓝ814

(目次)夜明けに関する表現, 夕暮れどきの表現, 夜に関する表現, 星に関する表現, 海に関する表現, 波に関する表現, 山に関する表現, 風に関する表現, 嵐に関する表現, 雷に関する表現〔ほか〕

(内容)天文事象・自然地理に関する日本語表現を集めた辞典の続刊。辞典、文学などから単語・熟語単位のことばを採録、自然の事象別分類の下で五十音順に掲載する。各語にはよみと語義を記載し、各ページにイメージを助ける写真も掲載する。

写真でわかる季節のことば辞典　第1巻　草もえる春のことば　学研辞典編集部編　学研教育出版, 学研マーケティング〔発売〕　2012.2　64p　29×23cm　3200円　ⓘ978-4-05-500892-1　Ⓝ814

(目次)四季のうつりかわりと日本の風物(四季の木々と清水寺, 四季の光, 四季の食卓), 植物, 自然, 生物, 行事と暦, 暮らし, ようす

写真でわかる季節のことば辞典　第2巻　海ひかる夏のことば　学研辞典編集部編　学研教育出版, 学研マーケティング〔発売〕　2012.2　64p　29×23cm　3200円　ⓘ978-4-05-500893-8　Ⓝ814

(目次)四季のうつりかわりと日本の風物(四季の

田んぼと白川郷，四季の海，四季の遊び），植物，自然，生物，行事と暦，暮らし，ようす

写真でわかる季節のことば辞典　第3巻　月さえる秋のことば　学研辞典編集部編　学研教育出版，学研マーケティング〔発売〕　2012.2　64p　29×23cm　3200円　①978-4-05-500894-5　Ⓝ814

(目次)四季のうつりかわりと日本の風物（四季の花と美瑛の丘，四季の雨，四季の農作業），植物，自然，生物，行事と暦，暮らし，ようす

写真でわかる季節のことば辞典　第4巻　氷はる冬のことば　学研辞典編集部編　学研教育出版，学研マーケティング〔発売〕　2012.2　64p　29×23cm　3200円　①978-4-05-500895-2　Ⓝ814

(目次)四季のうつりかわりと日本の風物（四季おりおりの岩木山，四季の風，四季の行事と人），植物，自然，生物，行事と暦，暮らし，ようす

大活字 季節を読み解く 暦ことば辞典　三省堂編修所編　三省堂　2002.5　511p　21cm　2400円　①4-385-16042-2　Ⓝ449.036

(目次)第1部 暦の基礎知識（暦の定義，日本の四季と暦，諸外国の暦，陰陽五行説，人の一生の行事と吉凶），第2部 祭礼行事と生活ごよみ（暦と年中行事）

(内容)大きな活字を使用して暦の歴史や用語、年中行事について紹介するもの。第1部は基本事項を取り上げて紹介するほか、用語の解説欄がある。第2部は祭礼行事を月ごとに排列して解説。巻末に五十音順の用語索引付き。

動植物ことば辞典　東郷吉男，上野信太郎著　東京堂出版　2006.5　271p　19cm　2500円　①4-490-10691-2　Ⓝ814

(内容)犬・猫・馬・牛や松・竹・梅・桜など身のまわりの動植物からつくられた多彩な日本語2830語を網羅。日本人が身近な動植物をどのようにとらえたか私たちの言語生活の一端がわかる。国語辞書には出てこない慣用句や成句・熟語なども数多く収め日本語教育に便利。

文 法

文法一般

<事典>

日本語文法がわかる事典　林巨樹，池上秋彦，安藤千鶴子編　東京堂出版　2004.4　318p　19cm　2800円　Ⓘ4-490-10644-0　Ⓝ815.033

(内容)ことばのきまり，日本語のしくみを知りたいときや文法用語の意味を調べたいときに役立つ，だれにでもわかる納得の文法用語事典。係り結び，ガとハの問題，敬語，主語不要論，品詞分類，ら抜き言葉，レ足す言葉など，広く文法用語を中心に270余項目を収録。紛らわしい助詞・助動詞の意味・用法は詳しく解説。国語に関心を持つすべての人のための羅針盤。

日本語文法事典　日本語文法学会編　大修館書店　2014.7　749p　22cm　〈索引あり〉　8000円　Ⓘ978-4-469-01286-6　Ⓝ815.033

(内容)多様化し深化した近年の研究成果を幅広く結集。重要事項514項目を50音順に配列し，第一線の研究者133名がわかりやすく解説。多角的な論議が交わされている事項については同一事項を立脚点の異なる複数の研究者が執筆し，問題となる文法現象を複眼的に捉える視点を提供。

<辞典>

句読点活用辞典　大類雅敏編著　栄光出版社　2006.5　313p　19cm　2000円　Ⓘ4-7541-0081-6　Ⓝ811.7

(目次)句読点の分類，句読点の効果，句読点の相対価値，強調の様式，符号篇，語録篇

(内容)六十種あまりの句読点と十種類ほどのアクセント記号の"原語""形態""名称""用法"を，判り易く，使い易く紹介。あわせて文筆家の句読考や句読点資料，付録に表記の基準を多数収録。文章を書く人の必携の書。

日本語文法大辞典　山口明穂，秋本守英編　明治書院　2001.3　974p　27cm　〈年表あり〉　30000円　Ⓘ4-625-40300-6　Ⓝ815.033

(内容)日本語文法の理解に必要な2000項目を解説する研究事典。見出し語には語の意味の記述にとどまらず「解釈のための文法」を重視した解説を付す。

<ハンドブック>

図説 松下文法ハンドブック　一般理論文法の先駆　徳田政信著　勉誠出版　2006.5　155p　21cm　2000円　Ⓘ4-585-03104-9　Ⓝ815

(目次)図説 松下文法ハンドブック，松下文法とは，改撰標準日本文法・小目次，標準日本口語法・小目次，日本俗語文典・小目次，標準漢文法・小目次，橋本文法説の構造，時枝技法とは(言語過程説)，新しい文法の見方一要素観から全体観(ゲシタルト)へ，「助詞」の職能体系表―「文」の構造と統合機能から見た，付録

日本語文法 入門ハンドブック　加藤重広著　研究社　2006.12　156p　21cm　1600円　Ⓘ4-327-38450-X　Ⓝ815

(目次)日本語文法と品詞，日本語の文構造，名詞と代名詞，形容詞と形容動詞，動詞，助動詞の分類と態の助動詞，時制とアスペクトの助動詞，モダリティ助動詞，助詞の分類と格助詞，対象と場所に関する格助詞，格助詞の多様な意味，副助詞，量的評価と指示に関わる副助詞，接続助詞と接続詞，その他の助詞と複合の助詞，副詞

(内容)日本語文法の基本を網羅しつつ，最新の成果をバランスよく取り入れた、使いやすい新時代の必携入門書。

日本語文法ハンドブック　言語理論と言語獲得の観点から　村杉恵子，斎藤衛，宮本陽一，滝田健介編　開拓社　2016.11　474p　21cm　〈索引あり〉　4500円　Ⓘ978-4-7589-2230-2　Ⓝ815

(目次)第1部 文の構造(複文の構造と埋め込み補文の分類，日本語における補文の分布と解釈，文構造の獲得)，第2部 格と構造(文の構造と格関係，名詞修飾節における格の交替現象，動詞と格の獲得)，第3部 省略(項省略，名詞句内の省略，省略の獲得)，第4部 移動(2種類のスクランブリング，移動と語順の制約，否定辞と数量詞の作用域：柴田義行氏の研究，スクランブリングの獲得)

(内容)本書は、言語学研究の第一線で活躍する

10名が、文構造、項構造と文法格、削除、移動など、日本語の文法及び獲得に関する主要な研究テーマについて書き下ろした13章から成る。言語比較に基づく理論研究のための参考書、授業のテキストとして使いやすいように、それぞれの章が独立しており、いずれの章も、学部3・4年生を対象とした解説を主とする第1部と、仮説検証の方法を含めた発展的な第2部の2部構成になっている。

文法史・古典文法

<ハンドブック>

実例詳解 古典文法総覧 小田勝著 （大阪）和泉書院 2015.4 736p 21cm 8000円 Ⓘ978-4-7576-0731-6 Ⓝ815

(目次)動詞、述語の構造、ヴォイス、時間表現、肯定・否定、推定・推量、当為・意志・勧誘・命令、疑問表現、形容詞と連用修飾、名詞句〔ほか〕

(内容)従来の品詞別の記述形式を廃し、文法範疇別の形式で記述した、最大規模の古典文法書。一般的な文法用語を用い、通言語的に古典文法の詳細を知ることができる。

品 詞

<事 典>

動詞・形容詞・副詞の事典 森田良行著 東京堂出版 2008.10 288p 20cm 2800円 Ⓘ978-4-490-10744-9 Ⓝ815.5

(目次)第1部 動詞編（動詞とは，動詞による叙述の有り様，語種から見た動詞 ほか），第2部 形容詞編―付 形容動詞（形容詞とは，語種から見た形容詞・形容動詞，形容詞の語彙量 ほか），第3部 副詞編―付 連体詞（副詞とは，副詞の範囲，副詞と他品詞の副詞法 ほか）

(内容)動詞・形容詞・副詞の意味上の特質や語義が文法とどうかかわっているのか、日本語の運用に見られる語彙・意味・文法上の特質を探るという観点から動詞・形容詞・副詞の特記事項を見出し語として立て、具体例を紹介しつつ詳しく解説。

<辞 典>

現代形容詞用法辞典 飛田良文，浅田秀子著 東京堂出版 1991.7 700p 20cm 〈付：参考文献〉 4500円 Ⓘ4-490-10292-5 Ⓝ815.

(内容)日本語の形容詞（形容詞、形容動詞、連体詞、連語、慣用句、動詞の打消し形が対象）の中から1,010語を選び、各語について意味、用法、イメージ、ニュアンス、類義語との相違、関連連句を各項目ごとに解説したもの。

現代副詞用法辞典 飛田良文，浅田秀子著 東京堂出版 1994.9 640p 19cm 4900円 Ⓘ4-490-10365-4 Ⓝ815.6

(内容)現代日本語の副詞、形容動詞、連語、一部の名詞・連体詞、形容詞の連用形の用例・ニュアンス・関連語等を解説する辞典。擬音語・擬態語は対象外。1041語を収録する。排列は五十音順。参照項目への指示がある。見出し語の他、関連語、関連事項を含む五十音順索引を付す。同じ著者による『現代形容詞用法辞典』に続くもの。解説にあたっては、日本語教育の現場で役立つよう、情緒的な記述表現を避け外国語にそのまま翻訳可能な客観的な言葉を用いた、としている。―豊富な用例と詳細な解説の実践副詞辞典。

助詞・助動詞の辞典 森田良行著 東京堂出版 2007.9 330p 19cm 2800円 Ⓘ978-4-490-10727-2 Ⓝ815.5

(目次)第1部 助動詞編（せる・させる（使役），「られる」表現のいろいろ，れる・られる（自発），れる・られる（可能），れる・られる（受身） ほか），第2部 助詞編（は（係助詞），も（係助詞），まで（副助詞・格助詞），さえ（係助詞），しか・すら・だに（副助詞） ほか）

(内容)一般の国語辞典ではわからない、助詞と助動詞の発想や全体を通しての意味、類義の語との使い分け、意味と文法との関連や文型について詳細に解説。助詞・助動詞の性格と日本語全体のなかに占める役割・位置を明らかにする。

<索 引>

平安時代複合動詞索引 東辻保和，岡野幸夫，土居裕美子，橋村勝明編 （大阪）清文堂出版 2003.4 464p 21cm 13000円 Ⓘ4-7924-1375-3 Ⓝ815.5

(内容)本書は、平安時代に成立した文献（主として仮名文学作品）に用いられた複合動詞語彙を、公刊された索引に基づき、その構成要素から検索できるようにしたものである。物語、日記・随筆、和歌・歌謡、説話を調査対象とした。本文は五十音順に排列。見出語→見出語が構成要素となる複合動詞→文献名を記載。巻頭の凡例に「依拠索引一覧」を記載。付録として、「ジャンル別複合動詞語数一覧」「前項率・後項率一覧」「見出語一覧」「構成複合動詞数一覧」の4項

目の表を収載。

敬 語

<事典>

勘違い敬語の事典 型で見分ける誤用の敬語　奥秋義信著　東京堂出版　2007.9　342p　19cm　1800円　Ⓣ978-4-490-10721-0　Ⓝ815.8

⌬目次⌭敬語の基本，敬語の本質と分類，第1章 "文法型" の誤用，第2章 "二重型" の誤用，第3章 "木竹型" の誤用，第4章 "転倒型" の誤用，第5章 "非礼型" の誤用，第6章 "枠外型" の誤用，第7章 "人称型" の誤用，第8章 "類似型" の誤用，第9章 "ら抜き型" を考える，第10章 "さ付き型" れ足す型" の誤用，第11章 "時相型" の誤用，第12章 "待遇型" の誤用，第13章 "冠型" の誤用・乱用

⌬内容⌭敬語の間違ったつかい方を，13の型に分類。テレビのニュースやドラマ，バラエティー番組などでのキャスターやタレントの「間違った敬語」の実例を紹介。どこが間違いで，正しい敬語はなにかを詳細に解説。

最新 日本の敬語実例事典　主婦と生活社編　主婦と生活社　2002.11　254p　19cm　1300円　Ⓣ4-391-12654-0　Ⓝ815.8

⌬目次⌭第1章 基本編（敬語の役割，身につけたいTPO，呼称と敬称 ほか），第2章 会話編（やさしい敬語から，自分を低めて相手を敬う，目上の人を高める），第3章 文書編（文書・手紙の敬語，手紙の書き方，封筒・はがきの書き方）

⌬内容⌭場面・状況に応じて適切な敬語表現をするための実例事典。さまざまな敬語表現を用いた文例を紹介しながらその正否について検証する。

ビジネス敬語活用事典　安田賀計著　ぎょうせい　1998.5　158p　19cm　1600円　Ⓣ4-324-05425-8　Ⓝ815.8

⌬目次⌭第1 会話での敬語（会話敬語・基本の基本，基本会話での敬語，日常業務での敬語，電話での敬語，会議・プレゼンテーションでの敬語，訪問・接客での敬語，雑談での敬語），第2 文書での敬語（基本編，文例編），第3 その他の敬語（慶弔等特別時の敬語，とくに形式的な敬語等）

⌬内容⌭自信が持てますか？ 自分の敬語。その場にふさわしい敬語を正しく使えること―それがビジネス敬語の基本です。本書は「ビジネス敬語」の基礎知識を，シチュエーションごとにわかりやすく解説しました。

<辞典>

敬語言い換え辞典 日常語から一発変換!　新版　学研辞典編集部編　学習研究社　2005.12　304p　18cm　1500円　Ⓣ4-05-402808-X　Ⓝ815.8

⌬内容⌭思いついたことばから敬語が引ける「実用的な敬語辞典」。日常生活でよく使われる語およそ750語を選び，その敬語を示した。敬語からも引けるように，敬語およそ450語も示し，配列は五十音順とした。

敬語使い方辞典　蒲谷宏編集代表　（名古屋）新日本法規出版　2009.2　500p　22cm　4400円　Ⓣ978-4-7882-7164-7　Ⓝ815.8

⌬内容⌭日常よく使う動詞・名詞約1000語を見出し語として五十音順に排列し，尊敬語，謙譲語，丁重語，謙譲+丁重語，美化語などによる言い換え例を示す敬語辞典。例文を多数紹介するとともに，敬語の使い方の注意点をmemoとして掲げる。平成19年文化庁文化審議会の「敬語の指針」に準拠。巻末付録に，手紙用語，敬称，皇室用語などの資料を掲載する。

敬語のお辞典　坂本達，西方草志編著　三省堂　2009.8　344,60p　19cm　〈索引あり〉　1500円　Ⓣ978-4-385-36425-4　Ⓝ815.8

⌬内容⌭「御」のつく言葉を衣食住や人称や時代劇や幼児語などからも収録。「お」がつくのか「ご」がつくのか迷ったことはありませんか？ 約5000の敬語の会話例を340の場面別・意味別に分類。豊富なバリエーションからぴったりした表現を探してください。

敬語の用法 尊敬語・謙譲語・丁寧語　辻村敏樹編　角川書店　1991.2　431p　19cm　（角川小辞典 6）　2800円　Ⓣ4-04-060600-0　Ⓝ815.8

⌬内容⌭一般の敬語だけでなく，挨拶のことば，書簡用語など，広く待遇表現にかかわることば約1400語を精選して，くわしく解説した。また，日常生活に役立つように，古典・現代文学の作品から使用例を採取して掲げた。

敬語早わかり辞典 あっ便利!　新版　学研辞典編集部編　学習研究社　2004.2　304p　18cm　1500円　Ⓣ4-05-402180-8　Ⓝ815.8

⌬目次⌭第1章 敬語の基本，第2章 尊敬語を使いこなす，第3章 謙譲語を使いこなす，第4章 まとめて敬語を使いこなす，第5章 実践会話，第6章 基本キーワード30，付録 敬語小辞典

⌬内容⌭あの敬語はどう使う？ この言い方で大丈夫？ 基本から語例・用例まで。

敬語早わかり辞典 あっ便利!　改訂新版　学研辞典編集部編　学習研究社　2007.4

304p　18cm　1500円　Ⓘ978-4-05-403352-8　Ⓝ815.8

⦅目次⦆第1章 敬語の基本，第2章 尊敬語を使いこなす，第3章 謙譲語と丁重語を使いこなす，第4章 まとめて敬語を使いこなす，第5章 実践会話，第6章 基本キーワード30，付録 敬語小辞典

⦅内容⦆敬語は3種類から5種類へ。文化庁「敬語の指針」の分類法に対応。新しい5種類の敬語がすっきりわかる。

状況分類別 敬語用法辞典　奥山益朗編　東京堂出版　1999.4　298p　19cm　2400円　Ⓘ4-490-10514-2　Ⓝ815.8

⦅目次⦆1 挨拶の敬語，2 接客の敬語，3 呼び名の敬語，4 家族・親族の敬語，5 基本敬語

⦅内容⦆現代敬語の用法を、例文や、文学作品による用例などで解説した辞典。50音順配列。付録として、現代敬語一覧表解説、巻末に、索引を付す。

迷った時にすぐ引ける勘違い敬語の辞典　西谷裕子著　東京堂出版　2015.3　254p　19cm　〈文献あり 索引あり〉　1800円　Ⓘ978-4-490-10864-4　Ⓝ815.8

⦅目次⦆第1章 敬語の基本・仕組み，第2章 「お」「ご」の使い方，第3章 敬語表現の誤用・勘違い，第4章 二重敬語・過剰敬語，第5章 取り違え敬語，第6章 「内」と「外」の敬語，第7章 人称代名詞の誤用，第8章 敬語のまわりを整える，第9章 基本動詞の敬語，第10章 敬語の場面集

⦅内容⦆敬語の理解に必要なテーマごとの10章に分け、正誤の例文を多数掲げて逐一解説しました。学校、職場、家庭をとわず、ことば遣いに困ったときは、迷わず本書を引いて確認を。

<ハンドブック>

美しい敬語ハンドブック　麻生英治監修　幻冬舎コミックス，幻冬舎〔発売〕　2007.3　175p　18cm　952円　Ⓘ978-4-344-80979-6　Ⓝ815.8

⦅目次⦆1 基本の敬語を覚えよう，2 社内で使う敬語を覚えよう，3 電話に関する敬語を覚えよう，4 社外・会社訪問時の敬語を覚えよう，5 来客対応の敬語を覚えよう，6 クレームに関する敬語を覚えよう，7 冠婚葬祭の敬語を覚えよう

⦅内容⦆正しいだけで満足ですか？ 社会人として使いこなしたい基本の美しい敬語ガイド。

敬語「そのまま使える」ハンドブック できる人の「この言葉づかい」「この話し方」　鹿島しのぶ編著　三笠書房　2012.9　245p　15cm　〈知的生きかた文庫 か54-1〉　600円　Ⓘ978-4-8379-8138-1　Ⓝ336.49

⦅目次⦆第1章 挨拶の敬語，第2章 社内での敬語，第3章 電話での敬語，第4章 接客・社外での敬語，第5章 面接での敬語，第6章 冠婚葬祭の敬語，第7章 ワンランク上の敬語，付録 頻出敬語変換表

⦅内容⦆「敬語」には、決まりきった基本の「形」があります。その「形」をそのまま覚えてしまうことが、上達への近道です。豊富な実例でわかる「良い敬語」と「悪い敬語」―この1冊で、あなたの「会話力」「コミュニケーション力」が上がります。

敬語表現ハンドブック　蒲谷宏，金東奎，高木美嘉著　大修館書店　2009.4　199p　21cm　〈文献あり 索引あり〉　1800円　Ⓘ978-4-469-22199-2　Ⓝ815.8

⦅目次⦆第1章 敬語表現（敬語表現とは，敬語の種類，敬語表現の諸相，敬語表現に関するQ&A），第2章 待遇コミュニケーション（待遇コミュニケーションとは，丁寧さの原理，待遇コミュニケーションの諸相，待遇コミュニケーションに関するQ&A）

⦅内容⦆敬語をより深く理解し、使いこなすために…。敬語の基本的な性質や待遇表現における「丁寧さ」の原理を明らかにし、豊富な具体例をあげて解説した、よりよい日本語コミュニケーションを目指す人のための必携書。

ビジネスマン 敬語ハンドブック　奥秋義信著　（名古屋）リベラル社，星雲社〔発売〕　1994.10　231p　17cm　〈『ビジネスマンのための敬語なるほどゼミナール』改題書〉　1000円　Ⓘ4-7952-4267-4　Ⓝ815.8

⦅目次⦆序章 敬語の基本学習，第1章 ビジネス敬語の基本，第2章 ビジネスマンの言語遣い，第3章 電話のマナー，第4章 ビジネス文書のルール

⦅内容⦆「おっしゃられる」「とんでもございません」、これら言葉は果たして正しいのか。敬語博士が贈る敬語の失敗をしないための100の問答集。

文体・修辞・表現

文体

<事典>

日本語文章・文体・表現事典 中村明, 佐久間まゆみ, 髙崎みどり, 十重田裕一, 半沢幹一, 宗像和重編 朝倉書店 2011.6 829p 27cm 〈索引あり〉 19000円 ⓘ978-4-254-51037-9 Ⓝ816.036

(目次)第1章 表現用語の解説, 第2章 文章用語の解説, 第3章 文体用語の解説, 第4章 レトリック用語の解説, 第5章 ジャンル別文体概観, 第6章 文章・文体・表現の基礎知識, 第7章 目的・用途別文章作法, 第8章 近代作家の文体概説と表現鑑賞, 第9章 近代の名詩・名歌・名句の表現鑑賞, 第10章 文章論・文体論・表現論の文献解題

日本語文章・文体・表現事典 文学編 小説・詩・短歌・俳句名作の表現〈実例〉鑑賞 縮刷版 中村明, 十重田裕一, 宗像和重編集 朝倉書店 2012.6 391p 21cm 4500円 ⓘ978-4-254-51042-3 Ⓝ816.036

(目次)第8章 近代作家の文体概説と表現鑑賞(仮名垣魯文, 福沢諭吉, 矢野竜渓, 徳富蘇峰 ほか), 第9章 近代の名詩・名歌・名句の表現鑑賞(名詩, 名歌, 名句)

<辞典>

日本語の文体・レトリック辞典 中村明著 東京堂出版 2007.9 472p 19cm 3200円 ⓘ978-4-490-10726-5 Ⓝ816.033

(内容)「ことばのあや」とは何か。日本語の表現技法全体を見渡して体系化した, 初めての総合的な日本語の日本語による日本語のための文体とレトリックの辞典。「悪文」「擬人法」「逆説」「語感」「誇張法」「パロディー」「比喩」「文章心理学」「ユーモア」「余情」「リズム」など約1100項目収録。

修辞

<事典>

レトリック事典 佐藤信夫企画・構成・執筆, 佐々木健一監修・執筆, 松尾大執筆 大修館書店 2006.11 815p 21cm 6500円 ⓘ4-469-01278-5 Ⓝ801.6

(目次)第1部 表現形態の「あや」, 第2部 意味作用の「あや」または比喩, 第3部 思考様態の「あや」, 第4部 論証の「あや」, 第5部 語形の「あや」および特殊文形, 第6部 伝統レトリックの体系

(内容)"レトリック"の概念・技法を46の型にまとめ, 時代を代表する日本の文章を例に解説。

<辞典>

日本語修辞辞典 野内良三著 国書刊行会 2005.8 382p 19cm 3800円 ⓘ4-336-04720-0 Ⓝ816.2

(目次)暗示的看過法, 引喩, 隠喩, 隠喩連鎖法, 引用法, 迂言法, 詠嘆法, 婉曲法, 縁語, 音彩法〔ほか〕

(内容)「隠喩」「擬人法」「撞着語法」「皮肉法」など, 実際に日本語を読み, 書くに際して役立つと思われる, 必須の87項目を収録した。「引く」辞典である以上に「読む」辞典である本書では, 日本語修辞の豊麗な可能性を感じてもらうべく, 古典から現代の若い作家まで, 豊富な「文例」を集めた。「文例」の採択にあたっては, 修辞的な観点ばかりでなく, 内容的に味わい深いものを心がけ, 本書をして日本語の「豊かな美しさ」を伝える「文章宝鑑」たらしめることを目指した。

日本語の文体・レトリック辞典 中村明著 東京堂出版 2007.9 472p 19cm 3200円 ⓘ978-4-490-10726-5 Ⓝ816.033

(内容)「ことばのあや」とは何か。日本語の表現技法全体を見渡して体系化した, 初めての総合的な日本語の日本語による日本語のための文体とレトリックの辞典。「悪文」「擬人法」「逆説」「語感」「誇張法」「パロディー」「比喩」「文章心理学」「ユーモア」「余情」「リズム」など約1100

項目収録。

レトリック辞典 野内良三著 国書刊行会 1998.6 364,8p 19cm 3800円 ⓘ4-336-04074-5 Ⓝ801.6

(内容)文彩(修辞学)と議論法(弁論術)の辞典。暗示的看過法、隠喩、疑惑法、誇張法、漸層法、パロディなど約100項目の言葉の表現技術を解説。仏語術語表、英語術語表付き。

レトリック小辞典 脇阪豊,川島淳夫,高橋由美子編著 同学社 2002.9 190p 18cm (同学社小辞典シリーズ) 2800円 ⓘ4-8102-0061-2 Ⓝ801.6

(内容)レトリックを総合的に把握するためのコンパクトな用語集。項目の排列は五十音順による。ドイツ語・英語及びラテン語の対訳語、解説文、参照項目を記載。人名には生没年を付す。巻末に文献目録、独日・英日・ラテン日の述語対照表を兼ねた索引がある。

◆比喩

<辞典>

たとえことば辞典 中村明編 東京堂出版 1996.6 299p 19cm 2472円 ⓘ4-490-10420-0 Ⓝ816.2

(内容)「鼻が高い」「雀の涙」など比喩的な用法で使用されている語句4400を収録した辞典。直喩・隠喩・諷喩的なものを中心に収載。排列は五十音順で、見出し語の語釈に加えそのことばがなぜその意味で使用されるのかも説明する。

たとえことば辞典 新装版 中村明編 東京堂出版 2011.8 299p 19cm 1800円 ⓘ978-4-490-10805-7 Ⓝ813.4

(内容)比喩から見た日本人、日本語の心象風景。日本の風土になじみ日本人の才気が生みおとした"たとえことば"の世界。それぞれの表現がどういう比喩的思考をたどりどのような意味を獲得したかを解説。

分類たとえことば表現辞典 中村明著 東京堂出版 2014.7 352p 20cm 〈索引あり〉 2800円 ⓘ978-4-490-10848-4 Ⓝ813.4

(目次)自然(気象・天文、災害 ほか)、人間(性格・年齢・血縁、人となり ほか)、社会・生活(社会、衣 ほか)、文化・学芸・宗教(文化・学芸、スポーツ・競技 ほか)、抽象(時、色・形態・様相 ほか)

(内容)比喩表現から見える日本人の心象風景。ことばの形と意味のつながりをたどり、その関係がすとんと腑に落ちるとき日本語の秘める

奥深さ、豊かさを堪能できる。

表 現

<事 典>

国語表現事典 榊原邦彦著 (大阪)和泉書院 1999.4 373p 19cm 2500円 ⓘ4-87088-967-6 Ⓝ816.07

(目次)第1部 国語の基本(仮名、いろは歌のいろいろ、仮名遣、五十音図、音の変化、言葉、漢字の基本、漢字の形、漢字の音、漢字の義、漢字使用の心得、読取の常識、国語の語順、助詞の用法)、第2部 文章表現(文章の錬磨、表現技術、句読点、重点、原稿用紙の使い方、論文、小論文の書き方、表現の工夫、手紙の書き方、敬語)、第3部 口頭表現(口頭語と文章語との違い、美しい聞き方、美しい話し方、数字の読み方、挨拶、接遇の話し方、電話の話し方、面接、言葉の使い方練習)

(内容)論文、小論文の書き方、敬語、手紙などの文章表現及び挨拶、接遇などの口答表現の各事項につき解説した、国語表現のための辞典。国語表現早見表付き。

日本語表現・文型事典 小池清治,小林賢次,細川英雄,山口佳也編 朝倉書店 2002.10 504p 21cm 〈本文:日英両文〉 15000円 ⓘ4-254-51024-1 Ⓝ815.036

(目次)1 構文関係、2 助動詞関係、3 助詞関係、4 補助動詞関係、5 代名詞関係、6 副詞関係、7 接続詞関係、8 感動詞関係、9 形式名詞関係、10 レトリック関係、11 敬語関係、12 言語生活関係

(内容)日本語の表現を文型という形態的・客観的観点から記述を試みた事典。文法分類別に体系的に構成する。各項目にはローマ字表記、英訳語、関連キーワード、定義・解説、参考文献を記載。巻末に五十音順の文献・人名・事項索引、述語キーワードを付す。

<辞 典>

感覚表現辞典 中村明編 東京堂出版 1995.4 437p 21cm 3200円 ⓘ4-490-10379-4 Ⓝ816.07

(目次)光影、色彩、動き、状態、音声、音響、嗅覚、味覚、触感、痛痒〔ほか〕

(内容)文学作品等から「感覚」を表現する言葉の用例を集めた辞典。102人の作家の314作品より4642点の用例を集め、光影・色彩・動き・状態・音声・音響・嗅覚・触感・痛痒・湿度・温

表現　　文体・修辞・表現

度の12分野に分類・整理する。巻末に感覚表現別の五十音順索引を付す。

感情表現辞典　中村明編　東京堂出版　1993.5　458p　19cm　2800円　①4-490-10339-5　Ⓝ816.07

㊤近現代の作家197人の作品806編から、感情の微妙な陰影を描写した用例を収録した表現辞典。人間の微妙な心理を描いた用例により、自分の気持ちに合った感情表現を見つけることを目的とする。

人物表現辞典　中村明編　筑摩書房　1997.3　578p　19cm　2800円　①4-480-00002-X　Ⓝ910.33

㊤日本近代の文学作品から採集した1万近い文例を分類整理して作られた人物表現集成。150人の近・現代作家の500に及ぶ作品群の中から、9000を超える文例を集める。

てにをは辞典　小内一編　三省堂　2010.9　1799p　19cm　〈文献あり〉　3800円　①978-4-385-13646-2　Ⓝ814

㊤250名の作家の作品から語と語の結びつき60万例を採録。ひとつ上の文章表現をめざす「書く人」のための辞典。

てにをは連想表現辞典　小内一編　三省堂　2015.9　1180p　19cm　〈索引あり〉　3200円　①978-4-385-13641-7　Ⓝ813.5

㊀挨拶する・祝う、愛する・可愛がる、会う・訪れる、青い、赤い、上がる・下りる、明るい・暗い、諦める・止める、明け暮れる、空ける〔ほか〕

㊤「ことばの海を泳いでみませんか?」日本を代表する作家四百人の名表現を類語・類表現で分類。さまざまな言葉、意外な表現から連想がどんどん広がる面白さ。発想力、作家的表現力を身につける「書く人のための辞典」。既刊『てにをは辞典』の第二弾。

日本語表現大辞典　比喩と類語三万三八〇〇　小内一著　講談社　2005.3　869p　21cm　4000円　①4-06-212830-6　Ⓝ816.2

㊤作家264人、作品数868から表現例をのべ約3万3800収録。ある言葉（キーワード）から連想するさまざまな表現を知ることができる。本文は表形式になっちいて、「見出し語」「インデックス」「表現例」「出典」の欄がある。

日本語描写の辞典　中村明著　東京堂出版　2016.1　236p　20cm　〈索引あり〉　2200円　①978-4-490-10873-6　Ⓝ816.2

㊀1 もの・こと—自然描写（空，日，月 ほか），2 ひと—人物描写（頭／髪，額／耳，鼻，眉／瞼／睫 ほか），3 こころ—心理描写（喜，怒，哀 ほか）

㊤「もの・こと」「ひと」「こころ」の三つに大きく分類し、その中に計58のトピックを設けて、各10～20の文例を揚げ、表現のポイントを解説。文学作品の鑑賞から、文章表現への活用にも資する1冊。

日本の作家 名表現辞典　中村明著　岩波書店　2014.11　566,30p　20cm　〈布装　索引あり〉　3200円　①978-4-00-080317-5　Ⓝ816

㊀阿川弘之，芥川龍之介，阿部昭，網野菊，池沢夏樹，石川淳，伊藤整，井上ひさし，井上靖，井伏鱒二〔ほか〕

㊤長年にわたって著者が集めた「名表現」の中から、98作家、212作品を厳選。人名・作品名・キーワード索引付／高校教科書掲載作品を多数紹介。

名文章名表現辞典　作家250人はこう書いた　日本漢字学会編　小学館　1998.3　283,36p　19cm　（小学館文庫）　638円　①4-09-416091-4　Ⓝ816

㊤作家、詩人、落語家、漫画家など250人以上のさまざまな分野の表現のプロたちの作品から適切な書き表し方1000例を項目ごとに収録した文章表現集。排列は項目の五十音順、巻末には執筆者索引が付く。

方言

方言一般

<事典>

きのこの語源・方言事典 奥沢康正，奥沢正紀著 山と渓谷社 1998.11 607p 18cm 2000円 Ⓣ4-635-88031-1 Ⓝ474.85

[目次] きのこ用語図譜，きのこ和名のアラカルト，語源編，方言編，方言・標準和名の採集原資料と参考文献，古名および古語の参考文献

[内容] きのこの和名の由来、意義などについて解説した事典。

昆虫名方言事典 昆虫名方言を求めて 阿部光典著，神奈川昆虫談話会編 サイエンティスト社 2013.12 197p 21cm 6000円 Ⓣ978-4-86079-071-4 Ⓝ486

[目次] 成虫の部（トビムシ目，シミ目，カゲロウ目，トンボ目，カワゲラ目 ほか），幼虫などの部（カゲロウ目幼虫，トンボ目幼虫，カワゲラ目幼虫，カマキリ目幼虫，バッタ目幼虫 ほか）

[内容] 日本では一般の人々によって、または昆虫愛好者によって丹念に昆虫に名が付けられ、その名は情緒的、ないしは詩的な、実に良いものが多い。昆虫の方言名、俗語名、地方名を全国から集め、使用地名や意味するところを解説する。

方言ものしり事典 北から南 〔1997年〕改訂新版 方言資料研究会編 啓明書房 1997.8 284p 19cm 〈1988年刊の再刊〉 1600円 Ⓣ978-4-7671-0965-7 Ⓝ818.03

[内容] 長い歴史に培われたなつかしいふるさとの言葉。語源散策とエピソードを綴った面白読本。

<辞典>

お国柄ことばの辞典 加藤迪男編 東京堂出版 2012.1 225,14p 19cm 2200円 Ⓣ978-4-490-10813-2 Ⓝ361.42

[目次] 北海道・東北地方，関東地方，北陸・中部地方，近畿地方，中国・四国地方，九州・沖縄地方

[内容] その地域の性格や持ち味が出ていて面白い「お国柄ことば」を、地方別に"暮らし""気質""風土""ことば"に分けて紹介した、読んで楽しめる辞典。50音索引つき。

近世方言辞書 第1輯 佐藤武義ほか編輯 （鎌倉）港の人 1999.11 512p 22cm 〈日本大学文理学部附属図書館蔵の複製〉 14000円 Ⓣ4-89629-034-8 Ⓝ818.033

[目次] 仙台浜荻（匡子編か 江戸末期作）

[内容] 仙台語と江戸語を比較・対照させたイロハ順の仙台方言集。

近世方言辞書 第2輯 佐藤武義ほか編輯 （鎌倉）港の人 2000.6 582p 22cm 〈複製〉 16000円 Ⓣ4-89629-035-6 Ⓝ818.033

[目次] 御国通辞（服部武喬著），仙台言葉以呂波寄（広本）（猪苗代兼郁編），仙台言葉以呂波寄（略本）（猪苗代兼郁編），仙台言葉（大槻本）（堀田正敦編），仙台言葉（一条本）（堀田正敦編），方言達用抄（贅庵編），仙台方言（桜田欽斎編），荘内浜荻（堀季雄著），荘内方音攷（氏家剛大夫天爵編）

[内容] 東北地方の方言辞書。

近世方言辞書 第3輯 佐藤武義ほか編 （鎌倉）港の人 2000.6 428p 22cm 〈複製〉 12000円 Ⓣ4-89629-036-4 Ⓝ818.033

[目次] 常陸方言，訛語づくし，加賀なまり，尾張方言，尾張俗言

[内容] 関東・北陸・中部地方の方言辞書。

近世方言辞書 第4輯 佐藤武義ほか編輯 （鎌倉）港の人 1999.11 313p 22cm 〈複製〉 9500円 Ⓣ4-89629-037-2 Ⓝ818.033

[目次] 筑紫方言，久留米はまおき（野崎教景編），菊池俗言考（永田直行著），長崎歳時記（野口文竜著），幡多方言（鹿持雅澄著）

[内容] 九州・四国地方の方言辞書。

近世方言辞書 第5輯 佐藤武義ほか編輯 （鎌倉）港の人 2000.11 251p 22cm 〈複製〉 9000円 Ⓣ4-89629-038-0 Ⓝ818.033

[目次] 倭語類解（洪舜明撰述。元禄16年頃刊本）

[内容] 九州地方の方言辞書。

近世方言辞書 第6輯 佐藤武義ほか編輯 （鎌倉）港の人 2000.11 48,225p 22cm 〈複製〉 9500円 Ⓣ4-89629-039-9 Ⓝ818.

033
- (目次)琉球館訳語，琉球訳
- (内容)沖縄地方の方言辞書。

近世方言辞書集成　第1巻　佐藤武義ほか編輯　大空社　1998　8,428p　22cm　〈複製〉　Ⓝ818.08
- (目次)片言（安原貞室著）
- (内容)各地に伝わる方言誌。

近世方言辞書集成　第2巻　佐藤武義ほか編輯　大空社　1998.12　474p　22cm　〈複製〉　Ⓘ4-7568-0534-5　Ⓝ818.033
- (目次)志不可起（箕田嘉貞著）
- (内容)各地に伝わる方言誌。

近世方言辞書集成　第3巻　佐藤武義ほか編輯　大空社　1998　7,240p　22cm　〈複製〉　Ⓝ818.08
- (目次)物類称呼（吾山編）
- (内容)各地に伝わる方言誌。

近世方言辞書集成　第7巻　佐藤武義ほか編輯　大空社　1998.12　474p　22cm　〈複製〉　Ⓘ4-7568-0534-5　Ⓝ818.033
- (目次)丹波通辞，浪花方言，新撰大坂詞大全，滋賀県方言集
- (内容)各地に伝わる方言誌。

現代日本語方言大辞典　1（あ～う）　平山輝男編　明治書院　1992.3　408,9, 706p　26cm　35000円　Ⓘ4-625-52137-8　Ⓝ818.033
- (内容)共通語から各地の方言形が引ける。画期的な方言大辞典。正確な発音とアクセントまで明記した初めての方言大辞典。収録語数20万余，豊富な挿絵・言語地図のほか，方言資料も満載。日本語教育の観点から，共通語項目に，対応する英語・中国語を付けた。豊富な索引群を完備。

現代日本語方言大辞典　2（え～く）　平山輝男，大島一郎，大野真男，久野真，久野マリ子，杉村孝夫編　明治書院　1992.6　p707～1735　26cm　35000円　Ⓘ4-625-52138-6　Ⓝ818.033
- (内容)最新・最大の方言大辞典。17年の臨地調査により23万語を収録し，発音まで明示した。共通語から各地の方言形が引ける画期的辞典。

現代日本語方言大辞典　3（け～す）　平山輝男編著　明治書院　1992.9　2674p　26cm　35000円　Ⓘ4-625-52139-4　Ⓝ818.033
- (内容)最新・最大の方言大辞典。17年の臨地調査により23万語を収録し，発音まで明示した。共通語から各地の方言形が引ける画期的辞典。

現代日本語方言大辞典　4（せ～と）　平山輝男，大島一郎，大野真男，久野真，久野マリ子，杉村孝夫編　明治書院　1993.1　3600p　26cm　35000円　Ⓘ4-625-52140-8　Ⓝ818.033
- (内容)方言学において重要な全国72地点での調査結果を集大成した方言辞典。総収録語数23万余語。全体構成は，本文（1～6）と3種類の索引（7・8・補巻）からなる。本文は，基本語見出しの五十音順編成の下，各調査地での方言形を地域順に掲載する。日本語教育の観点から基本語（共通語）見出しには対応する英語・中国語を記す。方言形は，地域，方言形（アクセント表示つき），発音符号，品詞。語義・解説を記載する。

現代日本語方言大辞典　5（な～へ）　平山輝男，大島一郎，大野真男，久野真，久野マリ子，杉村孝夫編　明治書院　1993.5　4560p　27×19cm　35000円　Ⓘ4-625-52141-6　Ⓝ818.033
- (内容)方言学において重要な全国72地点での調査結果を集大成した方言辞典。全体構成は，本文（1～6）と3種類の索引（7・8・補巻）からなる。本文は，基本語見出しの五十音順編成の下，各調査地での方言形を地域順に掲載する。日本語教育の観点から基本語（共通語）見出しには対応する英語・中国語を記す。方言形は，地域，方言形（アクセント表示つき），発音符号，品詞。語義・解説を記載する。

現代日本語方言大辞典　6（ほ～を）　平山輝男，大島一郎，大野真男，久野真，久野マリ子，杉村孝夫編　明治書院　1993.7　5547p　26cm　35000円　Ⓘ4-625-52142-4　Ⓝ818.033
- (内容)方言学において重要な全国72地点での調査結果を集大成した方言辞典。全体構成は，本文（1～6）と3種類の索引（7・8・補巻）からなる。本文は，基本語見出しの五十音順編成の下，各調査地での方言形を地域順に掲載する。日本語教育の観点から基本語（共通語）見出しには対応する英語・中国語を記す。方言形は，地域，方言形（アクセント表示つき），発音符号，品詞。語義・解説を記載する。

現代日本語方言大辞典　7（索引1）　平山輝男ほか編著　明治書院　1993.12　1350p　27cm　〈表紙の書名：Dictionary of Japanese dialects〉　35000円　Ⓘ4-625-52143-2　Ⓝ818.033
- (内容)方言学において重要な全国72地点での調査結果を集大成した方言辞典。全体構成は，本文（1～6）と3種類の索引（7・8・補巻）からなる。第7巻は方言形五十音順索引。

現代日本語方言大辞典　8（索引2）　平山輝

方 言　　　　　　　　　　方言一般

男，大島一郎，大野真男，久野真，久野マリ子，杉村孝夫編　明治書院　1994.3　1413p　26cm　35000円　Ⓘ4-625-52144-0　Ⓝ818.033

⦅内容⦆方言学において重要な全国72地点での調査結果を集大成した方言辞典。全体構成は，本文（1～6）と3種類の索引（7・8・補巻）からなる。第8巻は地点別方言形五十音順索引。

現代日本語方言大辞典　補巻（索引3）　平山輝男，大島一郎，大野真男，久野真，久野マリ子，杉村孝夫編　明治書院　1994.6　1487p　26cm　35000円　Ⓘ4-625-52145-9　Ⓝ818.033

⦅内容⦆方言学において重要な全国72地点での調査結果を集大成した方言辞典。全体構成は，本文（1～6）と3種類の索引（7・8・補巻）からなる。補巻は方言形逆引き索引。

県別罵詈雑言辞典　真田信治，友定賢治編　東京堂出版　2011.10　379p　20cm　2800円　Ⓘ978-4-490-10807-1　Ⓝ818

⦅内容⦆お国ことばで悪態をつく。47都道府県での罵詈雑言・悪態表現を調査し，都道府県別，語彙別にまとめた。

県別方言感情表現辞典　真田信治，友定賢治編　東京堂出版　2015.10　272p　20cm　〈文献あり〉　2800円　Ⓘ978-4-490-10870-5　Ⓝ818

⦅目次⦆気分・情緒面での一次的感情，自我感情，他人に対する感情，美的感情，感情語の分布類型

最新 ひと目でわかる全国方言一覧辞典　江端義夫，加藤正信，本堂寛編　学習研究社　1998.12　352p　18cm　1600円　Ⓘ4-05-300299-0　Ⓝ818.033

⦅目次⦆第1部 項目別方言一覧（あいこ（相子），あかるい（明るい），あかんぼう（赤ん坊），あご（顎），あたらしい（新しい），あつい（暑い），あべこべ，あやす ほか），第2部 都道府県別方言ランキング

⦅内容⦆日本の方言を一覧表で見ることができる辞典。第1部は，ある言葉を各地の方言で何というかについて都道府県別に一覧表で示し，第2部は，各都道府県ごとに代表的な方言を20数語掲載し，それらの方言の使い方を文例で示した。

辞典 新しい日本語　井上史雄，鑓水兼貴編著　東洋書林　2002.6　367p　21cm　4500円　Ⓘ4-88721-532-0　Ⓝ818.033

⦅内容⦆東京を含めた日本各地における「新方言」の報告例を中心に，刻々と変化している日本語表現を見渡したもの。カナ表記の見出し項目を五十音順に排列。共通語訳，解説，出典，インターネットによる検索結果とその例文を記載。

巻末に新方言の報告地域とホームページ検索，出典文献一覧，語形総索引がある。

全国方言辞典　都道府県別　佐藤亮一編　三省堂　2009.8　430,46p　19cm　〈索引あり〉　2600円　Ⓘ978-4-385-13730-8　Ⓝ818

⦅目次⦆北海道・東北，関東・甲信越，北陸・東海，近畿，中国，四国，九州・沖縄

⦅内容⦆各地の方言を都道府県別に詳しく解説。総項目数は約3800。しかも，例文付き。各地の話者による方言例文の音声CDで，発音・アクセントなどを正確に確認できる。語句・例文の意味だけではなく，「県内の地域差」「文法的な特色」なども詳しく解説。「気づかずに使う方言」「なぞなぞ・ことわざ」など，興味深いコラムも多数収録。付録として，植物，動物，気象・天候・暦，身体などをテーマに「分野別方言」を収録。巻末に，検索に便利な五十音順索引付き。

地方別方言語源辞典　真田信治，友定賢治編　東京堂出版　2007.9　347p　19cm　2400円　Ⓘ978-4-490-10724-1　Ⓝ818

⦅目次⦆北海道・東北北部，津軽，東北南部，関東，京阪，甲信越，東海，名古屋，北陸，京阪，関西，中国，出雲，四国，博多，九州，沖縄

⦅内容⦆めんこい，あだっこ，やばつい，べらんめえ，ずく，ひず，やっとかめ，はんなり，ずつない，だんだん，しろしか，めんそーれーなど，北海道から沖縄まで全国17の地域別に代表的な方言を取り上げ，語源をわかりやすく解説。身近な方言約570語収録。巻末に五十音順の索引が付く。

都道府県別 全国方言小辞典　佐藤亮一編　三省堂　2002.5　255p　19cm　1600円　Ⓘ4-385-13694-7　Ⓝ818

⦅目次⦆北海道・東北，関東・甲信越，北陸・東海，近畿，中国，四国，九州・沖縄

⦅内容⦆日本の方言を都道府県別に例文とともに紹介する辞典。北海道から沖縄までの都道府県別に構成。各地の代表的な方言を五十音順に掲げ，共通語で意味を記載，使用地域が限定されるものは地域名を示し，見出しの下に使用例文とその意味を示す。ページ下部には，方言の概説・特徴，気付かれにくい方言，挨拶のことばなど，方言に関する話題を記載する。巻末付録として，分野別方言，各地の「桃太郎」，全国「ありがとう」一覧がある。

日本語単音節の辞典 和英対照　古語・方言・アイヌ語・琉球語　伊東節子著　古今書院　1993.12　137p　19cm　4800円　Ⓘ4-7722-1556-5　Ⓝ814.6

⦅内容⦆日本語の単音節に関する辞典であると同時に，「水」に関する単語の収録でもある辞典。

日本語 レファレンスブック　195

方言一般　　　　　　　　　　方言

収録語彙の範囲は古語および全国方言であり、特にアイヌ語、琉球語に重点を置いている。収録語彙は一音節から一音節半の単語に限定してある。

日本語方言辞書　昭和・平成の生活語　上巻　藤原与一著　東京堂出版　1996.7　720p　21cm　19570円　Ⓣ4-490-10428-6　Ⓝ818.033

(内容)日本各地の方言資料をもとに作成された、口語の辞典。上中下の全三巻から成り本巻はその上巻にあたる。一項目は見出し・品詞名・釈義・地方別の文例・解説で構成され、排列は見出し語の五十音順。一文例本位の生活語辞書。著者自身の65年間の実地調査を基幹資料とし、昭和・平成の日本語事実生活相を明らかにする。

日本語方言辞書　昭和・平成の生活語　中巻　藤原与一著　東京堂出版　1996.9　681p　21cm　19570円　Ⓣ4-490-10429-4　Ⓝ818.033

(内容)各地の口語をとりあげた日本語辞書。1930年(昭和5年)から94年(平成6年)の間に得た日本各地の方言資料をもとに作成され、上中下の全三巻から成り本巻はその中巻。排列は語の五十音順。一項目は見出し・品詞名・釈義・地方別の文例・解説で構成される。一文例本位の生活語辞書。著者自身の65年間の実地調査を基幹資料とし、昭和・平成の日本語事実生活相を明らかにする。

日本語方言辞書　昭和・平成の生活語　下巻　藤原与一著　東京堂出版　1997.1　672p　21cm　19000円　Ⓣ4-490-10430-8　Ⓝ818.033

(内容)日本各地の方言資料をもとに作成された、口語の辞典。上中下の全三巻より成り本巻はその下巻にあたる。項目は見出し・品詞名・釈義・地方別の文例・解説で構成され、排列は見出し語の五十音順。文例本位の生活語辞書で、著者自身の65年間の実地調査を基幹資料とし、昭和・平成の日本語事実生活相を明らかにする。

日本語方言辞書　全国方言会話集成　別巻　藤原与一著　東京堂出版　2002.9　694p　23cm　19000円　Ⓣ4-490-10614-9　Ⓝ818.033

(内容)昭和5年(1930年)から平成6年(1994年)までの実地調査を基幹資料として、昭和・平成の日本語の事実(生活相)を明らかにする。文例本位の生活語辞書。別巻では、全国57要地点の実際の会話例を紹介する。

日本樹木名方言集　復刻版　農商務省山林局編、関岡東生解題　海路書院　2006.12　482p　21cm　18000円　Ⓣ4-902796-56-2　Ⓝ653.21

(内容)大正四年刊行の本書は、木材需給情報の一元的な管理・統制を念頭に「方言」と「標準語」を対照させる目的で上梓されたものである。頭文字の字画による漢字名索引付。

日本植物方言集成　八坂書房編　八坂書房　2001.2　946p　21cm　16000円　Ⓣ4-89694-470-4　Ⓝ477.33

(内容)野生植物から園芸植物まで約2700種の植物について標準和名と方言名をつなぐ辞典。植物の標準和名ごとに、およそ40000語の方言名をまとめて五十音順に収録。それぞれの使用地域名を加えた本篇と、方言名から標準和名を知ることができるように排列した方言名索引との2部から構成されている。

日本方言辞典　標準語引き　佐藤亮一監修、小学館辞典編集部編　小学館　2004.1　1467,7p　22cm　7800円　Ⓣ4-09-508211-9　Ⓝ818.033

(内容)北海道から沖縄まで、全国各地の「方言集」をもとに、ぬくもりと生命力に満ちた方言を採録。お国ことば15万語が標準語から簡単に検索できる日本方言辞典。方言に関する様々な話題を取り上げたコラムも収録する。

日本列島の言語　亀井孝,河野六郎,千野栄一編著　三省堂　1997.1　459p　26cm　(言語学大辞典セレクション)　5000円　Ⓣ4-385-15207-1　Ⓝ810.36

(目次)アイヌ語,日本語,琉球列島の言語

(内容)『言語学大辞典』「世界言語編」「補遺・言語名索引編」全5巻(三省堂発行)の中から、日本列島で従来から使用されているアイヌ語、日本語、琉球列島の言語の3項目を抜き出し、分冊としてまとめたもの。アイヌ語、日本語、琉球列島の言語の順に構成。

方言なるほど辞典　現代言語セミナー編　角川学芸出版,角川書店〔発売〕　2006.3　190p　15cm　(角川文庫)　476円　Ⓣ4-04-163913-1　Ⓝ818

(目次)1 まず、あいさつから始めよう(ふだんのあいさつ、より親しみを込めたあいさつ)、2 フレンドリーな会話に進もう(好意や感謝の気持ちを伝える、悲しみやさびしさを伝える)、3 コミュニケーションを深めよう(友だちとのやりとり、態度やふるまいを言い表す ほか)、4 ところ変われば、こんなに違う!!(食べ物の名前、遊びの言い方 ほか)、5 方言の達人になる(ひとの性格を表現しよう、達人への近道。語尾を変える)、付録 方言ではどう言うの?

(内容)挨拶の「おはようごし」「おばんです」、気持ちを伝える「すきやねん」「ずつない」な

ど，日本全国いろいろな方言がある。ふくよかな「お国言葉」には誰しも自然と不思議な親近感をもつ。人間関係を潤滑にする豊かな日本語表現を思いっきり楽しめるコンパクトな一冊。

＜ハンドブック＞

ガイドブック方言調査　小林隆，篠崎晃一編
　ひつじ書房　2007.11　212p　21cm　1800円
　①978-4-89476-280-0　Ⓝ818.075
　⊕目次⊕第1章 調査ということ，第2章 調査方法を選ぶ，第3章 調査票を作成する，第4章 さまざまな準備，第5章 調査の手引きを作る，第6章 調査に臨む，第7章 調査を記録する，第8章 調査の流れに沿って，第9章 調査結果を整理する，附録 参考になる調査票目録

全国方言談話データベース　日本のふるさとことば集成　第1巻　北海道・青森　国立国語研究所編　国書刊行会　2007.3　259p　21cm　〈付属資料：CD1,CD-ROM1〉　6800円　①978-4-336-04361-0　Ⓝ818
　⊕目次⊕1 北海道中川郡豊頃町1978（地図，話者・担当者，解説 ほか），2 青森県弘前市1979（地図，話者・担当者，解説 ほか），作成・公開の経緯（「各地方言収集緊急調査」について，「各地方言収集緊急調査」地点一覧，「各地方言収集緊急調査」地点地図 ほか）

全国方言談話データベース　日本のふるさとことば集成　第5巻　埼玉・千葉　国立国語研究所編　国書刊行会　2002.10　260p　21cm　（国立国語研究所資料集 13-5）〈付属資料：CD1：CD-ROM1〉　6800円　①4-336-04365-5　Ⓝ818
　⊕目次⊕1 埼玉県児玉郡上里町1981,2 千葉県長生郡長生村1977
　⊕内容⊕昭和52年度から昭和60年度にかけて文化庁が実施した「各地方言収集緊急調査」によって収録された録音テープと文字化原稿をデータベース化したもの。冊子1冊およびCD-ROMとCD各1枚で構成。本巻には埼玉・千葉の方言を収録する。

全国方言談話データベース　日本のふるさとことば集成　第6巻　東京・神奈川　国立国語研究所編　国書刊行会　2003.1　218p　21cm　（国立国語研究所資料集 13-6）〈付属資料：CD-ROM1,CD1〉　6800円　①4-336-04366-3　Ⓝ818
　⊕目次⊕1 東京都台東区1980,2 神奈川県小田原市1983，作成・公開の経緯

全国方言談話データベース　日本のふるさとことば集成　第7巻　群馬・新潟　国立国語研究所編　国書刊行会　2003.4　292p　21cm　（国立国語研究所資料集 13-7）〈付属資料：CD-ROM1〉　6800円　①4-336-04367-1　Ⓝ818
　⊕目次⊕1 群馬県前橋市1983,2 新潟県糸魚川市1980

全国方言談話データベース　日本のふるさとことば集成　第10巻　富山・石川・福井　国立国語研究所編　国書刊行会　2005.6　281p　21cm　（国立国語研究所資料集 13-10）〈付属資料：CD-ROM1,CD1〉　6800円　①4-336-04370-1　Ⓝ818
　⊕目次⊕富山県礪波市1981—昔の食べ物、労働の移り変わり，石川県羽咋郡押水町1977—冬の藁仕事、元服，福井県勝山市1982—土地の食べ物の話，作成・公開の経緯

全国方言談話データベース　日本のふるさとことば集成　第11巻　京都・滋賀　国立国語研究所編　国書刊行会　2001.11　232p　21cm　（国立国語研究所資料集 13-11）〈付属資料：CD1,CD-ROM1〉　6800円　①4-336-04371-X　Ⓝ818
　⊕目次⊕1 京都府京都市1983（地図，話者・担当者，解説，凡例，談話，年末年始の行事，注記），2 滋賀県甲賀郡甲賀町1981（地図，話者・担当者，解説，凡例，談話，昔の食生活，注記），作成・公開の経緯，「各地方言収集緊急調査」地点一覧，「各地方言収集緊急調査」地点地図，各地方言収集緊急調査補助全体計画，各地方言収集緊急調査補助要項，各地方言収集緊急調査実施要領，各地方言収集緊急調査の実施について，調査実施上の留意事項について，「全国方言談話データベース」について
　⊕内容⊕昭和52年度から昭和60年度にかけて文化庁が実施した「各地方言収集緊急調査」によって収録された録音テープと文字化原稿をデータベース化したもの。冊子1冊およびCD-ROMとCD各1枚で構成。本巻には京都・滋賀の方言を収録する。

全国方言談話データベース　日本のふるさとことば集成　第13巻　大阪・兵庫　国立国語研究所編　国書刊行会　2002.4　254p　21cm　〈付属資料：CD-ROM1,CD1〉　6800円　①4-336-04373-6　Ⓝ818
　⊕目次⊕1 大阪府大阪市1977,2 兵庫県相生市1985，作成・公開の経緯
　⊕内容⊕失われつつある各地の伝統的方言を文化財として記録したもの。昭和52年度から昭和60年度にかけて、文化庁が行った「各地方言収集緊急調査」によって収録された膨大な録音テープに基づく内容。地域別に分類した全20巻のう

ちの第13巻では、大阪と兵庫の地図、話者・担当者、解説、凡例、談話等を収載する。本文と同内容の大阪「大阪弁、船場ことば」や兵庫「子供の頃の遊び」を収めたCD-ROMとCDを付す。

全国方言談話データベース　日本のふるさとことば集成　第14巻　鳥取・島根・岡山　国立国語研究所編　国書刊行会　2007.1　273p　21cm　(国立国語研究所資料集 13-14)　〈付属資料：CD1,CD-ROM1〉　6800円　Ⓘ978-4-336-04374-0　Ⓝ818

(目次)1鳥取県米子市1984,2 島根県仁多郡仁多町1980,3 岡山県小田郡矢掛町1979, 作成・公開の経緯

全国方言談話データベース　日本のふるさとことば集成　第17巻　愛媛・高知　国立国語研究所編　国書刊行会　2003.11　286p　21cm　(国立国語研究所資料集 13-17)　〈付属資料：CD1,CD-ROM1〉　6800円　Ⓘ4-336-04377-9　Ⓝ818

(目次)1 愛媛県松山市1981,2 高知県高知市1977, 作成・公開の経緯

全国方言談話データベース　日本のふるさとことば集成　第20巻　鹿児島・沖縄　国立国語研究所編　国書刊行会　2008.4　273p　22cm　(国立国語研究所資料集 13-20)　〈外箱入〉　6800円　Ⓘ978-4-336-04380-1　Ⓝ818

(目次)1 鹿児島県揖宿郡穎娃町1977,2 沖縄県国頭郡今帰仁村1978,3 沖縄県平良市1978, 作成・公開の経緯

方言文法全国地図　第1集　助詞編　国立国語研究所編　大蔵省印刷局　1989.6　60枚　39cm　(国立国語研究所報告 97-1)　〈表紙の書名：Grammar atlas of Japanese dialects　付(別冊 489p 26cm 袋入)：解説　ルーズリーフ〉　32000円　Ⓘ4-17-391601-9　Ⓝ818.038

(目次)第1図〜第60図, 付：調査地点番号地図

(内容)国立国語研究所による「音韻・文法の諸特徴に関する全国的な調査研究」および「文法的特徴の全国的地域差に関する研究」をまとめたもの。

方言文法全国地図　第2集　活用編 1　国立国語研究所編　大蔵省印刷局　1991.8　55枚　38cm　(国立国語研究所報告 97-2)　〈表紙の書名：Grammar atlas of Japanese dialects　付(別冊 90p 26cm 袋入)：解説　ルーズリーフ〉　30000円　Ⓘ4-17-391602-7　Ⓝ818.038

(目次)第61図〜第105図, 付：透視版調査地点番号地図

(内容)国立国語研究所による「音韻・文法の諸特徴に関する全国的な調査研究」および「文法的特徴の全国的地域差に関する研究」をまとめたもの。

方言文法全国地図　第3集　活用編 2　国立国語研究所編　大蔵省印刷局　1994.2　1冊　37cm　(国立国語研究所報告 97-3)　〈別冊 (836p 26cm)：解説〉　31000円　Ⓘ4-17-391603-5

(内容)動詞・形容詞・形容動詞の活用に関する言語地図45面を収録したもの。

方言文法全国地図　第4集　表現法編 1　国立国語研究所編　大蔵省印刷局　1999.4　1冊　37cm　(「国立国語研究所報告」 97-4)　〈付属資料：別冊1〉　42600円　Ⓘ4-17-391604-3　Ⓝ818.038

(目次)否定表現, 条件表現, 可能表現, 過去回想表現, アスペクト表現

方言文法全国地図　第5集　表現法編 2　国立国語研究所編　財務省印刷局　2002.6　66枚　39cm　(国立国語研究所報告 97-5)　〈付属資料 (688p 26cm 袋入)：解説5付・透視版調査地点番号地図 (第4-6集)　ルーズリーフ〉　38000円　Ⓘ4-17-391605-1　Ⓝ818.038

(内容)第206図—第270図

方言文法全国地図　第6集　表現法編 3 (待遇)　国立国語研究所編　国立印刷局　2006.3　80枚　39cm　(国立国語研究所報告 97-6)　〈付・透視版調査地点番号地図 (第4-6集)　ルーズリーフ〉　54000円　Ⓘ4-17-391606-X　Ⓝ818.038

(目次)第271図—第350図

(内容)文法事象に関するこれまでの各地の記述的研究に地理的展望を与える基礎的な資料。国立国語研究所が行った方言文法に関する8つの研究課題の成果。第6集には、待遇表現を中心とする項目についての言語地図80面を収める。

北海道

<辞　典>

岩内方言辞典　北海道海岸方言　見野久幸著　(札幌)響文社　2015.10　453p　21cm　〈文献あり 著作目録あり〉　2800円　Ⓘ978-4-87799-109-8　Ⓝ818.17

(内容)岩内方言辞典が誕生しました。現在でも使われているコトバや死語になったコトバを収集、意味・用法や動態を探求できるように編集

した画期的な岩内方言辞典。岩内方言を生き生きと伝える岩内方言談話を収録、現代訳も併記した価値の高い方言辞典です。方言研究者、口承文学、図書館、マスコミ、公的機関の必携書!!

北海道語に残る古語 夏井邦男著 （札幌）
　北海道出版企画センター　2007.10　358p　21cm　14000円　①978-4-8328-0714-3　Ⓝ818.1
（内容）アゴワカレ、センミツ、タネマキドリ、ヒネアズキ、タウチザクラ、テブリなど、北海道人の心とことばを、近世およびそれ以前の文献から探る。北海道語の豊かな世界、北海道を愛する人に読んでいただきたい本一。

北海道方言辞典 増補改訂版　石垣福雄著
　北海道新聞社　1991.7　466p　19cm　3600円　①4-89363-602-2　Ⓝ818.1
（目次）北海道方言辞典、北海道方言の概説（北海道方言の成立、北海道方言の地域差、音韻、アクセント、文法、語彙、北海道方言の研究史）

東北地方

<辞典>

青森県上北地方の方言　東北町を中心にして　1 田中茂著　（五所川原）青森県文芸協会出版部　2011.9　605p　22cm　〈文献あり〉　6000円　Ⓝ818.21
（内容）東北町を中心にした青森県上北地方の方言を、その意味・原形・品詞名・アクセント・音韻・語誌・用例などとともに掲載する。

青森県上北地方の方言　東北町を中心にして　2 田中茂著　（五所川原）青森県文芸協会出版部　2013.3　607p　22cm　〈文献あり〉　6000円　Ⓝ818.21
（内容）東北町を中心にした青森県上北地方の方言を、その意味・原形・品詞名・アクセント・音韻・語誌・用例などとともに掲載する。

青森県上北地方の方言　東北町を中心にして　3 田中茂著　（五所川原）青森県文芸協会出版部　2014.3　607p　22cm　〈文献あり〉　6000円　Ⓝ818.21
（内容）東北町を中心にした青森県上北地方の方言を、その意味・原形・品詞名・アクセント・音韻・語誌・用例などとともに掲載する。3は、「テ」から「ホ」ではじまる言葉を収録。

青森県上北地方の方言　東北町を中心にして　4 田中茂著　（五所川原）青森県文芸出版　2016.4　581p　22cm　〈文献あり〉　6000円　Ⓝ818.21
（内容）語句・意味・原形・品詞分類・アクセント・音韻・接続関係・その他を具体的に解説。青森県上北地方の方言における助動詞・助詞など、活用の働きを明らかにした。シリーズ最終巻。

青森県のことば 平山輝男、佐藤和之編　明治書院　2003.6　286p　21cm　（日本のことばシリーズ 2）　2800円　①4-625-62303-0　Ⓝ818.21
（目次）1 総論（位置と区画、方言意識 ほか）、2 県内各地の方言（南部方言、下北方言）、3 方言基礎語彙、4 俚言（津軽地方の方言、南部地方の方言）、5 生活の中のことば（諺、なぞなぞ（なんじょ）ほか）
（内容）青森県の方言ハンドブック。"ふるさとに伝わる豊かな表現"。臨地調査によってできた、各県別の方言辞典。（アクセント・発音記号付）辞典本文のほか、裡言も収め、その方言の特徴の解説、必要に応じて民話や諺資料も収録。

岩手県のことば 平山輝男編、斎藤孝滋著　明治書院　2001.6　212p　21cm　（日本のことばシリーズ 3）　2800円　①4-625-62301-4　Ⓝ818.2
（目次）1 総論（位置と区画、方言意識、歴史、方言の特色）、2 県内各地の方言（安代町方言、盛岡市方言、久慈市方言、陸前高田市方言、一関市方言）、3 方言基礎語彙、4 俚言（俚言の意味分析、俚言の世界）
（内容）岩手県のことばの特色を、地域性・生活習慣なども考慮に入れて解説した辞典。地域独特のことば（俚言）も新たに多数採集し、生活の中のことばとして表現する場面にも目を向け、地域のことばの全容を体系的にまとめている。アクセント・発音記号を付す。

北東北の天地（あめつち）ことば　青森・秋田・岩手の気象・天体・地形方言集 小田正博編著　（大阪）風詠社、星雲社〔発売〕　2013.12　219p　21cm　〈文献あり〉　2200円　①978-4-434-18731-5　Ⓝ818.2
（目次）第1部 天候・気象（天気、風、雨、雲、雷、雪、地震・天変地異）、第2部 天体（空、太陽、月、星）、第3部 地形（山、崖・丘・傾斜地、山の雪、雪原、谷・窪地、空洞）、北東北の天地ことば（あいうえお順）
（内容）『北東北の親族語彙』『北東北の悪口辞典』に続く本書は、江戸後期以降に編纂された、北東北三県の民俗誌、郷土誌、方言集、市町村史（誌）、紀行文、風土記などから「空と大地」に関する言葉を集め、語彙集として作成したものであります。付：蝦夷（アイヌ）語の気象・天体・地形語彙。

北東北の悪口辞典　青森・岩手・秋田の方言集　小田正博編著　(大阪)風詠社，星雲社〔発売〕　2012.10　188p　21cm　〈文献あり〉　2200円　Ⓘ978-4-434-17234-2　Ⓝ818.2

⦅内容⦆その時代の社会・文化を背景に、人々の間でヒソヒソと、時にはおおっぴらに話されてきた「貶し言葉」。岩手県盛岡市生まれで青森県上北郡在住の著者が、長年文献などから収集した「北東北の悪口」を記録・編集した貴重な方言集。

吉里吉里語辞典　いとしくおかしく懐かしく　復刻版　関谷徳夫著　(西東京)ハーベスト社　2013.3　549p　21cm　〈文献あり〉「いとしくおかしく懐かしく」(私家版 2007年刊)の複製〉　4000円　Ⓘ978-4-86339-042-3　Ⓝ818.22

⦅内容⦆東日本大震災から二年、被災地岩手県大槌町の豊かな生活ぶりを伝える方言辞典が蘇る。

ケセン語大辞典　上巻　山浦玄嗣編著　(秋田)無明舎出版　2000.7　1445p　27cm　Ⓘ4-89544-241-1　Ⓝ818.22

⦅目次⦆文法編，語彙編 A-M

⦅内容⦆本書は、ケセン語を方言としてではなく、ひとつの独立した言語としてとらえ、その全体像(文字・音韻・音調・文法・語彙・用例)を統一的・総合的に記述したものである。

ケセン語大辞典　下巻　山浦玄嗣編著　(秋田)無明舎出版　2000.7　1366p　27cm　Ⓝ818.22

⦅目次⦆語彙編 N-Z・記号，付録 和ケ索引

⦅内容⦆本書は、ケセン語を方言としてではなく、ひとつの独立した言語としてとらえ、その全体像(文字・音韻・音調・文法・語彙・用例)を統一的・総合的に記述したものである。

庄内方言辞典　佐藤雪雄著　東京堂出版　1992.9　697p　21cm　7900円　Ⓘ4-490-10323-9　Ⓝ818.25

⦅内容⦆用例を多くあげ、語法・音韻・アクセント・庄内語の成立成因等について詳述し、15680語を収録する。

津軽弁死語辞典　泉谷栄著　小野印刷企画部，(弘前)北方新社〔発売〕　2000.7　160p　19cm　1300円　Ⓘ4-89297-037-9　Ⓝ818.21

⦅目次⦆津軽弁死語辞典，津軽の複合語，津軽のオノマトペ(擬音語・擬態語)，津軽の悪態語

⦅内容⦆梓津地方の方言辞典。津軽地方で使われている(またはかつて使われていた)死後・罵言雑言・悪態語などを集めたもの。津軽弁死語辞典、津軽の複合語、津軽のオノマトペ(擬音

語・擬態語)、津軽の悪態語の4編で構成。アクセントと鼻濁音を示した方言を見出し語として各編ごとに五十音順に排列、各語に語義を付す。

津軽弁の世界　その音韻・語源をさぐる　小笠原功著　(弘前)北方新社　1998.1　352p　19cm　2000円　Ⓘ4-89297-017-4　Ⓝ818.21

⦅目次⦆第1章 母音の津軽訛、第2章 二重母音と津軽訛、第3章 子音の津軽訛、第4章 特殊拍の音、第5章 助詞など、第6章 津軽弁のアクセント

⦅内容⦆つがる弁の豊かさ、機微・エロチシズムの解剖。生活、文化の中から生まれ、日々変化する方言を和漢の文献・実例をあげて検証。定説をくつがえす語源の新解釈も多数。国語の大きな流れの中に津軽弁を位置づける労作。

津軽弁の世界　2　小笠原功著　(弘前)北方新社　1999.1　307p　19cm　2000円　Ⓘ4-89297-030-1　Ⓝ818.21

⦅目次⦆第1章 母音の津軽訛(日本語の母音、aの音 ほか)、第2章 二重母音の津軽訛(二重母音、aを含む二重母音 ほか)、第3章 子音の津軽訛(カ・ガ行音、サ・ザ行音 ほか)、第4章 特殊拍の音と古語の残存(撥音、促音 ほか)

⦅内容⦆津軽弁500語余を収録した辞典。巻末に、津軽弁掲出語索引付き。

津軽弁の世界　3　地名「津軽」「青森」考　小笠原功著　(弘前)北方新社　1999.12　266p　19cm　2000円　Ⓘ4-89297-033-6　Ⓝ818.21

津軽弁の世界　完　小笠原功著　(弘前)北方新社　2001.12　372p　19cm　2000円　Ⓘ4-89297-052-2　Ⓝ818.21

津軽木造新田地方の方言　田中茂著　(五所川原)青森県文芸協会出版部　2000.2　509p　21cm　9000円　Ⓝ818.21

⦅目次⦆ア，ンダナ，コマルァナ，オワッタァナ，エッタァナ，マネァド，同シネ暮シテネァナ，実ァ落ぢだんだど，便所ァこわれで，持って来たぁジァ〔ほか〕

⦅内容⦆昭和30年頃から平成9年頃の間に、津軽木造新田地方に話されていた方言を収録した用語集。見出し語は、採取した場面で用いられている形をできるだけ尊重する形で掲載。巻末に「津軽方言における助動詞」・「津軽方言における助詞」を付す。

東北悪口辞典　小田正博編著　(大阪)風詠社，星雲社〔発売〕　2015.1　322p　21cm　〈文献あり〉　2700円　Ⓘ978-4-434-20163-9　Ⓝ818.2

⦅内容⦆他者を貶したり罵ったり…その時代の社会・文化を背景に、人間の感情を端的に表現し

てきたこれらの言葉は、今や消滅の危機に瀕しています。『北東北の悪口辞典』に続く本書は、宮城・山形・福島の三県を加え、東北6県の「悪口言葉」を網羅した貴重な方言集です。

遠野ことば　精選五百語・標準語引き　阿部順吉著　（仙台）北の杜編集工房　2006.5　161p　16cm　（北の杜文庫）　524円　①4-907726-34-1　Ⓝ818.22

〈内容〉民話のふるさと遠野の方言を標準語から引ける辞典。五十音索引でさらに引きやすく、手軽になりました。大好評「縄文語の謎」につづく、遠野ことば研究の第2弾。

遠野ことば　精選五百語・標準語引き　昔の遠野郷ことばが標準語から引ける辞典　阿部順吉著　（仙台）北の杜編集工房　2006.5　161p　19cm　952円　①4-907726-35-X　Ⓝ818.22

〈内容〉精選500語・標準語引き昔の遠野郷ことばが標準語から引ける辞典。

本荘・由利のことばっこ　本荘市教育委員会編　（秋田）秋田文化出版　2004.3　782p　21cm　（本荘市文化財調査報告書　第23集）　3000円　①4-87022-473-9　Ⓝ818.24

〈内容〉秋田佐竹藩とは異なった地として、独自な歩みを続けてきた本荘・由利地方の「ふるさとの言葉」を多角的に捉えた方言辞典。身体の名称からわらべうたや昔話まで、さまざまな分類別語彙も収録する。

関東地方

＜事典＞

江戸語事典　新装版　三好一光編　青蛙房　2004.7　931p　19cm　6500円　①4-7905-0512-X　Ⓝ818.36

〈内容〉本書はもっぱら一般庶民、老若男女の日常語を収録。上方文化から脱出した明和期から幕末までの江戸ことば1万語を、五十音順に配列して解説と写実の戯曲、洒落本ほか例証作品は800余。

＜辞典＞

生かしておきたい江戸ことば450語　沢田一矢著　三省堂　2001.12　206p　19cm　1600円　①4-385-36070-7　Ⓝ814

〈内容〉主に落語を中心とした古典芸能の世界から450語を選び出し、解説と用例、それに添えられるものには図版を配したもの。出典にまつわる一口咄をコラムとして掲載。

茨城方言民俗語辞典　赤城毅彦編　東京堂出版　1991.9　1015p　21cm　11000円　①4-490-10296-8　Ⓝ818.31

〈内容〉本書には、茨城県内の方言と民俗語を収録した。『広辞苑』にあることばは原則として共通語とみなしたが、共通語と語義が異なるもの、関東方言、および、民俗語は収録した。訛語は原則として除外したが、訛語から共通語を推定しにくいと思われるものは収録した。

絵解き・江戸っ子語大辞典　笹間良彦著　遊子館　2003.12　365p　26cm　16000円　①4-946525-55-6　Ⓝ818.36

〈内容〉日本語に活力を与える江戸っ子語の今昔。収録語数・4500余、絵解き語数・1200余。江戸・東京の風俗と江戸っ子の仕草・表情を細密画で復元。

江戸語辞典　大久保忠国，木下和子編　東京堂出版　1991.9　1238p　21cm　18000円　①4-490-10297-6　Ⓝ818.36

〈内容〉江戸市民の日常語を中心に、遊郭の言葉・役者言葉・隠語・ことわざ・地口、当時にぎわいをみせた地名、役者・俳人など通人といわれた人名、さらに飲食・服飾・祭祀・商売などにわたり、約15,000語を収録した。

江戸語辞典　新装普及版　大久保忠国，木下和子編　東京堂出版　2014.9　1254p　19cm　〈文献あり〉　5500円　①978-4-490-10851-4　Ⓝ818.36

〈内容〉江戸市民の日常語を中心に、有名な店舗名・名物名などの固有名詞、岡場所等の地名、劇場・遊郭・商売・音曲などの風俗関係語まで約13000語を収録。言葉の解説とともに豊富な用例を掲げてあるため、言葉の微妙なニュアンスも理解でき、引用文を読むだけで、江戸時代が身近になる。新装普及版付録・江戸の年中行事、江戸人の一生、江戸時代年号一覧、方位・時刻、吉原の略図。

江戸語大辞典　新装版　前田勇編　講談社　2003.4　1078p　22cm　7500円　①4-06-265333-8　Ⓝ813.6

〈内容〉歌舞伎・落語など江戸文化研究の基本図書。近世日本語研究の泰斗前田勇教授が生涯を傾けて成し遂げた江戸語研究の比類なき金字塔。歌舞伎・落語・川柳洒落本など江戸文化・江戸時代研究に不可欠の名辞典。

江戸ことば・東京ことば辞典　松村明著　講談社　1993.7　474p　15cm　（講談社学術文庫）　〈『江戸ことば・東京ことば』改題〉

書〉 1100円　Ⓓ4-06-159084-7　Ⓝ818.36

(内容)あかぬけ・ごますり・しみったれ・とんちき・はすっぱ・はったり・へっぽこ・やぼてん…などの江戸ことば・東京ことばを取り上げ、語源・意味・用例を解説する辞典。

江戸っ子語絵解き辞典　笹間良彦著画，瓜坊進増補改訂・口絵著作　遊子館　2010.10　365p　21cm　（遊子館歴史図像シリーズ 4）〈『絵解き江戸っ子語大辞典』(2003年刊)の増補改訂新版〉　4800円　Ⓓ978-4-86361-012-5　Ⓝ818.36

(目次)口絵1 江戸のことば遊び，口絵2 江戸庶民のくらし，江戸っ子語絵解き辞典

(内容)2003年に出版した『絵解き・江戸っ子語大辞典』を全面的に増補改訂した新版。江戸っ子語を追補解説し、新たに図版を加え、江戸っ子語4600項目余、収録図1300余を収録。巻頭に口絵として、江戸っ子語の機知と洒落に富んだ「江戸のことば遊び」の事例を収録。

小笠原ことばしゃべる辞典　ダニエル・ロング，橋本直幸編　(鹿児島)南方新社　2005.5　364p　22cm　（小笠原シリーズ 3）〈付属資料：CD-ROM1枚(12cm)〉　6000円　Ⓓ4-86124-044-1　Ⓝ818.369

(内容)日本語(琉球語を含む)、アイヌ語に並ぶ日本列島、第3の言語。それまで無人島だった小笠原に、5人の欧米人と20人の太平洋諸島民が暮らし始めた。江戸末期、1830年のことだった。その後、日本人が入植。戦後はアメリカ軍政下におかれ、日本に返還されたのは1968年。いまも南洋系、欧米系、日系と多様な人々が暮らし、話されることばは、日本語と英語の混合言語であり、独特の体系をもっている。音声ファイル548本、CD-ROMに収録。

おもしろ方言あいうえお　嶋均三著　(宇都宮)下野新聞社　2000.7　222p　19cm　1300円　Ⓓ4-88286-123-2　Ⓝ818.32

(目次)「方言山歌」，あ・い・う・え・お，か・き・く・け・こ，さ・し・す・せ・そ，た・ち・つ・て・と，な・に・ぬ・ね・の，は・ひ・ふ・へ・ほ，ま・み・む・め・も，や・ゆ・よ，ら・り・る・れ・ろ，わ

(内容)栃木方言の辞典。約1150語の栃木の方言を活用例文を交えて紹介する。方言は五十音順に排列する。巻末に「方言山歌」を掲載する。

群馬県のことば　平山輝男，古瀬順一ほか編　明治書院　1997.12　266p　21cm　（日本のことばシリーズ 10）　2800円　Ⓓ4-625-52210-2　Ⓝ818.33

(目次)1 総論，2 県内数地点の特徴，3 方言基礎語彙，4 俚言，5 生活の中のことば

(内容)群馬県のことばの特色を、地域性・生活習慣なども考慮に入れて解説、その地域独特のことばも多く採集した方言辞典。

笑典 北とちぎ方言集　嶋均三著，下野新聞社編　(宇都宮)下野新聞社　2003.7　181p　19cm　〈「おもしろ方言あいうえお」(平成12年刊)の新装版〉　1300円　Ⓓ4-88286-211-5　Ⓝ818.32

(内容)「どっかま」「じじばば」「パッカダ」…おもに栃木県北地方で古くから使われてきた方言・なまりをはちゃめちゃ会話文で紹介する抱腹絶倒辞典。2000年刊「おもしろ方言あいうえお」の新装版。

東京ことば辞典　井上史雄監修，金端伸江編　明治書院　2012.6　527p　21cm　5500円　Ⓓ978-4-625-60309-9　Ⓝ818.36

(内容)東京にも方言がある。下町、山の手、多摩地区の日常語を収録。

東京都のことば　平山輝男編者代表，秋永一枝編　明治書院　2007.1　260p　21cm　（日本のことばシリーズ 13）　4500円　Ⓓ978-4-625-62400-1　Ⓝ818.36

(目次)1 総論(位置と区画と歴史，旧市内の方言意識―山の手と下町，東京方言の特色，伊豆諸島の方言)，2 都下の方言と新しい「東京のことば」(言語地図からみる都下の方言，新しい「東京」のことば，「外」とのつながりからみた「東京」のことば)，3 方言基礎語彙，4 俚言，5 生活の中のことば(日本橋(現中央区)と浅草(現台東区)の女ことば，遊びのことば)

(内容)東京都の方言ハンドブック "ふるさとに伝わる豊かな表現"。臨地調査によってできた、各県別の方言辞典（アクセント・発音記号付）。辞典本文のほか、俚言も収め、その方言の特徴の解説、必要に応じて民話や諺資料も収録。

東京弁辞典　秋永一枝編　東京堂出版　2004.10　684p　21cm　12000円　Ⓓ4-490-10656-4　Ⓝ818.36

(内容)江戸語の伝統を引きつぐ東京弁は今や話し手も少なくなり、そのために意味がわからなくなり、やがては消えゆく運命にある。明治～昭和にかけて、東京人の日常生活をいろどった特色ある言葉9700語を収録。

栃木県のことば　平山輝男編者代表，森下喜一編　明治書院　2004.2　250p　21cm　（日本のことばシリーズ 9）　2800円　Ⓓ4-625-62308-1　Ⓝ818.32

(目次)1 総論(風土と人，方言意識，方言の歴史ほか)，2 県内各地の方言(宇都宮市方言，足利市方言，佐野市方言 ほか)，3 方言基礎語彙，4 俚言，5 生活の中のことば(昔話・伝説，和讃

（わさん），祝言のあいさつ

⑩内容 臨地調査によってできた、各県別の方言辞典（アクセント・発音記号付）。辞典本文のほか、裡言も収め、その方言の特徴の解説、必要に応じて民話や諺資料も収録。栃木県の方言ハンドブック。

栃木県方言辞典 改訂増補 森下喜一著
（宇都宮）随想舎 2010.1 455p 21cm
4700円 ⓘ978-4-88748-206-7 Ⓝ818.32
⑪目次 1 栃木県の方言の歴史、2 栃木県の方言区画、3 栃木県方言の特徴、4 調査方法
⑩内容 本書では県内の各地で使われている方言、現在では使われてないが、かつて使われていた方言、最近使われるようになった方言、あるいは農業・林業・商業・娯楽・遊び・幼児等に関する方言、民俗語彙など、幅広く取り入れた。

横浜・ハマことば辞典 伊川公司編著 暁印書館 2005.10 274p 22cm 〈年表あり 文献あり〉 2800円 ⓘ4-87015-154-5 Ⓝ818.37
⑩内容 ハイカラな国際都市横浜に残る「ハマことば」。横浜の開港、ハマことばの残された資料、誕生、特色など、この言葉の当時の時代・文化を綿密に調査研究し、そのルーツと歴史を紐解いた辞典。巻末には横浜歴史年表も収録。

<ハンドブック>

江戸っ子語のイキ・イナセ 絵で見て楽しむ！ 笹間良彦著・画 遊子館 2006.8 239,17p 19cm （遊子館歴史選書） 1800円 ⓘ4-946525-79-3 Ⓝ818.36
⑪目次 あなたの江戸っ子語「理解度テスト」、江戸っ子のかくしごと、江戸っ子のことわざ・譬え・洒落ことば、江戸っ子のしぐさのことば―身振り・顔つきなど、江戸っ子のくらしのことば、江戸っ子の世間のことば、江戸っ子のあそびのことば―子供のあそび、江戸っ子のはなしことば
⑩内容 江戸っ子語をしぐさ、くらし、あそびなどに分類してイラストを交えながら楽しく紹介。巻頭に江戸っ子語理解度テスト、巻末には五十音順の総索引が付く。

埼玉のことば 県北版 篠田勝夫著 （さいたま）さきたま出版会 2004.3 542p 21cm 3800円 ⓘ4-87891-368-1 Ⓝ818.34
⑪目次 埼玉のことば、方言エッセイ（あー―「あ」はもう死後、あーや―大尽の家で使われていたんだって、あぎー1400年頃には到着したのかな、あげあげ―「あげあげ」の喜びもなくなっちゃった ほか）、接頭語と転訛の種類（接頭語につい

て、音の変化を最小単位で分解した場合、音節単位の変化としてとらえられる変化箇所、二重母音の変化としてとらえられる変化箇所 ほか）
⑩内容 多彩な表情をもつ方言、10年におよぶ現地聞き取り取材の集大成。現代の話し言葉、そのルーツは方言にあった!? 収録語数9652語。興味深い121語については方言エッセイで詳しく語源等を解説。接頭語と転訛の種類、熊谷での地域別使用頻度調査資料等で多角的に埼玉のことばを分析。

北陸地方

<辞典>

加賀・能登アイサの生活語辞典 藤島学陵著、加藤和夫監修 （金沢）能登印刷出版部（制作） 2016.2 121p 21cm 〈文献あり 索引あり〉 1500円 ⓘ978-4-89010-688-2 Ⓝ818.43
⑪目次 加賀・能登アイサの生活語辞典、付録
⑩内容 二つの文化の間（アイサ）に息づく興味深い方言1374語を収録。ネイティブが四半世紀でまとめた貴重な記録。

最古の富山県方言集 高岡新報掲載「越中の方言」（武内七郎） 高木千恵編集代表 （富山）桂書房 2009.12 352p 19cm 2000円 ⓘ978-4-903351-79-7 Ⓝ818.42
⑩内容 大正時代に書かれた富山県の方言集「越中の方言」の転写したもので、富山県方言の総合的な資料としては最古のもの。

富山県のことば 平山輝男、真田信治編 明治書院 1998.6 259p 21cm （日本のことばシリーズ 16） 2800円 ⓘ4-625-52216-1 Ⓝ818.33
⑪目次 1 総論、2 県内各地の方言―要地方言談話資料、3 方言基礎語彙、4 俚言―五箇山俚言随想、5 生活の中のことば
⑩内容 富山県のことばの特色を、地域性・生活習慣なども考慮に入れて解説、その地域独特のことばも多く採集した方言辞典。

新潟県のことば 平山輝男編者代表、小林隆 新潟県編者 明治書院 2005.1 255p 21cm （日本のことばシリーズ 15） 2800円 ⓘ4-625-62309-X Ⓝ818.41
⑪目次 1 総論、2 県内各地の方言、3 方言基礎語彙、4 里言、5 生活の中のことば、6 方言の地理と歴史
⑩内容 臨地調査によってできた、各県別の方言辞典（アクセント・発音記号付）。辞典本文のほ

か，裡言も収め，その方言の特徴の解説，必要に応じて民話や諺資料も収録．

新潟県方言辞典　大橋勝男編著　おうふう　2003.2　267p　21cm　4500円　Ⓘ4-273-03263-5　Ⓝ818.41
(内容)新潟県の主として現代の方言語彙及び慣用的な句や文等を五十音順に排列し，その品詞・意味・用法・用例・使用地域等を記述した辞典．方言としては西越，西端越，中越北部・南部，岩船，北蒲原，東蒲原，佐渡を扱っている．上記の方言を4つの地域に分類して見出し語の解説に使用地域として表記している．

新潟県雪ことば辞典　大橋勝男，岡和男編著　おうふう　2007.10　134p　21cm　4800円　Ⓘ978-4-273-03485-6　Ⓝ818.41
(目次)新潟県雪ことば辞典(第1部)，雪にまつわる言い伝え(第2部)
(内容)豪雪地帯新潟ならではの雪国の風土に培われた雪に関する言葉・表現を「雪ことば」として2400語以上収録・解説，併せて冒頭口絵に「雪ことば資料写真」としてカラー写真を50点以上収録している．降雨量の減少，過疎化，それらに伴う雪ことばの衰微のなかで方言学・言語学・民俗学を駆使して蒐集した貴重な文化資料．

新潟南蒲原(三条・下田・栄)方言集　大久保誠著　(新潟)考古堂書店〔発売〕　2006.8　154p　26cm　1600円　Ⓘ4-87499-662-0　Ⓝ818.41
(内容)「県央地区」すなわち，三条・下田・栄地区の用語，俚諺をまとめた方言集．「さんじょっぱらい」「つばさん」「ちまき」ほか「腐っても鯛の骨」「三条男と加茂女」など．

日本のまんなか富山弁　蓑島良二編著　(富山)北日本新聞社　2001.2　289p　21cm　2000円　Ⓘ4-906678-53-X　Ⓝ818.41
(目次)50音索引，分類索引(民族語彙・博物・品詞)「居住」家屋，家具調度・美術品・建築，「衣服」衣類・装身具小物，履物，縫製・寝具，「食習」食事・料理，米飯・餅・めん類，漬物，菓子・嗜好品，什器・材料，「農水産」農業・林業・漁業，「経済」家事・労働，契約・経済・代価，交通・運搬，「社交」挨拶，世間・交際，気質・性向，呼称・人称(自称・他称・不定称)，「族制(家族・係累)」家族，人称，親類・家筋，性別，財産・相続，「婚姻・産育・風俗」結婚儀礼・風習，「信仰・運命・人生観」仏教(主に真宗)，葬礼・法要，運命・人生観，「行事」年中行事，祭礼・神事 ほか
(内容)とやまの標準語8800語を収録した，富山県全域についての方言集．排列は五十音順．付録として，共通語の索引がある．

<ハンドブック>

糸魚川言語地図　上巻　柴田武〔著〕　(武蔵野)秋山書店　1988.7　4冊　31cm　全95000円　Ⓝ818.41
(内容)「地図集」「データ集」「解説編」「Introduction and map explanations in English」に分冊刊行．

糸魚川言語地図　中巻　柴田武〔著〕　(武蔵野)秋山書店　1990.3　4冊　31cm　全95000円　Ⓝ818.41
(内容)「地図集」(31×43cm)「データ集」「解説編」「Map explanations」に分冊刊行．

糸魚川言語地図　下巻　柴田武〔著〕　(武蔵野)秋山書店　1995.7　5冊　31cm　〈「地図集」の大きさ：31×43cm〉　全133900円　Ⓘ4-87023-552-8　Ⓝ818.41
(内容)「地図集」(31×43cm)「データ集」「解説編」「Map explanations」に分冊刊行．

新潟県言語地図　大橋勝男編著　高志書院　1998.2　1冊　37cm　25000円　Ⓘ4-906641-12-1　Ⓝ818.41
(内容)本書は，新潟県の方言状況を，地理的に一覧することができるようにした言語地図である．また，その地図に展開している方言の分布状況を読みとり，どのようなことばの生成，変容・不変容，伝播・不伝播等の歴史と動向がまとめられるか，人のくらしにどのようにことばが関わり現象しているか，ことばの地域的性格や特徴はどのようであるか，ことばの地域的相互の関連性はどのようであるか，全国状況との関連はどのようであるか，を明らかにした．

中部地方

<辞 典>

蒲原の暮らしのことば　新潟方言誌　野口幸雄著　新潟日報事業社　2006.7　226p　21cm　2600円　Ⓘ4-86132-174-3　Ⓝ818.41
(内容)新潟市西酒屋で使われていた単語約1300語を収録．配列は見出し語の五十音順，見出し語，解説，語源，慣用表現等を記載．巻頭に方言語彙索引が付く．

岐阜県のことば　平山輝男編　明治書院　1997.12　206p　21cm　(日本のことばシリーズ 21)　2800円　Ⓘ4-625-52221-8　Ⓝ818.33
(目次)1 総論，2 県内各地の方言，3 方言基礎語彙，4 俚言，5 生活の中のことば

方言　　　　　　　　　　　　　　　　　　　　　　中部地方

〔内容〕岐阜県のことばの特色を、地域性・生活習慣なども考慮に入れて解説、その地域独特のことばも多く採集した方言辞典。

静岡県のことば　平山輝男編、中田敏夫著
　明治書院　2002.7　223p　21cm　〈日本のことばシリーズ 22〉　2800円　Ⓘ4-625-62302-2　Ⓝ818.54
〔目次〕1 総論（方言と方言研究，静岡県方言の位置 ほか），2 県内各地の方言（焼津市方言，沼津市方言 ほか），3 方言基礎語彙，4 俚言，5 生活の中のことば（ことわざ，わらべ唄 ほか）
〔内容〕静岡地域の方言の辞典。地域のことばの全容を体系的にまとめたもの。1992～94年刊「現代日本語方言大辞典」を基礎として、静岡地域のことばの特色を地域性・生活習慣なども考慮に入れて解説。地域独特のことば（俚言）も新たに多数採集している。巻末に参考文献あり。

精撰 尾張弁辞典　伊藤義文著　（名古屋）ブックショップマイタウン　2008.5　208p　19cm　〈ザ・尾張弁〉（平成8年刊）の増補版〉　1905円　Ⓘ978-4-938341-34-3　Ⓝ818.55

対話に役立つ 飯田・下伊那の方言集　飯田女子短期大学看護と方言を考える会編著（飯田）飯田女子短期大学看護と方言を考える会　2002.8　120p　19cm　〈出版協力：青山社（相模原）〉　1429円　Ⓘ4-88359-089-5　Ⓝ818.54
〔内容〕飯田女子短期大学看護学科の学生が実習をする中で、方言が分からなくて困ったという訴えが多いので、同学科の教員5名で「看護と方言を考える会」を作り、6年かけて完成させた、いわば当地方の"方言辞典"。

長野県方言辞典　馬瀬良雄編　（長野）信濃毎日新聞社　2010.3　751p　27cm　〈文献あり〉　16000円　Ⓘ978-4-7840-7126-5　Ⓝ818.52
〔目次〕長野県方言概説，長野県方言集成，明治二四年「方言調」，テキスト方言訳，長野県方言地図
〔内容〕長野県の方言3万語を収録した辞典。排列は見出しの五十音順。明治以降に発行された33種の方言集の資料を基礎とし、県内で使われた方言をほとんど掲載する。

長野県方言辞典　特別版　馬瀬良雄編集代表　（長野）信濃毎日新聞社　2013.10　783p　21cm　〈文献あり　索引あり〉　4000円　Ⓘ978-4-7840-7219-2　Ⓝ818.52
〔目次〕長野県方言集成，長野県方言地図，共通語索引
〔内容〕長野県方言集成—明治以来最近まで長野県内で発行された方言集から33文献を選んで編集。五十音順に約2万8千語の見出しを立てて語釈や用例を掲載。長野県内で使われた20世紀の方言はほとんど収録した圧巻の方言辞典。長野県方言地図—臨地調査に基づく「現在」の実態を地図化。1970年代の実態との比較のほか「新しい方言」も明示。共通語索引—日常生活で使う共通語が、方言でどう言い表されるかを、ことばや状況などで8千余の見出し語を立てて列記した。本特別版で新規収録された、便利な方言の逆引き索引。

三河ふるさと辞典　高橋昌也著　（名古屋）風媒社出版，（名古屋）風媒社〔発売〕　2001.1　155p　19cm　1500円　Ⓘ4-8331-5110-3　Ⓝ818.55
〔内容〕三河地方の方言を収録した小辞典。

やっとかめ! 大名古屋語辞典　清水義範著
　学習研究社　2003.9　227p　19cm　1500円　Ⓘ4-05-401984-6　Ⓝ818.55
〔内容〕現代名古屋語・名古屋関連事項を掲載した名古屋語の、生きた姿をやみくもに伝えてしまうかつてない辞典。本文は五十音順に排列。本文の使用例に共通語訳を付す。付録として「名古屋語テスト」を掲載。随所に4コママンガ、写真、コラムを記載。1998年角川文庫版『笑説大名古屋語辞典』を全面改訂。

〈ハンドブック〉

傑作しぞーか弁　静岡新聞社編　（静岡）静岡新聞社　1998.9　119p　19cm　1000円　Ⓘ4-7838-1067-2　Ⓝ818.54
〔内容〕静岡県の方言を「驚き」「おかしみ」に視点をしぼってまとめた方言指南書。

甲州弁を読む てっ!ずくん、あるじゃん。
　渡辺雄喜著　東京図書出版会，リフレ出版〔発売〕　2005.12　298p　21cm　1400円　Ⓘ4-901880-73-X　Ⓝ818.51
〔目次〕あかり一（詳しい・明るい），あくて（悪口・悪態・悪たれ口），あすび，しゃーだに（遊び仕事に・ほつほつ・片手間に・せかせかせずに半分遊びながら），あだじゃー、ねー（簡単ではない・大変だ），あばちゃば（慌てる様子・慌てふためく様子），あほも、ねー（とんでもない・常識はずれだ），あんてーじゃー、ねー（容易ではない・楽ではない），あんもん、かく（邪魔する・画策する・無理難題を言って困らせる），いいてー、さんぽー（言いたい放題），いーぽこに、なる（好い児になる・自分だけがよく見られるように立ち回る）〔ほか〕
〔内容〕甲州弁274語について、その使用例、意味

飛騨弁 美濃弁 私の好きな古里の言葉
　（岐阜）岐阜新聞社, (岐阜)岐阜新聞情報センター〔発売〕　2003.7　241p　21cm　1429円　Ⓘ4-87797-060-6　Ⓝ818.53

(内容)本書は、「岐阜」に伝えられる言葉「飛騨弁・美濃弁」を大切にしようとの目的で、2000(平成12)年8月から2002年10月にかけ、岐阜新聞朝刊一面に掲載された、同タイトルの連載をまとめたものである。

近畿地方

＜事典＞

大阪ことば事典　新版　牧村史陽編　講談社　2004.11　772,13p　21cm　4762円　Ⓘ4-06-212386-X　Ⓝ818.63

(内容)明治中期から大正時代までの約30年間を中心に今日でも大阪市内で使用されている言葉や風習等を収録。6400語全項目に大阪弁のアクセント符号を付けて、用例を用いて解説した、大阪の人情を今に伝える事典。参考文献を語句の解説の中に記載した。本文は五十音順に排列。付録として巻末に「大阪のシャレ言葉」「いろはたとえ」「項目検出索引」を収載。1979年刊の新版。

京ことば事典　復刻版　真下五一著　アートダイジェスト　2006.12　255p　18×16cm　〈『京ことば集』再編集・改題書〉　2000円　Ⓘ4-900455-98-9　Ⓝ818.63

(目次)大原女とおくどさん，そうどすえ，京ことばの区域，舞妓の髷，おけら火，おちょぼ口，「比良八講」と「比良八荒」，あら，じゅんさいなこと，葵祭の葵かずら，青竹のくちなわ〔ほか〕

(内容)京ことばは日本語のふるさと。いまは滅びようとする京ことばを、その伝統と行事にとらえて、情趣あふれる文章で再現した名著。

＜辞典＞

淡路ことば辞典 じょろりでいこか！　岩本孝之著　(神戸)神戸新聞総合出版センター　2013.10　435p　26cm　〈文献あり〉　5000円　Ⓘ978-4-343-00757-5　Ⓝ818.64

(内容)近世後期、"じょろり"(人形浄瑠璃語りの詞)は全国で共通語の地位を占めていた。淡路に残る"じょろり"や農民・漁民の言葉を集めた国生みの島の方言集。

大阪ことば辞典　堀井令以知編　東京堂出版　1995.9　213p　19cm　2200円　Ⓘ4-490-10400-6　Ⓝ818.63

(目次)大阪ことばについて，大阪ことば辞典，大阪の地名，大阪のしゃれ言葉

(内容)大阪ことば(大阪弁)の辞典。各語にアクセント、品詞、語意、用例の解説を掲載するほか、類義語、多義語、同義語、関連語を小見出しで示す。排列は見出し語の五十音順。巻末に大阪の地名、大阪のしゃれ言葉の解説も掲載する。

上方ことば語源辞典　堀井令以知編　東京堂出版　1999.8　268p　19cm　2400円　Ⓘ4-490-10517-7　Ⓝ818.6

(内容)上方語約3000語の意味と語源を解説した辞典。現在上方で使われている言葉だけでなく、今はあまり耳にしなくなってしまった上方特有の言い回し、京都と大阪で意味が異なる言葉なども収録。付録として、上方地方の語源がある。

上方雑俳京ことば辞典　木村恭造編　(京都)洛西書院　2004.1　184p　19cm　1429円　Ⓘ4-947525-93-2　Ⓝ818.62

河内弁大辞典 やぃわれ！　富田林河内弁研究会編, 田原広史監修　(大阪)リブロ社　2003.4　202p　21cm　1300円　Ⓘ4-915697-28-2　Ⓝ818.63

(内容)威勢の良いイメージが強い中、中世の公家言葉を色濃く残した部分を併せ持つ河内弁。マスメディアの発達と共にその地域性が失われつつある近年において、生き物としての言葉を集める。公民館講座から生まれた河内弁大辞典。

かんさい絵ことば辞典　ニシワキタダシ著，早川卓馬コラム　パイインターナショナル　2014.4　207p　19cm　〈ピエ・ブックス2011年刊の再刊　索引あり〉　950円　Ⓘ978-4-7562-4531-1　Ⓝ818.6

(目次)かんさい絵ことば辞典(かんさい絵ことば，むかし絵ことば，まんが，4コマまんが＆コラム)，おたのしみふろく(かんさいグルメ検定，例子先生のおこのみやきレシピ，かんさいなんでも相談室)，かんさい名所すごろく

(内容)よく聞く言葉からあまり聞かない言葉まで、いろんな関西弁をイラストで表現。日常使う言葉を中心に、昔使われていた言葉や関西以外ではなかなか聞かない言葉まで、大阪弁を中心に紹介した。

京ことば京存京英辞典 おおきに　もりけん著　(京都)ユニプラン　1995.10　120p　13cm　500円　Ⓘ4-89704-060-4　Ⓝ818.62

(内容)日常生活で用いられる京ことば233語を、五十音順に収録し、意味、英語での意味、日常会話例などをあげた。ポケットサイズの辞典。

京ことば辞典　井之口有一，堀井令以知編　東京堂出版　1994.2　328p　22cm　3800円　Ⓣ4-490-10305-0　Ⓝ818.62

(内容)ハンナリ，マッタリ…等々「京ことば」らしい雰囲気を醸し出す特有語に加え，京の民俗・年中行事などの項目，京のわらべ唄，京の言い伝え，京都の地名の読み方，共通語引き京都語等々，「京ことば」に関するさまざまな事項を収録した。いわゆる「京ことば」のほか，「祇園花街ことば」「御所ことば」「職人ことば」「伝統産業語」他，府下のことばも収録した。文献に出てくる引用はもちろん，現在の会話例も多く挿入し，使用地域も示した。

京ことばの辞典　どうどす　大原穣子著　研究社　2008.12　200p　19cm　〈文献あり〉　2500円　Ⓣ978-4-7674-9103-5　Ⓝ818.62

(内容)ドラマの方言指導者が京ことばを紹介する辞典。代表的な1,400語を収録，五十音順に排列。イントネーションを記号で示し，京ことば・京都の文化に関する豆知識を「コラム」で解説。京ことばでどう言うかがわかる「和京索引」を巻末に付す。付録CDには生きた用例を多数収録。読んで楽しい，聞いて楽しい「京ことば」の辞書どす。お楽しみやす。

京都府ことば辞典　堀井令以知編著　おうふう　2006.10　301p　21cm　3800円　Ⓣ4-273-03443-3　Ⓝ818.62

(内容)「京ことば」およびその周辺の京都府全般にわたる約4800語を収録。本文は見出し語の五十音順に排列。品詞，語釈（訳），使用地域の他，用例や解説を記載。

京都府方言辞典　中井幸比古著　（大阪）和泉書院　2002.7　582p　26cm　（和泉事典シリーズ）　10000円　Ⓣ4-7576-0166-2　Ⓝ818.62

(内容)京都府下の方言語彙を余すところなく収録した辞典。明治以降に刊行された俚言に関する資料147冊をもとに，著者自身の調査による語彙を増補したもの。収録語総数は約2万5000項目。それぞれ品詞，アクセント，語義，分布地域を記載する。巻頭に出典一覧。共通語引き主要俚言索引および京都府言語地図を付す。

京阪系アクセント辞典　中井幸比古編著　勉誠出版　2002.11　611p　21cm　25000円　Ⓣ4-585-08009-0　Ⓝ818.62

(目次)1 概説編（語音とアとの関係，名詞 ほか），2 語彙編（体言，動詞 ほか），3 CD解説編（京都ア辞典，京阪系ア小辞典 ほか），4 考察編（『高知市方言ア小辞典』に関する考察，『香川県方言ア小辞典』に関する考察 ほか）

(内容)京都及びその影響下の諸方言のアクセント辞典。平安朝から現在までの京都アクセントを網羅し，中近世の京都アクセントの特色を残す諸方言を詳述し，京阪系アクセントの基盤資料を提示する。概説編では京阪系アクセントに関する一般的な説明，語彙編では基本的な単語を中心に約20000項目の京阪式アクセントを収録。CD解説編ではCDの概要を説明，考察編では本辞典に基づく考察・研究の一端を掲げている。

雑俳・川柳京ことば辞典　木村恭造編　（京都）洛西書院　2010.1　213p　19cm　2000円　Ⓣ978-4-947525-16-1　Ⓝ818.62

(内容)各地方の雑俳や古川柳から，京都的な意味をもつ句，京都の地名・社寺名，御所ことばなどをとりあげ，解説する辞典。1,100語を五十音順に排列。各語には意味のほか，使用地域，句例，出典を記載する。2004年刊『上方雑俳京ことば辞典』を増補・改題したもの。

滋賀県方言語彙・用例辞典　増井金典編著　（彦根）サンライズ出版　2000.5　302p　22cm　〈文献あり〉　3800円　Ⓣ4-88325-066-0　Ⓝ818.61

(内容)千有余年の政治経済文化の中心であった奈良・京都・大阪の影響を受け，また中世以降，人々の往来に伴って庶民の言葉の形成に深く関与した，滋賀県の方言を，語彙・共通語訳・用例・採集地採集地域を軸に編集する。

奈良県のことば　平山輝男，中井精一編　明治書院　2003.6　254p　21cm　（日本のことばシリーズ 29）　2800円　Ⓣ4-625-62304-9　Ⓝ818.65

(目次)1 総論（位置と区画，言語意識 ほか），2 県内各地の方言（北部方言〈奈良盆地：大和高田市〉，山辺郡都祁村〈北部方言：東山中〉ほか），3 方言基礎語彙，4 俚言，5 生活の中のことば（風俗誌，慣用句 ほか）

(内容)奈良県の方言ハンドブック。"ふるさとに伝わる豊かな表現"。臨地調査によってできた，各県別の方言辞典。(アクセント・発音記号付)辞典本文のほか，裡言も収め，各方言の特色の解説，必要に応じて民話や諺資料も収録。

三重県のことば　平山輝男，大島一郎，大野眞男，久野真，久野マリ子，杉村孝夫，丹羽一弥著　明治書院　2000.10　257p　21cm　（日本のことばシリーズ 24）　2800円　Ⓣ4-625-62300-6　Ⓝ818.08

(目次)1 総論（位置と区画，県民の方言意識，歴史，方言の特色），2 県内各地の方言（名張市の方言，津市の方言，志摩の方言，紀勢町の方言，熊野市の方言 ほか），3 方言基礎語彙，4 俚言，5 生活の中のことば（民謡，俚諺）

(内容)三重県の方言をまとめた辞典。臨地調査

による各県別方言辞典シリーズの1冊。標準語単語を見出しとする五十音順排列で、その下に方言を掲載。発音記号とアクセントを明記。語彙は三重県内9地点で大正から昭和初期生まれの年齢層の言語体系を調査したもの。

＜ハンドブック＞

大阪のことば地図　岸江信介，中井精一，鳥谷善史編著，真田信治監修　（大阪）和泉書院　2009.9　284p　21cm　（上方文庫別巻シリーズ2）　〈文献あり　索引あり〉　1800円　Ⓘ978-4-7576-0526-8　Ⓝ818.73

(内容)大阪語の実態をより詳細に示すことをめざし、天気と言い習わし、あいさつなど項目ごとに分布図を掲げ、それぞれに簡略な解説を付す。大阪府における方言の地域差がわかる一冊。

京ことばのはなしかた　高橋寛，高橋恭子編，中島さよ子京ことば監修，蓮井美里英訳　（神戸）大盛堂書房　2009.5　158p　15cm　1000円　Ⓘ978-4-88463-107-9　Ⓝ818.62

(目次)GUIDES,HIRAGANA／KATAKANA TABLE,KYOTO DIALECT VOCABULARY, LET'S ENJOY KYOTO DIALECT CONVERSATIONS!!（DOING THE SIGHTS OF TEMPLES IN KYOTO,GION FESTIVAL）

事典にない大阪弁　絶滅危惧種の大阪ことば　四代目旭堂南陵著　（大阪）図書出版浪速社　2014.7　217p　19cm　〈文献あり〉　1500円　Ⓘ978-4-88854-478-8　Ⓝ818.63

(目次)第1部 事典にない大阪弁，第2部 大阪弁笑解（あいたらあかん，いかれこれ，えろうなんなら，大入袋とおから，大阪弁と首都 ほか），第3部 大阪のうまいもん蘊蓄帳（うどんすき，大阪うどん，大阪寿司と森の石松，大阪の蒲焼，お好み焼き ほか），第4部 大阪の残ってる昔（昭和）の風景

兵庫県の方言地図　鎌田良二編著　（神戸）神戸新聞総合出版センター　1999.11　224p　19cm　（のじぎく文庫）　1400円　Ⓘ4-343-00021-4　Ⓝ818.64

(目次)兵庫県の方言地図（動作・人体，状態・数量，日時・天気，植物，動物，道具・生活），但馬のダ，播磨のヤ，岡山（赤穂）のジャ

(内容)兵庫県とその近辺120カ所で、日常よく使う95のことばについて聞き取り調査をし、方言地図にまとめたもの。調査地点・話者芳名一覧、索引付き。本書は、甲南女子大学方言研究会報告1「兵庫県言語地図」（平成5年）をもとに解説をつけたもの。

中国地方

＜辞典＞

島根県のことば　平山輝男編著者代表　明治書院　2008.4　240p　21cm　（日本のことばシリーズ 32）　〈文献あり〉　4500円　Ⓘ978-4-625-62406-3　Ⓝ818.73

(目次)1 総論（風土と文化，出雲人と石見人，位置と方言区画，方言意識，方言の歴史，方言の特色，言語地図の中の島根県），2 県内各地の方言（出雲方言，隠岐方言，石見方言），3 方言基礎語彙，4 俚言，5 生活の中のことば（昔話，民謡，ことわざ・言い草，方言川柳，方言番付，方言保存・記録事業，自治体HP等の方言）

(内容)島根県の方言ハンドブック。"ふるさとに伝わる豊かな表現"。臨地調査によってできた、各県別の方言辞典（アクセント・発音記号付き）。辞典本文のほか、俚言も収め、その方言の特徴の解説、必要に応じて民話や諺資料も収録。

鳥取県方言辞典　森下喜一編　（鳥取）富士書店　1999.10　553p　22cm　8800円　Ⓘ4-938875-21-7　Ⓝ818.72

(内容)鳥取県で初の本格的方言辞典。13,000語彙を収録。標準語から引ける索引付き。

四国地方

＜辞典＞

阿波方言の語源辞典　徳島県　芝原富士夫文と絵　（徳島）教育出版センター　2004.6　345p　22cm　3000円　Ⓝ818.81

(内容)方言は地域の文化遺産であることはいうまでもない。方言は突如として生まれ、一時的に流行して消えていくもの、何百年も使われているものなど、一語一語にそれぞれの歴史がある。著者の20余年の研究をもとに出版された阿波方言の語源辞典。阿波の方言がわかりやすく挿絵入りで331語収録されています。

伊予弁ぞな　松友武昭著　（松山）愛媛新聞メディアセンター　2003.3　131p　18cm　857円　Ⓘ4-86087-004-2　Ⓝ818.83

伊予弁ぞな　松友武昭著　（松山）愛媛新聞社　2015.12　155p　18cm　（初版：愛媛新聞メディアセンター 2003刊）　900円　Ⓘ978-4-86087-122-2　Ⓝ818.83

(内容)アシャー、サッチニ、スワブル、ツカーサイ、ヘコタスイ…。伊予弁を取り上げ、それらの意味を使い方や例文とともに解説する。「文

芸作品の中の伊予弁」も収録。

土佐ことば辞典 吉川義一著 （高知）南の風社 2013.3 199p 21cm 〈表紙のタイトル：吉川義一の土佐ことば辞典〉 1500円 Ⓣ978-4-86202-061-1 Ⓝ818.84
（内容）南国市の農村地帯を中心にした高知県中部地域で蒐集した約600の「土佐ことば」を語意・語源・用法とともに辞典風にまとめる。共通語であっても，土佐人の暮らしの中で独特の役割を果たす語も収録する。

九州地方

<事典>

佐賀弁小事典 福山裕著 （佐賀）佐賀新聞社 1991.10 343p 21cm 1800円 Ⓣ4-88298-033-9 Ⓝ818.92

<辞典>

大分方言語録 大分合同新聞・教えて！ぶんぶん【大分方言】改題 （大分）大分合同新聞社 2014.3 255p 19cm 1300円 Ⓣ978-4-907112-01-1 Ⓝ818.95
（内容）県外に行った時に，標準語と思って使っていたら，「…なにそれ？」という反応をされた事はありませんか？ そんな体に染みついた言葉から，あまり使わなくなっている言葉まで，大分方言を「見える化」した1冊を作りました。大分合同新聞朝刊「教えて！ ぶんぶん 大分方言」で掲載した分に約200語を加筆し，計1,300語の大分方言を収録しています。読むだけでん，おもしりい。

鹿児島弁辞典 第一部標準語から鹿児島弁へ 第二部鹿児島弁から標準語へ 石野宣昭著 （鹿児島）南方新社 2012.9 560p 21cm 〈文献あり〉 2500円 Ⓣ978-4-86124-242-7 Ⓝ818.97
（目次）第1部 標準語から鹿児島弁へ，第2部 鹿児島弁から標準語へ
（内容）日本最強の方言・鹿児島弁。5400語を収録。全ての見出し語に用例付き。

鹿児島方言大辞典 上巻 橋口満著 （鹿児島）高城書房 2004.5 1011p 27cm 7143円 Ⓣ4-88777-055-3 Ⓝ818.97
（内容）古来，鹿児島人に親しまれた鹿児島方言が，消滅の危機に瀕しています。そこで，消滅する前に残そうと，著者が40年かけて収拾した方言10万語彙を収録した辞書。上下巻二冊で構成された日本で最大の鹿児島弁辞典。

鹿児島方言大辞典 下巻 橋口満著 （鹿児島）高城書房 2004.6 1035p 27cm 7143円 Ⓣ4-88777-056-1 Ⓝ818.97
（内容）古来，鹿児島人に親しまれた鹿児島方言が，消滅の危機に瀕しています。そこで，消滅する前に残そうと，著者が40年かけて収拾した方言10万語彙を収録した辞書。上下巻二冊で構成された日本で最大の鹿児島弁辞典。

鹿児島方言とアクセントの辞典 井ノ上英雄編著，井ノ上孜監修 （〔名古屋〕〔井ノ上英雄〕 2005.9 84,381p 22cm 〈〔名古屋〕毎日新聞名古屋開発（製作）〉 7700円 Ⓣ4-944134-19-3 Ⓝ818.97
（内容）鹿児島方言のアクセントの仕組みを解明しおよそ13000語を取り上げアクセントを示してあります。

熊本県菊池方言辞典 藤本憲信編著 （熊本）熊本日日新聞情報文化センター（製作・発売） 2004.5 557p 21cm 3500円 Ⓣ4-87755-176-X Ⓝ818.94
（内容）昭和初期から現代にいたるまでの菊池市方言約5400語を収録した本格的な方言辞典。それぞれの単語を実際に使った例文を豊富に掲載。慣用的な表現や方言独特の言い回しなども採録する。

こらおもしろか肥後弁辞典 中川義一編著 （熊本）熊本出版文化会館，（東京）創流出版〔発売〕 2002.11 413p 20cm 2000円 Ⓣ4-915796-39-6 Ⓝ818.94
（内容）熊本市「坪井」を中心に熊本城下町のことば約7000語を収集した本格的の肥後弁辞典。言葉の歴史性・語源・京ことばとの類似性などを探る調査項目や註釈も付した。用例には肥後狂句をふんだんに使用，会話の実際は創作現代狂言で―。肥後弁のルーツを「九州王朝」に求める著者の所論も収載。

佐賀県のことば 平山輝男，大島一郎，大野真男，久野真，久野マリ子，杉村孝夫編，藤田勝良著 明治書院 2003.10 172p 21cm （日本のことばシリーズ 41） 2800円 Ⓣ4-625-62305-7 Ⓝ818.92
（目次）1 総論（位置と区画，表現の特徴と方言意識，歴史，方言の特色，地方共通語関係），2 県内各地の方言（佐賀県東部地区方言，佐賀県西部地区方言，唐津地区方言，田代地区方言），3 方言基礎語彙，4 俚言，5 生活の中のことば（擬声語・擬態語の表現，方言についての慣用句・方言で語られた諺，民話，民謡）
（内容）佐賀県の方言ハンドブック。臨地調査によってできた，各県別の方言辞典（アクセント・

発音記号付)。辞典本文のほか、裡言も収め、その方言の特徴の解説、必要に応じて民話や諺資料も収録。

佐賀の方言　上巻(体言編)　新版　志津田藤四郎著　(佐賀)佐賀新聞社　1998.7　590p　22cm　4000円　Ⓘ4-88298-082-7　Ⓝ818.92

(内容)佐賀方言研究の大著28年ぶりに再刊。上巻体言編は見出し語数2170余。例文や他方言との比較など幅広く解説。

佐賀の方言　中巻(述語編)　新版　志津田藤四郎著　(佐賀)佐賀新聞社　1999.3　471p　22cm　3600円　Ⓘ4-88298-089-4　Ⓝ818.92

(内容)佐賀で方言として行われている述語表現に焦点を当てて収集、記述した辞典。語句を五十音順に並べて配列。

佐賀の方言　下巻(解説編)　新版　志津田藤四郎著　(佐賀)佐賀新聞社　2000.5　446p　22cm　3400円　Ⓘ4-88298-098-3　Ⓝ818.92

(内容)佐賀方言の成立、音韻・語法・文法、国語変遷史上における佐賀方言の位置など体系的研究をまとめた労作。

さつま語辞典　大久保寛著　(鹿児島)高城書房　2002.12　285p　19cm　2000円　Ⓘ4-88777-037-5　Ⓝ818.97

(目次)第1部　薩摩語(川内薩摩を中心とした)の基礎語彙(名詞、副詞、連体詞、接続詞、感動詞、動詞、形容詞、形容動詞、助動詞、助詞)、第2部　薩摩語の音韻について

(内容)画期的な方言辞典がここに誕生！鹿児島弁の魅力と、味わいを堪能できる1冊。

即訳！ふくおか方言集　中村萬里編　(福岡)西日本新聞社　2005.9　263p　19cm　1238円　Ⓘ4-8167-0650-X　Ⓝ818.91

(内容)福岡の厳選方言258。県内各地域に伝わる個性溢れる"ふくおか方言"の数々をご紹介。多彩な歴史と風土に育まれた故郷の文化を再発見。

対訳鹿児島弁とその周辺　石野宣昭著　文芸社　2016.7　703p　15cm　〈文献あり〉　1200円　Ⓘ978-4-286-16841-8　Ⓝ818.97

(内容)絶滅危機方言とも言われる鹿児島弁。鹿児島の方言を生きた姿で残したいと考える著者がまとめた集大成。標準語と方言の違いに着目、音にも注意が払われ、詳しく分析し地名の読み方にも言及。対訳鹿児島弁は約4900語、小字約200、解説を含めれば約5300項目の言葉を収載した。

種子島方言辞典　植村雄太朗編　武蔵野書院　2001.11　375p　21cm　〈付属資料：CD4〉　10000円　Ⓘ4-8386-0200-6　Ⓝ818

(目次)概説、中種子方言のアクセント、天然、植物、動物(陸生、水生)、人体・生理、人の性情、社会、衣食性、諸表現

(内容)40年にわたる調査に基づく種子島の方言辞典。排列は五十音順。巻頭に種子島の地図と写真、巻末に方言形索引がある。付録として種子島方言アクセントを収録したCD-ROMが付く。

長崎県のことば　平山輝男編、坂口至著　明治書院　1998.6　221p　21cm　(日本のことばシリーズ 42)　2800円　Ⓘ4-625-52242-0　Ⓝ818.93

(目次)1　総論、2　県内各地の方言、3　方言基礎語彙、4　俚言、5　生活の中のことば

(内容)長崎県のことばの特色を、地域性・生活習慣なども考慮に入れて解説、その地域独特のことばも多く採集した方言辞典。

枕崎地方方言集　今給黎正人編　(鹿児島)高城書房　2003.1　274p　22cm　3000円　Ⓘ4-88777-039-1　Ⓝ818.97

(内容)薩摩語は九州の方言の中でも特徴があると言われているが、枕崎方言は、語彙やアクセントにおいて独特のものがある。枕崎地方に一応残っているもの、今でも使われているものに重点を置き、擬音語、擬態語、接頭語を含めて収録。

与論島語辞典　山田実著　おうふう　1995.5　2077p　26cm　240000円　Ⓘ4-273-02828-X　Ⓝ818.97

(内容)鹿児島県奄美・与論島の方言辞典。収録語数2万900語。見出し語はカタカナ表記で、概略的音韻表記を併記。本文では意味の他、豊富な活用形について特に詳しく記述する。巻末に与論島の小字名一覧がある。

与論方言辞典　菊千代、高橋俊三著　武蔵野書院　2005.2　801p　26cm　18000円　Ⓘ4-8386-0215-4　Ⓝ818.97

(目次)本文篇、索引篇、解説篇

(内容)与論島東地区で生まれ育った個人の言語にほぼ限定した方言辞典。ほとんどの項目に日常生活で使われる例文や思い出の言葉が付してあり、与論の言語生活がよくわかる。約15700の見出し項目の本文篇と索引篇・解説篇の3部構成。本文は見出し項目の五十音順に排列。見出し項目には音韻記号・アクセント記号を付す。仮名・音韻記号・音声記号対応表を収録。索引篇では「標準語引き索引」「語彙一覧」「地名一覧」を収録。解説篇では音韻、動詞の活用表等、特徴を記述。巻末に引用文献、参考文献を収載。茅葺家の図形、サバニ船の図形、与論島配置図を紹介。

沖縄地方・琉球語

<辞典>

石垣方言辞典　宮城信勇著，加治工真市監修　(那覇)沖縄タイムス社　2003.9　1231p，344p(2冊)　27cm　①4-87127-163-3　Ⓝ818.99

🈄石垣市の市街地，いわゆる四箇の方言の非常に正確で詳細な辞典。日本語が日本列島の一番南の果てでどう変化し発展したかを示す。17600項目を収録する本文編と，中央語からの逆引き索引等を収録した文法・索引編のセット。

沖縄古語大辞典　角川書店　1995.7　851p　26cm　22000円　①4-04-030900-6　Ⓝ818.99

🈄沖縄各地に伝承されているオモロ・古謡・琉歌・組踊等に用いられる沖縄古語の辞典。方言語形一覧，本篇，解説篇で構成され，本篇の収録語数1万5000語。日本古語や本土方言との関係も適宜解説する。巻頭の方言語形一覧では原典の語形などから本篇の見出し語が検索できる。解説篇は音韻，文法，方言区分，ジャンル概説・文献解題から成り，ほかに付録として琉球国王統図，沖縄県年中行事一覧，地図等がある。

沖縄語辞典　国立国語研究所編　財務省印刷局　2001.3(第9刷)　854p　22cm　(国立国語研究所資料集 5)　5200円　①4-17-149000-6　Ⓝ818.99

🈁解説篇，本文篇(沖縄首里方言辞典)，索引篇(標準語引き)，付録

沖縄語辞典　那覇方言を中心に　内間直仁，野原三義編著　研究社　2006.5　407p　19cm　3200円　①4-7674-9052-9　Ⓝ818.99

🈁沖縄語辞典，古典文学引用一覧，和沖索引

🈄沖縄那覇方言から，現在の60歳代以上によって日常用いられている語を中心に約8000語を収録。本文は五十音順に排列。

オキナワ語小辞典　戸部実之著　泰流社　1993.4　109p　21cm　9000円　①4-8121-0023-2　Ⓝ818.99

🈁第1部 奄美方言，第2部 沖縄方言，第3部 八重山方言，第4部 首里方言・会話集，第5部 首里方言・語彙，第6部 英語—琉球語・語彙

沖縄語小辞典　戸部実之著　泰流社　1998.2　109p　21cm　9000円　①4-8121-0233-2　Ⓝ818.99

🈁奄美方言，沖縄方言，八重山方言，首里方言(会話集，語彙)，英語—琉球語・語彙

竹富方言辞典　前新透著，波照間永吉，高嶺方祐，入里照男編著　(石垣)南山舎　2011.2　1537p　27cm　25000円　①978-4-901427-25-8　Ⓝ818.99

🈄著者が二十数年かけて島の話者から聞き取り収録した語彙・文例を編集収録した方言辞典。収録語数17700語。国際音声字母により音声を表記。伝統的な竹富島の民俗文化を豊富に記述。沖縄古語・石垣方言との比較も行っている。共通語から竹富方言を引ける索引付き。琉球語と日本語の古層，民俗を研究するための貴重な文化遺産。

宮古 伊良部方言辞典　富浜定吉著　(那覇)沖縄タイムス社　2013.12　16,1124p　27cm　18000円　①978-4-87127-214-8　Ⓝ818.99

🈁本文編(伊良部・仲地方言音節表／伊良部・仲地方言の音韻／本文(項目ひらがな表記・IPA(国際音声字母)表記)・品詞名・活用形・語釈・日本古語及び琉球古語との語彙比較))，資料編(伊良部島方言の音節表と音韻の特徴，文法，宮古諸方言概観，その他(屋号(伊良部七ヶ字)，感動詞，擬音語・擬態語，接頭辞・接尾辞，人名資料，昭和三十年頃の字仲地屋号地図))，索引編

🈄著者の母語である伊良部・仲地の方言を収録。本文編の見出し語数は17,300語余，標準語からの逆引きできる索引，資料編の三部で構成されています。

琉球語辞典　那覇・首里を中心とする沖縄広域語準拠　半田一郎編著　大学書林　1999.11　968p　21cm　30000円　①4-475-00144-7　Ⓝ818.99

🈁琉和辞典の部，和琉辞典の部

🈄琉球方言を収録した辞典。約12000語をABC順に配列。琉和辞典，和琉辞典，付録の3部構成。付録として固有名詞の共通語・現地音索引，動詞の用法便覧，琉球史略年表，年中行事風物暦，琉球音楽の特色，地図がある。

<ハンドブック>

オキナワ語会話集　日本語・英語対照　渡由喜子，久手堅裕子，久手堅公子訳　泰流社　1995.2　235p　19cm　3914円　①4-8121-0103-4　Ⓝ818.99

🈁1 基本表現，2 単語，3 会話

オキナワ語単語集　日本語・英語対照　渡由喜子，久手堅裕子，久手堅公子訳　泰流社　1995.2　185p　19cm　3914円　①4-8121-0104-2　Ⓝ818.99

🈄沖縄独特の言葉のうち日常使われる単語を集めたもの。収録語数2000。

沖縄ことばイラストブック 沖縄の風と優しさを伝える「ウチナーグチ」1577語
下川裕治監修，高橋カオリイラスト　山海堂　2007.7　159p　21cm　1400円　①978-4-381-02301-8　Ⓝ818.99

(目次)食，自然，暮らし，会話，ひとびと，民族，行動，人体，時間

(内容)ウチナーグチ「沖縄ことば」と一緒に、沖縄の文化や自然について楽しみながら覚えられるイラストブック。これから沖縄へ行く人はもちろん、すでに沖縄にハマっている人も、また一歩ウチナーンチュに近づける。

実践うちなあぐち教本
吉屋松金著　（糸満）南謡出版　1999.2　544p　26cm　3800円　①4-931497-00-4　Ⓝ818.99

(目次)例文・解説編（日本語と沖縄語の発音の基本的関係表，品詞—分類および概説，存在動詞概説—活用と機能等，存在文およびヤ系係助詞ほか），散文編（羽衣物語，桃太郎伝説，アリババとう四十人ぬへいれい（アリババと四十人の山賊），旧約聖書（抜粋）ほか）

(内容)本書は、沖縄語を話すだけでなく、文章を書くことも目的としているため、基本構文（在存文、形容文、動詞文、その他）種類毎に章別にまとめ、また、各々の基本構文をさらに時間文、否定文及び疑問文等といった変形構文別に例示するという構成にしています。例文の紹介を基本にしていますが、項目の後段で文法説明や参考説明を行っています。

アイヌ語

<辞典>

アイヌ語古語辞典
平山裕人著　明石書店　2013.12　418p　21cm　8600円　①978-4-7503-3938-2　Ⓝ829.23

(目次)第1部 アイヌ語古語辞典，第2部 アイヌ語地名史辞典，第3部『藻汐草』アイヌ語単語集，第4部 アイヌ語古語・日本語索引

(内容)1799年の幕府直轄以前に残された史料から、アイヌ語の復元を試みる。多くの史料に掲載された単語を見出し語として掲げ、古文献・現代のアイヌ語辞典に書かれた意味、使用された範囲、解説を収録。日本語索引付き。

アイヌ語沙流方言辞典
田村すず子著　草風館　1996.9　876,34p　21cm　18540円　①4-88323-093-7　Ⓝ829.23

(内容)北海道沙流川筋のアイヌ語9400語を音声資料をもとに収録した辞典。見出し語はローマ字表記で、排列はアルファベット順。各見出し語の用例はアイヌ語ローマ字表記・アイヌ語カタカナ表記・日本語訳の順に掲載し、原資料の所在を記す。巻末に「アイヌ語沙流方言概略」がある。

アイヌ語千歳方言辞典 〔机上版〕
草風館　1995.2　437p　21cm　15965円　①4-88323-077-5　Ⓝ829.23

(内容)アイヌ民族の口承文芸を解読するのに必要な基本語を収録した辞典。約3700語を収録。排列は原則として日本語の五十音順。各項目にローマ字表記、品詞、訳語、解説、例文などを記載。文法についても解説する。普及版もある。

アイヌ語千歳方言辞典 〔普及版〕
中川裕著　草風館　1995.2　437p　21cm　9800円　①4-88323-078-3　Ⓝ829.23

(内容)アイヌ民族の口承文芸を解読するのに必要な基本語を収録した辞典。約3700語を収録。排列は原則として日本語の五十音順。各項目にローマ字表記、品詞、訳語、解説、例文などを記載。文法についても解説する。机上版もある。

アイヌ語方言辞典　第3刷
服部四郎ほか編　岩波書店　1995.6　43,556p　27cm　〈第1刷：1964年〉　18000円　①4-00-080056-6　Ⓝ829.2

(内容)アイヌ語の保存・解明を目的として1955年以来、7人の言語学者が研究グループを組織し、実地調査・研究を進めて完成した方言辞典。1964年刊行。日英独仏露語に関する基礎語彙研究を参酌して生活に不可欠の基礎的概念二千余を選び、それらを表わすアイヌ語を地方ごとに採録。アイヌ語研究にとっては勿論、一般言語学の研究にも極めて貴重な書である。

萱野茂のアイヌ語辞典
萱野茂著　三省堂　1996.7　597p　21cm　10000円　①4-385-17050-9　Ⓝ829.23

(内容)見出し語8000のアイヌ語−日本語辞典。排列は見出し語（カタカナ表記）の五十音順。用例数多。巻末に日本語からアイヌ語の見出しが逆引きできる「日本語索引」がある。—著者が育った二風谷コタンで生活の中で使ったアイヌ語のすべて。

萱野茂のアイヌ語辞典　増補版
萱野茂著　三省堂　2002.10　631p　21cm　10000円　①4-385-17052-5　Ⓝ829.23

(内容)北海道二風谷において著者自身が使用してきたアイヌ語を網羅する辞典。約8600項目を収録。仮名表記の五十音順に排列し、ローマ字表記、語義、用例・文例を記載する。巻末に見出し語の対訳語約1万2000項目から引く日本語索引あり。

言語生活・コミュニケーション

表現術一般

<事典>

言いまわしの達人になる言葉の事典　長嶋善郎監修　小学館　1996.12　191p　17cm　(実用ハンドブック)　1000円　Ⓘ4-09-310212-0　Ⓝ814

(目次)第1章 行動・態度，第2章 仕事・ビジネス，第3章 心・感情，第4章 人生・生活，第5章 自然・風物

(内容)手紙，スピーチなどで日本語表現を豊かにするための言葉探しの事典。80の基本語をキーワードとし，キーワードごとに類義語や関連する慣用句・ことわざを収録。巻末に慣用句・ことわざ索引が付く。

心を伝える達人になる言葉の事典　長嶋善郎監修　小学館　1997.10　191p　18cm　(実用ハンドブック)　970円　Ⓘ4-09-310213-9　Ⓝ814

(目次)第1章 すばらしきかな，人生…(うれしい，期待，すばらしい ほか)，第2章 心も穏やかに…(気に入る，満足，気楽 ほか)，第3章 とかく浮き世は…(驚く，あきれる，ひどい ほか)，第4章 毎日がイバラの道…(慌てる，落ち着かない，心配 ほか)，第5章 心のふさぎことばかり…(あきらめる，くやしい，腹が立つ ほか)

(内容)自分の気持ちや物事への評価を言い表す言葉・言い回し約900を収録。日常よく使う46の項目に分けて，主に使われる場面，状況別に例文をつけて解説。

<辞典>

言いえて妙なことば選び辞典　新版　学研辞典編集部編　学習研究社　2002.4　550p　18cm　1500円　Ⓘ4-05-401508-5　Ⓝ813.5

(目次)1 人の暮らしと人間関係(人のからだと姿，人生と生活基本的動作 ほか)，2 行動と心の動き(行為と動作，心情と感情 ほか)，3 程度・価値と状態(性質や様子の形容，人や物の状態)，4 自然界の言葉(天文と気象，地理と景観 ほか)

(内容)手紙やレポート、ビジネス文書を作成する際の的確な表現を紹介する用語集。五十音順に排列したキーワードごとに漢字語や慣用句約1万3400項目を簡潔に説明。用例を記載。ビジネス文書やeメールに頻出するカタカナ語も網羅する。コラムでは身近な言葉を使い分けるポイントを示す。巻末に五十音順ことば選び索引がある。

大きな字のことば選び実用辞典　学研教育出版，学研マーケティング〔発売〕　2013.8　390p　18cm　〈索引あり〉　850円　Ⓘ978-4-05-303925-5　Ⓝ813.5

(内容)文字が大きく読みやすい！ ぴったりの表現がすぐに探せる。手紙、メール、レポート、ビジネス文書、小説、俳句…。待望の拡大版。

気持ちをあらわす「基礎日本語辞典」　森田良行著　KADOKAWA　2014.6　217p　15cm　(角川ソフィア文庫)　720円　Ⓘ978-4-04-407104-2　Ⓝ814.5

(目次)あいにく―折りあしく，あえて―強いてことさら，あくまで―どこまでも・とことんで・徹頭徹尾，あながち―必ずしも 一概にまんざら，あやしい―疑わしい，いっそ―むしろ，うらむ―うらみ にくむ・にくい・にくらしい，うらやましい―ねたましい，うるさい―やかましい 騒がしい・騒々しい，うれしい〔ほか〕

(内容)「せっかく」と「わざわざ」は何が違うの？「素晴らしい先生」「素敵な先生」の差はどこに？ 心の動きや気分を表す言葉は、使い方を間違えると意味が通らないばかりか、相手に不快感を与えてしまうことがある。その言葉のおもとの意味、日本人特有の視点や相手との距離感を分析し、使い分けの実例を丁寧に解説。日本語の微妙なニュアンスがよくわかり、自分の気持ちが上手に伝えられるようになる、読んで楽しい日本語辞典！

研究社 日本語口語表現辞典　山根智恵監修，佐藤友子，松岡洋子，奥村圭子編集委員　研究社　2013.11　1188p　20cm　〈他言語標題：KENKYUSHA'S DICTIONARY OF JAPANESE COLLOQUIAL EXPRESSIONS　文献あり 索引あり〉　4600円　Ⓘ978-4-7674-9112-7　Ⓝ813.4

(内容)「国語辞典」ではわからない、日常の"話し言葉"や"慣用句"を理解して使いこなすため

日本語使いさばき辞典　時に応じ場合に即し　あすとろ出版　1995.4　544p　19cm　2800円　①4-7555-0825-8　⑭814.5

〔内容〕日本語を具体的な意味内容から引ける辞典。検索のためのキーワードとして基本的な日常語125を見出し語とする。和語・漢語のほか、作歌に役立つ基礎古語・歌語も収録。キーワードの五十音順に、関連の縁威語彙をグルーピングして排列する。巻末に俳句の季語を時候・天文・地理等6つの部に分類して掲載した「主要季語選」を付す。

日本語使いさばき辞典　時に応じ場合に即し　大活字版　現代言語研究会著　あすとろ出版　1997.9　544p　21cm　3600円　①4-7555-0828-2　⑭814.5

〔目次〕愛・愛する，あう―合・会・逢・遇・遭，明るい・明らか，秋，朝夕，貴方・貴方がた，雨，雪・氷，ゆるす・ゆるし―許・免・赦・宥・恕，容貌・容姿，よむ―読・詠，よろこぶ・よろこび―喜・慶・悦，礼，礼儀，私，私達，笑う・笑い

〔内容〕日本語を具体的な意味内容から引くことができる辞典。日常的によく使う125の基本語をキーワードとして、その語の縁威語彙を状態・種別・形態・程度・その他のグループに分類し、上段に意味内容の簡潔な解説、下段にその意味に相当する単語群となっている。擬音・擬態語、慣用句・故事・ことわざ等も掲載。

日本語使いさばき辞典　時に応じ場合に即し　改訂増補版　現代言語研究会著　あすとろ出版　2006.10　638p　19cm　2800円　①4-7555-0826-6　⑭814.5

〔目次〕愛・愛する，あう―合・会・逢・遇・遭，明るい・明らか，秋，朝夕，貴方・貴方がた，雨，改める・改まる，あらわす・あらわれる―表・現・顕〔ほか〕

〔内容〕豊かな日本語を具体的な意味内容から引ける初めての辞典。検索のためのキーワードとして日常の基本語129語を設定。キーワード関連の縁威語彙を内容別にグルーピングして配列。簡潔な意味内容を見出しとし、その意味の言葉を配した見やすい構成。和語・漢語・カタカナ語から作歌に役立つ基礎古語・歌語まで広く収録。単語にはすべて振り仮名をつけ、同じ語の違う読み方も明示。「擬音・擬態語」「慣用句・故事・成語・ことわざ」等も掲載。

日本語使いさばき辞典　新版　東京書籍編集部編　東京書籍　2014.7　639p　19cm　〈初版：アストロ教育システムあすとろ出版部1995年刊　索引あり〉　2900円　①978-4-487-73237-1　⑭813.5

〔目次〕愛・愛する，あう―合・会・逢・遇・遭，明るい・明らか，秋，朝夕，貴方・貴方がた，雨，改める・改まる，あらわす・あらわれる―表・現・顕，歩く・歩き〔ほか〕

〔内容〕検索のためのキーワードとして日常の基本語129語を設定。和語・漢語・カタカナ語から作歌に役立つ基本古語・歌語まで幅広く収録。擬音語・擬態語、慣用句・故事・成語・ことわざ等も含め掲載語句は約3万3千。単語にはすべて振り仮名をつけ、同じ語のちがう読み方も明示。豊かな日本語を具体的な意味内容から引ける画期的な辞典です。手紙を書く、俳句を作る…そのような場面で使いたい適切な言葉を見つけ出すことができます。

国語常識・知識

<事　典>

日本語常識事典　下村昇監修　自由国民社　1996.4　300p　19cm　1030円　①4-426-11700-3　⑭816.07

〔目次〕1　文字の使い方事典，2　言葉の使い方事典，3　手紙の書き方事典，4　文書の書き方事典，5　話し方と挨拶事典，6　日本語の雑学事典，7　情報化時代の新日本語事典

〔内容〕現代日本語を使用する際の常識や知識を集めたもの。難読漢字・送りがなを間違いやすい言葉等を収めた「文字の使い方事典」慣用句・四字熟語等を収めた「言葉の使い方事典」のほか、手紙の書き方・文書の書き方・話し方と挨拶・日本語の雑学・情報化時代の新日本語の全7編で構成される。巻末に五十音順の用語索引を付す。

<辞　典>

思わず人に話したくなる　続・日本語知識辞典　新版　学研辞典編集部編　学習研究社　2003.5　432p　18cm　1500円　①4-05-401927-7　⑭810.36

〔目次〕第1章　日本語のいろいろ，第2章　ちょっと昔の暮らしのことば，第3章　平安貴族を知ることば，第4章　江戸の暮らしを知ることば，第5章　日本の娯楽にまつわることば，第6章　日本人の信仰にまつわることば，第7章　漢字のいろいろ

〔内容〕本書は、前作『日本語知識辞典』を踏まえ、そこに収められなかったことばやテーマを集めた。前作とつながりのある項目には、参照する印をつけた。また、本書は全体を7章に分け、

言語生活・コミュニケーション　　　　　国語常識・知識

思わず人に話したくなるような内容の小テーマをもうけた。ミニ知識のコラムも、約100収録。

金田一先生の日本語○×辞典　新版　井上明美編　学習研究社　2004.7　272p　18cm　1500円　Ⓘ4-05-402458-0　Ⓝ810.4

(目次)1章 ついうっかりの書き間違い，2章 意味を取り違えての書き間違い，3章 よく聞く言い間違い，4章 意味を知らずに言い間違い，5章 何だかおかしいことわざ・慣用句，6章 金田一先生とウォッチングした今ふう言葉，7章 金田一先生から…敬語は思いやりの心の表れ

暮らしの日本語辞典　学研辞典編集部編　学研教育出版，学研マーケティング〔発売〕　2014.9　336p　18cm（esprit）〈他言語標題：Dictionary of Daily Japanese　「人に聞いてもわからない日本語知識辞典」(学研2002年刊)と「思わず人に話したくなる日本語知識辞典」(学研2003年刊)の改題，抜粋，加筆修正，合本　索引あり〉　1500円　Ⓘ978-4-05-304065-7　Ⓝ810.36

(目次)第1章 身近なものの名前，第2章 趣味・娯楽のことば，第3章 自然にまつわることば，第4章 暦にまつわることば，第5章 信仰にまつわることば，第6章 暮らしに役立つことば

(内容)身近な「和」を楽しむ2500項目収録。

ことばの豆辞典　表現力がつき、博識になる！　さくら銀行編　三笠書房　1994.3　252p　15cm（知的生きかた文庫）　500円　Ⓘ4-8379-0639-7　Ⓝ810.4

(目次)はしがき 辞書にはない、生きたことばの知識が身につく！、第1章「人生」にまつわる知っておきたいことばの知識，第2章「人間関係」にかかわる知っておきたいことばの知識，第3章「ビジネス・商売」で使われる知っておきたいことばの知識，第4章「喜怒哀楽」を表わす知っておきたいことばの知識，第5章「酒と肴」に関する知っておきたいことばの知識，第6章「会話」によく出る知っておきたいことばの知識

(内容)たとえば登竜門は「登竜の門」ではないし、新米は「新しい米」からできた語ではない―。ことばの由来を知るだけで、その背景にある生きた歴史や文化が見えてくる。あなたの日本語の知識を再点検し、ことばのセンスを磨く本。

ことばの豆辞典　第2集　さくら銀行編　三笠書房　1994.6　248p　15cm（知的生きかた文庫）　500円　Ⓘ4-8379-0662-1　Ⓝ812

(目次)第1章「新聞・テレビ」によく出る知っておきたいことばの知識，第2章「成功と失敗」に関する知っておきたいことばの知識，第3章「人間」にかかわる知っておきたいことばの知識，第4章「家庭」にまつわる知っておきたいことばの知識，第5章「お金」にちなんだ知っておきたいことばの知識，第6章「季節」を味わう知っておきたいことばの知識

(内容)新聞・テレビ・お金・人生にまつわる知っているようで知らない身近な日本語。

ことばの豆辞典　第3集　心理・行動・生き方に関する　さくら銀行編　三笠書房　1994.9　246p　15cm（知的生きかた文庫）　500円　Ⓘ4-8379-0677-X　Ⓝ812

(目次)第1章「生きる知恵」について知っておきたいことばの知識，第2章「心情」を表わす知っておきたいことばの知識，第3章「趣味・娯楽」によく使う知っておきたいことばの知識，第4章「人の行動・ふるまい」に関する知っておきたいことばの知識，第5章「味」にまつわる知っておきたいことばの知識，第6章「男と女」にかかわる知っておきたいことばの知識

(内容)ちょっと気になることばの疑問もこれで納得。あなたの日本語に磨きがかかる、この一冊。

日本語便利辞典　小学館辞典編集部編　小学館　2004.12　574p　18cm　2000円　Ⓘ4-09-505031-4　Ⓝ810.36

(内容)語彙力をみがく（ことわざ・故事成語―古人の知恵に学ぶ，慣用句―文章表現を豊かにする，四字熟語―受験も万全 ほか），日本語力を深める（手紙の書き方―相手に心を伝える，人生の慶事―祝い心を効果的に，葬送儀礼のことば―死者の霊を慰める ほか），漢字力を高める（同訓異字使い分け早見表―これでもう悩まない，同音類語集―パソコン入力の強い味方，漢字表部首一覧 ほか）

(内容)日常生活で遭遇するさまざまなことばの知識・常識に即座に対応できる1冊。

恥をかかないための言葉の作法辞典　新版　学研辞典編集部編　学習研究社　2002.4　480p　18cm　1500円　Ⓘ4-05-401568-9　Ⓝ816.07

(目次)第1章 正しい言葉の用法（結びつきの決まっている言葉，使い方の決まっている言葉 ほか），第2章 まぎらわしい言葉・漢字の使い分け（よく似た言葉の使い分け，読み方で意味が異なる言葉の使い分け ほか），第3章 正しい敬語表現（使い方で失礼になる言葉，敬語の誤用表現 ほか），第4章 間違いやすい漢字の読み書き（読み間違いやすい漢字，書き間違いやすい漢字 ほか）

(内容)間違えやすい表現を4ジャンルに分類して指摘した用語辞典。実例1900を収録。正しい用法、読み方、書き方を示す。巻末に五十音順索引。社会人向け。

人に聞いてもわからない日本語知識辞典

日本語 レファレンスブック　　215

国語常識・知識　　　　言語生活・コミュニケーション

新版　学研辞典編集部編　学習研究社
2002.4　480p　18cm　1500円　Ⓓ4-05-401569-7　Ⓝ810.36

(目次)1 知っているとちょっと得意な日本語百科，2 絵で見る身近なものの名前，3 地図で見る日本人の旅，4 人の一生を表すことば，5 身近な自然にまつわることば，6 暮らしに役立つことばとその使い方

(内容)日常生活のなかで曖昧なまま使ったり、忘れてしまいがちな言葉をまとめた辞典。場面に応じて6パターンに用語を分類。歌舞伎の名セリフ、着物のことば、四国八十八箇所、慶事・弔事の表書き、二十四節気・七十二候、覚えておきたい慣用句など具体的なグループにまとめられた項目について、語源、使用例、慣用表現、出典、関連語及び解説を記載。巻末に五十音順索引がある。

やっとわかった日本語! ことばの豆辞典
角川書店　角川書店　2000.3　324p　15cm（角川文庫）　590円　Ⓓ4-0435-3801-4　Ⓝ812

(目次)第1章 言い回しでことばのセンスに差をつける!，第2章 故事・ことわざの"はじめて"物語，第3章 人生をうまく渡っていくために知っておこう，第4章 日常生活の祭事な出来事。困ったときの神頼み!，第5章 恋愛・対人関係で勝ち星をあげるために!，第6章 この際、趣味のジャンルを広げよう!，第7章 四季の国に生まれた美しいことばたち，第8章 海外からはるばる渡ってきたカタカナ語たち

(内容)「目からウロコ」の語源は新約聖書!?「火中の栗を拾う」は仏の寓話『サルとネコ』から…!?すっかり定着した身近な日本語の、まったく知らなかった出自を明らかにした、ありそうでなかった一冊。銀行、地下鉄に数多くのファンを持ち大好評を博した『ことばの豆事典』を豆辞典として再編集した待望の一冊。「天ぷら」の「ぷら」って何だか知ってますか。

揺れる日本語どっち? 辞典
篠崎晃一監修，神田竜之介著　小学館　2008.2　318p　18cm　1400円　Ⓓ978-4-09-505032-4　Ⓝ811.1

(目次)第1章 読み・発音どっち?編，第2章 表記どっち?編，第3章 使い方どっち?編，第4章 意味どっち?編，第5章 固有名詞どっち?編，第6章 四字熟語どっち?編，付録

(内容)日常語の中から、読みや使い方・意味に"揺れ"のあることばの組み合わせ約1000組を選定、どちらを使うべきか、またどちらが正しいのかをわかりやすく解説する辞典。各章ごと、見出し語の五十音順に排列する。付録に、同訓異字の使い分け、送り仮名の付け方、巻末に全体五十音順の索引を付す。

<ハンドブック>

常識のまぎらわしい日常語
リベラル社編（名古屋）リベラル社，星雲社〔発売〕
2006.10　79p　15×9cm（ミニブックシリーズ）　500円　Ⓓ4-434-08555-7　Ⓝ814.5

(目次)1章 飲食編（ピラフとチャーハン，玄米と胚芽米 ほか），2章 生活編（徳利と銚子，物差しと定規 ほか），3章 社会編（社長と代表取締役，専務と常務 ほか），4章 文化編（わびとさび，習慣と慣習 ほか），5章 自然編（流星と彗星，引力と重力 ほか）

(内容)日常よく使われるまぎらわしい言葉の組み合わせを132組選び出しミニブックとしてまとめた。本文は「飲食」「生活」「社会」「文化」「自然」という五つの章で構成。それぞれの分野で使われる、まぎらわしい二つの言葉について、違いのポイントを明確にした。さらに、詳しく知るために、それぞれに解説を加えた。

とっさの日本語便利帳 ことばの知恵袋
朝日新聞社知恵蔵編　朝日新聞社　2003.12　317p　19cm　1100円　Ⓓ4-02-222052-X　Ⓝ031.3

(内容)日常生活で役に立つ!編（人生の慶事，暦，今日は何の日?，季節に見る自然歳時記 ほか），社会生活で役に立つ!編（実はみんな分かっていない!? 法律用語，「デキる!!」と思わせるビジネス用語，お仕事コレクション，企業と団体の履歴書—名前の由来 ほか），いつか必ず役に立つ!編（かの有名な名言・名句，かの有名な文学作品の冒頭，かの有名な映画の名セリフ，かの有名な俳句 ほか）

(内容)日本語上手になりたい人へ。

◆難読語・難読漢字

<辞典>

当て字・難読語
三省堂編修所編　三省堂　1999.7　215p　18cm（ことばの手帳）　1000円　Ⓓ4-385-13860-5　Ⓝ811.2

(目次)第1部 自然，第2部 生活と行事，第3部 文化と歴史，第4部 当て字・難読語一般

(内容)当て字・難読語約8000項目を収録した辞典。4部36の分野に分類し、各分野ごとに五十音順に掲載。

ウソ読みで引ける難読語辞典
篠崎晃一監修，玄冬書林編著　小学館　2006.10　318p　18cm　1800円　Ⓓ4-09-504173-0　Ⓝ811.2

(目次)事柄編，動作編，様子編，四字熟語編，人間・身体編，生活編，行事編，自然編，動

言語生活・コミュニケーション　　　　国語常識・知識

編，植物編，日本地名編，海外地名・国名編
〈内容〉画期的な「ウソ読み索引」から，目指すことばの正しい読み方がすぐにわかる独創的な難読語辞典。日常生活の中で出会う難読語、読めない漢字約3000語がすぐに読めるようになり、さらにその語の意味や使い方、語源などが学べる。漢字から検索できる「漢字別項目索引」と、それをバックアップする「代表音訓索引」付き。

大きな字で読む常用辞典 四字熟語・難読語　三省堂編修所編　三省堂　2016.8　736p　22cm　〈『三省堂ポケット四字熟語辞典』(2000年刊)と『三省堂ポケット難読語辞典』(2009年刊)の改題、字の大きな拡大版とし、合本　索引あり〉　2400円　①978-4-385-13877-0　Ⓝ813.4
〈内容〉読みやすさ抜群！1冊で2つの辞典。「四字熟語」四字熟語を五十音順に並べ意味を丁寧に解説。よく使われた句には出典の original 文・書き下し文も掲載。「難読語」動植物、歴史、地名などの難読語を約1万語収録。読めなくても引ける総画索引付き。

音訓引き 難読語辞典　日外アソシエーツ編　日外アソシエーツ，紀伊國屋書店〔発売〕　1993.7　478p　19cm　3800円　①4-8169-1184-7　Ⓝ811.2
〈内容〉「泥濘る」「吃逆」「束子」など，和語の熟字訓を中心とした難読語を収録した辞典。14000語を収録，各語によみのほか意義にも記載する。1字めの画数順→2字目の画数順に排列。巻頭に，音訓いずれの読みでも引ける「頭字音訓ガイド」、巻末に先頭漢字の総画数順の「頭字一覧」を付す。

漢字に強くなる難読漢字辞典　新版　学研辞典編集部編　学習研究社　2000.11　446p　18cm　1500円　①4-05-300439-X　Ⓝ811.2
〈目次〉第1部 四季と自然，第2部 日々の暮らし，第3部 伝統と歴史，第4部 日本の地名，第5部 外国の地名と人名，第6部 国字，第7部 漢字検定
〈内容〉難読語のヨミと、意味を解説する辞典。収録語彙約15000項目に分類し、五十音で排列。「漢字検定試験」1級・準1級の参考書としても使用できる。巻末に見出し語の1目の漢字から引く総画索引がある。

困ったときの国語早引き辞典 難読漢字・熟語編　学習研究社　1999.4　179,73p　16×9cm　（ポケパル）　930円　①4-05-300674-0　Ⓝ816.2
〈内容〉難読な漢字や熟語を収録した辞典。50音順に配列し用例を添えた。総画順に配列した索引付き。

三省堂難読漢字辞典　三省堂編修所編　三省堂　2009.6　433,119p　19cm　〈索引あり〉　2800円　①978-4-385-13592-2　Ⓝ811.2
〈内容〉暮らしの中の幅広いジャンルの難読漢字2万5千語を精選して収録。漢和辞典方式で配列し、読みと簡潔な解説を付す。「漢字から調べる」部首索引・音訓索引・総画索引と「読み方から引く」項目索引の四索引を用意し、難読漢字を自在に検索。

三省堂ポケット 難読語辞典　三省堂編修所編　三省堂　2009.8　314,92p　16cm　〈索引あり〉　900円　①978-4-385-13875-6　Ⓝ811.2
〈目次〉1 植物，2 動物，3 歴史・民俗，4 文学・思想・宗教，5 芸術・芸能，6 工芸，7 衣食，8 生活，9 品詞，10 その他
〈内容〉簡潔・明解。難読漢字に強くなる分野別構成のプチ辞典。

新版 読めそうで読めない常用漢字の難読辞典　学研辞典編集部編　学習研究社　2003.11　304p　18cm　1500円　①4-05-402165-4　Ⓝ813.2
〈目次〉第1部 常用漢字の音訓順難読語一覧，第2部 読みの五十音順難読語一覧，第3部 常用漢字の読み書き問題編，付録
〈内容〉語が漢字からも、読みからも引ける。語に意味・用例をつけ、国語辞典の機能も合わせもつ。コラムによる漢字ミニクイズ・漢字知識のほか、うで試しの読み書き問題もあり。

大活字 難読語辞典　高橋秀治編　東京堂出版　1990.8　231p　20cm　1700円　①4-490-10253-4
〈内容〉日常生活で目に触れることの多い難読語の読み方を示し、簡単な意味、用例をあげる。排列は漢字の部首別。

超便利 4つの機能の携帯辞典　リベラル社編　（名古屋）リベラル社，星雲社〔発売〕　1996.7　191p　16cm　1000円　①4-7952-4275-5　Ⓝ813.4
〈目次〉第1章 四字熟語，第2章 ことわざ，第3章 同音・同訓異義語，第4章 難読語
〈内容〉四字熟語、ことわざ、同音・同訓異議語、難読語の4つの章で構成されるハンディ辞典。四字熟語は五十音順に570項目と意味を、ことわざは五十音順に830項目と意味を、同音・同訓異義語は五十音順に945項目に意味と用例を添え、難読語は動物・虫等のジャンル別に1639項目を収録する。巻末に常用漢字表を付す。

難解難読 蘊蓄字典 大活字　新版　小学館　1995.10　383p　19cm　〈付・部首別索引〉

1100円　①4-09-505531-6　Ⓝ811.2

内容 日常生活に必要な基本用語と「難読語」計3万語を収録した用字辞典。すべての見出し語にその読みを付し、五十音順に排列する。巻末に難読動植物名、姓氏、地名、作品名等3500語を掲載する。巻末にはほかに新旧字体対照表、人名用漢字一覧表がある。

何でも読める難読漢字辞典　三省堂　1995.9　391,221p　19cm　2500円　①4-385-13591-6　Ⓝ811.2

目次 第1部 自然、第2部 生活と行事、第3部 文化と歴史、第4部 人名、第5部 地名、第6部 漢字一般

内容 難読漢字2万3000語を収録した辞典。ジャンルの構成で、自然、生活と行事、文化と歴史、人名、地名、漢字一般の6部から成る。同一分類内の排列は五十音順。見出し語のうちJISの漢字表に含まれ、かつ常用漢字以外のものには区点コードを付記する。巻末に総画索引がある。

難読語辞典　府川充男編　太田出版　2005.1　557p　19cm　2980円　①4-87233-901-0　Ⓝ811.2

内容 本邦屈指の印刷史研究者が明治20年代以降の辞・事典を渉猟して編んだ史上最強の難読語辞典。難読用字例1万3千収載。

難読語辞典　新装版　高橋秀治編　東京堂出版　2009.6　231p　19cm　1800円　①978-4-490-10751-7　Ⓝ813.2

内容 本書は、日常生活で目に触れることの多い、読みの難しい語、あるいは読み誤りやすい語を採録し、その読み方を示したものである。採録した語句には、使用される方の便宜を考え、簡単な意味、または用例を示した。

日本語に強くなる難読語辞典　西谷元夫編　愛育社　1998.10　466p　18cm　1200円　①4-7500-0208-9　Ⓝ811.2

目次 難読語の読みと意味、四字熟語の読みと意味、三字熟語の読み、類義語の読み、対義語(反対語)の読み、難読動物・植物の読み、難読国内市町村名の読み、難読外国の国名・地域名・島嶼名・都市名・地名の読み

内容 難読語の読みと意味を掲載した辞典。付録に、四字熟語、三字熟語の読みと意味、対義語(反対語)、類義語、難読動物・植物、難読国内市町村名、難読外国の国名・地域名・島嶼名・都市名・地名の読みがある。

日本難訓難語大辞典　井上辰雄監修、日本難訓難語編集委員会編　遊子館　2007.1　395,20p　26cm　16000円　①4-946525-74-2

Ⓝ813.2

内容 部首別・音訓・総画、3つの索引で検索自在。国語辞典・漢和辞典では引きにくい国文学・歴史用語、古文書・宛字等の難訓難語1万6000余語を収録。

見やすい使いやすい 難読語辞典　黒羽千秋編著　永岡書店　1998.6　287p　18cm　950円　①4-522-31349-7　Ⓝ811.2

内容 「山車」を「だし」、「醤蝦」を「あみ」…日常出会う難読語7500項目を厳選して収録。頭の一文目の画数・音・訓から引ける充実した索引と、簡明な解説付き。

読めそうで読めない漢字辞典 日本初!! 漢ぺき君方式　高田任康編著　(大宮)サンルイ・ワードバンク、毎日新聞社〔発売〕　2001.1　461p　21cm　1905円　①4-620-90579-8　Ⓝ813.2

目次 「漢ぺき君」辞典の構成、部首名一覧、本編、索引、画数索引、書けそうで書けない漢字辞典編(音訓索引)、漢字入力支援ソフト「漢ぺき君Ver.3」のご案内

内容 親子6357字、難読熟語約1万語、難読地名約8000語を収録した漢字辞典。漢字の構成要素の名称や読みの頭文字を綴って見出しとする「漢ぺき君」方式による五十音順に排列。

読んで楽しむ当て字・難読語の辞典　東京堂出版編集部編　東京堂出版　2011.7　311p　19cm　2000円　①978-4-490-10802-6　Ⓝ811.2

内容 辞書でひきにくい漢字が読める、書ける、使える。手軽に「読み」「書き」便利辞典。

<ハンドブック>

漢字を読む ぜひ覚えておきたい難読語集　誤字誤植研究会編　新水社　1990.3　158p　21cm　1545円　①4-915165-32-9　Ⓝ811.2

目次 第1章 音読の難読熟語集—表外字を中心として、第2章 熟字訓その他の難読熟語集—湯桶読み・重箱読みその他を含めて、第3章 漢字1字の訓読集、第4章 外来語、第5章 生物—動物と植物、第6章 セットで覚える—干支・旧国名・系図、第7章 日本地名

内容 常用漢字外の漢字を主体に読みにくい語を集め、漢字の特性別・分野別に分類して配列した、読み方理解を深めるためのレッスン書。

三省堂難読語便覧　三省堂編修所編　三省堂　1996.9　408,65p　15cm　1500円　①4-385-13782-X　Ⓝ813.2

内容 難読語1万4000を収録した文庫本サイズの

難読漢字辞典。見出し語の先頭漢字を「見出し漢字」としてその文字の音訓で五十音順に排列し、簡潔な語義を記す。巻末に部首索引と総画索引を付す。

知っ得 暮らしの中の「定番」難読語 日本漢字教育振興会編 （京都）日本漢字能力検定協会 1997.3 218p 18cm （漢検新書 知っ得ことば術シリーズ 4） 900円 Ⓘ4-931237-09-6 Ⓝ811.2

目次 衣食住と暮らし（飲食・料理，食品，菓子 ほか），からだと健康（からだの名称，病気・症状，容姿・しぐさ ほか），身近な自然（一日のことば，時間，暦 ほか）

大活字 三省堂難読語便覧 三省堂編修所編 三省堂 2004.6 408,65p 21cm 2400円 Ⓘ4-385-13783-8 Ⓝ811.2

内容 大活字の見やすい紙面で難読語1万4千項目を収録した難読語辞典。配列は見出し漢字の音訓の五十音順。部首索引、総画索引が付く。

難読語ハンドブック いつでもどこでも使える 池田書店 1994.6 319p 17cm 950円 Ⓘ4-262-15636-2 Ⓝ811.2

内容 日常生活で目にふれる可能性のある難読語6000語を収録した難読語辞典。分野別・五十音順に排列する。収録語には、読み、意味、複数の表記と読み方、用例等を記載する。巻頭には冒頭字の総画数別の索引を設け、五十音順に排列。収録語のうち、大学受験・入社試験対策用必須な語には*印をつける。

四字熟語・名数録・難読漢字 宮園正光編著 明治書院 1999.10 222p 19cm （社会人に必要な漢字の常識） 1300円 Ⓘ4-625-63303-6 Ⓝ814.4

目次 第1章 よく使われる四字熟語（営業の現場で使われる四字熟語，朝礼・訓示などで用いられる四字熟語，スピーチで用いられる四字熟語，日常会話で用いられる四字熟語），第2章 名数録（政治経済にまつわる熟語，思想・宗教・スポーツにまつわる熟語，生活・文化・社会にまつわる熟語），第3章 難読漢字を読みこなす（建物・生活用具に関する漢字，冠婚葬祭に関する漢字，食物・嗜好品に関する漢字，生物・植物に関する漢字），第4章 難しい地名・都市名（難しい地名・都市名〔日本編，外国編〕）

内容 四字熟語、名数録、難読漢字を解説したもの。それぞれの熟語や漢字をテーマや使う場面を想定して分類。四字熟語は意味・用法・熟語の成り立ちを交え、名数録は数字にまつわるエピソードを交え、難読漢字では道具や動植物、冠婚葬祭関連、地名ほかを紹介解説。

◆誤用・誤読・使い分け

<事 典>

うっかり間違える言葉の事典 山崎幸雄監修 小学館 1998.10 191p 18cm （実用ハンドブック） 970円 Ⓘ4-09-310215-5 Ⓝ810.4

目次 第1章 読み間違い，第2章 書き間違い，第3章 意味の間違い，第4章 語形・文法の間違い，第5章 言葉の誤解度チェック

内容 読み、表記、意味、語形・文法の四つのジャンルで、間違えやすい言葉を紹介する事典。索引付き。

勘違いことばの事典 西谷裕子編 東京堂出版 2006.11 304p 19cm 1800円 Ⓘ4-490-10701-3 Ⓝ810.4

目次 第1章 意味・ニュアンスの取り違えとことばの誤用，第2章 慣用表現の言い間違い，第3章 故事・ことわざの勘違い，第4章 語法の間違い・勘違い，第5章 避けたい重ね言葉，第6章 漢字の読み間違い，第7章 漢字の書き間違い

内容 「汚名挽回」「時期早尚」「とんでもございません」「私には役不足ですが頑張ります」それをいうなら「力不足」でしょ！って突っ込まれたことはありませんか。いまさら人に聞けない間違い例を取り上げ、なぜ間違えるのか明解に解説。あなたの日本語力はダイジョウブ？

言葉の違いがわかる事典 辞書を引いてもわからない！ 武内一平取材班編 ベストセラーズ 1994.2 233p 15cm （ワニ文庫） 490円 Ⓘ4-584-30410-6 Ⓝ031

内容 私たちの身のまわりには、ふだん何気なく使っている言葉でも、イザその違いは？とたずねられると、答えられない言葉がたくさんある。ゴルフクラブとカントリークラブ、サスペンスとミステリー、雑炊とおじや等、日常の中の言葉の違いを解説した事典。見出し項目の五十音順に排列、各項目は1～3頁で構成する。巻末に五十音順の索引、参考文献一覧を付す。

これは役立つ！ 間違い言葉の事典 日本語表現研究会著 PHP研究所 1996.6 379p 15cm （PHP文庫） 600円 Ⓘ4-569-56889-0 Ⓝ816.07

目次 1 知って差がつく間違い言葉（うっかり書き間違いやすい語，うっかり読み間違いやすい語，読みで意味のかわる語，まぎらわしい同音異義語の使い分け ほか），2 知って得する言葉の語源（人の感情や状態を表す言葉，仕事や人間関係に関する言葉，日常よく使う言葉，暮らしにまつわる言葉，自然のなかの言葉）

国語常識・知識　　言語生活・コミュニケーション

(内容)間違いやすい言葉や文法・敬語の誤用を解説する「知って差がつく間違い言葉」、さまざまな言葉の語源を紹介する「知って得する言葉の語源」の2部から成る雑学事典。「ビジネスマンのための間違い言葉の事典」(1993年刊)と「語源がわかる言葉の事典」(1994年刊)を一部削除の上、合本したもの。

間違いやすい言葉の事典　山崎幸雄監修　小学館　1997.3　191p　18cm　(実用ハンドブック)　971円　Ⓘ4-09-310211-2　Ⓝ810.4

(目次)第1章 読み間違い、第2章 書き間違い、第3章 意味の間違い、第4章 語形・文法の間違い

(内容)日ごろ使っている言葉や言いまわしを、読み、表記、意味、語形・文法の四つのジャンルに分けて、それぞれ間違いやすい例を取り上げ、正しい読み方、書き方、使い方を示して解説を加えたもの。

<辞　典>

漢字かな つかいわけ辞典　藤原与一著　東京堂出版　1991.7　281p　19cm　1456円　Ⓘ4-490-10294-1　Ⓝ813.1

(内容)国語界の長老である著者が自分の使い分けの例を示す。

気がつかない誤りに気がつく 間違い漢字・勘違いことば診断辞典　村石昭三監修　創拓社　1992.4　958p　18cm　〈主要参考文献：p958〉　2000円　Ⓘ4-87138-146-3　Ⓝ816.07

(目次)1 書き間違いやすい漢字、2 読み間違いやすい言葉、3 どう読む? よく見かける難読語、4 ことわざ・慣用句を使いこなす、5 恥をかかないための手紙文と敬語、6 カタカナ語の落とし穴

(内容)誤りやすい用字用語・意味の勘違いの多い言葉を網羅し、正しい使い方を明確に示した新しい日本語誤典。

気がつかない誤りに気がつく 間違い漢字・勘違いことば診断辞典　〔机上版〕　村石昭三監修　創拓社　1992.4　958p　22cm　〈主要参考文献：p958〉　2500円　Ⓘ4-87138-148-X　Ⓝ816.07

(目次)書き間違いやすい漢字、読み間違いやすい言葉、どう読む? よく見かける難読語、ことわざ・慣用句を使いこなす、恥をかかないための手紙文と敬語、カタカナ語の落とし穴

(内容)誤りやすい用字用語・意味の勘違いの多い言葉を網羅し、正しい使い方を明確に示す。

違いをあらわす「基礎日本語辞典」　森田良行著　KADOKAWA　2014.6　282p　15cm　(角川ソフィア文庫)　760円　Ⓘ978-4-04-407105-9　Ⓝ814.5

(目次)あいかわらず—依然として、あまる—のこる・のこす、いちじるしい—はなはだしい・はなはだ、いつも—ふだん 常に しじゅう・しょっちゅう 絶えず、いろいろ—さまざま とりどり・まちまち、うつくしい—うるわしい きれい・汚い きたならしい、うまい—まずい じょうず・へた おいしい、おおい—たくさん・大勢・豊か おびただしい 多くの、おおきい—大きな・でかい、おおむね—あらまし 〔ほか〕

(内容)「ごくわずか」「ほんのわずか」はどちらもよく使うのに、「ほんの親しい間柄」と言わないのはなぜ? 普段、何気なく口にする表現も、あらためて考えると場面ごとの判断に迷う。微妙に異なる類義語、話し手の状況や心理によって使い方が変わる言葉を厳選し、その差異や使い分けの基準を丁寧に分析。数多くのイラストとともに鮮やかに解説する。日本語教師必携の書として長年親しまれてきた名辞典を、テーマ別に再編集!

日常のことば使い分け辞典 まぎらわしい類似異義語がわかる　日東書院編集部編　日東書院　2003.3　479p　19cm　1800円　Ⓘ4-528-01760-1　Ⓝ814.5

(目次)1 政治・法律・社会のことば、2 経済・経営・産業のことば、3 ハイテク・科学・自然のことば、4 言語・芸術・文化のことば、5 日常生活・雑学のことば、同音・同訓異義語使い分け用例集

(内容)本書では、日常生活でよく使われることばの中から約1300語を精選し、まぎらわしい語どうしを組み合わせて561の見出し項目として、それぞれの語の違いを解説した。

日常の日本語使い分け辞典 類語の意味と使い方がわかり知りたい言葉がすぐに見つかる　日東書院編集部編　日東書院　2003.4　491p　19cm　1800円　Ⓘ4-528-01761-X　Ⓝ813.5

(内容)似た意味をもつ言葉を237のキーワードにまとめ、50音順に配列。約5200の収録語すべてに簡潔な解説を施し、用例でその使い方を明示。「人間関係」「行動・態度」など、7つのジャンルからキーワードを探せる「分野別キーワード目次」。巻末には全収録語がすぐに検索できる「50音順項目索引」。

日本語誤用・慣用小辞典　国広哲弥著　講談社　1991.3　250p　18cm　(講談社現代新書1042)　600円　Ⓘ4-06-149042-7　Ⓝ814.4

(目次)第1部 意味の誤用、第2部 表現の誤用(寸暇を惜しまず?—混交表現、波紋は投げられる

か?―重層表現, 横車はどんな車?―代換表現, 不平まんまん?―連語), 第3部 表記の誤用(けんもほろろ?―語形の誤り, 興味深深?―漢字の誤記, おどさん?→漢字の誤読)

(内容)「おざなり」と「なおざり」はどう違うのか? 意外に気がつかない言葉の落とし穴に「的を得た」指摘で「印籠を渡す」。豊富な実例から楽しく語る「汚名挽回」の1冊。

日本語誤用・慣用小辞典「続」 国広哲弥著 講談社 1995.5 260p 18cm (講談社現代新書) 650円 ①4-06-149250-0 Ⓝ814

(目次)1 意味の誤用, 2 句表現・語形の誤用, 3 漢字の誤用, 4 漢字の誤記, 5 文法の誤用, 6 敬語の誤用, 7 外来語の誤用, 8 誤用のようで誤用でない場合

日本語誤用・慣用小辞典 新編 国広哲弥著 講談社 2010.1 328p 18cm (講談社現代新書 2033) 〈文献あり 索引あり〉 780円 ①978-4-06-288033-6 Ⓝ814

(目次)第1部 意味の誤用 (挙句(揚句)の果て, 一姫二太郎 ほか), 第2部 表現の誤用(寸暇を惜しまず?―混交表現, 波紋は投げられるか?―重層表現 ほか), 第3部 語形の誤り (荒らげる→荒げる, うおの目→タコの目 ほか), 第4部 漢字をめぐる諸問題(漢字の誤記, 漢字の誤読), 第5部 誤用のようで誤用でない場合 (オートバイはヘルメットをかぶろう。, 帰宅中は屋外か屋内か ほか)

(内容)言語学の権威が豊富な実例を材料に正用・誤用を判定しその根拠と誤用が生まれた原因をつぶさに分析。

日本語誤用例文小辞典 市川保子著 (つくば)イセブ, 凡人社〔発売〕 1997.1 460p 21cm 2718円 ①4-89358-366-2 Ⓝ815

(目次)ムード, テンス・アスペクト, 他動詞・自動詞・ヴォイス, やりもらい, 取り立て助詞, 格助詞・連体助詞・複合助詞, 連用修飾・連体修飾, 引用節, 名詞節, 連体修飾節, 理由節, トキ節, 条件節, 逆接節, 目的節, 並立(継起)節

日本語誤用例文小辞典 続 (接続詞・副詞) 市川保子著 (つくば)イセブ, 凡人社〔発売〕 2000.2 415p 22cm 2718円 ①4-89358-456-1 Ⓝ815

(内容)『日本語誤用例文小辞典』(文法項目編)に続く第2弾(接続詞・副詞編)。実際の外国人学習者の1100の誤用実例を分析・解説。

日本語三誤の辞典 誤字・誤読・誤用のすべて 日本実業出版社編 日本実業出版社 1993.12 270p 19cm 1500円 ①4-534-02103-8 Ⓝ814.2

(内容)日常生活でよく使う言葉の誤字・誤読・

誤用と同音異義語の使い分けを収めた, 日本語実用辞典。

"日本語力"が身につくマチガイ言葉・あいまい用語辞典 河口章編 同文書院 1998.11 294p 18cm 951円 ①4-8103-7545-5 Ⓝ814.4

(内容)日常会話や, 雑誌・テレビなどでよく見聞きする「読み」「書き」「用法・意味」の間違い, および使い分けの難しい言葉など, 約1000項目を収録した辞典。

間違いやすい漢字 宮園正光編著 明治書院 1999.10 222p 19cm (社会人に必要な漢字の常識) 1300円 ①4-625-63302-8 Ⓝ811.2

(目次)第1章 書き間違いやすい漢字, 第2章 読み間違いやすい漢字, 第3章 同音異義語の使い分け, 第4章 異字同訓の漢字, 第5章 意味や用途を間違いやすい言葉や熟語

(内容)日常生活や仕事上の使用頻度の高い漢字で, 間違いやすいものを整理してまとめ, 正しい意味と使い方を示したもの。

間違いやすい「漢字・類義語」使い分け辞典 でか文字 読売新聞東京本社校閲部著 PHPエディターズ・グループ, (京都)PHP研究所〔発売〕 2014.9 219,4p 19cm 〈索引あり〉 1200円 ①978-4-569-81993-8 Ⓝ813.5

(内容)「解答? 回答?」「役不足? 力不足?」。日頃よく目にするのに, いざ使おうとすると迷ってしまう…。そんな言葉の使い分けを, 大きな活字でわかりやすく明快に解説します。

間違いやすい言葉辞典 成清良孝監修 日本文芸社 1999.4 223p 18cm (実用ポシェット) 900円 ①4-537-07100-1 Ⓝ810.4

(目次)1章 読み間違いやすい言葉―読みによって意味の変わる言葉, 2章 書き間違いやすい言葉―同音・同訓異議語, 3章 間違いやすいことわざと慣用句, 4章 意味・使い方を間違いやすい言葉, 5章 間違いやすい文法と敬語

(内容)間違いやすい言葉をその間違いの種類によって5つに分類し, それぞれ解説した辞典。収録語数は約1000語。索引付き。

間違うと恥をかく日本語小辞典 勘違い・誤用・早トチリ…間違いやすい言葉の正しい使い方 成清良孝監修 日本文芸社 2004.3 223p 17cm 900円 ①4-537-20262-9 Ⓝ810.4

(目次)1章 読み間違いやすい言葉, 2章 書き間違いやすい言葉, 3章 間違いやすいことわざと慣用句, 4章 意味・使い方を間違いやすい言葉, 5

章 間違いやすい文法と敬語，付録 知っていて役に立つものの数え方
⦅内容⦆本書では間違いやすい言葉をその間違いの種類によって5つに分類し，それぞれ解説を加えた。総数で1000語ほど収録している。

間違えやすい日本語ミニ辞典 PHPエディターズ・グループ編 PHPエディターズ・グループ，PHP研究所〔発売〕 2004.3 157p 18cm 850円 Ⓓ4-569-63499-0 Ⓝ810.4
⦅目次⦆第1章 日本語は間違えやすい，第2章 漢字の読みは要注意!，第3章 迷う日本語，第4章 慣用句・故事成語の誤用に注意!，第5章 四字熟語・ことわざの誤用に注意!，第6章 敬語の使い方に注意!
⦅内容⦆日常使われている間違いやすい表現の用語を収録。日本語は間違えやすい，漢字の読みは要注意，迷う日本語，慣用句・故事成語の誤用に注意などの章ごとに掲載。

例解 誤字辞典 土屋道雄著 柏書房 2001.7 229p 21cm （シリーズ日本人の手習い） 2000円 Ⓓ4-7601-2101-3 Ⓝ811.2
⦅内容⦆どんな漢字，どんな熟語の書き誤り，読み誤りが多いかを調べ，多くの人に共通の誤りやすいものを集めた辞典。本文中で問題がある用例として引用したものを，その筆者別にまとめた索引がある。

＜ハンドブック＞

NHK間違いやすい日本語ハンドブック NHKアナウンス室編 NHK出版 2013.5 379p 19cm 〈索引あり〉 1700円 Ⓓ978-4-14-011320-2 Ⓝ810
⦅目次⦆誤読＆誤用ワースト110，間違いやすい表現116，政治・経済でよく使われる日本語98，事件報道でよく使われる日本語69，間違いやすい地名・名所・名産品39，スポーツでよく使われる日本語28，気象・暦でよく使われる日本語103，医療・人体に関する日本語57，仕事・職業に関する日本語135，風習・年中行事に関する日本語146〔ほか〕
⦅内容⦆「一段落」「他人事」「奇しくも」「施行」「施策」「神々しい」「3階」「乱高下」「法の下の平等」「身を粉にして」「首長」「紅葉狩り」「素読」「上意下達」…「たぶん，こんな読み方だったはず」―その思い込みが間違いを起こす。難読の漢字，誤用・誤読しがちなことば3300語を収載!

間違えやすい表記のQ&A 天沼寧編 三省堂 1999.7 209p 18cm （ことばの手帖） 1000円 Ⓓ4-385-13861-3 Ⓝ816.07
⦅内容⦆間違えやすい漢字，送り仮名，仮名遣い

をする語410語を収録した辞典。五十音順配列。巻末に，所収項目一覧がある。

名言・格言

＜事 典＞

知っておきたい 日本の名言・格言事典 大隅和雄，神田千里，李武嘉也，山本博文，義江彰夫著 吉川弘文館 2005.8 251,5p 21cm 2600円 Ⓓ4-642-07944-0 Ⓝ159.8
⦅目次⦆古代（聖徳太子（五七四－六二二），藤原鎌足（六一四－六九）ほか），中世（法然（一一三三－一二一二），源頼朝（一一四七－九九）ほか），近世（豊臣秀吉（一五三六－九八），徳川家康（一五四二－一六一六）ほか），近代（西郷隆盛（一八二七－七七），吉田松陰（一八三〇－五九）ほか）
⦅内容⦆聖徳太子から松下幸之助まで，歴史上に輝かしい足跡を残した日本人114名の珠玉のことば。政治や経済を動かした人，仏の教えを広めた人，文学や絵画を残した人…。さまざまな名言が，時代背景とともに私たちの胸に響く。生年順に配列し，人物紹介・文意・要旨・出典・参考文献も収めた，どこから読んでも役に立つ，座右必備の名言・格言事典。

＜辞 典＞

意味から引ける名言名句辞典 こんなときどう言うかがすぐ引ける，役立つ，明解 高橋秀治著 日本実業出版社 1993.11 297p 19cm 1550円 Ⓓ4-534-02078-3 Ⓝ159.8
⦅目次⦆1章 性分，2章 人生，3章 希望，4章 苦悩，5章 親子・男女，6章 仕事
⦅内容⦆名言名句を内容別に編集した辞典。名言名句の頭の部分の'ことば'を忘れてしまっても，自分の表現したい意味・状況に合ったものを'内容'から探せることを，狙いとしている。

格言大辞典 芳賀矢一ほか編 東出版 1995.12 1冊 22cm （辞典叢書 8） 〔目黒書店大正7年刊の複製〕 15450円 Ⓓ4-87036-018-7 Ⓝ813.4
⦅内容⦆1916年に，東京・京橋の目黒書店より出版された，「格言大辞典」の復刻版。日本は勿論のこと，中国語，英語，フランス語，ドイツ語で各国の格言も豊富に掲載された，貴重な辞典。

教訓例話辞典 新装版 有原末吉編 東京堂出版 1998.9 712p 19cm 3200円 Ⓓ4-

言語生活・コミュニケーション　　　　　　　　名言・格言

490-10504-5　Ⓝ159.5

㋱第1編 個人編(健康・摂生、運動・競技、学問・研究、勤勉・努力、立志・成功、奮闘・精励、細心・自重、決断・実行、勇気・剛胆、沈着・従容、反省・悔悟、時間・金銭、芸術・審美、趣味・風流、旅行・冒険、動物・愛護、宗教・信仰、幸福・果報、人格・修養)、第2編 家庭編(厳父・慈母、孝養・敬老、夫婦・内助、兄弟・姉妹、子女・教育、結婚・恋愛)、第3編 社会編(善行・徳行、正直・純真、責任・守信、正義・廉直、誠実・同情、博愛・救済、公益・奉仕、報恩・感謝、協力・団結、忍耐・我慢、寛仁・態度、君臣・主従、交友・信義、礼儀・作法、言語・手紙、師弟・教育、教化・遷善、殖産・興業、発明・発見、職務・事業、勤労・勉励、交通・安全、機知・滑稽)、第4編 国家・国際編(政治・遵法、祖国愛、海外・発展、国際・親善、人類愛、恒久・平和、その他)

㋞人の心を打つ例話600を、学問・研究、勤勉・努力、人格・修養、博愛・救済など、徳目別に分類して収録し、用い方を解説した実用辞典。

芸能名言辞典　諏訪春雄編著　東京書籍
　1995.9　703p　21cm　9500円　Ⓣ4-487-73186-0　Ⓝ770

㋱1 芸・演技、2 修業・稽古、3 師と弟子、4 名人、5 心、6 老いと若さ、7 男と女、8 作品・舞台、9 伝統と創造、10 観客・聴衆・批評

㋞歌舞伎、文楽、能、狂言、日本舞踊、邦楽、民謡等の日本古典芸能史において名人上手といわれる人物の名言(芸談)700を集め、注釈と解説を加えたもの。解説は署名入り。名言の内容別に芸・演技、修行・稽古、師と弟子等、10編に分類して収録する。巻末に五十音順の発言者索引、出典索引がある。

心に響く名言辞典　国書刊行会編　国書刊行会　1992.6　606,68p　22cm　6800円　Ⓣ4-336-03379-X　Ⓝ159.8

すぐに役立つ 名言名句活用新辞典　現代言語研究会著　アストロ教育システム　1993.11　431p　18cm　1500円　Ⓣ4-7555-0813-4　Ⓝ159.8

㋱1 勇敢に生きる、2 ともに生きる、3 豊かに生きる、4 自分とつきあう、5 ひととつきあう、6 哲学は説く、7 芸術は語る、8 政治・国際に学ぶ、9 経済に学ぶ、10 自然に学ぶ、11 宗教は語る

㋞古今東西の偉人賢人の名言名句と、各界有名人の書き下ろしエッセイ「私が感動した名言名句」とで構成する名言ガイド。名言には、読み誤りをしないためのふり仮名と分かりにくい言葉の注釈を記載する。

名言・格言・ことわざ辞典　増井金典編著

(京都)ミネルヴァ書房　2015.12　323,20p　22cm　〈他言語標題：Dictionary of WITTY REMARK,FAMOUS SAYING and PROVERB〉　3500円　Ⓣ978-4-623-07143-2　Ⓝ813.4

㋞人生を豊かにする言葉との出会いを贈る。先人の残した言葉や庶民の知恵がつまったことわざ、5500余語を簡便に紹介する。

名言・名句新辞典 知恵のキーワード　旺文社編　旺文社　1990.6　335p　18cm　1400円　Ⓣ4-01-077816-4　Ⓝ159.8

㋱人生、生活、家庭、故郷、愛、人間関係、人間の類型、感情、理性、性格・態度、学問、芸術、趣味・娯楽、道徳、宗教、経済・経営、社会、国家・政治、自然、時

㋞仕事や生活に気力・うるおいを与え文章・スピーチをぐんと引き立てる古今東西有名人の名言・名句を収録。項目数1,500、各界著名人が選んだ"私の好きな言葉"の直筆色紙と所感掲載。

名言名句成語辞典　6500を超える項目数おもしろい・役に立つ故事来歴が豊富にあって、典拠・出典がよくわかる　米津千之編著　有紀書房　1995.12　647p　21cm　1950円　Ⓣ4-638-00865-8　Ⓝ813.4

㋞名言名句・成語の意味とその背景・語源・故事を平易に解説した辞典。見出し項目数6500。すべての項目にその読みを付し、五十音順に排列する。巻末に見出し項目の出典、典拠となった主な作品と人名の解説がある。

名言名句の辞典 日本語を使いさばく　現代言語研究会著　あすとろ出版　2008.4　397p　19cm　1600円　Ⓣ978-4-7555-0814-1　Ⓝ159.8

㋱第1章 人生、第2章 成功、第3章 人間、第4章 愛、第5章 自己、第6章 叡智とわざ

㋞あなたに、そしてあなたからおくりたい言葉。まず、あなたにおくりたい。そしてあなたからおくってほしいスピーチやメッセージをより味わい深く、心に響くものにするやさしい言葉・はげまされる言葉・ぴりっとした言葉の数々。

名言名句ポケット辞典 役に立つよくわかる いつでもどこでも 典拠・出典がよくわかる12,000を超える語句数　米津千之編著　有紀書房　1996.6　647p　15cm　960円　Ⓣ4-638-00866-6　Ⓝ813.4

㋞名言名句・成語の意味、語源等6500項目を解説したもの。関連する名言名句・成語等を含めると、収録語句は1万2000項目に及ぶ。巻末に見出しの出典および典拠となった主な作品と人名の解説がある。

日本語 レファレンスブック　223

スピーチ・あいさつ　　言語生活・コミュニケーション

<ハンドブック>

金言・名句ハンドブック　池田書店編　池田書店　1993.4　333p　17cm　950円　Ⓘ4-262-15629-X

Ⓥ日本と世界の金言・格言・名句・名言2200種を収録した小型辞典。

新解釈 格言・ことわざ・名言・警句大全書 ひろさちやの人生指南　ひろさちや編著　四季社　2004.4　806p　21cm　8000円　Ⓘ4-88405-275-7　Ⓝ159.8

Ⓜ人生・生死、老年・死後の世界、人間およびその関係、日本人と外国人、心・感情、性格・能力・態度、観念・感覚、運命・境遇、教育・教養、社会・生活・習慣、知の作用、争い・対照、財産・金銭・貧富、政治・宗教・思想、スポーツ・嗜好・ギャンブル、ひろさちやオリジナル警句集

Ⓥ本書は、著者がこれまで執筆してきた膨大な数のコラムを集大成し、テーマ別に精選編集した。

スピーチに役立つ名言・名句ハンドブック　PHP研究所情報開発室編　PHP研究所　1993.10　183p　18cm　1100円　Ⓘ4-569-54120-8　Ⓝ159.8

Ⓜ1章 結婚披露宴のスピーチに役立つ名言・名句、2章 職場でのスピーチに役立つ名言・名句、3章 スピーチがキラリと光る名言・名句キーワード編

Ⓥ古今東西の名言名句を集めたハンドブック。ビジネスマンのスピーチの話材に役立つよう、結婚披露宴、職場、その他の状況別に構成し、具体的に名言名句をどう引用したらよいかの視点から解説している。

スピーチ・あいさつ

<事典>

あいさつ・スピーチ実例事典 すぐに使える応用自在　草野仁監修　小学館　1997.1　301p　21cm　（ホームパルブックス）　1553円　Ⓘ4-09-303302-1　Ⓝ809.4

Ⓜ第1章 あいさつ・スピーチの基本マナー（心に残る上手な話し方とは、好まれる話し方のポイント、スピーチで失敗しないコツ、スピーチ原稿の作り方、慣用句の上手な使い方、正しい敬語と言葉づかい、スピーチに関するQ&A）、第2章 すぐに使えるスピーチ実例集（結婚披露宴のスピーチ、縁談・結納のあいさつ、人生の祝いごとのスピーチ、弔事のスピーチ、学校行事のスピーチ、地域の行事・会合のスピーチ）、第3章 会社行事・職場のスピーチ（入社・歓送迎会のスピーチ、会社行事のスピーチ）

Ⓥ結婚披露宴、記念パーティ、葬儀、会社行事、地域の会合など、あらたまった席での挨拶やスピーチに知っておくべき知識やマナーなどすぐ使える例文を収録。

挨拶・スピーチ実例事典　伏見友文著　西東社　1998.1　493p　18cm　1400円　Ⓘ4-7916-0075-4　Ⓝ809.4

Ⓜ序章 スピーチ・あいさつ10の心得、1 実例編 婚礼のスピーチ・あいさつ、2 実例編 慶祝・私的な祝い事のスピーチ・あいさつ、3 実例編 弔事のスピーチ・あいさつ、4 実例編 学校関係のスピーチ・あいさつ、5 実例編 職場関係のスピーチ・あいさつ、6 実例編 地域関係のスピーチ・あいさつ、7 実例編 日常交際のスピーチ・あいさつ

Ⓥ婚礼、弔事、学校、職場などで、その場に適切な挨拶・スピーチを多数収録した事典。「スピーチのポイント」「応用句例」なども紹介する。

挨拶・手紙・書式事典 実用書　蛭川忍編著　ティーケイシー出版、本の泉社〔発売〕　2004.10　696p　21cm　（実用選書）　2838円　Ⓘ4-88023-878-3　Ⓝ809.4

Ⓜ挨拶編（挨拶の基礎知識、司会の仕方、結婚披露宴の司会の仕方 ほか）、手紙編（手紙を書く時の心がまえ、手紙の形式、封筒と便せんの書き方 ほか）、書式編（書類作成の心得、各種書類の書き方、土地・家屋に必要な書類の書き方 ほか）

Ⓥ実用例文満載。すぐに役に立ち応用できる。

乾杯・献杯・締めのスピーチ事典 うまいと言われる　主婦の友社編　主婦の友社　2009.7　223p　19cm　〈『乾杯・献杯・締めのスピーチ』（2000年刊）の再編成〉　1000円　Ⓘ978-4-07-267105-4　Ⓝ809.4

Ⓜ第1章 基礎 準備編（乾杯、締めをなぜするか、50秒スピーチが基本、注目を引く一言を考える、立ち振るまいが印象を決める）、第2章 乾杯 実践編（用例集）（ビジネス・会社のパーティー、個人・家族・地域のパーティー）、第3章 締め 実践編（用例集）（ビジネス・会社のパーティー、友人・家族・地域のパーティー）、第4章 献杯 実践編（用例集）（献杯の意味と注意する点、精進落としの献杯、法要の献杯、名言・金言の使い方）

Ⓥ乾杯・中締め・大締めのスピーチ実例123、献杯のスピーチ実例14を収録した事典。乾杯は、古今東西行われ大きなパーティー、会合はもちろんのこと公式でない会合や仲間同士の酒盛り

言語生活・コミュニケーション　　　スピーチ・あいさつ

の場でも重要な役割を担っている。本書は発声する人のそれぞれの立場のスピーチの基本を例文を中心にまとめまている。

気軽に話せる短いスピーチ実例大事典1000　成美堂出版編集部編　成美堂出版　2001.12　606p　21cm　1500円　Ⓘ4-415-01907-2　Ⓝ809.4

〔目次〕知っておきたい短いスピーチの心得，年中行事編，開店・開業・創業編，起工・落成・開通編，創業・創立記念編，朝礼・訓示・訓話編，入社式・歓迎会・送別会編，就任式・退任式編，集会・セミナー・発表会編，会議・会社イベント編〔ほか〕

〔内容〕スピーチの実例を場面別に掲載した事例集。公私ともの慶弔のほか，ビジネスにおける改まった席から送別会などの内輪の集まりまでの，スピーチのモデルを収録。短いスピーチの心得を解説し，場面や状況ごとのスピーチの実例を紹介する。

公用あいさつ事典　新版　公用あいさつ文例研究会編　ぎょうせい　2008.1　1077p　22cm　5524円　Ⓘ978-4-324-08238-6　Ⓝ809.4

〔目次〕第1編　あいさつのポイント（式典あいさつのポイント，結婚式スピーチのポイント，弔辞のポイント，賞状等のポイント），第2編　公用あいさつ（議会，議員活動，行政一般，環境保全，警察・防犯），第3編　会場設営の知識（国旗の取扱い，序列，会議場の席順，宴会場の席順），第4編　"出版"企画から発刊まで（出版の動機，編集の進め方，贈呈の仕方，祝賀会の開催）

これで充分　スピーチ事典　現代スピーチクラブ編　日本文芸社　1999.10　219p　18cm（実用ポシェット）　900円　Ⓘ4-537-07106-0　Ⓝ809.4

〔目次〕第1章　スピーチ，あいさつの基本と心得，第2章　結婚のあいさつとスピーチ，第3章　お祝いのあいさつとスピーチ，第4章　学校関係のあいさつとスピーチ，第5章　地域活動でのあいさつとスピーチ，第6章　ビジネス関係のあいさつとスピーチ，第7章　葬儀・法要のあいさつとスピーチ

〔内容〕スピーチを紹介した事典。第1章では，姿勢や言葉づかいなどのスピーチの基本を取り上げ，第2章からは，改まった席でのスピーチや簡潔なあいさつの実例をケース別に収録した。

女性のためのあいさつ・スピーチ・手紙・マナー事典　横田京子著　日本文芸社　2005.5　319p　21×19cm　1300円　Ⓘ4-537-20371-4　Ⓝ809.4

〔目次〕結婚編，人生の祝い事編，年中行事編，おつき合い編，葬儀編（遺族側，弔問側），基礎知識編

〔内容〕人から不作法と思われることなく無難に人づき合いをするには，どんな状況においても礼儀にかなった言動ができる，良識ある大人の女性であることが望まれる。日常生活および冠婚葬祭の広い範囲にわたるコミュニケーションの場で使える実例集。

スピーチ・あいさつ実例事典　采正兼著　池田書店　1999.10　541p　19cm　1500円　Ⓘ4-262-11344-2　Ⓝ809.4

〔目次〕勤務先・職務関係先での挨拶・スピーチ（人事にともなう諸挨拶，朝礼のスピーチ，講話，恒例行事での挨拶・スピーチ　ほか），地域社会・日常交際での挨拶・スピーチ（公共団体・公的団体の式典・行事での挨拶，組織・団体・サークルの会合・行事での挨拶，学校・PTAの式典・行事・会合での挨拶　ほか），婚儀・葬儀での挨拶・スピーチ（見合い・結納取交し・婚約披露での挨拶・口上，結婚披露宴・結婚祝賀会での挨拶，葬儀・慰霊祭・追善法要等での挨拶）

葬儀・法事のあいさつ実例事典　文例と解説でよくわかる　生活ネットワーク研究会著　法研　2004.10　271p　21cm　1500円　Ⓘ4-87954-546-5　Ⓝ809.4

〔目次〕第1章　葬儀・法事の基礎知識（葬儀の種類，弔事の服装　ほか），第2章　喪家側のあいさつ（死亡連絡，お悔やみへの返礼　ほか），第3章　弔問側のあいさつ（お悔やみの言葉，弔辞（友人・先輩・後輩へ）　ほか），第4章　弔事の手紙（死亡通知状・会葬礼状，年賀欠礼の通知　ほか）

〔内容〕本書では，話し手の立場ごとに，できるだけバリエーションに富んだ弔辞を，実際に使いやすい文例を用いて紹介している。また，現代の葬儀事情に合わせて，特定の宗教のない自由葬などに対応した文例も掲載している。さらに葬儀・告別式でのあいさつばかりでなく，法要でのあいさつや弔事の手紙についても詳しく解説している。普段あまりなじみのない葬儀独特の用語については，巻末の用語集で紹介している。

地域活動・同窓会・サークルあいさつ・司会進行の事典　町内会・マンション…しっかり運営，楽しく継続　すぴーち工房著　法研　2014.2　223p　21cm　1400円　Ⓘ978-4-87954-999-0　Ⓝ809.4

〔目次〕第1章　町内会行事でのあいさつ・スピーチ・司会進行（町内会デビュー，町内会役員のあいさつ　ほか），第2章　マンション行事でのあいさつ・スピーチ・司会進行（理事会デビュー，マンション役員のあいさつ　ほか），第3章　サークル活動でのあいさつ・スピーチ・司会進行（地域のサークルデビュー，サークル活動のあいさ

スピーチ・あいさつ　　言語生活・コミュニケーション

つ ほか)，第4章 同窓会・クラス会でのあいさつ・スピーチ・司会進行(同窓会・クラス会デビュー，同窓会・クラス会でのあいさつ ほか)，第5章 地域の冠婚葬祭でのあいさつ・スピーチ・司会進行(祝賀会に招かれて，祝賀会でのあいさつ ほか)

(内容)地域の活動や同窓会・サークルに参加する人のための本。豊富な実例と，進行・流れに沿った解説。あいさつ・スピーチだけでなく「司会進行」のノウハウも紹介。おつき合いに必要な冠婚葬祭でのあいさつも紹介。

手紙文例・スピーチ例事典　三省堂編修所編
三省堂 1998.9 733p 21cm 2400円
①4-385-13538-X　N816.6

(目次)手紙編(時候の挨拶の手紙，結婚の手紙，弔事の手紙，お祝いの手紙，贈答の手紙，招待・案内の手紙，見舞い・慰めの手紙，挨拶・依頼の手紙，挨拶・報告の手紙，問い合わせ・注文の手紙，通知の手紙，催促・請求・講義の手紙，おわびの手紙，お礼の手紙，承諾の手紙，断りの手紙)，スピーチ編(結婚式関連のスピーチ，お祝いのスピーチ，弔事・追悼のスピーチ，学校行事・催事のスピーチ，一般の行事・催事のスピーチ，ビジネス関連のスピーチ)

とっさのときに，すぐ使える! 弔辞の実例事典　心のこもったお別れの言葉と丁寧な喪主のあいさつ　暮らしの情報研究会著
実務教育出版 2014.9 255p 21cm 1500円　①978-4-7889-1080-5　N809.4

(目次)第1章 葬儀の基礎知識(葬儀の流れ，死亡届・死亡診断書，死体火葬許可証，宗教・宗派の違いの心得，香典の包み方と渡し方)，第2章 弔問側のあいさつ(弔問側のあいさつのポイント，告別式での弔辞)，第3章 喪家側のあいさつ(喪家側のあいさつのポイント，お悔やみへの返礼，喪主のあいさつ)

(内容)弔辞86文例，喪主のあいさつ18文例を収録。探していた感動のお別れの言葉が必ず見つかる豊富な文例と詳しい解説!

短いスピーチあいさつ実例大事典 1074例
主婦の友社編　主婦の友社 2005.3 639p 21cm　(主婦の友ベストBOOKS) 1800円
①4-07-244972-5　N809.4

(目次)スピーチを依頼されたら，結婚 お祝いのスピーチ，結婚 司会者の進行，結婚 謝辞と花嫁の手紙，結婚 媒酌人のあいさつ，結婚 縁談から結納までのあいさつ，ビジネス 式典のスピーチ，ビジネス 社内行事のスピーチ，ビジネス 歓送迎行事のスピーチ，ビジネス イベントのスピーチ，ビジネス 朝礼，会議，日常のあいさつ，ビジネス 断り，催促，おわび，苦情のスピーチ，お祝い事 お祝いのあいさつ，季節の行事 年中行事とイベント，地域 あつきあいのあいさつ，お見舞い 病気見舞いと災害見舞い，おつきあい 依頼，断り，催促，苦情，おわび，学校 式典，行事，PTAでのあいさつ，学校 先生へのあいさつ，葬儀 弔問側のお悔やみと弔辞，葬儀 遺族側の通知と挨拶，法要 法要のあいさつ，社葬 社葬，慰霊祭，追悼会，英語スピーチ パーティー，イベント

(内容)結婚式，ビジネス，日常のおつきあいで必ず役に立つ1074例を紹介。

ラクラク話せるスピーチと挨拶大事典　あせらず，あがらず，堂々と!　スピーキングエッセイ著　秀和システム 2014.12 315p 19cm 1500円　①978-4-7980-4252-7　N336.4

(目次)1 今さら聞けない! スピーチと挨拶「話す内容」以前のキホン，2 社内でのスピーチと挨拶(新任・異動・歓送・送別)，3 社内でのスピーチと挨拶(朝礼・ミーティング)，4 社内でのスピーチと挨拶(会議・会合)，5 社内でのスピーチと挨拶(社内行事)，6 社外向けのスピーチと挨拶(業界会合・交流会)，7 冠婚葬祭の挨拶(披露宴・二次会パーティー)

(内容)例えば「会議冒頭での挨拶」というシーンでも，メンバーの参加意識を高めたい場合と，やる気を引き出したい場合とでは，話す内容も変わってきますよね? 聞き手にどういう気持ちになって欲しいのか。本書はそこに重点を置いています。心に響くスピーチ例が満載!

<辞　典>

手紙・スピーチぴったり表現辞典　講談社辞典局編　講談社 1999.3 221p 18cm　(講談社ことばの新書)　1200円　①4-06-268553-1　N816.6

(目次)第1章 お祝い，第2章 見舞い・慰め，第3章 相談・依頼，第4章 紹介・推薦，第5章 催促・抗議，第6章 お礼，第7章 詫び・断り，第8章 お悔やみ・香典返し，第9章 案内状・招待状，第10章 通知，第11章 添え文，第12章 近況報告

<ハンドブック>

いざというときのひと言スピーチハンドブック　会社行事から冠婚葬祭まで　永崎一則著　PHP研究所 1999.7 223p 18cm 1048円　①4-569-60669-5　N809.4

(目次)基本編(効果的なスピーチ力の要素とは何か，下手だと思い込む心の壁が話し下手を生む，大ぜいを対象にしたスピーチのしかた，人

言語生活・コミュニケーション　　スピーチ・あいさつ

前で話すときのあがりへの対策，聴き手に興味をもたせ聴かせ続ける秘訣），実践編（会社行事におけるスピーチ，結婚に関するスピーチ，葬儀・慶事に関するスピーチ，学校行事に関するスピーチ，政治及び社交に関するスピーチ，自己紹介に関するスピーチ）

お母さんのあいさつ・文書・手紙　口下手でもだいじょうぶ　主婦の友社編　主婦の友社　1999.4　159p　19cm　（主婦の友マナーBOOKS）　780円　Ⓘ4-07-225704-4　Ⓝ809.4

目次 第1章 お母さんのあいさつの基本とマナー，第2章 スピーチ実例集（学校・PTA関係，地域関係，職場関係 職場でのスピーチとあいさつ，冠婚葬祭），第3章 学校関係の文書・手紙・各種届の書き方実例集

内容 学校・PTA・地域・職場・冠婚葬祭にすぐに役立つ実例集。活動するお母さんのためのお役立ちマニュアル。あいさつは苦手というお母さんのための便利なスピーチ虎の巻。応用のきく，立場や目的，状況に応じた豊富なあいさつ実例集。苦情，謝罪，相談など，話しにくいケースもしっかりアドバイス。これだけは知っておきたい，文書・各種届・手紙の基本と文例。

公用・私用　冠婚葬祭手紙・スピーチ全書　安田賀計，西岡光秋共編　ぎょうせい　2000.9　335p　21cm　3000円　Ⓘ4-324-06139-4　Ⓝ816.6

目次 第1章 人生の節目の手紙＆スピーチ，第2章 会社の節目の手紙＆スピーチ，第3章 季節の節目の手紙＆スピーチ，第4章 悲しみの場の手紙＆スピーチ，第5章 お見舞いの手紙・スピーチ

内容 冠婚葬祭のための手紙・スピーチガイドブック。人と企業の冠婚葬祭にまつわる手紙，スピーチ，電報の約650文例を掲載，同じテーマでもいくつかの文例を紹介する。手紙，スピーチは人生の節目，会社の節目，季節の節目，悲しみの場，お見舞いの5つの場面から構成。各場面のシチュエーション，立場と対応，手紙のポイント，スピーチのポイントの解説と文例を掲載する。巻末に付録として電報文例と卑称・尊称の使い方，頭語と結語などの豆知識を収録。テーマ別の五十音順索引を付す。

失敗しないスピーチ・あいさつ実例百科　冠婚葬祭からビジネス社会・地域社会・学校行事まで　三遊亭楽太郎監修　（新宿区）池田書店　1996.9　269p　19cm　1030円　Ⓘ4-262-11339-5　Ⓝ809.4

目次 スピーチ・あいさつの基礎知識 ポイント40，結婚披露宴でのスピーチ・あいさつ実例，お見合い・結納式・婚約パーティでのスピーチ・あいさつ実例，弔事でのスピーチ実例，自己紹介でのスピーチ・あいさつ実例，ビジネス社会でのスピーチ・あいさつ実例，地域社会・学校行事でのスピーチ・あいさつ実例

内容 結婚披露宴・弔事・自己紹介・ビジネス・学校行事などさまざまな場面でのスピーチ・あいさつを実例で紹介したもの。各実例文を導入・展開・結びに分けて盛り込む要素のポイントを説明するほかアドバイスも添える。巻頭でスピーチやあいさつの基本・構成・注意点を40のポイント別に解説する。

ビジネスマンのためのあいさつ会話ハンドブック　村岡正雄著　PHP研究所　1997.3　183p　18cm　1165円　Ⓘ4-569-55517-9　Ⓝ336.49

目次 第1章 あいさつの言葉，第2章 応接・訪問・会食，第3章 電話の受け答え，第4章 ビジネス冠婚葬祭のひと言，第5章 新人の自己紹介とひと言スピーチ，終章 困ったときのあいさつ

内容 話べたでも「あいさつ言葉」でスムーズな会話ができる。

ビジネスマンのためのスピーチハンドブック　永崎一則著　PHP研究所　2003.10　388p　15cm　（PHP文庫）　705円　Ⓘ4-569-66065-7　Ⓝ809.4

目次 基本編，基礎的な技術編，組み立て・構成編，共感を呼ぶ話し方編，実践（社内）編，実践応用（社外）編，講師・講演編，自己紹介編，テーブルスピーチ編，話材編，擁護編，話題になったスピーチ実例

内容 毎朝の朝礼や会議などの司会，異動先に赴任したときの挨拶，会合での自己紹介など社内外でのスピーチ，また冠婚葬祭でのスピーチ等々，人は社会的の行動範囲が広がるほど，人前で話をする機会が増えるものだ。しかし，何を話材にどう話せばよいのやら，頭を抱える人が少なくない。では，どうするか。本書は，話をする心構えや豊富な事例を紹介した，福音の書だ。

短いあいさつ・スピーチ実例大百科　新星出版社編　新星出版社　〔1999.3〕　606p　21cm　1600円　Ⓘ4-405-05075-9　Ⓝ809.4

目次 序章 短いスピーチの基礎知識，第1章 結婚編，第2章 ビジネス行事編，第3章 学校編，第4章 行事・イベント編，第5章 祝い編，第6章 見舞い・全快祝い編，第7章 弔事編

内容 冠婚葬祭から日常の行事やお付き合い，学校，ビジネスまで，まごころのこもったスピーチ例を場所別，立場別に紹介。

日本語 レファレンスブック　　227

会話術

＜事典＞

ど忘れうまい話し方事典 〔増補版〕 教育図書，人文社〔発売〕 1995.6 359p 17×11cm （ど忘れシリーズ） 1080円 ①4-7959-1174-6 Ⓝ809.4

⒟1章 ベーシック・スタディ，2章 日常生活，3章 ビジネス，4章 冠婚葬祭

⒩本書は，日常生活やビジネス，冠婚葬祭など，あらゆる場面を想定し，それぞれに最も適切な話し方のコツをわかりやすく示している。

ビジネスマンのための気のきいた言葉の事典 日本語表現研究会著 PHP研究所 1993.7 191p 18cm （日本語雑学ハンドブック 2） 1100円 ①4-569-54047-3 Ⓝ813.4

⒟1 四季折々の「気のきいた」言葉，2 表現を豊かにする「気のきいた」言葉

⒩会話や文章の中で「スパイスをきかせる」ための言葉の用例を紹介する辞典。内容は，四季折々の言葉，表現を豊かにする言葉，微妙なニュアンスを伝えるこまやかな表現，多様な意味を持つ言葉など。

＜辞典＞

あたらしい話し方の辞典　絶対負けないトーク・スキルの磨き方 高橋健太郎著 日本文芸社 2014.12 255p 18cm 〈文献あり〉 900円 ①978-4-537-26102-8 Ⓝ809.2

⒟第1章 バカだと思われる！話にならない話し方（レッテル貼り論法―この商品の開発に賛成ってことは，お前，専務派だな，二分法論法―右翼（左翼）を非難するってことは，お前，左翼（右翼）だな ほか），第2章 世間でよく聞く！ありがちな話し方（有利な呼び名論法―社長の"愛人"を専務にすえやがった，スケープゴート論法―やっぱり鈴木くんか…失敗するのはたいてい鈴木くんだよな ほか），第3章 要注意！ビジネスに利用される話し方（クローズドクエッション―あなたは，きのことたけのこ，どちらが好きですか?，すり替え謝罪―（自分のセクハラ問題について）お忙しい中，お騒がせしてすみません ほか），第4章 マスコミに学べ！他人を誘導する話し方（コメンテーター論法1―政治が悪い，コメンテーター論法2―増税より他にやるべきことがあるでしょう ほか），第5章 いざというときに！サバイバルのための話し方（空とぼけ―あいにく不勉強で。教えていただけま

すか?，由来論法―そもそも国という漢字は，国と書き，その由来は矛を持って村を守る様子からだそうです。まともな矛つまり軍事力も持たずに，果たして真の『国』といえるでしょうか ほか）

⒩バカな話し方から賢い話し方まで！オール話し方総進撃！世間にあふれる「話し方」を徹底分析したまったくあたらしいタイプの話し方辞典！なぜか"バカ"と議論しても負けてしまう，"中身のない話"に言いくるめられてしまう，世の中"決まり文句"ばかりでウンザリだ!…というあなたに。

困ったときの「モノの言い方」言い換え辞典　言い訳・口ごたえに聞こえない 村上英記著 日本実業出版社 2014.7 202p 19cm 〈他言語標題：Collection of excuse paraphrase　索引あり〉 1300円 ①978-4-534-05202-5 Ⓝ336.49

⒟第1部 上手な"言い訳"のコツと基本（できる人の「言い訳」のコツ，どう切り返す？社内で使える言い訳），第2部 窮地を脱する"言い訳"（ミスをしたとき，困った状況を訴えたいとき，日時を守れないとき，質問に答えられないとき，指摘されたとき，電話・メールで困ったとき），第3部 角を立てない"言い訳"（反論したいとき，依頼・提案を断りたいとき，依頼・相談を持ちかけるとき，相手に注意したいとき，相手を不快にさせたとき）

⒩心から謝罪し，失敗したときに役立つ"窮地を脱する言い訳"。「言いにくいこと」を工夫して伝え，"角を立てない言い訳"。これらを「ふだんの言葉」から引ける辞典です。「言い訳」はビジネスの必須スキル！相手と状況に合わせたフレーズで，困った場面でも信頼関係が保てます。仕事で「やらかしたとき」こそ，きちんとした敬語と表現で切り抜けよう！

文章・会話辞典　いい文章の書き方・会話と敬語の心得・電子メール活用術・著作権への対応 野元菊雄編著 ぎょうせい 2002.7 503,14p 21cm 4190円 ①4-324-06417-2 Ⓝ816.07

⒟1 いい文章の書き方，2 話し言葉と会話の心得，3 国語審議会答申について，4 現代表記法，5 用字用語・修辞文法辞典，6 電子メールの書き方，7 文章と著作権

⒩正しい文章を書くための言葉の総合辞典。白石大二編『文章辞典』をもとに，著作権法関連項目やeメール関連項目などを含め大幅に改訂したもの。第5部の用字用語・修辞文法辞典では，用語を五十音順に排列して解説を加える。巻末に索引あり。

もっと素敵に生きるための前向き言葉大辞

典　青木智恵子著　(名古屋)黎明書房　2014.11　108p　21cm　1700円　Ⓘ978-4-654-01910-6　Ⓝ809.2

〔内容〕自分のこと、恋愛のこと、人生のこと、子育てのこと、保育・教育のこと、友達のこと、ビジネスのことなどに関する「後ろ向き言葉」を、「前向き言葉」にどんどん変換。自分もみんなもポジティブにする楽しい大辞典。

<ハンドブック>

できる大人が使っている 社会人用語ハンドブック 英訳フレーズつき　今井登茂子著　サンマーク出版　2016.5　223p　19cm　〈他言語標題：A handbook on business terms which is used by smart grown-ups〉　1200円　Ⓘ978-4-7631-3549-0　Ⓝ336.49

〔目次〕第1章 基本はこれだけ！「話す」「聞く」をスムーズにする敬語の最速マスター法（敬語は「場面」で身につける、上司・先輩の話を聞く ほか）、第2章 ビジネスマナーも完璧！「聞き方」「受け答え」で使える社会人用語（できる人ほど、きちんと話を聞く、ビジネスでのあいさつ ほか）、第3章 ビジネス会話もこわくない！「話がかみ合わない」をなくす社会人用語（「伝え方」を変えれば仕事が2倍速に、報告する ほか）、第4章 「さすが！」と言われるワンランク上の社会人用語（「感情の乗った一言」で人生を劇的に変える、感謝する・お礼を言う ほか）

〔内容〕大手企業での数千もの研修で、つねに熱望されたのが「仕事上の言葉遣い」。これは優れたビジネスマンや年長者に発する言葉が、いかに大切かを示しています。知らぬ間に "問題外" の烙印を押されないためにも正しい社会人用語を身につけましょう。

作文技法・文章術

<書　誌>

日本語力をつける文章読本 知的探検の新書30冊　二通信子,門倉正美,佐藤広子編　東京大学出版会　2012.8　248p　21cm　〈索引あり〉　1900円　Ⓘ978-4-13-082017-2　Ⓝ816

〔目次〕第1部 読むことの楽しみ（詩『百歳日記』まどみちお（NHK出版生活人新書）、日本語『世にも美しい日本語入門』安野光雅・藤原正彦（ちくまプリマー新書）、数『数に強くなる』畑村洋太郎（岩波書店）、江戸文化『江戸のセンス—職人の遊びと洒落心』荒川修・いとうせいこう（集英社新書）、人間『理解の限界—不可能性・不確定性・不完全性』高橋昌一郎（講談社現代新書）、本『ニッポンの書評』豊崎由美（光文社新書））、第2部 日常生活を振り返る（職人『千年、働いてきました—老舗企業大国ニッポン』野村進（角川oneテーマ21）、神さま『都市と日本人—「カミサマ」を旅する』上田篤（岩波新書）、生きる『悪あがきのすすめ』辛淑玉（岩波新書）、手話『手話の世界を訪ねよう』亀井伸孝（岩波ジュニア新書）、物語『物語の役割』小川洋子（ちくまプリマー新書）、俳句『俳句脳—発想、ひらめき、美意識』茂木健一郎・薫まどか（角川oneテーマ21））、第3部 日本社会の問題をさぐる（原発『新版原発を考える50話』西尾漠（岩波ジュニア新書）、地方『下流同盟—格差社会とファスト風土』三浦展（朝日新書）、雇用『日本の基本問題を考えてみよう』中馬清福（岩波ジュニア新書）、若者『希望のつくり方』玄田有史（岩波新書）、農業『農は過去と未来をつなぐ—田んぼから考えたこと』宇根豊（岩波ジュニア新書）、国家『あいまいな日本の私』大江健三郎（岩波新書））、第4部 学問の世界にふれる（科学技術『科学の考え方・学び方』池内了（岩波ジュニア新書）、社会学『あたりまえ』を疑う社会学—質的調査のセンス』好井裕明（光文社新書）、生物学『生物と無生物のあいだ』福岡伸一（講談社現代新書）、物理学『宇宙は何でできているのか—素粒子物理学で解く宇宙の謎』村山斉（幻冬舎新書）、心理学『美人は得をするか「顔」学入門』山口真美（集英社新書）、哲学『わかりやすいはわかりにくい？—臨床哲学講座』鷲田清一（ちくま新書））、第5部 クリティカルに読む（言語『ことばと思考』今井むつみ（岩波新書）、思考『知的思考力の本質』鈴木光司・竹内薫（ソフトバンク新書）、論理『ダメな議論—論理思考で見抜く』飯田泰之（ちくま新書）、統計『統計数字を疑う—なぜ実感とズレるのか？』角倉貴史（光文社新書）、メディア『街場のメディア論』内田樹（光文社新書）、ウェブ『ダメ情報の見分けかた—メディアと幸福につきあうために』萩上チキ・飯田泰之・鈴木謙介（NHK出版生活人新書））

〔内容〕知的に楽しむ。クリティカルに読む。新書の世界を味わいながら、読解力を伸ばせるアンソロジー。

<事　典>

作文じてん　にほんごの会編著　雪書房　1999.2　325p　19cm　1900円　Ⓘ4-946379-43-6　Ⓝ816.07

〔目次〕ことわざの意味と出典、熟語・成語の意味と出典、まちがいやすい漢字、かな書きにしたい言葉

作文技法・文章術　　　言語生活・コミュニケーション

書式の常識事典　三省堂編修所編　三省堂　1992.9　256p　18cm　〈三省堂実用 36〉　1000円　Ⓣ4-385-14185-1　Ⓝ816.8
〔目次〕社会生活の書式，職場の書式，付録 提出先別おもな書式
〔内容〕知りたいことがすぐ引ける書式の常識に強くなる事典。社会生活の書式、職場の書式、提出先別おもな書式、の3章構成。正しい手続に従って正確な書式が作成できるよう、実例を豊富に収めた書式のガイドブック。

手紙・文書実例大事典　そのまますぐに使える　成美堂出版編　成美堂出版　1996.4　655p　21cm　1800円　Ⓣ4-415-07732-3　Ⓝ816.8
〔目次〕第1章 日常の手紙の書き方（年賀状，暑中見舞い ほか），第2章 交際のための手紙の書き方（好意を示す，デートに誘う ほか），きちんと身につけたい手紙のマナーと基礎知識（手紙文の基本スタイル，宛名の書き方 ほか），ビジネス文書の書き方（取引文書，案内・依頼 ほか）
〔内容〕各種の手紙・文書の書き方を実例とともに紹介したもの。「日常の手紙の書き方」「交際のための手紙の書き方」「手紙のマナーと基礎知識」「ビジネス文書」について目的・状況別に収録する。

何でもわかる文章の書き方百科　平井昌夫著　三省堂　2003.5　16,601p　19cm　2300円　Ⓣ4-385-15067-2　Ⓝ816
〔目次〕第1部 文章（よい文章とは?，日本語のアイマイな表現 ほか），第2部 書く手順（文，段落 ほか），第3部 効果的な書き方（表現の効果，文のさまざまな表現 ほか），第4部 語句と文字の選び方と使い方（わかりやすい語句，語句の選び方と使い方との基準），第5部 いろいろな文章の書き方（描写的・記録的な文章，訴える文章 ほか）
〔内容〕文章、書く手順、効果的な書き方、語句と文字の選び方と使い方、いろいろな文章の書き方の五部構成。文章を書く時に必要な知識をあらゆるジャンルにわたって解説した「文章の百科事典」。

日本語文章・文体・表現事典　中村明，佐久間まゆみ，高崎みどり，十重田裕一，半沢幹一，宗像和重編　朝倉書店　2011.6　829p　27cm　〈索引あり〉　19000円　Ⓣ978-4-254-51037-9　Ⓝ816.036
〔目次〕第1章 表現用語の解説，第2章 文章用語の解説，第3章 文体用語の解説，第4章 レトリック用語の解説，第5章 ジャンル別文体概観，第6章 文章・文体・表現の基礎知識，第7章 目的・用途別文章作法，第8章 近代作家の文体概説と表現鑑賞，第9章 近代の名詩・名歌・名句の表

現鑑賞，第10章 文章論・文体論・表現論の文献解題

日本語文章・文体・表現事典　文学編　小説・詩・短歌・俳句名作の表現〈実例〉鑑賞　縮刷版　中村明，十重田裕一，宗像和重編集　朝倉書店　2012.6　391p　21cm　4500円　Ⓣ978-4-254-51042-3　Ⓝ816.036
〔目次〕第8章 近代作家の文体概説と表現鑑賞（仮名垣魯文，福沢諭吉，矢野龍渓，徳富蘇峰 ほか），第9章 近代の名詩・名歌・名句の表現鑑賞（名詩，名歌，名句）

文章構成の基本大事典　すぐ役立ち書き方が身につく　樺島忠夫編・監修　勉誠出版　2000.1　468p　21cm　〈付属資料：CD-ROM1〉　4800円　Ⓣ4-585-06010-3　Ⓝ816
〔目次〕第1部 手紙の書き方（技法の基本，ジャンル別手紙の技法，手紙特有の表現，手紙の書式・封筒の書き方，ファクシミリを使うときに），第2部 スピーチの仕方（スピーチの基本，ジャンル別スピーチの技法），第3部 アウトライン・システム（アウトライン・システムとは，アウトライン集，文章作成ノウハウ集），第4部 発想の方法（発想支援データベース，発想ノート，連想語句集）

便利な書類の書き方事典　武部良明編著　三省堂　1993.11　636p　19cm　2300円　Ⓣ4-385-14093-6　Ⓝ816.4
〔内容〕五十音引きで引く、ビジネス・生活の書類の書き方事典。日常生活に必要な、あらゆる公文書や私文書の書き方を掲載。書類・文書に特有の用語も解説する。文書名がわからなくても引ける「事項分類索引」を付す。

<辞　典>

インフォワード文書コミュニケーション辞典　ベネッセコーポレーション編　ベネッセコーポレーション　1999.3　503p　16cm　1600円　Ⓣ4-8288-0447-1　Ⓝ816.07
〔目次〕文章作法部（手紙の基本形式（手紙の書き方見本，封筒やはがきの書き方，頭語・結語，礼儀といろどり），手紙文例集（季節のあいさつ，お祝い，お悔やみ，お見舞い，案内・通知，物を贈る，依頼，お礼，辞退・断り，苦情・催促，おわび，紹介・推薦，論文・レポートの書き方―「書く」ための方法と「考える」ための手順，表記について）），社会人の常識部（用字用語・慣用句の誤用，同音同訓異義語，読みが異なると意味が異なる語，助数詞，漢字情報，キーワード別四字熟語），類語辞典部

実用手紙・文書の書き方辞典　学研辞典編

集部編，平田毅彦監修　学習研究社　2001.7
240p　15cm　620円　ⓘ4-05-301222-8
Ⓝ816.6

(目次)1 目的に合ったメディアを選ぶ，2 手紙・はがきのルールとマナー，3 日常のおつきあいの手紙，4 言いづらいことを書く手紙，5 つきあいを深める手紙，6 婚約・結納・弔事の手紙，7 ビジネス社外文書・手紙，8 ビジネス社内文書，9 ワープロ・ファックス・電子メールの使い方，10 読みやすい手紙・文書のくふう

(内容)個人の手紙と社用文書の実例辞典。そのまま使える150の実例で，書き方のコツを具体的に解説。Eメール・ファックス文書にも対応。

日本文章表現辞典　改訂増補版　片山智志，井上謙，松井静夫編　日本文芸社　1992.2
292p　19cm　1300円　ⓘ4-537-01208-0
Ⓝ816.8

(目次)自然，人間，人生，宗教・思想，芸術，社会，物品

(内容)本書は，広範囲に多彩な文例を蒐め，多分に恣意的，文学的に編集，構成したものである。例文は必ずしも直接的な叙述ばかりでなく，比喩的，間接的なものも含めて多岐にわたっているので，楽しみながら気軽に読めて，知らず知らずのうちに文章表現への関心や意欲を高め，かつサンプルとして実際に役立つように意図した文章辞典である。

文章・会話辞典　いい文章の書き方・会話と敬語の心得・電子メール活用術・著作権への対応　野元菊雄編著　ぎょうせい　2002.7　503,14p　21cm　4190円　ⓘ4-324-06417-2　Ⓝ816.07

(目次)1 いい文章の書き方，2 話し言葉と会話の心得，3 国語審議会答申について，4 現代表記法，5 用字用語・修辞文法辞典，6 電子メールの書き方，7 文章と著作権

(内容)正しい文章を書くための言葉の総合辞典。白石大二編『文章辞典』をもとに，著作権法関連項目やeメール関連項目などを含め大幅に改訂したもの。第5部の用字用語・修辞文法辞典では，用語を五十音順に排列して解説を加える。巻末に索引あり。

文章プロのための日本語表現活用辞典　中村明編　明治書院　1996.3　697p　19cm　3800円　ⓘ4-625-40065-1　Ⓝ813.4

(内容)現代日本語の標準的な表現・表記の辞典。用例，類義の語句を掲げ，表記のきまりや慣習等をも表現上のめやすを示す。日常使われる語彙2万8000項目と常用漢字1945字を収録する。—どういうふうに書いたら良いか迷った時の一冊。書類作り，手紙，句作，作歌などのための座右の辞典。

＜ハンドブック＞

今すぐ使える! 決定版 文例ハンドブック 社内・社外文書から一般の手紙まで　西本万映子，坂井尚著　PHP研究所　2007.2
415p　18cm　1400円　ⓘ978-4-569-65988-6
Ⓝ816.8

(目次)第1章 文書作成の基本知識，第2章 ビジネス文書の書き方，第3章 注意すべき用語・表現，第5章 社内文書の文例とポイント，第5章 社外文書の文例とポイント，第6章 一般の手紙の文例とポイント

(内容)通達・社達・稟議書，報告書，上申書，照会書，議事録…。"社内文書"は，「簡潔」「明瞭」「正確」が鉄則。挨拶状，招待状，依頼状，注文状，督促状，抗議状，陳謝状…。"社外文書"は，「簡潔」「明瞭」「正確」に「礼儀」「丁寧」を加味。書き慣れないビジネス文書は，一定の様式・書式・定型に従って，悩まずさっさと仕上げてしまおう。私的な手紙の書き方まで網羅した，全ビジネスパーソン必携の実践的文例集の決定版。

Web文章上達ハンドブック　良いテキストを書くための30カ条　森屋義男著　日本エディタースクール出版部　2006.7　102p　19cm　1200円　ⓘ4-88888-369-6　Ⓝ816

(目次)第1章 Web文章のあり方—ディレクターサイド(Webサイトの現状と問題点，紙とWebを比較する，静的コンテンツ制作の心構え，ワークフローを確立する，原稿依頼の方法)，第2章 Web文章の書き方—ライターサイド(原稿を書く前に，執筆時の注意点，取材，インタビューのしかた)，第3章 Web文章のまとめ方—エディターサイド(原稿はあくまで素材，原稿整理，タイトル，リード，小見出し，デザインを依頼する前に，校正は「商品」を送り出す仕上げの工程)，第4章 文例集(原稿依頼書のパターン例(メール送付の場合)，製品紹介における文章パターン例，ニュース記事における文章パターン例，ショップ紹介における文章パターン例)

(内容)魅力あるWebサイトを作成するには，テキスト編集のレベルが高くなくてはならない。IT系雑誌ベテラン編集長がレクチャーする"Webに活かせる"文章技法。ディレクター，ライター，エディターのそれぞれの基本則10ヵ条を指南。

言語表現技術ハンドブック　改訂版　大阪工業大学言語表現技術研究会編　(京都)晃洋書房　2008.4　166,2p　21cm　〈文献あり〉　1900円　ⓘ978-4-7710-1966-9　Ⓝ816

(目次)第1部 理論編(言語で世界のすべてを表現できるか，事実の記述と日本の「作文」教育 ほか)，第2部 実践編(第三者に説明するための文章を書くときの原則，べからず集 ほか)，第3

作文技法・文章術　　　言語生活・コミュニケーション

部 演習編(演習課題，演習課題(応用・発展問題))，第4部 実用編(エントリーシート(就職活動の際の自己紹介書)，実務的な手紙・電子メール ほか)

言語表現技術ハンドブック　新版　林治郎，岡田三津子編著　(京都)晃洋書房　2015.4　158,21p　21cm　〈文献あり 索引あり〉　2000円　Ⓘ978-4-7710-2632-2　Ⓝ816

㊣第1部 理論編(言語で世界のすべてを表現できるか，事実の記述と日本の「作文」教育 ほか)，第2部 実践編(第三者に説明するための文章を書くときの原則，べからず集 ほか)，第3部 演習編(演習課題(第1期分)，演習課題(第2期分) ほか)，第4部 実用編および理論的補足(引用の実例，実務的な手紙・電子メール ほか)，第5部 実用編および理論的補足 資料編(横書きの「原稿」を書くときに気をつけること，電子メールのルールとマナー)

実戦・日本語の作文技術　本多勝一著　朝日新聞社　1994.10　302p　15cm　(朝日文庫)　560円　Ⓘ4-02-261053-0　Ⓝ816

㊣前編 実戦・日本語の作文技術，後編 日本語をめぐる「国語」的情況

手紙・文書の書き方mini百科 上手な文章作法ナビゲーション　文英堂編集部編　文英堂　1998.7　255p　19cm　1200円　Ⓘ4-578-12939-X　Ⓝ816.6

㊣1 手紙の書き方(手紙の書き方の基本，手紙・封筒のフォーマット ほか)，2 手紙の文例集(お礼の手紙，お祝いの手紙 ほか)，3 ビジネス文書の書き方(ビジネス文書の書き方，社内文書の書き方 ほか)，4 法律文書の書き方(相続・贈与に関する文書，契約に関する文書 ほか)

㊥手紙，文書の書き方を豊富な文例を盛り込み解説した百科。私的な手紙からビジネス・就職・法律文書まで，日常生活で出合う手紙や文書の書き方を，目的や場面，相手に応じて紹介。

例解 文章ハンドブック　第4版　塩田紀和，野元菊雄，平山城児，三沢仁編著　ぎょうせい　1991.9　516,143p　21cm　3300円　Ⓘ4-324-02702-1　Ⓝ816

㊣基本編(文章とは，何を書くか，文章の目的，文章の構成，文の続け方，わかりやすい文)，公用文(公用文の書き方，実例)，商用文(商用文一般，商用手紙文の書式，一般の商取引に使われる手紙，社交的な手紙，社内文書，広告文)，日常文

◆**用字・用語・用例**

<事 典>

漢字 読めそうで読めない用字用語9000 間違い読み，とばし読みをなくす小事典　三心堂出版社　1995.5　187p　17cm　940円　Ⓘ4-88342-005-1　Ⓝ811.2

㊥大きな活字で見やすい読み方テスト付き。

<辞 典>

朝日新聞の漢字用語辞典　新版　朝日新聞社用語幹事・校閲部編　朝日新聞社　2002.4　598p　19cm　1200円　Ⓘ4-02-258677-X　Ⓝ816.07

㊥漢字で書く言葉や漢字かな混じりで書く用語などをまとめた用語集。時事用語から地名・動植物名まで旧来の表記や当て字なども含めた約2万6000語を収録。排列は五十音順による。見出し語には内閣告示「送り仮名の付け方」の本則・例外に基づく送り仮名，用例，簡単な説明や注記を記載。巻末には常用漢字表，送り仮名の付け方，現代仮名遣い一覧が付く。

NHK 新用字用語辞典　第2版　NHK放送文化研究所編　日本放送出版協会　2001.10　661p　19cm　1700円　Ⓘ4-14-011165-8　Ⓝ813.1

㊥3万4600語を収録する，ことばの表記がわかる辞典。付録として，常用漢字一覧，現代仮名遣い，などがある。

NHK 新用字用語辞典　第3版　NHK放送文化研究所編　日本放送出版協会　2004.3　661p　19cm　1700円　Ⓘ4-14-011200-X　Ⓝ816.07

㊥社会の変化に合わせた生きている新しいことばを各分野から選び収録語数約3万5000語と豊富な用例。付録に常用漢字一覧，人名用の漢字，ローマ字のつづり方，現代仮名遣いほかを収載。

大きい活字実用字典　西東社編　西東社　1998.2　438p　17cm　850円　Ⓘ4-7916-0066-5　Ⓝ816.07

㊥日常生活に用いられる語を中心に約2万6千語を用例付きで収録。漢字にふられた片仮名，平仮名のルビで音読み，訓読みの区別ができるようになっている。巻末には動物名，植物名，略語などの一覧が付く。

大きい活字の角川用字必携　新版　角川書店　1995.11　776p　15cm　1400円　Ⓘ4-

04-021302-5　Ⓝ816.07

内容 収録語数4万5000の用字辞典。すべての漢字に読みを付す。排列は現代仮名遣いによる五十音順。巻末付録として常用漢字一覧、送り仮名の付け方、現代仮名遣い、歴史的仮名遣い一覧を掲載。

大きい活字の用字用語辞典　新星出版社編集部編　新星出版社　1997.10　510p　16cm　1000円　Ⓣ4-405-01083-8　Ⓝ816.07

内容 日常生活で一般的に使う単語や四字熟語、難読語、動植物の名称など約2万語を収録。配列は五十音順で濁音は清音の後に配置。解説、用例は十文字程度で簡潔にまとめてある。

大きな活字の漢字用語辞典　新星出版社編集部編　新星出版社　2003.7　610p　16cm　1200円　Ⓣ4-405-01103-6　Ⓝ816.07

内容 常用漢字を中心に、日常不可欠と思われる語から、やや難解な語まで、約2万8000語を収録。

大きな活字の漢字用語辞典　〔第2版〕　新星出版社編集部編　新星出版社　2011.6　610p　16cm　1200円　Ⓣ978-4-405-01121-2　Ⓝ816.07

内容 日常生活で必要な基本用語を2万8000語収録。

大きな字で使いやすい漢字用語辞典　講談社編　講談社　1996.12　604p　15cm　（講談社+α文庫）　1200円　Ⓣ4-06-256176-X　Ⓝ816.07

内容 なかなか思い出せない漢字や微妙なニュアンスに迷ってしまう用語等、日常不可欠な用語2万8千語を引きやすい大きな活字で収録。巻末には常用漢字一覧表や難読地名、動植物名などが付す。

大きな字で読む常用辞典 手紙の書き方・日用語　武部良明、三省堂編修所編　三省堂　2016.8　291,356p　22cm　〈「三省堂ポケット手紙の書き方辞典」(2008年刊)と「三省堂ポケット日用語辞典」(2000年刊)の改題、字の大きな拡大版とし、合本〉　2300円　Ⓣ978-4-385-13878-7　Ⓝ816.6

内容 読みやすさ抜群！1冊で2つの辞典。「手紙の書き方」手紙の構成、言葉遣い（敬語、忌みことば他）などの基礎知識。場面別・手紙の文例。「日用語」手紙、文章、報告書などに使える日常語を満載。思い出せない漢字、同音異義の漢字も一目瞭然。

角川机上用字辞典　第3版　吉川泰雄、武田友宏編　角川書店　1993.4　395p　19cm

1300円　Ⓣ4-04-012400-6

内容 手紙・日記からレポート類まで、文章表現に用いられる約27000語を収録した文章用語辞典。「常用漢字表」「送り仮名の付け方」「現代仮名遣い」などに基づく正しい書き表し方を示す。また、同音・同訓で使い分けに迷う語や、難解な見出し語には簡潔な語義を付記する。

漢字 読めそうで読めない おもしろ用字用語　三心堂出版社　1995.10　206p　17cm　980円　Ⓣ4-88342-025-6　Ⓝ811.2

目次 動植物の名前、生活・健康など、気象・冠婚葬祭・暦など、芸術・趣味・娯楽など

漢字 読めそうで読めない ゆかいな用字用語　三心堂出版社　1996.1　191p　17cm　980円　Ⓣ4-88342-042-6　Ⓝ811.2

目次 第1章 趣味と娯楽、第2章 遊びと文化、第3章 産業の用具と道具、第4章 職業と階級、第5章 建物と生活、第6章 乗り物・軍事・武具、第7章 数え方と地名ほか

内容 日本の歴史的用語を中心に約5000語を収録。すべての語句に読み方を付記。ジャンル別に分けて五十音順に配列のわかりやすい内容。各章の冒頭に学習問題を掲載。実力度が判断できる。手軽で便利なハンドブックサイズ。

漢字 わかっているようでわからない用字用語20000　三心堂出版社　1995.8　254p　17cm　980円　Ⓣ4-88342-020-5　Ⓝ816.07

内容 日常よく使われる語句を中心に20000語を収録した用字用語辞典。すべての語にふりがなをつけ、五十音順に排列する。

現代用語表記辞典　関根文之助編　小学館　1992.6　633p　19cm　1400円　Ⓣ4-09-505022-5　Ⓝ816.07

内容 現代日本語の「正確な書き方」がよくわかる決定版。見出し3万語、標準的な表記を大見出しで明示。仮名遣い、送り仮名の付け方も一目瞭然の編集。漢字の使い方が的確にわかる豊富な用例と注記。同音・同訓の語の使い分けが一目でわかる配慮。公用文・新聞など各分野での表記の違いも解説。書き換え漢字、言い換え語などを注記欄で詳述。

現代用字用語の誤典　松下史生著　自由国民社　1993.12　526p　18cm　（J.K BOOKS）　1400円　Ⓣ4-426-46400-5　Ⓝ816.07

目次 第1章 現代仮名遣いの間違い、第2章 現代送り仮名の間違い、第3章 同訓語の書き分け方の間違い、第4章 熟字訓語の読み方の間違い、第5章 同音語の書き分け方の間違い、第6章 難読語の読み方の間違い、第7章 故事成語熟語の読み方の間違い、第8章 地名の読み方の間違い

㈇現代仮名遣いや現代送り仮名、同訓語の書き分け方や熟字訓語の読み方の間違い、同音語の区別、難読語と故事成語熟語、地名の正しい読み方など、まぎらわしくて覚えづらいものを一冊にまとめた誤用の辞典。誤用の実例を紹介しながら正しい用法を語源から解説し、さらに類語・対話も収録・掲載する。

現代用字用法辞典 日本語力を高める　倉
持保男編　東京書籍　2007.11　814p　19cm　2800円　Ⓘ978-4-487-79662-5　Ⓝ816.07

㈇場面や状況に応じた日本語の使い方。日常使われる語句約23000について、「用字の規準」と「的確な用法」を明示。

講談社パックス 用字用語辞典　講談社
1996.10　636p　16×9cm　1500円　Ⓘ4-06-125049-3　Ⓝ816.07

㈇漢字仮名交じり文における漢字の用法・仮名遣い・送り仮名などの表記方法を用例とともに示したハンディサイズの用字辞典。収録数は3万語で排列は五十音順。漢字の読みその表記、用例のみを掲載する。

国語はや引き実用辞典　学研辞典編集部編
学習研究社　2002.6　252p　15cm　(実用辞典シリーズ)　620円　Ⓘ4-05-301348-8　Ⓝ816.07

㈇日常生活に必要な言葉をポケットサイズにまとめた用語辞典。現代仮名遣いによる仮名表記、例句、誤字・誤用例を記載。原則として意味の注釈はないが、あったほうが理解を助ける項目には注記を付す。囲み記事で同音語の使い分けを示す。

困ったときの国語早引き辞典 用字・用語編
学習研究社　1996.8　252p　16cm　(ポケパル 4)　Ⓘ4-05-300359-8　Ⓝ816.07

㈇日常生活で使用される言葉を取り上げ、用例や典型的な誤字・誤用とともに記した用字・用語辞典。同音語についてはその使い分けを示す。見出し語は漢字表記で、排列は五十音順。一度忘れ漢字や同音語の使い分けがすぐにわかる。

最新版 用字用例辞典　日本文芸社　1993.1
427p　18cm　1300円　Ⓘ4-537-01601-9　Ⓝ816.07

㈇中学生から一般社会人までの、社会生活・日常実務に必要な語句を中心に約17000語を選定・収録した用語用字辞典。大きな活字を使用。

最新 用字用語辞典 ワープロ対応　主婦と
生活社編　主婦と生活社　1991.12　496p　19cm　1200円　Ⓘ4-391-11403-8　Ⓝ813.1

㈇便利でコンパクト、ワープロ辞書としても活用できる、最新多機能編集。漢字用例3500項目、四字熟語・慣用句1080選。

三省堂新用字辞典　山本真吾，三省堂編修所
編　三省堂　2011.8　695,63p　19cm　1800円　Ⓘ978-4-385-13715-5　Ⓝ816.07

㈇新常用漢字・現代仮名遣い・送り仮名の付け方に基づく標準的な表記を明示。このクラス最大規模の3万6千項目収録。簡潔な用例・語義解説。付録に常用漢字音訓一覧・新人名用漢字など。

三省堂ポケット 日用語辞典　三省堂編修所
編　三省堂　2000.7　364p　15cm　800円　Ⓘ4-385-13868-0　Ⓝ816.07

㈇日本語の書き表し方と使い方の日用語辞典。現代日本の日常語を書き記すのに必要と思われる語を中心に、的確な活用を目指すために、用例と注釈を示してその語の意味と用法を明らかにする。見出し用語は五十音順に排列、見出し漢字にはすべてに振り仮名を付す。巻末に付録として手紙の書き方についてを収録。

実用語小字典 精選熟語と最新外来語　永
岡書店編集部編　永岡書店　2011.1　445p　11×8cm　381円　Ⓘ978-4-522-42962-4　Ⓝ813.1

㈇新常用漢字(2136字)を含む約25000字を収録。巻末に最新外来語字典、付録に難読語一覧、故事・熟語、ことわざ一覧が付く。

実用字典　〔新装版〕　西東社編　西東社
1990.10　438p　15cm　800円　Ⓘ4-7916-0206-4　Ⓝ813.1

㈇オフィス・家庭で頼りになる用語用例字典。総語数26,000以上収録。

実用字引　ほるぷ出版　1993.3　510p　16cm
1000円　Ⓘ4-593-59900-8　Ⓝ816.07

㈇「字引」として語の表記形を知るための辞典。日常使われる語を中心に、なじみの深い語句、忘れがちな文字を、単語にとどまらず連語・複合語にまで範囲を広げて約70000語を収録、漢字による表記形、ならびに送り仮名のつけ方を記載する。巻末に「常用漢字一覧表」を付す。

清水日用字典　新訂11版　清水書院編集部編
清水書院　1992.12　410p　16cm　560円　Ⓘ4-389-32008-4　Ⓝ816.07

㈇収録語句2万5千余。日常の用字はもれなく収録。解釈はやさしく簡明、用例を多く入れた。「常用漢字表」の新表記をとり入れた。日常の書写生活のために、「書簡文・商用文・証書類の書き方」を収録した。「公民生活と役所」など、社会常識として必要なことがらを多数付録として収録した。

清水日用字典　最新版　清水書院編集部編

清水書院　2002.9　542p　16cm　750円
Ⓘ4-389-32018-1
Ⓝ816.07

内容 日常生活で頻繁に使用する用字用語をまとめた実用的な字典。収録項目数は約2万9000語。見出し語を五十音順に排列し、簡潔な解釈のほか類語、用例を記載する。付録では日常の読み書きに必要な事項を取り上げる。

清水日用字典　最新版　清水書院編集部編
清水書院　2007.11　399p　15×9cm　850円
Ⓘ978-4-389-32021-8　Ⓝ816.07

内容 日常の用字用語26000語を収録。解釈は簡潔にして、用例や類語・反対語を添え用字に役立つ字典。

昭文 漢字用語字典　第56版　藤堂明保監修、平井充良編　昭文社　1997.1　269p　13cm　619円　Ⓘ4-398-40023-0　Ⓝ816.07

内容 普通の日常生活で使用度の高い語（漢字母・慣用句等を含む）を主として収録。排列は、見出し語の五十音順。見出し語の数は、約2万語。漢字母は、常用漢字1945字の全部を収録し、常用漢字表のすべての音訓を示す。

常用語字典　ポケット版　大河内昭爾監修
成美堂出版　1993.3　399p　15cm　1100円
Ⓘ4-415-07834-6　Ⓝ816.07

内容 中学・高校生の漢字学習の手引書として、また社会生活に必要な言葉を約32000余語収録した常用語辞典。各語に説明・解説を記載する。付録には「四字熟語」「反対語」「読みにくい漢字」「書き間違いやすい漢字」などの資料を収める。

常用語字典　ポケット版　大河内昭爾監修
成美堂出版　2003.8　399p　16cm　1000円
Ⓘ4-415-02453-X　Ⓝ816.07

内容 日常必要と思われる約3万2千余語を厳選して収録。正しく読みやすい文章を書くための最適の書。付録には「四字熟語」「反対語」「読みにくい漢字」「書き間違いやすい漢字」が付く。

常用語辞典　ポケット版　大河内昭爾監修
成美堂出版　2006.4　399p　15cm　800円
Ⓘ4-415-03194-3　Ⓝ816.07

内容 日常生活に必要な3万2000余語を収録。

常用語辞典　ポケット版　大河内昭爾監修
成美堂出版　2012.6　599p　15cm　900円
Ⓘ978-4-415-31302-3　Ⓝ816.07

内容 大きな文字でパッと見つかる熟語辞典。忘れた熟語、漢字がパッと見つかる便利辞典。日常生活に必要な3万2000余語を収録。正しい文章、手紙を書くための最適書。改訂常用漢字表に対応。

常用語小字典　日常役立つ熟語と難読語
永岡書店編集部編　永岡書店　2011.1　447p　11×8cm　381円　Ⓘ978-4-522-42961-7　Ⓝ816.07

内容 2010年改訂の新常用漢字（2136字）を含む、約25000字を収録。巻末に難読字一覧が付く。

常用新用字用語辞典　新修版　島田昌彦編
東京書籍　1993.2　474p　19cm　1600円
Ⓘ4-487-73103-8　Ⓝ816.07

内容 常用漢字・現代仮名遣い・外来語・送り仮名を使いこなす最新表記辞典の決定版。

常用大字典　（紺）　集文館編集部編　集文館
2007.5　527p　21cm　2100円　Ⓘ978-4-7850-0141-4　Ⓝ816.07

内容 ビジネスや日常生活に役立つ46000語を収録。くっきりして見やすい大きな文字。全ページ、見やすく美しい2色刷り。すべての語に明快な語釈とボールペン字入り。巻末には手紙用語のボールペン字入り。「常用大字典（白）」の表紙色違い版。

常用大字典　（白）　集文館編集部編　集文館
2007.5　527p　21cm　2100円　Ⓘ978-4-7850-0140-7　Ⓝ816.07

内容 ビジネスや日常生活に役立つ46000語を収録。くっきりして見やすい大きな文字。全ページ、見やすく美しい2色刷り。すべての語に明快な語釈とボールペン字入り。巻末には手紙用語のボールペン字入り。「常用大字典（紺）」の表紙色違い版。

新日用字典　（青）　集文館編集部編　集文館
〔2004.1〕　446p　16cm　620円　Ⓘ4-7850-0204-2　Ⓝ816.07

内容 日常生活に必要な語を厳選。簡潔な語釈と適格な表現。常用漢字には熟語多数列挙。就職・成人の祝い品に最適。現代外来語集を巻末に掲載。

新日用字典　（赤）　集文館編集部編　集文館
〔2004.1〕　446p　16cm　620円　Ⓘ4-7850-0205-0　Ⓝ816.07

内容 日常生活に必要な語を厳選。簡潔な語釈と適格な表現。常用漢字には熟語多数列挙。就職・成人の祝い品に最適。現代外来語集を巻末に掲載。

新版 岩波現代用字辞典　岩波書店辞典編集部編　岩波書店　1993.1　714p　19cm　1240円　Ⓘ4-00-080078-7　Ⓝ816.07

内容 見出し語3万5000語を選定収録した用語用字辞典。新版では『広辞苑第四版』の新収録語を含め、1000語余を新収録する。全項目に用例つきの慣用表現を掲載。常用漢字・送り仮名を明示。一点一画まで鮮明に示す大きな活字を使

用。常用漢字・人名用漢字一覧、送り仮名の付け方、手紙の書き方、ほかの付録を収め、新たにJIS漢字コード表、拡張新字体、公用文における漢字使用等、横書き形式の手紙、ほかの資料も収録する。

新版 日用語新字典 ポケット判 赤 高橋書店編集部編　高橋書店　2004.2　384p　16cm　750円　Ⓘ4-471-17230-1　Ⓝ813.1

(内容)漢字、漢字仮名交じりの日用語28000語を収録。省略が許容されている送り仮名や、別表記がわかる。簡明な語釈には同義語のほか、季語を記号で、用例を「—」で、対義語を「←→」で示している。巻末には同類語、対義語を含めた約800語の四字熟語を、動植物の表記とともに一覧でまとめ掲載。

新版 日用語新字典 ポケット判 白 高橋書店編集部編　高橋書店　2004.2　384p　16cm　750円　Ⓘ4-471-17231-X　Ⓝ813.1

(内容)漢字、漢字仮名交じりの日用語28000語を収録。省略が許容されている送り仮名や、別表記がわかる。簡明な語釈には同義語のほか、季語を記号で、用例を「—」で、対義語を「←→」で示している。巻末には同類語、対義語を含めた約800語の四字熟語を、動植物の表記とともに一覧でまとめ掲載。

大活字 気のきいた言葉さがし辞典 三省堂編修所編　三省堂　2001.3　525p　21cm　2400円　Ⓘ4-385-16036-8　Ⓝ813.5

(目次)自然・風物、人間・人事、行動・態度、状態・様子、心情・感情、人生・生活、社会・文化・学芸、からだ言葉

(内容)さまざまな資料から「気のきいた言葉」約7000語を集めたもの。八つのジャンルのキーワードからことばを検索する。簡潔な意味・用例を付し、季語・四字熟語・故事成句も掲載。

大活字 早引き字典 村田菜穂子監修　ナツメ社　1997.12　760p　19cm　1200円　Ⓘ4-8163-2301-5　Ⓝ816.07

(内容)日常よく使われる現代語のうち漢字を含む語彙を中心に2万2千語を収録。配列は五十音順、巻末に四字熟語、難読漢字、都市名、難読地名がある。

ちょっとものしりな日本語用例2000 現代言語セミナー著　講談社　1998.2　283p　15cm　(講談社+α文庫)　〈『日本語表現活用辞典』改題書　索引あり〉　640円　Ⓘ4-06-256247-2　Ⓝ814.4

(目次)第1章 よく使うからこそ正しく使いたいことば、第2章 知っておきたい効果的な表現、第3章 キラリと光る知的な表現

(内容)差がつく表現、魅する文章はこう作る! 辞書にない具体的な用例を、あらゆるジャンルの文学作品などから厳選し、全ての見出し語に収録した、ことばの本!! 効果的・独創的・キラリと光るちょっと知的な表現も思いのまま。手にした今から、あなたもことば名人に!! レポート、企画書、手紙や原稿執筆にもすぐ役立ちます!! 語源、類語、間違えやすい用例なども満載で、読めば読むほど得する一冊。

デイリーコンサイス 用字辞典 三省堂編修所編　三省堂　1993.12　635p　16cm　1500円　Ⓘ4-385-14036-7　Ⓝ816.07

(内容)手紙や書類を書くときの参照に用いる用語用字辞典。日常目にする語を中心に3万語を収録し、語例・句例を示す。大きな活字を使用。

デイリーコンサイス 用字辞典 〔中型版〕三省堂編修所編　三省堂　1994.2　635p　19cm　2000円　Ⓘ4-385-14038-3　Ⓝ816.07

(内容)見出し3万語を収録。日常生活に必要十分。慣用的な言い回し、意味や用法を簡潔な用例で提示。手紙や書類を書くとき、漢字を確かめたいときに、手元において便利に使える漢字表記辞典。

特大活字版 角川用字必携 新版　角川書店　1995.11　766p　19cm　2300円　Ⓘ4-04-021303-3　Ⓝ816.07

(内容)収録語数4万5000の用字辞典。すべての漢字に読みを付す。排列は現代仮名遣いによる五十音順。巻末付録として常用漢字一覧、人名用漢字一覧、送り仮名の付け方、現代仮名遣い、歴史的仮名遣い一覧を掲載。

ど忘れ早引き字典 大きな活字 主婦の友社編　主婦の友社　2003.4　383p　19cm　1000円　Ⓘ4-07-235915-7　Ⓝ816.07

(内容)大きな文字サイズで意味も簡素に書かれた言葉の字典。ポケットサイズ。約3万語を収録、五十音順に排列。巻末に「故事成句」辞典付き。見返しに「年号早引き表」と「旧国名日本地図」を収載。

日常新字典 精選熟語と最新外来語 永岡書店編集部編　永岡書店　〔1998〕　365p　16cm　〈付・最新外来語〉　660円　Ⓘ4-522-01219-5　Ⓝ813.1

(内容)簡潔な解釈、的確な用例。日常使用する用語約2万5000語収録。マスコミを中心に、身近な外来語約2500語精選。情報化時代に応える学習、ビジネス実用の必携字典。

日用語字典 毎日活用 特装版　成美堂出版　1992.10　335p　19cm　1200円　Ⓘ4-415-07807-9　Ⓝ816.07

(内容)日常生活に必要な3万語を収録。漢字の意

言語生活・コミュニケーション　　　作文技法・文章術

味を瞬時に把握できる。「四字熟語」の便利な索引を収録。「名言・名句」を収め揮毫にも役立つ。「手紙の書き方」「文例集」も収録。ユニークな付録で実用にも便利。

日用語字典　毎日活用　特装版　成美堂出版
　1994.3　371p　19cm　1200円　Ⓣ4-415-08042-1　Ⓝ816.07
〔内容〕日常生活に必要な2万6000語を収録した用字辞典。見出し語には簡潔な解説を記載する。四字熟語掲載ページ一覧、主な反対語、名言・名句、手紙の書き方、手紙文例集、暮らしの知識などの資料がある。

日用語字典　毎日活用　大河内昭爾監修　成美堂出版
　2000.4　367p　21cm　1000円　Ⓣ4-415-01071-7　Ⓝ816.07
〔内容〕文書作成など日常生活に必要と思われる約2万6700語を収録した字典。排列は五十音順。見出しに語に大きな活字を用い、説明をつけた。付録として四字熟語掲載ページ一覧、主な反対語、故事・ことわざ、手紙の書き方を巻末に収録した最新版。

日用語字典　毎日活用　大河内昭爾監修　成美堂出版
　2001.4　367p　19cm　1000円　Ⓣ4-415-01718-5　Ⓝ816.07
〔内容〕日常生活に必要と思われる語約2万7000語を収録した字典。付録として、「主な反対語」「故事・ことわざ」「手紙の書き方」などがある。

日用語新字典　〔新装版〕　高橋書店編集部編　高橋書店　1994.7　359p　16cm　650円　Ⓣ4-471-17301-4　Ⓝ816.07
〔内容〕携帯に便利なポケット判サイズ。日常生活に必要な約3万語を収録。簡潔な解釈に加え、用例なども掲載。難解な語句にはイラストを挿入。

日用辞典　ボールペン字入り　改訂新版　集文館編集部編、三室小石書　集文館　1993.3　608p　15cm　1080円　Ⓣ4-7850-0157-7　Ⓝ816.07
〔内容〕ボールペン字の書き方、ビジネス書式、楷書・行書を示す辞典。ボールペン字入4万6000語、外来語2500語を収録する。当用漢字一覧表、送りがなのつけ方の資料も収録する。

日用大辞典　集文館企画部編　集文館　1994.7　543p　21cm　2100円　Ⓣ4-7850-0213-1　Ⓝ813.1
〔目次〕ボールペン字の練習、商取引用語、手紙用語、社内書式と文書、欠勤届、欠席届・忌引届、出張報告書、りん議書、議事録、社外文書の書き方、はがき書き、封書の書き方、紹介名刺の書き方、辞典本文、常用漢字音訓表、おくりがなのつけ方、書きかえ表、音引き新旧字体表

〔内容〕ビジネス・日常生活に必要なことばと書式の辞典。大きな活字を使用し、4万6000語収録。

日本語の正しい表記と用語の辞典　第2版　講談社校閲局編　講談社　1992.11　576p　18cm　1400円　Ⓣ4-06-123289-4　Ⓝ811.56
〔目次〕原稿整理の必要性とそのポイント、用字用語集、用字用語解説、数字の書き方、外来語の書き表し方、外来語例集、誤りやすい慣用語・慣用句、ローマ字のつづり方、諸資料集、児童書表記・校正規準、常用漢字五十音順音訓表、人名用漢字表

日本語の正しい表記と用語の辞典　第3版　講談社校閲局編　講談社　2013.4　651p　18cm　1500円　Ⓣ978-4-06-265349-7　Ⓝ811.56
〔目次〕原稿整理の必要性とそのポイント、表記・校正規準（一般書表記・校正規準、児童書表記・校正規準）、表記の要領（現代かなづかいの要領、送りがなのつけ方、漢字書き・かな書きの要領、ルビのつけ方、数字の書き方、外来語の書き表し方、ローマ字のつづり方、間違いやすい言葉・慣用句・表現）、資料集（主要漢字五十音順音訓表、人名用漢字表、諸資料、用事用語集、西暦・和暦対照表）

〔内容〕原稿・論文・レポート・企画書・会議資料・手紙・メール…正しい文章作成のベストアドバイザー。便利な資料類も充実。

早引き用字用語辞典　故事・ことわざ研究会編　ナツメ社　2011.3　535p　16cm　1000円　Ⓣ978-4-8163-5027-6　Ⓝ816.07
〔内容〕2010年内閣告示の「常用漢字表」に準拠した「用字用語辞典」。文字遣いを迷ったり、表記を間違えたりしやすい約2万2000語もの語句が用例や意味とともに収録。巻末には、「常用漢字一覧」「人名用漢字一覧」「送り仮名の付け方」に加え、「四字熟語」「動植物名」「外国地名」「外来語表記集」を採録。

ハンディ日用字典　（青）　集文館編集部編　集文館　2004.1　446p　16cm　620円　Ⓣ4-7850-0206-9　Ⓝ816.07
〔内容〕日常生活に必要な語を厳選。現代外来語集を巻末に掲載した。「ハンディ日用字典（赤）」の表紙色違い版。

ハンディ日用字典　（赤）　集文館編集部編　集文館　2004.1　446p　16cm　620円　Ⓣ4-7850-0207-7　Ⓝ816.07
〔内容〕日常生活に必要な語を厳選。現代外来語集を巻末に掲載した。「ハンディ日用字典（青）」の表紙色違い版。

ハンディ用字字典　〔青版〕　加藤哲編　集

作文技法・文章術　　　言語生活・コミュニケーション

文館　1991.2　320p　19cm　780円　Ⓘ4-7850-0162-3　Ⓝ813.1
(内容)使用頻度の高い精選1万7000語の本格派用字字典。現代送りがな、常用漢字が見やすく、用例も豊富。

ハンディ用字字典　〔赤版〕　加藤哲編集
文館　1991.2　320p　19cm　780円　Ⓘ4-7850-0163-1　Ⓝ813.1
(内容)使用頻度の高い精選1万7000語の本格派用字字典。現代送りがな、常用漢字が見やすく、用例も豊富。

必携 用字用語辞典　第4版 中型版　三省堂編修所編　三省堂　1992.4　550p　20cm　1200円　Ⓘ4-385-13615-7　Ⓝ816.07
(内容)今、このことばをどう書き表すかをわかりやすく示しました。「常用漢字表」「送り仮名の付け方」「現代仮名遣い」による書き表し方を、わかりやすく掲出。「常用漢字表」の字種・字体・音訓を明示。ことばの言いかえ、言い回しを簡潔に解説、用例も豊富。

必携 用字用語辞典　第5版　三省堂編修所編　三省堂　2005.5　550p　15cm　1000円　Ⓘ4-385-13611-4　Ⓝ816.07
(内容)日常生活に関係の深い約2万1000語と、常用漢字表に掲げてある1945字の漢字を収録。新「人名用漢字」を完全収録した最新第五版。

必携 用字用語辞典　第5版 中型版　三省堂編修所編　三省堂　2005.5　550p　19cm　1500円　Ⓘ4-385-13616-5　Ⓝ816.07
(内容)日常生活に関係の深い約2万1000語と、常用漢字表に掲げてある1945字の漢字を収録。新「人名用漢字」を完全収録した最新第五版。

必携 用字用語辞典　第6版　氏原基余司監修,三省堂編修所編　三省堂　2012.12　658p　15×8cm　1300円　Ⓘ978-4-385-13612-7　Ⓝ816.07
(内容)新「常用漢字表」に対応(平成22年11月30日内閣告示により改正)。実際の書き表し方が、すぐに分かるように表示を工夫。文章を書くすべての現代人のための用字・用語辞典。

必携 用字用語辞典　第6版 中型版　氏原基余司監修,三省堂編修所編　三省堂　2012.12　658p　19×11cm　1600円　Ⓘ978-4-385-13617-2　Ⓝ816.07
(内容)新「常用漢字表」に対応(平成22年11月30日内閣告示により改定)。実際の書き表し方が、すぐに分かるように表示を工夫。文章を書くすべての現代人のための用字・用語辞典。

ペン字入り用字用例辞典　三省堂編修所編
三省堂　1991.7　442p　18cm　(三省堂実用

3)　971円　Ⓘ4-385-14160-6　Ⓝ813.1
(内容)オフィスや家庭で知りたいことがすぐわかるための実用辞典シリーズの第1期・ことば編。どの漢字をどう使うか―現代生活に必要な漢字・熟語を五十音順に配列。

ポケットプログレッシブ 現代用語表記辞典　2色刷 第2版　関根文之助編　小学館　1999.8　633p　16cm　(小学館のポケット辞典シリーズ)　1500円　Ⓘ4-09-506101-4　Ⓝ816.07
(内容)日常の言語生活の中で、使い方を誤ったり書き間違えたりしやすい約3万語を選び、その正しい使い方を示した辞典。配列は五十音順。常用漢字一覧、人名用漢字一覧付き。付録として、現代仮名遣い、送り仮名の付け方、手紙の用語、二十四節季、月の異名、賀寿、年齢の異称、旧国名一覧、物の数え方、不確定な数の表現、略語表記集、外来語表記集などがある。

ポケット日用語字典　改訂新版　高橋書店編集部編　高橋書店　1990.5　359p　16cm　500円　Ⓘ4-471-17173-9　Ⓝ816.07
(内容)文字を忘れたときの相談相手。簡易外来語辞典つき。

毎日新聞用語集　改訂 1992年版　毎日新聞社　1992.7　668p　17cm　980円　Ⓘ4-620-30874-9　Ⓝ816.07
(目次)用字用語集,原則集,用例集,略語集
(内容)新聞記者が使っている正しい用字用語の手引き。

毎日新聞用語集　最新版　毎日新聞社編　毎日新聞社　2002.2　733p　18cm　1400円　Ⓘ4-620-31552-4　Ⓝ816.07
(目次)用字用語(用字用語の基本,用字用語集・使用上の手引 ほか),表記の原則(漢字と仮名の使い方,現代仮名遣いの要領 ほか),外来語と外国地名(外来語表記の原則,外来語の用例 ほか),資料集(紛らわしい裁判・法律用語,運動用語 ほか),情報源(電話,インターネット ほか)
(内容)新聞記者が使用している実用的でコンパクトな用語辞典。用字用語の部では漢字の音訓表、送り仮名、用字用語の用例を統合し五十音順に排列。常用漢字以外の紙面上に使用する漢字の用例も収録する。ITの進展を反映し、経済・情報技術関連用語のほか、インターネットのURLや各種団体の電話番号リストを収載。

毎日新聞用語集　改訂新版　毎日新聞社編　毎日新聞社　2007.3　711p　18cm　1400円　Ⓘ978-4-620-31795-3　Ⓝ816.07
(目次)用字用語(用字用語の基本,用字用語集・

言語生活・コミュニケーション　　　　作文技法・文章術

使用上の手引 ほか），表記の原則（漢字と仮名の使い方，現代仮名遣いの要領 ほか），外来語と外国地名（外来語表記の原則，外来語の用例 ほか），資料集（紛らわしい裁判・法律用語，紛らわしい地名 ほか）

⑰内容⑰より正確に，より分かりやすい日本語を書くためのノウハウを一冊に。新聞記者が使う実用性重視の用語集。

見やすい漢字表記・用字辞典　三省堂編修所編　三省堂　2010.9　729p　19cm　2100円　①978-4-385-16045-0　Ⓝ816.07

⑰内容⑰文字が大きい！ 平成22年改定常用漢字表（答申）に対応。漢字の読みや熟語，旧字体も分かる。送り仮名の送り方，同音語の使い分けも分かる。適切な用例と注記で漢字の使い方が分かる。一般社会人のための漢字使い方辞典。

用字超便利辞典 すばやくひける！ 漢字の使い方がよくわかる　田村晋編　同文書院　1992.12　254p　18cm　980円　①4-8103-7112-3　Ⓝ816.07

⑰内容⑰90年代のビジネス・日常に対応する16,000語を採録。ワープロ・オフィス文書・手紙に重宝な必携版。

用字超便利辞典 すばやく引ける，簡単に使える！　新装版　田村晋編　同文書院　1997.9　254p　18cm　1000円　①4-8103-7445-9　Ⓝ816.07

⑰内容⑰日常よく使う1万6千語を選び解説。漢字の正確な読み，書き，使い分けが一目でわかる。

用字用語辞典　ナツメ社　1990.5　462p　18cm　1000円　①4-8163-1079-7　Ⓝ816.07

用字用語辞典 地名・人名付　改訂版　樺島忠夫，杣浦勝著　大修館書店　1996.6　594p　19cm　1957円　①4-469-01247-5　Ⓝ816.07

⑰内容⑰日常語4万1000の漢字表記と送り仮名，用法を示した用字用語辞典。現行都道府県郡市町村名すべてと有名地名，主な姓名も収録する。巻末付録にJIS第1水準，第2水準のすべての漢字に句点番号を付し，常用漢字，教育漢字，人名用漢字の区別を示した一覧を掲載。付録にはほかに「手紙のプログラミング」「漢字能力検定試験出題基準一覧」等がある。

用字・用語辞典 ポケット版　日東書院　1994.7　287p　17cm　880円　①4-528-00190-X　Ⓝ816.07

⑰内容⑰ワープロの普及で目立つのは，手書きではとても信じられぬ漢字の誤用，混用である。そんなまちがいをしないためには，用字辞典を手元におくのが一番。現代の用語例が豊富なポケット版。

用字用語 新表記辞典　新訂3版　天沼寧，加藤彰彦編　第一法規出版　1990.12　729p　19cm　1300円　①4-474-07099-2　Ⓝ813.1

⑰内容⑰国語表記の目安となる内閣告示，通知・通達等に基づいて編集。見出し語には，現代表記に必要な約2万7千語を収録。常用漢字1,945字すべてに音訓と用例を示し，教育漢字には配当学年を明記。「現代仮名遣い」に基づく最新表記辞典。

用字用語 新表記辞典　新訂4版　天沼寧，加藤彰彦編　第一法規　2011.11　802p　19cm　1700円　①978-4-474-02690-2　Ⓝ813.1

⑰内容⑰現代表記に必要な約2万6千語を収録した表記辞典。各語の具体的な書き表し方のほか，豊富な用例，参考表記，言い換え，公用文の表記，文部科学省語例集の表記等を示す。

用字用語の辞典　三省堂編修所編　三省堂　1991.7　439p　18cm　（三省堂実用1）　971円　①4-385-14154-1　Ⓝ813.1

⑰内容⑰1978年同社刊「必携用字用語辞典」の改訂版。

横書き実用字典　西東社編　西東社　1992.2　538p　16cm　680円　①4-7916-0207-2　Ⓝ816.07

⑰内容⑰OA時代だからタテ書きからヨコ書きへ大胆に変化。ポケットサイズだから便利。日常でよく使われる漢字を，具体的な用例を中心にまとめた，用語用例字典の決定版。

読売新聞用字用語辞典　読売新聞社編　読売新聞社　1990.5　751p　19cm　1800円　①4-643-90040-7　Ⓝ816.07

⑰目次⑰1 用字用語集（誤りやすい法令関連用語集，皇室用語集，外国地名一覧，中国の公的機関と役職名の表記，中国簡体字一覧，ローマ字略語集），2 読売新聞一般記事のスタイル（表記の基準，人権にかかわる報道の記述原則，分かりやすいニュース記事の手引，普通名詞と紛らわしい商標・商品名，外国主要通信社・新聞・雑誌，主な航空会社），3 資料（常用漢字表，常用漢字表付表の語，日本新聞協会が認めた慣用表記，人名用漢字一覧，教育漢字の学年別配当表，改定現代仮名遣い・本文，改定現代仮名遣い・付表，改定送り仮名の付け方，戦後の表記に関する年表），4 便覧（手紙の書き方，主要季語一覧，12か月の異名 ほか）

⑰内容⑰文章を書くとき必要な現代の標準表記，常用漢字で書けない語の書き換え・言い換え語を多数例示。付録には新聞記事のスタイル・手紙の書き方などの文章小百科。ビジネスマンの文章作成のための辞典。

例解辞典　常用漢字・送り仮名・現代仮名

日本語レファレンスブック　239

遣い・筆順　改訂新版　白石大二編、高田智和改訂新版監修　ぎょうせい　2010.7　720p　16cm　1524円　Ⓘ978-4-324-09143-2　Ⓝ816.07

(内容)公用文、ビジネス文書、挨拶状・手紙など、あらゆる文書作成に役立つ信頼の一冊。

ワイド版 日用字典 最新版　清水書院編集部編　清水書院　2007.11　399p　19×12cm　1200円　Ⓘ978-4-389-32022-5　Ⓝ816.07

(内容)日常の用字用語26000語を収録。解釈は簡潔にして、用例や類語・反対語を添え字に役立つ字典のワイド版。

<ハンドブック>

朝日新聞の用語の手引　最新版　朝日新聞社用語幹事編　朝日新聞社　1994.3　591p　19cm　1400円　Ⓘ4-02-227801-3　Ⓝ816.07

(目次)表記の基準、朝日新聞漢字表、現代仮名遣い、送り仮名の付け方、用字用語集、外来語の書き方、外国地名の書き方、資料編（慣用に強くなる、地名に強くなる、古典に強くなる、略語に強くなる、数字に強くなる）

(内容)文章を書くための用語用字辞典。改訂版にあたる本版では、音訓引き漢字表を追加収録する。

朝日新聞の用語の手引　最新版〔2002〕　朝日新聞社編　朝日新聞社　2002.5　603p　19cm　1400円　Ⓘ4-02-228912-0　Ⓝ816.07

(目次)表記の基準（漢字と仮名、新聞漢字表、現代仮名遣い、送り仮名の付け方、区切り符号など、数詞・助数詞、西暦主体の記述）、用字用語集（用字用語）、外来語の書き方（外来語集）、外国地名の書き方（外国地名集）、資料

(内容)新聞記者が文章表現の際に使用する用語集を一般向けに編集したもの。最新の時事用語を増補して用途別に分類した内容。実際に紙上で使用している漢字2011字を収録。巻末資料には誤りやすい慣用句・表現・表記や難読集、アルファベットの略語、単位の接頭語など多数。

朝日新聞の用語の手引　'05-'06年版　朝日新聞社　2005.5　605p　19cm　1400円　Ⓘ4-02-228913-9　Ⓝ816.07

(目次)表記の基準（漢字と仮名、朝日新聞漢字表、現代仮名遣い、送り仮名の付け方、区切り符号など、数詞・助数詞、西暦主体の記述）、用字用語集、外来語の書き方、外国地名の書き方、資料

(内容)分かりやすく、正確な文章を書くために。記者のためのマニュアルに充実の付録をつけ

た決定版。日本語の使い方に迷ったときすぐ役に立つ。

朝日新聞の用語の手引　改訂新版　朝日新聞社用語幹事編　朝日新聞社　2007.11　669p　19cm　1600円　Ⓘ978-4-02-228914-8　Ⓝ816.07

(目次)表記の基準（漢字と仮名、朝日新聞漢字表、現代仮名遣い、送り仮名の付け方、区切り符号など、数詞・助数詞）、用字用語集（用字用語集、用語・表現）、外来語の書き方（外来語の書き方、外来語表記の原則、外来語集）、外国地名の書き方（外国地名表記上の注意、外国地名）、資料（誤りやすい慣用句・表現・表記、人名用漢字一覧、難読集、難読地名集、難読駅名集、大都市の区名一覧、国立公園・国定公園、主な山・島・河川・湖沼、県花・県木・県鳥、略語集、欧文略語集、航空会社の略称・略号、名数録、主な計量単位、単位の接頭語、主要国・地域通貨単位、外国地名の漢字表記、旧国名・県名対照表、五輪開催地、戦後の国語政策年表、内閣一覧、長寿の祝い 年齢の異称、元号・西暦対照表、西暦・元号・年齢対照表、雑節および年中行事と祝日、節気と七十二候と時刻、日本と世界各地の時差）

(内容)「送り仮名をどうつけるか？」「どちらの漢字を使うのが正しいか？」読みやすく、わかりやすく、正確に書くために記者執筆マニュアルに充実の付録をつけた決定版。

朝日新聞の用語の手引　〔2015〕新版　朝日新聞社用語幹事編　朝日新聞出版　2015.3　724p　18cm　1700円　Ⓘ978-4-02-228916-2　Ⓝ816.07

(目次)表記の基準（漢字と仮名、朝日新聞漢字表、現代仮名遣い、送り仮名の付け方、区切り符号など、数詞・助数詞、年月日・時刻、地名）、用字用語集（用字用語集、用語・表現）、外来語の書き方（外来語の書き方、外来語表記の原則、外来語集）、外国地名・人名の書き方（外国地名表記上の注意、外国地名、外国人名の書き方）、資料（読み合わせの字解き例、誤りやすい慣用句・表現・表記 ほか）

(内容)5年ぶりに大改訂した最新版！ 学校から企業、家庭生活にいたるまで、文書作成には必携の用字用語集。外来語表記を刷新、誤りやすい慣用句など資料もさらに充実!!

NHKことばのハンドブック　NHK放送文化研究所編　日本放送出版協会　1992.3　370p　19cm　1900円　Ⓘ4-14-011063-5　Ⓝ810.36

(目次)1 用語集、2 外国語・外来語のカナ表記―基本方針と原則、3 外国語・外来語のカナ表記―用例集、4 外国語略語集、5 数字の発音、6 助

言語生活・コミュニケーション　　作文技法・文章術

数詞の使い方，7 ことばQ&A
(内容)50音順に配列した使いやすい用語集。外国語のカナ表記大幅改訂，最新の国名も掲載。数字の発音・助数詞の使い方は他に類書なし。ことばの基本についてのQ&Aは内容豊富。

NHKことばのハンドブック　第2版　NHK放送文化研究所編　日本放送出版協会　2005.11　377p　19cm　1900円　Ⓘ4-14-011218-2　Ⓝ810.36
(目次)第1章 用語集，第2章 外来語・外来語のカナ表記―基本方針と原則，第3章 外国語・外来語のカナ表記―用例集，第4章 外国語略語集，第5章 数字の発音，第6章 助数詞の使い方
(内容)50音順に配列した使いやすい用語集。より充実した外来語・外国語のカナ表記。例示を大幅に拡張した数詞の読み方。一般に広く使われているものを基準とした助数詞の用例集。放送のことばの基本などを解説したコラムも掲載。

記者ハンドブック　用字用語の正しい知識　第6版　共同通信社編著　共同通信社　1992.4　629p　18cm　〈第5刷（第1刷：1990.3.12）〉　1400円　Ⓘ4-7641-0237-4　Ⓝ816.07
(目次)字音引き常用漢字表，用字用語集，表記の基準，記事のフォーム・書き方，資料編
(内容)正確で分かりやすい文章を書くためのノウハウをこの一冊に集約。東西ドイツの統一やソ連邦の解体に伴う国名・地名の表記変更などをもり込んだ92年最新版。

記者ハンドブック　用字用語の正しい知識　第7版　共同通信社編著　共同通信社　1994.3　710p　18cm　1500円　Ⓘ4-7641-0314-1　Ⓝ816.07
(目次)新聞記事の大原則，字音引き常用漢字表，書き方の基本，用字用語集，記事のフォーム，資料編（年号・西暦対照表，全国の市名，紛らわしい地名，紛らわしい会社名 ほか）
(内容)新聞記者の現場で用いられていた資料をもとに，日常の言語生活に必要な知識をまとめたハンドブック。

記者ハンドブック　新聞用字用語集　第8版　共同通信社編著　共同通信社　1997.4　780p　18cm　1700円　Ⓘ4-7641-0381-8　Ⓝ816.07
(目次)字音引き常用漢字表（漢字使用の原則，字音引き常用漢字表，字訓引き常用漢字表，人名用漢字），書き方の基本（書き方の基本，現代仮名遣い，「ぢ」「じ」「づ」「ず」の使い分け用例集，送り仮名の付け方），用字用語集（用字用語集，病名一覧，外来語の書き方，用例，外来語用例集，運動用語仮名表記，誤りやすい用字用語・慣用句），記事のフォーム（記事のフォーム，日時の書き方，地名の書き方，人名，年齢の書き方，数字の書き方，計量単位の使い方，計量単位換算表，主な計量単位と種類，運動記事の書き方，皇室用語について，紙面のビジュアル化，放送ニュースについて，横書きの方式，インターネットのアドレス表記），資料編

記者ハンドブック　新聞用字用語集　第9版　共同通信社編著　共同通信社　2001.3　788p　18cm　1700円　Ⓘ4-7641-0475-X　Ⓝ816.07
(目次)音訓引き常用漢字表，書き方の基本，用字用語集，記事のフォーム，資料編
(内容)新聞・放送関連の用字用語の決まりや表記の基準を示したハンドブック。誤字や脱字よりも変換ミスが増えている現状を考慮し，用例や注意書きを加えて，同音異義語の使い分けを解説。社会の変革に伴う科学技術用語，介護用語，性差別表現・不快用語なども収録。

記者ハンドブック　新聞用字用語集　第10版　共同通信社編著　共同通信社　2005.3　731p　18cm　1700円　Ⓘ4-7641-0548-9　Ⓝ816.07
(目次)新聞漢字表（漢字使用の原則，新聞漢字表 ほか），用字用語集（病名・身体諸器官，外来語の書き方，用例 ほか），書き方の基本（用字について，用語について ほか），記事のフォーム（原則，個条書き ほか），資料編（全国の市名，紛らわしい地名 ほか）
(内容)正確な文章，簡明な表現。2色刷り漢字表，人名用漢字完全収録。外来語一新，紛らわしい法令用語収録。変わる日本語。全面改訂版。新しい時代の新聞表記基準集。

記者ハンドブック　新聞用字用語集　第11版　共同通信社編著　共同通信社　2008.3　740p　18cm　1700円　Ⓘ978-4-7641-0591-1　Ⓝ816.07
(目次)記事の書き方，新聞漢字表，表外漢字字体表，人名用漢字，現代仮名遣い，送り仮名の付け方，用字用語集，外来語用例集，病名・身体諸器官，誤りやすい用字用語・慣用句，紛らわしい法令関連用語，書き方の基本，差別語，不快用語，記事のフォーム，地名の書き方，人名，年齢の書き方，数字の書き方，新聞略語集，外国地名一覧
(内容)新聞記事を書くための用字用語辞典。2005年刊に続く第11版。分かりやすい表現，正しい仮名遣いを示し，用字用語を大幅に見直し，誤りやすい用字用語・慣用句の充実を図っている。病名一覧も増補し五十音順で掲載。

記者ハンドブック　新聞用字用語集　第12版　共同通信社編著　共同通信社　2010.10　740p　18cm　〈索引あり〉　1800円　Ⓘ978-4-7641-0619-2　Ⓝ816.07
(目次)新聞記事の大原則，記事の書き方，新聞

漢字・仮名遣い，書き方の基本，用字用語集，資料編

⦿内容 29年ぶり大改定! 新常用漢字に対応! 書き方の基本，豊富な用例，充実の資料。日本で最も多くの記者が使っている文章執筆のための必携書。

記者ハンドブック　新聞用字用語集　第13版　共同通信社編著　共同通信社　2016.3　767p　18cm　〈索引あり〉　1900円　Ⓘ978-4-7641-0687-1　Ⓝ816.07

⦿目次 用字用語集（用字用語集，誤りやすい語句，差別語，不快用語），記事のフォーム（原則，箇条書き，発信地 ほか），資料編1（全国の市名・区名，紛らわしい地名，紛らわしい会社名 ほか），資料編2（年号・西暦対照表，外来語の書き方，用例，外来語・片仮名語用例集 ほか）

⦿内容 知れば文章が変わる，日本語ルールブック。「用字用語集」見やすい新レイアウトで解説も一新。「漢字表」小学校の学年ごとに習う漢字が分かる。「外来語用例集」ほか，資料編も最新版に全面改訂。

最新 用字用語ブック　時事通信社　1995.4　731p　18cm　1600円　Ⓘ4-7887-9507-8　Ⓝ816.07

⦿内容 マスコミ関係者から一般までを対象にした，記事や文章を作成する際の基準となる用字・用語ハンドブック。用字用語編・表記の基準編・記事の書き方編・資料編からなる。新聞常用漢字表，改定現代仮名遣い，外来語・外国地名・人名の書き方などを収録。資料編には漢字・ローマ字略語集や世界の主要通信社の名鑑などを掲載する。

最新 用字用語ブック　第2版　時事通信社編　時事通信社　1997.3　731p　18cm　1553円　Ⓘ4-7887-9711-9　Ⓝ816.07

⦿目次 用字用語編（常用漢字表，用字用語集，改定現代仮名遣い，送り仮名の付け方），表記の基準編（表記の基準，用字について，用語について），記事の書き方編，資料編（外来語の書き方，外国地名の書き方，外国人名の書き方，略語の書き方，間違えやすい語字句，紛らわしい法律用語）

最新 用字用語ブック　第3版　時事通信社編　時事通信社　2000.3　743p　19cm　1600円　Ⓘ4-7887-0053-0　Ⓝ816.07

⦿目次 用字用語編（常用漢字表，用字用語集，改訂現代仮名遣い，送りがなの付け方），表記の基準編（表記の基準，用字について，用語について），記事の書き方編（日時の書き方，人名等の書き方，地名の書き方，各種固有名称の書き方，数字の書き方，メートル法と計量単位），資料編（外来語の書き方，外国人名の書き方，略語の書き方，間違えやすい語字句，紛らわしい法令用語）

最新 用字用語ブック　第4版　時事通信社編　時事通信社　2002.8　739p　18cm　1700円　Ⓘ4-7887-0264-9　Ⓝ816.07

⦿目次 用字用語編（新聞常用漢字表，用字用語集 ほか），表記の基準編（用字について，用語について），記事の書き方編（日時の書き方，人名等の書き方 ほか），資料編（外来語の書き方，外国地名の書き方 ほか）

⦿内容 文章を書く際に役立つ実用的な用語辞典。表記マニュアルを全面改訂。目的用途別に構成した内容。用字用語集は親字を五十音順に配列し，熟語や例句を列記する。間違えやすい語字句，送り仮名，略語集も収載。

最新 用字用語ブック　第5版　時事通信社編　時事通信社出版局，時事通信社〔発売〕　2006.6　735p　19cm　1700円　Ⓘ4-7887-0578-8　Ⓝ816.07

⦿目次 用字用語編（新聞常用漢字表，用字用語集 ほか），表記の基準編（用字について，用語について），記事の書き方編（記事の書き方，日時の書き方 ほか），資料編（外来語の書き方，外国地名の書き方 ほか）

最新 用字用語ブック　第6版　時事通信社編　時事通信出版局，時事通信社〔発売〕　2010.12　739p　18cm　1700円　Ⓘ978-4-7887-1079-5　Ⓝ816.07

⦿目次 漢字・仮名編（漢字使用の原則，2010年の常用漢字表改定内容 ほか），用語用語編（用字用語集，病名，身体部位・器官名 ほか），表記の基準編（用字について，用語について），記事のスタイル編（日時の書き方，人名等の書き方 ほか），資料編（外来語の書き方，運動用語の仮名表記例 ほか）

⦿内容 「創る」「作る」「造る」，どれを使う? 迷ったとき開けばすぐに解決! 正確で分かりやすい文章を書く手引。新常用漢字表に沿って全面改訂。

最新 用字用語ブック　第7版　時事通信社編　時事通信出版局，時事通信社〔発売〕　2016.4　759p　18cm　1700円　Ⓘ978-4-7887-1450-2　Ⓝ816.07

⦿目次 表記の基準編（用字について，用語について ほか），用字用語編（用字用語集，病名，身体部位・器官名 ほか），記事のスタイル編（日時の書き方，人名等の書き方 ほか），資料編（外来語の書き方，運動用語の仮名表記例 ほか）

⦿内容 「計る」，「測る」，「量る」。どれを使う? 豊富な用例でたちまち解決! 用字用語を大幅に見直し，さらに充実アルファベット略語にフルスペル付加大改訂最新版!!

言語生活・コミュニケーション　　　作文技法・文章術

日常用字ハンドブック　池田書店編　池田書店　1994.4　248,45p　17cm　880円　ⓉⒶ4-262-15635-4　Ⓝ816.07
Ⓘ内容Ⓘ日常生活でよく使われる語を16000語収録した用字辞典。字形が正確にわかるよう大活字を使用し、使い分けに注意を必要とする箇所に太文字を用いる。

用字用語mini百科　使えることばナビゲーション　文英堂編集部編　文英堂　1997.10　223p　19cm　1200円　ⓉⒶ4-578-10068-5　Ⓝ816.07
Ⓘ内容Ⓘ日常広く使われる語を動詞を中心に現代仮名遣いに従って五十音順に配列したコンパクトな辞典。

読売新聞用字用語の手引　読売新聞社編著　中央公論新社　2005.2　733p　18cm　1400円　ⓉⒶ4-12-003607-3　Ⓝ816.07
Ⓘ目次Ⓘ記事のスタイル（常用漢字表，現代仮名遣い ほか），用字用語集（誤りやすい慣用語句，表現，カタカナ語の書き方・使い方 ほか），資料集1（紛らわしい地名，平成の大合併都道府県別一覧 ほか），資料集2（年号一覧表，年齢早見表 ほか）
Ⓘ内容Ⓘ「保証・保障・補償」「固い・堅い・硬い」はどう使い分ける？「アーカイブ」を分かりやすい言葉に言い換えると？ ページを開けば疑問が氷解。文章を書くときに役立つハンドブック。

読売新聞用字用語の手引　改訂新版　読売新聞社編著　中央公論新社　2008.9　765p　18cm　〈年表あり〉　1500円　ⓉⒶ978-4-12-003973-7　Ⓝ816.07
Ⓘ目次Ⓘ記事のスタイル（文章を書くときの基本，記事の表記3原則，文字遣いの基準 ほか），用字用語集（誤りやすい慣用語句，表現，注意したい用語），常用漢字表，資料集1（紛らわしい地名，法令関連用語，皇室用語 ほか），資料集2（巻末から）（年号一覧表，年齢早見表，年表 ほか）
Ⓘ内容Ⓘ文章を書くときに役立つハンドブック。分かりやすく正確な文章を書くための用例と資料を満載。最新情報を盛り込んで，さらに充実。

読売新聞用字用語の手引　第3版　読売新聞社編著　中央公論新社　2011.3　781p　18cm　〈年表あり〉　1600円　ⓉⒶ978-4-12-004221-8　Ⓝ816.07
Ⓘ目次Ⓘ記事のスタイル（文章を書くときの基本，記事の表記3原則 ほか），用字用語集（用字用語集の使い方，用字用語集 ほか），常用漢字表（常用漢字表の使い方，常用漢字表 ほか），資料集1（紛らわしい地名，法令関連用語 ほか），資料集2（元号一覧表，年齢早見表 ほか）
Ⓘ内容Ⓘ新常用漢字表に対応、関連の用法・用例の項目もさらに充実した最新版登場。分かりやすく正確な文章を書くための情報を満載。文章を書くときに役立つハンドブック。

読売新聞用字用語の手引　第4版　読売新聞社編著　中央公論新社　2014.3　781p　18cm　〈年表あり〉　1600円　ⓉⒶ978-4-12-004598-1　Ⓝ816.07
Ⓘ目次Ⓘ記事のスタイル（文章を書くときの基本，記事の表記3原則，文字遣いの基準 ほか），用字用語集（用字用語集，誤りやすい慣用語句，表現，注意したい用語），常用漢字表（常用漢字表，2010年改定での変更点，常用漢字表付表 ほか），資料集1（紛らわしい地名，法令関連用語，皇室用語 ほか），資料集2（元号一覧表，年齢早見表，年表 ほか）
Ⓘ内容Ⓘ分かりやすく正確な文章を書くための情報を満載。最新のデータを収録，さらに充実した第4版。

◆手紙・はがき作法

<事　典>

挨拶・手紙・書式事典　実用書　蛭川忍編著　ティーケイシー出版，本の泉社〔発売〕　2004.10　696p　21cm　（実用選書）　2838円　ⓉⒶ4-88023-878-3　Ⓝ809.4
Ⓘ目次Ⓘ挨拶編（挨拶の基礎知識，司会の仕方，結婚披露宴の司会の仕方 ほか），手紙編（手紙を書く時の心がまえ，手紙の形式，封筒と便せんの書き方 ほか），書式編（書類作成の心得，各種書類の書き方，土地・家屋に必要な書類の書き方 ほか）
Ⓘ内容Ⓘ実用例文満載。すぐに役に立ち応用できる。

大きな文字の実用手紙の書き方事典　改版　本の友社編集部編　本の友社　1998.12　445p　18cm　1300円　ⓉⒶ4-89439-175-9　Ⓝ816.8
Ⓘ目次Ⓘ基礎篇（封筒・はがきの書き方，手紙文の形式とマナー），生活篇（季節のあいさつ，交際，縁談・見合い・婚約，結婚，家族のお祝い，入学・進級・卒業，就職・転勤・退職，新築・転居，開店・開業，受賞・叙勲・当選，案内・招待，旅行，贈り物，送金・送品，貸借，身元保証，紹介・推薦，問い合わせ・催促，抗議・おわび，身の上相談，病気見舞・災害見舞，葬儀），ビジネス篇（ビジネス文の基本形式，あいさつ状，案内状・招待状，祝賀状，見舞い・悔やみ状，礼状，通知状，照会状，注文状，依頼状，請求状・督促状，承諾状，断り状，抗議状・反ばく状，わび状，内容証明郵便，諸届け，社内文書），付録篇（敬語の使い方，二十四節季と歳

日本語レファレンスブック　　243

作文技法・文章術　　　言語生活・コミュニケーション

時暦，時候あいさつの用語，のし紙の表書き，便利な数学知識，郵便利用ガイド，電報の打ち方)，英文篇(手紙の書き方，封筒の書き方)

困ったときに役立つはがきの書き方事典
三宅有美著　日東書院　1995.1　219p　19cm　880円　①4-528-00778-9　Ⓝ816.6

(目次) 1 はがきでコミュニケーション，2 はがきのマナー・様式をマスターしよう

(内容) 手紙を簡略化しただけのもの，と思われがちなはがき。しかし工夫しだいでは，はがきは手紙よりももっと魅力的な通信手段になる。文章の書き方だけでなく，楽しいイラスト，デザインの作り方まで豊富に紹介する。

これで充分 手紙文例事典
現代レタークラブ編　日本文芸社　1999.4　221p　18cm　(実用ポシェット)　900円　①4-537-07103-6　Ⓝ816.6

(目次) 第1章 知っておきたい手紙の基本と書き方のコツ，第2章 喜びをこめたお祝いの手紙，第3章 感謝をこめたお礼の手紙，第4章 縁談・婚約・結婚の手紙，第5章 お悔やみ・お見舞いの手紙，第6章 贈り物に添える手紙，第7章 通知・報告の手紙，第8章 お詫び・断り・承諾・催促の手紙，第9章 依頼・相談・紹介の手紙

(内容) 「こころの時代」と叫ばれる今こそ，手紙が果たす人の心を結ぶ重要な架け橋の役割を見直すとき。人柄や誠意を伝える手紙文を書くための基本をわかりやすく解説。そのまま使える気のきいた文例も紹介。

新編 手紙・はがき・メール実例事典
主婦と生活社編　主婦と生活社　2000.11　624p　19cm　1200円　①4-391-12465-3　Ⓝ816.6

(目次) 手紙，はがきの基礎知識，お祝いの手紙，お礼の手紙，贈り物に添える手紙，案内，招待，通知の手紙，見舞い，励まし，慰めの手紙，お悔やみの手紙，依頼，相談，問い合わせの手紙，紹介，推薦の手紙，お詫び，お断りの手紙，抗議，苦情，催促の手紙，連絡文，メモ手紙，縁談，結婚の手紙，家族への手紙，愛情の手紙，近況を知らせる手紙，英文レター，年賀状，電子メール

(内容) 手紙・はがき・電子メールの例文集。521の実例を，手紙・はがきを出す様々な状況を設定し，お祝いの手紙，お悔やみの手紙，近況を知らせる手紙など19章に分類して収録。実例文ページの上部にはワンポイント・アドバイスを，欄外下部には四字熟語を巻頭から五十音順に掲載。

手紙の書き出し・末尾文文例事典 目的別にすぐ書き出せる
半沢幹一監修　小学館　1999.8　239p　21cm　(ホームパルブック

ス)　1500円　①4-09-303310-2　Ⓝ816.6

(目次) 第1章 手紙の書き方のポイント(良い印象を与える手紙を書く，これだけは守りたい手紙のマナー ほか)，第2章 月別・季節の挨拶書き出し文例(二十四節気，季節の言葉 ほか)，第3章 目的別・主文の書き出し文例(祝い事の挨拶とお礼，贈り物の挨拶とお礼 ほか)，第4章 手紙の末文(末尾文)文例

手紙のことば選び事典
三省堂編修所編　三省堂　1992.9　274p　18cm　(三省堂実用37)　1000円　①4-385-14186-X　Ⓝ816.6

(目次) 手紙の書き方，手紙の用語と文例，付録 季節と手紙

(内容) 知りたいことがすぐ引ける手紙の書き方に強くなる辞典。手紙の書き方，手紙の用語と文例，季節と手紙，の3章構成。豊富に収めた用語例や文例を必要に応じて選択・組み合わせてすぐ手紙が書ける。

手紙のことば選び事典 〔新装版〕
三省堂編修所編　三省堂　1994.9　274p　19cm　(三省堂実用)　1300円　①4-385-14238-6　Ⓝ816.6

(目次) 手紙の書き方，手紙の用語と文例，付録 季節と手紙

(内容) 知りたいことがすぐ引ける手紙の書き方に強くなる事典。手紙の書き方，手紙の用語と文例，季節と手紙の3章構成。

手紙の文例・マナー新事典 気持ちがきちんと伝わる!
中川越監修　朝日新聞出版　2015.5　319p　21cm　1200円　①978-4-02-333040-5　Ⓝ816.6

(目次) 第1章 手紙の書き方とマナー(手紙の基本構成と便せんの使い方，封筒の書き方 ほか)，第2章 手紙の文例(季節の挨拶の手紙，お祝いの手紙 ほか)，第3章 心が伝わる手紙術(手紙の達人が教える手紙の心得，NGポイントが一目でわかる手紙の添削例 ほか)，第4章 ハガキ・一筆せんの書き方と文例(ハガキの基本構成と書き方，ハガキの基本とマナー ほか)，第5章 ビジネスメールの書き方と文例(ビジネスメールの基本とマナー，お祝いのメール ほか)

(内容) そのまま使えるシーン別の豊富な文例! 相手や状況に合わせて書き換え例も充実! 心を伝える手紙術の伝授! ハガキや一筆せん，ビジネスメールの文例も。

手紙・はがき書き方事典 デカ字版
中川越著　講談社　2002.11　741p　19cm　〈『完全 手紙書き方事典』加筆・訂正・改題書〉　1200円　①4-06-211615-4　Ⓝ816.6

(目次) 第1章 真心をこめた日常交際の手紙とはがき，第2章 明快さと熱意が肝心な依頼・報告

言語生活・コミュニケーション　　　　　　　作文技法・文章術

の手紙とはがき，第3章 喜びと感謝をこめる恋愛・結婚の手紙とはがき，第4章 礼儀正しさと正確さが大切な就職・ビジネスの手紙とはがき，第5章 心からの同情を伝える弔事の手紙とはがき，第6章 手紙・はがきの常識とマナー，付 パソコン文を美しく書く秘訣

(内容)手紙とはがきの書き方の実例事典。目的別に分類，気軽な文例と改まった文例を併記し，応用のきく類句，書き方のコツを解説する。

手紙・はがき常識事典　すぐ使える，文例と応用　主婦の友社編　主婦の友社，角川書店〔発売〕　2001.10　351p　19cm　1400円　①4-07-231283-5　Ⓝ816.6

(目次)第1章 基本編―マナーと言葉づかい(封書かはがきかEメールか，手紙(便箋)の書式 ほか)，第2章 個人編―心を込めて綴る私信(礼儀としての手紙，気持ちを伝える手紙 ほか)，第3章 ビジネス編―恥をかかない公的文書(社外宛て文書，社内向け文書 ほか)，第4章 英文レターと英文メール(英文レターの書き方とマナー，英文レターの構成と文例 ほか)

(内容)冠婚葬祭やビジネスの場面で，手紙や文書を書くときの基本を解説した事典。マナーや言葉づかいの基本編と，私信・ビジネス・英文の用例で構成。間違いやすい漢字・用語，使いたくない忌み言葉・重ね言葉，敬語・敬称の使い方を掲載。

手紙・はがきの書き出しと結び組み合わせ文例事典　最新版　杉本祐子監修　学研パブリッシング〔学研マーケティング〕　2014.10　223p　21cm　(学研実用BEST 暮らしのきほんBOOKS)　1000円　①978-4-05-800380-0　Ⓝ816.6

(目次)1章 手紙・はがきの構成と「前文」「末文」文例集(手紙・はがきの基本構成，前文は「あいさつ」，末文は「締めくくり」，頭語は「こんにちは」，結語は「さようなら」，敬語・敬称の正しい使い方)，2章 手紙の基本文例と「主文」差し替え文例集(手紙とはがきのマナー，封筒の種類は「表書き」「裏書き」のマナー，便箋の書き方，たたみ方)，3章 はがきの基本文例と「主文」差し替え文例集(「郵便(官製)はがき」と「私製はがき」，はがきの書き方)

(内容)公式通りに組み合わせてカンタン! TPOに合った手紙・はがきがすぐ書ける!

手紙・はがきの文例事典　日常の手紙・はがき文からビジネス文・英文レターまで　村石昭三監修　池田書店　1998.3　636p　19cm　1500円　①4-262-14631-6　Ⓝ816.8

(目次)序章 これだけは知っておきたい手紙の基礎知識，第1章 おつきあいを円滑にする通知状・挨拶状，第2章 まごころを伝えるお祝いの手紙，第3章 心をこめたお悔やみ・お見舞い・励ましの手紙，第4章 感謝の気持ちをこめた礼状，第5章 その気にさせる案内状と勧誘・推薦の手紙，第6章 真意が伝わる依頼・問い合わせ・相談の手紙，第7章 書きにくい断り・お詫び・催促・抗議の手紙，第8章 学校への諸届と手紙，第9章 成功するビジネスレター

(内容)これだけは知っておきたい手紙の基本知識とマナーから，冠婚葬祭や様々な挨拶状，通知状の書き方までを豊富な事例で解説。略式のはがきの文例も多数紹介し，あらたまった手紙を気楽に書くコツをアドバイス。

手紙・はがき・文書文例大事典　1000文例 あらゆる状況に対応できる　主婦の友社編　主婦の友社，角川書店〔発売〕　2000.4　605p　21cm　1800円　①4-07-227258-2　Ⓝ816.6

(目次)1 手紙・はがき・文書の書き方とマナー，2 目的別・手紙とはがきの実用文例集(送り状・贈り物の添え状，縁談・結婚・出産・離婚に伴う手紙とはがき，お祝いの手紙とはがき ほか)，3 ビジネス文書の書き方と目的別実用文例集(社外向けの社交文書，取引先・顧客へのビジネス文書，主だった契約書と内容証明郵便 ほか)，巻末特集 海外へ出す手紙・カード・はがき・Eメールの書き方

(内容)日常の手紙からビジネス文書まで，この1冊でOK! 手紙・文書の書き方がよくわかる。まさに決定版と呼ぶにふさわしい驚異の1000文例! あらゆる状況・立場に対応できるきめこまかな文例。すぐ役立つそのまま使える平易で現代的な文章。約束事の多いビジネス文書の書き方も完璧に指南。契約書・内容証明郵便・遺言書など，いざというときにこれ1冊あれば安心。手紙・はがき・文書の書き方の基本がよくわかる。巻末特集として，英文手紙・海外個人輸入・Eメールの書き方も。

手紙・はがき文例事典　事例別，すぐ使える　小学館　1996.4　365p　21cm　(ホームパルブックス)　1800円　①4-09-303301-3　Ⓝ816.8

(目次)第1章 手紙の基本マナー，第2章 すぐに使える手紙の文例集，第3章 ビジネス文書の基本文例，第4章 知って得する手紙の実力知識

(内容)手紙・はがきを書く際の書式・文例等を事例別に収録したもの。「手紙の基本マナー」「すぐに使える手紙の文例集」「ビジネス文書の基本文例」「知って得する手紙の実用知識」の4章構成。「知って得する手紙の実用知識」ではワープロ・ファックスによる文書，英文手紙，慶弔電報の利用法，基本マナー等を掲載する。索引はない。一手紙で困ったら役に立つこの一冊。心のかよう手紙の作法と文例。

手紙文例・スピーチ例事典　三省堂編修所編　三省堂　1998.9　733p　21cm　2400円　①4-385-13538-X　Ⓝ816.6

(目次)手紙編(時候の挨拶の手紙，結婚の手紙，弔事の手紙，お祝いの手紙，贈答の手紙，招待・案内の手紙，見舞い・慰めの手紙，相談・依頼の手紙，挨拶・報告の手紙，問い合わせ・注文の手紙，通知の手紙，催促・請求・講義の手紙，おわびの手紙，お礼の手紙，承諾の手紙，断りの手紙)，スピーチ編(結婚式関連のスピーチ，お祝いのスピーチ，弔事・追悼のスピーチ，学校行事・催事のスピーチ，一般の行事・催事のスピーチ，ビジネス関連のスピーチ)

文書・書式実例事典　広田伝一郎監修　西東社　1999.3　526p　19cm　1400円　①4-7916-0937-9　Ⓝ336.5

(目次)序章 文書・書式の基礎知識(文章の書き方の基本，ビジネス文書のポイント，プライベート文書のポイント，オフィシャル文書のポイント)，第1章 スマートに書きたいビジネス文書(社内での連絡に必要な文書，他社との取引をスムーズにする文書，良好なコミュニケーションをつくる社交文書)，第2章 真心を伝えたいプライベート文書(結婚にともなう文書，葬祭にともなう文書，家庭でのおつきあいにともなう文書，トラブルにともなう文書)，第3章 確実にしたいオフィシャル文書(貸借契約にともなう文書，いろいろな法的文書)

(内容)会社で必要なビジネス文書，家庭生活で役立つプライベート文書，法的文書などのオフィシャル文書の文例379を収録。文章を書くときの基礎知識や慣用句なども紹介する。

<辞 典>

大きな字で読む常用辞典 手紙の書き方・日用語　武部良明，三省堂編修所編　三省堂　2016.8　291,356p　22cm　〈「三省堂ポケット手紙の書き方辞典」(2008年刊)と「三省堂ポケット日用語辞典」(2000年刊)の改題，字の大きな拡大版とし，合本〉　2300円　①978-4-385-13878-7　Ⓝ816.6

(内容)読みやすさ抜群！1冊で2つの辞典。「手紙の書き方」手紙の構成，言葉遣い(敬語，忌みことば他)などの基礎知識。場面別・手紙の文例。「日用語」手紙，文章，報告書などに使える日常語を満載。思い出せない漢字，同音異義の漢字も一目瞭然。

三省堂ポケット 手紙の書き方辞典　武部良明編　三省堂　2008.7　291p　16cm　800円　①978-4-385-13874-9　Ⓝ816.6

(目次)手紙の基礎知識(手紙の構成，手紙の形式，手紙でのことばの使い方，便箋・封筒・はがきの使い方)，手紙の文例集(季節ごとのあいさつの手紙，縁談・結婚に関する手紙，弔事に関する手紙，お祝いに関する手紙 ほか)

手紙・スピーチぴったり表現辞典　講談社辞典局編　講談社　1999.3　221p　18cm　(講談社ことばの新書)　1200円　①4-06-268553-1　Ⓝ816.6

(目次)第1章 お祝い，第2章 見舞い・慰め，第3章 相談・依頼，第4章 紹介・推薦，第5章 催促・抗議，第6章 お礼，第7章 詫び・断り，第8章 お悔やみ・香典返し，第9章 案内状・招待状，第10章 通知，第11章 添え文，第12章 近況報告

手紙の書き方実例辞典　金田一春彦監修　学習研究社　2001.1　272p　19cm　1300円　①4-05-401203-5　Ⓝ816.6

(目次)1 日ごろのおつきあいのための手紙，2 おつきあいを深めるための手紙，3 言いづらいことを伝えるための手紙，4 結婚・弔事の手紙，5 気軽に書ける一筆せん・絵手紙，6 手紙の書き方基本編

(内容)決まり文句から気のきいた表現まで，そのまますぐに使える手紙の実例文300例を収録するハンドブック。場面や年齢に応じた「いいかえ」例も豊富に掲載。

必携 手紙実用文辞典　第2版　武部良明編著　三省堂　1994.1　429p　19cm　1500円　①4-385-13248-8　Ⓝ816.6

(内容)手紙や実用文の基本知識と実例をまとめたコンパクト手紙百科。探しやすい五十音配列。各項目ごとに，解説・要点・注意をあげ，具体的な文例を掲げた。各種礼状・開業通知・転居通知など個人的な手紙はもちろん，領収証や委任状などの実用文の書式と文例を豊富に示した。文例は必要な部分を変えれば，そのまま利用可能。

<ハンドブック>

お母さんのあいさつ・文書・手紙 口下手でもだいじょうぶ　主婦の友社編　主婦の友社　1999.4　159p　19cm　(主婦の友マナーBOOKS)　780円　①4-07-225704-4　Ⓝ809.4

(目次)第1章 お母さんのあいさつの基本とマナー，第2章 スピーチ実例集(学校・PTA関係，地域関係，職場関係 職場でのスピーチとあいさつ，冠婚葬祭)，第3章 学校関係の文書・手紙・各種届の書き方実例集

(内容)学校・PTA・地域・職場・冠婚葬祭にすぐに役立つ実例集。活動するお母さんのための

お役立ちマニュアル。あいさつは苦手というお母さんのための便利なスピーチ虎の巻。応用のきく、立場や目的、状況に応じた豊富なあいさつ実例集。苦情、謝罪、相談など、話しにくいケースもしっかりアドバイス。これだけは知っておきたい、文書・各種届・手紙の基本と文例。

お手紙ハンドブック　プチグラパブリッシング編，中川越，松田美穂子，村上玄一監修
プチグラパブリッシング　2008.4　159p
18cm　〈プチグラハンドブックス1〉　880円
①978-4-903267-69-2　Ⓝ816.6

(目次)第1章 手紙のマナー（はがきと封書の使い分け，はがきと封書の基本マナー ほか），第2章 手紙の愉しみ方（書きたくなる手紙，旅先からの手紙 ほか），第3章 手紙の文例（お祝い，お礼 ほか），第4章 手紙のデザイン（便箋・封筒の選び，手作りのレターセット ほか），第5章 文豪に学ぶ、書き方のヒント（贈答へのお礼―松尾芭蕉，年賀状―サトウハチロウ ほか）

(内容)背筋を伸ばしたフォーマルな手紙を書くときのマナーや書き方のポイントはもちろん、いろんな手紙の個性が光る、タイプ別の楽しみ方も。選びたい・作りたい封筒や便箋に、手紙に添えたいちょっとした小物ものまで。文豪の手紙に学ぶ、味わい深い書き方のヒントも紹介。また、手紙が大好きな人たちに、手紙にまつわる思い出や、心に残る、大切な手紙を紹介してもらう。

お礼状・お詫び状ハンドブック　手紙・はがき・eメールですぐに使える文例とポイント　改訂版　金平敬之助監修　PHP研究所　2006.8　239p　18cm　1100円　①4-569-65498-3　Ⓝ816.6

(目次)第1章 手紙の書き方とマナー，第2章 贈り物へのお礼状，第3章 お祝いへのお礼状，第4章 お世話へのお礼状，第5章 お見舞いへのお礼状，第6章 弔事・仏事のお礼状，第7章 ビジネスのお詫び状，第8章 日常生活でのお詫び状

(内容)他人の世話になったり、他人に迷惑をかけたとき、礼状をすぐ書く人、書かない人、詫び状をすぐ出す人、出さない人、のどちらかになる。ひとがそのまま信用できる人、できない人に分かれていく。本書には、お礼・お詫びの気持ちを、手紙・はがき・メールで相手にきちんと伝えるための文例とポイントが満載。贈り物、お祝い、弔事・仏事などへのお礼状から、ビジネス、日常生活でのお詫び状まで、あらゆるケースを想定しているので、いざというとき、文例をそのまま使える。

公用・私用 冠婚葬祭手紙・スピーチ全書　安田賀計，西岡光秋共編　ぎょうせい
2000.9　335p　21cm　3000円　①4-324-

06139-4　Ⓝ816.6

(目次)第1章 人生の節目の手紙＆スピーチ，第2章 会社の節目の手紙＆スピーチ，第3章 季節の節目の手紙＆スピーチ，第4章 悲しみの場の手紙＆スピーチ，第5章 お見舞いの手紙＆スピーチ

(内容)冠婚葬祭のための手紙・スピーチガイドブック。人と企業の冠婚葬祭にまつわる手紙、スピーチ、電報の約650文例を掲載、同じテーマでもいくつかの文例を紹介する。手紙、スピーチは人生の節目、会社の節目、季節の節目、悲しみの場、お見舞いの5つの場面から構成。各場面のシチュエーション、立場と対応、手紙のポイント、スピーチのポイントの解説と文例を掲載する。巻末に付録として電報文例と卑称・尊称の使い方、頭語と結語などの豆知識を収録。テーマ別の五十音順索引を付す。

言葉選びのための賀詞・名句ハンドブック　少字句・漢詩・和歌・俳句　木耳社編　木耳社　2003.10　197p　19cm　1200円　①4-8393-2809-9　Ⓝ816.6

(目次)漢字，和歌，俳句

(内容)新年の挨拶やお祝いなど、日常生活の中で必要な言葉を漢詩（一字句から八字句）、和歌、俳句より厳選。年賀状を書く時の言葉選びに最適。索引付。

すぐ使える手紙・はがき百科　気持ちが伝わるお礼状と挨拶状　改訂版　鶴田顕三著
PHP研究所　2006.9　382p　19cm　1500円
①4-569-65574-2　Ⓝ816.6

(目次)第1章 センスのよい手紙・はがきを書くために，第2章 通知・挨拶の手紙，第3章 贈り物のメッセージとお礼状，第4章 お祝いのメッセージとお礼状，第5章 縁談・婚約・結婚の手紙，第6章 案内・招待の手紙，第7章 就職活動の手紙，第8章 依頼・催促・お詫びの手紙，第9章 年賀状・季節の挨拶，第10章 葬儀・法要の通知・案内・お礼状

(内容)お祝い・お悔やみ・依頼・催促・お詫び…公的な手紙から私的なメッセージまで基本スタイルとバリエーションがわかる実用文例を満載。

すぐに役立つ 文例活用ブック　三省堂編修所編　三省堂　2009.4　333p　19cm　〈文献あり 索引あり〉　1400円　①978-4-385-15827-3　Ⓝ670.91

(目次)第1部 すぐに役立つ場面別文例集（ビジネス文書とメールの書き方，場面別 ビジネス文書文例集，場面別 メール文例集，公的文書の書き方例集），第2部 すぐに役立つ多様な表現集（場面別 言いかえのフレーズ集，場面別 敬語表現集，場面別 類語・類句集）

(内容)社会生活を送るうえで悩みがちな文書やメールの作成に重点を置き、さまざま表現集を

作文技法・文章術　　　　言語生活・コミュニケーション

活用することによって、どのような場面にも対応できる文例集。文章を書くうえで必要となるポイントについても、随所に丁寧に紹介。

葬儀・法要のあいさつと手紙　礼儀にかなった、すぐに役立つ実例集　主婦の友社編　主婦の友社　1999.4　159p　19cm　（主婦の友マナーBOOKS）　780円　①4-07-225696-X　Ⓝ809.4

〔目次〕仏式の葬儀・法要の流れ，神式葬儀の流れ，キリスト教式葬儀のあいさつ，敬語と呼称，尊敬語と謙譲語，人物の呼称，忌み言葉，1 遺族側のあいさつと手紙，2 弔問側のあいさつと手紙，3 法要のあいさつと手紙，図解 弔事のマナー

〔内容〕遺族側の連絡、謝辞、礼状から、弔辞、お悔やみ状、年忌法要のあいさつまで。お悔やみの言葉、手紙は、心をこめて簡潔に。遺族側は、弔問のお礼と、個人への厚誼の感謝を。弔辞は、心からの哀悼の気持ちを自分の言葉で。ひと目でわかる弔辞の装い、金包み、拝礼の仕方も掲載。いざというとき、すぐに役立つ実例集。

手紙の書き方　武部良明編　三省堂　1999.7　201p　18cm　（ことばの手帳）　1000円　①4-385-13864-8　Ⓝ816.6

〔目次〕手紙の基礎知識（手紙の構成，手紙の形式，手紙での言葉の使い方），手紙の文例集（季節ごとのあいさつの手紙，縁談・結婚に関する手紙，弔事に関する手紙，お祝いに関する手紙，見舞い・慰めに関する手紙 ほか）

〔内容〕手紙に関する基礎知識や文例などを収録したハンドブック。日常生活の場面別に構成し、生活の場面に応じた200の文例を掲載。巻末に「五十音順文例索引」がある。

手紙文　気のきいたフレーズハンドブック　柚木友理著　（新宿区）池田書店　1998.10　239p　17cm　950円　①4-262-15694-X　Ⓝ816.6

〔目次〕第1章 手紙文のベーシック・ルール（メディアを上手に使い分けよう，書式をしっかり覚えよう，自分らしくまとめるには ほか），第2章 文章を美しく見せるテクニック（頭語と結語を上手に使う，前文と末文で相手を気遣う，季節表現でひと花添える ほか），第3章 表現を豊かにするフレーズ集（丁寧に挨拶し、誘いかける（挨拶・勧誘・紹介），人を思いやり、祝い、気遣う（慶弔・見舞），お礼やお詫びの気持ちを示す（感謝・陳謝）ほか）

〔内容〕手紙では、同じ内容を伝えようと思っても相手やシチュエーションによって、使うフレーズがさまざまに異なります。どのように書けばよいかと迷ったり、もっと別の言葉はないかと探すときには、本書を開いてみて下さい。そのときそのときにふさわしいフレーズがきっと見つかります。

手紙・文書の書き方mini百科　上手な文章作法ナビゲーション　文英堂編集部編　文英堂　1998.7　255p　19cm　1200円　①4-578-12939-X　Ⓝ816.6

〔目次〕1 手紙の書き方（手紙の書き方の基本，手紙・封筒のフォーマット ほか），2 手紙の文例集（お祝いの手紙，お礼の手紙 ほか），3 ビジネス文書の書き方（ビジネス文書の書き方，社内文書の書き方 ほか），4 法律文書の書き方（相続・贈与に関する文書，契約に関する文書 ほか）

〔内容〕手紙、文書の書き方を豊富な文例を盛り込み解説した百科。私的な手紙からビジネス・就職・法律文書まで、日常生活で出合う手紙や文書の書き方を、目的や場面、相手に応じて紹介。

豊富な実例　新・実用手紙百科　松平泰臣著　有紀書房　1998.11　283p　21cm　960円　①4-638-00629-9　Ⓝ816.6

〔目次〕年賀状，お祝いの手紙，縁談・結婚の手紙，入学・進学・卒業の手紙，就職・転勤・退職の手紙，見舞いの手紙，病気・事故の手紙，弔事・お悔みの手紙，通知・案内の手紙，勧誘の手紙，贈答の手紙，感謝の手紙，問い合わせの手紙，紹介・推薦の手紙，依頼の手紙，貸借の手紙，催促の手紙，断わりの手紙，抗議の手紙，お詫びの手紙，慰めと励ましの手紙，近況報告の手紙，旅のたより，愛情の手紙，手紙の書き方，手紙の参考知識

〔内容〕本書は、今日の生活にもっともふさわしい慣用語や、季節などの挨拶用語を選んで収め、お祝いやお見舞いをはじめ、私たちの日常の人事、社会百般にわたって、あらゆる場合の新しい手紙の実例を豊富に集めた最新の手紙百科として編集されたもの。

よく使う手紙・はがきの文例集　日常＆冠婚葬祭　浅見大器、飯田英一、蜂須賀裕子、間瀬肇著　梧桐書院　1994.9　318p　19cm　1300円　①4-340-03310-3　Ⓝ816.6

〔目次〕第1部 日ごろのおつきあい（依頼・相談の手紙のポイント，推薦・紹介の手紙のポイント，断りの手紙のポイント，抗議・忠告・催促の手紙のポイント，問い合わせの手紙のポイント，お詫びの手紙のポイント，激励・見舞いの手紙のポイント，通知・案内の手紙のポイント，礼状（挨拶）の手紙のポイント），第2部 冠婚葬祭

〔内容〕手紙を書く際の約束事の多くは社会生活にも欠かせないルールで、円滑な人間関係を保つ上でも必要なことです。手紙を書くということは、社会人として正しいマナーを学んでいくことにもつながるのです。本書では基本となる約束事や多くの文例をケース別にまとめました。

◆公用文作法

<辞典>

注釈 公用文用字用語辞典 第7版 川崎政司編 (名古屋)新日本法規出版 2015.3 652p 22cm 4700円 Ⓘ978-4-7882-7957-5 Ⓝ816.4

Ⓘ内容 平成26年の文化庁『「異字同訓」の漢字の使い分け例』を反映した最新版! 公用文で通常使われる1万語を超える用字用語を50音順に配列し、詳しい注釈が付してありますので、公用文における用字用語の正しい書き表し方などを簡単に素早く調べることができます。用例を豊富に登載したほか、法令用語として使用する際の意味や用法についても解説しています。各用字用語では表記の仕方や用法上の留意点、異字同訓語の使い分けなどを詳しく解説。各解説には根拠となる告示・通知等が明示してあり、原典にあたる際に大変便利です。

<ハンドブック>

これだけは知っておきたい公用文の書き方・用字用語例集 渡辺秀喜著 日本加除出版 2011.10 250p 26cm 〈文献あり〉 2300円 Ⓘ978-4-8178-3958-9 Ⓝ816.4

Ⓘ目次 第1 文章表現の心得(平易性、簡潔性、明瞭性) ほか)、第2 文章表記の仕方(文章の構成、文体 ほか)、第3 用紙の規格と左横書き(用紙の規格、用紙の用い方 ほか)、第4 文書の書式例(訓令の制定、訓令の一部改正 ほか)

Ⓘ内容 実務に即した文例で、間違いやすいポイントがすぐ分かる。

これだけは知っておきたい公用文の書き方・用字用語例集 第2版 渡辺秀喜著 日本加除出版 2016.3 252p 26cm 〈文献あり〉 2300円 Ⓘ978-4-8178-4290-9 Ⓝ816.4

Ⓘ目次 第1 文章表現の心得(平易性、簡潔性、明瞭性、正確性)、第2 文章表記の仕方(文章の構成、文体、文法上の留意点、公用文の表記の基準、敬語、注意を要する用字等、言い換えが相当とされている用語例)、第3 用紙の規格と左横書き(用紙の規格、用紙の用い方、左横書き)、第4 文書の書式例(発信文書の書式例)

Ⓘ内容 実務に即した文例で、間違いやすいポイントがすぐ分かる!

最新 公用文用字用語例集 改定常用漢字対応 ぎょうせい公用文研究会編 ぎょうせい 2010.7 394p 22cm 1714円 Ⓘ978-4-324-09142-5 Ⓝ816.4

Ⓘ内容 常用漢字の改定を反映させた改訂版。約1万個の用語を収録、今回の常用漢字改定での追加字種、削除字種、追加音訓、削除音訓が一目でわかる記号付き。

自治体の公用文作成ハンドブック 小澤達郎,前田敏宣著 学陽書房 2007.10 257p 21cm 2300円 Ⓘ978-4-313-15055-3 Ⓝ318.5

Ⓘ目次 第1部 公用文の書き方(公用文とは、文章構成と表現、句読点の使い方、漢字と仮名の使い方、公用文における用語、数字及び記号の使い方)、第2部 一般的な公用文の書式例(通知文、指令文、表彰文、証明文、契約文、不定形文)、第3部 より厳格な形式の公用文の書式例(例規文、議案文、公布文、告示文、訓令文)、参考資料

Ⓘ内容 実務に役立つ書式例・文例が満載。文章構成や表現、漢字と仮名の使い方など基礎的なルールを分かりやすく解説。

常用漢字表による公用文作成の手引 第2次改訂版 自治大臣官房文書課編 第一法規出版 1992.2 289p 19cm 1200円 Ⓘ4-474-07110-7 Ⓝ816.4

Ⓘ目次 第1部 公用文作成の要領(文体について、用字について、用語について、「現代仮名遣い」について、送り仮名の付け方について、外来語の表記について、人名・地名の書き表し方について、数字の書き方について、ローマ字のつづり方について、記号の用い方について、見出し符号について)、第2部 資料編(「現代仮名遣い」の実施について、「常用漢字表」の実施について、公用文における漢字使用等について、「異字同訓」の漢字の用法、『外来語の表記』の実施について ほか)

Ⓘ内容 本書は、91年6月に『外来語の表記』が実施されたことに伴い、さきに県や市町村の職員が公用文を作成する際の手引書として発行された「常用漢字表による公用文作成の手引」に今日の基準に適合するように必要な改定を行い、併せて関係資料等の収録を行ったものである。

文例で分かる公用文作成ハンドブック 新版 小沢達郎,前田敏宣著 学陽書房 2014.5 257p 21cm 〈新常用漢字表に対応 初版のタイトル:自治体の公用文作成ハンドブック〉 2300円 Ⓘ978-4-313-15150-5 Ⓝ318.5

Ⓘ目次 第1部 公用文の書き方(公用文とは、文章構成と表現、句読点の使い方、漢字と仮名の使い方、公用文における用語、数字及び記号の使い方)、第2部 一般的な公用文の書式例(通知文、指令文、表彰文、証明文、契約文、不定形文)、

第3部 より厳格な形式の公用文の書式例（例規文，議案文，公布文，告示文，訓令文）

◆論文作法

＜辞典＞

学習と研究と実践のためのレポート・論文・調査・研究・基礎用語集　小項目編集5800語収録　白佐俊憲編著　（札幌）山藤印刷出版部，川島書店〔発売〕　2001.4　380p　21cm　2200円　Ⓘ4-7610-0739-7　Ⓝ816.5

(内容)研究レポートや研究論文を書いたり，調査や研究の結果を読んだり，また，自ら調査・研究を実施したりする機会のある学生や初心者のために，それらの諸活動に関する基礎的用語と基本的技法をまとめた用語集。5800語を収録し，五十音順に排列。

レポート・論文・調査・研究基礎用語辞典　学習と研究と実践の支援書　小項目8000語収録　白佐俊憲編著　（札幌）中西出版，川島書店〔発売〕　2004.4　511p　21cm　〈『レポート・論文・調査・研究基礎用語集』改題書〉　3048円　Ⓘ4-7610-0799-0　Ⓝ816.5

(内容)本書は，研究レポートや研究論文を書いたり，調査や研究の結果を読んだり，また，自ら調査・研究を実施したりする機会のある学生や初心者・実務者のために，それらの諸活動に関する基礎的用語と基本的技法を，用語辞典の形でまとめた支援書である。

＜ハンドブック＞

ハンドブック　論文・レポートの書き方　「日本語学」を学ぶ人のために　明治書院　1997.4　280p　21cm　1900円　Ⓘ4-625-48074-4　Ⓝ816.5

(目次)第1章　「論文の書き方」事始め，第2章　各分野の研究の進め方，第3章　論文を書き始めるまで（参考文献の見つけ方，データの収集・整理・分析，考察の進め方），第4章　論文の仕上げ方

留学生と日本人学生のためのレポート・論文表現ハンドブック　二通信子，大島弥生，佐藤勢紀子，因京子，山本富美子著　東京大学出版会　2009.12　218p　21cm　〈文献あり　索引あり〉　2500円　Ⓘ978-4-13-082016-5　Ⓝ816.5

(目次)1 レポート・論文を書く前に（レポート・論文のタイプを知る，課題発見からテーマを絞り込みへ，全体のアウトラインを考える），2 レポート・論文の表現（研究の対象と背景，先行研究の提示，研究目的と研究行動の概略，方法，結果の説明，検証型の考察，論証型の考察，結論の提示と研究結果の評価，今後の課題の提示），3 レポート・論文の接続表現（研究内容の記述に用いる接続表現，研究行動の記述に用いる接続表現）

(内容)日本語のアカデミック・ライティング！ 265の文型，78の接続表現を解説。すぐに探せて辞書のように便利。実例から書くコツがわかる。

◆ビジネス文書・ビジネスメール

＜事典＞

現代ビジネス文書大事典　会社文書の実例と書き方　社外・社内・社交儀礼の文書　法律関係・英文ビジネス文書　改訂新版　平田毅彦，上野伊知郎監修　講談社　1997.4　415p　21cm　1800円　Ⓘ4-06-208584-4　Ⓝ336.5

(目次)社外文書——実例と書き方のポイントとコツ（通知状，申込状，依頼状，見積状，注文状，承諾状，断わり状，請求状，督促状，照会状と回答状，交渉状，取消しと辞退，勧誘状，苦情・抗議状，詫び状，弁明・反駁状），社内文書——実例と書き方のポイントとコツ（伝達の文書，案内と掲示文，回覧の文書，指示・命令・通達，社内規定・辞令，稟議書，上申書，報告書，懲罰関係文書，願い・届出書，その他の社内文書），社交・儀礼文書——実例と書き方のポイントとコツ（挨拶状，招待・案内状，祝賀状，見舞状，哀悼状，礼状，社葬の通知状），法律関係の文書——作成のポイント（法律関係の文書），英文ビジネスレター——実例と作成のポイント（英文ビジネスレターの書式）

(内容)ビジネス文書の作成にすぐに役立つ豊富な実例でわかり易く解説。商用・社内文書はもとより，社交・儀礼，法律，英文ビジネス文書の実例を満載した事典。

困ったときにすぐに使える！ ビジネス文書書き方＆マナー大事典　神谷洋平監修　学研パブリッシング，学研マーケティング〔発売〕　2014.4　319p　21cm　〈索引あり〉　1300円　Ⓘ978-4-05-800216-2　Ⓝ336.5

(目次)第1章　ビジネス文書の基本とマナー，第2章　敬語の正しい使い方，第3章　メールとFAXのマナー，第4章　社外文書（業務文書），第5章　社外文書（社交文書），第6章　社内文書，第7章　はがき・手紙の書き方

(内容)社内文書，依頼文書，謝罪文…あらゆる

言語生活・コミュニケーション　　　作文技法・文章術

場面で役に立つリアル文例。

コンパクト ビジネス文書読み書き事典　永田正博著　税務経理協会　1999.2　445p　19cm　2700円　Ⓘ4-419-03150-6　Ⓝ336.5

[目次]漢字，送り仮名，用字・用語，現代仮名遣い，くぎり符号，敬体と常体，数詞，敬語，挨拶の言葉，ローマ字，同音異義の語，同訓異字の語，四字熟語，難読語，対義語，動物の読み，植物の読み，慣用句，逆引きによる語彙検索，ことわざ，ビジネス文書の種類，社内文書，社外文書

[内容]ビジネス文書の作成を想定し，字・語句・符号・表現・作法などについて概略をまとめたもの。

史上最強のビジネスメール表現事典　ビジネス文書マナー研究会著　ナツメ社　2007.2　255p　19cm　1380円　Ⓘ978-4-8163-4262-2　Ⓝ670.91

[目次]1 ことばを選ぶ—ビジネスメール基本編(依頼する—お願いします，問い合わせる—お問い合わせします，礼をする—ありがとうございます ほか)，2 文章を選ぶ—ビジネスメール文例編(依頼する，問い合わせる，礼をする ほか)，再チェック ビジネスメールの基本(件名は短く具体的に，署名をつける，CC、BCCの使い分け ほか)

[内容]メールでもその場にふさわしい表現がすぐにわかり，商談がうまくいき，クレーム客も納得してくれ，取引がスムーズに進み，顧客満足度100%が達成できるようになる事典。その場にふさわしいメールの表現がすぐに引けるよう，目次，索引も充実。

しっかり役立つ文書文例事典　日本語文書研究会著　法研　2004.8　431p　21cm　1600円　Ⓘ4-87954-538-1　Ⓝ336.5

[目次]1 文書の基本ルール，2 ビジネス商用文書・文例，3 ビジネス社交文書・文例，4 ビジネス社内文書・文例，5 日常の社交文書・文例，6 学校・地域の文書・文例，7 契約・商取引などの法的文書

[内容]ビジネス文書や法律文書から一般の社交儀礼文書まで，文書・書式のすべてを豊富な文例集。Eメールおよび英文から，用字用語・常用漢字などの付録も充実したオールラウンドプレイヤーの実用書式大事典。使いやすさ・引きやすさにこだわった章節色分け編成。具体的個別的状況に応じた文例を検索できる便利な索引つき。

新編 文書・諸届け・メール実例事典　すぐ使える報告・通知文から挨拶状まで　主婦と生活社編　主婦と生活社　2001.3　601p　19cm　1200円　Ⓘ4-391-12488-2　Ⓝ336.5

[目次]第1章 文章の基礎作法，第2章 社内文書(1)届出・報告書の書き方と実例，第3章 社内文書(2)指示・命令・伝達文書の書き方と実例，第4章 社内文書(3)ビジネスレポートの書き方と実例，第5章 社外文書(1)案内・通知文書の書き方と実例，第6章 社外文書(2)ビジネスレターの書き方と実例，第7章 社外文書(3)社交・儀礼文書の書き方と実例，第8章 社外文書(4)法律関連文書の書き方と実例，付録 Eメール文書の書き方と実例

[内容]ビジネス文書を作成するための実用事典。ビジネス社会の中で現実に往き来している文書を網羅し，豊富な書式の実例を収め，それを系統的に配置し，それぞれの文書のポイントを簡潔に記述する。

すぐ書ける! ビジネスメール文例事典　向井京子著　成美堂出版　2006.12　239p　21cm　1400円　Ⓘ4-415-30014-6　Ⓝ670.91

[目次]第1部 ビジネスEメールの基礎知識，第2部 社外メール(社外メールの基礎知識，通知，案内，照会，依頼 ほか)，第3部 社内メール(社内メールの基礎知識，通知，案内，報告，依頼 ほか)

[内容]正しいEメールがラクラク書ける。書き写してすぐ使えるEメール文例を200掲載。ビジネスで多用する文例を多数収録した実用性抜群の一冊。

すぐ役立つ文書・書式大事典　最新版　日本語文書研究会著　法研　2010.5　399p　21cm〈索引あり〉　1700円　Ⓘ978-4-87954-797-2　Ⓝ336.5

[目次]1 文書の基本ルール，2 ビジネス商用文書・文例，3 ビジネス社交文書・文例，4 ビジネス社内文書・文例，5 日常の社交文書・文例，6 学校・地域・趣味の文書・文例，7 契約・商取引などの法的文書

[内容]ビジネス文書からPTAなどの学校行事，冠婚葬祭，法的文書に使える文書文例事典。

手紙・はがき・文書文例大事典　1000文例あらゆる状況に対応できる　主婦の友社編　主婦の友社，角川書店〔発売〕　2000.4　605p　21cm　1800円　Ⓘ4-07-227258-2　Ⓝ816.6

[目次]1 手紙・はがき・文書の書き方とマナー，2 目的別・手紙とはがきの実用文例集(送り状・贈り物の添え状，縁談・結婚・出産・離婚に伴う手紙とはがき，お祝いの手紙とはがき ほか)，3 ビジネス文書の書き方と目的別実用文例集(社外向けの社交文書，取引先・顧客へのビジネス文書，主だった契約書と内容証明郵便 ほか)，巻末特集 海外へ出す手紙・カード・はがき・E

日本語レファレンスブック　　251

作文技法・文章術　　　　言語生活・コミュニケーション

メールの書き方
(内容)日常の手紙からビジネス文書まで、この1冊でOK！手紙・文書の書き方がよくわかる。まさに決定版と呼ぶにふさわしい驚異の1000文例！あらゆる状況・立場に対応できるきめこまかな文例。すぐ役立つそのまま使える平易で現代的な文章。約束事の多いビジネス文書の書き方も完璧に指南。契約書・内容証明郵便・遺言書など、いざというときに1冊あれば安心。手紙・はがき・文書の書き方の基本がよくわかる。巻末特集として、英文手紙・海外個人輸入・Eメールの書き方も。

ビジネスお礼状・挨拶状文例事典　小学館
　編　小学館　1998.11　237p　21cm　1500円
　Ⓘ4-09-310301-1　Ⓝ336.5
(目次)第1章 ビジネス手紙Q&A（手紙文の書き方、封筒・はがきの使い方と表書き）、第2章 すぐ書けるビジネス手紙の基本と文例集（設立・開業・新築披露の挨拶状、就任・転勤・退職の挨拶状、祝賀会・催しへの招待・案内状、移転・変更・株主総会の通知状、祝事・催事への祝い状、忠言・歳暮・記念品の贈状、年賀状・季節の挨拶状、病気・事故・災害の見舞状、弔事・法要の挨拶状、依頼・問い合わせ・紹介状、断り状・詫び状、お礼状）、第3章 ビジネス手紙の各種書式と送り方（ワープロ手紙の書き方、ファックス文書の利用法、電子メールの利用法、ビジネス英文レターの書き方）
(内容)そのまま使える、すぐに書ける、"うーん、さすが!"と取引先が感心するビジネス文の実例集。

ビジネス文書常識事典 タスケ　日経BP社
　編　日経BP社、日経BP出版センター〔発売〕　1997.4　383p　17cm　1200円　Ⓘ4-8222-9050-6　Ⓝ336.5
(目次)1 ビジネス文書の常識、2 漢字・送りがな・慣用句、3 ビジネス用語の常識、4 最新・ビジネス情報源
(内容)漢字・送りがな、文例集から最新用語・情報源まで満載。パソコン、インターネット時代のビジネス文書。

文書・書式実例事典　広田伝一郎監修　西東社　1999.3　526p　19cm　1400円　Ⓘ4-7916-0937-9　Ⓝ336.5
(目次)序章 文書・書式の基礎知識（文章の書き方の基本、ビジネス文書のポイント、プライベート文書のポイント、オフィシャル文書のポイント）、第1章 スマートに書きたいビジネス文書（社内での連絡に必要な文書、他社との取引をスムーズにする文書、良好なコミュニケーションをつくる社交文書）、第2章 真心を伝えたいプライベート文書（結婚にともなう文書、葬祭

にともなう文書、家庭でのおつきあいにともなう文書、トラブルにともなう文書）、第3章 確実にしたいオフィシャル文書（貸借契約にともなう文書、いろいろな法的文書）
(内容)会社で必要なビジネス文書、家庭生活で役立つプライベート文書、法的文書などのオフィシャル文書の文例379を収録。文章を書くときの基礎知識や慣用句なども紹介する。

<辞典>

相手に伝わるビジネスメール「正しい」表現辞典　「言いたいこと」が、すぐに見つかる・きちんと伝わる　クレスコパートナーズ著　ナツメ社　2014.5　255p　19cm　〈索引あり〉　1300円　Ⓘ978-4-8163-5609-4　Ⓝ670.91
(目次)1 ビジネスメールの基本ルール（ビジネスメールの適切な使い方、ビジネスメールの基本構成 ほか）、2 書き出し（初めまして―自己紹介、毎度どうも―あいさつ ほか）、3 本題（お礼、お詫び ほか）、4 社内メール（お疲れ様です―あいさつ、お世話になりました―お礼のことば、お礼の対象 ほか）、5 結び（よろしくお願いします―結びのあいさつ、まずはご連絡まで―まとめのあいさつ、添えることば ほか）、6 使えることばのヒント集
(内容)ビジネス敬語は相手によって使い分けるのが正解！ 伝えたい気持ちから探せて、相手や状況に合わせた「フォーマル度」で選べる辞典。

ビジネスメール言いかた辞典　たった1フレーズの工夫が相手の心をつかむ！ それはおかしな言葉遣いです　大嶋利佳著　秀和システム　2013.12　207p　19cm　1300円　Ⓘ978-4-7980-3988-6　Ⓝ670.91
(目次)1 相手の心をつかみ必ず好感を持たれるビジネスメール15の鉄則（ビジネスメールの「鉄則」って?、"心構え"の鉄則、"メール形式"の鉄則 ほか）、2「心をつかむ」フレーズ集（1通のメールでも大きな差がつく、残念なメールとは、ステップアップして心をつかもう ほか）、3 正しい日本語を文章に用いる際のキホン（敬語の基本的な分類は?、尊敬語の作り方は?、謙譲語の作り方は? ほか）
(内容)あなたはメールを送るときに、皆と同じようにそれなりに丁寧にちゃんと書けていれば問題ない！ と思っていますよね。間違ってないけど、かなり残念なメールを送っている人が9割。基本形からバリエーションまでそのまま使えるフレーズが、すぐにサッと引けます！

ビジネスメール 気持ちが伝わる！ 例文辞典　ナイスク著、日本サービスマナー協会監

修 技術評論社 2014.5 255p 15cm （今すぐ使えるかんたん文庫 013）〈背のタイトル：気持ちが伝わる! ビジネスメール例文辞典 文献あり〉 680円 Ⓣ978-4-7741-6409-0 Ⓝ670.51

⦅目次⦆第1章 これが常識! ビジネスメールの基本を知ろう，第2章 心情・思いを表す文例集，第3章 依頼・承認・お願いを表す文例集，第4章 通知・お知らせを表す文例集，第5章 実践しよう! メール全文文例集，第6章 これで差がつく! メールの効率UP術

⦅内容⦆毎日やり取りする電子メール。ちょっとした言葉の選び方で，相手に与える印象は180度変わります。あなたの気持ちを120%伝える表現で仕事が3倍うまくいく!

＜ハンドブック＞

これで完璧! すぐに役立つ! ビジネス文書文例250 そのまま使える文例・基本フォーマット集 渡辺和彦著 ぱる出版 2000.5 287p 21cm 1500円 Ⓣ4-89386-786-5 Ⓝ336.5

⦅目次⦆第1章 文書の基本（ビジネス文書作成4つのポイント，知っておきたい文書の流れと基本ルール），第2章 社内文書（通知書，報告書，辞令 ほか），第3章 取引文書（通知状，照会状，依頼状 ほか），第4章 社交文書（挨拶状，案内状，招待状 ほか）

⦅内容⦆日常の仕事でよく使われる挨拶状，案内状などビジネス文書の文例集。全250のビジネス文書の文例を収録。4つの章で構成され文書の書き方，ワープロビジネス文書の基本フォーマットを解説した第1章と社内間で取り交わされる社内文書，商取引の際の文書の書き方，ビジネスを円滑に進めるための社交文書の書き方を解説。各文例は文書作成上のコツや注意点，応用点と目的別のモデル例を掲載。

すぐに役立つ 文例活用ブック 三省堂編修所編 三省堂 2009.4 333p 19cm 〈文献あり 索引あり〉 1400円 Ⓣ978-4-385-15827-3 Ⓝ670.51

⦅目次⦆第1部 すぐに役立つ場面別文例集（ビジネス文書とメールの書き方，場面別 ビジネス文書文例集，場面別 メール文例集，公的なたぐいの書き方例集），第2部 すぐに役立つ多様な表現集（場面別 言いかえのフレーズ集，場面別 敬語表現集，場面別 類語・類句集）

⦅内容⦆社会生活を送るうえで悩みがちな文書やメールの作成に重点を置き，さまざま表現集を活用することによって，どのような場面にも対応できる文例集。文章を書くうえで必要となる

ポイントについても，随所に丁寧に紹介。

誰にも聞けない社内・社外ビジネス文書実例集 鶴田富夫著 日東書院 1996.9 331p 21cm 980円 Ⓣ4-528-00777-0 Ⓝ336.5

⦅目次⦆序章 これから文章を書き始める人のために，1章 よい文章を書くための基本，2章 ビジネス文書（その1）祝い状・見舞い状・紹介状，3章 ビジネス文書（その2）各種報告書・届・始末書・伺書，4章 ビジネス文書（その3）就職・採用関連文書，5章 各種プライベート文書の書き方，6章 ビジネス文書—企画書はこう書く，7章 小論文の書き方

⦅内容⦆プライベートな手紙から企画書，小論文等の文章を集めた社内・社外用ビジネス文書実例集。文章の書き方の基本を始め挨拶状や報告書，公正証書などを実例で紹介，解説とともに作成上の要点やポイント，レイアウト方法を掲載する。

電子メール文章ハンドブック マルチメディア時代の文章作法 坂井尚著 PHP研究所 1998.5 231p 18cm 1143円 Ⓣ4-569-60119-7 Ⓝ816.6

⦅目次⦆第1章 電子メール文章の書き方の基本，第2章 社内メール文の書き方と文例，第3章 社外メール文の書き方と文例，第4章 私用メール文の書き方と文例，第5章 英文メールの書き方と文例

⦅内容⦆社内外向けメール，私用メール，英文メールの書き方とすぐに使える文例を満載。

早わかりビジネス文書用語・用例 小野澄恵著 九天社 2006.1 223p 19cm 1200円 Ⓣ4-86167-083-7 Ⓝ336.5

⦅目次⦆1 前文，2 主文（入門編），3 主文（初級編），4 主文（中級編），5 主文（上級編），6 末文

⦅内容⦆ビジネス文書の達人になるために，必要な"194語"を明快に解説。"194点"のトピックが更に理解を深められる。

ビジネス文書完全ハンドブック ワード対応のCD-ROMで，簡単に出来上がり 学習研究社 2003.9 175p 21cm （学研実用ナビブックス）〈付属資料：CD-ROM1〉 1400円 Ⓣ4-05-402009-7 Ⓝ336.5

⦅目次⦆第1章 ビジネス文書の基礎知識（ビジネス文書とは，ビジネス文書の基本書式 ほか），第2章 社内文書（報告の文書，企画・提案の文書 ほか），第3章 社外文書（依頼の文書，問い合わせの文書 ほか），第4章 社交文書（案内の文書，あいさつの文書 ほか）

⦅内容⦆状況と相手に応じた，正しい文書がすぐ書ける。ワード対応でプリントアウトまで楽々完了。ビジネス文書を完全データベース化した

CD-ROM付き。

ビジネス文書ハンドブック 203文例 必要な文書がすぐ見つかる ビジネスシステム研究会編 池田書店 1997.6 207p 17cm 950円 ⓘ4-262-15670-2 Ⓝ336.5

⦅目次⦆第1章 ビジネス文書の基本ルール，第2章 ビジネス文書実例集，第3章 差をつけるビジネス文書

⦅内容⦆送り状，依頼状から抗議文，慶弔の手紙，電子メールや英文レターまで203文例を網羅。文書の種類別に見出しを設け，必要な文書がすぐに探せる，デスクに是非備えておきたい一冊。

ビジネス文書・模範文例集 いざという時に役立つ 金指弘剛著 経営書院 1994.11 286p 21cm 2500円 ⓘ4-87913-509-7 Ⓝ336.5

⦅目次⦆1 文書作成のための基礎知識，2 会社内で必要となる文書〈社内文書〉，3 会社で対外的に必要となる文書〈社外文書〉

⦅内容⦆会社実務で必要となる文書の模範文例を集めたもの。文書作成の基礎知識，履歴書・届書・通知状などの社内文書模範文例，契約書・照会状・注文状・交渉状などの社外文書模範文例の3部構成。計158の文例を掲載，解説とともに文書作成上の要点・コツをポイントとして記載する。巻頭に五十音順の文書索引を付す。

標語・コピー

<事 典>

時代を映したキャッチフレーズ事典 深川英雄，相沢秀一，伊藤徳三編著 電通 2005.9 408p 21cm 2200円 ⓘ4-88553-179-9 Ⓝ674.21

⦅内容⦆明治元年から平成の直近まで，厳選されたキャッチフレーズ1408点，収録図版433点を収録。配列はキャッチフレーズの50音順で，広告主，初出年代，それらが生まれた時代背景から，世の中に与えたインパクトなどを解説。

秀作ネーミング事典 日本実業出版社 1996.10 254p 21cm 1500円 ⓘ4-534-02526-2 Ⓝ674

⦅目次⦆第1章 社名・店名，第2章 商品名，第3章 広告のキャッチコピー，第4章 雑誌記事タイトル，第5章 文学作品のタイトル，第6章 ペンネーム・芸名，第7章 映画・テレビ・コミックのタイトル

⦅内容⦆商標登録や商号登記の際同一や類似を避けるために，社名，店名，商品や広告のキャッチコピー，小説・映画・TVドラマ・歌謡曲のタイトルを収録したもの。種々のネーミングの由来も紹介する。

テーマで学ぶ広告コピー事典 グラフィック社編集部編 グラフィック社 2014.12 327p 21cm〈索引あり〉 1800円 ⓘ978-4-7661-2696-9 Ⓝ674.21

⦅目次⦆ものづくり（企業人格），家族，学ぶ，食，メッセージ，エコ，年齢，働く，女性，ファッション，お酒，贈る，旅，飼う

⦅内容⦆心に残るコピーをつくりたいコピーライターに向けて，名コピー約150本を，ものづくり，家族，食，エコなどのテーマ別に紹介。コピーに隠されたロジックやテクニックがより深く理解できる解説も収録。

標語・スローガンの事典 祖田浩一編 東京堂出版 1999.3 314p 20×14cm 2400円 ⓘ4-490-10512-6 Ⓝ816

⦅目次⦆第1章 標語とはどんなものを言うのか，第2章「新聞週間」の標語，第3章「新聞少年の日」の標語，第4章「交通安全スローガン」と「安全衛生」標語，第5章 諸分野のさまざまな標語，第6章 昭和四十年代前半ごろの標語，第7章 昭和二十年代から三十年代前半ごろの標語，第8章 大正期より終戦までの標語，最終章 つくり方の手引き

⦅内容⦆現代から明治までのさまざま標語・スローガンを収録した事典。「新聞週間」，「交通安全スローガン」など各種の標語3000例を掲載。配列は，逆年代順。

<辞 典>

広告キャッチフレーズ辞典 奥山益朗編 東京堂出版 1992.5 425p 19cm 3500円 ⓘ4-490-10308-5 Ⓝ674.033

⦅内容⦆日本語はコピーの素材。印象にのこるキャッチフレーズを作るには，どんな言葉を，どんな場面で使えば効果的なのか。多彩な用例を駆使し，生きた日本語のバリエーションを展開。

コンセプトワード200 企画に使える発想用語辞典 星野匡著 日本経済新聞社 1994.7 228p 18cm 1400円 ⓘ4-532-14307-1 Ⓝ814.7

⦅目次⦆環境・自然，政治・行政，経済・技術，文化，コミュニケーション，企業・経営，消費者・顧客，マーケティング，ビジネス・ライフ，パーソナル・ライフ

⦅内容⦆コピーに，新商品開発に，経営ビジョン作りに—あらゆる発想の現場で使える，読んで楽しい想像力養成辞典。

言語生活・コミュニケーション　　　　　　　　ことば遊び

超分類! キャッチコピーの表現辞典 一言で目を奪い、心をつかむテクニック50
　森山晋平編　誠文堂新光社　2016.8　207p　19cm　1600円　①978-4-416-61602-4　Ⓝ674.21
　内容「どうすれば目を引くだろう」「何を書けばいいだろう」…悩んだとき、アイデアが煮まったときに開けば閃くキャッチコピーの教科書。実際の広告デザインとともに紹介するので、目で見てすぐにイメージも沸き、アイデアが広がるヒントにもなるはず！人生の教訓型、五七五型、呼びかけ・提案型、ポジティブ変換型…など、紹介する表現技法は50コ。どの表現技法、どのページからでも読めてすぐに使えます。

＜ハンドブック＞

雑誌タイトルコピー大全 女性誌編　雷鳥社編　雷鳥社　2004.2　623p　21cm　4800円　①4-8441-3417-5　Ⓝ051
　目次 anan—タイトルの傾向と対策 誰よりもモテたーい!、non-no—タイトルの傾向と対策 普通の女の子にアピールしたい、JUNON—タイトルの傾向と対策 ヒロインになりたい乙女心をつかむ、ViVi—タイトルの傾向と対策 女たちの物欲に火をつけたい、JJ—タイトルの傾向と対策 安くてかわいいのが欲しい!!、CanCam—タイトルの傾向と対策 対決モノが大好き!!、Olive—タイトルの傾向と対策 オリーブ少女よ、永遠に!、with—タイトルの傾向と対策 女は安さと数で勝負する、MORE—タイトルの傾向と対策 私も「SHIHO」になりたい!、CREA—タイトルの傾向と対策 犬・猫が好き!〔ほか〕
　内容 ライター、編集者、コピーライター、広告・宣伝、デザイナー…などなど、文章を書くすべての人へ。売れる秘密はコピーにあった。

ことば遊び

◆しゃれ・地口

＜事　典＞

江戸ぢぐち事典 川越の灯ろう絵　色田幹雄編　文芸社　2008.5　301p　20cm　1500円　①978-4-286-04638-9　Ⓝ807.9
　内容 稲荷の初午や天王祭に地口絵を飾ることが江戸後期に流行した。古典や慣用句や端唄や歌舞伎の名科白などを捻った多種多様な地口灯ろう絵から、当時の庶民の豊かな教養と情感が窺われる。地口の魅力満載の事典。

しゃれことば事典　相羽秋夫著　（大阪）東方出版　2014.6　236p　19cm　〈文献あり 索引あり〉　1500円　①978-4-86249-230-2　Ⓝ814.4
　内容 粋心と艶笑あふれる言葉遊び、知恵をかくした比喩・ことわざ、歴史、風俗、地理をふまえたフレーズなど約1000語を収録。上方、江戸、現代のユーモアと婉曲表現の宝庫。会話が潤う先人の機知。

◆言葉クイズ・パズル

＜辞　典＞

漢字パズル辞典　学研辞典編集室編　学研教育出版, 学研マーケティング〔発売〕　2009.12　1087p　19cm　〈索引あり〉　3200円　①978-4-05-302798-6　Ⓝ813.2
　内容 漢字パズル・漢字ナンクロを解くための辞典。収録語数約4万語。部首別・音訓・総画・パターン分類別索引を収録。漢和辞典形式だから、引き方が簡単。部首・音訓・総画・パターン分類別各索引があるから、すぐ引ける。

クロスワード辞典　ニコリ編　波書房　1991.7　915p　19cm　4500円　①4-8164-1211-5　Ⓝ798
　内容 日本初のクロスワード愛好家のための日本語検索辞典。単語の文字数と、ある何文字めかの文字がわかっている時に、該当する単語を引けるように構成している。一般的な普通名詞を中心に4700語を収録。語義はない。

◆回　文

＜事　典＞

さかさコトバ 回文遊び大事典　島村桂一著　東京堂出版　1999.9　497p　19cm　2900円　①4-490-10534-7　Ⓝ807.9
　目次 いろは歌留多、円形回文、外来語入り、漢字重ね、組回文、警句・折句・早口言葉、詞書付き、雑句、詩、数字並べ、世相・出来事詠み込み回文、人名歌留多、短歌、長文、対句、名前付け、年賀状、俳句、八重欅（木綿欅）、ローマ字回文、ローマ字回文俳句
　内容 回文の遊び方を21項目に分類して、遊びの説明・作品例・作り方などを解説したもの。

七文字回文ゆかい文事典　小宮春吉著　東京堂出版　1999.2　225p　19cm　1800円

ことば遊び　　　言語生活・コミュニケーション

⓪4-490-10511-8　Ⓝ807.9
㊠政治，経済，国際，社会・環境，歴史，教育，自然・天文，文学・アート，日本文化，心理〔ほか〕
㊤七文字回文傑作パロディ！ 回文ファンはもちろん、まったく門外漢の人にも楽しんでもらうための回文入門書。「政治」「経済」「スポーツ」「風俗・流行」「アダルト」など24部門に分類した、七文字回文傑作集。

<辞　典>

回文ことば遊び辞典　上野富美夫編　東京堂出版　1997.11　277p　21cm　2600円　⓪4-490-10480-4　Ⓝ807.9
㊠解説（回文の定義，回文の条件，回文の歴史と将来），本編（単語・連語，短句，短詩，成句，固有名詞句，詩，長文）
㊤「たけやぶやけた」などのような回文・回文語2297種を115の項目に分けて収録したことば遊びの事典。

256　日本語 レファレンスブック

書名索引

【あ】

あいさつ語辞典 新装普及版 ………… 103
あいさつ・スピーチ実例事典 すぐに使
　える応用自在 ……………………… 224
挨拶・スピーチ実例事典 …………… 224
挨拶・手紙・書式事典 実用書 …… 224, 243
相手に伝わるビジネスメール「正しい」
　表現辞典 …………………………… 252
アイヌ語古語辞典 …………………… 212
アイヌ語沙流方言辞典 ……………… 212
アイヌ語千歳方言辞典〔机上版〕… 212
アイヌ語千歳方言辞典〔普及版〕… 212
アイヌ語方言辞典 第3刷 …………… 212
青森県上北地方の方言 東北町を中心に
　して 1 ……………………………… 199
青森県上北地方の方言 東北町を中心に
　して 2 ……………………………… 199
青森県上北地方の方言 東北町を中心に
　して 3 ……………………………… 199
青森県上北地方の方言 東北町を中心に
　して 4 ……………………………… 199
青森県のことば ……………………… 199
赤ちゃんの名づけ・名乗り字典 名前に
　使える全漢字2229 …………………… 59
赤ちゃんの名前ハッピー漢字事典 最高
　の漢字が見つかる! ………………… 59
朝日キーワード 1991 ………………… 145
朝日キーワード 1992 ………………… 145
朝日キーワード '92-'93 ……………… 145
朝日キーワード '93-'94 ……………… 145
朝日キーワード '94-'95 ……………… 145
朝日キーワード '95-'96 ……………… 145
朝日キーワード '96-'97 ……………… 145
朝日キーワード '97-'98 ……………… 145
朝日キーワード 1998 ………………… 145
朝日キーワード 1999 ………………… 146
朝日キーワード 2000 ………………… 146
朝日キーワード 2001 ………………… 146
朝日キーワード 2002 ………………… 146
朝日キーワード 2003 ………………… 146
朝日キーワード 2004 ………………… 146
朝日キーワード 2005 ………………… 146
朝日キーワード 2006 ………………… 146
朝日キーワード 2007 ………………… 147
朝日キーワード 2008 ………………… 147
朝日キーワード 2009→10 …………… 147

朝日キーワード 2011 ………………… 147
朝日キーワード 2012 ………………… 147
朝日キーワード 2013 ………………… 147
朝日キーワード 2014 ………………… 147
朝日キーワード 2015 ………………… 147
朝日キーワード 2016 ………………… 148
朝日キーワード 2017 ………………… 148
朝日新聞のカタカナ語辞典 ………… 123
朝日新聞の漢字用語辞典 新版 …… 232
朝日新聞の用語の手引 最新版 …… 240
朝日新聞の用語の手引 最新版〔2002〕… 240
朝日新聞の用語の手引 '05-'06年版 … 240
朝日新聞の用語の手引 改訂新版 … 240
朝日新聞の用語の手引〔2015〕新版 … 240
明日から使える慣用句 ……………… 103
新しい国語表記ハンドブック 第4版 … 67
新しい国語表記ハンドブック 第5版 … 67
新しい国語表記ハンドブック 第6版 … 67
新しい国語表記ハンドブック 第7版 … 67
あたらしい話し方の辞典 絶対負けない
　トーク・スキルの磨き方 ………… 228
当て字・当て読み漢字表現辞典 …… 62
宛字外来語辞典 新装版 ………… 62, 123
宛字書きかた辞典 ………………… 62, 123
当て字・難読語(ことばの手帳) … 62, 216
当て字の辞典 日常漢字の訓よみ辞典 … 62
当て字の辞典 日常漢字の訓よみ辞典 新
　装版 ………………………………… 62
あて字用例辞典 名作にみる日本語表記
　のたのしみ ………………………… 62
雨のことば辞典 ……………………… 183
アルファベット略語(ことばの手帳) … 123
アルファベット略語便利辞典 ……… 123
淡路ことば辞典 じょろりでいこか! … 206
阿波方言の語源辞典 徳島県 ……… 208

【い】

言いえて妙なことば選び辞典 新版 … 213
言いかえ言葉の事典 ………………… 106
「言いたいこと」から引ける慣用句・こ
　とわざ・四字熟語辞典 ……………… 80
言いまわしの達人になる言葉の事典 … 213
意外と知らない「数え方」の事典 なる
　ほど!がいっぱいの数の話 ………… 171
生かしておきたい江戸ことば450語 …… 201
生きた会話例による四字熟語辞典 …… 80

書名	頁
いざというときのひと言スピーチハンドブック　会社行事から冠婚葬祭まで	226
石垣方言辞典	211
衣食住語源辞典	69
言ってはいけない! その「ことわざ成句」	99
糸魚川言語地図　上巻	204
糸魚川言語地図　中巻	204
糸魚川言語地図　下巻	204
茨城方言民俗語辞典	201
今さら他人に聞けない大人のカタカナ語事典	122
いまさら人に聞けない日本語事典。最新版	174
今すぐ使える! 決定版 文例ハンドブック　社内・社外文書から一般の手紙まで	231
今とこれからを知る図解時事用語 278の最新キーワード 2016→2017年版	168
意味から引く ことわざハンドブック	99
意味から引く 四字熟語ハンドブック	99
意味から引ける慣用句辞典	103
意味から引けることわざ辞典 こんなときどう言うかがすぐ引ける、役立つ、明解	80
意味から引ける名言名句辞典 こんなときどう言うかがすぐ引ける、役立つ、明解	222
意味から引ける四字熟語辞典	80
imidas 情報・知識 1990	148
imidas 情報・知識 1991	148
imidas 情報・知識 1992	148
imidas 情報・知識 1993	148
imidas 情報・知識 1994	148
imidas 情報・知識 1995	148
imidas 情報・知識 1996	148
imidas 情報・知識 1997	148
imidas 情報・知識 1998	148
imidas 情報・知識 1999	148
imidas 情報・知識 2000	148
imidas 情報・知識 2001	148
imidas 情報・知識 2002	149
imidas 情報・知識 2003	149
imidas 圧倒する情報力 2004	149
imidas 情報を知識に変える 2005	149
imidas 最新キーワード事典 2006	149
imidas 最新キーワード事典 2007	149
imidas 世界がわかる時代が見える 現代人のカタカナ語欧文略語辞典	123
異名・別名の辞典	74
伊予弁ぞな	208
イラストことわざ辞典 改訂新版	81
イラスト図解 モノの呼び名事典 英文対訳付き	74
いろの辞典	175
いろの辞典 改訂版 新装版	175
色の日本語いろいろ辞典 コトバにも色がある!	74
いろは悪態辞典	173
岩手県のことば	199
岩内方言辞典 北海道海岸方言	198
岩波いろはカルタ辞典	81
岩波国語辞典 第5版	3
岩波国語辞典 第5版 デスク版	3
岩波国語辞典 第6版	3
岩波国語辞典 第6版 デスク版	3
岩波国語辞典 第7版	3
岩波国語辞典 第7版(新版)	4
岩波古語辞典 〔補訂版〕	113
岩波ことわざ辞典	81
岩波新漢語辞典	63
岩波新漢語辞典 第2版	63
岩波新漢語辞典 第3版	63
岩波日本語使い方考え方辞典	4
岩波四字熟語辞典	81
隠語辞典集成 1	175
隠語辞典集成 2	175
隠語辞典集成 3	175
隠語辞典集成 4	175
隠語辞典集成 5	175
隠語辞典集成 6	175
隠語辞典集成 7	175
隠語辞典集成 8	175
隠語辞典集成 9	175
隠語辞典集成 10	175
隠語辞典集成 11	175
隠語辞典集成 12	175
隠語辞典集成 13	176
隠語辞典集成 14	176
隠語辞典集成 15	176
隠語辞典集成 16	176
隠語辞典集成 17	176
隠語辞典集成 18	176
隠語辞典集成 19	176
隠語辞典集成 20	176
隠語辞典集成 21	176
隠語辞典集成 22	176
隠語辞典集成 別巻 資料編	176
隠語大辞典	176
インフォワード国語辞典	4

インフォワード文書コミュニケーション
　　辞典 ……………………………… 230
陰名語彙 ……………………………… 176

【う】

Web文章上達ハンドブック 良いテキス
　　トを書くための30ヵ条 …………… 231
ウソ読みで引ける難読語辞典 ………… 216
うっかり間違える言葉の事典 ………… 219
美しい敬語ハンドブック ……………… 189
美しい日本語の辞典 ……………………… 4
右脳を刺激する日本語小辞典 …………… 4
うろ覚え四字熟語 大きな文字 ………… 81
うろ覚え四字熟語 文庫版 ……………… 81

【え】

英語と比較ができる和製カタカナ語事
　　典 ……………………………… 122
絵で見る「もの」の数え方 …………… 172
絵でみるモノの数え方辞典 ことば百科 ‥ 172
絵解き・江戸っ子語大辞典 …………… 201
江戸語事典 新装版 ……………………… 201
江戸語辞典 ……………………………… 201
江戸語辞典 新装普及版 ………………… 201
江戸語大辞典 新装版 …………………… 201
江戸ことば・東京ことば辞典 ………… 201
江戸ぢぐち事典 川越の灯ろう絵 ……… 255
江戸時代語辞典 ………………………… 113
江戸っ子語絵解き辞典 ………………… 202
江戸っ子語のイキ・イナセ 絵で見て楽
　　しむ! …………………………… 203
江戸の性語辞典 ………………………… 177
江戸秘語辞典 …………………………… 177
江戸風俗語事典 新装版 ………………… 173
NHK漢字表記辞典 ……………………… 42
NHKことばのハンドブック …………… 240
NHKことばのハンドブック 第2版 …… 241
NHK 新用字用語辞典 第2版 ………… 232
NHK 新用字用語辞典 第3版 ………… 232
NHK日本語発音アクセント辞典 新版 … 37
NHK日本語発音アクセント新辞典 …… 37
NHK間違いやすい日本語ハンドブック ‥ 222

【お】

おいしさの表現辞典 ……………………… 74
おいしさの表現辞典 新装版 …………… 75
応急字典 再版 ピンク表紙 …………… 42
応急字典 再版 黒表紙 ………………… 43
応急字典 再版 赤表紙 ………………… 42
王朝語辞典 …………………………… 114
旺文社エポック英和・国語辞典 ………… 4
旺文社エポック英和・国語辞典 革装 …… 4
旺文社漢字典 …………………………… 43
旺文社漢字典 大活字版 ……………… 43
旺文社漢字典 第2版 ………………… 43
旺文社漢字典 第3版 ………………… 43
旺文社漢和辞典 改訂新版 …………… 43
旺文社漢和辞典 第5版 ……………… 43
旺文社高校基礎古語辞典 第2版 …… 114
旺文社国語辞典 改訂新版 ……………… 4
旺文社国語辞典 第8版 ………………… 4
旺文社国語辞典 第8版 革装版 ………… 4
旺文社国語辞典 第8版〔机上版〕 ……… 5
旺文社国語辞典 第9版 ………………… 5
旺文社国語辞典 第9版 CD-ROM付 …… 5
旺文社国語辞典 第9版 大活字版 ……… 5
旺文社国語辞典 第10版 ………………… 5
旺文社国語辞典 第10版 小型版 ………… 5
旺文社国語辞典 第10版 重版 ………… 5
旺文社国語辞典 第11版 ………………… 5
旺文社国語辞典 第11版 小型版 ………… 5
旺文社古語辞典 第8版 ……………… 114
旺文社古語辞典 第9版 ……………… 114
旺文社古語辞典 第10版 ……………… 114
旺文社古語辞典 第10版 増補版 …… 114
旺文社詳解国語辞典 重版 ……………… 5
旺文社全訳学習古語辞典 …………… 114
(旺文社)全訳古語辞典 ……………… 114
旺文社全訳古語辞典 重版 …………… 114
旺文社全訳古語辞典 第2版 ………… 114
旺文社全訳古語辞典 第2版 小型版 … 115
旺文社全訳古語辞典 第3版 ………… 115
旺文社全訳古語辞典 第3版 小型版 … 115
旺文社標準漢和辞典 新訂版 ………… 43
旺文社標準国語辞典 新訂版 …………… 5
旺文社標準国語辞典 第7版 …………… 5
旺文社標準ことわざ慣用句辞典 新装版 … 81
大分方言語録 大分合同新聞・教えて! ぶ

んぶん【大分方言】改題 ……………	209
大きい活字実用字典 ………………	232
大きい活字のカタカナ語辞典 ………	123
大きい活字の角川用字必携 新版 ……	232
大きい活字の故事・ことわざ辞典 ……	81
大きい活字の早引き漢字辞典 ………	43
大きい活字の用字用語辞典 …………	233
大きい活字の四字熟語辞典 …………	81
大きな活字 カタカナ語辞典 …………	123
大きな活字 カタカナ語辞典 改訂新版	123
大きな活字 ことわざ辞典 ……………	81
大きな活字 日本語使い分け辞典 ……	106
大きな活字 日本の伝統の言葉辞典 ……	75
大きな活字の楷行草 筆順・字体字典 …	39
大きな活字のカタカナ語・略語辞典 ……	123
大きな活字の漢字辞典 〔新装版〕 ……	43
大きな活字の漢字表記辞典 第2版 〔机上版〕…………………………	43
大きな活字の漢字表記辞典 第3版 ………	43
大きな活字の漢字表記辞典 第3版 大型版〔机上版〕…………………	44
大きな活字の漢字用語辞典 …………	233
大きな活字の漢字用語辞典 〔第2版〕…	233
大きな活字の現代国語表記辞典 第2版 大型版 …………………………………	66
大きな活字の国語漢字辞典 …………	44
大きな活字のコンサイスカタカナ語辞典 大字版 ………………………………	123
大きな活字のコンサイスカタカナ語辞典 第2版 …………………………………	124
大きな活字のコンサイスカタカナ語辞典 第3版 …………………………………	124
大きな活字のコンサイスカタカナ語辞典 第4版 …………………………………	124
大きな活字の三省堂漢和辞典 第4版 …	44
大きな活字の三省堂国語辞典 第4版 〔大字版〕…………………………	5
大きな活字の三省堂国語辞典 第5版 大字版 ………………………………	6
大きな活字の三省堂国語辞典 第6版 2色刷 …………………………………	6
大きな活字の三省堂国語辞典 第7版 ……	6
大きな活字の三省堂故事ことわざ・慣用句辞典 大字版 ………………	81
大きな活字の三省堂五十音引き漢和辞典 ………………………………	44
大きな活字の新明解現代漢和辞典 大字版 ………………………………………	44
大きな活字の新明解国語辞典 第5版 大字版 ………………………………	6
大きな活字の新明解国語辞典 第6版 ……	6
大きな活字の新明解国語辞典 第7版 大字版 ………………………………	6
大きな活字の新明解故事ことわざ辞典 …	82
大きな活字の新明解四字熟語辞典 大字版 ………………………………………	82
大きな活字の全訳漢辞海 第2版 大字版 ……………………………………	44
大きな活字の全訳漢辞海 第3版 大字版 ……………………………………	44
大きな活字の四字熟語 見やすくわかりやすい ………………………………	82
大きな活字早わかり字典 ………………	44
大きな活字 四字熟語辞典 ……………	82
大きな字で使いやすい漢用語辞典 ……	233
大きな字で読む常用辞典 国語・カタカナ語 ………………………………	6
大きな字で読む常用辞典 故事成語・ことわざ決まり文句 ………………	82
大きな字で読む常用辞典 手紙の書き方・日用語 …………………… 233,	246
大きな字で読む常用辞典 四字熟語・難読語 ……………………………… 82,	217
大きな字のカタカナ新語実用辞典 ………	124
大きな字のカタカナ新語実用辞典 第2版 ………………………………………	124
大きな字のカタカナ新語辞典 …………	124
大きな字のカタカナ新語辞典 第2版 …	124
大きな字のカタカナ新語辞典 第3版 …	124
大きな字の現代実用国語辞典 …………	6
大きな字の現代実用国語辞典 第2版〔オリーブ版〕……………………………	6
大きな字の現代実用国語辞典 第2版〔キャメル版〕……………………………	6
大きな字の現代実用国語辞典 第3版 ……	6
大きな字の現代実用国語辞典 第3版 ローラアシュレイ版 ……………………	7
大きな字の故事ことわざ辞典 改訂新版 …	82
大きな字のことば選び実用辞典 ………	213
大きな字のことわざ辞典 第2版 ………	82
大きな字の実用ことわざ辞典 …………	82
大きな字の常用漢和辞典 改訂第3版 …	44
大きな字の常用漢和辞典 改訂第4版 …	44
大きな字の常用国語辞典 改訂新版 ……	7
大きな字の常用国語辞典 改訂新版 特製版 ………………………………………	7
大きな字の常用国語辞典 改訂第3版 …	7
大きな字の常用国語辞典 改訂第3版 特製版 ………………………………………	7
大きな字の常用国語辞典 改訂第4版 …	7
大きな字の四字熟語辞典 ………………	82
大きな字の四字熟語辞典 第2版 ………	83

大きな字の類語辞典 ・・・・・・・・・・・ 106
大きな文字で見やすい 故事・ことわざ
　事典 ・・・・・・・・・・・・・・・・・・・・・・・・・ 77
大きな文字で読みやすい 三省堂新カタ
　カナ語辞典 ・・・・・・・・・・・・・・・・・・ 124
大きな文字の漢字熟語字典 ・・・・・・・・ 44
大きな文字の最新カタカナ語辞典 ・・・ 124
大きな文字の実用外来語辞典 ・・・・・・ 124
大きな文字の実用外来語辞典 改版 ・・ 124
大きな文字の実用漢字辞典 改版 ・・・・・ 44
大きな文字の実用ことわざ辞典 改版 ・・ 83
大きな文字の実用手紙の書き方事典 改
　版 ・・・・・・・・・・・・・・・・・・・・・・・・・ 243
大阪ことば事典 新版 ・・・・・・・・・・・・・ 206
大阪ことば辞典 ・・・・・・・・・・・・・・・・・ 206
大阪のことば地図 ・・・・・・・・・・・・・・・ 208
大判 カタカナ語新辞典 ・・・・・・・・・・ 124
大判 カタカナ語新辞典 新訂2版 ・・・ 125
大判 カタカナ語新辞典 新訂3版 ・・・ 125
お母さんのあいさつ・文書・手紙 口下
　手でもだいじょうぶ ・・・・・・・ 227, 246
小笠原ことばしゃべる辞典 ・・・・・・・・ 202
オキナワ語会話集 日本語・英語対照 ・・ 211
沖縄古語大辞典 ・・・・・・・・・・・・・・・・・ 211
沖縄語辞典(国立国語研究所資料集 5) ・・・ 211
沖縄語辞典 那覇方言を中心に ・・・・・ 211
オキナワ語小辞典 ・・・・・・・・・・・・・・・ 211
沖縄語小辞典 ・・・・・・・・・・・・・・・・・・・ 211
オキナワ語単語集 日本語・英語対照 ・・ 211
沖縄ことばイラストブック 沖縄の風と
　優しさを伝える「ウチナーグチ」1577
　語 ・・・・・・・・・・・・・・・・・・・・・・・・・ 212
お国柄ことばの辞典 ・・・・・・・・・・・・・ 193
お手紙ハンドブック ・・・・・・・・・・・・・ 247
大人の日本語 つい教養が出てしまうとっ
　ておきの471語 ・・・・・・・・・・・・・・・・ 77
同じ読みで意味の違う言葉の辞典 新版 ・・ 111
おもしろ奇語辞典 ・・・・・・・・・・・・・・・・ 69
おもしろ日本語なるほど事典 こんなに
　も数ある数のつくことばの数々 ・・・ 171
おもしろ方言あいうえお ・・・・・・・・・・ 202
思わず人に話したくなる 続・日本語知
　識辞典 新版 ・・・・・・・・・・・・・・・・・ 214
お礼状・お詫び状ハンドブック 手紙・は
　がき・eメールですぐに使える文例と
　ポイント 改訂版 ・・・・・・・・・・・・・・ 247
音訓引き 常用漢字用字用例集 ・・・・・・ 61
音訓引き 難読語辞典 ・・・・・・・・・・・・ 217
音声学基本事典 ・・・・・・・・・・・・・・・・・・ 37
女と男の日本語辞典 上巻 ・・・・・・・・・・ 75
女と男の日本語辞典 下巻 ・・・・・・・・・・ 75
音符順常用漢字学習字典 ・・・・・・・・・・・ 60

【か】

楷・行・草 漢字筆順字典 常用・人名用
　二九七六字 ・・・・・・・・・・・・・・・・・・・ 39
楷行草 筆順・字体字典 第2版 ・・・・・・ 39
楷行草筆順字典 ・・・・・・・・・・・・・・・・・・ 39
外辞苑 平成新語・流行語辞典 ・・・・・ 139
解説 字体辞典 普及版 ・・・・・・・・・・・・・ 60
ガイドブック方言調査 ・・・・・・・・・・・ 197
回文ことば遊び辞典 ・・・・・・・・・・・・・ 256
外来語カタカナ語小辞典 現代生活に必
　要な ・・・・・・・・・・・・・・・・・・・・・・・ 125
外来語カタカナ語小辞典 現代生活に必
　要な 2版 ・・・・・・・・・・・・・・・・・・・ 125
外来語源辞典 ・・・・・・・・・・・・・・・ 69, 125
外来語集覧 ・・・・・・・・・・・・・・・・・・・・ 125
外来語新語辞典 ポケット版 ・・・・・・・ 125
外来語新語辞典 ポケット版〔増補版〕・・ 125
外来語新語辞典 ポケット版〔増補改訂
　版〕 ・・・・・・・・・・・・・・・・・・・・・・・ 125
外来語新語辞典 ポケット版〔2006〕・・ 125
外来語新語辞典 ポケット版〔2009〕・・ 125
外来語新語辞典 ポケット版〔2012〕・・ 125
外来語新語辞典 ポケット版〔2015〕・・ 126
加賀・能登アイサの生活語辞典 ・・・・ 203
格言大辞典 ・・・・・・・・・・・・・・・・・・・・ 222
学習と研究と実践のためのレポート・論
　文・調査・研究・基礎用語集 小項目
　編集5800語収録 ・・・・・・・・・・・・・ 250
学生慣用句活用辞典 ・・・・・・・・・・・・・ 103
学生反対語活用辞典 ・・・・・・・・・・・・・ 113
格調と迫力 名句・ことわざ366日 ビシッ
　と決めることばの使い方 ・・・・・・・・ 99
画引き かな解読字典 ・・・・・・・・・・・・・ 64
画引き くずし字解読字典 ・・・・・・・・・ 39
鹿児島弁辞典 第一部標準語から鹿児島
　弁へ 第二部鹿児島弁から標準語へ ・・ 209
鹿児島方言大辞典 上巻 ・・・・・・・・・・ 209
鹿児島方言大辞典 下巻 ・・・・・・・・・・ 209
鹿児島方言とアクセントの辞典 ・・・・ 209
雅語訳解 ・・・・・・・・・・・・・・・・・・・・・・ 115
賢い人だと思われる四字熟語辞典 ・・・ 83
数のつく日本語辞典 ・・・・・・・・・・・・・ 172
風と雲のことば辞典 ・・・・・・・・・・・・・ 183
数え方の辞典 ・・・・・・・・・・・・・・・・・・ 172

カタカナ英語早わかり 〔文庫版〕	136
カタカナ・外来語／略語辞典 〔1996〕	126
カタカナ・外来語／略語辞典 全訂版 〔1999〕	126
カタカナ・外来語／略語辞典 大字版 全訂版〔2000〕	126
カタカナ・外来語／略語辞典 全訂版 〔2006〕	126
カタカナ・外来語／略語辞典 改訂(第3版増補)版〔2007〕	126
カタカナ語辞典 〔ハンディー版〕	126
カタカナ語辞典 ポケット辞典	126
カタカナ語辞典 ポケット版	126
カタカナ語小辞典	126
カタカナ語新辞典	126
カタカナ語新辞典 増補改訂版	126
カタカナ語新辞典 改訂版	126
カタカナ語新辞典 改訂新版	127
カタカナ語新辞典 改訂3版	127
カタカナ語新辞典 大きな活字で読みやすい言葉の情報辞典	127
カタカナ語新辞典 マスコミから日常語まで	127
カタカナ語新辞典 マスコミから日常語まで 改訂	127
カタカナ語新辞典 マスコミから日常語まで 改訂版	127
カタカナ語新辞典 マスコミから日常語まで 改訂第2版	127
カタカナ語新辞典 マルチメディア時代に対応 第5版	127
カタカナ語使い分け辞典	127
カタカナ語の辞典	127
カタカナ語の辞典 改訂・新装版	127
カタカナ語の辞典 日本語を使いさばく	127
カタカナ語・略語辞典 改訂新版	128
カタカナ語・略語辞典 第3版	128
カタカナ語・略語辞典 国際社会の日常語 1992年版	128
カタカナ語・略語辞典 国際社会の日常語 厳選最新版	128
片仮名語和改辞典	128
カタカナ新語実用辞典	128
カタカナ新語実用辞典 第2版	128
カタカナ新語辞典 第8版	128
カタカナ新語辞典 OA語から風俗語までポケット判 新訂3版	128
カタカナ新語辞典 「現代」を素早く読み解く! カタカナ語と略語	128
カタカナ新語辞典 「ことば」と「情報化社会」に強くなる! 新装版	128
カタカナ新語辞典 マスコミに強くなる 第3版	128
カタカナ新語辞典 マスコミに強くなる 第4版	128
カタカナ新語辞典 マスコミに強くなる 第5版	129
カタカナ新語辞典 マスコミに強くなる 最新第6版	129
カタカナ新語辞典 マスコミに強くなる 最新第7版	129
カタカナ新語早引き辞典 改訂新版	129
カタカナ新語mini百科 国際化時代の常識ナビゲーション	137
カタカナ用語がわかる事典 これだけは知っておきたい	122
カタカナ用語2300 新聞・雑誌・ビジネスによく出る	129
カタカナ・略語辞典 ひいてわかる、読んで納得	129
カタカナ類語辞典 日本語キーワードから引く	107
学研 学習用例漢和辞典 改訂第2版	45
学研 現代新国語辞典	7
学研 現代新国語辞典 机上版	7
学研 現代新国語辞典 改訂新版	7
学研 現代新国語辞典 改訂第3版	7
学研 現代新国語辞典 改訂第3版〔デスク版〕	7
学研 現代新国語辞典 改訂第4版	8
学研 現代新国語辞典 改訂第4版 小型版	8
学研 現代新国語辞典 改訂第5版	8
学研 現代新国語辞典 改訂第5版 小型版	8
学研 現代標準漢和辞典	45
学研 現代標準漢和辞典 改訂第2版	45
学研 現代標準漢和辞典 改訂第3版	45
学研 現代標準国語辞典	8
学研 現代標準国語辞典 改訂第2版	8
学研 現代標準国語辞典 改訂第3版	8
学研 新漢和大字典 机上版	45
学研 新漢和大字典 普及版	45
学研 全訳古語辞典	115
学研 全訳古語辞典 小型版	115
学研 全訳古語辞典 改訂第2版	115
学研 全訳古語辞典 改訂第2版 小型版	115
活用自在 くずし字字典	39
活用自在 同音同訓異字辞典	111
活用自在 反対語対照語辞典	113
下等百科辞典	177
角川机上用字辞典 第3版	233

角川現代漢字語辞典 五十音引き ……… 45
角川古語大辞典 第4巻（た～は）……… 115
角川古語大辞典 第5巻（ひ～ん）……… 115
角川最新漢和辞典 改訂新版 ……… 45
角川新字源 改訂版 ……… 45
角川全訳古語辞典 ……… 116
角川大字源 ……… 45
角川必携漢和辞典 ……… 45
角川必携国語辞典 ……… 8
角川必携古語辞典 全訳版 ……… 116
角川モバイル カタカナ語辞典 ……… 129
角川モバイル 日本語辞典 ……… 8
角川類語新辞典 ……… 107
かな字解 ……… 66
かな字典 リアル・王朝・原寸 ……… 65
かな表現字典 ……… 65
かな交じり書のためのひらがな・カタカナ書体字典 ……… 39
かな用例字典〔新装版〕……… 65
「鎌倉遺文」にみる中世のことば辞典 ……… 35
上方ことば語源辞典 ……… 206
上方雑俳京ことば辞典 ……… 206
からだ語辞典 ……… 75
からだことば辞典 ……… 75
からだ言葉の事典 ……… 74
からだ表現の辞典 ……… 75
河内弁大辞典 やぃわれ！ ……… 206
感覚表現辞典 ……… 191
漢検漢字辞典 第2版 ……… 46
漢検・漢字ファンのための同訓異字辞典 ……… 111
官公庁のカタカナ語辞典 ……… 129
官公庁のカタカナ語辞典 第2版 ……… 129
漢語林 ……… 63
漢語林 改訂版 ……… 63
漢語林 新版 2色刷 ……… 63
漢語林 新版（第2版）……… 63
かんさい絵ことば辞典 ……… 206
漢字異体字典 ……… 60
漢字絵とき字典 ……… 46
漢字を読む ぜひ覚えておきたい難読語集 ……… 218
漢字音符字典 新しい漢字学習法 増補改訂版 ……… 46
漢字書き順字典 新版 ……… 46
漢字かな つかいわけ辞典 ……… 220
漢字キーワード事典 ……… 42
漢字くずし方辞典〔新装版〕……… 40

漢字くずし字字典 常用漢字・人名用漢字 ……… 40
漢字・くずし字早わかり辞典 読める書ける ……… 40
漢字源 新版 ……… 46
漢字源 改訂新版 ……… 46
漢字源 改訂第4版 ……… 46
漢字源 改訂第4版 検索CD付版 ……… 46
漢字源 改訂第5版 2色刷 ……… 46
漢字語源語義辞典 ……… 58
漢字 知っているようで知らない季節の用字用語 ……… 184
漢字・熟語の辞典 日本語を使いさばく ……… 46, 83
漢字小字典 ……… 47
漢字小字典〔新装版〕……… 47
漢字ときあかし辞典 ……… 47
漢字に強くなる難読漢字辞典 新版 ……… 217
漢字の意味と使い分け ……… 57
漢字の使い分けときあかし辞典 ……… 47
漢字の成り立ち辞典 ……… 58
漢字の成り立ち辞典 新装版 ……… 58
漢字の成り立ち辞典 白川文字学準拠 ……… 58
漢字の読み方辞典 ……… 47
漢字のルーツ古代文字字典 別巻古文編 ……… 60
漢字パズル辞典 ……… 255
漢字ハンドブック 楷・行・草 行書は三種で重点学習 ……… 42
漢字ハンドブック 学生・教師・社会人のための ……… 57
漢字ハンドブック 学生・教師・社会人のための 改訂 ……… 57
漢字筆順ハンドブック 正しくきれいな字を書くための 第3版 ……… 57
漢字百科王 ……… 42
漢字百科大事典 ……… 42
感情表現辞典 ……… 192
漢字用例辞典 ……… 47
漢字読み用例集 故事、ことわざ、四字熟語などによる 1（常用漢字の部）……… 47
漢字 読めそうで読めない おもしろ用字用語 ……… 233
漢字 読めそうで読めない ゆかいな用字用語 ……… 233
漢字 読めそうで読めない用字用語9000 間違い読み、とばし読みをなくす小事典 ……… 232
漢字 わかっているようでわからない用字用語20000 ……… 233
勘違い慣用表現の辞典 ……… 103
勘違い敬語の事典 型で見分ける誤用の敬語 ……… 188

勘違いことばの事典	219
乾杯・献杯・締めのスピーチ事典 うまいと言われる	224
蒲原の暮らしのことば 新潟方言誌	204
漢文基本語辞典	47
漢文語法ハンドブック	57
(簡明)漢和字典	47
簡明ことわざ辞典	83
完訳用例古語辞典	116
慣用句(ことばの手帳)	102
慣用句・故事ことわざ辞典 ポケット版	83
慣用句・故事ことわざ・四字熟語 使いさばき辞典	83
慣用句の意味と使い方	106
慣用句の辞典	103
慣用句の辞典 特装版	103
慣用句の辞典 新装版	104
慣用句の辞典 日本語を使いさばく	104
慣用表現辞典 日本語の言い回し	104
漢和辞典	47

【き】

消えた日本語辞典	180
消えゆく日本の俗語・流行語辞典	173
ぎおんご ぎたいご じしょ	179
ぎおんご ぎたいご じしょ 新装版	179
擬音語・擬態語辞典	179
擬音語・擬態語使い方辞典 正しい意味と用法がすぐわかる	179
擬音語・擬態語使い方辞典 正しい意味と用法がすぐわかる 第2版	179
擬音語・擬態語4500 日本語オノマトペ辞典	179
気がつかない誤りに気がつく 間違い漢字・勘違いことば診断辞典	220
気がつかない誤りに気がつく 間違い漢字・勘違いことば診断辞典〔机上版〕	220
気軽に話せる短いスピーチ実例大事典1000	225
聞きかじり故事成句 大きな文字	83
季語源成り立ち辞典	69
記者ハンドブック 用字用語の正しい知識 第6版	241
記者ハンドブック 用字用語の正しい知識 第7版	241
記者ハンドブック 新聞用字用語集 第8版	241
記者ハンドブック 新聞用字用語集 第9版	241
記者ハンドブック 新聞用字用語集 第10版	241
記者ハンドブック 新聞用字用語集 第11版	241
記者ハンドブック 新聞用字用語集 第12版	241
記者ハンドブック 新聞用字用語集 第13版	242
季節よもやま辞典 倉嶋厚の辞書遊びノート	184
北東北の天地(あめつち)ことば 青森・秋田・岩手の気象・天体・地形方言集	199
北東北の悪口辞典 青森・岩手・秋田の方言集	200
貴重本諺集	83
きのこの語源・方言事典	193
岐阜県のことば	204
基本外来語辞典	129
基本 日本語語源事典	69
決まり文句語源辞典	69
決まり文句の辞典	104
気持ちをあらわす「基礎日本語辞典」	213
逆引き広辞苑	8
逆引き広辞苑〔机上版〕	8
逆引き熟語林	83
逆引き同類語辞典	107
旧漢字・旧仮名便利帖	57, 66
旧漢字字典 漢字の原点	47
究極版 逆引き頭引き日本語辞典 名詞と動詞で引く17万文例	76
旧字旧かな入門	66
業界裏用語辞典	177
業界用語辞典	177
「業界」用語の基礎知識	177
教訓仏教語辞典	182
教訓例話辞典 新装版	222
京ことば京存京英辞典 おおきに	206
京ことば事典 復刻版	206
京ことば辞典	207
京ことばの辞典 どうどす	207
京ことばのはなしかた	208
京都府ことば辞典	207
京都府方言辞典	207
吉里吉里語辞典 いとしくおかしく懐かしく 復刻版	200
キーワードからすぐ引けることわざ便利辞典	83

きわめつき四字熟語 ……………… 84	近代用語の辞典集成 36 …………… 144
金言・名句ハンドブック …………… 224	近代用語の辞典集成 37 …………… 144
近世方言辞書 第1輯 ……………… 193	近代用語の辞典集成 38 …………… 144
近世方言辞書 第2輯 ……………… 193	近代用語の辞典集成 39 …………… 144
近世方言辞書 第3輯 ……………… 193	近代用語の辞典集成 40 …………… 144
近世方言辞書 第4輯 ……………… 193	近代用語の辞典集成 41 …………… 144
近世方言辞書 第5輯 ……………… 193	
近世方言辞書 第6輯 ……………… 193	

【く】

近世方言辞書集成 第1巻 ………… 194	
近世方言辞書集成 第2巻 ………… 194	
近世方言辞書集成 第3巻 ………… 194	くずし字解読辞典 〔新装版 机上版〕…… 40
近世方言辞書集成 第7巻 ………… 194	くずし字解読辞典 〔新装版 普及版〕…… 40
近代語彙集 ………………………… 77	くずし字辞典 ……………………… 40
金田一先生の日本語○×辞典 新版 … 215	くずし字まるわかり実用字典 ……… 40
近代用語の辞典集成 1 …………… 142	くずし字用例辞典 机上版 新装版 … 40
近代用語の辞典集成 2 …………… 142	くずし字用例辞典 〔普及版〕……… 40
近代用語の辞典集成 3 …………… 142	句読点活用辞典 …………………… 186
近代用語の辞典集成 4 …………… 142	熊本県菊池方言辞典 ……………… 209
近代用語の辞典集成 5 …………… 142	暮らしに生きる仏教語辞典 ……… 182
近代用語の辞典集成 6 …………… 142	暮らしの健康ことわざ辞典 ………… 84
近代用語の辞典集成 7 …………… 142	暮らしのことば 擬音・擬態語辞典 …… 179
近代用語の辞典集成 8 …………… 142	暮らしのことば 語源辞典 ………… 69
近代用語の辞典集成 9 …………… 142	暮らしのことば 新語源辞典 ……… 69
近代用語の辞典集成 10 …………… 142	暮らしのことわざ早引き辞典 人生を豊
近代用語の辞典集成 11 …………… 142	かにするヒント ………………… 84
近代用語の辞典集成 12 …………… 142	暮らしのなかの仏教語小辞典 …… 182
近代用語の辞典集成 13 …………… 143	暮らしの日本語辞典 ……………… 215
近代用語の辞典集成 14 …………… 143	暮らしの年表／流行語100年 ……… 137
近代用語の辞典集成 15 …………… 143	くらしの仏教語豆事典 上 ………… 181
近代用語の辞典集成 16 …………… 143	くらしの仏教語豆事典 下 ………… 182
近代用語の辞典集成 17 …………… 143	倉本美津留の超国語辞典 …………… 76
近代用語の辞典集成 18 …………… 143	クロスワード辞典 ………………… 255
近代用語の辞典集成 19 …………… 143	訓點語彙集成 第1巻（あ〜い）…… 68
近代用語の辞典集成 20 …………… 143	訓點語彙集成 第2巻（う〜か）…… 68
近代用語の辞典集成 21 …………… 143	訓點語彙集成 第3巻（き〜さ）…… 68
近代用語の辞典集成 22 …………… 143	訓點語彙集成 第4巻（し〜そ）…… 68
近代用語の辞典集成 23 …………… 143	訓點語彙集成 第5巻（た〜と）…… 68
近代用語の辞典集成 24 …………… 143	訓點語彙集成 第6巻（な〜ひ）…… 68
近代用語の辞典集成 25 …………… 143	訓點語彙集成 第7巻（ふ〜め）…… 68
近代用語の辞典集成 26 …………… 143	訓點語彙集成 第8巻（も〜ん）…… 68
近代用語の辞典集成 27 …………… 143	訓點語彙集成 別巻（漢字索引）…… 68
近代用語の辞典集成 28 …………… 144	訓点語辞典 ………………………… 67
近代用語の辞典集成 29 …………… 144	群馬県のことば …………………… 202
近代用語の辞典集成 30 …………… 144	訓読み漢字学習書 ………………… 47
近代用語の辞典集成 31 …………… 144	
近代用語の辞典集成 32 …………… 144	
近代用語の辞典集成 33 …………… 144	
近代用語の辞典集成 34 …………… 144	
近代用語の辞典集成 35 …………… 144	

けいこ　　　　　　　　書名索引

【け】

敬語言い換え辞典 日常語から一発変換!
　新版 ………………………………… 188
敬語「そのまま使える」ハンドブック で
　きる人の「この言葉づかい」「この話
　し方」 ………………………………… 189
敬語使い方辞典 …………………………… 188
敬語のお辞典 ……………………………… 188
敬語の用法 尊敬語・謙譲語・丁寧語 …… 188
敬語早わかり辞典 あっ便利! 新版 …… 188
敬語早わかり辞典 あっ便利! 改訂新版 … 188
敬語表現ハンドブック …………………… 189
芸能名言辞典 ……………………………… 223
京阪系アクセント辞典 …………………… 207
KY語辞典 ………………………………… 139
削り華咲く頃 昭和大工の隠語用語録 … 177
ケセン語大辞典 上巻 …………………… 200
ケセン語大辞典 下巻 …………………… 200
傑作しぞーか弁 …………………………… 205
言海(ちくま学芸文庫) ……………………… 9
研究社 日本語教育事典 …………………… 1
研究社 日本語口語表現辞典 …………… 213
研究社 日本語コロケーション辞典 ……… 9
研究社 日本語表現活用辞典 ……………… 9
現古辞典 現代語から古語を引く ……… 116
言語表現技術ハンドブック 改訂版 …… 231
言語表現技術ハンドブック 新版 ……… 232
原色 色彩語事典 色の単語・色の熟語 … 74
幻想由来辞典 ……………………………… 70
現代カタカナ用語辞典 最新版 ………… 129
現代カタカナ用語辞典 最新版 改訂新
　版 …………………………………… 129
現代漢語例解辞典 ………………………… 63
現代漢語例解辞典 2色刷 ………………… 63
現代漢語例解辞典 第2版 2色刷 ………… 63
現代漢字辞典 漢ぺき君で引くサンルイ・
　ワードバンク ……………………… 47
現代擬音語擬態語用法辞典 …………… 179
現代キーワード事典 1991 ……………… 149
現代形容詞用法辞典 …………………… 187
現代語から古語を引く辞典 …………… 116
現代国語辞典 改訂新版 …………………… 9
現代国語辞典 実用版 改訂新版 …………… 9
現代国語辞典 実用版 改訂版 ……………… 9
現代国語辞典 和英併用 …………………… 9
現代国語表記辞典 第2版 ………………… 66
現代国語例解辞典 第2版 ………………… 9
現代国語例解辞典 第2版 2色刷 ………… 9
現代国語例解辞典 第3版 2色刷 ………… 10
現代国語例解辞典 第4版 ………………… 10
現代国語例解辞典 第5版 ………………… 10
現代語古語類語辞典 …………………… 116
現代ことわざ辞典 ………………………… 84
現代実用国語辞典 ………………………… 10
現代実用国語辞典 パステル版 ………… 10
現代実用国語辞典 クリーム版 ………… 10
現代実用国語辞典 第2版 ………………… 10
現代実用国語辞典 第2版 クリーム版 … 10
現代実用国語辞典 第2版 パステル版 … 10
現代実用国語辞典 第3版 ネイビー版 … 10
現代実用国語辞典 第3版 レッド版 …… 10
現代実用国語辞典 第3版 ローラアシュ
　レイ版 ……………………………… 11
現代実用辞典 第2版 ……………………… 11
現代「重要」用語事典 知りたいことが
　たちまちわかる! ………………… 138
現代新語辞典 '94 ………………………… 139
現代新語辞典 '95 ………………………… 139
現代新語辞典 〔1996〕 …………………… 139
現代新語辞典 〔1997〕 …………………… 139
現代新語辞典 〔1998〕 …………………… 139
現代に生きる幕末・明治初期漢語辞典 … 64
現代日本語方言大辞典 1(あ～う) …… 194
現代日本語方言大辞典 2(え～く) …… 194
現代日本語方言大辞典 3(け～す) …… 194
現代日本語方言大辞典 4(せ～と) …… 194
現代日本語方言大辞典 5(な～へ) …… 194
現代日本語方言大辞典 6(ほ～を) …… 194
現代日本語方言大辞典 7(索引1) ……… 194
現代日本語方言大辞典 8(索引2) ……… 194
現代日本語方言大辞典 補巻(索引3) … 195
現代ビジネス文書大事典 会社文書の実
　例と書き方 社外・社内・社交儀礼の
　文書 法律関係・英文ビジネス文書 改
　訂新版 ……………………………… 250
現代風俗系用語の基礎知識 …………… 177
現代副詞用法辞典 ……………………… 187
現代用語学習事典 上級編 ……………… 150
現代用語の基礎知識 1990 ……………… 150
現代用語の基礎知識 1991 ……………… 150
現代用語の基礎知識 1992 ……………… 150
現代用語の基礎知識 1993 ……………… 150
現代用語の基礎知識 1994 ……………… 150
現代用語の基礎知識 1995 ……………… 150
現代用語の基礎知識 1996 ……………… 150

現代用語の基礎知識 1997 150
現代用語の基礎知識 1998 150
現代用語の基礎知識 1999 150
現代用語の基礎知識 2000 151
現代用語の基礎知識 2001 151
現代用語の基礎知識 2002 151
現代用語の基礎知識 2003 151
現代用語の基礎知識 2004 151
現代用語の基礎知識 2005 151
現代用語の基礎知識 2006 151
現代用語の基礎知識 2007 152
現代用語の基礎知識 2008 152
現代用語の基礎知識 2009 152
現代用語の基礎知識 2010 152
現代用語の基礎知識 2011 152
現代用語の基礎知識 2012 152
現代用語の基礎知識 2013 152
現代用語の基礎知識 2014 153
現代用語の基礎知識 2014 大字版 153
現代用語の基礎知識 2015 153
現代用語の基礎知識 2015 大字版 153
現代用語の基礎知識 2016 153
現代用語の基礎知識 2016 大字版 153
現代用語の基礎知識 カタカナ・外来語／略語辞典 改訂増補新版 130
現代用語の基礎知識 カタカナ・外来語／略語辞典 第4版 130
現代用語の基礎知識 カタカナ外来語略語辞典 第5版 130
現代用語の基礎知識 カタカナ語・略語版 第2版 130
現代用語の大語源 コンピュータ・流行語から人気の商品名まで全500語 69
現代用語表記辞典 233
現代用字用語の誤典 233
現代用字用法辞典 日本語力を高める 234
県別罵詈雑言辞典 195
県別方言感情表現辞典 195

【こ】

広告キャッチフレーズ辞典 254
甲骨文字小字典 48
広辞苑 第4版 11
広辞苑 第4版 革装 11
広辞苑 第4版 机上版 11
広辞苑 第4版 机上版,総革装 11
広辞苑 第5版 11

広辞苑 第5版 革装 11
広辞苑 第5版 机上版 11
広辞苑 第6版 11
広辞苑 第6版 机上版 11
広辞苑 第6版 総革装 11
広辞苑 第6版 机上版,総革装 12
甲州弁を読む てっ!ずくん、あるじゃん。 205
広説佛教語大辞典 182
広説佛教語大辞典 縮刷版 182
講談社カラーパックス 英和・国語辞典 ... 12
講談社カラーパックス 漢字辞典 48
講談社カラーパックス 漢字辞典 中型版 48
講談社カラーパックス 国語・漢字辞典 ... 12
講談社カラーパックス 国語辞典 12
講談社カラーパックス 国語辞典 特製版 2色刷 12
講談社カラーパックス 国語辞典 中型版 12
講談社カラー版 日本語大辞典 12
講談社カラー版 日本語大辞典 背革装 ... 12
講談社カラー版 日本語大辞典 総革装 ... 12
講談社カラー版 日本語大辞典 第2版 ... 12
講談社カラー版 日本語大辞典 第2版 電子ブック付 13
講談社漢和辞典 五十音引き 48
講談社キャンパス古語辞典 116
講談社国語辞典 第2版 13
講談社国語辞典 第2版 デスク版 13
講談社国語辞典 改訂新版 13
講談社国語辞典 第3版 13
講談社古語辞典 新装版 116
講談社新大字典 特装版 48
講談社新大字典 普及版 48
講談社パックス カタカナ語・略語辞典 .. 130
講談社パックス 用字用語辞典 234
講談社類語辞典 107
公用あいさつ事典 新版 225
公用・私用 冠婚葬祭手紙・スピーチ全書 227, 247
五カ国語共通のことわざ辞典 日本語・台湾語・英語・中国語・韓国語対照 84
国語学大辞典 13
国語辞典 13
国語小辞典 13
国語小辞典 新装版 13
国語総合新辞典 英訳つき 百科和英漢和兼用 13
国語総合新辞典 英訳つき 百科/和英 新

装版	14
国語大辞典 大活字版	14
国語中辞典 外国語訳付き	14
国語年鑑 1990年版	33
国語年鑑 1991年版	33
国語年鑑 1992年版	33
国語年鑑 1993年版	33
国語年鑑 1994年版	33
国語年鑑 1995年版	33
国語年鑑 1996年版	33
国語年鑑 1997年版	33
国語年鑑 1998年版	33
国語年鑑 1999年版	34
国語年鑑 2000年版	34
国語年鑑 2001年版	34
国語年鑑 2002年版	34
国語年鑑 2003年版	34
国語年鑑 2004年版	34
国語年鑑 2005年版	35
国語年鑑 2006年版	35
国語年鑑 2007年版	35
国語年鑑 2008年版	35
国語のなかの仏教語辞典	182
国語はや引き実用辞典	234
国語表現事典	191
国語読み書き辞典 すぐ引ける わかる 書ける 英語とペン字つき	14
国語読み書き辞典（your BOOKS 特選・暮しの本）	14
国際化時代のためのカタカナ語・略語辞典	130
国字の字典 第5版	48
語源海	70
語源がわかる言葉の事典	69
語源辞典 形容詞編	70
語源辞典 植物編	70
語源辞典 動物編	70
語源辞典 名詞編	70
語源の辞典 日常語の由来がわかる	70
語源ハンドブック	73
古語大鑑 第1巻（あ～お）	116
古語大鑑 第2巻（か～さ）	116
古語林	116
古語類語辞典 現代語から古語が引ける	117
心を伝える達人になる言葉の事典	213
心で感じる四字用語選集	99
心に響く名言辞典	223
古今各国「漢字音」対照辞典	48
故事ことわざ 正確な出典と豊富な関連知識 改訂版	77
故事ことわざ辞典	84
故事ことわざ辞典〔改訂版〕	84
故事ことわざ知識辞典 日本編	84
故事ことわざの辞典 日本語を使いさばく	84
故事ことわざ名言名句実用辞典	85
故事熟語大辞典	85
故事成語（ことばの手帳）	78
故事成語活用小辞典	85
故事成語の辞典	85
故事俗信ことわざ大辞典 第2版	85
故事名言・由来・ことわざ総解説 知的生活のための言葉の実用事典 改訂新版	78
故事名言・由来・ことわざ総解説（知的生活への実用事典シリーズ）改訂増補版	78
五十音順 日本語語源解読辞典	70
五十音引き 大活字漢字辞典	48
古典かな字鑑 携帯版	65
古典基礎語辞典	117
古典語彙大辞典	117
古典にみる仏教語解説辞典	182
ことば選び実用辞典	107
言葉選びのための賀詞・名句ハンドブック 少字句・漢詩・和歌・俳句	247
ことばのおもしろ事典	1
「ことばの科学」雑学事典 見て・知って・推理する「ことば」の不思議	1
言葉の違いがわかる事典 辞書を引いてもわからない！	219
ことばの豆辞典	215
ことばの豆辞典 第2集	215
ことばの豆辞典 第3集	215
ことわざ（ことばの手帳）	78
ことわざ絵解き事典	78
ことわざ・慣用句mini百科 使える言い回しナビゲーション	99
ことわざ・故事成語・慣用語句2300	85
ことわざ辞典 第3版	85
ことわざ事典7000語	78
ことわざ辞典2400 文庫版 頭引き、意味から引く、ものから引く	85
ことわざ辞典 文学・教養・趣味	85
ことわざ辞典 ポケット版〔日東書院〕	85
ことわざ辞典 ポケット版〔成美堂出版〕	85
ことわざ新辞典 ポケット判	86
ことわざと故事・名言辞典	86
ことわざと故事・名言分類辞典	86

ことわざと四字熟語が場面に合わせてすぐ引ける大辞典 86
ことわざの辞典 86
ことわざの辞典 新装版 86
ことわざハンドブック 99
ことわざポケット辞典 すぐ引けて読んでためになる。 86
ことわざ・名言事典 新版 78
この一冊でカタカナ用語のすべてがわかる! 3000 最新用語から外来語まで完全網羅! 130
この一冊で「ことわざ」「慣用句」「四字熟語」が面白いほど身につく! 99
子の名に使える漢字字典 改定常用漢字表対応 59
困ったときにすぐに使える! ビジネス文書書き方&マナー大事典 250
困ったときに役立つはがきの書き方事典 244
困ったときのカタカナ新語早引き辞典 ... 130
困ったときの国語早引き辞典 難読漢字・熟語編 217
困ったときの国語早引き辞典 用字・用語編 234
困ったときのことわざ早引き辞典 86
困ったときの「モノの言い方」言い換え辞典 言い訳・口ごたえに聞こえない ... 228
こらおもしろか肥後弁事典 209
これがわかれば日本通 風俗日本語事典 ... 173
これだけは知っておきたい公用文の書き方・用字用語例集 249
これだけは知っておきたい公用文の書き方・用字用語例集 第2版 249
これで完璧! すぐに役立つ! ビジネス文書文例250 そのまま使える文例・基本フォーマット集 253
これで充分 ことわざ辞典 86
これで充分 スピーチ事典 225
これで充分 手紙文例事典 244
これで充分 四字熟語 86
これは使える「体ことば」辞典 76
これは役立つ! 気のきいた言葉の事典 ... 102
これは役立つ! 間違い言葉の事典 219
コンサイスABC略語辞典 130
コンサイスカタカナ語辞典 130
コンサイスカタカナ語辞典 第2版 130
コンサイスカタカナ語辞典 第3版 131
コンサイスカタカナ語辞典 第4版 131
コンセプトワード200 企画に使える発想用語辞典 254
昆虫名方言事典 昆虫名方言を求めて ... 193

コンパクト ビジネス文書読み書き事典 ... 251

【さ】

最近の「カタカナ語」がわかる本 新聞によく出てくる言葉514 137
最古の富山県方言集 203
歳時記語源辞典 70
最新 イラストでわかる四字熟語辞典 ... 86
最新 外来語辞典 131
最新 カタカナ語辞典 131
最新 カタカナ語辞典 第2版 131
最新・カタカナ語辞典 131
最新 カタカナ語辞典 大きな活字・見やすい 新訂2版 131
最新 カタカナ語辞典 国際化社会に役だつ 大きな活字・見やすい 新訂版 ... 131
最新 カタカナ語辞典 国際化社会に役だつ 大きな活字・見やすい 新訂3版 ... 131
最新 カタカナ語辞典 国際化社会に役だつ 大きな活字・見やすい 新訂4版 ... 131
最新 カタカナ用語の意味がわかる辞典 ... 131
最新 カタカナ用語の意味がわかる辞典〔改訂版〕 131
最新 公用文用字用語例集 改定常用漢字対応 249
最新語辞典 遅れたくない 知らなきゃ恥かく 99年後期版 139
最新 ことわざ・名言名句事典 78
最新 最強の時事用語 2006年版 ... 153
最新 最強の時事用語 '07年版 153
最新 時事用語 2001年版 153
最新 時事用語 2002年版 154
最新 時事用語 2003年版 154
最新 時事用語 2004年版 154
最新 時事用語 2005年版 154
最新 時事用語事典 就職試験・ビジネス常識に必須 154
最新・知っておきたいことわざ事典 ... 78
最新・知っておきたい四字熟語辞典 ... 86
最新 詳解古語辞典 2版 117
最新 情報語小辞典 140
最新 全訳古語辞典 117
最新 日常の類似語使い分け辞典 まぎらわしい類義異語がわかる 107
最新 日本の敬語実用事典 188
最新 祝詞作文便覧 181
最新版 漢字用例辞典 48

さいし　書名索引

最新版 ことばのしるべ 国語表記法のすべて ……………………………… 67
最新版 新聞によく出る用語事典 この1冊であらゆる情報がわかる！ ………… 154
最新版 用字用例辞典 ……………… 234
最新 ひと目でわかる全国方言一覧辞典 ‥ 195
最新 用字用語辞典 ワープロ対応 …… 234
最新 用字用語ブック ……………… 242
最新 用字用語ブック 第2版 ……… 242
最新 用字用語ブック 第3版 ……… 242
最新 用字用語ブック 第4版 ……… 242
最新 用字用語ブック 第5版 ……… 242
最新 用字用語ブック 第6版 ……… 242
最新 用字用語ブック 第7版 ……… 242
埼玉のことば 県北版 ……………… 203
佐賀県のことば …………………… 209
さかさコトバ 回文遊び大事典 …… 255
佐賀の方言 上巻（体言編）新版 … 210
佐賀の方言 中巻（述語編）新版 … 210
佐賀の方言 下巻（解説編）新版 … 210
佐賀弁小事典 ……………………… 209
作文じてん ………………………… 229
ザ・ゲンダイ いまがわかるカタカナ用語 …………………………………… 131
雑学ものしり数字ことば百科 …… 171
雑誌タイトルコピー大全 女性誌編 ‥ 255
雑俳・川柳京ことば辞典 ………… 207
さつま語辞典 ……………………… 210
3行でわかる 現代新語情報辞典 最新 …… 140
3行でわかる 現代新語情報辞典 最新改訂新版 ……………………………… 140
3行でわかる 現代新語情報辞典 第3版 … 140
3行でわかる 現代新語情報辞典 最新第4版 …………………………………… 140
3行でわかる 現代新語情報辞典 最新第5版 …………………………………… 140
3行でわかる 現代新語情報辞典 最新第6版 …………………………………… 140
三字熟語 語源小辞典 ……………… 70
三省堂カタカナ語便覧 …………… 137
三省堂漢字表記便覧 ……………… 57
三省堂慣用句便覧 ………………… 106
三省堂漢和辞典 第4版 …………… 48
三省堂漢和辞典 第4版 小型版 …… 49
三省堂現代学習国語辞典 特製版 …… 14
三省堂現代国語辞典 第2版 ……… 14
三省堂現代新国語辞典 …………… 14
三省堂現代新国語辞典 第2版 …… 14
三省堂現代新国語辞典 第3版 …… 14
三省堂現代新国語辞典 第4版 …… 14

三省堂現代新国語辞典 第5版 …… 15
三省堂国語辞典 第4版 …………… 15
三省堂国語辞典 第4版〔革装版〕 … 15
三省堂国語辞典 第4版〔小型版〕 … 15
三省堂国語辞典 第5版 …………… 15
三省堂国語辞典 第5版 小型版 …… 15
三省堂国語辞典 第6版 …………… 15
三省堂国語辞典 第6版 小型版 …… 15
三省堂国語辞典 第7版 …………… 15
三省堂国語辞典 第7版 小型版 …… 15
三省堂故事ことわざ・慣用句辞典 …… 87
三省堂故事ことわざ・慣用句辞典 第2版 …………………………………… 87
三省堂五十音引き漢和辞典 ……… 49
三省堂五十音引き漢和辞典 第2版 … 49
三省堂・ことわざの辞典 特装版 …… 87
三省堂ことわざ便覧 ……………… 100
三省堂詳説古語辞典 ……………… 117
三省堂常用漢字辞典 ……………… 60
三省堂新旧かなづかい便覧 ……… 66
三省堂新旧かなづかい便覧 新装版 … 66
三省堂新用字辞典 ………………… 234
三省堂全訳基本古語辞典 ………… 117
三省堂全訳基本古語辞典 第3版 … 117
三省堂全訳基本古語辞典 第3版 増補新装版 ……………………………… 117
三省堂全訳解古語辞典 …………… 117
三省堂全訳解古語辞典 小型版 …… 118
三省堂全訳解古語辞典 第2版 …… 118
三省堂全訳読解古語辞典 第2版 小型版 …………………………………… 118
三省堂全訳読解古語辞典 第3版 … 118
三省堂全訳読解古語辞典 第3版 小型版 …………………………………… 118
三省堂全訳読解古語辞典 第4版 … 118
三省堂全訳読解古語辞典 第4版 小型版 …………………………………… 118
三省堂同音語使い分け便覧 ……… 112
三省堂難読漢字辞典 ……………… 217
三省堂反対語便覧 ………………… 113
三省堂反対語便覧 新装版 ………… 113
三省堂ポケット カタカナ語辞典 …… 131
三省堂ポケット カタカナ語辞典 中型版 …………………………………… 132
三省堂ポケット 国語辞典 ………… 15
三省堂ポケット 国語辞典 中型版 …… 16
三省堂ポケット 故事成語辞典 …… 87
三省堂ポケット 故事成語辞典 中型版 …… 87
三省堂ポケット ことわざ決まり文句辞典 …………………………………… 87

三省堂ポケット ことわざ決まり文句辞
　典 中型版 87
三省堂ポケット 手紙の書き方辞典 246
三省堂ポケット 難読語辞典 217
三省堂ポケット 日用語辞典 234
三省堂ポケット 四字熟語辞典 87
三省堂ポケット 四字熟語辞典 中型版 ... 87
三省堂難読語便覧 218
三省堂四字熟語便覧 100
三省堂類語新辞典 107

【し】

ジェム漢字辞典 49
ジェム国語辞典 16
滋賀県方言語彙・用例辞典 207
四季ことわざ辞典 87
四季のことば辞典 184
四季のことば辞典〔東京堂出版〕...... 184
四季の表現辞典 184
字訓 普及版 118
字訓 古語辞典 新装普及版 118
字源 増補版 49
時事新語 164
時事ニュースワード 1993-1994 154
時事ニュースワード 1994-1995 154
時事ニュースワード 1995-1996 154
時事ニュースワード 1996-1997 155
時事ニュースワード 1997-1998 155
時事ニュースワード 1998-1999 155
時事ニュースワード 1999-2000 155
時事ニュースワード 2000 155
時事ニュースワード 2001 155
時事ニュースワード 2002 155
時事ニュースワード 2003 155
時事ニュースワード 2004 156
時事ニュースワード 2005 156
時事ニュースワード 2006 156
時事ニュースワード 2007 156
時事ニュースワード 2008 156
時事ニュースワード 2009 156
時事ニュースワード 2010 156
時事ニュースワード 2011 156
時事ニュースワード 2012 156
時事問題の基礎知識 1991 157
時事問題の基礎知識 1992 157
時事問題の基礎知識 1993 157
時事問題の基礎知識 1994 157
時事問題の基礎知識 1995 157
時事問題の基礎知識 1996 157
時事問題の基礎知識 1997 157
時事問題の基礎知識 1998 157
時事問題の基礎知識 1999 157
時事問題の基礎知識 2000 158
時事問題の基礎知識 2001 158
時事問題の基礎知識 2002 158
時事問題の基礎知識 2003 158
時事用語事典 2000年版 158
時事用語事典 2001年版 158
時事用語辞典 '91年版 164
時事用語辞典 '92年版 164
時事用語ハンドブック '91 168
時事用語ハンドブック '92 168
時事用語ハンドブック '93 168
時事用語ハンドブック '94 168
時事用語ハンドブック '95 168
時事用語ハンドブック '96 169
時事用語ハンドブック '97 169
時事用語ハンドブック '98 169
時事用語ハンドブック '99 169
史上最強のビジネスメール表現事典 ... 251
辞書には載らなかった不採用語辞典 76
静岡県のことば 205
自然表現の辞典 Part 1 184
自然表現の辞典 Part 2 184
時代を映したキャッチフレーズ事典 ... 254
時代を読みとく 最新時事キーワード 2004
　年度版 158
時代を読みとく 最新時事キーワード 2005
　年度版 158
時代を読みとく 最新時事キーワード 2006
　年度版 159
時代を読みとく 最新時事キーワード 2007
　年度版 159
時代別国語大辞典 室町時代編 3（さ〜
　ち）................................. 35
時代別国語大辞典 室町時代編 4（つ〜
　ふ）................................. 35
時代別国語大辞典 室町時代編 5（へ〜
　ん）................................. 36
自治体の公用文作成ハンドブック 249
市町村職員のための現代カタカナ用語辞
　典 132
字通 49
字通 普及版 49
しっかり役立つ文書文例事典 251
実践うちなあぐち教本 212

実戦・日本語の作文技術 232
知っておきたい 故事熟語辞典 87
知っておきたい 日本の名言・格言事典 222
知って得することわざ大全集 100
知って得する四字熟語新辞典 87
知ってびっくり「生き物・草花」漢字辞典 烏の賊が何故イカか 49
知ってびっくり! 仏教由来の日本語212 ... 183
知ってるつもりで間違える慣用句100 106
知ってるふりしてきたカタカナ語事典 122
知っ得 衣食住のことば語源辞典 70
知っ得 暮らしの中の「定番」難読語 219
知っ得 植物のことば語源辞典 71
知っ得 動物のことば語源辞典 71
知っ得 日常ことば語源辞典 71
知っ得 文豪・大家の「故事ことわざ術」 100
知っ得 文豪・大家の「成句・慣用語術」 100
知っ得 文豪・大家の「四字熟語術」 100
失敗しないスピーチ・あいさつ実例百科 冠婚葬祭からビジネス社会・地域社会・学校行事まで 227
実用漢字表現辞典 筆順・熟語・文例・故事ことわざ 49
実用漢字mini百科 ワープロ対応版 漢字の読み書きナビゲーション 57
実用国語辞典 横組版 16
実用国語辞典 ハンディ版 縦組版 16
実用国語辞典 ポケット版 横組版 16
実用国語辞典 ポケット判(青) 16
実用国語辞典 ポケット判(赤) 16
実用国語辞典 ポケット版 16
実用国語辞典 ポケット版 第2版 16
実用語小字典 精選熟語と最新外来語 234
実用ことわざ 88
実用ことわざ辞典 88
実用ことわざ新辞典 ポケット判 88
実用三体筆順字典 増補改訂版 49
実用字典 〔新装版〕 234
実用字引 234
実用新ことわざ辞典 88
実用手紙・文書の書き方辞典 230
実用四字熟語辞典 すぐに意味と使い方がわかる 88
実用四字熟語新辞典 ポケット判 88
実例実用四字熟語800 身近でこんなに使われている 88
実例詳解 古典文法総覧 187
辞典 新しい日本語 195

字典かな 写本をよむ楽しみ 新装版 65
事典にない大阪弁 絶滅危惧種の大阪ことば 208
字統 字源辞典 新装普及版 59
「死」にまつわる日本語辞典 76
島根県のことば 208
清水新漢和辞典 第3版 50
清水新国語辞典 16
清水日用字典 新訂11版 234
清水日用字典 最新版 234, 235
社会人「新基礎用語」 164
社会人のための国語百科 増補版 カラー版 32
社会人のためのビジュアルカラー国語百科 32
写真で読み解く 語源大辞典 71
写真で読み解く ことわざ大辞典 88
写真で読み解く 四字熟語大辞典 88
写真で読み解く 類義語大辞典 107
写真でわかる季節のことば辞典 第1巻 ... 184
写真でわかる季節のことば辞典 第2巻 ... 184
写真でわかる季節のことば辞典 第3巻 ... 185
写真でわかる季節のことば辞典 第4巻 ... 185
しゃれことば事典 255
ジャンル別編集 最新カタカナ用語「読む見る」事典 122
集英社 国語辞典 16
集英社 国語辞典 横組版 16
集英社 国語辞典 机上版 16
集英社 国語辞典 横組 机上版 17
集英社 国語辞典 第2版 17
集英社 国語辞典 第2版 大活字机上版 ... 17
集英社 国語辞典 第2版 大活字机上版 横組 17
集英社 国語辞典 第3版 17
集英社 ポケットカタカナ語辞典 132
集英社 ポケット国語辞典 17
15万例文・成句 現代国語用例辞典 17
秀作ネーミング事典 254
集団語辞典 178
十二支(えと)のことわざ事典 78
獣名源 本邦空前の語源書 71
熟語がすぐわかる辞典 大きな活字でひきやすい ポケット判 88
受験と手紙・スピーチに役に立つ四字熟語便利辞典 89
出典のわかる故事成語・成句辞典 89
小学館古語大辞典 〔コンパクト版〕 ... 118
小学館全文全訳古語辞典 119
小学館日本語新辞典 17

書名索引　　　　　　　　　　　　　　しんせ

状況分類別 敬語用法辞典 189
常識として知っておきたいカタカナ語 文
　化庁世論調査120語を徹底解説 137
常識のことわざ 100
常識のまぎらわしい日常語 216
常識の間違えやすい同音語 112
常識の四字熟語 100
小字源 部首・画数で簡単検索 50
笑典 北とちぎ方言集 202
庄内方言辞典 200
昭文 漢字用語字典 第56版 235
昭文 漢和辞典 第25版〔昭文社〕 50
昭文 国語辞典 第35版 17
常用外来語新辞典 改訂版 132
常用漢字書きかた字典 60
常用漢字行草辞典 〔新装版〕 40
常用漢字行草辞典 新装普及版 60
常用漢字コアイメージ辞典 60
常用漢字五体字集 人名漢字付 新版 .. 61
常用漢字最新ハンドブック 2010年改定
　対応 61
常用漢字表 平成22年11月30日内閣告示
　.. 61
常用漢字表による公用文作成の手引 第2
　次改訂版 249
常用漢字読み書き辞典 61
常用漢和辞典 改訂新版 50
常用漢和辞典 改訂第3版 50
常用漢和辞典 改訂第4版 50
常用現代用語新辞典 1991 改訂版 164
常用現代用語新辞典 1992 164
常用現代用語新辞典 1993 164
常用現代用語新辞典 1994 改訂版 ... 164
常用現代用語新辞典 1995 164
常用現代用語新辞典 1996 164
常用現代用語新辞典 1997 164
常用現代用語新辞典 〔1998〕 164
常用国語辞典 23版 18
常用国語辞典 改訂新版 18
常用国語辞典 改訂新版 グリーン版 ... 18
常用国語辞典 改訂第3版 18
常用国語辞典 改訂第3版 パステル版 . 18
常用国語辞典 改訂第4版 18
常用国語辞典 改訂第4版 美装版 18
常用語字典 ポケット版 235
常用語辞典 ポケット版 235
常用語小字典 日常役立つ熟語や難読語 .. 235
常用ことわざ辞典 89
常用字解 61
常用字解 第2版 61

常用新用字用語辞典 新修版 235
常用大字典（紺）.......................... 235
常用大字典（白）.......................... 235
昭和ことば辞典 おい、羊羹とお茶もっ
　といで! 140
昭和社会資料事典 第1巻(現代語大辞
　典) 2
昭和レトロ語辞典 140
植物の漢字語源辞典 71
書式の常識事典 230
助詞・助動詞の辞典 187
女子大生ヤバイ語辞典 140
女性のためのあいさつ・スピーチ・手紙・
　マナー事典 225
書体字典 漢字 全改訂版 41
書体小字典 41
資料 日本語史 35
辞林21 18
辞林21 総革装 18
辞林21 机上版 18
新解国語辞典 第2版 18
新解釈 格言・ことわざ・名言・警句大全
　書 ひろさちやの人生指南 100, 224
新カタカナ語便利辞典 132
新カタカナ語ポケット辞典 新訂2版 .. 132
新カタカナ語ポケット辞典 新訂3版 .. 132
新カタカナ語ポケット辞典 新訂4版 .. 132
新カタカナ語ポケット辞典 引きやすい・
　読みやすい 132
新カタカナ語ポケット辞典 引きやすい・
　読みやすい 新訂版 132
新漢語林 64
新漢語林 第2版 64
新漢和辞典 新装大型版 50
新国語例解辞典 18
新・故事ことわざ集 テーマ別編集 ... 89
新語・流行語大全 ことばの戦後史 1945-
　2005 141
新語・流行語大全 ことばの戦後史 1945-
　2006 141
新実用漢字表現辞典 筆順・熟語・文例・
　故事ことわざ 50
新修 広辞典 和英併用 第5版 18
新修 広辞典 大活字版 第5版 19
新修 実用辞典 和英併用 第4版 19
新小辞林 第5版 19
新辞林 19
新選慣用句の辞典 気のきいた言葉 豊か
　な文章表現 104
新選漢和辞典 第6版 50

書名	ページ
新選漢和辞典 第6版 デスク版	50
新選漢和辞典 第6版 ワイド版	51
新選漢和辞典 第6版 ワイド版 2色刷	51
新選漢和辞典 第7版	51
新選漢和辞典 第7版 ワイド版 2色刷	51
新選漢和辞典 第7版 人名用漢字対応版	51
新選漢和辞典 第7版 ワイド版 人名用漢字対応版	51
新選漢和辞典 第8版 2色刷	51
新選漢和辞典 第8版 ワイド版 2色刷	51
新選国語辞典 第7版	19
新選国語辞典 第7版 デスク版	19
新選国語辞典 第7版 ワイド版	19
新選国語辞典 第7版 2色刷	19
新選国語辞典 第7版 ワイド版 2色刷	19
新選国語辞典 第8版 横組版	19
新選国語辞典 第8版 ワイド版	19
新選国語辞典 第8版 ワイド版 横組版	20
新選国語辞典 第9版 2色刷	20
新選国語辞典 第9版 ワイド版 2色刷	20
新潮現代国語辞典 第2版	20
新潮国語辞典 現代語・古語 第2版	20
新潮日本語漢字辞典	51
新訂 字訓	119
新訂 字訓 普及版	119
新訂 字統 普及版	59
新日用字典（青）	235
新日用字典（赤）	235
新版 岩波現代用字辞典	235
新版 漢語林	64
新版 日用新字典 ポケット判 赤	236
新版 日用新字典 ポケット判 白	236
新版日本語教育事典	2
新版 「四字熟語」の辞典	89
新版 読めそうで読めない常用漢字の難読辞典	217
人物表現辞典	192
新聞カタカナ語辞典 人名、商品名収録	132
新聞のことば事典 1991年版	159
新聞のことば事典 1992年版	159
新聞頻出 漢字語彙体系	89
新編 故事ことわざ辞典	89
新編・ことわざ辞典 故事・成語・慣用句 大きな字で読みやすい	89
新編 手紙・はがき・メール実例事典	244
新編 文書・諸届け・メール実例事典 すぐ使える報告・通知文から挨拶状まで	251
新明解 漢和辞典 第4版	52
新明解 漢和辞典 第4版 机上版	52
新明解 現代漢和辞典	52
新明解 国語辞典 第4版〔机上版〕	20
新明解 国語辞典 第5版	20
新明解 国語辞典 第5版 特装版	20
新明解 国語辞典 第5版 革装版	20
新明解 国語辞典 第5版 小型版	20
新明解 国語辞典 第6版	20
新明解 国語辞典 第6版 革装	21
新明解 国語辞典 第6版 特装版	21
新明解 国語辞典 第6版 小型版	21
新明解 国語辞典 第6版 机上版	21
新明解 国語辞典 第7版	21
新明解 国語辞典 第7版 特装版	21
新明解 国語辞典 第7版 革装	21
新明解 国語辞典 第7版 小型版	21
新明解 国語辞典 第7版 机上版	21
新明解 語源辞典	71
新明解 古語辞典 第3版	119
新明解 故事ことわざ辞典	89
新明解 故事ことわざ辞典 第2版	89
新明解 日本語アクセント辞典 改訂新版	37
新明解 日本語アクセント辞典 CD付き	37
新明解 日本語アクセント辞典 第2版	37
新明解 百科語辞典	21
新明解 四字熟語辞典	89
新明解 四字熟語辞典 第2版	90
新明解 類語辞典	107
人名字解	59
人名実例集 一字名前編	59
人名の漢字語源辞典	59
人名用漢字の変遷 子の名に使える漢字の全履歴	59

【す】

書名	ページ
「数字言葉」の謎解き事典 日本三景・春の七草・四十八手…	171
数の漢字の起源辞典	52
図解 時事用語 最新ニュースが一目でわかる！'03年度版	169
図解 時事用語 最新ニュースが一目でわかる！'04年度版	169
図解 時事用語 最新ニュースが一目でわかる！'05年度版	169
図解 平成ぶっこわれコトバ事典 2005年	

度保存版 138
〈図解〉まるわかり時事用語 2005-2006年版 170
〈図解〉まるわかり時事用語 2006-2007年版 170
〈図解〉まるわかり時事用語 2007-2008年版 170
〈図解〉まるわかり時事用語 2008-2009年版 170
〈図解〉まるわかり時事用語 2009-2010年版 170
〈図解〉まるわかり時事用語 2010-2011年版 170
〈図解〉まるわかり時事用語 2011-2012年版 170
〈図解〉まるわかり時事用語 2012-2013年版 170
〈図解〉まるわかり時事用語 2013-2014年版 170
〈図解〉まるわかり時事用語 2014-2015年版 170
〈図解〉まるわかり時事用語 2015-2016年版 171
〈図解〉まるわかり時事用語 2016-2017年版 171
すぐ書ける! ビジネスメール文例事典 ... 251
すぐ使える 手紙・はがき百科 気持ちが伝わるお礼状と挨拶状 改訂版 247
すぐに役立つ 漢字熟語辞典 52, 90
すぐに役立つ 慣用句用例新辞典 104
すぐに役立つ 故事ことわざ辞典 90
すぐに役立つ 故事ことわざ辞典 改訂版 90
すぐに役立つ 最新カタカナ語新辞典 133
すぐに役立つ 最新カタカナ語新辞典 改訂新版 133
すぐに役立つ 日本語活用ブック 32
すぐに役立つ 文例活用ブック 247, 253
すぐに役立つ 名言名句活用新辞典 223
すぐに役立つ 四字熟語活用新辞典 90
すぐに役立つ 四字熟語辞典 ひと味違うスピーチと文章表現を豊かにするために 90
すぐに役立つ 四字熟語ハンドブック ポケット版 101
すぐ役立つ文書・書式大事典 最新版 ... 251
すぐわかる四字熟語 90
図説 漢字がわかる字源事典 偏旁冠脚 58
図説 漢字の成り立ち事典 58
図説 ことわざ事典 79
図説 部首がわかる字源事典 42

図説 松下文法ハンドブック 一般理論文法の先駆 186
すっきりわかる! 超訳「カタカナ語」事典 122
スッチー用語まるわかり辞典 178
スーパー実用ことわざ辞典 90
スピーチ・あいさつ実例事典 225
スピーチ・手紙に役だつ ことわざ 困ったときにすぐ引ける 101
スピーチ・手紙に役だつ 四字熟語 困ったときにすぐ引ける 101
スピーチに役立つことわざハンドブック 101
スピーチに役立つ名言・名句ハンドブック 224
スピーチに役立つ四字熟語辞典 90
スピーチや文章に使える四字熟語新辞典 90

【せ】

生活の知恵 「数」のことば辞典 91
性語辞典 178
成語大辞苑 故事ことわざ名言名句 91
成語林 故事ことわざ慣用句 91
成語林 故事ことわざ慣用句 〔中型版〕... 91
精撰 尾張弁辞典 205
精選国語辞典 22
精選国語辞典 デスク版 22
精選国語辞典 新訂版 22
精選ことわざ・格言・四字成語・慣用句常用辞典 91
精選祝詞文例事典 180
性の用語集 178
世界ことわざ辞典 和漢洋対照 91
世界ことわざ大事典 79
世界の故事名言ことわざ総解説 知りたい言葉の由来をよむ 知識を育むことば事典 改訂第11版 79
絶滅危惧ことば辞典 古きよき日本語集 ... 22
全国アクセント辞典 28版 37
全国方言辞典 都道府県別 195
全国方言談話データベース 日本のふるさとことば集成 第1巻 197
全国方言談話データベース 日本のふるさとことば集成 第5巻 197
全国方言談話データベース 日本のふるさとことば集成 第6巻 197

全国方言談話データベース 日本のふるさとことば集成 第7巻 ……… 197
全国方言談話データベース 日本のふるさとことば集成 第10巻 ……… 197
全国方言談話データベース 日本のふるさとことば集成 第11巻 ……… 197
全国方言談話データベース 日本のふるさとことば集成 第13巻 ……… 197
全国方言談話データベース 日本のふるさとことば集成 第14巻 ……… 198
全国方言談話データベース 日本のふるさとことば集成 第17巻 ……… 198
全国方言談話データベース 日本のふるさとことば集成 第20巻 ……… 198
全国幼児語辞典 ……………………… 179
全図解 モノの呼び名がわかる事典 … 74
全訳漢辞海 ……………………………… 52
全訳漢辞海 第2版 …………………… 52
全訳漢辞海 第3版 …………………… 52
全訳漢辞海 第3版 机上版 …………… 52
全訳古語例解辞典 〔コンパクト版〕… 119
全訳古語例解辞典 第2版 …………… 119
全訳古語例解辞典 第2版 コンパクト版 ……………………………………… 119
全訳古語例解辞典 第3版 …………… 119
全訳古語例解辞典 第3版 コンパクト版 ……………………………………… 119
全訳・全解古語辞典 …………………… 119
全訳用例漢和辞典 ビジュアル版 ……… 53
全訳用例古語辞典 コンパクト版 ……… 120
全訳用例古語辞典 ビジュアル版 第2版 ……………………………………… 120
禅林名句辞典 新装版 ………………… 182

【そ】

草仮名字典 ……………………………… 65
葬儀・法事のあいさつ実例事典 文例と解説でよくわかる ………………… 225
葬儀・法要のあいさつと手紙 礼儀にかなった、すぐに役立つ実例集 ……… 248
草書くずし字典 ………………………… 41
俗語大辞典 …………………………… 173
俗語発掘記 消えたことば辞典 ……… 174
続 懐かしい日本の言葉ミニ辞典 NPO直伝塾プロデュースレッドブック … 22
即訳! ふくおか方言集 ……………… 210
そこんとこ何というか辞典 物の数え方・物の名前 ………………… 76, 172

【た】

大活字 漢字書き表し方辞典 ………… 53
大活字 季節を読み解く 暦ことば辞典 … 185
大活字 気のきいた言葉さがし辞典 …… 236
大活字 現代国語辞典 ことばの林 …… 22
大活字 ことわざハンドブック ……… 101
大活字 三省堂ことわざ便覧 ………… 101
大活字 三省堂四字熟語便覧 ………… 101
大活字 三省堂難読語便覧 …………… 219
大活字 三省堂反対語便覧 …………… 113
大活字 知っているようで知らない四字熟語 ……………………………… 91
大活字 難読語辞典 …………………… 217
大活字 早引き字典 …………………… 236
大活字 分野別イラストで見るカタカナ語辞典 ………………………… 133
大活字用例 漢字早わかり辞典 ……… 53
大活字 四字熟語ハンドブック ……… 101
大漢語林 ………………………………… 64
大漢語林 語彙総覧 …………………… 64
大漢和辞典 巻10 修訂第2版 ………… 53
大漢和辞典 巻11 修訂第2版 ………… 53
大漢和辞典 巻12 修訂第2版 ………… 53
大漢和辞典 巻13 索引 修訂第2版 …… 53
大漢和辞典 巻14 語彙索引 …………… 53
大漢和辞典 巻15 補巻 ………………… 53
大辞泉 …………………………………… 22
大辞泉 増補・新装版 ………………… 22
大辞泉 第2版 ………………………… 22
大辞典 …………………………………… 23
大修館漢語新辞典 ……………………… 64
大修館現代漢和辞典 …………………… 53
大修館現代漢和辞典 机上版 …………… 54
大修館最新国語表記ハンドブック …… 67
大修館全訳古語辞典 ………………… 120
大修館四字熟語辞典 …………………… 91
大辞林 大型机上版 …………………… 23
大辞林 第2版 ………………………… 23
大辞林 第2版 〔机上版〕 ……………… 23
大辞林 第2版 新装版 ………………… 23
大辞林 第3版 ………………………… 23
大辞林 漢字引き・逆引き …………… 23
大東急記念文庫善本叢刊 中古中世篇 別巻2〔第1巻〕 ………………………… 36
大東急記念文庫善本叢刊 中古中世篇 別

書名索引　　　　　　　　ていり

巻2〔第2巻〕 36
大東急記念文庫善本叢刊　中古中世篇　別
　　巻2〔第3巻〕 36
大東急記念文庫善本叢刊　中古中世篇　別
　　巻2〔第4巻〕 36
大東急記念文庫善本叢刊　中古中世篇　別
　　巻2〔第5巻〕 36
対訳鹿児島弁とその周辺 210
ダイヤモンド国語辞典　改訂版 23
ダイヤモンド国語辞典　改訂新版 23
ダイヤモンド字典　改訂新版 54
対話に役立つ　飯田・下伊那の方言集 ... 205
高橋国語辞典　第27版 23
竹富方言辞典 211
たとえことば辞典 191
たとえことば辞典　新装版 191
種子島方言辞典 210
たべもの語源辞典　新訂版 71
たべものことわざ辞典 91
誰にも聞けない社内・社外ビジネス文書
　　実例集 253

【ち】

地域活動・同窓会・サークルあいさつ・
　　司会進行の事典　町内会・マンション…
　　しっかり運営、楽しく継続 225
知恵蔵　朝日現代用語　1990 159
知恵蔵　朝日現代用語　1991 159
知恵蔵　朝日現代用語　1992 159
知恵蔵　朝日現代用語　1993 159
知恵蔵　朝日現代用語　1994 159
知恵蔵　朝日現代用語　1995 159
知恵蔵　朝日現代用語　1996 159
知恵蔵　朝日現代用語　1997 159
知恵蔵　朝日現代用語　1998 159
知恵蔵　朝日現代用語　1999 159
知恵蔵　朝日現代用語　2000 160
知恵蔵　朝日現代用語　2001 160
知恵蔵　朝日現代用語　2002 160
知恵蔵　朝日現代用語　2003 160
知恵蔵　朝日現代用語　2004 160
知恵蔵　朝日現代用語　2005 161
知恵蔵　朝日現代用語　2006 161
知恵蔵　朝日現代用語　2007 161
違いをあらわす「基礎日本語辞典」 220
違いがわかる日常類語事典　知らないと
　　恥をかくまぎらわしい言葉500 106

ちがいがわかる類語使い分け辞典 107
地方別方言語源辞典 195
注釈　公用文用字用語辞典　第7版 249
超分類！ キャッチコピーの表現辞典　一
　　言で目を奪い、心をつかむテクニック
　　50 255
超便利　4つの機能の携帯辞典
　　................... 91, 104, 108, 217
超明解！ 国語辞典 23
ちょっと古風な日本語辞典 24
ちょっとものしりな日本語用例2000 ... 236
珍版　横浜文明開化語辞典　舶来語と漢字
　　の出会い「宛字」集　新装版 62, 133
珍版　横浜文明開化語辞典　舶来語と漢字
　　の出会い「宛字」集　4版 62, 133

【つ】

ついつい会話に使ってみたくなる四字熟
　　語　知識の時代から活用の時代へ！ 使
　　える四字熟語1186 92
使い方がわかる四字熟語辞典 92
使い方の分かる類語例解辞典 108
使い方の分かる類語例解辞典　新装版 ... 108
使える　漢字熟語・故事成語辞典 92
使える慣用句事典　言いたい言葉がすぐ
　　に見つかる！ 103
使える　ことわざ 92
使える四字熟語 92
使える　四字熟語 92
使ってみたい言葉の事典　日本語力向上 ... 79
津軽弁死語辞典 200
津軽弁の世界　その音韻・語源をさぐる ... 200
津軽弁の世界　2 200
津軽弁の世界　3 200
津軽弁の世界　完 200
津軽木造新田地方の方言 200
つくりから漢字に親しむ自分辞書 54
釣りと魚のことわざ辞典 92

【て】

デイリーコンサイス　英和・カタカナ語
　　辞典 133
デイリーコンサイス　英和・漢字辞典 54
デイリーコンサイス　英和・国語辞典 24

日本語 レファレンスブック　279

デイリーコンサイス 英和・国語辞典〔中型版〕 24
デイリーコンサイス 英和・国語辞典 第2版 24
デイリーコンサイス 英和・国語辞典 第3版 24
デイリーコンサイス カタカナ語辞典〔最新改訂版〕 133
デイリーコンサイス カタカナ語辞典〔最新改訂版〕中型版 133
デイリーコンサイス カタカナ語辞典 第2版 133
デイリーコンサイス カタカナ語辞典 第2版 中型版 133
デイリーコンサイス カタカナ語辞典 第3版 133
デイリーコンサイス カタカナ語辞典 第3版 中型版 134
デイリーコンサイス 漢字辞典 54
デイリーコンサイス 漢字辞典 中型版 54
デイリーコンサイス 漢字辞典 革装 54
デイリーコンサイス 国語・ABC略語辞典 24
デイリーコンサイス 国語・英和辞典 24
デイリーコンサイス 国語・漢字辞典 24
デイリーコンサイス 国語・漢字辞典 革装版 24
デイリーコンサイス 国語・漢字辞典 中型版 24
デイリーコンサイス 国語・漢字辞典 第2版 24
デイリーコンサイス 国語辞典 24
デイリーコンサイス 国語辞典 革装 24
デイリーコンサイス 国語辞典 中型版 25
デイリーコンサイス 国語辞典 第2版 25
デイリーコンサイス 国語辞典 第2版 革装版 25
デイリーコンサイス 国語辞典 第2版 中型版 25
デイリーコンサイス 国語辞典 第2版 2色刷 25
デイリーコンサイス 国語辞典 第2版 革装版 2色刷 25
デイリーコンサイス 国語辞典 第3版 25
デイリーコンサイス 国語辞典 第3版 中型版 25
デイリーコンサイス 国語辞典 第4版 25
デイリーコンサイス 国語辞典 第4版 革装 25
デイリーコンサイス 国語辞典 第4版 中型版 25

デイリーコンサイス 国語辞典 第5版 25
デイリーコンサイス 国語辞典 第5版 中型版 25
デイリーコンサイス 用字辞典 236
デイリーコンサイス 用字辞典〔中型版〕 236
デイリー新語辞典 140
手書きのための漢字字典 第2版 54
手紙・スピーチぴったり表現辞典 226, 246
手紙の書き方 248
手紙の書き方実例辞典 246
手紙の書き出し・末尾文文例事典 目的別にすぐ書き出せる 244
手紙のことば選び事典 244
手紙のことば選び事典〔新装版〕 244
手紙の文例・マナー新事典 気持ちがきちんと伝わる! 244
手紙・はがき書き方事典 デカ字版 244
手紙・はがき常識事典 すぐ使える、文例と応用 245
手紙・はがきの書き出しと結び組み合わせ文例事典 最新版 245
手紙・はがきの文例事典 日常の手紙・はがき文からビジネス文・英文レターまで 245
手紙・はがき・文書文例大事典 1000文例 あらゆる状況に対応できる ... 245, 251
手紙・はがき文例事典 事例別、すぐ使える 245
手紙文 気のきいたフレーズハンドブック 248
手紙・文書実例大事典 そのまますぐに使える 230
手紙・文書の書き方mini百科 上手な文章作法ナビゲーション 232, 248
手紙文例・スピーチ例事典 226, 246
できる大人が使っている 社会人用語ハンドブック 英訳フレーズつき 229
できる大人の慣用句 106
データパル 最新情報・用語事典 1990～1991 161
データパル 最新情報・用語事典 1991～1992 161
データパル 最新情報・用語事典 1992～1993 161
データパル 最新情報・用語事典 1993～1994 161
データパル 最新情報・用語事典 1994～1995 161
データパル 最新情報・用語事典 1995～1996 162
データパル 最新情報・用語事典 1996～

1997	162
データパル 最新情報・用語事典 1997〜1998	162
データパル 最新情報・最新用語集 1998〜1999	162
データパル 最新情報・用語事典 1999	162
データパル 最新情報・用語事典 2000	162
データパル 最新情報・用語事典 2001	163
データパル 最新情報・用語資料事典 2002	163
データパル 最新情報用語資料事典 2003 ブルー	163
データパル 最新情報用語資料事典 2003 レッド	163
てにをは辞典	192
てにをは連想表現辞典	192
テーマで学ぶ広告コピー事典	254
テレビ業界裏用語辞典 ギロッポンからガンダム芸人まで笑えるネタ満載 テレビがもっと面白くなるキーワード250 最新版!!	178
TV・芸能ギョーカイ用語早わかり ギョーカイ人も知らないギョーカイ用語ルーツ集	178
天気がわかることわざ事典 富士山を中心として	79
てんきごじてん 風・雲・雨・空・雪の日本語	183
電子メール文章ハンドブック マルチメディア時代の文章作法	253

【と】

同音語選びの辞典	111
同音語使い分け辞典 ポケット判	111
同音語同訓語使い分け辞典	111
同音同訓 漢字用例辞典	111
同音・同訓ハンドブック	112
東京ことば辞典	202
東京堂類語辞典	108
東京都のことば	202
東京弁辞典	202
同訓異字	111
東西ことわざものしり百科	101
動詞・形容詞・副詞の事典	187
頭字語事典	122
動植物ことば辞典	185
動植物ことわざ辞典	92
動物の漢字語源辞典	71

東北悪口辞典	200
遠野ことば 精選五百語・標準語引き	201
遠野ことば 精選五百語・標準語引き 昔の遠野郷ことばが標準語から引ける辞典	201
特大活字の常用漢字ハンドブック	62
特大活字版 角川用字必携 新版	236
土佐ことば辞典	209
栃木県のことば	202
栃木県方言辞典 改訂増補	203
とっさのときに、すぐ使える! 弔辞の実例事典 心のこもったお別れの言葉と丁寧な喪主のあいさつ	226
とっさの日本語便利帳 ことばの知恵袋	216
鳥取県方言辞典	208
都道府県別 全国方言小辞典	195
富山県のことば	203
ど忘れうまい話し方事典 〔増補版〕	228
ど忘れカタカナ語辞典	134
ど忘れきまり文句辞典	104
ど忘れきまり文句辞典 第2版	104
ど忘れことわざ事典	79
ど忘れことわざ事典 大字判	79
ど忘れ二三四字熟語活用辞典 〔増補版〕	92
ど忘れ日常漢和辞典	54
ど忘れ日常国語辞典 大字判	26
ど忘れ日常国語辞典 ペン字入 第13版	26
ど忘れ早引き字典 文庫版	54
ど忘れ早引き字典 大きな活字	236

【な】

長生きしたけりゃ読みなさい…のことわざ辞典	92
長崎県のことば	210
長野県方言辞典	205
長野県方言辞典 特別版	205
懐かしい日本語辞典	26
懐かしい日本の言葉ミニ辞典 NPO直伝塾プロデュース・レッドブック	26
七文字回文ゆかい文事典	255
奈良県のことば	207
なるほど語源辞典	72
〈難解〉死語辞典	180
難解難読 蘊蓄字典 大活字 新版	217
難字・異体字辞典 新装版	60
何でも読める難読漢字辞典	218

何でもわかる漢字の知識百科 ………… 42
何でもわかることばの知識百科 ………… 2
何でもわかる文章の書き方百科 ……… 230
難読語辞典 …………………………… 218
難読語辞典 新装版 …………………… 218
難読語ハンドブック いつでもどこでも
  使える …………………………… 219

【に】

新潟県言語地図 ……………………… 204
新潟県のことば ……………………… 203
新潟県方言辞典 ……………………… 204
新潟県雪ことば辞典 ………………… 204
新潟南蒲原(三条・下田・栄)方言集 … 204
20世紀死語辞典 ……………………… 180
20世紀のことばの年表 ……………… 137
21世紀 日本語表記辞典 ……………… 66
似た言葉使い分け辞典 正しい言葉づか
  いのための ……………………… 108
日英故事ことわざ辞典 ………………… 92
日英対照 実用ことわざ辞典 ………… 92
日英中韓カタカナ語見くらべ字典 …… 134
日英仏教語辞典 5版 ………………… 182
日常外来語用法辞典 ………………… 134
日常カタカナ語ハンドブック いつでも
  どこでも使える ………………… 137
日常語源辞典 ………………………… 72
日常語の意味変化辞典 ………………… 72
日常語の中の武道ことば語源辞典 …… 72
日常新字典 精選熟語と最新外来語 … 236
日常生活の国語辞典 …………………… 26
日常のことば使い分け辞典 まぎらわし
  い類似異義語がわかる ……… 108, 220
日常の日本語使い分け辞典 類語の意味
  と使い方がわかり知りたい言葉がすぐ
  に見つかる ………………… 108, 220
日常用字ハンドブック ……………… 243
日用語字典 毎日活用 ……………… 237
日用語字典 毎日活用 特装版 …… 236, 237
日用語新字典 〔新装版〕 …………… 237
日用辞典 ボールペン字入り 改訂新版 … 237
日用大字典 …………………………… 237
日経新聞を読むためのカタカナ語辞典 … 134
日経新聞を読むためのカタカナ語辞典 中
  型版 ……………………………… 134
日経新聞を読むためのカタカナ語辞典 改
  訂版 ……………………………… 134

ニッポンの美しい自然と「四字熟語」 四
  季を彩る風景写真と自然に関わる「四
  字熟語」辞典 …………………… 93
似て非なる漢字の辞典 ……………… 54
日本外来語辞典 ……………………… 134
日本語アクセント史総合資料 索引篇 … 37
日本語を使いこなす言葉の実用辞典 … 26
日本語解釈活用事典 …………………… 2
日本語学キーワード事典 ……………… 2
日本語学キーワード事典 新装版 ……… 2
日本語学研究事典 ……………………… 2
日本語学辞典 ………………………… 26
日本語学辞典 〔新版〕 ……………… 26
日本語慣用句辞典 …………………… 104
日本語擬態語辞典 …………………… 180
日本語逆引き辞典 ……………………… 26
日本国語大辞典 第1巻(あ～いろこ) 第
  2版 ……………………………… 26
日本国語大辞典 第2巻(いろさ～おもは)
  第2版 …………………………… 27
日本国語大辞典 第3巻(おもふ～きかき)
  第2版 …………………………… 27
日本国語大辞典 第4巻(きかく～けんう)
  第2版 …………………………… 27
日本国語大辞典 第5巻(けんえ～さこい)
  第2版 …………………………… 27
日本国語大辞典 第6巻(さこう～しゅん
  ひ) 第2版 ……………………… 27
日本国語大辞典 第7巻(しゅんふ～せり
  お) 第2版 ……………………… 27
日本国語大辞典 第8巻(せりか～ちゅう
  は) 第2版 ……………………… 27
日本国語大辞典 第9巻(ちゅうひ～とん)
  第2版 …………………………… 27
日本国語大辞典 第10巻(な～はわん) 第
  2版 ……………………………… 28
日本国語大辞典 第11巻(はん～ほうへ)
  第2版 …………………………… 28
日本国語大辞典 第12巻(ほうほ～もん
  け) 第2版 ……………………… 28
日本国語大辞典 第13巻 第2版 ……… 28
日本国語大辞典 別巻 第2版 ………… 28
日本国語大辞典 精選版 第1巻(あ～
  こ) ……………………………… 28
日本国語大辞典 精選版 第2巻(さ～
  の) ……………………………… 28
日本国語大辞典 精選版 第3巻(は～
  ん) ……………………………… 28
日本語源広辞典 ……………………… 72
日本語源広辞典 増補版 ……………… 72
日本語源大辞典 ……………………… 72

日本語語感の辞典 …………… 72	「日本語」の本 全情報 45-92 ………… 1
日本語語源辞典 第2版 …………… 72	「日本語」の本 全情報 92／97 ………… 1
日本古語大辞典 1 語誌篇 ………… 120	「日本語」の本 全情報 1997-2002 …… 1
日本古語大辞典 2 訓詁篇 ………… 120	「日本語」の本 全情報 2003-2007 …… 1
日本語誤用・慣用小辞典 …… 104, 220	日本語の類義表現辞典 …………… 109
日本語誤用・慣用小辞典「続」 … 105, 221	日本語百科大事典 縮刷版 ………… 3
日本語誤用・慣用小辞典 新編 … 105, 221	日本語表現大辞典 比喩と類語三万三八
日本語誤用例文小辞典 …………… 221	〇〇 …………… 192
日本語誤用例文小辞典 続（接続詞・副詞） …………… 221	日本語表現・文型事典 …………… 191
	日本語描写の辞典 …………… 192
日本語三誤の辞典 誤字・誤読・誤用のすべて …………… 221	日本語文章・文体・表現事典 …… 190, 230
日本語ジェンダー辞典 …………… 76	日本語文章・文体・表現事典 文学編 縮刷版 …………… 190, 230
日本語シソーラス 類語検索辞典 第2版 …………… 108	日本語文法がわかる事典 …………… 186
日本語事典 …………… 2	日本語文法事典 …………… 186
日本語修辞辞典 …………… 190	日本語文法大辞典 …………… 186
日本語常識辞典 …………… 76	日本語文法 入門ハンドブック …………… 186
日本語常識事典 …………… 214	日本語文法ハンドブック 言語理論と言語獲得の観点から …………… 186
日本語大シソーラス 類語検索大辞典 … 108	日本語便利辞典 …………… 215
日本語大事典 上・下巻 …………… 3	日本語方言辞書 昭和・平成の生活語 上巻 …………… 196
日本語単音節の辞典 和英対照 古語・方言・アイヌ語・琉球語 …… 120, 195	日本語方言辞書 昭和・平成の生活語 中巻 …………… 196
日本語使いさばき辞典 時に応じ場合に即し …………… 214	日本語方言辞書 昭和・平成の生活語 下巻 …………… 196
日本語使いさばき辞典 時に応じ場合に即し 大活字版 …………… 214	日本語方言辞書 全国方言会話集成 別巻 …………… 196
日本語使いさばき辞典 時に応じ場合に即し 改訂増補版 …………… 214	日本語力をつける文章読本 知的探検の新書30冊 …………… 229
日本語使いさばき辞典 新版 …………… 214	"日本語力"が身につくマチガイ言葉・あいまい用語辞典 …………… 221
日本語使い分け事典 …………… 106	日本語類義表現使い分け辞典 …………… 109
日本古典対照分類語彙表 …………… 121	日本樹木名方言集 復刻版 …………… 196
日本語謎解き事典 「あうんの呼吸」とはどんな呼吸なのか? 慣用句編 …… 103	日本職人ことば事典 上巻 …………… 174
日本語に強くなる難読語辞典 …………… 218	日本職人ことば事典 下巻 …………… 174
日本語になった外国語辞典 第3版 …………… 134	日本植物方言集成 …………… 196
日本語の当て字うんちく辞典 …………… 62	日本世相語資料事典 明治編 第1巻 …………… 141
日本語の慣用表現辞典 …………… 105	日本世相語資料事典 明治編 第2巻 …………… 141
日本語の語源辞典 …………… 73	日本世相語資料事典 明治編 第3巻 …………… 141
日本語の「語源」ものしり辞典 知っていそうで知らない言葉のルーツ …… 73	日本世相語資料事典 大正編 第1巻 …………… 141
	日本世相語資料事典 大正編 第2巻 …………… 141
日本語の「ことわざ」ものしり辞典 先人の英知が伝わってくる本 …… 93	日本世相語資料事典 大正編 第3巻 …………… 141
	日本世相語資料事典 大正編 第4巻 …………… 141
日本語の正しい表記と用語の辞典 第2版 …………… 237	日本世相語資料事典 昭和戦前編 第1巻 …………… 142
日本語の正しい表記と用語の辞典 第3版 …………… 237	日本世相語資料事典 昭和戦前編 第2巻 …………… 142
「日本語」の達人 あなたの「日本語」大丈夫? 「日本語」を正しく使いこなすための本 改訂普及版 …… 33	日本世相語資料事典 昭和戦前編 第3巻 …………… 142
日本語の文体・レトリック辞典 …………… 190	日本世相語資料事典 昭和戦後編 第1巻

.... 138
日本世相語資料事典 昭和戦後編 第2巻
.... 138
日本世相語資料事典 昭和戦後編 第3巻
.... 138
日本世相語資料事典 昭和戦後編 2 第1巻 138
日本世相語資料事典 昭和戦後編 2 第2巻 138
日本世相語資料事典 昭和戦後編 2 第3巻 138
日本世相語資料事典 昭和戦後編 2 第4巻 138
日本世相語資料事典 昭和戦後編 3 第1巻 138
日本世相語資料事典 昭和戦後編 3 第2巻 139
日本世相語資料事典 昭和戦後編 3 第3巻 139
日本世相語資料事典 昭和戦後編 3 第4巻 139
日本俗語大辞典 174
日本難訓難語大辞典 218
日本難字異体字大字典 文字編・解読編 ... 60
日本のことわざ 世界のことわざ 生きるヒント 102
日本の作家 名表現辞典 192
日本の職人ことば事典 職人とともに生きてきたことば 174
日本の職人ことわざ事典 79
日本の知恵を知る故事ことわざ 93
日本のまんなか富山弁 204
日本文章表現辞典 改訂増補版 231
日本方言辞典 標準語引き 196
日本列島の言語（言語学大辞典セレクション）........................... 196
ニュースがよくわかるミニ時典 165
ニュースがわかる基礎用語 ニュース検定の出題語がひと目でわかる 就活 ビジネス 165
ニュースがわかる基礎用語 ニュース検定の出題語がひと目でわかる 就活 ビジネス 最新版 165
ニュースがわかる基礎用語 ニュース検定の出題語がひと目でわかる 就活 ビジネス 2017年版 165
ニュースがわかる 新語情報早引き辞典 .. 165
ニュース用語セレクト400 1990 165
ニュース用語セレクト400 1991 165
ニュース用語セレクト400 1992 165
ニュース用語セレクト400 1993 165
ニューポケット ことわざ辞典 93

ニューポケット 四字三字熟語 93

【ね】

猫の国語辞典 俳句・短歌・川柳と共に味わう 76
ネットでよくひくカタカナ新語辞典 134

【の】

脳を鍛える故事ことわざ辞典 93
脳を鍛える四字熟語辞典 93
祝詞作文事典 180
祝詞作文事典 縮刷版 181
祝詞事典 平成新編 増補改訂版 181
祝詞用語用例辞典 181

【は】

俳句に詠む四字熟語 102
ハイブリッド新辞林 28
恥をかかないための言葉の作法辞典 新版 215
パーソナル英和・カタカナ語辞典 135
パーソナル カタカナ語辞典 135
パーソナル現代漢字辞典 55
パーソナル現代国語・現代漢字辞典 28
パーソナル現代国語辞典 29
パーソナル現代国語辞典 オレンジ版 29
早引き現代ことわざ辞典 93
早引き現代四字熟語辞典 93
早引きことわざ辞典 大きな文字で読みやすい！........................... 94
早引き四字熟語辞典 大きな文字で読みやすい！........................... 94
早引き場面別ことわざ＆四字熟語辞典 ... 94
早引き便利字典 29
早引き用字用語辞典 237
早引き四字熟大辞典 漢字検定試験対応 94
早引き類語連想辞典 109
早引き類語連想辞典 第2版 109
早引き連想語辞典 77

書名	ページ
早わかり漢字用例字典	55
早わかり常用漢字・字典	61
早わかり常用漢字字典 最新版ハンディブック 改定対応版	61
早わかりビジネス文書用語・用例	253
罵詈雑言辞典	174
反対語辞典	113
反対語対照語辞典 新装版	113
ハンディ国語辞典	29
ハンディ国語辞典 改訂新版 青版	29
ハンディ国語辞典 改訂新版 赤版	29
ハンディ国語辞典 改訂新版 緑版	29
ハンディ日用字典（青）	237
ハンディ日用字典（赤）	237
ハンディ用字字典〔青版〕	237
ハンディ用字字典〔赤版〕	238
ハンドブック 論文・レポートの書き方 「日本語学」を学ぶ人のために	250

【ひ】

書名	ページ
ビジネスお礼状・挨拶状文例事典	252
ビジネス敬語活用事典	188
ビジネス知恵蔵 2004	163
ビジネス文書完全ハンドブック ワード対応のCD-ROMで、簡単に出来上がり	253
ビジネス文書常識事典 タスケ	252
ビジネス文書ハンドブック 203文例 必要な文書がすぐ見つかる	254
ビジネス文書・模範文例集 いざという時に役立つ	254
ビジネスマン 敬語ハンドブック	189
ビジネスマンのためのあいさつ会話ハンドブック	227
ビジネスマンのためのカタカナ語新辞典 第4版	135
ビジネスマンのための季節言葉の事典	183
ビジネスマンのための気のきいた言葉の事典	228
ビジネスマンのためのスピーチハンドブック	227
ビジネスメール言いかた辞典 たった1フレーズの工夫が相手の心をつかむ! それはおかしな言葉遣いです	252
ビジネスメール 気持ちが伝わる! 例文辞典	252
飛驒弁 美濃弁 私の好きな古里の言葉	206

書名	ページ
必携 漢字辞典	55
必携 漢字辞典〔中型版〕	55
必携 故事ことわざ辞典 中型版	94
必携 実用楷書字典	41
必携 実用楷書字典 美しく書くための模範手本集 新装版	41
必携 実用行書字典 美しく書くための模範手本集 新装版	41
必携 手紙実用文辞典 第2版	246
必携 用字用語辞典 第4版 中型版	238
必携 用字用語辞典 第5版	238
必携 用字用語辞典 第5版 中型版	238
必携 用字用語辞典 第6版	238
必携 用字用語辞典 第6版 中型版	238
必携 類語実用辞典 新装版	109
必携 類語実用辞典 新装版 中型版	109
必携 類語実用辞典 増補新版	109
必携 類語実用辞典 増補新版 中型版	109
必修古語辞典 要語全訳	120
人に聞いてもわからない日本語知識辞典 新版	215
ひと目でわかる 大きな字の漢字辞典 新版	55
ひと目でわかる 微妙な日本語使い分け字典	112
ビミョーな違いがわかるコトバ辞典	109
表記の手引き 第4版	67
表現力が豊かになる 類語・言いかえ辞典	109
表現類語辞典 新装版	110
兵庫県の方言地図	208
標語・スローガンの事典	254
頻出ネット語手帳 辞書にはのっていない新しい日本語	178

【ふ】

書名	ページ
福武漢和辞典	55
福武漢和辞典 新装版	55
福武漢和辞典 新装版 新デザイン版	55
福武国語辞典 新デザイン版 第21刷	29
福武古語辞典 新装版	120
福武コンパクト古語辞典	120
福武コンパクト古語辞典 新装版	120
武士語事典 使って感じる日本語文化の源流	113
部首ときあかし辞典	55
ふだん使っている日本語ものしり辞典	73

仏教語おもしろ雑学事典 知らずに使っ
　ているその本当の意味 ……………… 182
仏教語源散策辞典 ……………………… 183
仏教故事名言辞典 コンパクト版 …… 94, 183
仏教ことわざ事典 ……………………… 79
仏教ことわざ辞典 〔愛蔵版〕 ………… 94
仏教ことわざ辞典 〔携帯版〕 ………… 94
仏教語ものしり事典 …………………… 182
仏教語読み方辞典 縮刷版 ……………… 183
仏教語読み方辞典 新装版 ……………… 183
不明解日本語辞典 ……………………… 33
プロが使う秘密の日本語 ……………… 178
文芸作品例解 故事ことわざ活用辞典 言
　いたい内容から逆引きできる ……… 94
文章・あいさつ表現辞典 故事ことわざ
　の活用法 11版 ………………………… 94
文章・会話辞典 いい文章の書き方・会
　話と敬語の心得・電子メール活用術・
　著作権への対応 ……………… 228, 231
文章構成の基本大事典 すぐ役立ち書き
　方が身につく ………………………… 230
文章表現のための類語類句辞典 ……… 110
文章プロのための日本語表現活用辞典 … 231
文書・書式実例事典 …………… 246, 252
分類児童語彙 改訂版 …………………… 179
分類たとえことば表現辞典 …………… 191
文例で分かる公用文作成ハンドブック 新
　版 ……………………………………… 249

【へ】

平安時代記録語集成 上 ………………… 121
平安時代記録語集成 下 ………………… 121
平安時代複合動詞索引 ………………… 187
平成疑問仮名遣 平成17年版 …………… 65
平成新編 祝詞事典 ……………………… 181
平成新編 祝詞事典 縮刷版 ……………… 181
平成 カタカナ語新辞典 ………………… 135
ベネッセ古語辞典 ……………………… 121
ベネッセ新修国語辞典 ………………… 29
ベネッセ全訳古語辞典 ………………… 121
ベネッセ全訳古語辞典 携帯版 ………… 121
ベネッセ全訳古語辞典 改訂版 ………… 121
ベネッセ全訳コンパクト古語辞典 …… 121
ベネッセ表現・読解国語辞典 ………… 29
ペン字入り用字用例辞典 ……………… 238
変体がな実用字典 古今和歌集が原文で
　読める 高野切第三種 ………………… 65

変体がな実用字典 古今和歌集が原文で
　読める 関戸本古今集 ………………… 65
変体がな実用字典 古今和歌集が原文で
　読める 本阿弥切古今集 ……………… 65
偏・旁くずし字典 ……………………… 41
便利な書類の書き方事典 ……………… 230

【ほ】

方言なるほど辞典 ……………………… 196
方言文法全国地図 第1集 ……………… 198
方言文法全国地図 第2集 ……………… 198
方言文法全国地図 第3集 ……………… 198
方言文法全国地図 第4集 ……………… 198
方言文法全国地図 第5集 ……………… 198
方言文法全国地図 第6集 ……………… 198
方言ものしり事典 北から南 〔1997年〕
　改訂新版 ……………………………… 193
豊富な実例 新・実用手紙百科 ………… 248
ポケット日用語字典 改訂新版 ………… 238
ポケットプログレッシブ カタカナ語辞
　典 ……………………………………… 135
ポケットプログレッシブ カタカナ語辞
　典 第2版 ……………………………… 135
ポケットプログレッシブ 漢字辞典 2色
　刷 ……………………………………… 56
ポケットプログレッシブ 現代用語表記
　辞典 …………………………………… 238
ポケットプログレッシブ 国語・漢字辞
　典 2色刷 ……………………………… 29
ポケットプログレッシブ 国語辞典 …… 29
ポケットプログレッシブ 全訳古語例解
　辞典 …………………………………… 121
北海道語に残る古語 …………………… 199
北海道方言辞典 増補改訂版 …………… 199
ほめことばの事典 ……………………… 74
本荘・由利のことばっこ ……………… 201
ホントは知らない!?「カタカナ語」辞典 ‥ 135

【ま】

毎日新聞用語集 改訂 1992年版 ………… 238
毎日新聞用語集 最新版 ………………… 238
毎日新聞用語集 改訂新版 ……………… 238
枕崎地方言集 …………………………… 210
マスコミによく出る短縮語・略語解読辞

典 ………………………………… 135
マタギ語辞典 …………………………… 178
間違いやすい漢字 ……………… 57, 221
間違いやすい漢字の辞典 …………… 56
間違いやすい「漢字・類義語」使い分け
　辞典　でか文字 ……………………… 221
間違いやすい言葉辞典 ……………… 221
間違いやすい言葉の事典 …………… 220
まちがいやすい同音語使い方の読本 … 112
間違うと恥をかく日本語小辞典　勘違い・
　誤用・早トチリ…間違いやすい言葉の
　正しい使い方 ………………………… 221
間違えやすい漢字使い分け辞典 …… 112
間違えやすい漢字使い分けハンドブック
　プロが教える同音同訓の使い分け … 112
間違えやすい日本語ミニ辞典 ……… 222
間違えやすい表記のQ&A …………… 222
間違わない漢字使い方辞典　手紙・レポー
　ト・ワープロに役立つ ……………… 112
迷った時にすぐ引ける勘違い敬語の辞
　典 ……………………………………… 189

【み】

三重県のことば ………………………… 207
味覚表現辞典 …………………………… 77
三河ふるさと辞典 ……………………… 205
短いあいさつ・スピーチ実例大百科 … 227
短いスピーチあいさつ実例大事典　1074
　例 ……………………………………… 226
身近なことばの語源辞典 ……………… 73
身近な四字熟語辞典 …………………… 94
三菱総研版　最新時事キーワード　2001年
　度版 …………………………………… 165
身のまわりのカタカナ語辞典　でか文字 … 135
宮古　伊良部方言辞典 ……………… 211
見やすいカタカナ新語辞典 ………… 135
見やすい漢字表記・用字辞典 ……… 239
見やすい現代国語辞典 ……………… 30
見やすい・使いやすい　ことわざ辞典 … 95
見やすい使いやすい　難読語辞典 … 218
見やすい・使いやすい　四字熟語辞典 … 95
みんなで国語辞典！これも、日本語 … 30
みんなで国語辞典 2 …………………… 30
みんなで国語辞典 3 …………………… 30
みんなの日本語事典　言葉の疑問・不思
　議に答える ……………………………… 3

【め】

明解　国語辞典　復刻版 ……………… 30
明解で使いやすい三字・四字熟語辞典 … 95
明鏡　国語辞典 ………………………… 30
明鏡　国語辞典　携帯版 ……………… 30
明鏡　国語辞典　第2版 ……………… 30
明鏡　国語辞典　第2版　大型版 …… 30
明鏡　ことわざ成句使い方辞典 ……… 95
名言・格言・ことわざ辞典 ……… 95, 223
名言・名句新辞典　知恵のキーワード … 223
名言名句成語辞典　6500を超える項目数
　おもしろい・役に立つ故事来歴が豊富
　にあって、典拠・出典がよくわかる … 223
名言名句の辞典　日本語を使いさばく … 223
名言名句ポケット辞典　役に立つよくわ
　かる　いつでもどこでも　典拠・出典が
　よくわかる12,000を超える語句数 … 223
明治・大正・昭和の新語・流行語辞典 … 144
明治大正　新語俗語辞典　新装版 … 144
明治東京風俗語事典 ………………… 173
名数絵解き事典 ……………………… 171
名数絵解き事典　増補改訂版 ……… 171
名僧のことば　禅語1000 …………… 183
名文章名表現辞典　作家250人はこう書い
　た ……………………………………… 192
目からウロコの日本語「語源」辞典　新
　版 ……………………………………… 73

【も】

毛筆版　くずし字解読辞典　付・かなもじ
　の解読 ………………………………… 41
萌え萌え！ことわざ辞典 ……………… 95
もっと素敵に生きるための前向き言葉大
　辞典 …………………………………… 228

【や】

"役割語"小辞典 ………………………… 77
やさしい教え　仏教ことわざ辞典　簡潔で
　含蓄のあることわざ150 …………… 95

やっとかめ! 大名古屋語辞典 205
やっとわかった日本語! ことばの豆辞典
　.. 216
ヤマト言葉語源辞典 73
やまとことば50音辞典 自分の名前の美
　しさに気づく 66
大和言葉つかいかた図鑑 日本人なら知っ
　ておきたい心が伝わるきれいな日本
　語 77

【ゆ】

揺れる日本語どっち? 辞典 216

【よ】

用字超便利辞典 すばやくひける! 漢字の
　使い方がよくわかる 239
用字超便利辞典 すばやく引ける、簡単
　に使える! 新装版 239
用字用語辞典 239
用字用語辞典 地名・人名付 改訂版 ... 239
用字・用語辞典 ポケット版 239
用字用語 新表記辞典 新訂3版 239
用字用語 新表記辞典 新訂4版 239
用字用語の辞典 239
用字用語mini百科 使えることばナビゲー
　ション 243
用例でわかる カタカナ新語辞典 136
用例でわかる カタカナ新語辞典 改訂第
　2版 136
用例でわかる カタカナ新語辞典 改訂第
　3版 136
用例でわかる カタカナ新語辞典 改訂第
　4版 136
用例でわかる 慣用句辞典 105
用例でわかる 慣用句辞典 改訂第2版 105
用例でわかる 故事ことわざ辞典 95
用例でわかる 四字熟語辞典 新版 95
用例でわかる 四字熟語辞典 〔改訂版〕 95
用例でわかる 四字熟語辞典 改訂第2版
　... 95
用例でわかる 類語辞典 110
用例でわかる 類語辞典 改訂第2版 110
よく使う漢字の書体と筆順 58
よく使う手紙・はがきの文例集 日常&冠
婚葬祭 248
よく使われる外国語・カタカナ語の知
　識 136
よくわかる使いやすいことわざ・故事・
　俗言辞典 95
よくわかる四字熟語辞典 96
横書き実用字典 239
ヨコ組 三省堂国語辞典 第4版 30
ヨコ組 実用国語新辞典 31
横浜・ハマことば辞典 203
四字漢語の用法 64
四字・三字熟語ハンドブック 102
四字・三字熟語ものしり小辞典 96
四字熟語 96
四字熟語を使いこなす本 80
四字熟語を使いこなす本 新装版 80
四字熟語を使いこなす本 新装増補版 80
四字熟語活用辞典 言いたい内容から逆
　引きできる 96
四字熟語活用読本 80
四字熟語五体字典 書いてみたい語句410
　選 新装版 96
四字熟語実用辞典 96
四字熟語辞典〔東京堂出版〕............... 96
四字熟語辞典〔永岡書店〕................. 96
四字熟語辞典 新装版〔西東社〕.......... 96
四字熟語辞典 改訂第3版〔学習研究社〕.. 96
四字熟語辞典 第4版〔学研教育出版〕.... 96
四字熟語辞典 大きな文字で読みやすい .. 96
四字熟語辞典 ポケット判 97
四字熟語辞典 ポケット版 97
四字熟語新辞典 大きな字で読みやすい .. 97
四字熟語新辞典 文章・会話のキーワー
　ド 97
四字熟語 ずっこけ絵本辞典 小学生から
　大人まで、必ずお役に立ちます。...... 97
四字熟語・成句辞典 97
四字熟語・成句辞典 普及版 97
四字熟語の泉 98
四字熟語の辞典 98
四字熟語の辞典 新装版 98
四字熟語の辞典 特装版 98
四字熟語の辞典 大きな活字・早引き 98
四字熟語の辞典 大きな活字・読みやす
　い 改訂版 98
四字熟語の辞典 日本語を使いさばく 98
四字熟語の読本 98
「四字熟語」博覧辞典 改訂新版 98
四字熟語便利辞典 受験と手紙・スピー
　チに役に立つ 改訂版, ポケット版 98

四字熟語mini百科 含蓄いっぱいの表現
　ナビゲーション ……………………… 102
四字熟語・名数録・難読漢字 ‥ 102, 172, 219
「四字熟語」読む辞典 読んで楽しく使っ
　て役立つ漢字常識 新版 …………… 98
読売新聞用字用語辞典 ………………… 239
読売新聞用字用語の手引 ……………… 243
読売新聞用字用語の手引 改訂新版 …… 243
読売新聞用字用語の手引 第3版 ……… 243
読売新聞用字用語の手引 第4版 ……… 243
読み・書き・話す 故事ことわざ辞典 改
　訂新版 …………………………………… 98
読み・書き・話すための 四字熟語早引
　き辞典 …………………………………… 98
読み書き便利な 国語ポケット辞典 …… 31
読みやすい大きい活字の実用国語新辞
　典 ………………………………………… 31
読めそうで読めない漢字辞典 日本初！
　漢ぺき君方式 ……………………… 56, 218
与論島語辞典 …………………………… 210
与論方言辞典 …………………………… 210
読んだら忘れない大人の国語力辞典 …… 31
読んで楽しむ当て字・難読語の辞典 ‥ 63, 218

【ら】

楽水 「水」に関わる故事・ことわざ・名
　言集 …………………………………… 102
ラクラク話せるスピーチと挨拶大事典 あ
　せらず、あがらず、堂々と！ ………… 226
らくらく早引き字典 20ポイント版 …… 56

【り】

俚諺辞典 ………………………………… 99
略語大辞典 ……………………………… 136
略語大辞典 第2版 ……………………… 136
留学生と日本人学生のためのレポート・
　論文表現ハンドブック ……………… 250
琉球語辞典 那覇・首里を中心とする沖
　縄広域語準拠 ………………………… 211

【る】

類義語使い分け辞典 日本語類似表現の
　ニュアンスの違いを例証する ……… 110
類語選びの辞典 ………………………… 110
類語選びの辞典 新装版 ………………… 110
類語・漢字使い分け辞典 まぎらわしい
　言葉の違いがわかる！ ……………… 110
類語国語辞典 第8版 …………………… 110
類語大辞典 ……………………………… 110
類語大辞典 大活字版 …………………… 110
類語・反対語・関連語 …………… 106, 112
類語・反対語ハンドブック ……… 111, 113
類語表現活用辞典 ……………………… 111
ルーツでなるほど慣用句辞典 ………… 105

【れ】

例解 慣用句辞典 言いたい内容から逆引
　きできる ……………………………… 105
例解 古語辞典 第3版 ………………… 121
例解 古語辞典 第3版 ポケット版 …… 121
例解 誤字辞典 ………………………… 222
例解辞典 常用漢字・送り仮名・現代仮
　名遣い・筆順 改訂新版 …………… 239
例解 新漢和辞典 ………………………… 56
例解 新漢和辞典 第2版 ………………… 56
例解 新漢和辞典 第3版 ………………… 56
例解 新漢和辞典 第4版 ………………… 56
例解 新漢和辞典 第4版 増補新装版 …… 56
例解 新国語辞典 第3版 ………………… 31
例解 新国語辞典 第4版 ………………… 31
例解 新国語辞典 第5版 ………………… 31
例解 新国語辞典 第6版 ………………… 31
例解 新国語辞典 第7版 ………………… 31
例解 新国語辞典 第8版 ………………… 32
例解 新国語辞典 第9版 ………………… 32
例解 同訓異字用法辞典 ……………… 112
例解 文章ハンドブック 第4版 ……… 232
例文で読むカタカナ語の辞典 ………… 136
例文で読むカタカナ語の辞典 第2版 … 136
例文で読むカタカナ語の辞典 第3版 … 136
歴史から生まれた日常語の由来辞典 …… 73
歴史から生まれた日本語源詮索辞典 現

代に生きる古代語・中世語 73
レトリック事典 190
レトリック辞典 191
レトリック小辞典 191
レポート・論文・調査・研究基礎用語辞
　典 学習と研究と実践の支援書 小項目
　8000語収録 250

【ろ】

620の同時代WORDS 141
ローマ字で引く国語新辞典 復刻版 ... 32

【わ】

猥褻風俗辞典 178
ワイド版 日用字典 最新版 240
若者遊びコトバ事典 173
若者言葉事典 173
若者ことば辞典 174
わかりやすい一表式 誤字俗字・正字一
　覧 戸籍の氏又は名の記載・記録に用
　いる文字 全訂 58
わかる! 時事用語 就活 2015年度版 .. 166
わかる!! わかる!! わかる!! 時事用語
　2003年度版 166
わかる!! わかる!! わかる!! 時事用語
　2004年度版 166
わかる!! わかる!! わかる!! 時事用語
　2005年度版 166
わかる!! わかる!! わかる!! 時事用語
　2006年度版 166
わかる!! わかる!! わかる!! 時事用語
　2007年度版 166
わかる!! わかる!! わかる!! 時事用語
　2008年度版 166
わかる!! わかる!! わかる!! 時事用語
　2009年度版 167
わかる!! わかる!! わかる!! 時事用語
　2010年度版 167
わかる!! わかる!! わかる!! 時事用語
　2011年度版 167
わかる!! わかる!! わかる!! 時事用語
　2012年度版 167
わかる!! わかる!! わかる!! 時事用語
　2013年度版 167
わかる!! わかる!! わかる!! 時事用語
　2014年度版 167
わかる!! わかる!! わかる!! 時事用語
　2016年度版 167
わかる!! わかる!! わかる!! 時事用語
　2017年度版 167
和漢名数辞典 数にまつわる墨場必携 .. 172
和語から引ける漢字熟語辞典 56
和食ことわざ事典 80
忘れかけた日本語辞典 32
忘れてはならない 続・現代死語事典 .. 180
忘れてはならない 現代死語事典 180
和製英語事典 123
Word Bank「現代用語の基礎知識」KEY-
　WORD BOOK '91 167
ワード・バンク 現代用語の基礎知識 '91
　〜'92 167
ワード・バンク '92〜93 168
ワードバンク ニュース '94 168
ワード・バンク ニュース '95 168
笑える日本語辞典 辞書ではわからない
　ニッポン 32
ワンランク上の日本語決まり文句辞典 .. 105

著編者名索引

【あ】

相沢 秀一
  時代を映したキャッチフレーズ事典 ‥ 254
相沢 正夫
  例解 新国語辞典 第7版 ………………… 31
  例解 新国語辞典 第8版 ………………… 32
  例解 新国語辞典 第9版 ………………… 32
相羽 秋夫
  しゃれことば事典 ……………………… 255
青木 健
  現代カタカナ用語辞典 最新版 ……… 129
  現代カタカナ用語辞典 最新版 改訂新
    版 …………………………………… 129
青木 智恵子
  もっと素敵に生きるための前向き言葉大
    辞典 ………………………………… 228
青柳 由紀江
  和製英語事典 …………………………… 123
青山 忠一
  見やすい・使いやすい ことわざ辞典 … 95
赤井 清美
  書体小字典 ………………………………… 41
赤城 毅彦
  茨城方言民俗語辞典 …………………… 201
赤塚 忠
  旺文社漢和辞典 改訂新版 ……………… 43
  旺文社漢和辞典 第5版 …………………… 43
  角川新字源 改訂版 ……………………… 45
赤冨士 北祭
  くずし字まるわかり実用字典 ………… 40
秋永 一枝
  新明解 日本語アクセント辞典 改訂新
    版 ……………………………………… 37
  新明解 日本語アクセント辞典 CD付き
    ………………………………………… 37
  新明解 日本語アクセント辞典 第2版
    ………………………………………… 37
  東京都のことば ………………………… 202
  東京弁辞典 ……………………………… 202
  日本語アクセント史総合資料 索引篇 … 37
秋本 守英
  旺文社詳解国語辞典 重版 ………………… 5
  日本語文法大辞典 ……………………… 186

秋山 虔
  王朝語辞典 ……………………………… 114
  三省堂詳説古語辞典 …………………… 117
秋山 湖風
  近代用語の辞典集成 8 ………………… 142
秋山 登志之
  カタカナ英語早わかり 〔文庫版〕 … 136
阿久根 末忠
  活用自在 同音同訓異字辞典 ………… 111
阿久根 靖夫
  旧漢字・旧仮名便利帖 …………… 57, 66
浅井 潤子
  かな用例字典 〔新装版〕 ……………… 65
浅倉 竜雲
  漢字ハンドブック 楷・行・草 行書は三
    種で重点学習 ………………………… 42
浅田 秀子
  漢検・漢字ファンのための同訓異字辞
    典 …………………………………… 111
  現代擬音語擬態語用法辞典 …………… 179
  現代形容詞用法辞典 …………………… 187
  現代副詞用法辞典 ……………………… 187
  例解 同訓異字用法辞典 ……………… 112
朝日新聞社
  朝日キーワード 1991 …………………… 145
  朝日キーワード 1992 …………………… 145
  朝日キーワード '92-'93 ………………… 145
  朝日キーワード '93-'94 ………………… 145
  朝日キーワード '94-'95 ………………… 145
  朝日キーワード '96-'97 ………………… 145
  朝日キーワード '97-'98 ………………… 145
  朝日キーワード 1998 …………………… 145
  朝日キーワード 1999 …………………… 146
  朝日キーワード 2000 …………………… 146
  朝日キーワード 2001 …………………… 146
  朝日キーワード 2002 …………………… 146
  朝日キーワード 2003 …………………… 146
  朝日キーワード 2004 …………………… 146
  朝日キーワード 2005 …………………… 146
  朝日キーワード 2006 …………………… 146
  朝日キーワード 2007 …………………… 147
  朝日キーワード 2008 …………………… 147
  朝日新聞の用語の手引 最新版〔2002〕
    ……………………………………… 240
  新聞のことば事典 1991年版 ………… 159
  新聞のことば事典 1992年版 ………… 159
  ビジネス知恵蔵 2004 …………………… 163

あさひ

朝日新聞社知恵蔵
とっさの日本語便利帳 ことばの知恵袋 216

朝日新聞社用語幹事
朝日新聞のカタカナ語辞典 123
朝日新聞の用語の手引 最新版 240
朝日新聞の用語の手引 改訂新版 240
朝日新聞の用語の手引〔2015〕新版 .. 240

朝日新聞社用語幹事・校閲部
朝日新聞の漢字用辞典 新版 232

朝日新聞出版
朝日キーワード 2009→10 147
朝日キーワード 2011 147
朝日キーワード 2012 147
朝日キーワード 2013 147
朝日キーワード 2014 147
朝日キーワード 2015 147
朝日キーワード 2016 148
朝日キーワード 2017 148

浅見 大器
よく使う手紙・はがきの文例集 日常&冠婚葬祭 248

麻生 英治
美しい敬語ハンドブック 189

阿辻 哲次
角川現代漢字語辞典 五十音引き 45
漢字キーワード事典 42
何でもわかる漢字の知識百科 42

宛字外来語辞典編集委員会
宛字外来語辞典 新装版 62, 123

阿刀田 稔子
擬音語・擬態語使い方辞典 正しい意味と用法がすぐわかる 179
擬音語・擬態語使い方辞典 正しい意味と用法がすぐわかる 第2版 179

阿部 順吉
遠野ことば 精選五百語・標準語引き .. 201
遠野ことば 精選五百語・標準語引き 昔の遠野郷ことばが標準語から引ける辞典 201

安部 清哉
日本古典対照分類語彙表 121

阿部 光典
昆虫名方言事典 昆虫名方言を求めて .. 193

阿部 正路
国語辞典 13

阿部 吉雄
旺文社漢和辞典 改訂新版 43

雨海 博洋
旺文社標準ことわざ慣用句辞典 新装版 81

天沼 寧
間違いやすい漢字の辞典 56
間違えやすい表記のQ&A 222
用字用語 新表記辞典 新訂3版 239
用字用語 新表記辞典 新訂4版 239

天野 成之
漢文基本語辞典 47

新井 聡
片仮名語和改辞典 128

新井 重良
図説 漢字がわかる字源事典 偏旁冠脚 58
図説 部首がわかる字源事典 42

荒木 清
大きな活字 日本の伝統の言葉辞典 75

有賀 要延
難字・異体字典 新装版 60
仏教語読み方辞典 縮刷版 183
仏教語読み方辞典 新装版 183

有沢 玲
宛字書きかた辞典 62, 123

蟻田 善造
珍版 横浜文明開化語辞典 舶来語と漢字の出会い「宛字」集 62

有原 末吉
教訓例話辞典 新装版 222

安藤 邦男
東西ことわざものしり百科 101

安藤 千鶴子
古語林 116
大修館全訳古語辞典 120
日本語文法がわかる事典 186

【い】

飯島 春敬
古典かな字鑑 携帯版 65

飯田 朝子
数え方の辞典 172

飯田 英一
よく使う手紙・はがきの文例集 日常&冠婚葬祭 248

飯田 隆昭
　日本語になった外国語辞典 第3版 134
飯田 晴巳
　みんなの日本語事典 言葉の疑問・不思
　議に答える 3
飯田 利行
　禅林名句辞典 新装版 182
飯田女子短期大学看護と方言を考える会
　対話に役立つ 飯田・下伊那の方言集 .. 205
飯野 睦毅
　五十音順 日本語語源解読辞典 70
飯間 浩明
　大きな活字の三省堂国語辞典 第7版 6
　三省堂現代新国語辞典 第4版 14
　三省堂現代新国語辞典 第5版 15
　三省堂国語辞典 第7版 15
　三省堂国語辞典 第7版 小型版 15
　辞書には載らなかった不採用語辞典 76
　身のまわりのカタカナ語辞典 でか文字
　　.................................. 135
井浦 芳信
　国語小辞典 13
　国語小辞典 新装版 13
伊川 公司
　横浜・ハマことば辞典 203
生島 ヒロシ
　英語と比較ができる和製カタカナ語事
　典 122
生田 弘治（長江）
　近代用語の辞典集成 26 143
　近代用語の辞典集成 27 143
池上 秋彦
　日本語文法がわかる事典 186
池田 和臣
　旺文社国語辞典 第11版 5
　旺文社国語辞典 第11版 小型版 5
池田 四郎次郎
　故事熟語大辞典 85
池田書店
　金言・名句ハンドブック 224
　日常用字ハンドブック 243
　四字・三字熟語ハンドブック 102
池田書店編集部
　最新 時事用語事典 就職試験・ビジネス
　常識に必須 154
　時事用語事典 2000年版 158
　時事用語事典 2001年版 158

石井 颯雄
　学生慣用句活用辞典 103
石井 庄司
　大きな字の常用漢和辞典 改訂第3版 44
　大きな字の常用漢和辞典 改訂第4版 44
　大きな字の常用国語辞典 改訂新版 7
　大きな字の常用国語辞典 改訂新版 特
　　製版 7
　大きな字の常用国語辞典 改訂第3版 7
　大きな字の常用国語辞典 改訂第3版 特
　　製版 7
　大きな字の常用国語辞典 改訂第4版 7
　常用漢和辞典 改訂新版 50
　常用漢和辞典 改訂第3版 50
　常用漢和辞典 改訂第4版 50
　常用国語辞典 改訂新版 18
　常用国語辞典 改訂新版 グリーン版 ... 18
　常用国語辞典 改訂第3版 18
　常用国語辞典 改訂第3版 パステル版
　　.................................. 18
　常用国語辞典 改訂第4版 18
　常用国語辞典 改訂第4版 美装版 18
石井 久雄
　現古辞典 現代語から古語を引く 116
　日本古典対照分類語彙表 121
石井 正己
　旺文社全訳学習古語辞典 114
　旺文社全訳古語辞典 第3版 115
　旺文社全訳古語辞典 第3版 小型版 ... 115
石垣 福雄
　北海道方言辞典 増補改訂版 199
石川 忠久
　福武漢和辞典 55
　福武漢和辞典 新装版 55
　福武漢和辞典 新装版 新デザイン版 ... 55
　身近な四字熟語辞典 94
石沢 誠司
　音符順常用漢字学習字典 60
石塚 晴通
　訓点語辞典 67
石塚 秀雄
　社会人のための国語百科 増補版 カラー
　　版 32
石飛 博光
　常用漢字五体字集 人名漢字付 新版 61
石野 宣昭
　鹿児島弁辞典 第一部標準語から鹿児島
　　弁へ 第二部鹿児島弁から標準語へ .. 209

対訳鹿児島弁とその周辺 210
井島 正博
　大きな活字の新明解国語辞典 第7版 大字版 6
　新明解 国語辞典 第7版 21
　新明解 国語辞典 第7版 特装版 21
　新明解 国語辞典 第7版 革装 21
　新明解 国語辞典 第7版 机上版 21
　新明解 国語辞典 第7版 小型版 21
石本 道明
　四字熟語活用辞典 言いたい内容から逆引きできる 96
石綿 敏雄
　基本外来語辞典 129
泉原 省二
　日本語類義表現使い分け辞典 109
　類義語使い分け辞典 日本語類似表現のニュアンスの違いを例証する 110
泉谷 栄
　津軽弁死語辞典 200
磯貝 英夫
　表現類語辞典 新装版 110
板坂 元
　日本語の「語源」ものしり辞典 知っていそうで知らない言葉のルーツ 73
　日本語の「ことわざ」ものしり辞典 先人の英知が伝わってくる本 93
板橋 義三
　マタギ語辞典 178
市川 景
　和漢名数辞典 数にまつわる墨場必携 .. 172
市川 孝
　大きな活字の三省堂国語辞典 第5版 大字版 6
　大きな活字の三省堂国語辞典 第6版 2色刷 6
　大きな活字の三省堂国語辞典 第7版 ... 6
　三省堂現代国語辞典 第2版 14
　三省堂現代新国語辞典 14
　三省堂現代新国語辞典 第2版 14
　三省堂現代新国語辞典 第3版 14
　三省堂現代新国語辞典 第4版 14
　三省堂現代新国語辞典 第5版 15
　三省堂国語辞典 第5版 15
　三省堂国語辞典 第5版 小型版 15
　三省堂国語辞典 第6版 15
　三省堂国語辞典 第6版 小型版 15
　三省堂国語辞典 第7版 15

三省堂国語辞典 第7版 小型版 15
市川 保子
　日本語誤用例文小辞典 221
　日本語誤用例文小辞典 続（接続詞・副詞） 221
一海 知義
　何でもわかる漢字の知識百科 42
伊藤 至
　カタカナ新語辞典 「現代」を素早く読み解く! カタカナ語と略語 128
　カタカナ新語辞典 「ことば」と「情報化社会」に強くなる! 新装版 128
伊藤 晃二
　近代用語の辞典集成 23 143
伊東 節子
　日本語単音節の辞典 和英対照 古語・方言・アイヌ語・琉球語 120, 195
伊藤 高雄
　故事俗信ことわざ大辞典 第2版 85
伊藤 徳三
　時代を映したキャッチフレーズ事典 .. 254
伊東 倫厚
　旺文社漢字典 第2版 43
　旺文社漢字典 第3版 43
伊藤 直樹
　漢字の成り立ち辞典 白川文字学準拠 .. 58
伊藤 博
　三省堂全訳読解古語辞典 117
　三省堂全訳読解古語辞典 小型版 118
　三省堂全訳読解古語辞典 第2版 118
　三省堂全訳読解古語辞典 第2版 小型版 118
　三省堂全訳読解古語辞典 第3版 118
　三省堂全訳読解古語辞典 第3版 小型版 118
　三省堂全訳読解古語辞典 第4版 118
　三省堂全訳読解古語辞典 第4版 小型版 118
伊藤 ハムスター
　昭和ことば辞典 おい、羊羹とお茶もっといで! 140
伊藤 文生
　大きな活字の新明解現代漢和辞典 大字版 44
　五十音引き 大活字漢字辞典 48
　新明解 現代漢和辞典 52
　名僧のことば 禅語1000 183

伊藤 義文
　精撰 尾張弁辞典 ……………………… 205
稲垣 久雄
　日英仏教語辞典 5版 ………………… 182
稲子 和夫
　大きな文字の最新カタカナ語辞典 …… 124
　カタカナ語新辞典 マスコミから日常語
　　まで 改訂 ………………………………… 127
　カタカナ語新辞典 マスコミから日常語
　　まで 改訂版 …………………………… 127
　カタカナ語新辞典 マスコミから日常語
　　まで 改訂第2版 ……………………… 127
　現代新語辞典 '94 ……………………… 139
　現代新語辞典 '95 ……………………… 139
　現代新語辞典 〔1996〕 ………………… 139
　現代新語辞典 〔1997〕 ………………… 139
　現代新語辞典 〔1998〕 ………………… 139
稲山 小長男
　隠語辞典集成 1 ……………………… 175
犬飼 隆
　日本語学キーワード事典 ………………… 2
　日本語学キーワード事典 新装版 ……… 2
井上 明美
　金田一先生の日本語○×辞典 新版 … 215
井上 謙
　日本文章表現辞典 改訂増補版 ……… 231
井上 章一
　性の用語集 …………………………… 178
井上 辰雄
　日本難訓難語大辞典 ………………… 218
　日本難字異体字大字典 文字編・解読編
　　…………………………………………… 60
井ノ上 孜
　鹿児島方言とアクセントの辞典 ……… 209
井ノ上 英雄
　鹿児島方言とアクセントの辞典 ……… 209
井上 史雄
　辞典 新しい日本語 …………………… 195
　東京ことば辞典 ………………………… 202
井上 宗雄
　大東急記念文庫善本叢刊 中古中世篇 別
　　巻2〔第1巻〕 ………………………… 36
　大東急記念文庫善本叢刊 中古中世篇 別
　　巻2〔第2巻〕 ………………………… 36
　大東急記念文庫善本叢刊 中古中世篇 別
　　巻2〔第3巻〕 ………………………… 36
　大東急記念文庫善本叢刊 中古中世篇 別
　　巻2〔第4巻〕 ………………………… 36
　大東急記念文庫善本叢刊 中古中世篇 別
　　巻2〔第5巻〕 ………………………… 36
　福武古語辞典 新装版 ………………… 120
　ベネッセ古語辞典 ……………………… 121
　読みやすい大きい活字の実用国語新辞
　　典 ………………………………………… 31
井之口 有一
　京ことば辞典 …………………………… 207
今井 登茂子
　できる大人が使っている 社会人用語ハ
　　ンドブック 英訳フレーズつき ……… 229
今給黎 正人
　枕崎地方言集 ………………………… 210
イミダス編集部
　imidas 世界がわかる時代が見える 現代
　　人のカタカナ語欧文略語辞典 ……… 123
入里 照男
　竹富方言辞典 ………………………… 211
岩崎 摂子
　新聞頻出 漢字語彙体系 ……………… 89
岩田 麻里
　和語から引ける漢字熟語辞典 ………… 56
岩波書店辞典編集部
　岩波四字熟語辞典 …………………… 81
　逆引き広辞苑 …………………………… 8
　逆引き広辞苑 〔机上版〕 ……………… 8
　新版 岩波現代用字辞典 ……………… 235
岩淵 悦太郎
　岩波国語辞典 第6版 …………………… 3
　岩波国語辞典 第6版 デスク版 ………… 3
　岩波国語辞典 第7版 …………………… 3
　岩波国語辞典 第7版(新版) …………… 4
岩淵 匡
　日本語学辞典 …………………………… 26
　日本語学辞典 〔新版〕 ………………… 26
岩本 孝之
　淡路ことば辞典 じょろりでいこか! … 206
隠語研究会
　隠語辞典集成 15 ……………………… 176

【う】

植垣 節也
　福武国語辞典 新デザイン版 第21刷 …… 29

植木 鬼仏
　隠語辞典集成 7 ･････････････････････ 175
上田 万年
　講談社新大字典 特装版 ････････････ 48
　講談社新大字典 普及版 ････････････ 48
　日本外来語辞典 ･･････････････････････ 134
上田 景二
　近代用語の辞典集成 4 ･････････････ 142
上田 由太郎
　近代用語の辞典集成 7 ･････････････ 142
上野 伊知郎
　現代ビジネス文書大事典 会社文書の実例と書き方 社外・社内・社交儀礼の文書 法律関係・英文ビジネス文書 改訂新版 ････････････････････････････････ 250
上野 和昭
　日本語アクセント史総合資料 索引篇 ･･･ 37
上野 信太郎
　動植物ことば辞典 ･･･････････････････ 185
上野 富美夫
　回文ことば遊び辞典 ･････････････････ 256
上野 善道
　大きな活字の新明解国語辞典 第7版 大字版 ･･････････････････････････････････････ 6
　新明解 国語辞典 第7版 ･･････････････ 21
　新明解 国語辞典 第7版 特装版 ･･････ 21
　新明解 国語辞典 第7版 革装 ･････････ 21
　新明解 国語辞典 第7版 机上版 ･･････ 21
　新明解 国語辞典 第7版 小型版 ･･････ 21
上原 良夫
　四字熟語辞典 新装版〔西東社〕･･･････ 96
植原 路郎
　近代用語の辞典集成 2 ･････････････ 142
　近代用語の辞典集成 3 ･････････････ 142
植村 雄太朗
　種子島方言辞典 ･･･････････････････････ 210
魚住 慎一郎
　四字熟語 ずっこけ絵本辞典 小学生から大人まで、必ずお役に立ちます。 ･････ 97
浮田 聡
　現代「重要」用語事典 知りたいことがたちまちわかる! ･･････････････････････････ 138
　この一冊でカタカナ用語のすべてがわかる! 3000 最新用語から外来語まで完全網羅! ･･･････････････････････････････････ 130
氏原 基余司
　必携 用字用語辞典 第6版 ･････････ 238
　必携 用字用語辞典 第6版 中型版 ････ 238

宇田川 真人
　雨のことば辞典 ･････････････････････ 183
　風と雲のことば辞典 ････････････････ 183
謡口 明
　慣用句・故事ことわざ辞典 ポケット版 ･･ 83
内田 保男
　社会人のための国語百科 増補版 カラー版 ･･････････････････････････････････････ 32
内間 直仁
　沖縄語辞典 那覇方言を中心に ･･･････ 211
鵜沼 直
　近代用語の辞典集成 22 ････････････ 143
宇野 茂彦
　旺文社漢字典 第3版 ････････････････ 43
宇野 哲人
　新修 広辞典 和英併用 第5版 ････････ 18
　新修 広辞典 大活字版 第5版 ････････ 19
　新修 実用辞典 和英併用 第4版 ･･････ 19
海野 凪子
　大和言葉つかいかた図鑑 日本人なら知っておきたい心が伝わるきれいな日本語 ･･ 77
梅棹 忠夫
　講談社カラー版 日本語大辞典 ･･････ 12
　講談社カラー版 日本語大辞典 背革装 ･･ 12
　講談社カラー版 日本語大辞典 総革装 ･･ 12
　講談社カラー版 日本語大辞典 第2版 ･･ 12
　講談社カラー版 日本語大辞典 第2版 電子ブック付 ･････････････････････････････ 13
裏BUBKA編集部
　業界裏用語辞典 ･････････････････････ 177
瓜坊 進
　江戸っ子語絵解き辞典 ･･････････････ 202

【え】

江口 尚純
　写真で読み解く 四字熟語大辞典 ･････ 88
江連 隆
　漢文語法ハンドブック ･････････････････ 57
江副 水城
　獣名源 本邦空前の語源書 ････････････ 71

NHKアナウンス室
　NHK間違いやすい日本語ハンドブック
　　‥‥‥‥‥‥‥‥‥‥‥‥‥‥‥ 222
NHK放送文化研究所
　NHK漢字表記辞典 ‥‥‥‥‥‥‥ 42
　NHKことばのハンドブック ‥‥‥‥ 240
　NHKことばのハンドブック 第2版 ‥‥ 241
　NHK 新用字用語辞典 第2版 ‥‥ 232
　NHK 新用字用語辞典 第3版 ‥‥ 232
　NHK日本語発音アクセント辞典 新版
　　‥‥‥‥‥‥‥‥‥‥‥‥‥‥‥ 37
　NHK日本語発音アクセント新辞典 ‥‥ 37
榎本 好宏
　季語語源成り立ち辞典 ‥‥‥‥‥‥ 69
江端 義夫
　最新 ひと目でわかる全国方言一覧辞典
　　‥‥‥‥‥‥‥‥‥‥‥‥‥‥‥ 195
頴原 退蔵
　江戸時代語辞典 ‥‥‥‥‥‥‥‥‥ 113
江守 賢治
　大きな活字の楷行草 筆順・字体字典 ‥ 39
　楷行草 筆順・字体字典 第2版 ‥‥ 39
　漢字筆順ハンドブック 正しくきれいな
　　字を書くための 第3版 ‥‥‥‥‥ 57
遠藤 織枝
　三省堂現代新国語辞典 第3版 ‥‥ 14
　三省堂現代新国語辞典 第4版 ‥‥ 14
遠藤 哲夫
　旺文社漢字典 第2版 ‥‥‥‥‥‥ 43
　旺文社漢字典 第3版 ‥‥‥‥‥‥ 43
　旺文社標準漢和辞典 新訂版 ‥‥‥ 43
　出典のわかる故事成語・成句辞典 ‥‥ 89
　福武漢和辞典 ‥‥‥‥‥‥‥‥‥‥ 55
　福武漢和辞典 新装版 ‥‥‥‥‥‥ 55
　福武漢和辞典 新装版 新デザイン版 ‥ 55
遠藤 好英
　漢字百科大事典 ‥‥‥‥‥‥‥‥‥ 42
　日本語学研究事典 ‥‥‥‥‥‥‥‥ 2
円満字 二郎
　漢字ときあかし辞典 ‥‥‥‥‥‥‥ 47
　漢字の使い分けときあかし辞典 ‥‥ 47
　部首ときあかし辞典 ‥‥‥‥‥‥‥ 55

【お】

旺文社
　旺文社エポック英和・国語辞典 ‥‥‥ 4
　旺文社エポック英和・国語辞典 革装 ‥‥ 4
　旺文社標準漢和辞典 新訂版 ‥‥‥ 43
　旺文社標準国語辞典 新訂版 ‥‥‥ 5
　旺文社標準ことわざ慣用句辞典 新装版
　　‥‥‥‥‥‥‥‥‥‥‥‥‥‥‥ 81
　大きい活字の早引き漢字辞典 ‥‥‥ 43
　カタカナ語・略語辞典 第3版 ‥‥‥ 128
　国語総合新辞典 英訳つき 百科和英漢和
　　兼用 ‥‥‥‥‥‥‥‥‥‥‥‥‥ 13
　国際化時代のためのカタカナ語・略語辞
　　典 ‥‥‥‥‥‥‥‥‥‥‥‥‥‥ 130
　成語林 故事ことわざ慣用句 ‥‥‥ 91
　成語林 故事ことわざ慣用句 〔中型版〕
　　‥‥‥‥‥‥‥‥‥‥‥‥‥‥‥ 91
　名言・名句新辞典 知恵のキーワード ‥ 223
大石 初太郎
　新解国語辞典 第2版 ‥‥‥‥‥‥ 18
　新選国語辞典 第7版 ‥‥‥‥‥‥ 19
　新選国語辞典 第7版 2色刷 ‥‥‥ 19
　新選国語辞典 第8版 横組版 ‥‥‥ 19
　新選国語辞典 第8版 ワイド版 ‥‥ 19
　新選国語辞典 第8版 ワイド版 横組版
　　‥‥‥‥‥‥‥‥‥‥‥‥‥‥‥ 20
　新選国語辞典 第9版 2色刷 ‥‥‥ 20
　新選国語辞典 第9版 ワイド版 2色刷 ‥ 20
大泉 志郎
　忘れてはならない 現代死語事典 ‥‥ 180
　忘れてはならない 続・現代死語事典 ‥ 180
大久保 忠国
　江戸語辞典 ‥‥‥‥‥‥‥‥‥‥‥ 201
　江戸語辞典 新装普及版 ‥‥‥‥‥ 201
大久保 寛
　さつま語辞典 ‥‥‥‥‥‥‥‥‥‥ 210
大久保 誠
　新潟南蒲原(三条・下田・栄)方言集 ‥ 204
大隈 秀夫
　同音同訓 漢字用例辞典 ‥‥‥‥‥ 111
大河内 昭爾
　常用語字典 ポケット版 ‥‥‥‥‥ 235
　常用語辞典 ポケット版 ‥‥‥‥‥ 235
　日用語字典 毎日活用 ‥‥‥‥‥‥ 237

おおさ

大阪工業大学言語表現技術研究会
　　言語表現技術ハンドブック 改訂版 … 231
大迫 秀樹
　　消えゆく日本の俗語・流行語辞典 …… 173
大島 晃
　　旺文社漢字典 第3版 ……………… 43
大島 一郎
　　現代日本語方言大辞典 2（え〜く） …… 194
　　現代日本語方言大辞典 4（せ〜と） …… 194
　　現代日本語方言大辞典 5（な〜へ） …… 194
　　現代日本語方言大辞典 6（ほ〜を） …… 194
　　現代日本語方言大辞典 8（索引2） …… 194
　　現代日本語方言大辞典 補巻（索引3）
　　　……………………………………… 195
　　佐賀県のことば ……………………… 209
　　三重県のことば ……………………… 207
大島 資生
　　例解 新国語辞典 第7版 …………… 31
　　例解 新国語辞典 第8版 …………… 32
　　例解 新国語辞典 第9版 …………… 32
大島 弥生
　　留学生と日本人学生のためのレポート・
　　論文表現ハンドブック ……………… 250
大嶋 利佳
　　ビジネスメール言いかた辞典 たった1フ
　　レーズの工夫が相手の心をつかむ! そ
　　れはおかしな言葉遣いです ………… 252
大隅 和雄
　　知っておきたい 日本の名言・格言事典
　　　……………………………………… 222
太田 柏露
　　近代用語の辞典集成 8 ……………… 142
大平 一枝
　　昭和ことば辞典 おい、羊羹とお茶もっ
　　といで! …………………………… 140
大谷 伊都子
　　日本語慣用句辞典 ………………… 104
大塚 栄寿
　　忘れてはならない 現代死語事典 …… 180
　　忘れてはならない 続・現代死語事典 … 180
大槻 文彦
　　言海（ちくま学芸文庫） ……………… 9
大西 匡輔
　　精選国語辞典 ……………………… 22
　　精選国語辞典 デスク版 …………… 22
大西 林五郎
　　近代用語の辞典集成 36 …………… 144

大野 晋
　　岩波古語辞典 〔補訂版〕 …………… 113
　　角川必携国語辞典 ………………… 8
　　角川類語新辞典 …………………… 107
　　古典基礎語辞典 …………………… 117
　　類語国語辞典 第8版 ……………… 110
大野 敏明
　　古今各国「漢字音」対照辞典 ………… 48
大野 真男
　　現代日本語方言大辞典 2（え〜く） …… 194
　　現代日本語方言大辞典 4（せ〜と） …… 194
　　現代日本語方言大辞典 5（な〜へ） …… 194
　　現代日本語方言大辞典 6（ほ〜を） …… 194
　　現代日本語方言大辞典 8（索引2） …… 194
　　現代日本語方言大辞典 補巻（索引3）
　　　……………………………………… 195
　　佐賀県のことば ……………………… 209
　　三重県のことば ……………………… 207
大庭 勝
　　カタカナ語辞典 ポケット版 ………… 126
　　最新・カタカナ語辞典 ……………… 131
大橋 勝男
　　新潟県言語地図 …………………… 204
　　新潟県方言辞典 …………………… 204
　　新潟県雪ことば辞典 ………………… 204
大原 穣子
　　京ことばの辞典 どうどす ………… 207
大伏 肇
　　語源ハンドブック …………………… 73
大松 正和
　　簡明ことわざ辞典 ………………… 83
大森 良子
　　現代用語の基礎知識 カタカナ・外来語
　　／略語辞典 改訂増補新版 ………… 130
　　現代用語の基礎知識 カタカナ・外来語
　　／略語辞典 第4版 ………………… 130
大類 雅敏
　　句読点活用辞典 …………………… 186
岡 和男
　　新潟県雪ことば辞典 ………………… 204
岡 美千雄
　　常用外来語新辞典 改訂版 ………… 132
岡崎 久司
　　大東急記念文庫善本叢刊 中古中世篇 別
　　巻2〔第1巻〕 ……………………… 36
　　大東急記念文庫善本叢刊 中古中世篇 別
　　巻2〔第2巻〕 ……………………… 36
　　大東急記念文庫善本叢刊 中古中世篇 別

300　日本語レファレンスブック

巻2〔第3巻〕 …………… 36
　大東急記念文庫善本叢刊 中古中世篇 別
　　巻2〔第4巻〕 …………… 36
　大東急記念文庫善本叢刊 中古中世篇 別
　　巻2〔第5巻〕 …………… 36
小笠原 功
　津軽弁の世界 その音韻・語源をさぐる
　　……………………………… 200
　津軽弁の世界 2 …………… 200
　津軽弁の世界 3 …………… 200
　津軽弁の世界 完 ………… 200
岡田 憲治
　雨のことば辞典 …………… 183
　風と雲のことば辞典 ……… 183
岡田 崇花
　楷・行・草 漢字筆順字典 常用・人名用
　　二九七六字 ……………… 39
尾形 仂
　江戸時代語辞典 …………… 113
岡田 三津子
　言語表現技術ハンドブック 新版 …… 232
岡野 幸夫
　平安時代複合動詞索引 …… 187
岡見 正雄
　角川古語大辞典 第4巻（た～は）…… 115
　角川古語大辞典 第5巻（ひ～ん）…… 115
小川 環樹
　角川新字源 改訂版 ………… 45
　角川必携漢和辞典 …………… 45
小川 博章
　楷行草筆順字典 …………… 39
荻久保 泰幸
　実用新ことわざ辞典 ……… 88
沖森 卓也
　大きな活字の三省堂五十音引き漢和辞
　　典 ………………………… 44
　三省堂五十音引き漢和辞典 …… 49
　三省堂五十音引き漢和辞典 第2版 …… 49
　三省堂常用漢字辞典 ……… 60
　写真で読み解く 語源大辞典 …… 71
　資料 日本語史 ……………… 35
　ベネッセ表現・読解国語辞典 …… 29
奥秋 義信
　勘違い敬語の事典 型で見分ける誤用の
　　敬語 ……………………… 188
　ビジネスマン 敬語ハンドブック …… 189
奥沢 正紀
　きのこの語源・方言事典 …… 193

奥沢 康正
　きのこの語源・方言事典 …… 193
奥田 勲
　新潮現代国語辞典 第2版 …… 20
奥村 圭子
　研究社 日本語口語表現辞典 …… 213
奥山 益朗
　あいさつ語辞典 新装普及版 …… 103
　慣用表現辞典 日本語の言い回し …… 104
　消えた日本語辞典 ………… 180
　広告キャッチフレーズ辞典 …… 254
　「死」にまつわる日本語辞典 …… 76
　状況分類別 敬語用法辞典 …… 189
　罵詈雑言辞典 ……………… 174
　味覚表現辞典 ……………… 77
尾崎 雄二郎
　角川大字源 ………………… 45
尾佐竹 猛
　下等百科辞典 ……………… 177
小山内 薫
　近代用語の辞典集成 8 …… 142
小沢 章友
　女子大生ヤバイ語辞典 …… 140
小澤 達郎
　自治体の公用文作成ハンドブック …… 249
　文例で分かる公用文作成ハンドブック
　　新版 ……………………… 249
小田 正博
　北東北の天地（あめつち）ことば 青森・
　　秋田・岩手の気象・天体・地形方言
　　集 ………………………… 199
　北東北の悪口辞典 青森・岩手・秋田の
　　方言集 …………………… 200
　東北悪口辞典 ……………… 200
小田 勝
　旺文社全訳学習古語辞典 …… 114
　旺文社全訳古語辞典 第3版 …… 115
　旺文社全訳古語辞典 第3版 小型版 …… 115
　実例詳解 古典文法総覧 …… 187
落合 淳思
　甲骨文字小字典 ……………… 48
落合 直文
　古典語彙大辞典 …………… 117
小内 一
　究極版 逆引き頭引き日本語辞典 名詞と
　　動詞で引く17万文例 …… 76
　てにをは辞典 ……………… 192

てにをは連想表現辞典 192
日本語表現大辞典 比喩と類語三万三八
　〇〇 192
小野 澄恵
　早わかりビジネス文書用語・用例 253
小野 正弘
　擬音語・擬態語4500 日本語オノマトペ
　辞典 179
　三省堂現代新国語辞典 第4版 14
　三省堂現代新国語辞典 第5版 15
小和田 顕
　旺文社漢字典 43
　旺文社漢字典 大活字版 43
　旺文社漢字典 第2版 43
　旺文社漢字典 第3版 43
　旺文社標準漢和辞典 新訂版 43
　福武漢和辞典 55
　福武漢和辞典 新装版 55
　福武漢和辞典 新装版 新デザイン版 55

【か】

甲斐 秋芳
　すぐに役立つ 四字熟語ハンドブック ポ
　ケット版 101
甲斐 睦朗
　精選国語辞典 22
　精選国語辞典 デスク版 22
　精選国語辞典 新訂版 22
海江田 万里
　大判 カタカナ語新辞典 124
　大判 カタカナ語新辞典 新訂2版 125
　大判 カタカナ語新辞典 新訂3版 125
　新カタカナ語ポケット辞典 新訂2版 ... 132
　新カタカナ語ポケット辞典 新訂3版 ... 132
　新カタカナ語ポケット辞典 新訂4版 ... 132
　新カタカナ語ポケット辞典 引きやすい・
　　読みやすい 132
　新カタカナ語ポケット辞典 引きやすい・
　　読みやすい 新訂版 132
海苑社編集部
　「日本語」の達人 あなたの「日本語」大
　丈夫？「日本語」を正しく使いこなす
　ための本 改訂普及版 33
改造社出版部
　近代用語の辞典集成 34 144

香川 勇
　原色 色彩語事典 色の単語・色の熟語 ... 74
学習研究社辞典編集部
　ひと目でわかる 大きな字の漢字辞典 新
　版 55
学習辞典編集部
　用例でわかる 四字熟語辞典 〔改訂版〕
　................................. 95
学術普及社編輯部
　隠語辞典集成 3 175
影山 輝国
　大きな活字の新明解現代漢和辞典 大字
　版 44
　新明解 現代漢和辞典 52
　例解 新漢和辞典 56
　例解 新漢和辞典 第2版 56
　例解 新漢和辞典 第3版 56
　例解 新漢和辞典 第4版 56
　例解 新漢和辞典 第4版 増補新装版 ... 56
笠井 緑
　隠語辞典集成 12 175
笠間影印叢刊刊行会
　字典かな 写本をよむ楽しみ 新装版 65
加治工 真市
　石垣方言辞典 211
鹿島 しのぶ
　敬語「そのまま使える」ハンドブック で
　きる人の「この言葉づかい」「この話
　し方」 189
梶山 健
　世界ことわざ辞典 和漢洋対照 91
カタカナ語研究会
　知ってるふりしてきたカタカナ語事典
　................................ 122
片桐 大自
　最新版 ことばのしるべ 国語表記法のす
　べて 67
片山 智志
　日本文章表現辞典 改訂増補版 231
片山 朝雄
　三省堂同音語使い分け便覧 112
　同音語選びの辞典 111
学研・語学ソフトウエア開発部
　カタカナ新語辞典 マスコミに強くなる
　第3版 128
　3行でわかる 現代新語情報辞典 最新 .. 140
　3行でわかる 現代新語情報辞典 最新改
　訂新版 140

学研辞典編集室
- 漢字パズル辞典 255
- 用例でわかる 類語辞典 110

学研辞典編集部
- 言いえて妙なことば選び辞典 新版 ... 213
- 大きな活字の四字熟語 見やすくわかりやすい 82
- 大きな字のカタカナ新語実用辞典 124
- 大きな字のカタカナ新語辞典 124
- 大きな字のカタカナ新語辞典 第2版 .. 124
- 大きな字の現代実用国語辞典 6
- 大きな字の現代実用国語辞典 第2版〔オリーブ版〕 6
- 大きな字の現代実用国語辞典 第2版〔キャメル版〕 6
- 大きな字の現代実用国語辞典 第3版 ... 6
- 大きな字の現代実用国語辞典 第3版 ローアシュレイ版 7
- 大きな字の故事ことわざ辞典 改訂新版 82
- 大きな字の実用ことわざ辞典 82
- 大きな字の四字熟語辞典 82
- 大きな字の類語辞典 106
- 思わず人に話したくなる 続・日本語知識辞典 新版 214
- カタカナ新語実用辞典 128
- カタカナ新語辞典 第8版 128
- カタカナ新語辞典 マスコミに強くなる 最新第6版 129
- カタカナ新語辞典 マスコミに強くなる 最新第7版 129
- カタカナ新語早引き辞典 改訂新版 ... 129
- 漢字に強くなる難読漢字辞典 新版 ... 217
- 暮らしのことわざ早引き辞典 人生を豊かにするヒント 84
- 暮らしの日本語辞典 215
- 敬語言い換え辞典 日常語から一発変換! 新版 188
- 敬語早わかり辞典 あっ便利! 新版 188
- 敬語早わかり辞典 あっ便利! 改訂新版 188
- 現代実用国語辞典 10
- 現代実用国語辞典 パステル版 10
- 現代実用国語辞典 クリーム版 10
- 現代実用国語辞典 第2版 10
- 現代実用国語辞典 第2版 クリーム版 10
- 現代実用国語辞典 第2版 パステル版 10
- 現代実用国語辞典 第3版 ネイビー版 10
- 現代実用国語辞典 第3版 レッド版 10
- 現代実用国語辞典 第3版 ローアシュレイ版 11
- 国語はや引き実用辞典 234
- ことば選び実用辞典 107
- ことわざ辞典 第3版 85
- 困ったときのカタカナ新語早引き辞典 130
- 困ったときのことわざ早引き辞典 86
- 3行でわかる 現代新語情報辞典 第3版 140
- 3行でわかる 現代新語情報辞典 最新第4版 140
- 3行でわかる 現代新語情報辞典 最新第5版 140
- 3行でわかる 現代新語情報辞典 最新第6版 140
- 実用ことわざ辞典 88
- 実用手紙・文書の書き方辞典 230
- 写真でわかる 季節のことば辞典 第1巻 184
- 写真でわかる 季節のことば辞典 第2巻 184
- 写真でわかる 季節のことば辞典 第3巻 185
- 写真でわかる 季節のことば辞典 第4巻 185
- 新版 読めそうで読めない常用漢字の難読辞典 217
- 全訳用例古語辞典 コンパクト版 120
- 日本語語源辞典 第2版 72
- ニュースがわかる 新語情報早引き辞典 165
- 恥をかかないための言葉の作法辞典 新版 215
- パーソナル英和・カタカナ語辞典 135
- 早引き現代ことわざ辞典 93
- 早引き現代四字熟語辞典 93
- 人に聞いてもわからない日本語知識辞典 新版 215
- 目からウロコの日本語「語源」辞典 新版 73
- 用例でわかる カタカナ新語辞典 136
- 用例でわかる カタカナ新語辞典 改訂第2版 136
- 用例でわかる カタカナ新語辞典 改訂第3版 136
- 用例でわかる カタカナ新語辞典 改訂第4版 136
- 用例でわかる 慣用句辞典 105
- 用例でわかる 慣用句辞典 改訂第2版 ... 105

用例でわかる 故事ことわざ辞典 ……… 95
用例でわかる 四字熟語辞典 新版 ……… 95
用例でわかる 四字熟語辞典 改訂第2版
　　　………………………………………… 95
用例でわかる 類語辞典 改訂第2版 ……… 110
四字熟語実用辞典 ……………………… 96
四字熟語辞典 改訂第3版 ……………… 96
四字熟語辞典 第4版 …………………… 96
読み・書き・話すための 四字熟語早引
　　き辞典 ………………………………… 98
ワンランク上の日本語決まり文句辞典
　　………………………………………… 105

勝崎 裕彦
　仏教ことわざ辞典 〔愛蔵版〕 ………… 94
　仏教ことわざ辞典 〔携帯版〕 ………… 94

勝屋 英造
　近代用語の辞典集成 25 ……………… 143
　近代用語の辞典集成 39 ……………… 144

加藤 彰彦
　用字用語 新表記辞典 新訂3版 ……… 239
　用字用語 新表記辞典 新訂4版 ……… 239

加藤 朝鳥
　近代用語の辞典集成 27 ……………… 143

加藤 和夫
　加賀・能登アイサの生活語辞典 …… 203

加藤 哲
　国語辞典 ………………………………… 13
　ハンディ国語辞典 ……………………… 29
　ハンディ国語辞典 改訂新版 青版 …… 29
　ハンディ国語辞典 改訂新版 赤版 …… 29
　ハンディ国語辞典 改訂新版 緑版 …… 29
　ハンディ用字字典 〔青版〕 …………… 237
　ハンディ用字字典 〔赤版〕 …………… 238

加藤 重広
　日本語文法 入門ハンドブック …… 186

加藤 大典
　略語大辞典 …………………………… 136
　略語大辞典 第2版 …………………… 136

加藤 隆久
　祝詞用語用例辞典 …………………… 181

加藤 寛
　日常語の中の武道ことば語源辞典 …… 72

加藤 正信
　漢字百科大事典 ……………………… 42
　最新 ひと目でわかる全国方言一覧辞典
　　………………………………………… 195
　日本語学研究事典 ……………………… 2

加藤 迪男
　色の日本語いろいろ辞典 コトバにも色
　　がある! ……………………………… 74
　お国柄ことばの辞典 ………………… 193
　十二支(えと)のことわざ事典 ……… 78
　20世紀のことばの年表 ……………… 137

加藤 安彦
　講談社類語辞典 ……………………… 107

角川書店
　角川モバイル カタカナ語辞典 …… 129
　角川モバイル 日本語辞典 …………… 8
　やっとわかった日本語! ことばの豆辞
　　典 …………………………………… 216

門倉 正美
　日本語力をつける文章読本 知的探検の
　　新書30冊 …………………………… 229

金岡 照光
　故事成語の辞典 ……………………… 85

神奈川昆虫談話会
　昆虫名方言事典 昆虫名方言を求めて … 193

かな研究会
　画引き かな解読字典 ………………… 64

金指 弘剛
　ビジネス文書・模範文例集 いざという
　　時に役立つ ………………………… 254

蟹瀬 誠一
　時代を読みとく 最新時事キーワード 2005
　　年度版 ……………………………… 158
　時代を読みとく 最新時事キーワード 2006
　　年度版 ……………………………… 159
　時代を読みとく 最新時事キーワード 2007
　　年度版 ……………………………… 159

金子 守
　学研 現代標準国語辞典 ……………… 8
　学研 現代標準国語辞典 改訂第2版 … 8
　学研 現代標準国語辞典 改訂第3版 … 8

金子 善光
　最新 祝詞作文便覧 ………………… 181
　精選祝詞文例事典 …………………… 180
　祝詞作文事典 ………………………… 180
　祝詞作文事典 縮刷版 ……………… 181

金田 弘
　三省堂現代国語辞典 第2版 ………… 14
　三省堂現代新国語辞典 第2版 ……… 14

金端 伸江
　東京ことば辞典 ……………………… 202

金平 敬之助
　お礼状・お詫び状ハンドブック 手紙・は

がき・eメールですぐに使える文例と
　ポイント 改訂版 ……………… 247
狩野 直禎
　これで充分 四字熟語 ……………… 86
　最新・知っておきたい四字熟語辞典 …… 86
　すぐに役立つ 四字熟語辞典 ひと味違う
　　スピーチと文章表現を豊かにするため
　　に …………………………………… 90
　すぐわかる四字熟語 ………………… 90
加納 喜光
　学研 学習用例漢和辞典 改訂第2版 …… 45
　学研 現代標準漢和辞典 ……………… 45
　学研 現代標準漢和辞典 改訂第2版 …… 45
　学研 現代標準漢和辞典 改訂第3版 …… 45
　学研 新漢和大字典 机上版 …………… 45
　学研 新漢和大字典 普及版 …………… 45
　漢字源 改訂新版 ……………………… 46
　漢字源 改訂第4版 …………………… 46
　漢字源 改訂第4版 検索CD付版 ……… 46
　漢字源 改訂第5版 2色刷 …………… 46
　漢字語源語義辞典 …………………… 58
　漢字の成り立ち辞典 ………………… 58
　漢字の成り立ち辞典 新装版 ………… 58
　三字熟語 語源小辞典 ………………… 70
　知ってびっくり「生き物・草花」漢字辞
　　典 烏の賊が何故イカか …………… 49
　常用漢字コアイメージ辞典 ………… 60
　植物の漢字語源辞典 ………………… 71
　人名の漢字語源辞典 ………………… 59
　数の漢字の起源辞典 ………………… 52
　全訳用例漢和辞典 ビジュアル版 …… 53
　動物の漢字語源辞典 ………………… 71
　似て非なる漢字の辞典 ……………… 54
　ポケットプログレッシブ 漢字辞典 2色
　　刷 …………………………………… 56
樺島 忠夫
　福武国語辞典 新デザイン版 第21刷 … 29
　文章構成の基本大事典 すぐ役立ち書き
　　方が身につく ……………………… 230
　明治大正 新語俗語辞典 新装版 …… 144
　用字用語辞典 地名・人名付 改訂版 … 239
蒲谷 宏
　敬語使い方辞典 ……………………… 188
　敬語表現ハンドブック ……………… 189
樺山 勝美
　隠語辞典集成 3 …………………… 175
加部 佐助
　日本語解釈活用事典 …………………… 2

鎌田 正
　漢語林 …………………………………… 63
　漢語林 改訂版 ………………………… 63
　漢語林 新版 2色刷 ………………… 63
　漢語林 新版（第2版）………………… 63
　新漢語林 ……………………………… 64
　新漢語林 第2版 …………………… 64
　新漢和辞典 新装大型版 ……………… 50
　新版 漢語林 ………………………… 64
　大漢語林 ……………………………… 64
　大漢語林 語彙総覧 …………………… 64
　大漢和辞典 巻10 修訂第2版 ……… 53
　大漢和辞典 巻11 修訂第2版 ……… 53
　大漢和辞典 巻12 修訂第2版 ……… 53
　大漢和辞典 巻13 索引 修訂第2版 … 53
　大漢和辞典 巻15 補巻 ……………… 53
　大修館漢語新辞典 …………………… 64
鎌田 良二
　兵庫県の方言地図 …………………… 208
釜谷 武志
　角川現代漢字語辞典 五十音引き …… 45
神谷 洋平
　困ったときにすぐに使える！ビジネス文
　　書書き方＆マナー大事典 ………… 250
亀井 孝
　日本列島の言語（言語学大辞典セレクショ
　　ン）………………………………… 196
亀井 肇
　外辞苑 平成新語・流行語辞典 ……… 139
　社会人「新基礎用語」……………… 164
　620の同時代WORDS ……………… 141
　若者言葉事典 ………………………… 173
亀田 秋陽
　漢字・くずし字早わかり辞典 読める書
　　ける ………………………………… 40
亀田 尚己
　和製英語事典 ………………………… 123
萱野 茂
　萱野茂のアイヌ語辞典 ……………… 212
　萱野茂のアイヌ語辞典 増補版 …… 212
からえ
　スッチー用語まるわかり辞典 ……… 178
河合 伸
　朝日新聞のカタカナ語辞典 ………… 123
河口 章
　"日本語力"が身につくマチガイ言葉・あ
　　いまい用語辞典 …………………… 221

川口 妙子
　幻想由来辞典 ･････････････････････ 70
川口 浩
　近代用語の辞典集成 31 ･･････････ 144
川崎 政司
　注釈 公用文用字用語辞典 第7版 ･･････ 249
川島 淳夫
　レトリック小辞典 ･････････････････ 191
川瀬 真洞
　漢字くずし字字典 常用漢字・人名用漢
　　字 ･･････････････････････････････ 40
川端 晶子
　おいしさの表現辞典 ･･････････････ 74
　おいしさの表現辞典 新装版 ･･････････ 75
川端 善明
　集英社 国語辞典 ･････････････････ 16
　集英社 国語辞典 横組版 ･････････････ 16
　集英社 国語辞典 机上版 ･････････････ 16
　集英社 国語辞典 第2版 ･･････････････ 17
　集英社 国語辞典 第3版 ･･････････････ 17
川村 滋子
　変体がな実用字典 古今和歌集が原文で
　　読める 高野切第三種 ･････････････ 65
　変体がな実用字典 古今和歌集が原文で
　　読める 関戸本古今集 ･････････････ 65
　変体がな実用字典 古今和歌集が原文で
　　読める 本阿弥切古今集 ･･･････････ 65
環境デザイン研究所
　ニッポンの美しい自然と「四字熟語」四
　　季を彩る風景写真と自然に関わる「四
　　字熟語」辞典 ･･････････････････ 93
関西性欲研究会
　性の用語集 ････････････････････ 178
漢字用例字典編集委員会
　早わかり漢字用例字典 ･････････････ 55
神田 千里
　知っておきたい 日本の名言・格言事典
　　････････････････････････････ 222
神田 竜之介
　揺れる日本語どっち? 辞典 ･･････････ 216
簡野 道明
　字源 増補版 ･･･････････････････ 49

【き】

菊 千代
　与論方言辞典 ･････････････････ 210
菊池 寛
　近代用語の辞典集成 28 ･･････････ 144
　近代用語の辞典集成 29 ･･････････ 144
岸江 信介
　大阪のことば地図 ････････････････ 208
基礎学習研究会
　実用漢字表現辞典 筆順・熟語・文例・故
　　事ことわざ ･･････････････････ 49
北嶋 広敏
　語源の辞典 日常語の由来がわかる ････ 70
北原 保雄
　岩波日本語使い方考え方辞典 ･････････ 4
　カタカナ語使い分け辞典 ････････････ 127
　小学館古語大辞典 〔コンパクト版〕･･ 118
　小学館全文全訳古語辞典 ･･･････････ 119
　全訳古語例解辞典 〔コンパクト版〕･･ 119
　全訳古語例解辞典 第2版 ････････････ 119
　全訳古語例解辞典 第2版 コンパクト版
　　････････････････････････････ 119
　全訳古語例解辞典 第3版 ････････････ 119
　全訳古語例解辞典 第3版 コンパクト版
　　････････････････････････････ 119
　同音語同訓語使い分け辞典 ･･･････････ 111
　日本語逆引き辞典 ･･･････････････ 26
　反対語対照語辞典 新装版 ･･････････ 113
　ポケットプログレッシブ 全訳古語例解
　　辞典 ･･･････････････････････ 121
　みんなで国語辞典! これも、日本語 ････ 30
　みんなで国語辞典 2 ･･･････････････ 30
　みんなで国語辞典 3 ･･･････････････ 30
　明鏡 国語辞典 ････････････････ 30
　明鏡 国語辞典 携帯版 ･････････････ 30
　明鏡 国語辞典 第2版 ････････････････ 30
　明鏡 国語辞典 第2版 大型版 ･････････ 30
　明鏡 ことわざ成句使い方辞典 ･･･････ 95
北村 孝一
　故事俗信ことわざ大辞典 第2版 ･･････ 85
　日本のことわざ 世界のことわざ 生きる
　　ヒント ･････････････････････ 102
木下 和子
　江戸語辞典 ･･･････････････････ 201

江戸語辞典 新装普及版 201
金 東奎
　敬語表現ハンドブック 189
木村 恭造
　上方雑俳京ことば辞典 206
　雑俳・川柳京ことば辞典 207
木村 秀次
　大修館現代漢和辞典 53
　大修館現代漢和辞典 机上版 54
木村 傳兵衛
　新語・流行語大全 ことばの戦後史 1945-
　2005 141
　新語・流行語大全 ことばの戦後史 1945-
　2006 141
木村 哲人
　TV・芸能ギョーカイ用語早わかり ギョー
　カイ人も知らないギョーカイ用語ルー
　ツ集 178
木村 一
　みんなの日本語事典 言葉の疑問・不思
　議に答える 3
木村 正男
　カタカナ語・略語辞典 国際社会の日常
　語 1992年版 128
　カタカナ語・略語辞典 国際社会の日常
　語 厳選最新版 128
木村 義之
　隠語大辞典 176
　新選国語辞典 第9版 ワイド版 2色刷 20
　みんなの日本語事典 言葉の疑問・不思
　議に答える 3
教育社国語編集部
　15万例文・成句 現代国語用例辞典 17
教育出版編集局
　表記の手引き 第4版 67
教育文化刊行会
　精選ことわざ・格言・四字成語・慣用句
　常用辞典 91
共生閣編輯部
　近代用語の辞典集成 30 144
ぎょうせい公用文研究会
　最新 公用文用字用語例集 改定常用漢字
　対応 249
共同通信社
　記者ハンドブック 用字用語の正しい知
　識 第6版 241
　記者ハンドブック 用字用語の正しい知
　識 第7版 241

記者ハンドブック 新聞用字用語集 第8
版 241
記者ハンドブック 新聞用字用語集 第9
版 241
記者ハンドブック 新聞用字用語集 第10
版 241
記者ハンドブック 新聞用字用語集 第11
版 241
記者ハンドブック 新聞用字用語集 第12
版 241
記者ハンドブック 新聞用字用語集 第13
版 242
京都書房
　明日から使える慣用句 103
旭堂 南陵 (4代目)
　事典にない大阪弁 絶滅危惧種の大阪こ
　とば 208
清野 恵美子
　昭和レトロ語辞典 140
桐原 徳重
　講談社国語辞典 第2版 13
　講談社国語辞典 第2版 デスク版 13
金 相順
　類義語使い分け辞典 日本語類似表現の
　ニュアンスの違いを例証する 110
金水 敏
　"役割語"小辞典 77
金田一 京助
　大きな活字の三省堂国語辞典 第4版〔大
　字版〕 5
　大きな活字の三省堂国語辞典 第5版 大
　字版 6
　大きな活字の三省堂国語辞典 第6版 2
　色刷 6
　大きな活字の新明解国語辞典 第5版 大
　字版 6
　三省堂国語辞典 第4版〔革装版〕....... 15
　三省堂国語辞典 第5版 15
　三省堂国語辞典 第5版 小型版 15
　三省堂国語辞典 第6版 15
　三省堂国語辞典 第6版 小型版 15
　新選国語辞典 第7版 19
　新選国語辞典 第7版 デスク版 19
　新選国語辞典 第7版 ワイド版 19
　新選国語辞典 第7版 2色刷 19
　新選国語辞典 第7版 ワイド版 2色刷 ... 19
　新選国語辞典 第8版 横組版 19
　新選国語辞典 第8版 ワイド版 19
　新選国語辞典 第8版 ワイド版 横組版

新選国語辞典 第9版 2色刷 ……………… 20
新選国語辞典 第9版 ワイド版 2色刷 …… 20
新明解 国語辞典 第4版〔机上版〕…… 20
新明解 国語辞典 第5版 ……………… 20
新明解 国語辞典 第5版 革装版 ……… 20
新明解 国語辞典 第5版 特装版 ……… 20
新明解 国語辞典 第5版 小型版 ……… 20
明解 国語辞典 復刻版 ………………… 30
ヨコ組 三省堂国語辞典 第4版 ……… 30

金田一 春彦
 イラストことわざ辞典 改訂新版 …… 81
 大きな活字の三省堂国語辞典 第4版〔大字版〕………………………… 5
 大きな活字の三省堂国語辞典 第5版 大字版 ……………………………… 6
 大きな活字の三省堂国語辞典 第6版 2色刷 ……………………………… 6
 学研 現代新国語辞典 ………………… 7
 学研 現代新国語辞典 机上版 ……… 7
 学研 現代新国語辞典 改訂新版 …… 7
 学研 現代新国語辞典 改訂第3版 … 7
 学研 現代新国語辞典 改訂第3版〔デスク版〕…………………………… 7
 学研 現代新国語辞典 改訂第4版 … 8
 学研 現代新国語辞典 改訂第4版 小型版 ………………………………… 8
 学研 現代新国語辞典 改訂第5版 … 8
 学研 現代新国語辞典 改訂第5版 小型版 ………………………………… 8
 学研 全訳古語辞典 …………………… 115
 学研 全訳古語辞典 小型版 ………… 115
 学研 全訳古語辞典 改訂第2版 …… 115
 学研 全訳古語辞典 改訂第2版 小型版 ………………………………… 115
 完訳用例古語辞典 …………………… 116
 三省堂国語辞典 第4版〔革装版〕… 15
 三省堂国語辞典 第4版〔小型版〕… 15
 三省堂国語辞典 第5版 ……………… 15
 三省堂国語辞典 第5版 小型版 …… 15
 三省堂国語辞典 第6版 ……………… 15
 三省堂国語辞典 第6版 小型版 …… 15
 新明解 古語辞典 第3版 …………… 119
 新明解 日本語アクセント辞典 改訂新版 …………………………………… 37
 新明解 日本語アクセント辞典 …… 37
 新明解 日本語アクセント辞典 第2版 ………………………………… 37
 全訳用例古語辞典 コンパクト版 … 120
 全訳用例古語辞典 ビジュアル版 第2版 …………………………………… 120

手紙の書き方実例辞典 ……………… 246
日本語百科大事典 縮刷版 …………… 3
パーソナル カタカナ語辞典 ……… 135
パーソナル現代漢字辞典 …………… 55
パーソナル現代国語・現代漢字辞典 … 28
パーソナル現代国語辞典 …………… 29
パーソナル現代国語辞典 オレンジ版 … 29
早引き 現代ことわざ辞典 …………… 93
早引き 現代四字熟語辞典 …………… 93
ヨコ組 三省堂国語辞典 第4版 …… 30

金田一 秀穂
 大きな文字で見やすい 故事・ことわざ事典 …………………………… 77
 学研 現代新国語辞典 改訂第4版 … 8
 学研 現代新国語辞典 改訂第4版 小型版 ………………………………… 8
 学研 現代新国語辞典 改訂第5版 … 8
 学研 現代新国語辞典 改訂第5版 小型版 ………………………………… 8
 四字熟語辞典 ………………………… 96

【く】

日下 洋右
 現代カタカナ用語辞典 最新版 …… 129
 現代カタカナ用語辞典 最新版 改訂新版 …………………………………… 129

草川 昇
 語源辞典 名詞編 ……………………… 70

草野 仁
 あいさつ・スピーチ実例事典 すぐに使える応用自在 ………………… 224
 きわめつき四字熟語 ………………… 84

くずし字研究会
 画引き くずし字解読字典 ………… 39

くずし字字典編纂委員会
 活用自在 くずし字字典 …………… 39

久手堅 公子
 オキナワ語会話集 日本語・英語対照 … 211
 オキナワ語単語集 日本語・英語対照 … 211

久手堅 裕子
 オキナワ語会話集 日本語・英語対照 … 211
 オキナワ語単語集 日本語・英語対照 … 211

国広 功
 意味から引く ことわざハンドブック … 99
 意味から引く 四字熟語ハンドブック … 99

大活字 ことわざハンドブック 101
大活字 四字熟語ハンドブック 101
国広 哲弥
　日本語誤用・慣用小辞典 104, 220
　日本語誤用・慣用小辞典「続」 ... 105, 221
　日本語誤用・慣用小辞典 新編 ... 105, 221
国松 昭
　大きい活字の故事・ことわざ辞典 81
　例解 新国語辞典 第3版 31
　例解 新国語辞典 第4版 31
　例解 新国語辞典 第5版 31
　例解 新国語辞典 第6版 31
久野 眞
　現代日本語方言大辞典 2（え〜く） 194
　現代日本語方言大辞典 4（せ〜と） 194
　現代日本語方言大辞典 5（な〜へ） 194
　現代日本語方言大辞典 6（ほ〜を） 194
　現代日本語方言大辞典 8（索引2） 194
　現代日本語方言大辞典 補巻（索引3）
　　　　　　　　　　　　　　　　 195
　佐賀県のことば 209
　三重県のことば 207
久野 マリ子
　現代日本語方言大辞典 2（え〜く） 194
　現代日本語方言大辞典 4（せ〜と） 194
　現代日本語方言大辞典 5（な〜へ） 194
　現代日本語方言大辞典 6（ほ〜を） 194
　現代日本語方言大辞典 8（索引2） 194
　現代日本語方言大辞典 補巻（索引3）
　　　　　　　　　　　　　　　　 195
　佐賀県のことば 209
　三重県のことば 207
久保田 淳
　角川全訳古語辞典 116
熊澤 龍
　ことわざ辞典 文学・教養・趣味 85
熊代 彦太郎
　俚諺辞典 99
暮らしの情報研究会
　とっさのときに、すぐ使える！弔辞の実
　　例事典 心のこもったお別れの言葉と
　　丁寧な喪主のあいさつ 226
倉嶋 厚
　風と雲のことば辞典 183
　季節よもやま辞典 倉嶋厚の辞書遊びノー
　　ト 184
倉島 節尚
　写真で読み解くことわざ大辞典 88

グラフィック社編集部
　テーマで学ぶ広告コピー事典 254
倉部 豊逸
　古典にみる仏教語解説辞典 182
倉持 保男
　大きな活字の新明解国語辞典 第5版 大
　　字版 6
　大きな活字の新明解国語辞典 第6版 6
　大きな活字の新明解国語辞典 第7版 大
　　字版 6
　慣用句（ことばの手帳） 102
　慣用句の辞典 103
　慣用句の辞典 特装版 103
　慣用句の辞典 新装版 104
　現代用字用法辞典 日本語力を高める .. 234
　三省堂慣用句便覧 106
　新明解 国語辞典 第5版 20
　新明解 国語辞典 第5版 革装版 20
　新明解 国語辞典 第5版 特装版 20
　新明解 国語辞典 第5版 小型版 20
　新明解 国語辞典 第6版 20
　新明解 国語辞典 第6版 革装 21
　新明解 国語辞典 第6版 特装版 21
　新明解 国語辞典 第6版 机上版 21
　新明解 国語辞典 第6版 小型版 21
　新明解 国語辞典 第7版 21
　新明解 国語辞典 第7版 特装版 21
　新明解 国語辞典 第7版 革装 21
　新明解 国語辞典 第7版 机上版 21
　新明解 国語辞典 第7版 小型版 21
倉本 美津留
　倉本美津留の超国語辞典 76
クリスチャンセン，J.M.
　和製英語事典 123
栗田 順一
　教訓仏教語辞典 182
栗田書店編輯部
　隠語辞典集成 7 175
グループタマル
　大きな活字 カタカナ語辞典 123
　大きな活字 カタカナ語辞典 改訂新版
　　　　　　　　　　　　　　　　 123
　大きな活字 ことわざ辞典 81
　大きな活字 四字熟語辞典 82
グループ21
　全図解 モノの呼び名がわかる事典 74
クレスコパートナーズ
　相手に伝わるビジネスメール「正しい」

黒沢 弘光
　表現辞典 ･････････････････････････ 252
　大修館現代漢和辞典 ･･･････････････ 53
　大修館現代漢和辞典 机上版 ･･･････ 54
黒沼 健
　隠語辞典集成 7 ･････････････････ 175
黒羽 千秋
　見やすい使いやすい 難読語辞典 ･･･ 218

【け】

警察法研究会
　隠語辞典集成 13 ････････････････ 176
警視庁刑事部
　隠語辞典集成 14 ････････････････ 176
言語破壊研究班
　図解 平成ぶっこわれコトバ事典 2005年
　　度保存版 ･･･････････････････････ 138
現代言語研究会
　同じ読みで意味の違う言葉の辞典 新版
　　･････････････････････････････････ 111
　カタカナ語の辞典 日本語を使いさばく
　　･････････････････････････････････ 127
　漢字・熟語の辞典 日本語を使いさばく
　　･･･････････････････････････････ 46, 83
　慣用句の辞典 日本語を使いさばく ･･･ 104
　故事ことわざの辞典 日本語を使いさば
　　く ･･････････････････････････････ 84
　すぐに役立つ 漢字熟語辞典 ･････ 52, 90
　すぐに役立つ 慣用句用例新辞典 ･･･ 104
　すぐに役立つ 故事ことわざ辞典 ･･･ 90
　すぐに役立つ 故事ことわざ辞典 改訂
　　版 ･･･････････････････････････････ 90
　すぐに役立つ 最新カタカナ語新辞典 ･･ 133
　すぐに役立つ 最新カタカナ語新辞典 改
　　訂新版 ･････････････････････････ 133
　すぐに役立つ 名言名句活用新辞典 ･･･ 223
　すぐに役立つ 四字熟語活用新辞典 ･･･ 90
　日本語使いさばき辞典 時に応じ場合に
　　即し 大活字版 ････････････････ 214
　日本語使いさばき辞典 時に応じ場合に
　　即し 改訂増補版 ･････････････ 214
　名言名句の辞典 日本語を使いさばく ･･ 223
　四字熟語の辞典 日本語を使いさばく ･･ 98
現代言語セミナー
　雑学ものしり数字ことば百科 ･･･････ 171
　ちょっとものしりな日本語用例2000 ･･ 236

方言なるほど辞典 ････････････････ 196
現代語研究会
　外来語カタカナ語小辞典 現代生活に必
　　要な… ･･････････････････････････ 125
　外来語カタカナ語小辞典 現代生活に必
　　要な… 2版 ････････････････････ 125
現代神社と実務研究会
　精選祝詞文例事典 ･････････････････ 180
現代スピーチクラブ
　これで充分 スピーチ事典 ････････ 225
現代トレンド研究会
　現代キーワード事典 1991 ･････････ 149
現代編輯局
　近代用語の辞典集成 15 ････････････ 143
現代用語学習研究会
　現代用語学習事典 上級編 ････････ 150
現代用語検定協会
　図解 時事用語 最新ニュースが一目でわ
　　かる！ '03年度版 ･･････････････ 169
　図解 時事用語 最新ニュースが一目でわ
　　かる！ '04年度版 ･･････････････ 169
　図解 時事用語 最新ニュースが一目でわ
　　かる！ '05年度版 ･･････････････ 169
「現代用語の基礎知識」編集部
　カタカナ・外来語／略語辞典 全訂版
　　〔1999〕 ･･････････････････････ 126
　カタカナ・外来語／略語辞典 大字版 全
　　訂版〔2000〕 ･････････････････ 126
　カタカナ・外来語／略語辞典 全訂版
　　〔2006〕 ･･････････････････････ 126
　カタカナ・外来語／略語辞典 改訂〔第3
　　版増補〕版〔2007〕 ････････････ 126
　Word Bank「現代用語の基礎知識」KEY-
　　WORD BOOK '91 ････････････ 167
　ワード・バンク 現代用語の基礎知識 '91
　　〜'92 ･･････････････････････････ 167
　ワード・バンク '92〜93 ･････････ 168
　ワードバンク ニュース '94 ･･･････ 168
　ワード・バンク ニュース '95 ････ 168
現代略語研究会
　KY語辞典 ･･････････････････････ 139
現代レタークラブ
　これで充分 手紙文例事典 ････････ 244
玄冬書林
　ウソ読みで引ける難読語辞典 ･･････ 216
　例解 新国語辞典 第8版 ････････････ 32
見野 久幸
　岩内方言辞典 北海道海岸方言 ･･････ 198

見坊 豪紀
　大きな活字の三省堂国語辞典 第4版〔大字版〕 ……………………………………… 5
　大きな活字の三省堂国語辞典 第5版 大字版 …………………………………… 6
　大きな活字の三省堂国語辞典 第6版 2色刷 …………………………………… 6
　大きな活字の三省堂国語辞典 第7版 …… 6
　三省堂現代国語辞典 第2版 ……………… 14
　三省堂現代新国語辞典 第2版 …………… 14
　三省堂現代新国語辞典 第3版 …………… 14
　三省堂現代新国語辞典 第4版 …………… 14
　三省堂現代新国語辞典 第5版 …………… 15
　三省堂国語辞典 第4版 …………………… 15
　三省堂国語辞典 第4版〔革装版〕 ……… 15
　三省堂国語辞典 第5版 …………………… 15
　三省堂国語辞典 第5版 小型版 ………… 15
　三省堂国語辞典 第6版 …………………… 15
　三省堂国語辞典 第6版 小型版 ………… 15
　三省堂国語辞典 第7版 …………………… 15
　三省堂国語辞典 第7版 小型版 ………… 15
　ヨコ組 三省堂国語辞典 第4版 ………… 30

【こ】

小池 和夫
　旧字旧かな入門 …………………………… 66
小池 清治
　三省堂全訳読解古語辞典 ………………… 117
　三省堂全訳読解古語辞典 小型版 ……… 118
　三省堂全訳読解古語辞典 第2版 ………… 118
　三省堂全訳読解古語辞典 第2版 小型版 ……………………………………………… 118
　三省堂全訳読解古語辞典 第3版 ………… 118
　三省堂全訳読解古語辞典 第3版 小型版 ……………………………………………… 118
　三省堂全訳読解古語辞典 第4版 ………… 118
　三省堂全訳読解古語辞典 第4版 小型版 ……………………………………………… 118
　日本語学キーワード事典 ………………… 2
　日本語学キーワード事典 新装版 ……… 2
　日本語事典 ………………………………… 2
　日本語表現・文型事典 …………………… 191
礫川 全次
　下等百科辞典 ……………………………… 177
小出 美河子
　隠語大辞典 ………………………………… 176

麹町 幸二
　近代用語の辞典集成 13 …………………… 143
幸田 露伴
　隠語辞典集成 17 …………………………… 176
講談社
　大きな字で使いやすい漢字用語辞典 … 233
　暮らしの年表／流行語100年 …………… 137
　最新 カタカナ語辞典 ……………………… 131
　最新 カタカナ語辞典 第2版 …………… 131
　ジャンル別編集 最新カタカナ用語「読む見る」事典 ……………………………… 122
講談社校閲局
　日本語の正しい表記と用語の辞典 第2版 ………………………………………… 237
　日本語の正しい表記と用語の辞典 第3版 ………………………………………… 237
講談社辞典局
　現代実用辞典 第2版 ……………………… 11
　講談社カラーパックス 英和・国語辞典 ………………………………………… 12
　講談社カラーパックス 漢字辞典 ……… 48
　講談社カラーパックス 漢字辞典 中型版 ……………………………………………… 48
　講談社カラーパックス 国語・漢字辞典 ……………………………………………… 12
　講談社カラーパックス 国語辞典 ……… 12
　講談社カラーパックス 国語辞典 特製版 2色刷 ……………………………… 12
　講談社カラーパックス 国語辞典 中型版 ……………………………………………… 12
　これは使える「体ことば」辞典 ………… 76
　四季のことば辞典 ………………………… 184
　手紙・スピーチぴったり表現辞典 … 226, 246
　日英対照 実用ことわざ辞典 …………… 92
河野 六郎
　日本列島の言語（言語学大辞典セレクション） ………………………………… 196
高本 彰三
　心で感じる四字用語選集 ………………… 99
公用あいさつ文例研究会
　公用あいさつ事典 新版 ………………… 225
古賀 十二郎
　外来語集覧 ………………………………… 125
国語学会
　国語学大辞典 ……………………………… 13
国語研究会
　できる大人の慣用句 ……………………… 106

国書刊行会
　心に響く名言辞典 …………… 223
小久保 崇明
　学研 全訳古語辞典 ……………… 115
　学研 全訳古語辞典 小型版 ……… 115
　学研 全訳古語辞典 改訂第2版 …… 115
　学研 全訳古語辞典 改訂第2版 小型版
　　……………………………………… 115
　完訳用例古語辞典 ……………… 116
　昭文 国語辞典 第35版 …………… 17
国立国語研究所
　沖縄語辞典（国立国語研究所資料集 5）
　　……………………………………… 211
　国語年鑑 1990年版 ……………… 33
　国語年鑑 1991年版 ……………… 33
　国語年鑑 1992年版 ……………… 33
　国語年鑑 1993年版 ……………… 33
　国語年鑑 1994年版 ……………… 33
　国語年鑑 1995年版 ……………… 33
　国語年鑑 1996年版 ……………… 33
　国語年鑑 1997年版 ……………… 33
　国語年鑑 1998年版 ……………… 33
　国語年鑑 1999年版 ……………… 34
　国語年鑑 2000年版 ……………… 34
　国語年鑑 2001年版 ……………… 34
　国語年鑑 2002年版 ……………… 34
　国語年鑑 2003年版 ……………… 34
　国語年鑑 2004年版 ……………… 34
　国語年鑑 2005年版 ……………… 35
　国語年鑑 2006年版 ……………… 35
　国語年鑑 2007年版 ……………… 35
　国語年鑑 2008年版 ……………… 35
　全国方言談話データベース 日本のふる
　　さとことば集成 第1巻 ………… 197
　全国方言談話データベース 日本のふる
　　さとことば集成 第5巻 ………… 197
　全国方言談話データベース 日本のふる
　　さとことば集成 第6巻 ………… 197
　全国方言談話データベース 日本のふる
　　さとことば集成 第7巻 ………… 197
　全国方言談話データベース 日本のふる
　　さとことば集成 第10巻 ………… 197
　全国方言談話データベース 日本のふる
　　さとことば集成 第11巻 ………… 197
　全国方言談話データベース 日本のふる
　　さとことば集成 第13巻 ………… 197
　全国方言談話データベース 日本のふる
　　さとことば集成 第14巻 ………… 198
　全国方言談話データベース 日本のふる
　　さとことば集成 第17巻 ………… 198

　全国方言談話データベース 日本のふる
　　さとことば集成 第20巻 ………… 198
　方言文法全国地図 第1集 ………… 198
　方言文法全国地図 第2集 ………… 198
　方言文法全国地図 第3集 ………… 198
　方言文法全国地図 第4集 ………… 198
　方言文法全国地図 第5集 ………… 198
　方言文法全国地図 第6集 ………… 198
小暮 正子
　猫の国語辞典 俳句・短歌・川柳と共に
　　味わう ………………………………… 76
誤字誤植研究会
　漢字を読む ぜひ覚えておきたい難読語
　　集 ……………………………………… 218
故事・ことわざ研究会
　早引きことわざ辞典 大きな文字で読み
　　やすい! ………………………………… 94
　早引き四字熟語辞典 大きな文字で読み
　　やすい! ………………………………… 94
　早引き場面別ことわざ＆四字熟語辞典
　　……………………………………………… 94
　早引き用字用語辞典 …………… 237
　早引き四字熟語大辞典 漢字検定試験対
　　応 ……………………………………… 94
小島 徳弥
　近代用語の辞典集成 20 ………… 143
小杉 商一
　懐かしい日本語辞典 ……………… 26
　忘れかけた日本語辞典 …………… 32
古瀬 順一
　群馬県のことば …………………… 202
戸籍実務研究会
　子の名に使える漢字字典 改定常用漢字
　　表対応 ………………………………… 59
　わかりやすい一表式 誤字俗字・正字一
　　覧 戸籍の氏又は名の記載・記録に用
　　いる文字 全訂 ………………………… 58
児玉 幸多
　漢字くずし方辞典 〔新装版〕 …… 40
　くずし字解読辞典 〔新装版 机上版〕… 40
　くずし字解読辞典 〔新装版 普及版〕… 40
　くずし字用例辞典 机上版 新装版 …… 40
　くずし字用例辞典 〔普及版〕 …… 40
　常用漢字行草辞典 〔新装版〕 …… 40
　常用漢字行草辞典 新装普及版 ……… 60
　毛筆版 くずし字解読辞典 付・かなもじ
　　の解読 ………………………………… 41
児玉 道尚
　隠語辞典集成 16 ………………… 176

ことばの中世史研究会
　「鎌倉遺文」にみる中世のことば辞典 … 35
ことばの森編集室
　絶滅危惧ことば辞典 古きよき日本語集
　　……………………………………… 22
KOTOWAZA選定作委員会
　萌え萌え! ことわざ辞典 ……………… 95
伊宮 伶
　異名・別名の辞典 …………………… 74
　からだ表現の辞典 …………………… 75
　四季の表現辞典 ……………………… 184
　自然表現の辞典 Part 1 ……………… 184
　自然表現の辞典 Part 2 ……………… 184
小林 鶯里
　近代用語の辞典集成 5 ……………… 142
小林 花眠
　近代用語の辞典集成 6 ……………… 142
小林 賢次
　日本語学キーワード事典 ……………… 2
　日本語学キーワード事典 新装版 ……… 2
　日本語表現・文型事典 ……………… 191
小林 信明
　新選漢和辞典 第6版 ………………… 50
　新選漢和辞典 第6版 デスク版 ……… 50
　新選漢和辞典 第6版 ワイド版 ……… 51
　新選漢和辞典 第6版 ワイド版 2色刷 … 51
　新選漢和辞典 第7版 ………………… 51
　新選漢和辞典 第7版 ワイド版 2色刷 … 51
　新選漢和辞典 第7版 人名用漢字対応版
　　……………………………………… 51
　新選漢和辞典 第7版 ワイド版 人名用漢
　　字対応版 ………………………… 51
　新選漢和辞典 第8版 2色刷 ………… 51
　新選漢和辞典 第8版 ワイド版 2色刷 … 51
小林 隆
　ガイドブック方言調査 ……………… 197
　新潟県のことば ……………………… 203
小林 豊
　学生反対語活用辞典 ………………… 113
小林 芳規
　新潮国語辞典 現代語・古語 第2版 … 20
小町谷 照彦
　最新 全訳古語辞典 ………………… 117
小松 奎文
　いろの辞典 …………………………… 175
　いろの辞典 改訂版 新装版 ………… 175

小松 寿雄
　新明解 語源辞典 ……………………… 71
小松 英雄
　例解 古語辞典 第3版 ……………… 121
　例解 古語辞典 第3版 ポケット版 … 121
五味 太郎
　日本語擬態語辞典 …………………… 180
小峯 和明
　同音語使い分け辞典 ポケット判 …… 111
　四字熟語辞典 ポケット判 …………… 97
小峰 大羽
　近代用語の辞典集成 38 ……………… 144
小宮 春吉
　七文字回文ゆかい文事典 …………… 255
小森 和子
　研究社 日本語教育事典 ……………… 1
小山 湖南
　近代用語の辞典集成 17 ……………… 143
是沢 美寿恵
　カタカナ語辞典〔ハンディー版〕… 126
近藤 安月子
　研究社 日本語教育事典 ……………… 1
近藤 政美
　漢字ハンドブック 学生・教師・社会人
　　のための ………………………… 57
　漢字ハンドブック 学生・教師・社会人
　　のための 改訂 …………………… 57
今野 真二
　超明解! 国語辞典 …………………… 23

【さ】

采正 兼
　スピーチ・あいさつ実例事典 ……… 225
財前 謙
　手書きのための漢字字典 第2版 …… 54
斎藤 昭俊
　仏教語ものしり事典 ………………… 182
斎藤 栄三郎
　カタカナ新語辞典 OA語から風俗語まで
　　ポケット判 新訂3版 …………… 128
　最新 カタカナ語辞典 大きな活字・見や
　　すい 新訂2版 …………………… 131
　最新 カタカナ語辞典 国際化社会に役だ
　　つ 大きな活字・見やすい 新訂版 … 131

最新 カタカナ語辞典 国際化社会に役だ
　つ 大きな活字・見やすい 新訂3版 ‥ 131
最新 カタカナ語辞典 国際化社会に役だ
　つ 大きな活字・見やすい 新訂4版 ‥ 131
新カタカナ語便利辞典 ……………… 132

斎藤 孝滋
　岩手県のことば ……………………… 199
斎藤 純男
　音声学基本事典 ……………………… 37
斎藤 衛
　日本語文法ハンドブック 言語理論と言
　語獲得の観点から ………………… 186
斎藤 竜太郎
　近代用語の辞典集成 29 …………… 144
佐伯 梅友
　講談社古語辞典 新装版 …………… 116
　新選国語辞典 第7版 ………………… 19
　新選国語辞典 第7版 2色刷 ………… 19
　新選国語辞典 第8版 横組版 ………… 19
　新選国語辞典 第8版 ワイド版 ……… 19
　新選国語辞典 第8版 ワイド版 横組版
　　………………………………………… 20
　新選国語辞典 第9版 2色刷 ………… 20
　新選国語辞典 第9版 ワイド版 2色刷 ‥ 20
酒井 克巳
　常用現代用語新辞典 1991 改訂版 …… 164
　常用現代用語新辞典 1992 …………… 164
　常用現代用語新辞典 1993 …………… 164
　常用現代用語新辞典 1994 改訂版 …… 164
　常用現代用語新辞典 1995 …………… 164
　常用現代用語新辞典 1996 …………… 164
　常用現代用語新辞典 1997 …………… 164
　常用現代用語新辞典 〔1998〕 ……… 164
酒井 憲二
　大きな活字の新明解国語辞典 第5版 大
　　字版 …………………………………… 6
　大きな活字の新明解国語辞典 第6版 …… 6
　大きな活字の新明解国語辞典 第7版 大
　　字版 …………………………………… 6
　新明解 国語辞典 第5版 ……………… 20
　新明解 国語辞典 第5版 革装版 …… 20
　新明解 国語辞典 第5版 特装版 …… 20
　新明解 国語辞典 第5版 小型版 …… 20
　新明解 国語辞典 第6版 ……………… 20
　新明解 国語辞典 第6版 革装 ……… 21
　新明解 国語辞典 第6版 特装版 …… 21
　新明解 国語辞典 第6版 机上版 …… 21
　新明解 国語辞典 第6版 小型版 …… 21
　新明解 国語辞典 第7版 ……………… 21

　新明解 国語辞典 第7版 特装版 …… 21
　新明解 国語辞典 第7版 革装 ……… 21
　新明解 国語辞典 第7版 机上版 …… 21
　新明解 国語辞典 第7版 小型版 …… 21
坂井 尚
　今すぐ使える！ 決定版 文例ハンドブッ
　　ク 社内・社外文書から一般の手紙ま
　　で ……………………………………… 231
　電子メール文章ハンドブック マルチメ
　　ディア時代の文章作法 ……………… 253
酒尾 達人
　近代用語の辞典集成 18 ……………… 143
榊原 邦彦
　国語表現事典 ………………………… 191
坂口 至
　長崎県のことば ……………………… 210
阪倉 篤義
　角川古語大辞典 第4巻（た～は）…… 115
　角川古語大辞典 第5巻（ひ～ん）…… 115
　講談社国語辞典 第2版 デスク版 …… 13
　講談社国語辞典 改訂新版 …………… 13
　講談社国語辞典 第3版 ……………… 13
阪田 雪子
　慣用句（ことばの手帳）……………… 102
　慣用句の辞典 ………………………… 103
　慣用句の辞典 特装版 ……………… 103
　慣用句の辞典 新装版 ……………… 104
　三省堂慣用句便覧 …………………… 106
坂梨 隆三
　講談社漢和辞典 五十音引き ……… 48
坂本 清恵
　日本語アクセント史総合資料 索引篇 … 37
坂本 達
　敬語のお辞典 ………………………… 188
坂本 弘
　小字源 部首・画数で簡単検索 ……… 50
佐久間 まゆみ
　右脳を刺激する日本語小辞典 ……… 4
　日本語文章・文体・表現事典 … 190, 230
桜井 隆
　デイリーコンサイス 漢字辞典 ……… 54
　デイリーコンサイス 漢字辞典 中型版
　　………………………………………… 54
　デイリーコンサイス 漢字辞典 革装 … 54
桜井 満
　（旺文社）全訳古語辞典 …………… 114
　旺文社全訳古語辞典 重版 ………… 114

旺文社全訳古語辞典 第2版 114
旺文社全訳古語辞典 第2版 小型版 115
旺文社全訳古語辞典 第3版 115
旺文社全訳古語辞典 第3版 小型版 115
さくら銀行
　ことばの豆辞典 215
　ことばの豆辞典 第2集 215
　ことばの豆辞典 第3集 215
佐々木 健一
　レトリック事典 190
佐々木 瑞枝
　女と男の日本語辞典 上巻 75
　女と男の日本語辞典 下巻 75
　日本語ジェンダー辞典 76
笹原 宏之
　当て字・当て読み漢字表現辞典 62
　大きな活字の新明解国語辞典 第7版 大
　　字版 6
　新明解 国語辞典 第7版 21
　新明解 国語辞典 第7版 特装版 21
　新明解 国語辞典 第7版 革装 21
　新明解 国語辞典 第7版 机上版 21
　新明解 国語辞典 第7版 小型版 21
笹間 良彦
　絵解き・江戸っ子語大辞典 201
　江戸っ子語絵解き辞典 202
　江戸っ子語のイキ・イナセ 絵で見て楽
　　しむ! 203
佐竹 昭広
　岩波古語辞典 〔補訂版〕 113
佐竹 秀雄
　故事俗信ことわざ大辞典 第2版 85
　デイリーコンサイス 漢字辞典 54
　デイリーコンサイス 漢字辞典 中型版
　　.................................. 54
　デイリーコンサイス 漢字辞典 革装 54
　デイリーコンサイス 国語辞典 24
　デイリーコンサイス 国語辞典 革装 24
　デイリーコンサイス 国語辞典 中型版
　　.................................. 25
　デイリーコンサイス 国語辞典 第2版
　　.................................. 25
　デイリーコンサイス 国語辞典 第2版 革
　　装版 25
　デイリーコンサイス 国語辞典 第2版 中
　　型版 25
　デイリーコンサイス 国語辞典 第2版 2
　　色刷 25
　デイリーコンサイス 国語辞典 第2版 革

　　装版 2色刷 25
　デイリーコンサイス 国語辞典 第3版
　　.................................. 25
　デイリーコンサイス 国語辞典 第3版 中
　　型版 25
　デイリーコンサイス 国語辞典 第4版
　　.................................. 25
　デイリーコンサイス 国語辞典 第4版 革
　　装 25
　デイリーコンサイス 国語辞典 第4版 中
　　型版 25
　デイリーコンサイス 国語辞典 第5版
　　.................................. 25
　デイリーコンサイス 国語辞典 第5版 中
　　型版 25
　福武国語辞典 新デザイン版 第21刷 29
佐藤 栄作
　日本語アクセント史総合資料 索引篇 ... 37
佐藤 和之
　青森県のことば 199
佐藤 喜代治
　漢字百科大事典 42
佐藤 紅霞
　隠語辞典集成 20 176
佐藤 定義
　最新 詳解古語辞典 2版 117
佐藤 進
　大きな活字の全訳漢辞海 第2版 大字版
　　.................................. 44
　大きな活字の全訳漢辞海 第3版 大字版
　　.................................. 44
　全訳漢辞海 52
　全訳漢辞海 第2版 52
　全訳漢辞海 第3版 52
　全訳漢辞海 第3版 机上版 52
佐藤 勢紀子
　留学生と日本人学生のためのレポート・
　　論文表現ハンドブック 250
佐藤 武義
　漢字百科大事典 42
　近世方言辞書 第1輯 193
　近世方言辞書 第2輯 193
　近世方言辞書 第3輯 193
　近世方言辞書 第4輯 193
　近世方言辞書 第5輯 193
　近世方言辞書 第6輯 193
　近世方言辞書集成 第1巻 194
　近世方言辞書集成 第2巻 194
　近世方言辞書集成 第3巻 194

近世方言辞書集成 第7巻 194
日本語学研究事典 2
日本語大事典 上・下巻 3
佐藤 亨
　現代に生きる幕末・明治初期漢語辞典 ... 64
佐藤 俊男
　スーパー実用ことわざ辞典 90
佐藤 友子
　研究社 日本語口語表現辞典 213
佐藤 信夫
　レトリック事典 190
佐藤 広子
　日本語力をつける文章読本 知的探検の
　新書30冊 229
佐藤 勝
　懐かしい日本語辞典 26
　忘れかけた日本語辞典 32
佐藤 雪雄
　庄内方言辞典 200
佐藤 亮一
　全国方言辞典 都道府県別 195
　都道府県別 全国方言小辞典 195
　日本方言辞典 標準語引き 196
真田 信治
　大阪のことば地図 208
　県別罵詈雑言辞典 195
　県別方言感情表現辞典 195
　地方別方言語源辞典 195
　富山県のことば 203
佐和 隆光
　ハイブリッド新辞林 28
沢田 一矢
　生かしておきたい江戸ことば450語 ... 201
三省堂編修所
　新しい国語表記ハンドブック 第4版 67
　新しい国語表記ハンドブック 第5版 67
　新しい国語表記ハンドブック 第6版 67
　新しい国語表記ハンドブック 第7版 67
　当て字・難読語（ことばの手帳）.. 62, 216
　アルファベット略語（ことばの手帳）... 123
　大きな活字の漢字辞典〔新装版〕..... 43
　大きな活字の漢字表記辞典 第2版〔机
　　上版〕........................... 43
　大きな活字の漢字表記辞典 第3版 43
　大きな活字の漢字表記辞典 第3版 大型
　　版〔机上版〕..................... 44
　大きな活字のコンサイスカタカナ語辞典
　　大字版 123
　大きな活字のコンサイスカタカナ語辞典
　　第2版 124
　大きな活字のコンサイスカタカナ語辞典
　　第3版 124
　大きな活字のコンサイスカタカナ語辞典
　　第4版 124
　大きな活字の三省堂故事ことわざ・慣用
　　句辞典 大字版 81
　大きな活字の三省堂五十音引き漢和辞
　　典 44
　大きな活字の新明解故事ことわざ辞典
　　................................ 82
　大きな活字の新明解四字熟語辞典 大字
　　版 82
　大きな字で読む常用辞典 国語・カタカ
　　ナ語 6
　大きな字で読む常用辞典 故事成語・こ
　　とわざ決まり文句 82
　大きな字で読む常用辞典 手紙の書き方・
　　日用語 233
　大きな字で読む常用辞典 四字熟語・難
　　読語 82, 217
　大きな文字で読みやすい 三省堂新カタ
　　カナ語辞典 124
　カタカナ語の辞典 127
　カタカナ語の辞典 改訂・新装版 127
　カタカナ類語辞典 日本語キーワードか
　　ら引く 107
　官公庁のカタカナ語辞典 129
　官公庁のカタカナ語辞典 第2版 129
　決まり文句の辞典 104
　故事成語（ことばの手帳）........... 78
　五十音引き 大活字漢字辞典 48
　ことわざ（ことばの手帳）............ 78
　ことわざの辞典 86
　ことわざの辞典 新装版 86
　コンサイスABC略語辞典 130
　コンサイスカタカナ語辞典 130
　コンサイスカタカナ語辞典 第2版 ... 130
　コンサイスカタカナ語辞典 第3版 ... 131
　コンサイスカタカナ語辞典 第4版 ... 131
　三省堂カタカナ語便覧 137
　三省堂漢字表記便覧 57
　三省堂現代学習国語辞典 特製版 14
　三省堂故事ことわざ・慣用句辞典 87
　三省堂故事ことわざ・慣用句辞典 第2
　　版 87
　三省堂五十音引き漢和辞典 49
　三省堂五十音引き漢和辞典 第2版 ... 49
　三省堂・ことわざの辞典 特装版 87

三省堂ことわざ便覧 ………………… 100
三省堂常用漢字辞典 ………………… 60
三省堂新旧かなづかい便覧 ………… 66
三省堂新旧かなづかい便覧 新装版 … 66
三省堂新用字辞典 …………………… 234
三省堂難読漢字辞典 ………………… 217
三省堂反対語便覧 新装版 …………… 113
三省堂ポケット カタカナ語辞典 …… 131
三省堂ポケット カタカナ語辞典 中型
　版 ……………………………………… 132
三省堂ポケット 国語辞典 …………… 15
三省堂ポケット 国語辞典 中型版 …… 16
三省堂ポケット 故事成語辞典 ……… 87
三省堂ポケット 故事成語辞典 中型版
　………………………………………… 87
三省堂ポケット ことわざ決まり文句辞
　典 ……………………………………… 87
三省堂ポケット ことわざ決まり文句辞
　典 中型版 …………………………… 87
三省堂ポケット 難読語辞典 ………… 217
三省堂ポケット 日用語辞典 ………… 234
三省堂ポケット 四字熟語辞典 ……… 87
三省堂ポケット 四字熟語辞典 中型版
　………………………………………… 87
三省堂難読便覧 ……………………… 218
三省堂四字熟語便覧 ………………… 100
ジェム漢字辞典 ……………………… 49
ジェム国語辞典 ……………………… 16
時事新語（ことばの手帳）…………… 164
書式の常識事典 ……………………… 230
辞林21 ………………………………… 18
辞林21 総革装 ………………………… 18
辞林21 机上版 ………………………… 18
新小辞林 第5版 ……………………… 19
新辞林 ………………………………… 19
新明解 故事ことわざ辞典 …………… 89
新明解 故事ことわざ辞典 第2版 …… 89
新明解 百科語辞典 …………………… 21
新明解 四字熟語辞典 ………………… 89
新明解 四字熟語辞典 第2版 ………… 90
すぐに役立つ 日本語活用ブック …… 32
すぐに役立つ 文例活用ブック …… 247, 253
大活字 漢字書き表し方辞典 ………… 53
大活字 季節を読み解く 暦ことば辞典
　………………………………………… 185
大活字 気のきいた言葉さがし辞典 … 236
大活字 現代国語辞典 ことばの林 …… 22
大活字 三省堂ことわざ便覧 ………… 101
大活字 三省堂四字熟語便覧 ………… 101
大活字 三省堂難読便覧 ……………… 219

大活字 三省堂反対語便覧 …………… 113
大活字 分野別イラストで見るカタカナ
　語辞典 ………………………………… 133
大辞林 第2版〔机上版〕……………… 23
大辞林 第3版 ………………………… 23
大辞林 漢字引き・逆引き …………… 23
デイリーコンサイス 英和・国語辞典 … 24
デイリーコンサイス 英和・国語辞典〔中
　型版〕………………………………… 24
デイリーコンサイス 英和・国語辞典 第
　3版 …………………………………… 24
デイリーコンサイス カタカナ語辞典 第
　2版 …………………………………… 133
デイリーコンサイス カタカナ語辞典 第
　2版 中型版 ………………………… 133
デイリーコンサイス カタカナ語辞典 第
　3版 …………………………………… 133
デイリーコンサイス カタカナ語辞典 第
　3版 中型版 ………………………… 134
デイリーコンサイス 漢字辞典 ……… 54
デイリーコンサイス 漢字辞典 革装 … 54
デイリーコンサイス 国語・英和辞典 … 24
デイリーコンサイス 国語・漢字辞典 第
　2版 …………………………………… 24
デイリーコンサイス 国語辞典 ……… 24
デイリーコンサイス 国語辞典 革装 … 24
デイリーコンサイス 国語辞典 中型版
　………………………………………… 25
デイリーコンサイス 国語辞典 第2版 2
　色刷 …………………………………… 25
デイリーコンサイス 国語辞典 第2版 革
　装版 2色刷 ………………………… 25
デイリーコンサイス 国語辞典 第3版
　………………………………………… 25
デイリーコンサイス 国語辞典 第3版 中
　型版 …………………………………… 25
デイリーコンサイス 国語辞典 第4版
　………………………………………… 25
デイリーコンサイス 国語辞典 第4版 革
　装 ……………………………………… 25
デイリーコンサイス 国語辞典 第4版 中
　型版 …………………………………… 25
デイリーコンサイス 国語辞典 第5版
　………………………………………… 25
デイリーコンサイス 国語辞典 第5版 中
　型版 …………………………………… 25
デイリーコンサイス 用字辞典 ……… 236
デイリーコンサイス 用字辞典〔中型
　版〕…………………………………… 236
デイリー新語辞典 …………………… 140
手紙のことば選び事典 ……………… 244
手紙のことば選び事典〔新装版〕…… 244

手紙文例・スピーチ例事典 …… 226, 246
日常生活の国語辞典 …………………… 26
日経新聞を読むためのカタカナ語辞典
　　……………………………………… 134
日経新聞を読むためのカタカナ語辞典
　中型版 ……………………………… 134
日経新聞を読むためのカタカナ語辞典
　改訂版 ……………………………… 134
ネットでよくひくカタカナ新語辞典 ‥ 134
必携 漢字辞典
　……………………………………… 55
必携 漢字辞典　〔中型版〕………… 55
必携 故事ことわざ辞典 中型版 …… 94
必携 用字用語辞典 第4版 中型版 … 238
必携 用字用語辞典 第5版 ………… 238
必携 用字用語辞典 第5版 中型版 … 238
必携 用字用語辞典 第6版 ………… 238
必携 用字用語辞典 第6版 中型版 … 238
ペン字入り用字用例辞典 …………… 238
見やすいカタカナ新語辞典 ………… 135
見やすい漢字表記・用字辞典 ……… 239
見やすい現代国語辞典 ………………… 30
用字用語の辞典 ……………………… 239
四字熟語（ことばの手帳）…………… 96
四字熟語の辞典 ……………………… 98
四字熟語の辞典 新装版 ……………… 98
四字熟語の辞典 特装版 ……………… 98
類語・反対語・関連語（ことばの手
　帳）…………………………… 106, 112

山洞書院編輯部
　近代用語の辞典集成 32 …………… 144
三遊亭 楽太郎
　失敗しないスピーチ・あいさつ実例百科
　　冠婚葬祭からビジネス社会・地域社会・
　　学校行事まで …………………… 227

【し】

塩田 雄大
　大きな活字の三省堂国語辞典 第7版 …… 6
　三省堂国語辞典 第7版 ……………… 15
　三省堂国語辞典 第7版 小型版 ……… 15
塩田 紀和
　例解 文章ハンドブック 第4版 …… 232
塩田 まさる
　隠語辞典集成 10 …………………… 175
塩谷 善之
　精選国語辞典 …………………………… 22

精選国語辞典 デスク版 ……………… 22
色田 幹雄
　江戸ぢぐち事典 川越の灯ろう絵 …… 255
時事通信社
　最新 用字用語ブック 第2版 ……… 242
　最新 用字用語ブック 第3版 ……… 242
　最新 用字用語ブック 第4版 ……… 242
　最新 用字用語ブック 第5版 ……… 242
　最新 用字用語ブック 第6版 ……… 242
　最新 用字用語ブック 第7版 ……… 242
　時事ニュースワード 1993-1994 …… 154
　時事ニュースワード 1994-1995 …… 154
　時事ニュースワード 1995-1996 …… 154
　時事ニュースワード 1996-1997 …… 155
　時事ニュースワード 1997-1998 …… 155
　時事ニュースワード 1998-1999 …… 155
　時事ニュースワード 1999-2000 …… 155
　時事ニュースワード 2000 ………… 155
　時事ニュースワード 2001 ………… 155
　時事ニュースワード 2002 ………… 155
　時事ニュースワード 2003 ………… 155
　時事ニュースワード 2004 ………… 156
　時事ニュースワード 2005 ………… 156
　時事ニュースワード 2006 ………… 156
　時事ニュースワード 2007 ………… 156
　時事ニュースワード 2008 ………… 156
　時事ニュースワード 2009 ………… 156
　時事ニュースワード 2010 ………… 156
　時事ニュースワード 2011 ………… 156
　時事ニュースワード 2012 ………… 156
自笑軒主人
　近代用語の辞典集成 38 …………… 144
静岡新聞社
　傑作しぞーか弁 …………………… 205
志津田 藤四郎
　佐賀の方言 上巻（体言編）新版 …… 210
　佐賀の方言 中巻（述語編）新版 …… 210
　佐賀の方言 下巻（解説編）新版 …… 210
志田 唯史
　きわめつき四字熟語 ………………… 84
時代研究会
　近代用語の辞典集成 1 ……………… 142
自治大臣官房文書課
　常用漢字表による公用文作成の手引 第
　　2次改訂版 ……………………… 249
市町村アカデミー外来語研究会
　市町村職員のための現代カタカナ用語辞
　　典 ………………………………… 132

実業之日本社出版部
　近代用語の辞典集成 10 ……………… 142
実用漢字研究会
　新実用漢字表現辞典 筆順・熟語・文例・
　　故事ことわざ ………………………… 50
篠崎 晃一
　アルファベット略語便利辞典 ……… 123
　ウソ読みで引ける難読語辞典 ……… 216
　ガイドブック方言調査 ……………… 197
　揺れる日本語どっち？辞典 ………… 216
　例解 新国語辞典 第7版 ……………… 31
　例解 新国語辞典 第8版 ……………… 32
　例解 新国語辞典 第9版 ……………… 32
篠田 勝夫
　埼玉のことば 県北版 ……………… 203
柴田 武
　糸魚川言語地図 上巻 ……………… 204
　糸魚川言語地図 中巻 ……………… 204
　糸魚川言語地図 下巻 ……………… 204
　大きな活字の三省堂国語辞典 第4版〔大
　　字版〕………………………………… 5
　大きな活字の三省堂国語辞典 第5版 大
　　字版 …………………………………… 6
　大きな活字の三省堂国語辞典 第6版 2
　　色刷 …………………………………… 6
　大きな活字の新明解国語辞典 第5版 大
　　字版 …………………………………… 6
　大きな活字の新明解国語辞典 第6版 …… 6
　大きな活字の新明解国語辞典 第7版 大
　　字版 …………………………………… 6
　講談社類語辞典 ……………………… 107
　三省堂国語辞典 第4版〔革装版〕…… 15
　三省堂国語辞典 第4版〔小型版〕…… 15
　三省堂国語辞典 第5版 ……………… 15
　三省堂国語辞典 第5版 小型版 ……… 15
　三省堂国語辞典 第6版 ……………… 15
　三省堂国語辞典 第6版 小型版 ……… 15
　新明解 国語辞典 第4版〔机上版〕…… 20
　新明解 国語辞典 第5版 ……………… 20
　新明解 国語辞典 第5版 革装版 …… 20
　新明解 国語辞典 第5版 特装版 …… 20
　新明解 国語辞典 第5版 小型版 …… 20
　新明解 国語辞典 第6版 ……………… 20
　新明解 国語辞典 第6版 革装 ……… 21
　新明解 国語辞典 第6版 特装版 …… 21
　新明解 国語辞典 第6版 机上版 …… 21
　新明解 国語辞典 第6版 小型版 …… 21
　新明解 国語辞典 第7版 ……………… 21
　新明解 国語辞典 第7版 特装版 …… 21

　新明解 国語辞典 第7版 革装 ……… 21
　新明解 国語辞典 第7版 机上版 …… 21
　新明解 国語辞典 第7版 小型版 …… 21
　世界ことわざ大事典 ………………… 79
　ヨコ組 三省堂国語辞典 第4版 ……… 30
　類語大辞典 …………………………… 110
　類語大辞典 大活字版 ……………… 110
柴田 千秋
　性語辞典 ……………………………… 178
芝原 富士夫
　阿波方言の語源辞典 徳島県 ……… 208
嶋 均三
　おもしろ方言あいうえお …………… 202
　笑典 北とちぎ方言集 ……………… 202
志摩 不二雄
　精選ことわざ・格言・四字成語・慣用句
　　常用辞典 ……………………………… 91
島津 忠夫
　大東急記念文庫善本叢刊 中古中世篇 別
　　巻2〔第1巻〕…………………………… 36
　大東急記念文庫善本叢刊 中古中世篇 別
　　巻2〔第2巻〕…………………………… 36
　大東急記念文庫善本叢刊 中古中世篇 別
　　巻2〔第3巻〕…………………………… 36
　大東急記念文庫善本叢刊 中古中世篇 別
　　巻2〔第4巻〕…………………………… 36
　大東急記念文庫善本叢刊 中古中世篇 別
　　巻2〔第5巻〕…………………………… 36
島田 昌彦
　常用新用字用語辞典 新修版 ……… 235
　21世紀 日本語表記辞典 ……………… 66
島村 桂一
　さかさコトバ 回文遊び大事典 …… 255
島森 哲男
　四字熟語の泉 ………………………… 98
清水 桂一
　たべもの語源辞典 新訂版 ………… 71
清水 透石
　かな表現字典 ………………………… 65
清水 義範
　やっとかめ！大名古屋語辞典 ……… 205
清水書院編集部
　清水日用字典 新訂11版 …………… 234
　清水日用字典 最新版 ………… 234, 235
　特大活字の常用漢字ハンドブック …… 62
　ニュースがわかる基礎用語 ニュース検
　　定の出題語がひと目でわかる 就活 ビ
　　ジネス ……………………………… 165

ニュースがわかる基礎用語 ニュース検定の出題語がひと目でわかる 就活 ビジネス 最新版 165
ニュースがわかる基礎用語 ニュース検定の出題語がひと目でわかる 就活 ビジネス 2017年版 165
ワイド版 日用字典 最新版 240

下川 裕治
　沖縄ことばイラストブック 沖縄の風と優しさを伝える「ウチナーグチ」1577語 212

下河辺 淳
　官公庁のカタカナ語辞典 第2版 129

下野新聞社
　笑典 北とちぎ方言集 202

下村 昇
　漢字絵とき字典 46
　日本語常識事典 214

社会漢字学習会
　漢字百科王 42

社会ユーモア研究会
　近代用語の辞典集成 21 143

集英社辞典編集部
　スピーチに役立つ四字熟語辞典 90
　ルーツでなるほど慣用句辞典 105

自由国民社カタカナ語・略語班
　現代用語の基礎知識 カタカナ語・略語版 第2版 130

就職情報研究会
　時事用語ハンドブック '91 168
　時事用語ハンドブック '92 168
　時事用語ハンドブック '93 168
　時事用語ハンドブック '94 168
　時事用語ハンドブック '95 168
　時事用語ハンドブック '96 169
　時事用語ハンドブック '97 169
　時事用語ハンドブック '98 169
　時事用語ハンドブック '99 169

集文館
　ダイヤモンド国語辞典 改訂版 23

集文館企画部
　日用大字典 237

集文館編集部
　常用大字典（紺） 235
　常用大字典（白） 235
　新日用字典（青） 235
　新日用字典（赤） 235
　ダイヤモンド国語辞典 改訂新版 23

ダイヤモンド字典 改訂新版 54
日用辞典 ボールペン字入り 改訂新版 237
ハンディ日用字典（青） 237
ハンディ日用字典（赤） 237

主婦と生活社
　故事ことわざ知識辞典 日本編 84
　故事ことわざ名言名句実用辞典 85
　最新 日本の敬語実例事典 188
　最新 用字用語辞典 ワープロ対応 ... 234
　新編 手紙・はがき・メール実例事典 .. 244
　新編 文書・諸届け・メール実例事典 すぐ使える報告・通知文から挨拶状まで 251

主婦の友社
　うろ覚え四字熟語 大きな文字 81
　うろ覚え四字熟語 文庫版 81
　お母さんのあいさつ・文書・手紙 口下手でもだいじょうぶ 227, 246
　賢い人だと思われる四字熟語辞典 83
　乾杯・献杯・締めのスピーチ事典 うまいと言われる 224
　聞きかじり故事成句 大きな文字 83
　葬儀・法要のあいさつと手紙 礼儀にかなった、すぐに役立つ実例集 248
　手紙・はがき常識事典 すぐ使える、文例と応用 245
　手紙・はがき・文書文例大事典 1000文例 あらゆる状況に対応できる .. 245, 251
　ど忘れ早引き字典 文庫版 54
　ど忘れ早引き字典 大きな活字 236
　短いスピーチあいさつ実例大事典 1074例 226

城生 佰太郎
　右脳を刺激する日本語小辞典 4
　音声学基本事典 37
　「ことばの科学」雑学事典 見て・知って・推理する「ことば」の不思議 1

小学館
　ビジネスお礼状・挨拶状文例事典 252
　まちがいやすい同音語使い方の読本 .. 112
　四字熟語の読本 98

小学館外国語辞典
　ポケットプログレッシブ カタカナ語辞典 第2版 135

小学館国語辞典編集部
　新国語例解辞典 18
　日本国語大辞典 第1巻（あ～いろこ）第2版 26

日本国語大辞典 第2巻（いろさ〜おもは）
　第2版 …………………………………… 27
日本国語大辞典 第3巻（おもふ〜きかき）
　第2版 …………………………………… 27
日本国語大辞典 第4巻（きかく〜けんう）
　第2版 …………………………………… 27
日本国語大辞典 第5巻（けんえ〜さこい）
　第2版 …………………………………… 27
日本国語大辞典 第6巻（さこう〜しゅん
　ひ）第2版 ……………………………… 27
日本国語大辞典 第7巻（しゅんふ〜せり
　お）第2版 ……………………………… 27
日本国語大辞典 第8巻（せりか〜ちゅう
　は）第2版 ……………………………… 27
日本国語大辞典 第9巻（ちゅうひ〜とん）
　第2版 …………………………………… 27
日本国語大辞典 第10巻（な〜はわん）第
　2版 ……………………………………… 28
日本国語大辞典 第11巻（はん〜ほうへ）
　第2版 …………………………………… 28
日本国語大辞典 第12巻（ほうほ〜もん
　け）第2版 ……………………………… 28
日本国語大辞典 第13巻 第2版 ………… 28
日本国語大辞典 別巻 第2版 …………… 28
日本国語大辞典 精選版 第1巻（あ〜こ）
　…………………………………………… 28
日本国語大辞典 精選版 第2巻（さ〜の）
　…………………………………………… 28
日本国語大辞典 精選版 第3巻（は〜ん）
　…………………………………………… 28
小学館辞典編集部
　美しい日本語の辞典 …………………… 4
　現代漢語例解辞典 2色刷 ……………… 63
　現代漢語例解辞典 第2版 2色刷 ……… 63
　現代国語例解辞典 第2版 2色刷 ……… 9
　現代国語例解辞典 第3版 2色刷 ……… 10
　現代国語例解辞典 第4版 ……………… 10
　現代国語例解辞典 第5版 ……………… 10
　使い方の分かる類語例解辞典 ………… 108
　使い方の分かる類語例解辞典 新装版 … 108
　日本語便利辞典 ………………………… 215
　日本方言辞典 標準語引き ……………… 196
　ポケットプログレッシブ 漢字辞典 2色
　　刷 ……………………………………… 56
　ポケットプログレッシブ 国語・漢字辞
　　典 2色刷 ……………………………… 29
　ポケットプログレッシブ 国語辞典 …… 29
　例文で読むカタカナ語の辞典 第2版 … 136
　例文で読むカタカナ語の辞典 第3版 … 136
小学館『大辞泉』編集部
　大辞泉 …………………………………… 22

大辞泉 増補・新装版 …………………… 22
大辞泉 第2版 …………………………… 22
尚学図書
　現代漢語例解辞典 ……………………… 63
　現代国語例解辞典 第2版 ……………… 9
　例文で読むカタカナ語の辞典 ………… 136
常名 鉾二郎
　日英故事ことわざ辞典 ………………… 92
城南 山人
　漢字のルーツ古代文字字典 別巻古文編
　…………………………………………… 60
女子大生ヤバイ語調査会
　女子大生ヤバイ語辞典 ………………… 140
白石 大二
　例解辞典 常用漢字・送り仮名・現代仮
　　名遣い・筆順 改訂新版 …………… 239
白川 静
　字訓 普及版 …………………………… 118
　字訓 古語辞典 新装普及版 …………… 118
　字通 ……………………………………… 49
　字通 普及版 …………………………… 49
　字統 字源辞典 新装普及版 …………… 59
　常用字解 ………………………………… 61
　常用字解 第2版 ………………………… 61
　新訂 字訓 ……………………………… 119
　新訂 字訓 普及版 …………………… 119
　新訂 字統 普及版 …………………… 59
　人名字解 ………………………………… 59
　同訓異字 ………………………………… 111
白佐 俊憲
　学習と研究と実践のためのレポート・論
　　文・調査・研究・基礎用語集 小項目編
　　集5800語収録 ……………………… 250
　レポート・論文・調査・研究基礎用語辞
　　典 学習と研究と実践の支援書 小項目
　　8000語収録 ………………………… 250
白藤 礼幸
　新潮現代国語辞典 第2版 ……………… 20
　新潮国語辞典 現代語・古語 第2版 … 20
白家 北井
　現代風俗系用語の基礎知識 …………… 177
新紀元社編集部
　幻想由来辞典 …………………………… 70
新国語研究会
　国語大辞典 大活字版 ………………… 14
　国語中辞典 外国語訳付き …………… 14
　ニューポケット ことわざ辞典 ……… 93
　ニューポケット 四字三字熟語 ……… 93

四字・三字熟語ものしり小辞典 96
新星出版社
　短いあいさつ・スピーチ実例大百科 .. 227
新星出版社編集部
　大きい活字のカタカナ語辞典 123
　大きい活字の用字用語辞典 233
　大きい活字の四字熟語辞典 81
　大きな活字の漢字用語辞典 233
　大きな活字の漢字用語辞典〔第2版〕.. 233
　カタカナ語新辞典 改訂版 126
　カタカナ語新辞典 改訂新版 127
　カタカナ語新辞典 改訂3版 127
　カタカナ語新辞典 大きな活字で読みや
　　すい言葉の情報辞典 127
　わかる! 時事用語 就活 2015年度版 ... 166
　わかる!! わかる!! 時事用語
　　2003年度版 166
　わかる!! わかる!! わかる!! 時事用語
　　2004年度版 166
　わかる!! わかる!! わかる!! 時事用語
　　2005年度版 166
　わかる!! わかる!! わかる!! 時事用語
　　2006年度版 166
　わかる!! わかる!! わかる!! 時事用語
　　2007年度版 166
　わかる!! わかる!! わかる!! 時事用語
　　2008年度版 166
　わかる!! わかる!! わかる!! 時事用語
　　2009年度版 167
　わかる!! わかる!! わかる!! 時事用語
　　2010年度版 167
　わかる!! わかる!! わかる!! 時事用語
　　2011年度版 167
　わかる!! わかる!! わかる!! 時事用語
　　2012年度版 167
　わかる!! わかる!! わかる!! 時事用語
　　2013年度版 167
　わかる!! わかる!! わかる!! 時事用語
　　2014年度版 167
新潮社
　新潮日本語漢字辞典 51
真藤 建志郎
　新版「四字熟語」の辞典 89
　「四字熟語」博覧辞典 改訂新版 98
進藤 咲子
　三省堂現代国語辞典 第2版 14
　三省堂現代新国語辞典 第2版 14
　三省堂現代新国語辞典 第3版 14
新村 出
　広辞苑 第4版 11
　広辞苑 第4版 革装 11
　広辞苑 第4版 机上版 11
　広辞苑 第4版 机上版, 総革装 11
　広辞苑 第5版 11
　広辞苑 第5版 革装 11
　広辞苑 第5版 机上版 11
　広辞苑 第6版 11
　広辞苑 第6版 机上版 11
　広辞苑 第6版 総革装 11
　広辞苑 第6版 机上版, 総革装 12
新用字用語研究会
　ど忘れカタカナ語辞典 134
　ど忘れことわざ事典 79
　ど忘れことわざ事典 大字判 79

【す】

末岡 実
　「日本語」の達人 あなたの「日本語」大
　　丈夫?「日本語」を正しく使いこなす
　　ための本 改訂普及版 33
季武 嘉也
　知っておきたい 日本の名言・格言事典
　　... 222
菅野 雅雄
　類語表現活用辞典 111
菅原 義三
　国字の字典 第5版 48
杉浦 博明
　よく使われる外国語・カタカナ語の知
　　識 136
杦浦 勝
　用字用語辞典 地名・人名付 改訂版 ... 239
杉戸 清樹
　デイリーコンサイス 漢字辞典 54
　デイリーコンサイス 漢字辞典 中型版
　　... 54
　デイリーコンサイス 漢字辞典 革装 ... 54
杉村 孝夫
　現代日本語方言大辞典 2(え〜く) 194
　現代日本語方言大辞典 4(せ〜と) 194
　現代日本語方言大辞典 5(な〜へ) 194
　現代日本語方言大辞典 6(ほ〜ん) 194
　現代日本語方言大辞典 8(索引2) 194
　現代日本語方言大辞典 補巻(索引3)
　　... 195
　佐賀県のことば 209

三重県のことば ………………… 207
杉本 つとむ
　あて字用例辞典 名作にみる日本語表記
　　のたのしみ ………………………… 62
　語源海 ……………………………… 70
　日本語学辞典 ……………………… 26
　日本語学辞典〔新版〕…………… 26
杉本 祐子
　手紙・はがきの書き出しと結び組み合
　　せ文例事典 最新版 …………… 245
鈴木 朖
　雅語訳解 ………………………… 115
鈴木 一雄
　三省堂全訳基本古語辞典 ……… 117
　三省堂全訳基本古語辞典 第3版 … 117
　三省堂全訳基本古語辞典 第3版 増補新
　　装版 ……………………………… 117
　三省堂全訳読解古語辞典 ……… 117
　三省堂全訳読解古語辞典 第2版 … 118
　三省堂全訳読解古語辞典 第2版 小型版
　　………………………………… 118
　三省堂全訳読解古語辞典 第3版 … 118
　三省堂全訳読解古語辞典 第3版 小型版
　　………………………………… 118
　三省堂全訳読解古語辞典 第4版 … 118
　三省堂全訳読解古語辞典 第4版 小型版
　　………………………………… 118
鈴木 修次
　角川最新漢和辞典 改訂新版 …… 45
鈴木 心
　てんきごじてん 風・雲・雨・空・雪の日
　　本語 …………………………… 183
鈴木 誠一
　近代用語の辞典集成 24 ………… 143
鈴木 泰
　現古辞典 現代語から古語を引く … 116
　日本古典対照分類語彙表 ……… 121
鈴木 丹士郎
　例解 古語辞典 第3版 …………… 121
鈴木 棠三
　新編 故事ことわざ辞典 ………… 89
　東京堂類語辞典 ………………… 108
　日常語語源辞典 ………………… 72
鈴木 英夫
　新明解 語源辞典 ………………… 71
鈴木 日出男
　全訳・全解古語辞典 …………… 119

鈴木 豊
　日本語アクセント史総合資料 索引篇 … 37
須藤 隆仙
　仏教故事名言辞典 コンパクト版 ‥ 94, 183
　仏教ことわざ事典 ……………… 79
スピーキングエッセイ
　ラクラク話せるスピーチと挨拶大事典 あ
　　せらず、あがらず、堂々と！…… 226
すぴーち工房
　地域活動・同窓会・サークルあいさつ・
　　司会進行の事典 町内会・マンション…
　　しっかり運営、楽しく継続 …… 225
諏訪 春雄
　芸能名言辞典 …………………… 223

【せ】

生活ネットワーク研究会
　葬儀・法事のあいさつ実例事典 文例と
　　解説でよくわかる ……………… 225
西東社
　大きい活字実用字典 …………… 232
　実用字典〔新装版〕……………… 234
　横書き実用字典 ………………… 239
西東社編集部
　赤ちゃんの名前ハッピー漢字事典 最高
　　の漢字が見つかる！…………… 59
　最新語辞典 遅れたくない 知らなきゃ恥
　　かく 99年後期版 ……………… 139
清野 文男
　日本職人ことば事典 上巻 ……… 174
　日本職人ことば事典 下巻 ……… 174
　日本の職人ことば事典 職人とともに生
　　きてきたことば ………………… 174
　日本の職人ことわざ事典 ………… 79
成美堂出版
　手紙・文書実例大事典 そのまますぐに
　　使える ………………………… 230
成美堂出版編集部
　大きな文字の漢字熟語字典 …… 44
　気軽に話せる短いスピーチ実例大事典
　　1000 …………………………… 225
　最新 最強の時事用語 2006年版 …… 153
　最新 最強の時事用語 '07年版 …… 153
　最新 時事用語 2001年版 ………… 153
　最新 時事用語 2002年版 ………… 154

最新 時事用語 2003年版 ………… 154
最新 時事用語 2004年版 ………… 154
最新 時事用語 2005年版 ………… 154
平成版 カタカナ語新辞典 ………… 135

関岡 東生
　日本樹木名方言集 復刻版 ………… 196

関口 研二
　かな字解 ……………………………… 66
　かな字典 リアル・王朝・原寸 …… 65
　草仮名字典 …………………………… 65

関口 祐未
　三省堂現代新国語辞典 第5版 …… 15

関根 文之助
　現代用語表記辞典 ………………… 233
　ポケットプログレッシブ 現代用語表記
　　辞典 ……………………………… 238

関谷 徳夫
　吉里吉里語辞典 いとしくおかしく懐か
　　しく 復刻版 …………………… 200

瀬田 慶太郎
　漢字読み用例集 故事、ことわざ、四字熟
　　語などによる 1（常用漢字の部） … 47

ゼネラル・プランニング・センター
　時代を読みとく最新時事キーワード 2004
　　年度版 …………………………… 158

芹生 公男
　現代語から古語を引く辞典 ……… 116
　現代語古語類語辞典 ……………… 116
　古語類語辞典 現代語から古語が引ける
　　………………………………………… 117

全教図
　ど忘れきまり文句辞典 …………… 104
　ど忘れきまり文句辞典 第2版 …… 104
　ど忘れ日常漢和辞典 ……………… 54
　ど忘れ日常国語辞典 大字判 ……… 26
　ど忘れ日常国語辞典 ペン字入 第13版
　　………………………………………… 26

前場 幸治
　削り華咲く頃 昭和大工の隠語用語録 … 177

【そ】

創英社
　新・故事ことわざ集 テーマ別編集 …… 89

創元社編集部
　ことわざ・名言事典 新版 ………… 78
　最新 ことわざ・名言名句事典 …… 78

造事務所
　すっきりわかる! 超訳「カタカナ語」事
　　典 ………………………………… 122

草木舎
　知ってびっくり! 仏教由来の日本語212
　　………………………………………… 183

祖田 浩一
　標語・スローガンの事典 ………… 254

曽田 文雄
　福武国語辞典 新デザイン版 第21刷 … 29

【た】

大修館書店
　楷行草筆順字典 …………………… 39

大修館書店編集部
　社会人のためのビジュアルカラー国語百
　　科 ………………………………… 32
　大修館最新国語表記ハンドブック …… 67

大法輪閣編集部
　仏教語おもしろ雑学事典 知らずに使っ
　　ているその本当の意味 ………… 182

ダイヤモンド社
　時事問題の基礎知識 1991 ………… 157
　時事問題の基礎知識 1992 ………… 157
　時事問題の基礎知識 1993 ………… 157
　時事問題の基礎知識 1994 ………… 157
　時事問題の基礎知識 1995 ………… 157
　時事問題の基礎知識 1996 ………… 157
　時事問題の基礎知識 1997 ………… 157
　時事問題の基礎知識 1998 ………… 157
　時事問題の基礎知識 1999 ………… 157
　時事問題の基礎知識 2000 ………… 158
　時事問題の基礎知識 2001 ………… 158
　時事問題の基礎知識 2002 ………… 158
　時事問題の基礎知識 2003 ………… 158

高木 千恵
　最古の富山県方言集 ……………… 203

高木 美嘉
　敬語表現ハンドブック …………… 189

高久 景一
　隠語辞典集成 6 …………………… 175

高崎 一郎
　平成疑問仮名遣 平成17年版 ……… 65

高崎 みどり
　三省堂現代新国語辞典 第4版 ………… 14
　日本語文章・文体・表現事典 …… 190, 230
高島 徹治
　プロが使う秘密の日本語 …………… 178
高田 任康
　現代漢字辞典 漢ぺき君で引くサンルイ・
　　ワードバンク ………………………… 47
　読めそうで読めない漢字辞典 日本初!! 漢
　　ぺき君方式 ……………………… 56, 218
高野 正巳
　髙橋国語辞典 第27版 ………………… 23
高橋 カオリ
　沖縄ことばイラストブック 沖縄の風と
　　優しさを伝える「ウチナーグチ」1577
　　語 …………………………………… 212
高橋 恭子
　京ことばのはなしかた ……………… 208
高橋 健太郎
　あたらしい話し方の辞典 絶対負けない
　　トーク・スキルの磨き方 ………… 228
高橋 秀治
　意味から引ける名言名句辞典 こんなと
　　きどう言うかがすぐ引ける、役立つ、
　　明解 ………………………………… 222
　大活字 難読語辞典 …………………… 217
　動植物ことわざ辞典 ………………… 92
　難読語辞典 新装版 …………………… 218
高橋 正三
　頭字語事典 …………………………… 122
高橋 鉄
　隠語辞典集成 20 ……………………… 176
高橋 俊三
　与論方言辞典 ………………………… 210
高橋 秀実
　不明解日本語辞典 …………………… 33
高橋 寛
　京ことばのはなしかた ……………… 208
高橋 昌也
　三河ふるさと辞典 …………………… 205
高橋 真澄
　やさしい教え 仏教ことわざ辞典 簡潔で
　　含蓄のあることわざ150 ………… 95
高橋 由美子
　レトリック小辞典 …………………… 191
高橋書店編集部
　実用国語辞典 ポケット判〔青〕 …… 16

実用国語辞典 ポケット判〔赤〕 …… 16
実用ことわざ新辞典 ポケット判 …… 88
実用四字熟語新辞典 ポケット判 …… 88
新版 日用語新字典 ポケット判 赤 … 236
新版 日用語新字典 ポケット判 白 … 236
日用語新字典 〔新装版〕 …………… 237
ポケット日用語字典 改訂新版 ……… 238
高嶺 方祐
　竹富方言辞典 ………………………… 211
高村 史司
　やまとことば50音辞典 自分の名前の美
　　しさに気づく ……………………… 66
滝上 紀吉
　つくりから漢字に親しむ自分辞書 … 54
滝田 健介
　日本語文法ハンドブック 言語理論と言
　　語獲得の観点から ………………… 186
竹内 獻郎
　近代用語の辞典集成 35 …………… 144
武内一平取材班
　言葉の違いがわかる事典 辞書を引いて
　　もわからない! …………………… 219
竹田 晃
　岩波新漢語辞典 ……………………… 63
　岩波新漢語辞典 第2版 ……………… 63
　岩波新漢語辞典 第3版 ……………… 63
　漢字源 新版 ………………………… 46
　漢字源 改訂新版 …………………… 46
　漢字源 改訂第4版 …………………… 46
　漢字源 改訂第4版 検索CD付版 …… 46
　漢字源 改訂第5版 2色刷 …………… 46
　講談社漢和辞典 五十音引き ……… 48
　四字熟語・成句辞典 ………………… 97
　四字熟語・成句辞典 普及版 ……… 97
武田 勝昭
　故事俗信ことわざ大辞典 第2版 …… 85
武田 友宏
　角川机上用字辞典 第3版 ………… 233
竹中 憲一
　近代語彙集 …………………………… 77
竹野 長次
　近代用語の辞典集成 9 …………… 142
武部 良明
　大きな活字の現代国語表記辞典 第2版 大
　　型版 ………………………………… 66
　大きな字で読む常用辞典 手紙の書き方・
　　日用語 ………………………… 233, 246
　角川最新漢和辞典 改訂新版 ……… 45

現代国語表記辞典 第2版 66
三省堂ポケット 手紙の書き方辞典 246
手紙の書き方 248
必携 手紙実用文辞典 第2版 246
必携 類語実用辞典 新装版 109
必携 類語実用辞典 新装版 中型版 109
必携 類語実用辞典 増補新版 109
必携 類語実用辞典 増補新版 中型版 109
便利な書類の書き方事典 230
四字漢語の用法 64
類語選びの辞典 110
類語選びの辞典 新装版 110

武光 誠
　歴史から生まれた日常語の由来辞典 73
　歴史から生まれた日本語語源詮索辞典 現代に生きる古代語・中世語 73

武村 秀雄
　英語と比較ができる和製カタカナ語事典 122

田島 諸介
　新編・ことわざ辞典 故事・成語・慣用句 大きな字で読みやすい 89
　脳を鍛える故事ことわざ辞典 93

多田 阿呆
　いろは悪態辞典 173

橘 忠兼
　大東急記念文庫善本叢刊 中古中世篇 別巻2〔第1巻〕................. 36
　大東急記念文庫善本叢刊 中古中世篇 別巻2〔第2巻〕................. 36
　大東急記念文庫善本叢刊 中古中世篇 別巻2〔第3巻〕................. 36
　大東急記念文庫善本叢刊 中古中世篇 別巻2〔第4巻〕................. 36
　大東急記念文庫善本叢刊 中古中世篇 別巻2〔第5巻〕................. 36

田中 章夫
　角川必携国語辞典 8

田中 あづさ
　珍版 横浜文明開化語辞典 舶来語と漢字の出会い「宛字」集 62

田仲 邦子
　これがわかれば日本通 風俗日本語事典 173

田中 茂
　青森県上北地方の方言 東北町を中心にして 1 199
　青森県上北地方の方言 東北町を中心にして 2 199

青森県上北地方の方言 東北町を中心にして 3 199
青森県上北地方の方言 東北町を中心にして 4 199
津軽木造新田地方の方言 200

田中 春泥
　ついつい会話に使ってみたくなる四字熟語 知識の時代から活用の時代へ! 使える四字熟語1186 92

田中 東竹
　楷行草筆順字典 39

田中 信澄
　近代用語の辞典集成 9 142

田中 佩刀
　故事ことわざ 正確な出典と豊富な関連知識 改訂版 77

棚橋 一郎
　近代用語の辞典集成 24 143

谷川 俊太郎
　世界ことわざ大事典 79

谷川 由布子
　新版・流行語大全 ことばの戦後史 1945-2005 141
　新版・流行語大全 ことばの戦後史 1945-2006 141

谷沢 永一
　日本の知恵を知る故事ことわざ 93

田原 広史
　河内弁大辞典 やぃわれ! 206

田部井 文雄
　大修館四字熟語辞典 91

田村 すず子
　アイヌ語沙流方言辞典 212

田村 晋
　用字超便利辞典 すばやくひける! 漢字の使い方がよくわかる 239
　用字超便利辞典 すばやくひける、簡単に使える! 新装版 239

田村 秀行
　知ってるつもりで間違える慣用句100 .. 106

丹野 顕
　意味から引ける慣用句辞典 103
　意味から引けることわざ辞典 こんなときどう言うかがすぐ引ける、役立つ、明解 80
　意味から引ける四字熟語辞典 80
　キーワードからすぐ引けることわざ便利辞典 83

【ち】

千田 亮吉
　現代「重要」用語事典 知りたいことが
　　たちまちわかる! 138
　この一冊でカタカナ用語のすべてがわか
　　る! 3000 最新用語から外来語まで完
　　全網羅! 130

因 京子
　留学生と日本人学生のためのレポート・
　　論文表現ハンドブック 250

千野 栄一
　日本列島の言語（言語学大辞典セレクショ
　　ン） 196

千葉 亀雄
　近代用語の辞典集成 37 144

張 福武
　五カ国語共通のことわざ辞典 日本語・台
　　湾語・英語・中国語・韓国語対照 ... 84

陳 力衛
　みんなの日本語事典 言葉の疑問・不思
　　議に答える 3

【つ】

築島 裕
　訓點語彙集成　第1巻（あ～い） 68
　訓點語彙集成　第2巻（う～か） 68
　訓點語彙集成　第3巻（き～さ） 68
　訓點語彙集成　第4巻（し～そ） 68
　訓點語彙集成　第5巻（た～と） 68
　訓點語彙集成　第6巻（な～ひ） 68
　訓點語彙集成　第7巻（ふ～め） 68
　訓點語彙集成　第8巻（も～ん） 68
　訓點語彙集成　別巻（漢字索引） 68
　訓点語辞典 67
　古語大鑑　第1巻（あ～お） 116
　古語大鑑　第2巻（か～さ） 116
　新潮現代国語辞典　第2版 20
　新潮国語辞典 現代語・古語 第2版 ... 20
　大東急記念文庫善本叢刊 中古中世篇 別
　　巻2〔第1巻〕 36
　大東急記念文庫善本叢刊 中古中世篇 別
　　巻2〔第2巻〕 36

大東急記念文庫善本叢刊 中古中世篇 別
　巻2〔第3巻〕 36
大東急記念文庫善本叢刊 中古中世篇 別
　巻2〔第4巻〕 36
大東急記念文庫善本叢刊 中古中世篇 別
　巻2〔第5巻〕 36

月本 雅幸
　訓点語辞典 67

津崎 幸博
　人名字解 59

辻井 京雲
　図説 漢字の成り立ち事典 58

辻村 敏樹
　敬語の用法 尊敬語・謙譲語・丁寧語 .. 188

辻本 敬順
　くらしの仏教語豆事典 上 181
　くらしの仏教語豆事典 下 182

津田 異根
　近代用語の辞典集成 41 144

津田 武
　カタカナ語新辞典 マルチメディア時代
　　に対応 第5版 127
　ビジネスマンのためのカタカナ語新辞典
　　第4版 135

槌田 満文
　故事ことわざ辞典 84
　故事ことわざ辞典〔改訂版〕 84
　ことわざ辞典2400 文庫版 頭引き、意味
　　から引く、ものから引く 85
　ことわざ辞典 ポケット版 85
　四季ことわざ辞典 87

土屋 道雄
　日本語常識辞典 76
　例解 誤字辞典 222

津村 秀男
　ことわざ辞典 文学・教養・趣味 85

鶴岡 昭夫
　15万例文・成句 現代国語用例辞典 ... 17

鶴田 顕三
　すぐ使える手紙・はがき百科 気持ちが
　　伝わるお礼状と挨拶状 改訂版 247

鶴田 富夫
　誰にも聞けない社内・社外ビジネス文書
　　実例集 253

【て】

ティーケイシー出版編集部
　知って得することわざ大全集 ……… 100
テリー伊藤
　消えゆく日本の俗語・流行語辞典 …… 173
テレビ業界用語研究会
　テレビ業界裏用語辞典 ギロッポンからガンダム芸人まで笑えるネタ満載 テレビがもっと面白くなるキーワード250 最新版!! ……………………………… 178
田 忠魁
　類義語使い分け辞典 日本語類似表現のニュアンスの違いを例証する …… 110

【と】

土肥 直道
　からだ語辞典 ………………………… 75
土居 裕美子
　平安時代複合動詞索引 ……………… 187
土井 洋一
　例解 古語辞典 第3版 ……………… 121
桃花会
　よく使う漢字の書体と筆順 ………… 58
東京書籍編集部
　慣用句・故事ことわざ・四字熟語 使いさばき辞典 …………………………… 83
　日本語使いさばき辞典 新版 ……… 214
東京手紙の会
　くずし字辞典 ………………………… 40
東京堂出版編集部
　当て字の辞典 日常漢字の訓よみ辞典 … 62
　当て字の辞典 日常漢字の訓よみ辞典 新装版 ……………………………… 62
　読んで楽しむ当て字・難読語の辞典 ‥ 63, 218
桃源堂主人
　隠語辞典集成 21 …………………… 176
東郷 吉男
　からだことば辞典 …………………… 75
　ちょっと古風な日本語辞典 ………… 24
　動植物ことば辞典 ………………… 185

　反対語対照語辞典 新装版 ………… 113
　四字熟語辞典 ………………………… 96
同時代舎
　大きな活字のカタカナ語・略語辞典 ‥ 123
　カタカナ語辞典 ポケット辞典 …… 126
　カタカナ語小辞典 ………………… 126
藤堂 明保
　学研 現代標準漢和辞典 …………… 45
　学研 現代標準漢和辞典 改訂第2版 … 45
　学研 現代標準漢和辞典 改訂第3版 … 45
　学研 新漢和大字典 机上版 ………… 45
　学研 新漢和大字典 普及版 ………… 45
　漢字源 新版 ………………………… 46
　漢字源 改訂新版 …………………… 46
　漢字源 改訂第4版 ………………… 46
　漢字源 改訂第4版 検索CD付版 … 46
　漢字源 改訂第5版 2色刷 ………… 46
　昭文 漢字用語字典 第56版 ……… 235
　昭文 漢和辞典 第25版 …………… 50
東洋学術研究所
　大漢和辞典 巻14 語彙索引 ……… 53
十重田 裕一
　日本語文章・文体・表現事典 …… 190, 230
　日本語文章・文体・表現事典 文学編 縮刷版 ………………………… 190, 230
戸川 芳郎
　大きな活字の新明解現代漢和辞典 大字版 ……………………………… 44
　大きな活字の全訳漢辞海 第2版 大字版 ……………………………… 44
　大きな活字の全訳漢辞海 第3版 大字版 ……………………………… 44
　新明解 漢和辞典 第4版 …………… 52
　新明解 現代漢和辞典 ……………… 52
　全訳漢辞海 ………………………… 52
　全訳漢辞海 第2版 ………………… 52
　全訳漢辞海 第3版 ………………… 52
　全訳漢辞海 第3版 机上版 ……… 52
　例解 新漢和辞典 …………………… 56
　例解 新漢和辞典 第2版 …………… 56
　例解 新漢和辞典 第3版 …………… 56
　例解 新漢和辞典 第4版 …………… 56
　例解 新漢和辞典 第4版 増補新装版 … 56
時田 昌瑞
　岩波いろはカルタ辞典 ……………… 81
　岩波ことわざ辞典 …………………… 81
　図説 ことわざ事典 ………………… 79

徳川　宗賢
　　集英社　国語辞典 ……………… 16
　　集英社　国語辞典　横組版 …… 16
　　集英社　国語辞典　机上版 …… 16
　　集英社　国語辞典　第2版 …… 17
　　集英社　国語辞典　第3版 …… 17
　　集英社　ポケットカタカナ語辞典 … 132
　　集英社　ポケット国語辞典 …… 17
徳田　政信
　　図説　松下文法ハンドブック　一般理論文
　　　法の先駆 ……………………… 186
鳥羽田　重直
　　故事成語活用小辞典 ………… 85
　　四字熟語辞典　ポケット版 …… 97
鳥羽　賢
　　カタカナ・略語辞典　ひいてわかる、読
　　　んで納得 …………………… 129
土肥　誠
　　祝詞用語用例辞典 …………… 181
戸部　実之
　　オキナワ語小辞典 …………… 211
　　沖縄語小辞典 ………………… 211
富田　愛次郎
　　隠語辞典集成　2 …………… 175
富永　道夫
　　最新　外来語辞典 …………… 131
富浜　定吉
　　宮古　伊良部方言辞典 ……… 211
友定　賢治
　　県別罵詈雑言辞典 …………… 195
　　県別方言感情表現辞典 ……… 195
　　全国幼児語辞典 ……………… 179
　　地方別方言語源辞典 ………… 195
戸谷　高明
　　文芸作品例解　故事ことわざ活用辞典　言
　　　いたい内容から逆引きできる ……… 94
外山　映次
　　三省堂全訳読解古語辞典 …… 117
　　三省堂全訳読解古語辞典　小型版 … 118
　　三省堂全訳読解古語辞典　第2版 … 118
　　三省堂全訳読解古語辞典　第2版　小型版
　　　……………………………… 118
　　三省堂全訳読解古語辞典　第3版 … 118
　　三省堂全訳読解古語辞典　第3版　小型版
　　　……………………………… 118
　　三省堂全訳読解古語辞典　第4版 … 118
　　三省堂全訳読解古語辞典　第4版　小型版
　　　……………………………… 118

　　新国語例解辞典 ……………… 18
外山　滋比古
　　現代ことわざ辞典 …………… 84
鳥飼　浩二
　　同音語同訓語使い分け辞典 … 111
鳥谷　善史
　　大阪のことば地図 …………… 208
富田林河内弁研究会
　　河内弁大辞典　やぃわれ! …… 206

【な】

ナイスク
　　ビジネスメール　気持ちが伝わる! 例文辞
　　　典 …………………………… 252
中井　精一
　　大阪のことば地図 …………… 208
　　奈良県のことば ……………… 207
中井　幸比古
　　京都府方言辞典 ……………… 207
　　京阪系アクセント辞典 ……… 207
永井　義男
　　江戸の性語辞典 ……………… 177
　　知って得する四字熟語新辞典 … 87
長岡　規矩雄
　　近代用語の辞典集成　11 …… 142
永岡書店編集部
　　漢字小字典 ……………………… 47
　　漢字小字典　〔新装版〕 ……… 47
　　ことわざと四字熟語が場面に合わせてす
　　　ぐ引ける大辞典 ……………… 86
　　最新　情報語小辞典 ………… 140
　　実用語小字典　精選熟語と最新外来語 ‥ 234
　　常用語小字典　日常役立つ熟語と難読語
　　　……………………………… 235
　　日常新字典　精選熟語と最新外来語 … 236
　　見やすい・使いやすい　四字熟語辞典 … 95
中川　越
　　お手紙ハンドブック ………… 247
　　手紙の文例・マナー新事典　気持ちがき
　　　ちんと伝わる! ……………… 244
　　手紙・はがき書き方事典　デカ字版 … 244
中川　裕
　　アイヌ語千歳方言辞典　〔普及版〕… 212

中川 勝
　楽水「水」に関わる故事・ことわざ・名言集 …………… 102
中川 義一
　こらおもしろか肥後弁辞典 ………… 209
永崎 一則
　いざというときのひと言スピーチハンドブック 会社行事から冠婚葬祭まで ‥ 226
　ビジネスマンのためのスピーチハンドブック …………………………… 227
長崎純心大学比較文化研究所
　外来語集覧 …………………… 125
中里 理子
　三省堂現代新国語辞典 第5版 ………… 15
長沢 規矩也
　大きな活字の三省堂漢和辞典 第4版 …… 44
　三省堂漢和辞典 第4版 ……………… 48
　三省堂漢和辞典 第4版 小型版 ………… 49
　新明解 漢和辞典 第4版 ……………… 52
　新明解 漢和辞典 第4版 机上版 ………… 52
永沢 道雄
　忘れてはならない 現代死語事典 …… 180
　忘れてはならない 続・現代死語事典 ‥ 180
中島 さよ子
　京ことばのはなしかた …………… 208
長島 猛人
　実用四字熟語辞典 すぐに意味と使い方がわかる ……………………… 88
　使い方がわかる四字熟語辞典 ………… 92
中島 平三
　ことばのおもしろ事典 ……………… 1
長嶋 善郎
　言いまわしの達人になる言葉の事典 ‥ 213
　心を伝える達人になる言葉の事典 …… 213
　日本語を使いこなす言葉の実用辞典 …… 26
中田 剛直
　かな用例字典 〔新装版〕 …………… 65
中田 武司
　常用国語辞典 23版 ……………… 18
中田 敏夫
　静岡県のことば ……………… 205
中田 祝夫
　小学館古語大辞典 〔コンパクト版〕 ‥ 118
永田 正博
　コンパクト ビジネス文書読み書き事典 …………………………… 251

中田 易直
　かな用例字典 〔新装版〕 …………… 65
中西 一弘
　実用漢字表現辞典 筆順・熟語・文例・故事ことわざ …………………… 49
中野 栄三
　陰名語彙 ……………………… 176
　江戸秘語辞典 ……………………… 177
中原 英臣
　長生きしたけりゃ読みなさい…のことわざ辞典 ………………………… 92
中道 真木男
　ベネッセ新修国語辞典 …………… 29
中村 明
　感覚表現辞典 ……………………… 191
　感情表現辞典 ……………………… 192
　三省堂類語新辞典 ………………… 107
　集英社 国語辞典 …………………… 16
　集英社 国語辞典 横組版 ………… 16
　集英社 国語辞典 机上版 ………… 16
　集英社 国語辞典 第2版 …………… 17
　集英社 国語辞典 第3版 …………… 17
　人物表現辞典 ……………………… 192
　新明解 類語辞典 …………………… 107
　たとえことば辞典 ………………… 191
　たとえことば辞典 新装版 ………… 191
　日本語語感の辞典 ………………… 72
　日本語の文体・レトリック辞典 …… 190
　日本語描写の辞典 ………………… 192
　日本語文章・文体・表現事典 …… 190, 230
　日本語文章・文体・表現事典 文学編 縮刷版 …………………… 190, 230
　日本の作家 名表現辞典 …………… 192
　文章プロのための日本語表現活用辞典 …………………………… 231
　分類たとえことば表現辞典 ………… 191
中村 三郎
　全図解 モノの呼び名がわかる事典 …… 74
中村 徳次
　外来語新語辞典 ポケット版 〔2006〕 ‥ 125
　外来語新語辞典 ポケット版 〔2009〕 ‥ 125
　外来語新語辞典 ポケット版 〔2012〕 ‥ 125
　外来語新語辞典 ポケット版 〔2015〕 ‥ 126
中村 元
　広説佛教語大辞典 ………………… 182
　広説佛教語大辞典 縮刷版 ………… 182
中村 萬里
　即訳! ふくおか方言集 …………… 210

中村 幸彦
　角川古語大辞典 第4巻(た～は) 115
　角川古語大辞典 第5巻(ひ～ん) 115
中村 幸弘
　福武古語辞典 新装版 120
　福武コンパクト古語辞典 120
　福武コンパクト古語辞典 新装版 120
　ベネッセ古語辞典 121
　ベネッセ全訳古語辞典 121
　ベネッセ全訳古語辞典 携帯版 121
　ベネッセ全訳古語辞典 改訂版 121
　ベネッセ全訳コンパクト古語辞典 121
　ベネッセ表現・読解国語辞典 29
永山 久夫
　和食ことわざ事典 80
中山 由五郎
　近代用語の辞典集成 19 143
中山 緑朗
　みんなの日本語事典 言葉の疑問・不思
　　議に答える 3
夏井 邦男
　北海道語に残る古語 199
滑川 道夫
　大きな活字の国語漢字辞典 44
成清 良孝
　間違いやすい言葉辞典 221
　間違うと恥をかく日本語小辞典 勘違い・
　　誤用・早トチリ…間違いやすい言葉の
　　正しい使い方 221
成瀬 映山
　草書くずし字典 41
鳴海 伸一
　三省堂現代新国語辞典 第5版 15

【に】

二階堂 清風
　釣りと魚のことわざ辞典 92
ニコリ
　クロスワード辞典 255
西尾 寅弥
　三省堂現代国語辞典 第2版 14
　三省堂現代新国語辞典 第2版 14
　三省堂現代新国語辞典 第3版 14

西尾 実
　岩波国語辞典 第5版 3
　岩波国語辞典 第5版 デスク版 3
　岩波国語辞典 第6版 3
　岩波国語辞典 第6版 デスク版 3
　岩波国語辞典 第7版 3
　岩波国語辞典 第7版(新版) 4
西岡 光秋
　公用・私用 冠婚葬祭手紙・スピーチ全
　　書 227, 247
西岡 弘
　脳を鍛える四字熟語辞典 93
　四字熟語新辞典 大きな字で読みやすい
　　.................................. 97
西垣 幸夫
　日本語の語源辞典 73
西方 草志
　敬語のお辞典 188
西田 太一郎
　角川新字源 改訂版 45
西谷 裕子
　「言いたいこと」から引ける慣用句・こ
　　とわざ・四字熟語辞典 80
　勘違い慣用表現の辞典 103
　勘違いことばの事典 219
　暮らしの健康ことわざ辞典 84
　四季のことば辞典 184
　たべものことわざ辞典 91
　迷った時にすぐ引ける勘違い敬語の辞
　　典 189
　身近なことばの語源辞典 73
西谷 元夫
　ことわざ・故事成語・慣用句句2300 85
　日本語に強くなる難読語辞典 218
20世紀死語辞典編集委員会
　20世紀死語辞典 180
西堀 忠治
　隠語辞典集成 7 175
西牟田 崇生
　祝詞事典 平成新編 増補改訂版 181
　平成新編 祝詞事典 181
　平成新編 祝詞事典 縮刷版 181
西村 諒
　日常語の中の武道ことば語源辞典 72
西本 万映子
　今すぐ使える! 決定版 文例ハンドブッ
　　ク 社内・社外文書から一般の手紙ま
　　で 231

西山 光
隠語辞典集成 7 ･･････････････････ 175

ニシワキ タダシ
かんさい絵ことば辞典 ･･･････････ 206
大和言葉つかいかた図鑑 日本人なら知っておきたい心が伝わるきれいな日本語 ･･････････････････････････････ 77

日外アソシエーツ
音訓引き 難読語辞典 ･･････････ 217
「日本語」の本 全情報 45-92 ･･････････ 1
「日本語」の本 全情報 92／97 ･･････････ 1
「日本語」の本 全情報 1997-2002 ･･････ 1
「日本語」の本 全情報 2003-2007 ･･････ 1

日外アソシエーツ辞書編集部
逆引き熟語林 ･･････････････････ 83

日外アソシエーツ編集部
漢字異体字典 ････････････････････ 60

日東書院編集部
大きな活字 日本語使い分け辞典 ･･････ 106
最新 日常の類似語使い分け辞典 まぎらわしい類似異義語がわかる ･････････ 107
日常のことば使い分け辞典 まぎらわしい類似異義語がわかる ･･････ 108, 220
日常の日本語使い分け辞典 類語の意味と使い方がわかり知りたい言葉がすぐに見つかる ･･････････････ 108, 220

二通 信子
日本語力をつける文章読本 知的探検の新書30冊 ･･････････････････ 229
留学生と日本人学生のためのレポート・論文表現ハンドブック ･･････････ 250

日経BP社
ビジネス文書常識事典 タスケ ････････ 252

新田 英治
かな用例字典 〔新装版〕 ･････････ 65

〔日本加除出版〕出版部
赤ちゃんの名づけ・名乗り字典 名前に使える全漢字2229 ･････････････ 59

日本加除出版編集部
人名用漢字の変遷 子の名に使える漢字の全履歴 ･･･････････････････ 59

日本漢字学会
名文章名表現辞典 作家250人はこう書いた ･･････････････････････････ 192

日本漢字教育振興会
知っ得 衣食住のことば語源辞典 ･････ 70
知っ得 暮らしの中の「定番」難読語 ･･ 219
知っ得 植物のことば語源辞典 ･･････ 71
知っ得 動物のことば語源辞典 ･････ 71
知っ得 日常ことば語源辞典 ･･･････ 71
知っ得 文豪・大家の「故事ことわざ術」 ･･････････････････････････ 100
知っ得 文豪・大家の「成句・慣用語術」 ･･････････････････････････ 100
知っ得 文豪・大家の「四字熟語術」･･･ 100

日本漢字能力検定協会
漢検漢字辞典 第2版 ･･････････････ 46

日本教材システム編集部
音訓引き 常用漢字用字例集 ･･･････ 61

日本言語研究会
隠語辞典集成 11 ･････････････････ 175

日本語アナリスト研究会
カタカナ用語がわかる事典 これだけは知っておきたい ･･････････････ 122

日本語を考える会
ふだん使っている日本語ものしり辞典 ･･････････････････････････････ 73

日本語教育学会
新版日本語教育事典 ･････････････ 2

日本国語大辞典第二版編集委員会
日本国語大辞典 第1巻（あ～いろこ）第2版 ･･････････････････････････ 26
日本国語大辞典 第2巻（いろさ～おもは）第2版 ･････････････････････ 27
日本国語大辞典 第3巻（おもふ～きかき）第2版 ･･･････････････････ 27
日本国語大辞典 第4巻（きかく～けんう）第2版 ･･･････････････････ 27
日本国語大辞典 第5巻（けんえ～さこい）第2版 ･･･････････････････ 27
日本国語大辞典 第6巻（さこう～しゅんひ）第2版 ･･････････････････ 27
日本国語大辞典 第7巻（しゅんふ～せりお）第2版 ･･････････････････ 27
日本国語大辞典 第8巻（せりか～ちゆうは）第2版 ･････････････････ 27
日本国語大辞典 第9巻（ちゆうひ～とん）第2版 ･･･････････････････ 27
日本国語大辞典 第10巻（な～はわん）第2版 ･･････････････････････ 28
日本国語大辞典 第11巻（はん～ほうへ）第2版 ･････････････････････ 28
日本国語大辞典 第12巻（ほうほ～もんけ）第2版 ･･･････････････････ 28
日本国語大辞典 第13巻 第2版 ･････ 28
日本国語大辞典 別巻 第2版 ･･･････ 28

日本語研究会
表現力が豊かになる 類語・言いかえ辞

明解で使いやすい三字・四字熟語辞典 95
よくわかる使いやすいことわざ・故事・俗言辞典 95

日本語知恵の輪会
　「数字言葉」の謎解き事典 日本三景・春の七草・四十八手… 171
　日本語謎解き事典 「あうんの呼吸」とはどんな呼吸なのか? 慣用句編 103

にほんごの会
　作文じてん 229

日本語の謎研究会
　現代用語の大語源 コンピュータ・流行語から人気の商品名まで全500語 69

日本語表現研究会
　言いかえ言葉の事典 106
　からだ言葉の事典 74
　語源がわかる言葉の事典 69
　これは役立つ! 気のきいた言葉の事典 102
　これは役立つ! 間違い言葉の事典 219
　スピーチ・手紙に役だつ ことわざ 困ったときにすぐ引ける 101
　スピーチ・手紙に役だつ 四字熟語 困ったときにすぐ引ける 101
　使える慣用句事典 言いたい言葉がすぐに見つかる! 103
　使えることわざ 92
　使える四字熟語 92
　ビジネスマンのための季節言葉の事典 183
　ビジネスマンのための気のきいた言葉の事典 228

日本語文書研究会
　しっかり役立つ文書文例事典 251
　すぐ役立つ文書・書式大事典 最新版 .. 251

日本語文法学会
　日本語文法事典 186

日本サービスマナー協会
　ビジネスメール 気持ちが伝わる! 例文辞典 252

日本実業出版社
　最新 カタカナ用語の意味がわかる辞典 131
　最新 カタカナ用語の意味がわかる辞典〔改訂版〕 131
　日本語三誤の辞典 誤字・誤読・誤用のすべて 221

日本ジャーナリスト専門学校猪野ゼミ
　若者遊びコトバ事典 173

日本難訓難語編集委員会
　日本難訓難語大辞典 218

日本の常識研究会
　そこんとこ何というか辞典 物の数え方・物の名前 76, 172

日本文芸社
　最新・知っておきたいことわざ事典 .. 78
　最新版 漢字用例辞典 48
　知っておきたい故事熟語辞典 87
　違いがわかる日常類語事典 知らないと恥をかくまぎらわしい言葉500 106
　よくわかる四字熟語辞典 96

日本文字文化機構
　漢字の成り立ち辞典 白川文字学準拠 ... 58

ニュース・リテラシー研究所
　〈図解〉まるわかり時事用語 2005-2006 年版 170
　〈図解〉まるわかり時事用語 2006-2007 年版 170
　〈図解〉まるわかり時事用語 2007-2008 年版 170
　〈図解〉まるわかり時事用語 2008-2009 年版 170
　〈図解〉まるわかり時事用語 2009-2010 年版 170
　〈図解〉まるわかり時事用語 2010-2011 年版 170
　〈図解〉まるわかり時事用語 2011-2012 年版 170
　〈図解〉まるわかり時事用語 2012-2013 年版 170
　〈図解〉まるわかり時事用語 2013-2014 年版 170
　〈図解〉まるわかり時事用語 2014-2015 年版 170
　〈図解〉まるわかり時事用語 2015-2016 年版 171
　〈図解〉まるわかり時事用語 2016-2017 年版 171

丹羽　一弥
　三重県のことば 207

【ね】

ネット語研究委員会
　頻出ネット語手帳 辞書にはのっていな

い新しい日本語 ……………… 178

【の】

農商務省山林局
 日本樹木名方言集 復刻版 ………… 196
野内 良三
 日本語修辞辞典 ……………………… 190
 レトリック辞典 ……………………… 191
野口 幸雄
 蒲原の暮らしのことば 新潟方言誌 …… 204
野末 陳平
 格調と迫力 名句・ことわざ366日 ビシッ
 と決めることばの使い方 ……………… 99
 実例実用四字熟語800 身近でこんなに使
 われている ……………………… 88
野原 三義
 沖縄語辞典 那覇方言を中心に ……… 211
野ばら社編集部
 旧漢字字典 漢字の原点 ……………… 47
信 達郎
 imidas 世界がわかる時代が見える 現代
 人のカタカナ語欧文略語辞典 ……… 123
延原 政行
 ことわざ事典7000語 ……………… 78
野村 雅昭
 新選国語辞典 第7版 ………………… 19
 新選国語辞典 第7版 2色刷 ………… 19
 新選国語辞典 第8版 横組版 ………… 19
 新選国語辞典 第8版 ワイド版 ……… 19
 新選国語辞典 第8版 ワイド版 横組版
 ……………………………………… 20
 新選国語辞典 第9版 2色刷 ………… 20
 新選国語辞典 第9版 ワイド版 2色刷 … 20
 日本語事典 …………………………… 2
野元 菊雄
 早引き類語連想辞典 ………………… 109
 早引き類語連想辞典 第2版 ………… 109
 早引き連想語辞典 …………………… 77
 文章・あいさつ表現辞典 故事ことわざ
 の活用法 11版 ……………………… 94
 文章・会話辞典 いい文章の書き方・会
 話と敬語の心得・電子メール活用術・
 著作権への対応 ………… 228, 231
 例解 新国語辞典 第3版 ……………… 31
 例解 新国語辞典 第4版 ……………… 31

例解 新国語辞典 第5版 ……………… 31
例解 新国語辞典 第6版 ……………… 31
例解 文章ハンドブック 第4版 ……… 232
野本 拓夫
 ことわざと故事・名言分類辞典 ……… 86
野本 米吉
 ことわざと故事・名言辞典 …………… 86

【は】

芳賀 矢一
 格言大辞典 …………………………… 222
芳賀 綏
 三省堂類語新辞典 …………………… 107
萩谷 朴
 おもしろ奇語辞典 …………………… 69
パキラハウス
 生活の知恵「数」のことば辞典 ……… 91
朴 炳植
 ヤマト言葉語源辞典 ………………… 73
橋川 潤
 大活字用例 漢字早わかり辞典 ……… 53
 同音・同訓ハンドブック ……………… 112
橋口 満
 鹿児島方言大辞典 上巻 ……………… 209
 鹿児島方言大辞典 下巻 ……………… 209
橋村 勝明
 平安時代複合動詞索引 ……………… 187
橋本 直幸
 小笠原ことばしゃべる辞典 ………… 202
橋本 文三郎
 歳時記語源辞典 ……………………… 70
長谷川 強
 大東急記念文庫善本叢刊 中古中世篇 別
 巻2〔第1巻〕 ……………………… 36
 大東急記念文庫善本叢刊 中古中世篇 別
 巻2〔第2巻〕 ……………………… 36
 大東急記念文庫善本叢刊 中古中世篇 別
 巻2〔第3巻〕 ……………………… 36
 大東急記念文庫善本叢刊 中古中世篇 別
 巻2〔第4巻〕 ……………………… 36
 大東急記念文庫善本叢刊 中古中世篇 別
 巻2〔第5巻〕 ……………………… 36
長谷川 望
 原色 色彩語事典 色の単語・色の熟語 … 74

波多野 幸彦
　くずし字辞典 ……………………… 40
蜂須賀 裕子
　よく使う手紙・はがきの文例集 日常＆冠
　　婚葬祭 …………………………… 248
蜂谷 清人
　日本語学研究事典 ………………… 2
服部 四郎
　アイヌ語方言辞典 第3刷 ………… 212
服部 嘉香
　近代用語の辞典集成 2 …………… 142
　近代用語の辞典集成 3 …………… 142
波照間 永吉
　竹富方言辞典 ……………………… 211
花田 哲夫
　漢和辞典 …………………………… 47
花田 久徳
　最新版 新聞によく出る用語事典 この1
　　冊であらゆる情報がわかる! …… 154
濱口 富士雄
　大きな活字の全訳漢辞海 第2版 大字版
　　………………………………………… 44
　大きな活字の全訳漢辞海 第3版 大字版
　　………………………………………… 44
　全訳漢辞海 ………………………… 52
　全訳漢辞海 第2版 ………………… 52
　全訳漢辞海 第3版 ………………… 52
　全訳漢辞海 第3版 机上版 ………… 52
濱千代 いづみ
　漢字ハンドブック 学生・教師・社会人
　　のための ………………………… 57
　漢字ハンドブック 学生・教師・社会人
　　のための 改訂 …………………… 57
浜西 正人
　角川類語新辞典 …………………… 107
　逆引き同類語辞典 ………………… 107
　類語国語辞典 第8版 ……………… 110
早川 卓馬
　かんさい絵ことば辞典 …………… 206
早坂 二郎
　近代用語の辞典集成 16 …………… 143
林 大
　現代漢語例解辞典 ………………… 63
　現代漢語例解辞典 2色刷 ………… 63
　現代漢語例解辞典 第2版 2色刷 … 63
　講談社国語辞典 第2版 デスク版 … 13
　講談社国語辞典 改訂新版 ………… 13
　講談社国語辞典 第3版 …………… 13

日本語百科大事典 縮刷版 ………… 3
林 巨樹
　現代国語例解辞典 第2版 ………… 9
　現代国語例解辞典 第2版 2色刷 … 9
　現代国語例解辞典 第3版 2色刷 … 10
　現代国語例解辞典 第4版 ………… 10
　現代国語例解辞典 第5版 ………… 10
　古語林 ……………………………… 116
　大修館全訳古語辞典 ……………… 120
　日本語文法がわかる事典 ………… 186
林 四郎
　例解 新国語辞典 第3版 …………… 31
　例解 新国語辞典 第4版 …………… 31
　例解 新国語辞典 第5版 …………… 31
　例解 新国語辞典 第6版 …………… 31
　例解 新国語辞典 第7版 …………… 31
　例解 新国語辞典 第8版 …………… 32
　例解 新国語辞典 第9版 …………… 32
林 治郎
　言語表現技術ハンドブック 新版 … 232
林 史典
　学研 現代標準国語辞典 …………… 8
　学研 現代標準国語辞典 改訂第2版 … 8
　学研 現代標準国語辞典 改訂第3版 … 8
　15万例文・成句 現代国語用例辞典 … 17
　例解 古語辞典 第3版 ……………… 121
林 督元
　長生きしたけりゃ読みなさい…のことわ
　　ざ辞典 …………………………… 92
林 義雄
　学研 現代標準国語辞典 …………… 8
　学研 現代標準国語辞典 改訂第2版 … 8
　学研 現代標準国語辞典 改訂第3版 … 8
速水 博司
　カタカナ語辞典〔ハンディー版〕… 126
原田 種成
　新明解 漢和辞典 第4版 …………… 52
原田 稔
　雨のことば辞典 …………………… 183
　風と雲のことば辞典 ……………… 183
ハリス，J.B.
　国語総合新辞典 英訳つき 百科／和英 新
　　装版 ……………………………… 14
榛谷 泰明
　ほめことばの事典 ………………… 74
半沢 幹一
　手紙の書き出し・末尾文文例事典 目的

別にすぐ書き出せる ……………… 244
日本語文章・文体・表現事典 …… 190, 230
半田 一郎
　琉球語辞典 那覇・首里を中心とする沖縄広域語準拠 ……………… 211
反対語対照語辞典編纂委員会
　活用自在 反対語対照語辞典 ………… 113

【ひ】

PHPエディターズ・グループ
　間違えやすい日本語ミニ辞典 ……… 222
　身のまわりのカタカナ語辞典 でか文字 ……………………………… 135
PHP研究所情報開発室
　スピーチに役立つことわざハンドブック …………………………………… 101
　スピーチに役立つ名言・名句ハンドブック …………………………………… 224
東辻 保和
　平安時代複合動詞索引 ……………… 187
引原 英男
　雅語訳解 ……………………………… 115
樋口 栄
　隠語辞典集成 8 ……………………… 175
ビジネスシステム研究会
　ビジネス文書ハンドブック 203文例 必要な文書がすぐ見つかる ………… 254
ビジネス文書マナー研究会
　史上最強のビジネスメール表現事典 … 251
ビジネスリサーチ・ジャパン
　意外と知らない「数え方」の事典 なるほど! がいっぱいの数の話 ……… 171
　最近の「カタカナ語」がわかる本 新聞によく出てくる言葉514 …………… 137
氷田 光風
　常用漢字読み書き辞典 ………………… 61
飛田 良文
　大きな活字の三省堂国語辞典 第4版〔大字版〕 ……………………………… 5
　大きな活字の三省堂国語辞典 第5版 大字版 …………………………………… 6
　大きな活字の三省堂国語辞典 第6版 2色刷 …………………………………… 6
　大きな活字の三省堂国語辞典 第7版 …… 6
　漢字百科大事典 ………………………… 42

現代擬音語擬態語用法辞典 ………… 179
現代形容詞用法辞典 ………………… 187
現代副詞用法辞典 …………………… 187
三省堂国語辞典 第4版〔革装版〕 …… 15
三省堂国語辞典 第4版〔小型版〕 …… 15
三省堂国語辞典 第5版 ……………… 15
三省堂国語辞典 第5版 小型版 ……… 15
三省堂国語辞典 第6版 ……………… 15
三省堂国語辞典 第6版 小型版 ……… 15
三省堂国語辞典 第7版 ……………… 15
三省堂国語辞典 第7版 小型版 ……… 15
日本語学研究事典 ……………………… 2
明治大正 新語俗語辞典 新装版 …… 144
ヨコ組 三省堂国語辞典 第4版 …… 30
日向 一雅
　ことわざ新辞典 ポケット判 ………… 86
姫野 昌子
　研究社 日本語コロケーション辞典 … 9
　研究社 日本語表現活用辞典 ………… 9
平井 昌夫
　何でもわかる文章の書き方百科 …… 230
平井 充良
　昭文 漢字用語字典 第56版 ………… 235
平岡 天心
　人名実例集 一字名前編 ……………… 59
平田 毅彦
　現代ビジネス文書大事典 会社文書の実例と書き方 社外・社内・社交儀礼の文書 法律関係・英文ビジネス文書 改訂新版 ……………………………… 250
　実用手紙・文書の書き方辞典 ……… 230
平田 喜信
　必修古語辞典 要語全訳 …………… 120
平野 威馬雄
　隠語辞典集成 13 …………………… 176
平山 城児
　例解 文章ハンドブック 第4版 …… 232
平山 輝男
　青森県のことば ……………………… 199
　岩手県のことば ……………………… 199
　岐阜県のことば ……………………… 204
　群馬県のことば ……………………… 202
　現代日本語方言大辞典 1(あ～う) … 194
　現代日本語方言大辞典 2(え～く) … 194
　現代日本語方言大辞典 3(け～す) … 194
　現代日本語方言大辞典 4(せ～と) … 194
　現代日本語方言大辞典 5(な～へ) … 194
　現代日本語方言大辞典 6(ほ～を) … 194

現代日本語方言大辞典 7 (索引1) 194
現代日本語方言大辞典 8 (索引2) 194
現代日本語方言大辞典 補巻 (索引3)
.... 195
佐賀県のことば 209
静岡県のことば 205
島根県のことば 208
全国アクセント辞典 28版 37
東京都のことば 202
栃木県のことば 202
富山県のことば 203
長崎県のことば 210
奈良県のことば 207
新潟県のことば 203
三重県のことば 207

平山 裕人
　アイヌ語古語辞典 212

蛭川 忍
　挨拶・手紙・書式事典 実用書 224, 243

ひろ さちや
　新解釈 格言・ことわざ・名言・警句大全
　　書 ひろさちやの人生指南 100, 224

広田 栄太郎
　東京堂類語辞典 108

広田 伝一郎
　文書・書式実例事典 246, 252

【ふ】

深川 英雄
　時代を映したキャッチフレーズ事典 ... 254

府川 充男
　旧字旧かな入門 66
　難読語辞典 218

吹野 安
　四字熟語新辞典 文章・会話のキーワー
　　ド 97

福永 保代
　英語と比較ができる和製カタカナ語事
　　典 122

福原 麟太郎
　ローマ字で引く国語新辞典 復刻版 32

福盛 貴弘
　音声学基本事典 37

福山 裕
　佐賀弁小事典 209

藤井 宗哲
　仏教語源散策辞典 183

藤岡 和賀夫
　続 懐かしい日本の言葉ミニ辞典 NPO直
　　伝塾プロデュースレッドブック 22
　懐かしい日本の言葉ミニ辞典 NPO直伝
　　塾プロデュース・レッドブック 26

藤島 学陵
　加賀・能登アイサの生活語辞典 203

藤田 英時
　常識として知っておきたいカタカナ語 文
　　化庁世論調査120語を徹底解説 137
　ホントは知らない!?「カタカナ語」辞
　　典 135

藤田 勝良
　佐賀県のことば 209

伏見 友文
　挨拶・スピーチ実例事典 224

藤本 憲信
　熊本県菊池方言辞典 209

藤原 重夫
　ことわざ絵解き事典 78
　名数絵解き事典 171
　名数絵解き事典 増補改訂版 171

藤原 宏
　漢字書き順字典 新版 46

藤原 与一
　漢字かな つかいわけ辞典 220
　日本語方言辞書 昭和・平成の生活語 上
　　巻 196
　日本語方言辞書 昭和・平成の生活語 中
　　巻 196
　日本語方言辞書 昭和・平成の生活語 下
　　巻 196
　日本語方言辞書 全国方言会話集成 別
　　巻 196
　表現類語辞典 新装版 110

二瀬 西恵
　偏・旁くずし字典 41

プチグラパブリッシング
　お手紙ハンドブック 247

淵上 匠子
　おいしさの表現辞典 74
　おいしさの表現辞典 新装版 75

ぶよう堂編集部
　早わかり常用漢字字典 最新版ハンディ

ふよう　　　　　　　　　著編者名索引

　　ブック　改定対応版 ………… 61
武揚堂編集部
　　早わかり常用漢字・字典 ……… 61
不要日本語保存委員会
　　いまさら人に聞けない日本語事典。最
　　　新版 ……………………………… 174
古田　東朔
　　旺文社標準国語辞典　新訂版 ……… 5
　　旺文社標準国語辞典　第7版 ……… 5
　　現代国語辞典　改訂新版 …………… 9
　　現代国語辞典　実用版　改訂新版 … 9
　　現代国語辞典　実用版　改訂版 …… 9
　　現代国語辞典　和英併用 …………… 9
古橋　信孝
　　現古辞典　現代語から古語を引く …… 116
文英堂編集部
　　カタカナ新語mini百科　国際化時代の常
　　　識ナビゲーション …………… 137
　　ことわざ・慣用句mini百科　使える言い
　　　回しナビゲーション …………… 99
　　実用漢字mini百科　ワープロ対応版　漢字
　　　の読み書きナビゲーション …… 57
　　手紙・文書の書き方mini百科　上手な文
　　　章作法ナビゲーション ……… 232, 248
　　用字用語mini百科　使えることばナビゲー
　　　ション ……………………… 243
　　四字熟語mini百科　含蓄いっぱいの表現
　　　ナビゲーション ……………… 102

【へ】

別冊宝島編集部
　　〈難解〉死語辞典 ………………… 180
ベネッセコーポレーション
　　インフォワード国語辞典 …………… 4
　　インフォワード文書コミュニケーション
　　　辞典 ………………………… 230
勉誠社編集室
　　らくらく早引き字典 20ポイント版 …… 56

【ほ】

法学書院編集部
　　時事用語辞典　'91年版 ………… 164

　　時事用語辞典　'92年版 ………… 164
方言資料研究会
　　方言ものしり事典　北から南〔1997年〕
　　　改訂新版 …………………… 193
星野　和子
　　擬音語・擬態語使い方辞典　正しい意味
　　　と用法がすぐわかる ………… 179
　　擬音語・擬態語使い方辞典　正しい意味
　　　と用法がすぐわかる　第2版 …… 179
星野　晃一
　　集英社 国語辞典 ………………… 16
　　集英社 国語辞典　横組版 ………… 16
　　集英社 国語辞典　机上版 ………… 16
　　集英社 国語辞典　第2版 ………… 17
　　集英社 国語辞典　第3版 ………… 17
星野　匡
　　コンセプトワード200 企画に使える発想
　　　用語辞典 …………………… 254
細川　英雄
　　日本語学キーワード事典 …………… 2
　　日本語学キーワード事典　新装版 …… 2
　　日本語表現・文型事典 …………… 191
細田　剛
　　天気がわかることわざ事典　富士山を中
　　　心として …………………… 79
仏淵　健悟
　　猫の国語辞典　俳句・短歌・川柳と共に
　　　味わう …………………… 76
堀井　令以知
　　大阪ことば辞典 ………………… 206
　　外来語語源辞典 …………… 69, 125
　　上方ことば語源辞典 …………… 206
　　決まり文句語源辞典 …………… 69
　　京ことば辞典 ………………… 207
　　京都府ことば辞典 ……………… 207
　　日常語の意味変化辞典 ………… 72
堀内　克明
　　カタカナ・外来語／略語辞典　全訂版
　　　〔1999〕 ………………… 126
　　カタカナ・外来語／略語辞典　大字版　全
　　　訂版〔2000〕 …………… 126
　　カタカナ・外来語／略語辞典　全訂版
　　　〔2006〕 ………………… 126
　　カタカナ・外来語／略語辞典　改訂（第3
　　　版増補）版〔2007〕 ………… 126
　　現代用語の基礎知識　カタカナ・外来語
　　　／略語辞典　改訂増補新版 …… 130
　　現代用語の基礎知識　カタカナ・外来語
　　　／略語辞典　第4版 …………… 130

現代用語の基礎知識 カタカナ外来語略
　語辞典 第5版 ……………………… 130
堀内 湖洲
　必携 実用楷書字典 ………………… 41
　必携 実用楷書字典 美しく書くための模
　　範手本集 新装版 ………………… 41
　必携 実用行書字典 美しく書くための模
　　範手本集 新装版 ………………… 41
堀籠 美善
　俗語大辞典 ………………………… 173
本郷 陽二
　今さら他人に聞けない大人のカタカナ語
　　事典 …………………………… 122
本荘市教育委員会
　本荘・由利のことばっこ（本荘市文化財
　　調査報告書 第23集）…………… 201
本多 勝一
　実戦・日本語の作文技術 ………… 232
本田 喜昭
　類語・反対語ハンドブック …… 111, 113
本堂 寛
　最新 ひと目でわかる全国方言一覧辞典
　　…………………………………… 195
本の友社編集部
　大きな文字の実用外来語辞典 ……… 124
　大きな文字の実用外来語辞典 改版 … 124
　大きな文字の実用漢字辞典 改版 …… 44
　大きな文字の実用ことわざ辞典 改版 … 83
　大きな文字の実用手紙の書き方事典 改
　　版 ……………………………… 243

【ま】

毎日新聞社
　毎日新聞用語集 最新版 …………… 238
　毎日新聞用語集 改訂新版 ………… 238
米谷 春彦
　早引き類語連想辞典 ……………… 109
　早引き類語連想辞典 第2版 ……… 109
　早引き連想語辞典 …………………… 77
前新 透
　竹富方言辞典 ……………………… 211
前田 勇
　隠語辞典集成 22 …………………… 176
　江戸語大辞典 新装版 ……………… 201
前田 金五郎
　岩波古語辞典〔補訂版〕…………… 113
前田 敏宣
　自治体の公用文作成ハンドブック …… 249
　文例で分かる公用文作成ハンドブック
　　新版 …………………………… 249
前田 富祺
　漢字キーワード事典 ………………… 42
　漢字百科大事典 ……………………… 42
　常用漢字最新ハンドブック 2010年改定
　　対応 ……………………………… 61
　日本語源大辞典 ……………………… 72
　日本語大事典 上・下巻 ……………… 3
牧村 史陽
　大阪ことば事典 新版 ……………… 206
正岡 容
　明治東京風俗語事典 ……………… 173
真下 五一
　京ことば事典 復刻版 ……………… 206
増井 金典
　滋賀県方言語彙・用例辞典 ……… 207
　日本語源広辞典 ……………………… 72
　日本語源広辞典 増補版 …………… 72
　名言・格言・ことわざ辞典 …… 95, 223
増田 弘
　古今各国「漢字音」対照辞典 ……… 48
間瀬 肇
　旧漢字・旧仮名便利帖 …………… 57, 66
　よく使う手紙・はがきの文例集 日常＆冠
　　婚葬祭 ………………………… 248
馬瀬 良雄
　長野県方言辞典 …………………… 205
　長野県方言辞典 特別版 …………… 205
町田 健
　絵で見る「もの」の数え方 ……… 172
　数え方の辞典 ……………………… 172
松井 栄一
　現代国語例解辞典 第4版 …………… 10
　現代国語例解辞典 第5版 …………… 10
　小学館日本語新辞典 ………………… 17
　ちがいがわかる類語使い分け辞典 … 107
松井 静夫
　日本文章表現辞典 改訂増補版 …… 231
松井 武男
　（簡明）漢和字典 …………………… 47
松枝 茂夫
　現代国語辞典 改訂新版 ……………… 9

まつお

現代国語辞典 実用版 改訂新版 ……… 9
現代国語辞典 実用版 改訂版 ……… 9
現代国語辞典 和英併用 ……… 9
松尾 大
　レトリック事典 ……… 190
松岡 静雄
　日本古語大辞典 1 語誌篇 ……… 120
　日本古語大辞典 2 訓詁篇 ……… 120
松岡 洋子
　研究社 日本語口語表現辞典 ……… 213
松下 史生
　現代用字用語の誤典 ……… 233
松田 美穂子
　お手紙ハンドブック ……… 247
松平 泰臣
　豊富な実例 新・実用手紙百科 ……… 248
松友 武昭
　伊予弁ぞな ……… 208
松村 明
　江戸ことば・東京ことば辞典 ……… 201
　旺文社国語辞典 改訂新版 ……… 4
　旺文社国語辞典 第8版 ……… 4
　旺文社国語辞典 第8版 革装版 ……… 4
　旺文社国語辞典 第8版〔机上版〕……… 5
　旺文社国語辞典 第9版 ……… 5
　旺文社国語辞典 第9版 CD-ROM付 ……… 5
　旺文社国語辞典 第9版 大活字版 ……… 5
　旺文社国語辞典 第10版 ……… 5
　旺文社国語辞典 第10版 小型版 ……… 5
　旺文社国語辞典 第10版 重版 ……… 5
　旺文社古語辞典 第8版 ……… 114
　旺文社古語辞典 第9版 ……… 114
　旺文社古語辞典 第10版 ……… 114
　旺文社古語辞典 第10版 増補版 ……… 114
　辞林21 総革装 ……… 18
　辞林21 机上版 ……… 18
　大辞泉 ……… 22
　大辞泉 増補・新装版 ……… 22
　大辞泉 第2版 ……… 22
　大辞林 大型机上版 ……… 23
　大辞林 第2版 ……… 23
　大辞林 第2版〔机上版〕……… 23
　大辞林 第2版 新装版 ……… 23
　大辞林 第3版 ……… 23
　ハイブリッド新辞林 ……… 28
　表記の手引き 第4版 ……… 67
松村 武夫
　実用国語辞典 横組版 ……… 16

実用国語辞典 ハンディ版 縦組版 ……… 16
実用国語辞典 ポケット版 横組版 ……… 16
実用国語辞典 ポケット版 ……… 16
実用国語辞典 ポケット版 第2版 ……… 16
松本 昭
　漢字源 新版 ……… 46
　漢字源 改訂新版 ……… 46
　漢字源 改訂第4版 ……… 46
　漢字源 改訂第4版 検索CD付版 ……… 46
　漢字源 改訂第5版 2色刷 ……… 46
松本 悟朗
　近代用語の辞典集成 16 ……… 143
馬淵 和夫
　講談社キャンパス古語辞典 ……… 116
　講談社古語辞典 新装版 ……… 116
丸山 和雄
　新聞頻出 漢字語彙体系 ……… 89
丸山 久子
　分類児童語彙 改訂版 ……… 179

【み】

三浦 一郎
　故事名言・由来・ことわざ総解説 知的生活のための言葉の実用事典 改訂新版 ……… 78
　故事名言・由来・ことわざ総解説 改訂増補版 ……… 78
三沢 仁
　例解 文章ハンドブック 第4版 ……… 232
水上 静夫
　角川最新漢和辞典 改訂新版 ……… 45
水口 志計夫
　読みやすい大きい活字の実用国語新辞典 ……… 31
水谷 修
　日英中韓カタカナ語見くらべ字典 ……… 134
水谷 静夫
　岩波国語辞典 第6版 ……… 3
　岩波国語辞典 第6版 デスク版 ……… 3
　岩波国語辞典 第7版 ……… 3
　岩波国語辞典 第7版(新版) ……… 3
水庭 進
　俳句に詠む四字熟語 ……… 102

水野 靖夫
　ひと目でわかる 微妙な日本語使い分け
　　字典 ………………………………… 112
三角 洋一
　最新 全訳古語辞典 …………………… 117
三谷 邦明
　これで充分 ことわざ辞典 …………… 86
三菱総合研究所
　三菱総研版 最新時事キーワード 2001年
　　度版 ………………………………… 165
南 霞濃
　隠語辞典集成 4 ……………………… 175
南 清彦
　ことわざ絵解き事典 ………………… 78
　名数絵解き事典 ……………………… 171
　名数絵解き事典 増補改訂版 ………… 171
南 不二男
　例解 新国語辞典 第3版 ……………… 31
　例解 新国語辞典 第4版 ……………… 31
　例解 新国語辞典 第5版 ……………… 31
　例解 新国語辞典 第6版 ……………… 31
峰岸 明
　平安時代記録語集成 上 ……………… 121
　平安時代記録語集成 下 ……………… 121
簑島 良二
　日本のまんなか富山弁 ……………… 204
三室 小石
　日用辞典 ボールペン字入り 改訂新版
　　………………………………………… 237
宮城 信勇
　石垣方言辞典 ………………………… 211
三宅 有美
　困ったときに役立つはがきの書き方事
　　典 …………………………………… 244
宮越 秀雄
　武士語事典 使って感じる日本語文化の
　　源流 ………………………………… 113
宮腰 賢
　生きた会話例による四字熟語辞典 …… 80
　旺文社全訳学習古語辞典 …………… 114
　（旺文社）全訳古語辞典 ……………… 114
　旺文社全訳古語辞典 重版 …………… 114
　旺文社全訳古語辞典 第2版 ………… 114
　旺文社全訳古語辞典 第2版 小型版 … 115
　旺文社全訳古語辞典 第3版 ………… 115
　旺文社全訳古語辞典 第3版 小型版 … 115

宮坂 宥勝
　暮らしのなかの仏教語小辞典 ……… 182
宮沢 正明
　常用漢字書きかた字典 ……………… 60
宮地 裕
　精選国語辞典 ………………………… 22
　精選国語辞典 デスク版 ……………… 22
　精選国語辞典 新訂版 ………………… 22
宮島 達夫
　日本古典対照分類語彙表 …………… 121
宮園 正光
　漢字の意味と使い分け ……………… 57
　慣用句の意味と使い方 ……………… 106
　間違いやすい漢字 ………………… 57, 221
　四字熟語・名数録・難読漢字 ‥ 102, 172, 219
宮武 外骨
　隠語辞典集成 18 ……………………… 176
　隠語辞典集成 19 ……………………… 176
　猥褻風俗辞典 ………………………… 178
宮本 光玄
　隠語辞典集成 5 ……………………… 175
　近代用語の辞典集成 40 ……………… 144
宮本 陽一
　日本語文法ハンドブック 言語理論と言
　　語獲得の観点から ………………… 186
三好 一光
　江戸語事典 新装版 …………………… 201
　江戸風俗語事典 新装版 ……………… 173
三好 行雄
　国語総合新辞典 英訳つき 百科和英漢和
　　兼用 ………………………………… 13
　国語総合新辞典 英訳つき 百科／和英 新
　　装版 ………………………………… 14

【む】

向井 京子
　すぐ書ける! ビジネスメール文例事典
　　………………………………………… 251
宗像 和重
　日本語文章・文体・表現事典 …… 190, 230
　日本語文章・文体・表現事典 文学編 縮
　　刷版 …………………………… 190, 230
村石 昭三
　気がつかない誤りに気がつく 間違い漢
　　字・勘違いことば診断辞典 ……… 220

気がつかない誤りに気がつく 間違い漢字・
　勘違いことば診断辞典〔机上版〕… 220
手紙・はがきの文例事典 日常の手紙・は
　がき文からビジネス文・英文レターま
　で …………………………………… 245
　日本語解釈活用事典 ………………… 2
村石 利夫
　カタカナ語辞典 ポケット版 ………… 126
　カタカナ用語2300 新聞・雑誌・ビジネ
　　スによく出る ……………………… 129
　ことわざ辞典 ポケット版 …………… 85
　最新・カタカナ語辞典 ………………… 131
　常用ことわざ辞典 ……………………… 89
　使える四字熟語 ………………………… 92
　日本語の当て字うんちく辞典 ………… 62
村岡 正雄
　ビジネスマンのためのあいさつ会話ハン
　　ドブック …………………………… 227
村上 公雄
　精選国語辞典 …………………………… 22
　精選国語辞典 デスク版 ……………… 22
村上 玄一
　お手紙ハンドブック …………………… 247
村上 哲見
　四字熟語の泉 …………………………… 98
村上 英記
　困ったときの「モノの言い方」言い換え辞
　　典 言い訳・口ごたえに聞こえない … 228
村上 雅孝
　漢字百科大事典 ………………………… 42
村杉 恵子
　日本語文法ハンドブック 言語理論と言
　　語獲得の観点から ………………… 186
村田 菜穂子
　大活字 早引き字典 …………………… 236
村松 暎
　「四字熟語」読む辞典 読んで楽しく使っ
　　て役立つ漢字常識 新版 …………… 98
村松 守義
　隠語辞典集成 17 ……………………… 176
村山 孚
　類語・漢字使い分け辞典 まぎらわしい
　　言葉の違いがわかる！ ……………… 110
室伏 信助
　角川全訳古語辞典 ……………………… 116
　角川必携古語辞典 全訳版 …………… 116
室町時代語辞典編修委員会
　時代別国語大辞典 室町時代編 3（さ〜
　　ち）…………………………………… 35
　時代別国語大辞典 室町時代編 4（つ〜
　　ふ）…………………………………… 35
　時代別国語大辞典 室町時代編 5（へ〜
　　ん）…………………………………… 36
室山 敏昭
　表現類語辞典 新装版 ………………… 110

【め】

目からウロコの編集部
　図解 平成ぶっこわれコトバ事典 2005年
　　度保存版 …………………………… 138

【も】

木耳社
　言葉選びのための賀詞・名句ハンドブッ
　　ク 少字句・漢詩・和歌・俳句 …… 247
モダン辞典編輯所
　近代用語の辞典集成 12 ……………… 142
「もっと明鏡」委員会
　みんなで国語辞典！これも、日本語 … 30
　みんなで国語辞典 2 …………………… 30
　みんなで国語辞典 3 …………………… 30
本沢 雅史
　祝詞用語用例辞典 …………………… 181
モトワニ，プレム
　日常外来語用法辞典 ………………… 134
籾山 洋介
　講談社類語辞典 ……………………… 107
桃井 鶴夫
　近代用語の辞典集成 14 ……………… 143
もり けん
　京ことば京存京英辞典 おおきに …… 206
森 宏太郎
　基本 日本語語源事典 ………………… 69
森 章司
　国語のなかの仏教語辞典 …………… 182
森 博達
　何でもわかる漢字の知識百科 ………… 42
森 睦彦
　おもしろ日本語なるほど事典 こんなに

も数ある数のつくことばの数々 171
数のつく日本語辞典 172
森 保彦
　類語・漢字使い分け辞典 まぎらわしい
　　言葉の違いがわかる！ 110
守江 賢治
　解説 字体辞典 普及版 60
森岡 健二
　集英社 国語辞典 16
　集英社 国語辞典 横組版 16
　集英社 国語辞典 机上版 16
　集英社 国語辞典 横組 机上版 17
　集英社 国語辞典 第2版 17
　集英社 国語辞典 第2版 , 大活字机上版
　　... 17
　集英社 国語辞典 第2版 , 大活字机上版
　　横組 17
　集英社 国語辞典 第3版 17
森下 喜一
　栃木県のことば 202
　栃木県方言辞典 改訂増補 203
　鳥取県方言辞典 208
森田 草平
　近代用語の辞典集成 27 143
森田 良行
　気持ちをあらわす「基礎日本語辞典」.. 213
　三省堂類語新辞典 107
　助詞・助動詞の辞典 187
　違いをあらわす「基礎日本語辞典」.. 220
　動詞・形容詞・副詞の事典 187
　日本語の慣用表現辞典 105
　日本語の類義表現辞典 109
　ビミョーな違いがわかるコトバ辞典 .. 109
森野 宗明
　例解 古語辞典 第3版 121
守矢 節
　訓読み漢字学習書 47
森屋 義男
　Web文章上達ハンドブック 良いテキス
　　トを書くための30ヵ条 231
森山 晋平
　超分類！ キャッチコピーの表現辞典 一
　　言で目を奪い、心をつかむテクニック
　　50 255
森山 卓郎
　写真で読み解く 類義語大辞典 107
諸橋 轍次
　新漢和辞典 新装大型版 50

大漢和辞典 巻10 修訂第2版 53
大漢和辞典 巻11 修訂第2版 53
大漢和辞典 巻12 修訂第2版 53
大漢和辞典 巻13 索引 修訂第2版 53

【や】

矢ヶ崎 誠治
　外来語新語辞典 ポケット版 〔増補版〕
　　... 125
　外来語新語辞典 ポケット版 〔増補改訂
　　版〕 125
　カタカナ語新辞典 増補改訂版 126
矢川 澄子
　世界ことわざ大事典 79
八坂書房
　日本植物方言集成 196
矢島 峰月
　かな交じり書のためのひらがな・カタカ
　　ナ書体字典 39
　四字熟語五体字典 書いてみたい語句410
　　選 新装版 96
安田 章
　文章表現のための類語類句辞典 110
安田 賀計
　公用・私用 冠婚葬祭手紙・スピーチ全
　　書 227, 247
　ビジネス敬語活用事典 188
柳田 国男
　分類児童語彙 改訂版 179
山浦 玄嗣
　ケセン語大辞典 上巻 200
　ケセン語大辞典 下巻 200
山川 正光
　絵でみるモノの数え方辞典 ことば百科
　　... 172
山岸 徳平
　清水新漢和辞典 第3版 50
　清水新国語辞典 16
　ローマ字で引く国語新辞典 復刻版 .. 32
山口 明穂
　岩波新漢語辞典 63
　岩波新漢語辞典 第2版 63
　岩波新漢語辞典 第3版 63
　旺文社国語辞典 第8版 〔机上版〕 5
　旺文社国語辞典 第9版 5

旺文社国語辞典 第9版 CD-ROM付 5
旺文社国語辞典 第9版 大活字版 5
旺文社国語辞典 第10版 5
旺文社国語辞典 第10版 小型版 5
旺文社国語辞典 第10版 重版 5
旺文社国語辞典 第11版 5
旺文社国語辞典 第11版 小型版 5
旺文社古語辞典 第8版 114
旺文社古語辞典 第9版 114
旺文社古語辞典 第10版 114
旺文社古語辞典 第10版 増補版 114
旺文社詳解国語辞典 重版 5
日本語文法大辞典 186

山口 堯二
　全訳・全解古語辞典 119

山口 翼
　日本語シソーラス 類語検索辞典 第2版
　　　　　　　　　　　　　　　..... 108
　日本語大シソーラス 類語検索大辞典 .. 108

山口 仲美
　擬音語・擬態語辞典 179
　暮らしのことば 擬音・擬態語辞典 179

山口 佳紀
　暮らしのことば 語源辞典 69
　暮らしのことば 新語源辞典 69
　なるほど語源辞典 72

山口 佳也
　日本語表現・文型事典 191

山崎 昶
　略語大辞典 第2版 136

山崎 誠
　大きな活字の三省堂国語辞典 第7版 6
　三省堂国語辞典 第7版 15
　三省堂国語辞典 第7版 小型版 15

山崎 幸雄
　うっかり間違える言葉の事典 219
　日本語を使いこなす言葉の実用辞典 .. 26
　間違いやすい言葉の事典 220

山崎 美成
　隠語辞典集成 17 176

山下 杉雄
　精選国語辞典 22
　精選国語辞典 デスク版 22
　精選国語辞典 新訂版 22

山下 民城
　暮らしに生きる仏教語辞典 182

山田 明雄
　大きな活字の新明解国語辞典 第5版 大
　　字版 6
　大きな活字の新明解国語辞典 第6版 6
　大きな活字の新明解国語辞典 第7版 大
　　字版 6
　新明解 国語辞典 第4版〔机上版〕..... 20
　新明解 国語辞典 第5版 20
　新明解 国語辞典 第5版 革装版 20
　新明解 国語辞典 第5版 特装版 20
　新明解 国語辞典 第5版 小型版 20
　新明解 国語辞典 第6版 20
　新明解 国語辞典 第6版 革装 21
　新明解 国語辞典 第6版 特装版 21
　新明解 国語辞典 第6版 机上版 21
　新明解 国語辞典 第6版 小型版 21
　新明解 国語辞典 第7版 21
　新明解 国語辞典 第7版 特装版 21
　新明解 国語辞典 第7版 革装 21
　新明解 国語辞典 第7版 小型版 21
　新明解 国語辞典 第7版 机上版 21

山田 進
　講談社類語辞典 107
　類語大辞典 110
　類語大辞典 大活字版 110

山田 清三郎
　近代用語の辞典集成 31 144

山田 忠雄
　大きな活字の新明解国語辞典 第5版 大
　　字版 6
　大きな活字の新明解国語辞典 第6版 6
　大きな活字の新明解国語辞典 第7版 大
　　字版 6
　新明解 国語辞典 第4版〔机上版〕..... 20
　新明解 国語辞典 第5版 20
　新明解 国語辞典 第5版 革装版 20
　新明解 国語辞典 第5版 特装版 20
　新明解 国語辞典 第5版 小型版 20
　新明解 国語辞典 第6版 20
　新明解 国語辞典 第6版 革装 21
　新明解 国語辞典 第6版 特装版 21
　新明解 国語辞典 第6版 机上版 21
　新明解 国語辞典 第6版 小型版 21
　新明解 国語辞典 第7版 21
　新明解 国語辞典 第7版 特装版 21
　新明解 国語辞典 第7版 革装 21
　新明解 国語辞典 第7版 机上版 21
　新明解 国語辞典 第7版 小型版 21

山田　俊雄
　　大きな活字の新明解現代漢和辞典　大字
　　　版 …………………………………… 44
　　角川必携古語辞典　全訳版 ………… 116
　　新潮現代国語辞典　第2版 …………… 20
　　新潮国語辞典　現代語・古語　第2版 … 20
　　新明解　現代漢和辞典 ……………… 52
　　例解　新漢和辞典 …………………… 56
　　例解　新漢和辞典　第2版 …………… 56
　　例解　新漢和辞典　第3版 …………… 56
　　例解　新漢和辞典　第4版 …………… 56
　　例解　新漢和辞典　第4版　増補新装版 … 56
山田　博
　　現代漢字辞典　漢ぺき君で引くサンルイ・
　　　ワードバンク ……………………… 47
山田　実
　　与論島語辞典 ……………………… 210
山根　智恵
　　研究社　日本語口語表現辞典 ……… 213
山本　慧一
　　日本語になった外国語辞典　第3版 … 134
山本　真吾
　　三省堂新用字辞典 ………………… 234
山本　博文
　　知っておきたい　日本の名言・格言事典
　　　 …………………………………… 222
山本　富美子
　　留学生と日本人学生のためのレポート・
　　　論文表現ハンドブック …………… 250
山本　康喬
　　漢字音符字典　新しい漢字学習法　増補改
　　　訂版 ………………………………… 46
鑪水　兼貴
　　辞典　新しい日本語 ……………… 195

【ゆ】

吉屋　松金
　　実践うちなあぐち教本 …………… 212
柚木　友理
　　手紙文　気のきいたフレーズハンドブッ
　　　ク …………………………………… 248

【よ】

養老　孟司
　　ハイブリッド新辞林 ………………… 28
横田　京子
　　女性のためのあいさつ・スピーチ・手紙・
　　　マナー事典 ……………………… 225
横溝　光暉
　　近代用語の辞典集成 33 …………… 144
横山　淳一
　　実用三体筆順字典　増補改訂版 …… 49
義江　彰夫
　　知っておきたい　日本の名言・格言事典
　　　 …………………………………… 222
吉川　義一
　　土佐ことば辞典 …………………… 209
吉川　泰雄
　　角川机上用字辞典　第3版 ………… 233
　　角川必携古語辞典　全訳版 ………… 116
吉田　金彦
　　衣食住語源辞典 …………………… 69
　　訓点語辞典 ………………………… 67
　　語源辞典　形容詞編 ………………… 70
　　語源辞典　植物編 …………………… 70
　　語源辞典　動物編 …………………… 70
吉野　孝雄
　　猥褻風俗辞典 ……………………… 178
吉見　孝夫
　　カタカナ語使い分け辞典 ………… 127
米川　明彦
　　業界用語辞典 ……………………… 177
　　集団語辞典 ………………………… 178
　　俗語発掘記　消えたことば辞典 …… 174
　　日本語慣用句辞典 ………………… 104
　　日本俗語大辞典 …………………… 174
　　身近なことばの語源辞典 …………… 73
　　明治・大正・昭和の新語・流行語辞典 … 144
　　明治大正　新語俗語辞典　新装版 … 144
　　若者ことば辞典 …………………… 174
米津　千之
　　国語読み書き辞典　すぐ引ける　わかる　書
　　　ける　英語とペン字つき ………… 14
　　国語読み書き辞典（your BOOKS 特選・
　　　暮しの本） ………………………… 14

ことわざポケット辞典 すぐ引けて読ん
　でためになる。……………………… 86
熟語がすぐわかる辞典 大きな活字でひ
　きやすい ポケット判 ……………… 88
受験と手紙・スピーチに役に立つ四字熟
　語便利辞典 ……………………………… 89
早引き便利字典 ……………………………… 29
名言名句成語辞典 6500を超える項目数
　おもしろい・役に立つ故事来歴が豊富
　にあって、典拠・出典がよくわかる … 223
名言名句ポケット辞典 役に立つよくわ
　かる いつでもどこでも 典拠・出典が
　よくわかる12,000を超える語句数 … 223
四字熟語辞典 大きな文字で読みやすい
　………………………………………………… 96
四字熟語の辞典 大きな活字・早引き … 98
四字熟語の辞典 大きな活字・読みやす
　い 改訂版 ………………………………… 98
四字熟語便利辞典 受験と手紙・スピー
　チに役に立つ 改訂版, ポケット版 … 98
読み書き便利な 国語ポケット辞典 …… 31
米山　寅太郎
　漢語林 ………………………………………… 63
　漢語林 改訂版 ……………………………… 63
　漢語林 新版 2色刷 ………………………… 63
　漢語林 新版（第2版）……………………… 63
　新漢語林 ……………………………………… 64
　新漢語林 第2版 …………………………… 64
　新漢和辞典 新装大型版 ………………… 50
　新版 漢語林 ………………………………… 64
　大漢語林 ……………………………………… 64
　大漢語林 語彙総覧 ………………………… 64
　大漢和辞典 巻10 修訂第2版 …………… 53
　大漢和辞典 巻11 修訂第2版 …………… 53
　大漢和辞典 巻12 修訂第2版 …………… 53
　大漢和辞典 巻13 索引 修訂第2版 …… 53
　大漢和辞典 巻15 補巻 …………………… 53
　大修館漢語新辞典 ………………………… 64
読売新聞校閲部
　新聞カタカナ語辞典 人名、商品名収録
　………………………………………………… 132
　間違えやすい漢字使い分け辞典 ……… 112
　間違えやすい漢字使い分けハンドブック
　　プロが教える同音同訓の使い分け … 112
読売新聞社
　読売新聞用字用語辞典 ………………… 239
　読売新聞用字用語の手引 ……………… 243
　読売新聞用字用語の手引 改訂新版 … 243
　読売新聞用字用語の手引 第3版 …… 243
　読売新聞用字用語の手引 第4版 …… 243

読売新聞社解説部
　ニュース用語セレクト400 1990 …… 165
　ニュース用語セレクト400 1991 …… 165
　ニュース用語セレクト400 1992 …… 165
　ニュース用語セレクト400 1993 …… 165
読売新聞東京本社校閲部
　間違いやすい「漢字・類義語」使い分け
　　辞典 でか文字 ………………………… 221

【ら】

雷鳥社
　雑誌タイトルコピー大全 女性誌編 …… 255
ライフサポート・ネットワーク
　日本語使い分け事典 …………………… 106

【り】

リベラル社
　応急字典 再版 赤表紙 ……………………… 42
　応急字典 再版 黒表紙 ……………………… 43
　応急字典 再版 ピンク表紙 ……………… 42
　常識のことわざ ………………………… 100
　常識のまぎらわしい日常語 …………… 216
　常識の間違えやすい同音語 …………… 112
　常識の四字熟語 ………………………… 100
　超便利 4つの機能の携帯辞典
　　………………………… 91, 104, 108, 217
林原　純生
　角川現代漢字語辞典 五十音引き …… 45

【る】

類語研究会
　似た言葉使い分け辞典 正しい言葉づか
　　いのための ……………………………… 108

【ろ】

ロング，ダニエル
 小笠原ことばしゃべる辞典 202

【わ】

脇阪 豊
 レトリック小辞典 191
和田 利政
 旺文社国語辞典 第8版〔机上版〕........ 5
 旺文社国語辞典 第9版 5
 旺文社国語辞典 第9版 CD-ROM付 5
 旺文社国語辞典 第9版 大活字版 5
 旺文社国語辞典 第10版 5
 旺文社国語辞典 第10版 小型版 5
 旺文社国語辞典 第10版 重版 5
 旺文社国語辞典 第11版 5
 旺文社国語辞典 第11版 小型版 5
 旺文社古語辞典 第8版 114
 旺文社古語辞典 第9版 114
 旺文社古語辞典 第10版 114
 旺文社古語辞典 第10版 増補版 114
 故事ことわざ知識辞典 日本編 84
 故事ことわざ名言名句実用辞典 85
 小学館古語辞典大辞典〔コンパクト版〕.. 118
話題の達人倶楽部
 大人の日本語 つい教養が出てしまうとっておきの471語 77
 この一冊で「ことわざ」「慣用句」「四字熟語」が面白いほど身につく! 99
 読んだら忘れない大人の国語力辞典 31
渡辺 和彦
 これで完璧! すぐに役立つ! ビジネス文書文例250 そのまま使える文例・基本フォーマット集 253
渡辺 末吾
 新漢和辞典 新装大型版 50
渡辺 秀喜
 これだけは知っておきたい公用文の書き方・用字用語例集 249
 これだけは知っておきたい公用文の書き方・用字用語例集 第2版 249

渡辺 富美雄
 常用漢字読み書き辞典 61
 日本語解釈活用事典 2
渡辺 実
 三省堂詳説古語辞典 117
渡辺 雄喜
 甲州弁を読む てっ!ずくん、あるじゃん。 205
渡部 善彦
 隠語辞典集成 9 175
渡 由喜子
 オキナワ語会話集 日本語・英語対照 .. 211
 オキナワ語単語集 日本語・英語対照 .. 211
藁谷 久三
 四字熟語を使いこなす本 80
 四字熟語を使いこなす本 新装版 80
 四字熟語を使いこなす本 新装増補版 ... 80
 四字熟語活用読本 80
割田 剛雄
 やさしい教え 仏教ことわざ辞典 簡潔で含蓄のあることわざ150 95

【英数字】

Blockbuster
 KY語辞典 139
GLOBAL CA SISTERS
 スッチー用語まるわかり辞典 178
GROUP 21
 イラスト図解 モノの呼び名事典 英文対訳付き 74
Group Kotoba21
 日英中韓カタカナ語見くらべ字典 134
KAGAMI&Co.
 笑える日本語辞典 辞書ではわからないニッポン 32
NOKO
 スッチー用語まるわかり辞典 178
Vardaman,J.M.
 imidas 世界がわかる時代が見える 現代人のカタカナ語欧文略語辞典 123

事項名索引

事項名索引　おわり

【あ】

あいさつ　→スピーチ・あいさつ ……… 224
あいさつ語　→慣用表現 ………………… 102
愛知県の方言
　　→方言一般 ……………………………… 193
　　→中部地方 ……………………………… 204
アイヌ語
　　→方言一般 ……………………………… 193
　　→アイヌ語 ……………………………… 212
青森県の方言　→東北地方 ………………… 199
秋田県の方言　→東北地方 ………………… 199
アクセント
　　→発音・アクセント …………………… 37
　　→近畿地方 ……………………………… 206
　　→九州地方 ……………………………… 209
悪態語
　　→俗語・卑語 …………………………… 173
　　→方言一般 ……………………………… 193
　　→東北地方 ……………………………… 199
当て字　→当て字 …………………………… 62
当て読み　→当て字 ………………………… 62
アルファベット略語　→外来語・カタカナ語・略語 …………………………………… 122
淡路島の方言　→近畿地方 ………………… 206
阿波地方の方言　→四国地方 ……………… 208
言いかえ　→類語・同義語 ………………… 106
飯田地方の方言　→中部地方 ……………… 204
石垣島の方言　→沖縄地方・琉球語 ……… 211
出雲地方の方言
　　→方言一般 ……………………………… 193
　　→中国地方 ……………………………… 208
位相　→各種の語彙 ………………………… 74
異体字　→字体・異体字 …………………… 60
糸魚川市の方言　→北陸地方 ……………… 203
茨城県の方言
　　→方言一般 ……………………………… 193
　　→関東地方 ……………………………… 201
異名　→各種の語彙 ………………………… 74

Eメール
　　→手紙・はがき作法 …………………… 243
　　→ビジネス文書・ビジネスメール …… 250
伊予弁　→四国地方 ………………………… 208
いろはかるた　→故事成語・熟語・ことわざ ………………………………………… 77
「伊呂波字類抄」　→中世語 ……………… 35
色名　→各種の語彙 ………………………… 74
岩内町（北海道）の方言　→北海道 ……… 198
隠語　→隠語・職業語 ……………………… 174
インターネット用語　→隠語・職業語 …… 174
引用句
　　→各種の語彙 …………………………… 74
　　→名言・格言 …………………………… 222
Web文章　→作文技法・文章術 ………… 229
内灘町（石川県）の方言　→北陸地方 …… 203
映画用語　→隠語・職業語 ………………… 174
干支　→故事成語・熟語・ことわざ ……… 77
江戸語　→関東地方 ………………………… 201
江戸時代
　　→古語・雅語 …………………………… 113
　　→方言一般 ……………………………… 193
　　→関東地方 …………………………… 201
江戸風俗語　→俗語・卑語 ………………… 173
演説法
　　→修辞 …………………………………… 190
　　→スピーチ・あいさつ ………………… 224
王朝語　→古語・雅語 ……………………… 113
大分県の方言　→九州地方 ………………… 209
大阪府の方言
　　→方言一般 ……………………………… 193
　　→近畿地方 ……………………………… 206
大槌町（岩手県）の方言　→東北地方 …… 199
小笠原村（東京都）の方言　→関東地方 … 201
沖縄語
　　→方言一般 ……………………………… 193
　　→沖縄地方・琉球語 …………………… 211
オタク用語　→隠語・職業語 ……………… 174
男ことば　→各種の語彙 …………………… 74
オノマトペ　→擬音語・擬態語 …………… 179
尾張弁
　　→方言一般 ……………………………… 193

日本語 レファレンスブック　*351*

おんい　事項名索引

→中部地方 …………………… 204
音韻　→音声・音韻 ……………… 37
音韻（漢字）　→漢字 …………… 42
音声学　→音声学 ………………… 37
女ことば　→各種の語彙 ………… 74
音符（漢字）
　→漢字 …………………………… 42
　→当用漢字・常用漢字 ………… 60

【か】

楷書　→書体・くずし字 ………… 39
回文　→回文 …………………… 255
外来語
　→当て字 ………………………… 62
　→語源一般 ……………………… 69
　→類語・同義語 ……………… 106
　→外来語・カタカナ語・略語 … 122
　→明治〜昭和戦前 …………… 141
会話術　→会話術 ……………… 228
書き順
　→書体・くずし字 ……………… 39
　→漢字 …………………………… 42
加賀弁　→方言一般 …………… 193
格言　→名言・格言 …………… 222
雅語　→古語・雅語 …………… 113
鹿児島県の方言　→九州地方 … 209
賀詞　→手紙・はがき作法 …… 243
数え方　→名数語・数詞・単位 … 171
カタカナ　→書体・くずし字 …… 39
カタカナ語　→外来語・カタカナ語・略語 …………………………… 122
仮名
　→書体・くずし字 ……………… 39
　→仮名 …………………………… 64
仮名遣い　→仮名 ………………… 64
鎌倉時代
　→中世語 ………………………… 35
　→訓点 …………………………… 67
　→古語・雅語 ………………… 113
上方ことば　→近畿地方 ……… 206

からだことば　→各種の語彙 …… 74
かるた　→故事成語・熟語・ことわざ …… 77
河内弁　→近畿地方 …………… 206
感覚表現　→表現 ……………… 191
漢語　→漢語 …………………… 63
冠婚葬祭
　→故事成語・熟語・ことわざ …… 77
　→スピーチ・あいさつ ……… 224
　→手紙・はがき作法 ………… 243
漢字
　→書体・くずし字 ……………… 39
　→漢字 …………………………… 42
　→漢語 …………………………… 63
　→語源一般 ……………………… 69
　→故事成語・熟語・ことわざ …… 77
　→難読語・難読漢字 ………… 216
　→誤用・誤読・使い分け …… 219
　→用字・用語・用例 ………… 232
漢字史　→漢字史 ………………… 58
漢字辞典　→漢字 ……………… 42
漢詩文　→漢字 ………………… 42
感情表現
　→表現 ………………………… 191
　→方言一般 …………………… 193
関東地方の方言
　→方言一般 …………………… 193
　→関東地方 …………………… 201
漢文　→漢字 …………………… 42
慣用句　→慣用表現 …………… 102
慣用語　→慣用表現 …………… 102
慣用表現　→慣用表現 ………… 102
関連語　→類語・同義語 ……… 106
漢和辞典
　→漢字 …………………………… 42
　→漢語 …………………………… 63
擬音語　→擬音語・擬態語 …… 179
菊池市の方言
　→方言一般 …………………… 193
　→九州地方 …………………… 209
気象語　→季節・自然の語彙 … 183
擬声語　→擬音語・擬態語 …… 179
季節の語彙　→季節・自然の語彙 … 183

擬態語 →擬音語・擬態語	179	
岐阜県の方言 →中部地方	204	
決まり文句 →慣用表現	102	
客室乗務員(航空)用語 →隠語・職業語	174	
キャッチフレーズ →標語・コピー	254	
旧仮名 →仮名	64	
旧字 →漢字	42	
九州地方の方言		
→方言一般	193	
→九州地方	209	
業界用語 →隠語・職業語	174	
教訓 →名言・格言	222	
京ことば →近畿地方	206	
行書 →書体・くずし字	39	
京都府の方言		
→方言一般	193	
→近畿地方	206	
記録語 →古語・雅語	113	
近畿地方の方言		
→方言一般	193	
→近畿地方	206	
金言 →名言・格言	222	
近代語彙		
→各種の語彙	74	
→明治〜昭和戦前	141	
くずし字 →書体・くずし字	39	
句読法 →文法一般	186	
クロスワード →言葉クイズ・パズル	255	
訓点 →訓点	67	
群馬県の方言 →関東地方	201	
警句 →故事成語・熟語・ことわざ	77	
敬語		
→敬語	188	
→会話術	228	
芸談 →名言・格言	222	
芸能用語 →隠語・職業語	174	
形容詞 →品詞	187	
気仙地方の方言 →東北地方	199	
言語学 →国語・日本語論一般	1	
言語生活 →言語生活・コミュニケーション	213	

言語地図		
→方言一般	193	
→北陸地方	203	
→近畿地方	206	
言語遊戯 →しゃれ・地口	255	
現代用語 →時事用語・現代用語	145	
語彙 →語彙	74	
口語		
→方言	193	
→表現術一般	213	
広告 →標語・コピー	254	
甲骨文 →漢字	42	
甲州弁 →中部地方	204	
高知県の方言 →四国地方	208	
公文書 →公用文作法	249	
構文論 →類語・同義語	106	
公用文作法 →公用文作法	249	
国語 →国語・日本語論一般	1	
国語学 →国語・日本語論一般	1	
国語史 →国語史	35	
国語辞典 →国語・日本語論一般	1	
国語常識 →国語常識・知識	214	
国語知識 →国語常識・知識	214	
国語年鑑 →国語・日本語論一般	1	
国語表記 →国語表記	66	
国語表現 →表現	191	
語源		
→漢字史	58	
→語源一般	69	
→方言一般	193	
古語		
→中世語	35	
→古語・雅語	113	
→方言一般	193	
→北海道	198	
→関東地方	201	
誤字 →誤用・誤読・使い分け	219	
故事熟語		
→漢語	63	
→故事成語・熟語・ことわざ	77	
故事成語		
→漢語	63	

→故事成語・熟語・ことわざ ……… 77
戸籍法　→漢字 ……………………………… 42
古代　→訓点 ………………………………… 67
古代文字　→字体・異体字 ……………… 60
古典
　　→古語・雅語 …………………………… 113
　　→文法史・古典文法 ………………… 187
古典文法　→文法史・古典文法 ……… 187
誤読　→誤用・誤読・使い分け ……… 219
ことば遊び　→ことば遊び …………… 255
ことば選び　→表現術一般 …………… 213
言葉クイズ　→言葉クイズ・パズル …… 255
ことわざ　→故事成語・熟語・ことわざ … 77
コピー　→標語・コピー ……………… 254
コミュニケーション　→言語生活・コ
　ミュニケーション ……………………… 213
古文書
　　→書体・くずし字 ……………………… 39
　　→仮名 …………………………………… 64
誤用　→誤用・誤読・使い分け ……… 219
暦　→季節・自然の語彙 ……………… 183
コロケーション　→国語・日本語論一般 …… 1
コンセプトワード　→標語・コピー … 254

【さ】

埼玉県の方言　→関東地方 …………… 201
佐賀県の方言　→九州地方 …………… 209
逆さことば　→回文 …………………… 255
作文
　　→国語表記 ……………………………… 66
　　→表現 …………………………………… 191
　　→作文技法・文章術 ………………… 229
　　→用字・用語・用例 ………………… 232
雑誌　→標語・コピー ………………… 254
さつま語　→九州地方 ………………… 209
三字熟語　→故事成語・熟語・ことわざ … 77
滋賀県の方言
　　→方言一般 ……………………………… 193
　　→近畿地方 ……………………………… 206
色彩語　→各種の語彙 …………………… 74

式辞　→スピーチ・あいさつ ………… 224
地口　→しゃれ・地口 ………………… 255
字源　→漢字史 …………………………… 58
死語　→死語・廃語 …………………… 180
四国地方の方言
　　→方言一般 ……………………………… 193
　　→四国地方 ……………………………… 208
時事用語　→時事用語・現代用語 …… 145
静岡県の方言　→中部地方 …………… 204
自然の語彙　→季節・自然の語彙 …… 183
字体　→字体・異体字 …………………… 60
実用語　→用字・用語・用例 ………… 232
児童語　→児童語 ……………………… 179
島根県の方言　→中国地方 …………… 208
社会風俗語　→外来語・カタカナ語・略
　語 ………………………………………… 122
しゃれ　→しゃれ・地口 ……………… 255
修辞学　→修辞 ………………………… 190
修辞法　→修辞 ………………………… 190
集団語　→隠語・職業語 ……………… 174
熟語　→故事成語・熟語・ことわざ …… 77
商業通信　→ビジネス文書・ビジネス
　メール …………………………………… 250
庄内地方の方言
　　→方言一般 ……………………………… 193
　　→東北地方 ……………………………… 199
情報用語
　　→新語・流行語 ……………………… 137
　　→時事用語・現代用語 ……………… 145
常用漢字
　　→漢字 …………………………………… 42
　　→当用漢字・常用漢字 ……………… 60
　　→用字・用語・用例 ………………… 232
常用語　→用字・用語・用例 ………… 232
昭和戦後　→新語・流行語 …………… 137
昭和戦前　→明治〜昭和戦前 ………… 141
書簡文　→手紙・はがき作法 ………… 243
職業語　→隠語・職業語 ……………… 174
職人ことば　→隠語・職業語 ………… 174
助詞　→品詞 …………………………… 187
書式
　　→作文技法・文章術 ………………… 229
　　→ビジネス文書・ビジネスメール …… 250

| 事項名索引 | てんし |

助数詞　→名数語・数詞・単位 ……………171	→死語・廃語 ………………………………180
書体　→書体・くずし字 ……………………39	
書道　→書体・くずし字 ……………………39	【た】
助動詞　→品詞 ………………………………187	
書法	大工用語　→隠語・職業語 ………………174
→書体・くずし字 …………………………39	対照語　→反対語 …………………………112
→仮名 ………………………………………64	大正時代　→明治〜昭和戦前 ……………141
新語	竹富町（沖縄県）の方言　→沖縄地方・琉
→外来語・カタカナ語・略語 …………122	球語 …………………………………………211
→新語・流行語 …………………………137	例えことば　→比喩 ………………………191
→明治〜昭和戦前 ………………………141	種子島の方言　→九州地方 ………………209
→時事用語・現代用語 …………………145	単位　→名数語・数詞・単位 ……………171
→俗語・卑語 ……………………………173	単音節
人生訓　→名言・格言 ……………………222	→古語・雅語 ……………………………113
人物表現　→表現 …………………………191	→方言一般 ………………………………193
新聞　→用字・用語・用例 ………………232	短縮語　→外来語・カタカナ語・略語 …122
人名漢字　→人名漢字 ………………………59	中国地方の方言
数詞　→名数語・数詞・単位 ……………171	→方言一般 ………………………………193
数字ことば　→名数語・数詞・単位 ……171	→中国地方 ………………………………208
スピーチ	中世語
→故事成語・熟語・ことわざ …………77	→中世語 ……………………………………35
→スピーチ・あいさつ …………………224	→古語・雅語 ……………………………113
スローガン　→標語・コピー ……………254	中部地方の方言
成句　→故事成語・熟語・ことわざ ……77	→方言一般 ………………………………193
成語　→故事成語・熟語・ことわざ ……77	→中部地方 ………………………………204
性語　→隠語・職業語 ……………………174	弔辞　→スピーチ・あいさつ ……………224
姓名判断　→人名漢字 ………………………59	使い分け
世相語	→類語・同義語 …………………………106
→新語・流行語 …………………………137	→同音語 …………………………………111
→明治〜昭和戦前 ………………………141	→誤用・誤読・使い分け ………………219
禅語　→仏教語 ……………………………181	津軽弁
仙台市　→方言一般 ………………………193	→方言一般 ………………………………193
専門語	→東北地方 ………………………………199
→明治〜昭和戦前 ………………………141	手紙作法
→隠語・職業語 …………………………174	→故事成語・熟語・ことわざ …………77
草仮名　→仮名 ………………………………64	→手紙・はがき作法 ……………………243
草書　→書体・くずし字 ……………………39	テレビ用語　→隠語・職業語 ……………174
俗語	天気語　→季節・自然の語彙 ……………183
→新語・流行語 …………………………137	電子メール
→明治〜昭和戦前 ………………………141	→手紙・はがき作法 ……………………243
→俗語・卑語 ……………………………173	→ビジネス文書・ビジネスメール ……250
→隠語・職業語 …………………………174	

日本語 レファレンスブック　355

篆書　→字体・異体字 …………………… 60	西津軽郡（青森県）の方言　→東北地方 ……199
同音異義語	日常語
→同音語 ……………………………… 111	→類語・同義語 …………………… 106
→表現術一般 ………………………… 213	→誤用・誤読・使い分け ………… 219
→難読語・難読漢字 ………………… 216	→用字・用語・用例 ……………… 232
→誤用・誤読・使い分け ………… 219	日用語　→用字・用語・用例 ………… 232
同音語　→同音語 ……………………… 111	日記文学　→古語・雅語 ……………… 113
同義語　→類語・同義語 ……………… 106	日本語学　→国語・日本語論一般 ……… 1
東京都の方言	日本語教育　→国語・日本語論一般 …… 1
→方言一般 …………………………… 193	日本語研究・指導　→国語・日本語論一般 …1
→関東地方 …………………………… 201	日本語史　→国語史 ……………………… 35
同訓異字　→同音語 …………………… 111	日本語表現
同訓語　→同音語 ……………………… 111	→表現 ………………………………… 191
動詞　→品詞 …………………………… 187	→表現術一般 ………………………… 213
頭字語　→外来語・カタカナ語・略語 … 122	→作文技法・文章術 ……………… 229
道徳教育　→名言・格言 ……………… 222	日本語論　→国語・日本語論一般 ……… 1
東北地方の方言	ニュース用語　→時事用語・現代用語 … 145
→方言一般 …………………………… 193	ネット語　→隠語・職業語 …………… 174
→東北地方 …………………………… 199	ネーミング　→標語・コピー ………… 254
当用漢字　→当用漢字・常用漢字 ……… 60	年鑑（国語）　→国語・日本語論一般 …… 1
同類語　→類語・同義語 ……………… 106	祝詞　→祝詞 …………………………… 180
遠野市の方言　→東北地方 …………… 199	
徳島県の方言　→四国地方 …………… 208	
土佐ことば　→四国地方 ……………… 208	【は】
栃木県の方言　→関東地方 …………… 201	
鳥取県の方言　→中国地方 …………… 208	廃語　→死語・廃語 …………………… 180
富山県の方言　→北陸地方 …………… 203	はがき作法　→手紙・はがき作法 …… 243
	博多弁
【な】	→方言一般 …………………………… 193
	→九州地方 …………………………… 193
長崎県の方言　→九州地方 …………… 209	舶来語
長野県の方言　→中部地方 …………… 204	→当て字 ……………………………… 62
名古屋語	→外来語・カタカナ語・略語 …… 122
→方言一般 …………………………… 193	罵語
→中部地方 …………………………… 204	→俗語・卑語 ………………………… 173
奈良県の方言　→近畿地方 …………… 206	→方言一般 …………………………… 193
難字　→字体・異体字 ………………… 60	パズル　→言葉クイズ・パズル ……… 255
難読漢字　→難読語・難読漢字 ……… 216	幡多弁　→方言一般 …………………… 193
難読語　→難読語・難読漢字 ………… 216	発音
新潟県の方言　→北陸地方 …………… 203	→発音・アクセント ………………… 37
二字熟語　→故事成語・熟語・ことわざ … 77	→国語常識・知識 …………………… 214
	話し方　→会話術 ……………………… 228

項目	参照	ページ
ハマことば	→関東地方	201
反義語	→反対語	112
反対語	→反対語	112
卑語	→俗語・卑語	173
肥後弁	→九州地方	209
ビジネス文書	→ビジネス文書・ビジネスメール	250
ビジネスマナー		
	→スピーチ・あいさつ	224
	→会話術	228
ビジネスメール	→ビジネス文書・ビジネスメール	250
飛騨弁	→中部地方	204
筆順		
	→書体・くずし字	39
	→漢字	42
比喩		
	→比喩	191
	→表現	191
表記		
	→文字・表記	39
	→国語表記	66
	→誤用・誤読・使い分け	219
	→用字・用語・用例	232
表現		
	→表現	191
	→表現術一般	213
標語	→標語・コピー	254
兵庫県の方言	→近畿地方	206
ひらがな	→書体・くずし字	39
品詞	→品詞	187
風俗語		
	→外来語・カタカナ語・略語	122
	→俗語・卑語	173
福岡県の方言	→九州地方	209
副詞	→品詞	187
武士詞	→古語・雅語	113
部首	→漢字	42
仏教語		
	→故事成語・熟語・ことわざ	77
	→仏教語	181
武道ことば	→語源一般	69

項目	参照	ページ
文学		
	→国語・日本語論一般	1
	→表現	191
文型	→表現	191
文章		
	→文体	190
	→表現	191
	→作文技法・文章術	229
文書実務		
	→作文技法・文章術	229
	→ビジネス文書・ビジネスメール	250
文体	→文体	190
文法		
	→文法	186
	→文法史・古典文法	187
	→表現	191
	→方言一般	193
	→誤用・誤読・使い分け	219
文法史	→文法史・古典文法	187
文例		
	→作文技法・文章術	229
	→手紙・はがき作法	243
	→ビジネス文書・ビジネスメール	250
平安時代		
	→仮名	64
	→訓点	67
	→古語・雅語	113
	→品詞	187
別名	→各種の語彙	74
変体仮名	→仮名	64
方言		
	→古語・雅語	113
	→方言	193
方言研究・指導	→方言一般	193
方言談話	→方言一般	193
方言調査	→方言一般	193
放送用語	→隠語・職業語	174
北陸地方の方言		
	→方言一般	193
	→北陸地方	203
北海道の方言		
	→方言一般	193

→北海道 …………………………… 198
ほめことば →各種の語彙 ……………… 74
本荘市の方言 →東北地方 ……………… 199

【ま】

枕崎地方の方言 →九州地方 …………… 209
マスコミ →新語・流行語 ……………… 137
マタギ語 →隠語・職業語 ……………… 174
マナー
　→スピーチ・あいさつ ………………… 224
　→手紙・はがき作法 …………………… 243
マニア用語 →隠語・職業語 …………… 174
三重県の方言 →近畿地方 ……………… 206
三河地方の方言 →中部地方 …………… 204
美濃弁 →中部地方 ……………………… 204
宮古島市の方言 →沖縄地方・琉球語 … 211
室町時代 →中世語 ……………………… 35
名彙
　→漢字 …………………………………… 42
　→語源一般 ……………………………… 69
　→方言一般 …………………………… 193
名句 →名言・格言 …………………… 222
名言 →名言・格言 …………………… 222
明治時代 →明治〜昭和戦前 …………… 141
名数語 →名数語・数詞・単位 ………… 171
メール
　→手紙・はがき作法 …………………… 243
　→ビジネス文書・ビジネスメール … 250
文字 →文字・表記 …………………… 39
モダン語 →明治〜昭和戦前 …………… 141

【や】

役割語 →各種の語彙 …………………… 74
やまとことば
　→仮名 …………………………………… 64
　→語源一般 ……………………………… 69
　→各種の語彙 …………………………… 74

山梨県の方言 →中部地方 ……………… 204
用語 →用字・用語・用例 ……………… 232
用字 →用字・用語・用例 ……………… 232
幼児語 →児童語 ………………………… 179
用例 →用字・用語・用例 ……………… 232
横浜市の方言 →関東地方 ……………… 201
四字熟語 →故事成語・熟語・ことわざ … 77
呼び名 →各種の語彙 …………………… 74
与論島の方言 →九州地方 ……………… 209

【ら】

俚諺 →故事成語・熟語・ことわざ …… 77
略語 →外来語・カタカナ語・略語 …… 122
琉球語 →沖縄地方・琉球語 …………… 211
流行語 →新語・流行語 ………………… 137
類義語 →類語・同義語 ………………… 106
類語 →類語・同義語 …………………… 106
類似語 →類語・同義語 ………………… 106
礼状
　→手紙・はがき作法 …………………… 243
　→ビジネス文書・ビジネスメール … 250
レトリック →修辞 ……………………… 190
レポート →論文作法 …………………… 250
論文作法 →論文作法 …………………… 250

【わ】

若者ことば →俗語・卑語 ……………… 173
話術
　→スピーチ・あいさつ ………………… 224
　→会話術 ………………………………… 228
和製英語 →外来語・カタカナ語・略語 … 122
詫び状 →手紙・はがき作法 …………… 243

日本語レファレンスブック
―熟語・語源・ことわざ・方言

2017年10月25日　第1刷発行

発　行　者／大高利夫
編集・発行／日外アソシエーツ株式会社
　　　　　　〒140-0013 東京都品川区南大井6-16-16 鈴中ビル大森アネックス
　　　　　　電話 (03)3763-5241（代表）　FAX(03)3764-0845
　　　　　　URL http://www.nichigai.co.jp/
発　売　元／株式会社紀伊國屋書店
　　　　　　〒163-8636 東京都新宿区新宿3-17-7
　　　　　　電話 (03)3354-0131（代表）
　　　　　　ホールセール部（営業）電話 (03)6910-0519

電算漢字処理／日外アソシエーツ株式会社
印刷・製本／株式会社平河工業社

不許複製・禁無断転載　　　《中性紙H-三菱書籍用紙イエロー使用》
＜落丁・乱丁本はお取り替えいたします＞
ISBN978-4-8169-2684-6　　Printed in Japan,2017

本書はデジタルデータでご利用いただくことができます。詳細はお問い合わせください。

植物別名辞典
A5・610頁　定価（本体9,200円＋税）　2016.8刊
植物の一般的な名称4,000件とその別名5,800件を収録した別名辞典。別名から一般的な名称が、一般的な名称からその別名群が分かる。それぞれの科名、学名、大きさ、漢字表記、分布地など、簡便な情報を記載。

魚介類別名辞典
A5・370頁　定価（本体4,500円＋税）　2016.1刊
魚介の別名4,200件とその一般的な名称1,400件を収録した別名辞典。別名から一般的な名称が、一般的な名称からその別名群が分かる。それぞれの科名、大きさ、漢字表記、分布地など、簡便な情報も記載。

「知」のナビ事典 全国霊場・観音めぐり
A5・520頁　定価（本体9,250円＋税）　2017.3刊
四国八十八ヶ所、西国三十三所など、全国432の著名な霊場・観音めぐりについての概要と参考図書2,200点を紹介。参考図書は郷土史、案内記から観光情報まで幅広く、事前の下調べなどにも役立つ。寺名・観音名等から引ける「札所索引」付き。

「知」のナビ事典 日本の伝統芸能
A5・410頁　定価（本体9,250円＋税）　2017.6刊
国立劇場や歌舞伎座で演じられる伝統芸能から地域の郷土芸能まで、解説と参考図書で案内する事典。邦楽、能・狂言、アイヌ古式舞踊、京都の六斎念仏、エイサーなど394の伝統芸能を収録。各伝統芸能の歴史的背景、地域、演目等の解説と理解を深めるための図書4,700点を併載。テーマ、地名、団体名、人名等から引ける「事項名索引」付き。

歴史時代小説 文庫総覧
歴史小説・時代小説の文庫本を、作家ごとに一覧できる図書目録。他ジャンルの作家が書いた歴史小説も掲載。書名・シリーズ名から引ける「作品名索引」付き。

昭和の作家　A5・610頁　定価（本体9,250円＋税）　2017.1刊
吉川英治、司馬遼太郎、池波正太郎、平岩弓枝など作家200人を収録。

現代の作家　A5・670頁　定価（本体9,250円＋税）　2017.2刊
佐伯泰英、鳴海丈、火坂雅志、宮部みゆきなど平成の作家345人を収録。

データベースカンパニー
日外アソシエーツ
〒140-0013　東京都品川区南大井6-16-16
TEL.(03)3763-5241　FAX.(03)3764-0845　http://www.nichigai.co.jp/